U0002069

圖片說明：

　　封面所使用的照片與以下之圖 02、圖 08、圖 09、圖 11、圖 16、圖 33 等，由蓋帝影像所授權。其餘圖片來源與相關資訊，皆為維根斯坦檔案館（Wittgenstein Archive）收藏，由館長麥可‧內多（Michael Nedo）所提供。

　　維根斯坦檔案館之圖片皆翻拍自原物件，部分可能帶有破損、刮痕、髒汙等，乃原物件所有，並非印刷問題，特此註明。

衛城出版編輯部

圖01　赫曼與芬尼的十一個子女（即路德維希‧維根斯坦的父輩）。左起第二位男性為卡爾（路德維希‧維根斯坦的父親），在他右側的是米莉（路德維希‧維根斯坦的姑姑，其孫女布莉吉特‧茨威奧爾曾經就赫曼血統向納粹提出申訴。見本書第十九章）。圖中最右側為保羅（路德維希‧維根斯坦的叔叔）。

圖02　卡爾‧維根斯坦與莉歐波汀‧卡姆斯。即路德維希‧維根斯坦的父母。

圖03 嬰兒路德維希·維根斯坦。大約一歲時。

圖04 騎著兒童木馬的路德維希·維根斯坦。大約一歲時。

圖05　位於林蔭街的維根斯坦宮大樓梯。

圖06　一八九九年五月二十三日，卡爾與莉歐波汀結婚二十五週年的家族大合照，於維也納新瓦德格街的房子。最前排左方數來第二位、穿水手服之男孩，即為路德維希・維根斯坦。在他右方的是姐姐赫爾敏。

圖07　九歲的路德維希・維根斯坦。

圖08 維根斯坦的哥哥保羅。獨臂鋼琴家。

圖09 一九〇五年，維根斯坦的姐姐瑪格莉特（小名葛蕾塔）結婚時，畫家克林姆替她畫的婚禮肖像。

圖10　家族於霍赫海特莊園的晚餐。左起依序為管家、姐姐赫爾敏、維根斯坦的外婆、哥哥保羅、姐姐葛蕾塔，以及路德維希・維根斯坦。

圖11　維根斯坦就讀於林茲的實科中學時之合照。由上數來第二行、右起第三位即是維根斯坦。最上方最右側者則是希特勒。

圖12　維根斯坦於柏林夏洛騰堡的工業高等學校（現為柏林工業大學）。

圖13 十八歲左右的維根
斯坦。

圖14 埃克萊斯（左）與維根斯坦（右）在格洛索普的風箏飛行高空站。

圖15 埃克萊斯的
手寫記錄。「維根
斯坦和我拿著他的
風箏在格洛索普施
放，那時我的工作
也是在放風箏。後
方是我們住過的松
雞旅店。」

Wittgenstein & myself with a kite of his
Taken at Glossop whilst I was on
the kite - flying job.
It shows the house "The Grouse Inn"
where we stayed.

圖16　哲學家羅素。維根斯坦在劍橋求學時的老師。

圖17　一九一一年的劍橋河上。照片中的大船上左側，戴著草帽、將手放在欄杆上休息的是凱因斯，在他左側是他的母親。而照片右側，站著撐陽傘且戴著花帽、圍著長圍巾的是維吉尼亞·吳爾芙，在她左側的則是魯珀特·布魯克。

圖18　劍橋道德科學社的成員們。一九一三年。第一排左起第三位是詹姆斯·沃德。左五是羅素，在他右側是詹森。第二排右起第三位是摩爾，左起第四位是約翰·寇恩福德。

圖19　大衛‧品生特。維根斯坦的摯友。

圖20 一九一三年秋，維根斯坦與品生特的挪威之旅所寄出的明信片一。

圖21 一九一三年秋，維根斯坦與品生特的挪威之旅所寄出的明信片二。

圖22 一九一三年秋，維根斯坦與品生特的挪威之旅所寄出的明信片三。

圖23 一九一三年秋，維根斯坦與品生特的挪威之旅所寄出的明信片四。寫給埃克萊斯。

圖24　維根斯坦在挪威的小屋遠景。

圖25　維根斯坦在挪威的小屋。

圖26　維根斯坦手繪挪威小屋地圖給摩爾。繪於一九三六年十月。見第十八章。

圖27　一九一四年，家族聚餐於霍赫海特的大木屋露台。

圖28　一九一四年家族聚餐，左起依序為路德維希‧維根斯坦、海倫娜與保羅。

圖29　維根斯坦在第一次世界大戰期間的陸軍身份證明文件。

圖30 維根斯坦在特拉騰巴赫的居所，棕鹿旅社的一間小客房。見第九章。

圖31 維根斯坦和他的小學學生。在施內山區的普希貝格鎮。一九二三年。

圖32　法蘭克・拉姆齊。

圖33　凱因斯與他的太太莉蒂亞。

圖34　一九二五年的維根斯坦。

圖35　維根斯坦與恩格曼所設計房子，位於庫德曼街。

圖36　庫德曼街房子的門把。由維根斯坦所負責的房屋細節部分。

圖37　庫德曼街房子的窗拴。圖為一九七六、七七年翻新後所攝。

圖38　一九二九年的維根斯坦。獲得學位後。

圖39 一九三〇年的維根斯坦。成為三一學院研究員。

圖40　一九三二年寄給帕特森的明信片。上圖左起為維根斯坦、葛蕾塔、艾爾維・索格倫。「親愛的死傢伙：我和我姐姐以及朋友在逛該死的現代建築展覽，你看到我們的樣子肯定會覺得很有趣。不覺得我很進取嗎?!你可以從這張照片推測出天氣非常熱，但拍完這張照片就下了場一個半鐘頭的超大雷雨。老天爺，我是你該死的路德維希。」

圖41　維根斯坦寄給帕特森的明信片。左下角缺失。

圖42　維根斯坦寄給帕特森的典型瞎扯：「這是我最新的相片。上一張只表達了慈祥的父愛,這一張凸顯了勝利感。」詳見十一章。

Look↓!

THE PILGRIM OF PEACE
BRAVO! MR. CHAMBERLAIN

圖43　一九三八年慕尼黑
會議後，英國首相張伯倫
自慕尼黑返國，維根斯坦
便寄此明信片給帕特森，
相片底下的圖說為：「和
平之旅。偉哉！張伯倫先
生！」而背後維根斯坦則
寫道：「你要催吐劑是吧？
這就是了。」見第十九章。

圖44　維根斯坦與法蘭西斯·史金納。於劍橋。

圖45　一九三六年七月，維根斯坦與帕特森一同到法國度假時所攝。

圖46　維根斯坦與姪女瑪麗・斯托克特（Marie Stockert。海倫娜的女兒。）
一九三八年。

圖47　一九三九年的維根斯坦。諾曼‧馬爾康姆攝影，於劍橋三一學院研究員花園。

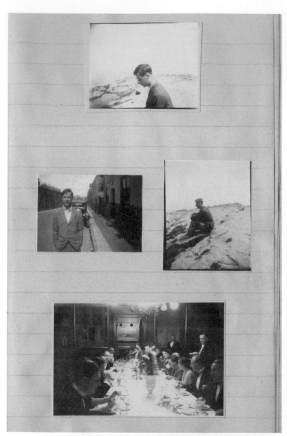

圖48　維根斯坦相簿的
一頁，相片黏貼於筆記本
上，左頁為空白。照片分
別是史金納，以及家人朋
友於聖誕節共聚於維也納。

圖49　一九四七年的
維根斯坦，於斯旺西。
班恩·理查茲攝影。

圖50 愛爾蘭威克洛郡的農舍，金斯頓夫婦所有。維根斯坦一九四八年暫居於此。
見第二十五章。

圖51 愛爾蘭羅斯洛的農舍，德魯利家所有。在暫居威克洛農舍之後，維根斯坦
換住於此。見第二十五章。

圖52 維根斯坦與班恩，於倫敦。

圖53 一九五〇年四月，維根斯坦（左）生前最後一次拍照，地點在馮·賴特劍橋的家中。維根斯坦特地取來床單掛在後方。見第二十六章。

圖54　維根斯坦遺容。
一九五一年。

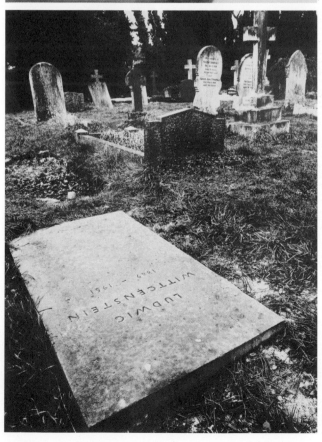

圖55　維根斯坦之墓，
於劍橋。

維根斯坦傳

天才的責任

The Duty of Genius

LUDWIG WITTGENSTEIN

雷伊·孟克
Ray Monk
————————— 著

賴盈滿
————————— 譯

各界推薦

「維根斯坦的哲學思想豐富、多樣，又與眾不同，這本傳記讓讀者們得以窺見其源頭。」

——國立中正大學哲學系系主任　王一奇

「翻譯這本《維根斯坦》的大傳，顯示了台灣翻譯書的水平與遠見。它最大的特色，是把維氏的私人歷史與他的哲學思想史二者緊密結合，而通常維氏的傳記在二者中只能得其一。故此精彩大傳也有著『哲學知識的社會學』的味道。我的新書《STS的緣起與多重建構》，就多處引用了它，說明維氏的哲學知識社會學與STS『科學知識的社會學』二者，可以互相發明。」

——國立陽明大學社會與科技研究所榮譽教授　傅大為

「孟克這部傳記充滿智慧，一般讀者讀來也是精彩豐富……美妙的文字描繪出一個美妙的生命。在通過那些苛刻、嚴格與道德折磨之後，維根斯坦那句著名的遺言裡充滿了全然的美與解放——『告訴他們我過了極好的一生。』」

——《衛報》（The Guardian）

「孟克將維根斯坦一生的哲學與感性揉合為一，筆下充滿活力，令人印象深刻。」

——《週日泰晤士報》（The Sunday Times）

「孟克將維根斯坦的哲學和人生重新連在一起，出色實踐了維根斯坦提出的『面相轉變』，讓我們對哲人的作品有了新的認識。」

——《週日電訊報》（The Sunday Telegraph）

「這部傳記將維根斯坦變成了有血有肉的人。書中呈現了他所擁有的愛的能力，破除了不容褻瀆的崇拜，並刺穿了那層扳起臉孔的粗糙表象。傳記將他的哲學與生命緊緊聯繫在一起，並清晰地檢視了這位謙遜、輝煌、動人卻又經常令人難以忍受的天才。……作者孟克具備深入淺出的天賦，並且也懂得如何去面對廣大的非哲學受眾。」

——《週日獨立報》（The Independent on Sunday）

「非常推薦。」

——《觀察家報》（The Observer）

獻給珍妮。

邏輯和道德基本上並無二致，無非是人對自己的責任。

——奧圖‧魏寧格，《性與性格》

目次

導讀

維根斯坦的邏輯、手術刀,以及上帝的調色盤

◎葉浩(國立政治大學政治學系副教授)

> 我的命題是以這樣的方式來釐清事情:理解我的人最後會當那些命題不具意義,那也是他們從中爬出來然後再往上爬的時候。(這麼說好了,他們爬上去之後必須把梯子丟掉!)
>
> ——維根斯坦,《哲學邏輯論》,6.54

> 智慧是灰色的,但生活在另一方面則和宗教一樣,充滿了色彩。
>
> ——維根斯坦,《文化與價值》

一、天才作為一種道德義務

天才為何成群地來?這是個頗令思想史家著迷的問題,但對劍橋大學來說似乎理所當然,單單其

中的「三一學院」（Trinity College）不僅出產過培根、牛頓以及三十四位的諾貝爾獎得主，其天才數目恐怕多到他們無暇來對此深思玩味。然而，本書主角維根斯坦（Ludwig Wittgenstein, 1889-1951）卻在此被公認為他們當中的天才，不但讓風頭正健的三一學院人羅素（Bertrand Russell, 1872-1970）視為夢寐以求的理想學生，收了他當入室弟子並預期他將掀起下一波哲學革命，甚至介紹他進入門檻極高的「劍橋使徒」（Cambridge Apostles）──這創立於一八二〇年的秘密社團，自始致力於追求真理、人稱「柏拉圖再世」並與羅素共同奠定「英美分析哲學」的喬治・摩爾（G. E. Moore, 1873-1958）。

要使徒包括經濟學家凱因斯（John Maynard Keynes, 1883-1946），以及其高度推崇，此時主救活它，但兩次都辜負了羅素的期待！

隨後，維根斯坦果真掀起了英語世界的哲學革命，而且是兩次。第一次判了哲學死刑，第二次則

出身貴族的羅素，祖父曾是大英帝國全盛時期的首相，雖然在劍橋攻讀的是數學與哲學，但也熱衷政治改革，如他出生受洗時的指定教父，也就是以政治哲學、經濟學、邏輯學著稱的公共知識份子兼社會改革家約翰・彌爾（John Stuart Mill, 1806-1873）。因此，羅素在畢業後不但甚早即致力於推動漸進社會主義與社會福利的費邊社（Fabian Society），也為該社創辦倫敦政經學院（LSE）而奔走募款，並於學校成立的隔年，亦即一八九六年，開始了自己的教學生涯，講授「德國社會民主」。事實上，這課名就是他學術處女作的書名。

不過，羅素更大的學術野心是和摯友摩爾共同替哲學尋找絕對穩固的根基，且兩者分工，各自在數學與倫理學上努力。他們都厭惡德國唯心論（idealism）哲學，特別是康德（Kant）與黑格爾（Hegel），也都相信世上存在著一種比日常生活所能經驗的物質世界更高的真實，亦即概念（concept）與命題

（proposition），一如柏拉圖所謂的「理型」（ideas）。這種獨特的「實在論」（realism）讓他們兩人在一九〇三年取得了重大成果。摩爾出版了曠世之作《倫理學原理》（Principia Ethica）時，羅素也出版了《數學的原則》（Principles of Mathematics），正式發表他的「邏輯主義」（logicism）立場，主張：數學即邏輯，兩者本為一物。

聲名大噪之後，羅素也開始與他的學院導師懷德海（Alfred North Whitehead, 1861-1947）合作，企圖進一步證明所有的數學可從幾個「邏輯公理」（logical axiom）推論而來。一九〇九年年底，一份厚達四千五百頁的手稿送到了劍橋大學出版社，其成書《數學原理》（Principia Mathematica）最後分成三卷在一九一〇、一九一二、一九一三年陸續問世，是哲學史上的劃時代鉅著。

羅素曾在自傳說，他的人生受到三種激情的支配：愛情的渴望，對知識的追求，以及對人類苦難的憐憫之心。此言不假。因此他在撰寫《數學原理》期間，不但曾參選國會議員，倡議約漢‧彌爾曾在英國國會提出過的女性投票權主張，也試圖結束一段令他痛苦的（但之後仍有不少段的）婚姻。終於，在遇見維根斯坦的一九一一那年，他開始高調地和社交名媛莫瑞爾夫人（Lady Ottoline Morrell）有了外遇，並常分享他對維根斯坦的看法。而根據書信記載，羅素認為當時想讀哲學的都是喜歡「概括性論斷」（generalization）的人，但哲學的未來在於精確思想、在於真正具有科學視野的人身上，而他的夢想就是創建一個如數學家那般邏輯嚴謹的哲學學派。與維根斯坦的相遇，讓他以為夢想即將實現。

那年十月十八日，維根斯坦沒預約就闖入羅素的研究室。來自維也納富商家庭的他，俊秀、優雅且穿著時尚，舉手投足散發出貴族式的教養與藝術氣息。當時他二十二歲，是曼徹斯特大學（University of Manchester）的航空工程研究生，據說也是在歐洲同年紀最有錢的人；他認真讀過的哲學書籍，只有

叔本華（Schopenhauer）加上羅素和推薦他來劍橋的德國數學家弗雷格（Gottlob Frege, 1848-1925）之著作。半年後，羅素不僅視他為自己思想的繼承者，甚至期待他在哲學領域上超越自己。

當中的故事相當精彩，且絕對能滿足所有人對天才的想像。關於天才，約翰・彌爾想必是一種典型：他三歲學希臘文，八歲以前即熟悉包括柏拉圖對話錄在內的古希臘文史哲作品，同時閱讀英國史並學習天文學和物理學，之後開始學習拉丁文、代數、幾何，十二歲起則認真研究亞里斯多德、中世紀邏輯以及亞當斯密（Adam Smith）和李嘉圖（David Ricardo）的政治經濟學，二十歲時陷入嚴重憂鬱差一點崩潰，最後靠詩詞作品以及愛上有夫之婦才徹底走出精神危機。

事實上，從未進入大學就讀的彌爾本人是最早受邀加入「劍橋使徒」的外人，與剛從愛丁堡大學醫學院畢業過來劍橋改念神學、準備當牧師的達爾文（Charles Darwin）同期。從許多方面來看，羅素本人可謂符合彌爾那種典型，在學術上既有開創但也算是集大成者，而且本身有願意效仿的典範。

但，維根斯坦不是。他本人十分熟童年即大放異彩的天才。他大哥三歲能彈鋼琴、拉小提琴，四歲就開始作曲，就是一位天才，至於其他幾位哥哥與姊姊也不遑多讓。而幼時大哥和三哥相繼自殺（日後還有二哥）或許也讓他提早意識到比憂鬱更強烈的厭世。除了才華洋溢、內在衝突、遺世獨立等典型的特徵之外，維根斯坦多了一點：相信天才是「最高的道德，因此也是每個人的責任！」

二、介於邏輯與罪之間的是神聖領域

維根斯坦本人對天才的理解並視其為人之所以為人的義務，是本書作者雷伊・孟克的敘事主軸，

也因此《天才的責任：維根斯坦傳》（Ludwig Wittgenstein: The Duty of Genius）有了醒目的書名。孟克曾於牛津大學研究維根斯坦的數學哲學，因為有感於太多人誤解他的思想而放棄博士論文，轉向傳記寫作，不僅對「哲人傳記」作為一種文類有獨到見解，也致力於實踐其「傳記哲學」。

孟克於一九九一年出版本書之後，隨即在英國南安普敦大學（University of Southampton）取得教職任教至今，專長是數學哲學、分析哲學以及歐陸哲學，更於一九九七年「後分析哲學中心」（Centre for Post-Analytic Philosophy）成立後長期擔任主任。當年的開幕演講，邀請了許多人視為當代最傑出哲學家的伯納·威廉斯（Bernard Williams, 1929-2003），題目是「哲學可能會變成怎樣？」（What Might Philosophy Become?）。其內容圍繞在人們應當如何理解、繼受維根斯坦的思想遺產之上，以及如何走出龐大文獻所堆積起來的巨塔，方能讓哲學回應當前更迫切的人類處境。

之所以有這樣的主題，一來是因為維根斯坦百年來佔據了英美分析哲學的核心位置，其思想不僅形塑了二十世紀邏輯、知識論、語言哲學、心靈哲學、社會科學哲學乃至倫理學與政治哲學的發展，也啟發了神學、人類學、文學理論、文化研究等學門的研究，近來的影響力更深入了心理學、認知科學以及人工智慧等領域。二來是這現象在某程度上是後人使用、挪用與誤用他兩本著作中的概念與洞見所致：《邏輯哲學論》（Tractatus Logico-Philosophicus）和《哲學研究》（Philosophical Investigations），分別於一九二一年和一九五三年出版。

雖然兩書問世之初普遍被視為天書，卻也足以吸引大批讀者按自己的理解來辯護或批評。支持前者的，往往將維根斯坦與摩爾、羅素並列為分析哲學家奠基人；青睞後者的，則傾向奉他為後分析哲學的宗師，甚至認為他是那長期涇渭分明的分析哲學與歐陸哲學——尤其是德國的海德格（Martin

Heidegger, 1889-1976）或法國的德希達（Jacques Derrida, 1930-2004）——兩大傳統之橋接點。及至今日，

不僅關於書中特定段落細節該如何「詮釋」（interpret）其文本意思與意義，亦或「解釋」（explain）其書

寫動機與想法來源（解釋與詮釋的差異對維根斯坦本人至關重要，本文後有說明），學界仍眾說紛紜，

對於兩書的整體目的，說法也莫衷一是。

尤有甚者，兩書差異也開啟了「是否存在兩個維根斯坦」的爭議。相較於多數人各自擇取其前期或

後期著作來闡釋或延伸，亦有學者試圖讓人理解維根斯坦終究只有一位，並相信存有一個貫穿前後兩

期的核心關懷。

孟克是採取後一種的代表人物，而「天才的責任／天才之為義務」正是讓他掌握維根斯坦前後期連

貫性的主要線索；這是本傳記的敘事切入點，也是理解作者貢獻的關鍵。進一步解釋，根據孟克的查

證，維根斯坦關於天才的理解其實來自他高中時閱讀魏寧格（Otto Weininger, 1880-1903）的《性與性格》

（Sex and Character）。這位形塑了他早期思想最重要的奧地利作家既反猶且厭女，出版該書後不久便選

擇在貝多芬去世的房間內舉槍自盡，得年二十三。

魏寧格主張：純粹男人與純粹女人只存在於柏拉圖的理型世界，人世間的男女其實每一個都是雌

雄同體，一方面具有純然受制於性慾的女性特質，一方面則備有追求其他價值理想的男性特質，故活

著就是一場內在的兩性較量，當內在男性面勝出時，人才能有靈魂和自由意志。換言之，靈魂是一種

高尚的成就。女人和猶太人註定沒有，唯有男人才能進入此一境界。珍愛自己的男性潛力並成就靈魂，

於是乃所有男人的道德責任。而其能企及的最高境界，就是成為一個思想清晰、辨別是非，且不受性

慾羈絆、不受塵世玷污的人——亦即真正的天才。

據說，維根斯坦剛去劍橋時，常在半夜去敲羅素的門，進去之後卻總是來回踱步，一語不發，若開口則說他離開之後會自殺，因此怎麼也不能請他出門。有一天，羅素忍不住問他：你是在想邏輯的事，還是自己的罪？維根斯坦答說：兩者都有。然後一切再歸死寂。

這個羅素在茶餘飯後喜歡講的故事，置於上述的脈絡當中，突顯出了幾件事以及本書的重要性。

首先，維根斯坦去劍橋追隨羅素或許不純粹為了研究邏輯，而是想盡一個男人的道德責任。更重要的是，他並不認為哲學有多偉大，對羅素所設想的數學哲學學派既不感興趣，也不認為科學才是人類未來的希望所在。因此，維根斯坦注定不會走上羅素幫他鋪好的康莊大道。

事實上，相較於成為另一個羅素，本書告訴讀者維根斯坦應是以貝多芬作為榜樣的。他的學生也是他後來的心理醫生德魯利（Maurice Drury, 1907-1976）之回憶，似乎亦印證此事。據他說，有回維根斯坦見到他時相當懊惱，一問才知他剛路過一間書店，看到了櫥窗上掛著羅素、佛洛伊德和愛因斯坦的肖像，後來在唱片行則看到了貝多芬、舒伯特和蕭邦，想起了人類的精神文明竟然在一百年之間墮落得如此厲害。想必維根斯坦不願讓自己更墮落下去。

再者，維根斯坦的回答是認真的，但羅素以為是玩笑。或許這裡埋下了兩人遲早分道揚鑣的伏筆。

不過，原因並不單純是幽默與陰鬱兩種個性的不合，而是背後關於更嚴肅的人生意義的問題。本書一再提及維根斯坦對道德的看重，而道德對他來說乃「源自對於人生意義、絕對的善以及絕對價值」的渴求，且科學在這方面滿足不了我們。更重要的是，他說：「凡是善的，就是神聖的。雖然聽來古怪，但這話總結了我的倫理學。」這正是貫穿本傳記的主要線索。

三、「Ｗ→Ｗ2」命題中的「→」，或說宗教覺醒

不意外，初識維根斯坦的羅素並不知情，因此當前者是一位高智商、低情商的天之驕子，正如他也不曉得此前維根斯坦其實也找過同樣堅持觀念實在論的弗雷格。亟欲想確定自己能否研究哲學的維根斯坦，焦急的不是多數年輕人的擇業問題，而是出自於存在焦慮，此時唯有透過一位他真正看得起、信得過的專家來判斷，才能解決問題。換言之，維根斯坦真正面對的是一個深具倫理意涵的神聖命題。同時也被面試的羅素並沒有看出來，更別說其他成千上萬的研究者。

事實上，維根斯坦在劍橋待了兩年，就不顧羅素的反對去了挪威，獨居在一間峽灣邊的小木屋，苦思邏輯問題並天天做筆記。隔年夏天回奧地利時他碰上了祖國對塞爾維亞宣戰，一來因為無法離境，二來他想從事不同於抽象思考的工作，他便先是當志願軍，之後如願上了前線，但在一九一八年奧、匈聯軍潰敗之際，卻被義軍關入了戰俘營。《邏輯哲學論》完稿於被俘之前，而根據本書的描述，維根斯坦似乎在前線時與上帝的關係最近，被俘將近一年之間不僅想過出家當神父，也樂於陪孩子讀《聖經》，但最後決定接受師培，去當小學教師。

離開戰俘營之後，他毅然決然放棄了所有的財產，接著長達六年的時間，他輾轉於維也納郊區的學校，因故辭職後從事過園藝工作，最後才如願以償成了一位合格建築師。維也納市中心有一間極簡風的「維根斯坦屋」（Haus Wittgenstein），就是他與合夥人恩格曼（Paul Engelmann, 1891-1965）共同設計的；其目前的承租方是保加利亞駐維也納大使館的文化部。

尤須注意的是，維根斯坦認真想當建築師並不單因為身上同時流著藝術家與工程師的血，而是他

認為《邏輯哲學論》已經解決了所有的哲學問題。沒錯，是「所有」而不只是他個人在意的邏輯問題。由於哲學問題全都源自人們對內建於語言的邏輯之誤解，所以當這邏輯被釐清之後，過去的種種哲學問題也將跟著隨風而去。

然而，關於這一本書的誤解卻隨之而來。先是沒有出版社願意出版，最後能問世，全是因為羅素幫忙寫了一篇導讀。但維根斯坦感激之餘，卻認為他根本沒弄懂內容。而出版後，誤解則更多。及至這本傳記出版之前，多數人仍然將它讀成一本「邏輯實證主義」(logical positivism) 著作。這種主義主張，唯有在經驗能被檢證的假設才有意義，關於上帝或任何類似的形上學命題因此沒有意義，同理，關於道德的命題也一樣，最多不過是一種情緒的表達。

根據孟克，恩格曼是為了破除這種誤解，才將他和維根斯坦兩人的密切往來與對話公諸於世。雖然當時保留了維根斯坦對他的柏拉圖式愛情告白（以及真正想出家的理由），但內容足以讓人確認他不但主動聊信仰、與上帝的關係以及自己的屬靈掙扎，更重要的是該書其實源自一種道德動機，亦即想藉由嚴格劃分出能說與不能說的領域，來保留那一個只能體驗但不能言說的神聖空間。因此，維根斯坦才會在《邏輯哲學論》前言說出：「能說的就能清楚說出，不能說的就必須保持沉默。」這書本身就是關乎能說的事物，而他也盡力去說清楚了，其他不能說的，人若硬要去說，則是逾越了邏輯畫出來的界限，等同在道德上犯了罪，且是一種褻瀆！

恩格曼與維根斯坦的書信集並未改變學界將維根斯坦思想分成前、後兩期，然後擇取其一來研究的慣例；企圖從《邏輯哲學論》或《哲學研究》文本當中提煉出一個柏拉圖理型般的純粹版維根斯坦，也大有人在。相較於前者常被置於邏輯實證主義脈絡來解讀，後者則被不少人理解為通往「行為主義」

（behaviourism）之路。行為主義認為人類行為必須從外在觀察，並找出其決定行為的因果關係法則才能理解，基本上是一種實證主義科學觀。前文提過的德魯利，對此理解提出了強烈的反駁。身為維根斯坦弟子的他，強調前者真正在意的是倫理、宗教以及文化，但研究者卻總把他誤解成一位科學崇拜者。是故，他出版了一本詳實記載兩人長達二十年的對話和筆談，《文字的危險》（The Danger of Words, 1973），反駁那些硬將維根斯坦塞入他所強烈反對的科學陣營當中的「立意良善評論者」。

孟克這本傳記的寫作在相當大程度上受益於恩格曼與德魯利，且基本上可說為了反駁那些將維根斯坦當成雙重人格病患的詮釋而振筆疾書。若以符號 W 來代表維根斯坦，那麼，W1 和 W2 分指前後期，那麼，孟克雖承認「W1 ≠ W2」，但不認同存在絕對的「W1 vs. W2」，並且把焦點放在「W1 ↓ W2」的「↓」之上。於是，本書一方面從多方呈現這箭頭的內涵，一方面則致力於讓讀者理解推動其往前的力量是道德感，而所謂的道德，則是關乎絕對性的神聖價值之追求。

不過，那股力量卻於一戰期間趨向更濃烈的「宗教覺醒」，恩格曼提供了不少的佐證。但，真正讓孟克得以能把故事講完整的，是維根斯坦高徒安斯康姆（Elizabeth Anscombe, 1919-2001）的回憶。她是復興了「德性倫理學」（virtue ethics）、使其能在今日與康德倫理學和效益主義（utilitarianism）並立的傑出哲學家，既是維根斯坦著作的主要譯者和重要詮釋者，也是他晚景淒涼時身邊能見到的親近朋友。透過她，我們得知，維根斯坦不僅曾在一篇未出版的前言中直說，他的書寫其實是為了「榮耀上帝」（to the glory of God），更在臨終前囑咐她去找一位牧師來聊上帝，不討論神學，就聊他以前一直排斥的那個上帝！

四、遺世獨立的《邏輯哲學論》

短短八十頁的《邏輯哲學論》，呈現方式類似今日製作 PPT 時的文字輸入，一句話底下可加上補充來解釋或呈現要點。只不過，不同於藉字體大小來區別主句與輔句，維根斯坦採取數字來標示，例如 1, 1.1, 1.11, 1.12 等標號，以此類推；而全書僅有底下七個主句，或說「命題」（proposition）：

1. 世界是所有發生的事物。（The world is everything that is the case.）

2. 發生的事物是原子性事態的存在。（What is the case – a fact – is the existence of states of affairs.）

3. 事實的邏輯圖像是思想。（A logical picture of facts is a thought.）

4. 思想是具有意義的命題。（A thought is a proposition with a sense.）

5. 命題是基本命題的真值函數。（A proposition is a truth-function of elementary propositions.）

6. 命題的一般形式是真值函數的一般形式，它是 $[\bar{p}, \bar{\xi}, N(\bar{\xi})]$。這也是一般命題的形式。（The general form of truth-function is $[\bar{p}, \bar{\xi}, N(\bar{\xi})]$. This is the general form of proposition.）

7. 對於不可說的東西我們必須保持沉默。（Whereof one cannot speak, thereof one must be silent.）

命題（7）在前言出現過，且是唯一沒有補充的命題。這裡的英文部份取自孟克所使用的英文譯本，中譯來自中文維基百科的「《邏輯哲學論》」條目。該書原以德文書寫，學界通用的英文譯本有兩個，且隨研究發展而每隔幾年會修訂版。不意外，每個版本也反映了當時譯者或修訂者的詮釋，中譯版也是。

本傳記對《邏輯哲學論》的著墨，主要在於呈現維根斯坦的書寫背景、意圖，以及出版前後的命運多舛。對孟克來說，人們採取什麼樣的角度或立場來進入該書的文本，才是關鍵。也因此他在二〇〇五年出版過一本《如何閱讀維根斯坦》（How to Read Wittgenstein）來指出，關於文本枝微末節的理解其實無助於爭議的停歇。

其實，這本傳記提供了特定細節的重要資訊，有助於讀者對維根斯坦的整體理解。進一步解釋，維根斯坦於《邏輯哲學論》前言開宗明義地說：這書替人類的思想劃出一條界線，二分能思考的範圍以及思想所不能表達的領域。實際的方法當然僅能透過限制前者來空出後者，畢竟人們終究得仰賴語言來思考，才能完成這一件事，因此邏輯上根本不能走出那範圍之外來進行，而是必須站在那範圍之內，指著那不可說的外面讓其他人看到。維根斯坦的意思似乎是，使用語言才能思考的我們，猶如下象棋時的局中人，不能像側邊的觀棋者總能看到棋盤中間那一條楚河漢界。

與此同時，維根斯坦也明確表示《邏輯哲學論》的「價值」（value）不僅止於寫出來的思想部分，那沒寫出來的才更加重要。這句話蘊涵兩個至關重要的意涵。第一，倘若為真，那麼鑑於他也說整本書的「意義」（meaning）可總結為上述命題（7），則前言加上內文所有透過文字方式來表述的全部想法，嚴格來說是那命題中僅有的那一句話及其補充；一如懷德海曾說：整部西方哲學史不過是一連串對柏拉圖的註腳，《邏輯哲學論》裡之前的所有命題及其補充，根本是命題（7）的註腳。第二，置於此一脈絡當中，沒寫即是保持沉默，而保持沉默不僅因為那領域據其理解本來就不能藉語言以命題方式來表述，更重要的是，這沈默本身具有意義，也就是對這關乎上帝、生命意義、美學以及倫理學等傳統上被視為價值哲學的整個領域具有意義。

鑑於維根斯坦也在此區分「說」（to say）與「顯」（to show）的差異，甚至說「能被顯示的就不能用說的」（What can be shown cannot be said. —4.1212），且這「說／顯」二分的重要性，對孟克來說並不下於「能說」與「不能說」之別，於是當維根斯坦斷定《邏輯哲學論》最終所傳遞給讀者的訊息，是顛撲不破且不可動搖的「真理」（truth），則這似乎也包括了他透過以沈默的方式來「彰顯」對於那不該說事物的珍視、包括了一種尊重乃至敬畏的態度。

然而，倘若我們跳開這前言直奔本文，從命題（1）開始讀起，並把命題（7）當作前面所有命題一步步邏輯推論出來的結論，所以無需再做解釋，那麼理解出來的，可能差異甚鉅。首先，前六個命題的似乎共同指向：命題是能被檢證真假的關於特定事態之描述；唯有關於實際存在事物的描述才是命題，才具有真值函數，或說才具有意義。

當然，此處的「意義」（sense）指的是「能指涉特定的事態」，也就是具體存在世上的事物。一個關於特定事物的描述（命題）如果符合事實，也就是世上果真存在如同那描述的事物（事態），則是為「真」，反之則為「假」。如此一來，「truth」必須是一種「符合事實的陳述」，且唯有具體存在於世界的事物才能被如此檢測、才構成一個命題的內涵。這是所謂的「真理符應論」（correspondence theory of truth）；反之，指涉不具體存在事物的命題（例如上帝、美或生命意義）的描述則「不具意義」（senseless），關於這些「不該說」事物的命題於是成了「廢話」（nonsense）。或許也因為維根斯坦使用「廢話」一詞來指涉此類常見於傳統哲學句子，所以，邏輯上這似乎意味著他認為關於上帝與道德的陳述，都是沒有「意義」（因為指涉不到存在的實體）的廢話。

這不就是邏輯實證論的主張？若想避免講廢話，我們只好對於神聖領域或關乎人生意義的道德領

域保持沈默，專心致力於檢證那些可被檢證的陳述（真正的命題），那無疑就只剩下自然科學研究。如此理解的話，維根斯坦所說的一切似乎是在替邏輯實證主義背書。

等等，歷史先後順序得先確認。孟克描繪了維也納大學的科學哲學家石里克（Moritz Schlick, 1882-1936）在創立邏輯實證主義之前如何推崇《邏輯哲學論》，以及他一九二六年首次前往會晤作者維根斯坦時的心情，甚至被妻子笑說根本就像是去朝聖。隔年，維根斯坦應邀參加了石里克為首的讀書會，並開始重新思考了該書令他不滿意之處。但維根斯坦終究無法接受實證主義，最後決定回劍橋重拾哲學研究。

哲學家傳記的貢獻至此無須再多說。不過，即使不慮及維根斯道德感強烈的書寫動機，相信眼尖的讀者也能看出，邏輯實證論者的解讀不僅有違前言的精神，對當中幾個關鍵字的理解甚至與作者說的相去甚遠。僅以「truth」為例，既然一個命題的內容（不管是名詞、屬性或關係）必須指涉實際存在物才具有「意思」（sense），那維根斯坦所說整本書想傳達的「truth」（以及整本書的「meaning」）到底對應了世上的什麼東西？沒有對應物，就不具意思。採取符應式真理觀的人似乎沒辦法把維根斯坦的話當真。

如果改採真理一貫論（coherence theory of truth），那麼書中命題的出現順序不僅必須是一種嚴謹的邏輯關係，作為命題（7）的結論，也就是那真理。但這樣的真理似乎不能替關於現實世界的既有知識增添什麼資訊，就像大家熟知的「凡人皆會死，蘇格拉底是人，所以蘇格拉底會死」三段式論證那樣，是一種前提本身蘊含了結論的「套套邏輯」（tautology）。然而舉凡能自圓其說的宗教信仰皆能如此，難不成維根斯坦當邏輯本身是一種信仰？

或許，充滿神秘色彩的維根斯坦，作品也注定成謎，且近年來有一個所謂的「新維根斯坦」（New Wittgenstein）學派乾脆以此為預設來重新詮釋。他們主張：既然沒有對應物的命題沒有意義，那就不可能傳達真理，甚至既不能說也不能顯；《邏輯哲學論》當中的命題正是如此，但整體來看的話仍然可以傳達一個「關於哲學」的真理，那就是——所有哲學命題都沒意義，故任何哲學思考到最後都是廢話連篇。再一次，維根斯坦若非想處死哲學，就是想一次殺光所有哲學問題。而「真理」就是別再搞哲學了！

對此，孟克在《如何閱讀維根斯坦》援引了本傳記的內容來強調，維根斯坦在撰寫《邏輯哲學論》當時，真的相信命題具有意義，正如命題（3）所宣稱。這想法來自他在一戰期間從雜誌上閱讀的一則報導。事關一起車禍，報導詳細描述了某巴黎法院的攻防當中，當事人將事情的發生以模型來清楚地展演了事件相關的各種事物，包括人、車子、房子等等。維根斯坦相信命題能以圖像來表示。當一切符合事實的時候就是一幅「邏輯圖像」。邏輯指的是事物之間的實際關聯。當然，它本身不像冰箱內的蘋果那樣存在世上，卻能指涉真實世界的一部分——就像「0」這數字，因不能指涉具體事物所以「senseless」，但絕非「nonsense」。

對維根斯坦來說，邏輯不是羅素或石里克口中的「公理」或推論法則，而是一種理解具體世界不可或缺的「超越性」（transcendental）存在。能如此釐清邏輯與世界兩者關係的心智活動，是為「哲學」。

五、一場劍橋人玩的哲學遊戲

根據這本傳記，維根斯坦回劍橋後，找的不是正在倫敦忙著參與費邊社政治改革運動、創辦實驗

小學以及第二段婚姻生活的羅素，而是另一位曠世天才，小維根斯坦十四歲的拉姆齊（Frank Ramsey, 1903-30）。拉姆齊剛入學不久就開始幫忙奧格登（C. K. Ogden, 1889-1957）翻譯《邏輯哲學論》，不僅因為在隔年開學前，他曾遠赴維也納找作者逐句討論了兩個星期，更因為他提出的問題切中要害，讓維根斯坦深覺他或許將是世上唯一的知音。

進一步解釋，邏輯實證主義最為人詬病之處，就是缺乏一個具說服力的論述來區隔自己與其他強調科學實證的理論，例如深植於英國哲學傳統的經驗主義或法國十九世紀的實證主義，畢竟科學研究本來就不反對運用邏輯與數學來進行經驗假設的檢測。多了「邏輯」一詞作為門派稱號來行走江湖，若不提出一個事實與邏輯之必然關係的理論，終將難以服眾。

事實上，拉姆齊也早看穿了這一點，並據此對維根斯坦和邏輯實證論相通之處提出了尖銳的質疑，同時也指出了羅素在導讀中的誤解。

拉姆齊的初試啼聲，就在最頂尖的哲學期刊《心靈》（Mind）上發表了一篇《邏輯哲學論》的書評，劍指維根斯坦相信可表述世界中一切事實可轉化為邏輯命題的理由，例如「現在若非有下雨，就是沒有在下雨」。對維根斯坦來說，這句式本身不能告訴我們到底現在有沒有在下雨，但卻提供了世界當中像「下雨」這種小到不可能再切割的事實，亦即上述命題（2）所說的「原子事態」一個不能自相矛盾的「邏輯形式」（logical form）。

拉姆齊將焦點放在維根斯坦的另一個例子：關於眼睛所見任一小點的顏色，也同樣不能違背「顏色的邏輯結構」，不可能同時是紅色和藍色。他指出這種事不能被化約為邏輯命題，因為某物的顏色不但取決於人類的視覺結構，也受外在物理條件的影響。所以，連「這是紅色」都稱不上是原子事態（而是

關於很多包括光、粒子行進速度、物質特性乃至空間存在方式），更何況像「這既是紅色也是藍色」這看似矛盾的句子。一言以蔽之，邏輯分析與物理分析兩者之間的關係，本身猶待釐清。

當年，拉姆齊才二十歲。正是這問題讓維根斯坦陷入長考，最後甚至回到劍橋跟他讀博士。如果說，維根斯坦是史上最缺正式哲學訓練、橫空出世的哲學天才，那拉姆齊也不遑多讓。相較於維根斯坦生前只出版過一本書，一篇書評，加上一篇會議論文（那是英國哲學界最重要的年會，他交了稿但開會時突然改談另一個主題），正式擔任他指導教授的拉姆齊在二十六歲之前已出版過六本艱深的學術著作，學界至今尚未將其思想完全消化。只是天妒英才，未滿二十七歲他就與世長辭。

不過，這兩位天才至少曾經並存且惺惺相惜。擔任博導半年的拉姆齊決定讓維根斯坦以《邏輯哲學論》代替論文提出博士論文口試，並敦請了摩爾當校內口委，流落在外的羅素則剛好擔任校外口委。頗有康德在《純粹理性批判》一書當中以切割「物自身」與「現象界」兩域方式，來界定人類知識所能企及的極限與屬性之宏旨。這也是多數人所理解《邏輯哲學論》能成為經典的原因。兩位哲學家的主要差別在於，康德聚焦於人類知識本身的先決條件，包括因、果、單一性、多數性、偶然性、必然性等十二個根本概念或「範疇」（category），缺之將不可能以人類的方式認識世界，但藉此才能建立的認知體系也等同於受限；而維根斯坦卻把焦點轉向語言和思想之間的關係，想從釐清內建於語言（於是也等同思想）結構當中的邏輯，來區別「可以表述」和「無法表達」兩個領域之別。

然而，拉姆齊似乎從維根斯坦著作當中意識到了一個更古老的柏拉圖理型論問題。如果說世界上存在的事物，例如桌子、椅子或人手繪出的三角形，都有一個相應的「理型」存在於一個不受時空影響

的更真實世界，且現象世界的事物相較於理型世界的相應物，都既不完美也會腐化。那，具體的桌子和桌子的理型兩者之間究竟是什麼關係？理型如何讓物質成為它的山寨版？如何得以進入時間與空間當中？柏拉圖並未處理此類因果關係。但，認定邏輯與數學概念為真實存在者（包括羅素在內），似乎不能避開此一問題。否則那不過是一種信仰。

無論如何，拉姆齊既不認為堅持觀念實在論的羅素確切理解了維根斯坦，也不認為後者意圖另外打造一個「邏輯上完美的語言」（logically perfect language）。雖然拉姆齊不認為維根斯坦解決了問題，但終究能看出後者的天份與處理問題的重要性，畢竟，整個當代哲學乃至未來基礎科學的理論，似乎懸乎於此。羅素雖然大喊荒謬至極，但也同意和摩爾共同擔任口委，並同意讓維根斯坦取得了博士學位。

行禮如儀的口試結束之際，維根斯坦拍拍他們兩位的肩膀說：沒關係，我知道你們永遠不會懂的。」隔年，維根斯坦正式在劍橋哲學系講課。

千萬別問為何一年可拿博士或論文上有沒有教授簽名這種事，那也許只能證明了我們和劍橋天才的差別。更重要的是，每個團體都有一套令其運作的遊戲規則，成員不僅熟悉其「規則」並且知道怎麼「玩」才對，而只知規則而不會玩的人其實稱不上真正的「懂」（understand）。這些正是後期維根斯坦的「語言遊戲」（language game）概念所欲處理的問題。

六、語言遊戲作為一種以圖攻圖策略

維根斯坦回歸劍橋時備受矚目，開始講課後關於他的哲學轉向以及即將提出一套新哲學的消息，

也不脛而走。不過，他從未再寫出一本他認為滿意、可以出版的專書，倒是留下了為數不少的筆記和手稿。所謂的「後期維根斯坦」，指的是從這些遺稿當中編輯而成的著作。完成度最高的是《哲學研究》，維根斯坦過世後兩年出版，前半處理語言哲學，後半則是心靈哲學。

孟克多次提到，前後兩期雖然差異甚鉅，但對語言的關注是共通處。在致力於釐清內建於思想之語言邏輯的前期，仍認定邏輯命題只有一種形式，但後期則不僅否定自然語言當中只有（或該有，如同羅素所理解）一種語言邏輯，並強烈反對這種那種追求「一體適用之通說」（general theory）的哲學研究，包括羅素以及自己過去的那種邏輯理論。

另一方面，本書也讓我們看到，即使天才如維根斯坦也不曾輕忽師生同儕的質疑，並為之搜索枯腸，甚至也同樣看重非哲學領域學者的提問。最經典的例子或許是經濟學家斯拉法（Piero Sraffa, 1898-1983）。這位留學倫敦政經學院而認識凱因斯、後才來到劍橋開創了新李嘉圖學派（Neo-Ricardianism）的義大利人，聽完維根斯坦對於「邏輯形式」的解釋後，摸摸下巴煞有其事地問：「那你這個（唯有邏輯形式才對）的邏輯形式是什麼？」換言之，當我們高呼命題必須符應世上存在事物才具真值時，那到底什麼事情保證了這一件事本身為真？

無論如何，一翻開《哲學研究》內文即可看到的就是處理圖示表達的第一節，深究一下應當是掌握維根斯坦前後期差異的捷徑。第一段取自奧古斯丁（Augustine）《懺悔錄》（Confessions）的一段話，講述作者自己總是從長輩在說出某字並走向某物當中，確定特定的字與物之對應關係，來學會使用語言。下一段則討論了這種「字─物」互相對應的想像，並指出這是一幅關於人類語言之本質的根本圖式，讓人把字詞的意思想成了特定的物體，把「意義」（meaning）等同了「指涉之物」。第三段接著指出奧古斯

丁在此並未區分語詞的類別，而是僅以一種名詞（包括「桌子」、「椅子」、「麵包」以及人名）為例，來建構一幅關於語言功能的想像：語言的根本功能是「命名」（naming）。

礙於篇幅，本文不能窮究這三段話的豐富意涵，能講的只是維根斯坦意在說明一個根植哲學家心中的錯誤觀念，包括羅素和以前的自己。其錯誤在於把「符應」視為文字的唯一意義所在，語言的功能，以及哲學命題的基本屬性。因此，即使他本人和羅素過去意識到了文字本身有不同種類，可指涉物件、屬性、關係，並藉此否定了古典邏輯理論，但終究未意識到如此思考命題本身也犯了錯誤的類似「命題—事態」想像，猶如命題是某一組事物的名字。

值得一提的是，孟克於本書精準指出維根斯坦本人明白奧古斯丁話並非意在「理論化」（theorize）人類語言，而是用來描繪語言學習過程的一幅「圖像」。但既然因為這是一幅衍生了各種哲學理論的圖像，且根植人心，反駁的方式似乎唯有採取另一幅圖像才能行。於是有了底下這一段話：

我們來設想如下這種使用語言的情況：我讓某人去買東西。我給他一張紙條，上面寫著「五個紅蘋果」。他拿著這張紙條找到店員，店員拉開一個標著「蘋果」的抽屜；他又在一張表格是查到「紅的」這個詞並找到與之相對的顏色樣本；然後他按基數序列——我假定他記得這些數——一直數到五，每數一個數，他就從抽屜裡拿出一個與樣本同顏色的蘋果。

如此歷歷在目的超現實情節，可謂是一種「以圖攻圖」策略的示範，且蘊含了一個新的哲學方法。

進一步解釋，首先，這是維根斯坦本人親自示範的一個「語言遊戲」。現實上根本不會出現這樣的

情節，所以是一種遊戲，且相當嚴肅，因為每個步驟一方面突顯了我們如何認識並使用不同種類的字詞，一方面則指出了不同字詞使用時的心智運作過程。「蘋果」一詞的使用符合最原始的「字－物」模式，但「五」已涉及了對數字序列的想像力，且這想像力還源自記憶力，而「紅色」則更涉及了視覺作為一種人類的感官能力與認知結構，故嚴格說並非一種（不涉及人類主觀認知的）客觀事態。

再者，當我們閱讀這一段話的時候，其實也在使用想像力，以多幅圖像依時序排列的方式構成一則短片。而這意味著：（一）沒有具體事物的存在仍然可以有圖示理解，亦或命題，畢竟那曾經對維根斯坦來說指涉一種「連串事物」（articulate）、（二）即使指涉不存在事物的命題其實也有意義，以及（三）人們可以藉由文字來提供彼此能分享的圖像思考，因此內在想像不但具有「公共性」，人們也不像那些「行為主義者」所說，必須靠「外在行為」觀察才能理解另一個人在想什麼。

第三，如果我們承認藉此表達出來的圖像遠比抽象文字所構成的理論來得有力量，且解釋力更高，那麼，譬喻、類比、象徵性表述乃至真實的圖案、影像或能達至類似功能的文學與藝術，不僅在傳達訊息上更加有力，也唯有如此才能獲得的訊息，能讓人「懂」（understand）倫理與藝術等對人生真正重要的事物。事實上，上面的語言遊戲之所以超現實，乃因人們日常生活不會這樣來買蘋果，然而之所以不用如此，更是因為人總能看穿另一個人的心思、意念、動機、情緒，甚至靈魂，尤其是身邊親近的人。那是一種憑經驗累積加上直覺，加上某程度人類共通性為基礎，才能獲得的一種「懂」，無論再如何精確的因果關係模型或科學定律，也取代不了這一種理解。

至此，讀者當可猜想《哲學研究》將如何展開，許多對人文與社會學科產生重要影響的概念，都來自接下來的內文。孟克告訴我們，此時期的維根斯坦受到了文豪歌德（Johann Wolfgang Goethe）的影響，

意識到語言是一種具有生命的活物，既是理性思考不可或缺的工具，更是想像力的發揮本身和媒介，讓人藉以表達各種情感、想法與「世界觀」——亦即從特定角度來觀看世界的方式，且看到的只是世界整體的某個面向，從不可能是全部。

據此，當一群人共享某個內建了特定「面向觀看」（Aspect seeing）的語言時，等同共享一個「生活方式」（form of life），而一個生活方式本身當然也內建了一套（遊戲）規則（例如那一場神秘的口試），外人若想理解，必須仰賴維根斯坦所謂的「不可量化的證據」（imponderable evidence），而非原有的認知或科學化的量化指標。

這似乎也指出一條走出（哲學）同溫層的路。維根斯坦研究者文區（Peter Winch）曾說：「認真研究另一個生活方式，無非是想讓我們從原先的擴展出去，而不是將它納入自己的現有領域之內。」或許這也是維根斯坦為何會說，理解他的人在爬上樓梯之後，必須把梯子也丟掉！

七、結語：上帝讓哲學家洞悉人們眼前的一切

如此一來，維根斯坦從邏輯和語言哲學逐步走向了心理學乃至認知科學，想必讀者亦可從中指認其思想對自己領域或深或淺的影響。然而孟克最想讓我們理解的似乎是，想從「語言遊戲」概念建構一個關於語言本質的理論，其實離維根斯坦很遠，而那些想從他後期著作中提煉出一套命題系統的哲學學者，離得最遠！

這跟作者為何選擇以「哲學傳記」為職志的理由有關。本書就是他展現自己對維根斯坦哲學之理解

並具體實踐的唯一方式。

除了歌德之外，孟克也告訴我們後期的維根斯坦受到心理分析學之父佛洛伊德（Sigmund Freud）的啟發，特別展現於《夢的解析》（The Interpretation of Dreams）當中的方法。維根斯坦清楚佛洛伊德本身並未在此提出一個符合嚴謹自然科學的「因果解釋」（causal explanation）理論，也沒辦法在夢與意義之上建立一個如同「字一物」般的「因一果」對應關係。但其所謂的「意義」，卻是真正能讓患者接受並因應日常生活的一種解釋，或更嚴格地說是「詮釋」（interpretation）。

相較於意圖將夢化約為特定律則性關係的解釋，這種詮釋的進行方式致力於讓當事人能看見自己生活故事當中未曾理解的不同細節之關聯性。一如拉姆齊看出了他著作當中最細微之處，後期維根斯坦也聚焦於日常生活當中那些「毫不起眼的細節」（triviality）。五個紅蘋果的語言遊戲就是為了讓人看出日常語言中被人忽略但卻隱藏巨大哲學意涵的細節。讓人「看見事物的關聯」（seeing connections）且是以當事人也能理解的方式來懂，才是哲學的真正目的。

哲學不是教條，也不是一套命題系統，但仍然是一種活動，其目的在於「治療」那些肇因語言習慣和屬性的各種思想錯誤，特別是那些兩千百年來困擾哲學家的命題。相較於前期致力於單一語言邏輯的確立，並藉此切割那可說與不可說、能想與不能想的範圍，哲學活動在後期維根斯坦當中，一方面繼續消極地掃除錯誤的哲學思考方式，不讓關於倫理、美學、宗教等重要價值被排除或壓縮在抽象的命題之內，一方面則更加積極地擁抱這些日常生活當中真正重要的事物和體驗。

換言之，日常語言不再是人類認知與世界真相的有色眼鏡，或甚至是哈哈鏡，而是上帝的調色盤，一如本文開端另一句引言所說——其實生活和宗教一樣，充滿了色彩。治療過後的哲學家，當能以另

一種方式來觀看世界，甚至再次享受攤在人們眼前上帝創造的一切萬物。

是故，讀者應當不會意外他在剛剛的讚嘆過後，接著說：「上帝讓哲學家洞悉擺在人們眼前的一切！」「另人玩味的是，維根斯坦在《邏輯哲學論》最後一句話之前也說，懂他的人最後能「超越」（書中的）所有命題，然後正確地看待世界」。前後期哲學似乎都是為了讓人重新看待世界。前期的他手持一把大刀來切割兩個世界，後期則是拿手術刀來切割因為語病而產生的思想毒瘤。

這無疑成了孟克所奉行的「傳記哲學」。對他來說，太多的學者意圖將維根斯坦化約為前期、後期或其他的各種系統性命題。然而本傳記卻意圖透過呈現他不同時期、不同概念、不同哲學觀乃哲學與生命之間的各種細節，讓讀者看見當中的各種連結，他遵循的是後期維根斯坦所倡議的「描繪」（description），而非因果解釋。當然，這不代表如此的描繪不能解決或消除一些之前的誤解或命題，畢竟，一如前述的語言遊戲，以及其他蘊合於斷簡殘篇當中的洞見。

當然，這些洞見容或不同的詮釋可能。牛津哲人肯尼（Anthony Kenny, 1931-）亦曾指出這種態度根本把自然語言當成一種「原罪」（original sin）（Anthony Kenny, 1982），換言之，唯有重整語言才能將人類從巴別塔困境當中解救出來。肯尼的學生同時也是以研究維根斯坦著稱，甚至將其思想應用於電影批評的牛津才子馬爾霍爾（Stephen Mulhall, 1962-）更進而指出，後期維根斯坦的思想其實也應當讀成一種關於人類如何在伊甸園當中墮落的另一種「哲學神話」（philosophical myth）（Stephen Mulhall, 2005）。孟克本人或許不會完全認同，畢竟，他相當小心地區分作為一種制度性社會活動的宗教與「宗教性」（religiosity）的差異，且強調直至晚年，維根斯坦依然抗拒前者。但他肯定能接受維根斯坦的洞見具有高度的啟發性，讓人看見世界的多彩。

或許，我們也應該對孟克放棄博士論文轉向哲學傳記不感意外。這一本傳記提供人們對於維根斯坦的理解，遠大過於其他許多學術著作。除了本書之外，他也著有兩大冊羅素傳以及一本關於「原子彈之父」歐本海默（J. Robert Oppenheimer, 1904-67）的傳記，都是上乘之作。當然，正如生命不該被化約為哲學命題，一本傳記同樣也不能被一篇導讀所取代。這篇導讀不過是為了讓讀者能準備好進入維根斯坦的生命世界，從細節中體會其豐富蘊意，然後讚嘆。

1　Ludwig Wittgenstein(edited by G. H. von Wright; translated by Peter Winch), *Culture and Value*, (Chicago: University of Chicago Press, 1980), p.63.

致謝

我首先定要感謝 Monica Furlong，沒有她的支持，這本書不可能動筆。是她說服了時任海涅曼出版社主編的 David Godwin 考慮資助這一項寫作計畫。我同樣要大力感謝 David Godwin 本人，感謝他常保熱情，給予我親切的鼓勵。我還要感謝我的美國出版商，任職自由出版社的 Erwin Glikes，謝謝他慷慨支持。

起初我很擔心維根斯坦的遺稿繼承人萬一婉拒合作，這本傳記會胎死腹中。不過我要說情況正好相反。維根斯坦遺稿的三位保管人——馮·賴特教授（Georg Henrik von Wright）、安斯康姆教授（G. E. M. Anscombe）和已故的里斯教授（Rush Rhees）——都非常親切，不僅樂於合作，更多方協助，除了允許我引用維根斯坦未出版的手稿，還不辭辛勞回答了我許多問題，慷慨提供我本來無從知曉的訊息。

我要特別感謝馮·賴特教授，感謝他仔細回覆了我對於《哲學研究》撰述過程的推斷。儘管我一開始的想法並不成熟，他依然耐心回覆，而他探討維根斯坦兩大著作來由的文章，以及一絲不苟編纂的維根斯坦作品細目，更是我在寫作時不可或缺的輔助。安斯康姆教授多次同意跟我會面，暢談她對維根

斯坦的回憶，並且回答我的問題。我要特別感謝她慨然應允我調閱法蘭西斯・史金納（Francis Skinner）

寫給維根斯坦的信件。

　　里斯教授待我之親切，遠遠超出了責任所需。儘管他年事已高，身體孱弱，依然花了許多時間和

我討論，不僅展現了他對維根斯坦著作的無比博學，對維根斯坦的人格與哲學也有許多洞見。他還給

我看了許多我原本無從知曉的資料。他非常希望將自己所知傾囊相授，有一回甚至為我付了斯旺西的

旅館錢，好讓我們倆的討論不因我必須返回倫敦而中斷。他去世的消息傳來時，我剛寫完這本書，我

會永遠深深懷念他。

　　撰寫本書期間，還有幾位維根斯坦的友人也去世了，令人無限唏噓。羅伊・弗拉克（Roy Fouracre）

久病在床，但他夫人依然親切接待我，並給了我維根斯坦寫給她丈夫的信件副本。凱瑟琳・湯姆森女

士（Katherine Thomson）也是如此。她丈夫喬治・湯姆森教授（George Thomson）辭世前不久曾經表示

願意與我晤面，討論維根斯坦的蘇聯之行。愛德華・貝文醫師（Edward Bevan）於過世前一年左右和我

見了面，他和貝文夫人的回憶構成了本書第二十七章的骨幹。維根斯坦在愛爾蘭西岸停留時，曾得到

湯米・穆克林斯（Tommy Mulkerrins）的大力幫助。一九八六年春天，我到農舍造訪湯米。年過八旬的

他體弱多病，卻依然思緒敏捷，本書第二十五章有許多他的回憶，可惜他也已經離開了我們。

　　不過，維根斯坦的另一些朋友還健在，實在可喜可賀。吉爾伯特・帕特森先生（Gilbert Partisson）

是維根斯坦的好友，兩人於一九二九至四〇年相交甚篤。他和我見了幾次面，本書第十一章引用的信件

就是由他提供的。羅蘭德・赫特先生（Rowland Hutt）是維根斯坦和法蘭西斯・史金納的朋友，對我的

研究很感興趣，也很幫忙，提供了第二十三章引用的信件。我還要感謝威廉・巴靈頓・平克先生（William

Barrington Pink）、戴斯蒙・李爵士（Sir Desmond Lee）、貝索・里夫教授（Basil Reeve）、班恩・理查茲醫師（Ben Richards）、喀什米・路易博士（Casimir Lewy）、凱斯・柯爾克先生（Keith Kirk）、克雷門特夫人（A. Clement）、波莉・史邁瑟斯夫人（Polly Smythies）、沃夫・梅斯教授（Wolfe Mays）、法蘭西絲・派特里齊夫人（Frances Partridge）和瑪格麗特・德尚布里耶夫人（Marguerite de Chambrier），感謝他們撥冗分享關於維根斯坦的回憶，有些還見了我幾次。感謝格奧爾格・克萊塞爾教授（Georg Kreisel）、海耶克教授（F. A. von Hayek）、約翰・金恩先生（John King）、瓦西夫・希賈布教授（Wasif A. Hijab）、約翰・威斯頓教授（John Wisdom）、已故的埃弗瑞德・艾耶爾教授（Alfred Ayer）和康拉德・佩普勒神父（Conrad Pepler），謝謝他們回函答覆了我的詢問。

多虧維根斯坦下列同事的協助，我才能寫出他在蓋斯醫院（Guy's Hospital）和紐卡斯爾皇家診所（Royal Infirmary at Newcastle）的工作情況：路易士先生（T. Lewis）、亨佛瑞・奧斯蒙醫師（Humphrey Osmond）、葛蘭特醫師（R. T. Grant）、海倫・安德魯斯小姐（Helen Andrews）、提爾曼醫師（W. Tillman）、娜歐米・威金森小姐（Naomi Wilkinson）、沃特菲德醫師（R. L. Waterfeld）、伊拉茲穆斯・巴洛醫師（Erasmus Barlow）和貝索・里夫教授。我要感謝John Henderson醫師替我聯絡了這些同事中的許多人，感謝Anthony Ryle醫師慷慨出示父親的信件，讓我在第二十一章引用，並允許我摘錄他兒時的日記。他和里夫教授還讀了該章初稿並提出意見，對此我也深懷感謝。

本書第二十四章提到的喬伊特學會（Jowett Society）聚會，是維根斯坦在牛津大學參與過的唯一一次哲學座談。感謝奧斯卡・伍德先生（Oscar Wood）、以撒・柏林爵士（Sir Isaiah Berlin）和瑪莉・沃諾克女爵士（Dame Mary Warnock）提供該次聚會的回憶。

許多未曾見過維根斯坦的人也提供了寶貴的協助，在此謹向以下諸位致謝：巴特利三世教授（W. W. Bartley III）、昆丁・貝爾教授（Quentin Bell）、瑪格莉特・史隆夫人（Margaret Sloan）、麥可・史崔特先生（Michael Straight）、柯林・威爾森先生（Colin Wilson）和康拉德・溫許教授（Konrad Wünsche），感謝他們回函協助。感謝Anne Keynes夫人、Andrew Hodgser教授和George Steiner教授撥冗與我會面，討論我蒐集和研究資料時遇到的問題。Keynes夫人還好心提供了她叔叔大衛・品生特（David Pinsent）寫的一篇哲學論文，在此特表謝意。

為了取材，我跑遍了世界各地，但有兩趟旅程必須一提，分別是愛爾蘭和奧地利之行。我的愛爾蘭朋友Jonathan Culley開車載我往來都柏林、威克洛郡（County Wicklow）和高威郡（County Galway）之間，發揮了無比的耐心，並且很懂得趕時間和守時（但在別的事情上就沒那麼俐落了。）在都柏林，Paul Drury對我幫忙甚多，在威克洛是Kingston一家，在康尼馬拉（Connemara）是湯米・穆克林斯，其間還得到Hugh Price夫婦、R. Willoughby夫人、J. Mahon和Sean Kent的協助，讓我衷心感謝。好友Wolfgang Grüber的親切加上他弟弟Heimo的好客，讓我奧地利之行愉快舒適。我在維也納有幸見到了海倫娜・維根斯坦（Helene Wittgenstein）的孫女卡特琳娜・艾森伯格夫人（Katrina Eisenburger），還有另一名家族成員伊莉莎白・維澤醫師（Elizabeth Wieser）。赫爾曼・亨澤爾教授（Hermann Hänsel）也好心提供了不少協助。造訪維克瑟山區（Wechsel mountains）維根斯坦曾經執教過的學校時，Adolf Hübner醫師給了我莫大的協助，不僅帶我去了特拉騰巴赫（Trattenbach）和奧特塔（Otterthal），將自己為奇爾希貝格檔案中心（Documentation Centre in Kirchberg）蒐集的出色資料影印給我，還非常好心，在我發現造訪期間拍的相片毀損之後特意回到當地，替我重新拍照。

感謝以下諸位的親切與協助，對我幫忙甚多：劍橋三一學院倫恩圖書館（Wren Library）的 T. Hobbs 博士、蓋斯醫院威爾斯圖書館（Wills Library）的 A. Baster 醫師、英國醫療研究學會檔案室（Medical Research Council Archives）的 M. Nicholson 小姐，以及大英圖書館、牛津大學博德連圖書館和劍橋大學圖書館的全體職員。同樣感謝我的好友 Wolf Salinger 特地前往柏林工業大學（當時仍是工業高等學校〔Technische Hochschule〕），替我找出維根斯坦就讀工程科時留下的紀錄，以及柏林工業大學圖書館給予我好友的協助。

本書引用的主要信件，部份收藏於因斯布魯克大學的布倫納檔案館（Brenner Archive at the University of Innsbruck）。該館收藏了數百封寫給維根斯坦的信件，包括本書第六至九章用到的羅素和弗雷格的書信，最近才開放借閱。感謝牛津大學聖約翰學院的 P. M. S. Hacker 博士告訴我有這些書信，以及布倫納檔案館的 Walter Methlagl 博士和 Allan Janik 教授好心允許我調閱，並且撥冗與我討論書信的內容。同樣感謝加拿大安大略省漢密爾頓市麥克梅斯特大學（McMaster University）羅素檔案館的 Kenneth Blackwell，允許我引用該館和布倫納檔案館收藏的羅素信件。

我要特別感謝劍橋三一學院的 Michael Nedo 博士，沒有人比他更熟悉對維根斯坦的手稿，而他多年來蒐集了許許多多關於維根斯坦的相片、資料和資料副本，更是極有用處的寶藏。他不僅允許我隨意取用這些資料，還花了許多時間跟我在諸多方面討論我的取材與研究。他仔細謄錄了維根斯坦手稿裡的加密註解，我也非常感謝他提供副本給我。

Paul Wijdeveld 博士同樣在許多方面給了我莫大的協助。他為了寫書，鉅細靡遺研究了維根斯坦設計的房子和相關資料，讓我受惠良多。不僅如此，他還分享了不少我原本無從知曉的已出版資料、他

本人著作的初稿副本，以及他發現的關於維根斯坦和保羅・恩格曼（Paul Engelmann）兩人關係的資料。

感謝牛津大學聖約翰學院的 G. P. Baker 博士和麥格達倫學院的 Peter Strawson 教授閱讀了本書部份初稿，並提供意見。Baker 博士和他同事 P. M. S. Hacker 博士還好心分享了自己正在撰寫的著作內容。我的編輯 David Godwin 和 Erwin Glikes 閱讀了諸多版本的初稿，同樣提出了有用的建議。本書編排出版期間，Alison Mansbridge 指出了許多我自己沒有發現的錯誤，我很感謝她面對這份苦差事時的熱情與一絲不苟。David McLintock 博士好心檢查了我對弗雷格書信和維根斯坦日記的翻譯，除了提出許多重要的修正，還指出不少我遺漏了的有趣細節和影射。當然，譯文如有疏漏蓋由本人負責。

感謝我的經紀人 Gill Coleridge 夫人，若非她協助，我不可能熬過這四年。最後我要獻上最衷心的感謝給珍妮，感謝她陪我經受了這段時光。

雷伊・孟克

一九八九年十二月於倫敦

序

路德維希・維根斯坦其人散發著極為特出的魅力，遠超過他對二十世紀哲學發展的無比影響所能解釋，就連不大關心分析哲學的人也深受其吸引。有人為他寫詩，受他啟發而作畫，將他的作品譜成音樂，甚至將他寫進小說裡。布魯斯・達菲的《我所見的世界》（ *The World as I Found It, by Bruce Duffy* ）便以維根斯坦為書中主要角色（而非只是將他的生平文學化）而大獲成功。此外，電視台至少推出過五部關於他的影片，為文追憶他的人更是不計其數，即使他們跟他只有點頭之交也不例外。（例如，里維斯〔F. R. Leavis〕可能只見過維根斯坦四五次，就寫了一篇十六頁文章〈回憶維根斯坦〉〔Memories of Wittgenstein〕。）其他撰文追憶他的還包括教他俄語的女士、停留愛爾蘭期間替他送炭到小屋來的人，以及跟他不熟卻碰巧成為留下他最後身影的攝影師。

關於維根斯坦的回憶源源不絕，評論他哲學的文章更是持續量產，而且產速同樣驚人。最近一份文獻列出了研究維根斯坦哲學的二手資料，討論他著作的論文和書籍超過了五千八百六十八種。其中能讓學術圈外人感興趣的很少，正如同關心維根斯坦生平和個性的學者一樣鳳毛麟角，而上一段提到

的許多作品全都圍繞在這方面。

因此，世人對維根斯坦雖然深感興趣，卻不幸偏向了兩個極端，一邊只研究他的作品，不在乎他的生平，另一邊著迷於他的經歷，卻讀不懂他的著作。我想不少讀過諾曼・馬爾康姆《回憶維根斯坦》（Norman Malcolm's Memoir）的人都有這樣的經驗，因為書中主角太過迷人，於是找了維根斯坦的著作來讀，卻發現一個字也讀不懂。的確，坊間不乏介紹維根斯坦哲學的出色作品，深入淺出解釋了他關切的主要問題和處理之道。但這些作品卻沒有解釋他的哲學著作和他有什麼關係，他生活中念茲在茲的性靈與道德課題跟他著作中反覆探索的冷僻哲學問題有什麼聯繫。

本書就是要為這兩端架起橋樑，藉由同時闡述維根斯坦的生平與著作，清楚闡釋為何這樣一個人會寫出這樣的作品，並且闡明許多人在閱讀維根斯坦著作時共同感受到的一點：他的哲學思考從來不離生命中的情感與靈性。

第一部
一八八九—一九一九

一、自我毀滅的試驗場 1

「如果撒謊對自己有利，為什麼要說實話？」

這是路德維希．維根斯坦最早留有紀錄的哲學思索。八、九歲某一天，他站在門口思考這個問題，始終想不出答案，於是下了結論：這種時候說謊不能算錯。他後來提到這件事時，說那次的經驗「就算沒有左右了我的未來，也充分體現了我當時的本性」。

那次的經驗其實體現了他的一生。他和羅素 2 不同；羅素之所以轉向哲學，是希望能在先前那些令他感到懷疑之處找到確定性，而維根斯坦則是因為天生受到前述問題吸引，所以無法自拔地被拉向了哲學。可以說是哲學找上了他，而非他找上了哲學。前述問題帶著兩難，對他有如惱人的侵擾、難解的謎題，強加於他，俘虜了他，唯有找到滿意的解答才能回歸日常。

然而，維根斯坦兒時的回答其實很不維根斯坦。他輕易接受了造假，跟他成年後那受人敬畏、不留情面的誠實判若兩人，恐怕也不見容於他身為哲學家的自覺。他姊姊曾在信裡稱他為大哲學家，維根斯坦回信說道：「稱我為求真之人，我就滿意了。」

這不是想法改了，而是性格的轉變。維根斯坦一生經歷過多次這樣的轉變。當他身陷危機，並且

深信問題出在自己身上，他就會追求這樣的轉變。他的一生彷彿就是一場對抗本性的戰爭，所有成就多少都帶著違抗本性的意味。於是，最終的成就便是完全超克自己。當他完成最終的轉變，哲學就不再必要了。

後來，某人在他面前讚揚英國倫理學家喬治·摩爾[3]有著孩子般的純真，維根斯坦卻不以為然。「我不知道這有什麼值得稱讚的，」他說：「除非你也讚賞小孩。你說的這種純真不是奮鬥得來的，只是生來還沒受到誘惑而已。」

正是他奮鬥得來的結果。兒時的他討喜而溫馴，喜歡取悅人，樂於服從，而且如前所見，願意犧牲性真相。他十八歲之前的人生，歸根結底就是這樣一場奮鬥，就是一段內在和外在力量迫使他性格轉變的故事。

這段話隱含了某種自況。維根斯坦的性格，他好友和學生記得的那種強勢、毫不妥協與咄咄逼人，

路德維希·約瑟夫·約翰·維根斯坦[1]（Ludwig Josef Johann Wittgenstein）出生於一八八九年四月二十六日，是哈布斯堡時期[4]維也納富豪之家的第八個孩子，也是老么。他的姓氏和家族的財富讓不少

1　譯註：標題原文為 THE LABORATORY FOR SELF-DESTRUCTION，這是借用本章提到的奧地利作家卡爾·克勞斯（Karl Kraus）之語，他曾形容十九世紀末的維也納是「世界毀滅的試驗場」見後文。雷伊·孟克仿照這個比喻，將之改為「自我毀滅」，意指維根斯坦家族內的許多自殺事件以及魏寧格自殺帶來的影響。

2　譯註：Bertrand Russell，1872-1970。英國哲學家、數學家和邏輯學家，是現代分析哲學的創始人之一，同時亦積極參與社會及政治活動。詳細可參考本書導讀。

3　譯註：G. E. Moore，1873-1958。英國哲學家、倫理學家，與羅素同為現代分析哲學創始人之一。詳細可參考本書導讀。

4　譯註：哈布斯堡王朝（Habsburg）是歐洲歷史上統治地域最廣的封建家族，主要分支在奧地利，其統治時期從一二八二年起，一直到

人以為他是德國貴族家庭賽恩—維根斯坦（Seyn-Wittgenstein）之後，其實不然。他的家人改姓維根斯坦才不過三代，是他曾祖父摩西·邁爾（Moses Maier）改的。摩西原是賽恩—維根斯坦家族的土地經理人，拿破崙一八〇八年頒布飭令，規定猶太人必須有姓氏5，於是他便採用了雇主的姓。

維根斯坦家族有一個傳言，說摩西的兒子赫曼·克里斯提安·維根斯坦（Hermann Christian Wittgenstein）是某王子的私生子，但缺乏確鑿的證據（至於王子出身賽恩—維根斯坦、瓦德克〔Waldeck〕或埃斯特黑茲〔Esterházy〕家族，則看傳言版本）。而且傳言出現的時機，正好是家族深怕納粹頒布的紐倫堡法6影響，試圖改換出身的時候（本書稍後會提到，且他們成功了）；這讓傳言的真實性顯得更加可疑。

不過，這個故事倒是挺適合赫曼·維根斯坦本人的，因為他替自己取的中名「克里斯提安」，字面意思是基督徒，就是為了切割猶太背景。他徹底斬斷了自己跟原生猶太社群的聯繫，離開出生地克爾巴赫到萊比錫定居，從匈牙利和波蘭買進羊毛賣往英國與荷蘭，成了出色的羊毛商。他選了維也納顯赫猶太家族的女兒芬妮·費格多（Fanny Figdor）為妻，兩人一八三八年成婚，但芬妮在婚前就皈依了新教。

一八五〇年代，赫曼一家搬到維也納時，大概已經不認為自己是猶太人了。赫曼甚至得到了反猶名聲，而且完全禁止子女和猶太人結婚。他兒女眾多，共有八女三男，幾乎都聽從了父親的命令，和維也納的白領新教徒結婚，建立了一個擁有法官、律師、教授和牧師的姻親網絡，可以在他們需要傳統專業服務時提供可靠的協助。赫曼一家同化得太徹底，他女兒甚至問哥哥路易斯，傳言說他們有猶太血統是不是真的。路易斯用法文回答：「很純，米莉。很純。」

赫曼家的情況其實跟維也納其他有名的猶太家族相去不遠。無論再怎麼和當地的中產階級打成一片，甩脫自己的出身，他們還是「徹頭徹尾」的猶太人，連他們自己都莫名其妙。

和佛洛伊德家族不同，赫曼家族從來不屬於猶太社群，但出於某個重要又難以捉摸的標準，他們仍是猶太人。只不過這樣講，全維也納都是猶太人了。赫曼家的教養完全不涉及猶太教，只接受日耳曼文化。芬妮的富商娘家跟奧地利的文化圈往來密切，不僅和詩人法蘭茲‧葛里帕策[7]為友，還是當地藝術家眼中極具鑑賞力的狂熱收藏家。知名的小提琴家約瑟夫‧姚阿幸[8]是她表弟，而姚阿幸能有後來的發展，芬妮和赫曼功不可沒。他十二歲時被他們收養，隨即送往孟德爾頌[9]門下。作曲家問赫曼該教這孩子什麼，赫曼說：「讓他呼吸你呼吸的空氣就是了！」

由於姚阿幸，赫曼‧維根斯坦一家結識了布拉姆斯[10]，視他為最珍貴的朋友，邀他為女兒上鋼琴課，

第一次世界大戰結束。

5　譯註：一八○四年，拿破崙即位後，曾提出一些措施欲解放長期受到迫害的猶太人。一八○八年，他頒布三項法令，旨在使法國猶太人的身分正常化，而其中一項法令即是要求猶太人必須使用永久性的姓氏，但不包括其傳統習慣稱自己為某某之子、某某之女，也不包括從聖經、從原生地來取。

6　譯註：紐倫堡法案頒布於一九三五年，是納粹德國的反猶太法律。

7　譯註：Franz Grillparzer，1791-1872。奧地利詩人、劇作家。

8　譯註：Joseph Joachim，1831-1907。匈牙利名寫法為Joachim József。

9　譯註：Felix Mendelssohn，1809-1847。德國猶太裔作曲家，德國浪漫樂派代表人物之一。

10　譯註：Johannes Brahms，1833-1897。浪漫主義中期德國作曲家。巴哈（Bach）、貝多芬（Beethoven）、布拉姆斯這三位音樂家，曾因其代表性而被稱為古典音樂中的「三B」（另一說為巴哈、貝多芬、白遼士）。

在維根斯坦家首演的。

這便是維根斯坦家族呼吸的空氣，充滿了文化造詣與體面自適，只是還帶著一絲反猶太的穢氣。

就算聞到一丁點，也足以令他們記起自己的「非亞利安」血統，久久無法忘記。

多年後，維根斯坦在劍橋力勸他學生莫理斯‧德魯利（Maurice Drury）離開學校時，對莫理斯說了一句話，和他祖父對孟德爾頌的回話遙相呼應。他對莫理斯說：「劍橋沒有給你呼吸的氧氣。」他認為莫理斯最好找個可以和藍領階級一起生活的工作，比較能呼吸到健康的空氣。至於他自己，還有他為何繼續留在劍橋，維根斯坦仿照原話給了一個妙喻。「我無所謂，」他對莫理斯說：「我能自己製造氧氣。」

維根斯坦的父親卡爾（Karl Wittgenstein）似乎也有相同的本事，能夠甩開從小呼吸的空氣，立志創造自己的純氧。在赫曼和芬妮的子女中，卡爾是個異數，是唯一不受父母心願左右而長大的孩子。他從小就很麻煩，不僅反抗父母的規矩與威權教養，也拒絕接受他們為了讓他日後躋身維也納布爾喬亞階級，希望他受的古典教育。

卡爾十一歲就試圖離家，十七歲因為撰文否認靈魂不朽而遭到學校開除。但赫曼並未放棄，請了家教繼續教兒子唸書，盯著他通過考試。但卡爾再次逃家，並且成功了。他在維也納市區躲藏了兩個月後轉往紐約，抵達時身無分文，除了一把小提琴幾乎沒有別的行李，但還是堅持了兩年多，靠當侍者、沙龍樂師、酒保和教師的收入維生。小提琴、喇叭、數學、德文，任何他想得到的都教。這段冒險讓他確定了自己可以當家作主。一八六七年，卡爾回到維也納，家人允許（其實是鼓勵）他發揮自己的實務專長和技術天賦，攻讀工程，而非追隨父親及兄長的腳步，從事資產管理。

卡爾在維也納高等技術學校待了一年，到幾家工程公司實習，接著就從小舅子的兄弟保羅．庫柏威瑟（Paul Kupelwieser）那裡得到一份差事，替波希米亞一座軋鋼廠的興建工程繪製圖表。這是卡爾的天賜良機。他在公司裡竄升速度驚人，短短五年內就接替庫柏威瑟成了總經理，接下來十年更證明自己足稱是奧匈帝國最精明的工業家。公司資產倍增，個人財富更不在話下。十九世紀最後十年，他已經是帝國內首屈一指的富豪，更是鋼鐵業的領頭羊，卻也因此成為反資本主義氾濫者眼中工業家巧取豪奪的代表。他隻手將維根斯坦家族打造成奧地利的豪門世家，和德國的克虜伯家族（the Krupps）、美國的卡內基（the Carnegies）和羅斯柴爾德家族（the Rothschilds）平起平坐。

卡爾積累了大量財富，後代至今依然享用無憂。但在一八九八年，他卻突然退出生意，辭去旗下所有鋼鐵公司的董事會職務，並將投資轉往海外證券，尤以美國為主。日後證明這臨別之舉極具遠見，讓家族財富安然度過了一戰後席捲奧地利的通貨膨脹。退休時的他已經是八個孩子的父親，而且個個天賦異稟。

卡爾．維根斯坦的妻子是莉歐波汀．卡姆斯（Leopoldine Kalmus），兩人於一八七三年成婚，當時卡爾才剛要在庫柏威瑟公司大顯身手。和莉歐波汀結為連理，再次證明他是家族中的異數，因為赫曼所有媳婦和女婿當中，只有莉歐波汀帶有部份猶太血統。不過，莉歐波汀的父親雅可布（Jakob Kalmus）雖然出身猶太望族，卻從小被教成天主教徒，而莉歐波汀的母親瑪莉．史塔爾納（Marie Stallner）更是純種的「亞利安」，出身於信奉天主教的奧地利地主世家。因此，卡爾娶的其實不是猶太女人，而是天主教徒──至少在奧地利施行紐倫堡法之前是如此。這讓維根斯坦家族朝維也納菁英社群又邁近了一

步。

卡爾和莉歐波汀的八個孩子都受洗皈依天主教，在父母的教養下成為奧地利布爾喬亞階級的一員，並引以為傲。卡爾甚至曾有機會晉升權貴，在姓氏前加上代表貴族的「馮」（von），但他婉拒了，覺得會被外人當成暴發戶的舉動。

儘管如此，富甲一方還是讓他的家人得以過著貴族般的生活。他們在維也納的家位於林蔭街（Alleegasse）（現為阿根廷街〔Argentinergasse〕），外人都稱呼那是維根斯坦宮，也確實如此，因為那是十九世紀初某位伯爵的住處。除此之外，他們在維也納近郊的新瓦德格街（Neuwaldeggergasse）上另有一棟房子，在霍赫海特（Hochreit）鄉間還有一大片莊園，是全家的避暑地。

莉歐波汀（家人都叫她波汀）熱愛音樂，就算依據最嚴苛的標準，她的熱情也是非比尋常。音樂僅次於照料丈夫，是她生活中的第一要事。因她之故，林蔭街的宅邸成了音樂薈萃之處，出席晚會的人不計其數，包括作曲家布拉姆斯、馬勒[11]和指揮家布魯諾·華爾特[12]。華爾特更形容那場合「瀰漫著濃郁的人文氣息」。盲人風琴家兼作曲家約瑟夫·拉博[13]深受維根斯坦家族推崇，而他能在樂壇立足，卡爾一家人的資助功不可沒。維根斯坦後來常說，世界上只有六名作曲家堪稱**偉大**：海頓[14]、莫札特、貝多芬、舒伯特、布拉姆斯，還有拉博。

卡爾退出實業後，還大力資助視覺藝術。他在長女赫爾敏（她本身便是很有天賦的畫家）的協助下，收藏了大批的珍貴繪畫與雕塑，克林姆[15]、莫塞爾[16]、羅丹[17]的作品都包括其中。他資助分離派展覽館[18]（克林姆、席勒[19]和科克西卡[20]的作品都曾在該館展出），而克林姆的壁畫《哲學》遭到維也納大學拒絕，也得到卡爾資助。克林姆感激之餘，稱呼卡爾是他的「藝術部長」。維根斯坦的姊姊瑪格莉特一九○五

年結婚時，克林姆還為她畫了婚禮肖像。

那時期的維也納文化圈即使不是最輝煌的年代，也是最活躍的階段，而維根斯坦家族便是核心人物。近年來，終於有不少人開始關注十九世紀末到一戰爆發前的維也納文化史。有學者稱之為「神經兮兮」（nervous splendor）的年代，而這個詞用來描述卡爾和波汀為孩子們打造的教養環境，或許也很貼切。在維根斯坦家中就如同維也納，「濃郁的人文氣息」之下其實含藏著衝突、猜疑與緊張。

現代人著迷於「世紀末維也納」[21]，乃是由於撼動二十世紀歐洲的種種緊張全都源自當時的暗潮洶

11　譯註：Gustav Mahler，1860-1911。奧地利作曲家、指揮家。

12　譯註：Bruno Walter，1876-1962。美國籍德國猶太裔鋼琴家、作曲家、指揮家，亦被視為二〇世紀最偉大的指揮家之一。

13　譯註：Josef Labor，1842-1924。奧地利浪漫主義晚期的風琴家、作曲家。

14　譯註：Franz Joseph Haydn，1732-1809。奧地利作曲家、古典主義音樂的代表，被譽為「交響樂之父」。

15　譯註：Gustav Klimt，1862-1918。奧地利象徵主義畫家，創立維也納分離派。

16　譯註：Koloman Moser，1868-1918。奧地利藝術家，維也納分離派重要人物之一。

17　譯註：Auguste Rodi，1840-1917。法國雕塑家。

18　譯註：Secession building，德語為Wiener Secessionsgebäude。維也納分離派（Vienna Secession），又稱新藝術派，是十九世紀末、二十世紀初新藝術運動在奧地利的支流，其反對相對保守的維也納學院派。而分離派展覽館位於奧地利，是維也納分離派的建築宣言與作品展覽場所。

19　譯註：Egon Schiele，1890-1918。奧地利畫家。

20　譯註：Oskar Kokoschka，1886-1980。奧地利表現主義畫家、詩人兼作家。

21　譯註：fin-de-siècle Vienna，指十九世紀末維也納在文化上的榮景。歷史學家卡爾‧修斯克（Carl E. Schorske）曾於一九七九年出版一本同名著作來描寫其內容。

湧。大量知識風潮與文化運動興起，塑造了那個時代。用作家卡爾‧克勞斯（Karl Kraus）常被引用的話來說，世紀末維也納是「世界毀滅的試驗場」：猶太復國主義在此萌芽，納粹主義也在這裡萌芽；佛洛伊德建立心理分析，克林姆、席勒和科克西卡發起「青春風格」[22]運動，荀白克[23]宣揚無調性音樂，阿道夫‧魯斯[24]創立了純功能、無裝飾的建築風格，進而成為現代建築的標誌。當時無論在人類思想或行動的各層面，幾乎都有「新」從「舊」中誕生。二十世紀正從十九世紀脫胎而出。

這股浪潮竟然出於維也納，實在令人訝異，因為立都於此的奧匈帝國在許多方面仍未擺脫十八世紀，年邁的君主更是帝國已經垂垂老矣的象徵。弗朗茲‧約瑟夫一八四八年成為奧地利皇帝，一八六七年當上匈牙利國王，雙冕王（kaiserlich and königlich）一直當到了一九一六年。哈布斯堡帝國繼之而起，但這個由眾多王國和侯國湊合成的政體很快便瓦解了，領土也被奧地利、匈牙利、波蘭、捷克斯洛伐克、南斯拉夫和義大利等民族國家瓜分。十九世紀的民族主義浪潮和民主運動，早就註定了奧匈帝國的敗亡，而帝國最後五十年左右的壽命，就在一波波危機間苟延殘喘，唯有故作蒙昧的人才會相信帝國不死。對於希望帝國存活的人來說，眼前的政治形勢永遠是「急迫，但不嚴重」。

局勢危殆至此，極端的創新卻從中竄起，或許並不矛盾。當舊制明顯崩壞，革新便成為**必須**。對此，作家羅伯特‧穆齊爾[25]曾留下一句名言，畢竟帝國**曾是**天才的搖籃，卻也「或許因此埋下了禍根」。組成「青年維也納」[26]的知識份子和之前的文化菁英不同之處，在於他們不僅看出局勢危殆，還拒絕假裝一切仍能照舊。荀白克創造無調性音樂，因為他深信舊的作曲方式已經走到了盡頭。魯斯反對裝飾，因為他看出巴洛克式的建築風格已經成了虛有其表的空殼。佛洛伊德[27]假定無意識力量的存在，因為他發現社會雖有常規和習俗，卻以壓迫與否認某些真實而重要的事物為代價。

維根斯坦家族的世代差異並非大環境失調的完整寫照，而只是局部的反映。卡爾終究不是哈布斯堡舊秩序的代表。他所代表的勢力——形上學的唯物派、政治的自由派、資本主義的侵略派——對奧匈帝國的影響小得出奇。換在英國或德國，他會被視為時代表率，在美國或許更是如此，但在奧地利卻處於主流之外。卡爾退出實業後，曾在維也納《新自由報》（Neue Freie Presse）發表了一系列文章，高讚美國自由企業的價值，但他所宣揚的，在奧地利政治圈中卻只是邊緣的話題。

奧地利缺乏有力的自由主義傳統，使得其政治發展迥異於歐洲各國，長年擺盪於基督教社會黨的天主教傾向及社會民主黨的社會主義傾向之間，左右拉扯，直到希特勒上台為止。中間還穿插了一股小勢力，即喬治・馮・舍內雷爾[28]領導的泛日耳曼運動。該運動同時反對基社黨和社民黨，因為兩黨雖然取道不同，卻都希望維持帝國的超民族性，但舍內雷爾不以為然。他主張反猶太、**民粹式**（Volkisch）的民族主義，後來被希特勒沿用，成了納粹的主張。

維根斯坦家族既非舊秩序的捍衛者，也不是社會主義的旗手，更非泛日耳曼民族主義者，對奧地

22　譯註：Jungendstil，十九世紀末、二十世紀初流行於歐洲德語圈的建築、裝飾、平面藝術風格。

23　譯註：Arnold Schoenberg，1874-1951。奧地利作曲家。

24　譯註：Adolf Loos，1870-1933，奧地利建築師。

25　譯註：Robert Musil，1880-1942。奧地利作家，其未完成的《沒有個性的人》（Der Mann ohne Eigenschaften）常被認為是重要的現代主義小說之一。

26　譯註：Jung Wien，1890至1897年常在維也納咖啡館聚會的作家團體。

27　譯註：Sigmund Freud，1856-1939。精神分析學派創始人。

28　譯註：Georg von Schönerer，1842-1921。奧匈帝國政治家。

11

利政局的影響微乎其微。然而，協助卡爾成為成功實業家的價值信念，不僅是家族內世代衝突的焦點，也是大時代暗潮激盪的縮影。卡爾滿足於**網羅文化**，他的兒女（尤其是幾個兒子）則是汲汲於獻身文化。

卡爾的長女赫爾敏（Hermine）和么子路德維希相差十五歲，他的八名兒女可以清楚分成兩個世代：赫爾敏、漢斯（Hans）、庫爾特（Kurt）和魯道夫（Rudolf）是一個世代，瑪格莉特（Margarete）、海倫娜（Helene）、保羅（Paul）和路德維希是另一個世代。保羅和路德維希進入青春期時，卡爾和他第一個世代的兒女爆發了激烈衝突，導致這兩個最小的孩子和他們的兄姊不同，在相當不一樣的教養理念下長大。

卡爾希望子女繼承家業，因此以之為前三個兒子的教養方針。卡爾不送他們上學唸書，免得染上奧地利人的精神劣根性，而是聘請私人家教，全力協助兒子發展理智嚴謹的商業頭腦，接著再將他們送到他實業帝國旗下的某個分支，學習獲致成功必須的技術與商業本事。

他的這套方法只在一名兒子身上勉強管用。庫爾特雖然是家族中公認天賦最低的孩子，卻遂了父親的心願，當上了公司經理。不過，他的自殺和其他兄弟不同，跟父親的高壓教育沒有多大關係。他自殺得很晚，在一戰末期，因為手下的部隊拒絕服從命令，於是便舉槍自盡。

至於漢斯和魯道夫，卡爾的強勢則是災難一場。這兩個孩子沒有一絲管理企業的意願。漢斯若是得到家族的鼓勵與支持，本可成為偉大的作曲家，至少也可成為出色的演奏家。雖然維根斯坦家族多半頗具音樂才能，但漢斯簡直是天賦異稟，比起莫札特不遑多讓，是早熟的音樂天才，幼兒時就精通了小提琴與鋼琴，四歲開始作曲。音樂對他不是興趣，而是令他奮不顧身的熱情，必須是生命的核心，

而非邊陲。面對父親執意要他投身商業，漢斯做了他父親當年幹過的事，跑去了美國，希望成為音樂家。

沒有人知道他遭遇了什麼。一九〇三年，維根斯坦家族得知漢斯最後出現在切薩皮克灣[29]的一艘船上，

從此不見蹤影。最直接的結論就是他自殺了。

漢斯若能自由投身音樂，就會過得幸福快樂嗎？若有上學，就更能適應家族稀薄同溫層之外的世

界嗎？顯然沒人知道。但漢斯失蹤的消息讓卡爾大受打擊，決定改變兩個小兒子的教養方式，送保羅

和路德維希去上學，並允許他們追求自己的愛好。

對魯道夫來說，這改變來得太遲了。漢斯失蹤時他二十多歲，已經走上一條相似的道路。他也反

抗父親的意願，一九〇三年時已經在柏林待了一陣子，希望從事劇場工作。他一九〇四年自殺，一家

當地報紙報導了此事。記者指出，五月某天晚上，魯道夫走進柏林一間酒吧點了兩杯酒，獨自坐了一

會兒之後，他替鋼琴師點了一杯酒，請對方彈奏他最喜歡的曲子〈我迷失了〉（I am lost）。樂曲聲中，

小名魯迪的魯道夫服下氰化物，倒地不起。他在寫給家人的遺書裡說，自殺是因為一名好友過世了，

但在另一封遺書裡卻說他「懷疑自己有變態的癖好」。他死前不久曾向推動同性戀解放的「科學人道主

義協會」求助，但該會在年鑑裡表示「可惜本會影響有限，終至未能挽救該君自我毀滅的命運」。

兩位兄長自殺時，路德維希身上絲毫看不出瀰漫在他手足間的自殺傾向。他童年大多時候，家人

都認為他是這群秀異子女中較為駑鈍的一個。他沒有早發的音樂天賦，也沒有藝術或文學才能，甚至

直到四歲才開口說話。他不像家族其他男性那麼叛逆和任性，也沒有如兄長辜負了父親的教養，而是

29　譯註：Chesapeake Bay，美國地名。

小小年紀就投向了實務技術與工程的懷抱。在他現存最早的一批相片裡，其中一張便是少年維根斯坦一臉專注，津津有味似地在自己的車床邊幹活，就算沒有展露特出天份，至少顯現了勤奮與靈巧的雙手，例如他十歲時就用木頭和線材做出了一台可運轉的縫紉機。

十四歲之前的他滿足於身邊天才環繞，而非自己奇才曠世。他日後講過一則童年往事，說他有天半夜三點被琴聲吵醒，下樓看見漢斯正在彈奏自己的曲子，彈得全神貫注，幾近瘋狂，滿頭大汗，完全沉浸在音樂裡，絲毫不曾察覺弟弟在場。對維根斯坦來說，那幅畫面永遠是他心中的天才形象。

如今的人可能很難理解維根斯坦家族對音樂的崇敬程度。現代派當然不是他們的鍾情對象，於是他在劍橋的許多同輩來說守舊得離譜。布拉姆斯之後的音樂，他一概無法忍受，就連布拉姆斯他也曾說那曲子「已經有點機械味了」。真正的「上帝之子」是貝多芬和莫札特。

維也納的古典派樂風就成了他們的唯一選擇。就文獻所及，維根斯坦的音樂品味和家人非常一致，對維根斯坦家族的音樂才能真的高得驚人。維根斯坦最小的哥哥保羅後來成為非常成功和知名的鋼琴演奏家，雖然一戰期間失去了右臂，但憑著超常的決心，竟然學會了只用左手彈奏，並且高明到得以維持演奏生涯於不墜。法國作曲家拉威爾[30]一九三一年的名作《左手鋼琴協奏曲》便是為他而寫。儘管保羅的演奏備受全球推崇，他家人卻不欣賞，認為缺乏品味，動作過於誇張，反而喜歡他姊姊海倫娜典雅細緻的演奏。莉歐波汀對孩子的批評尤其苛刻。葛蕾塔[31]可能是家裡音樂才能最平凡的孩子，有一回鼓起勇氣和母親四手聯彈，沒幾下莉歐波汀就突然停手，破口大罵：「妳根本沒有節奏感！」（Du hast aber keinen Rhythmus!）

家人對二流演奏深惡痛絕，可能嚇壞了神經纖細的維根斯坦，使他遲遲不敢學習樂器，直到三十

多歲才因教師培訓之需而學起了單簧管。兒時的他全靠別人的事情來贏得其他人的讚美與喜愛，包括無

懈可擊的禮貌、長於察言觀色和樂於順從。無論如何，他都確定一件事，只要自己對工程顯得著迷，

就永遠能得到父親的鼓勵與認可。

雖然他日後強調自己童年過得並不快樂，但在家人眼中，他卻是個滿足又開心的孩子。這樣的反

差顯然是促成他兒時思考誠實問題的癥結所在。他關心的不誠實不是小騙小謊，例如偷了東西不承認，

而是更複雜的那種，例如說某些話是出於他人的期待，而非那是真話。他一直記得哥哥保羅的例子。保羅生病

不誠實，是他和兄弟姊妹的關鍵差異，至少他日後這麼認為。少年維根斯坦願意屈從於這種

臥床休養，家人問他想下床還是繼續待著，保羅泰然自若說他想再躺躺。「相較之下，」維根斯坦回憶

道：「我卻說了假話（說我想下床）因為我怕身邊的人會對我印象不好。」

他記得的另一件事，也跟在意他人的負面看法大有關聯：他和保羅想加入維也納一家體操俱樂部，

卻發現必須有「亞利安」血統才能加入。當時許多這類俱樂部都是如此。維根斯坦打算隱瞞他們的猶太

出身以便入會，保羅卻無意撒謊。

基本上，問題的關鍵不在是否無論如何都要說真話，而在是否無論如何都要**忠於**自己，不顧壓力

堅持真我。對保羅來說，這個問題因為漢斯的死讓父親改變心意而變簡單了。他進了文法學校，從此

一輩子都在追求自己心愛的音樂事業。但對維根斯坦來說，問題就複雜了許多，順從他人期望的壓力

31　30
譯註：Joseph-Maurice Ravel，1875-1937。法國作曲家、鋼琴家。
譯註：Gret，即瑪格莉特。

源自外在和源自內心的比例不分軒輊。面對重重負荷，維根斯坦讓身邊的人以為他天生愛好工程，未來可望從事父親中意的職業，心裡卻覺得自己對工程「既無興趣也無天份」；但他的家人當然認為他兩者皆備。

於是，維根斯坦沒有進維也納的文法學校，而是去了奧地利東北部的林茲（Linz），就讀重技能、輕學術的實科中學（Realschule）。雖然家人確實擔心他通不過文理中學嚴苛的入學考試，但主要理由還是他們覺得技職教育更符合他的興趣。

不過，歷史證明，林茲的實科學校並未成為工程師和實業家的可靠搖籃。若說它還有些名氣，也是因為希特勒在那裡形成了他的**世界觀**（Weltanschauung）。他和維根斯坦其實同時間在該校就讀，而且假如《我的奮鬥》內容可信，希特勒正是從該校的歷史老師利奧波德·波奇（Leopold Pötsch）口中第一次聽到哈布斯堡帝國是「墮落的王朝」，而忠於哈布斯堡的全是無望的擁王派，跟（希特勒更心儀的）主張民粹民族主義的泛日耳曼運動不同。希特勒和維根斯坦幾乎同年，卻小他兩屆，兩人只有一九四到〇五學年同在該校。後來希特勒因為成績太差被迫退學，沒有證據顯示兩人在校內有任何交集。

一九〇三到〇六年，維根斯坦在林茲待了三個寒暑。他的學業紀錄還在，從成績來看，他整體上是個差勁的學生。若將成績換算成A到E五個等級，維根斯坦只拿過兩次A，而且都是宗教課，其餘多半拿C或D，有幾次英文和自然史進步到B，而有一次化學跌到了E。若要說他的成績有什麼特點，那就是理工科目日比人文科目差。

維根斯坦課業欠佳，在學校不開心可能是原因之一。這是他有生以來頭一回離開家族提供的優越環境，而他發現自己很難在多半是工人家庭出身的學生群裡交到朋友。初次見面，他就被他們的粗俗

舉止嚇到了。「去屎啦！」(Mist!) 是他的第一印象。而對其他學生來說（其中一人後來告訴他姊姊赫爾敏），他就像是另一個世界來的，堅持用比較禮貌的「您」稱呼他們，結果只讓自己更孤單。他們編了一首押韻的小曲嘻弄他，取笑他的悶悶不樂和格格不入：「維根斯坦真悲慘，腳步真蹣跚，維也納，好遠哪，大風吹得回家難。」(Wittgenstein wandelt wehmütig widriger Winde wegen Wienwärts.) 他後來說，自己努力結交朋友，下場卻是同學的「出賣與背叛」。

他在林茲結交了一位好友佩皮 (Strigl Pepi)，是他寄宿的史特利格爾家的孩子。那三年的求學生活，他和佩皮經歷了一段充滿愛與傷害、斷交與和好的典型青春期友誼。

這段友誼和在學校跟同學相處困難，似乎強化了他童年自我反省時好問和多疑的性情。而他在宗教課上表現出色，不僅顯示牧師比老師宅心寬厚，還顯示他愈來愈沉浸於思索根本的問題。這些質疑對他在林茲時的心智助益，遠勝過學校教給他的東西。

當時對他心智影響最大的不是老師，而是小名葛蕾塔的姊姊瑪格莉特。瑪格莉特是家中公認的知識份子，對藝術和科學的近況瞭若指掌，也最樂於擁抱新觀念，挑戰大人們的看法。她很早就支持佛洛伊德，還接受過他的精神分析，後來和他成為莫逆之交，奧地利和納粹德國**合併** (Anschluss) 後，更幫助他逃離納粹的魔掌。

維根斯坦顯然是由瑪格莉特介紹，才得知了卡爾・克勞斯的作品。克勞斯的諷刺刊物《火炬》(Die Fackel) 於一八九九年創刊，立刻在維也納的異議知識份子圈中大獲好評，不僅自認掌握最新政治和文化潮流的人必讀，更對我在先前提到的所有重要人物產生了巨大的影響，從魯斯到科克西卡無一例外。

瑪格莉特從《火炬》一創刊便是死忠讀者，刊裡的一切主張她「幾乎」照單全收（克勞斯的主張天天在

變，照單全收實在有難度）。

《火炬》問世前，大多數人對克勞斯的印象就是他發行了一本反猶太復國主義的小冊子《錫安的冠冕》（Eine Krone für Zion），除了嘲諷西奧多・赫茨爾[32]論點反動、製造分裂，也主張猶太人唯有徹底同化才能獲得自由。

克勞斯是社會民主黨員，《火炬》創刊頭幾年（至一九〇四年左右）普遍被視為社會主義理念的傳聲筒，克勞斯嘲諷的對象也多半是社會黨人的眼中釘。他抨擊奧地利政府對待巴爾幹人充滿偽善，痛批泛日耳曼運動的民族主義，攻擊《新自由報》鼓吹的放任主義經濟政策（如卡爾・維根斯坦在該報發表的文章），以及維也納報業甘為政府和大企業打手的墮落。他尤其猛烈批評奧地利傳統社會對於性的偽善，包括法律對娼妓的迫害與社會對同性戀的撻伐。「將性放上法庭，」他說：「等於故意將個人不道德推向了群體不道德。」

一九〇四年開始，克勞斯的攻擊愈來愈重道德而輕政治。他的嘲諷更多來自理念價值的關懷，但這些價值卻和奧地利馬克思主義者格格不入。他努力揭發不義與偽善，不是為了維護無產階級的利益，而是出於貴族式的理想，希望捍衛真理的高貴與完整。他因此受到左派朋友的批評，其中一位羅伯特・肖爾（Robert Scheu）更直言不諱，告訴克勞斯只有兩個選擇，不是擁護飄零的舊秩序，就是支持左派。「若是非得兩害相權取其輕，」克勞斯傲然答道：「我哪個也不選。」他還說，政治無非「隱藏自己的本性與無知」。

這句話一語道出了成年維根斯坦和克勞斯的共同點。兩人在人生觀上有許多契合之處。「改善自己就好，」維根斯坦日後對許多朋友說過：「你能為世界帶來的改善就這麼多。」政治問題對他而言，永遠

次於人格的完全。他為自己八歲時的問題給了一個很康德定言令式（categorical imperative）的答案：人

應當永遠真實，就是這樣，問為什麼既不恰當，也無法回答。忠於自我是不容違背的責任。事實上，

所有其他問題都必須以此為前提提出與回答。

矢志不隱瞞「真我」成了維根斯坦人生態度的核心。他日後數次懺悔，道出自己犯過的不誠實，便

是出於這股動力。林茲求學時是他第一次嘗試，完完全全坦白自己。他向小名敏敏的大姊赫爾敏說了

一些事，內容為何我們無從得知，只曉得他後來非常鄙夷自己，說他在告解時「努力表現得很了不起」。

維根斯坦日後說他在林茲唸書時失去了宗教信仰。這有可能是他決心徹底誠實的後果。但這裡說

後果不是指誠實讓他失去了信仰，而是他下了決心之後覺得必須承認自己沒有信仰，坦承自己無法相

信基督徒該相信的東西。他向赫爾敏告解時或許有提到這件事，但一定和瑪格莉特談過，因為她向維

根斯坦推介了叔本華（Schopenhauer）的作品，讓他因為失去信仰而產生的哲學思索能有所指引。

叔本華以《意志與表象的世界》聞名於世。他在書中闡述的先驗觀念論成了維根斯坦早期哲學思想

的基礎。對一名失去宗教信仰，正在苦尋替代物的少年來說，會受這本書吸引是再自然不過。因為叔

本華雖然承認「人有形上思考的需求」，卻強調智性誠實的人不必也不可能將教義字字當真。叔本華說，

指望這種事就跟叫巨人穿侏儒的鞋沒兩樣。

叔本華的形上學承襲康德（Kant），但有自己一套見解。他同意康德，日常世界（即感官世界）只

32　譯註：Theodor Herzl，1860-1904。奧匈帝國的猶太裔記者，推動錫安主義運動，支持建立猶太人自治國家，為日後以色列立國偉人之
一。雖然死前未能如願，但以色列建國後，他被移葬到赫茨爾山上（該山即以他的名字命名）作為紀念。

是表象。但康德堅持本體實在（物自身）無從探知，叔本華卻認為倫理意志世界是唯一真實的實在。這套理論為克勞斯的前述立場提供了形上的基礎，等於用哲學證明了以下主張：「何為真我」這攸關存在的「內在」問題比發生於「外在」世界的事情更重要。維根斯坦直到開始研究邏輯，服膺接受了弗雷格的觀念實在論之後，才揚棄了叔本華的先驗觀念論。但即使如此，他在撰寫《邏輯哲學論》的關鍵階段又拾起了叔本華，因為他相信自己來到了觀念論和實在論的交會點。[33]

「內在」先於「外在」，這個觀點推到極端就成了唯我論，否認自我之外有任何實在。維根斯坦日後對「自我」的哲學思考，有一大部份都是為了粉碎唯我論的幽靈。他求學時讀到一些書，對他後來影響深遠，而在他讀過的唯我論作品中，奧圖·魏寧格[34]的《性與性格》是最驚人的一本。

魏寧格在維也納成為風雲人物時，維根斯坦才剛到林茲一學期。一九〇三年十月四日，魏寧格被人發現奄奄一息躺在黑西班牙人街（Schwarzspanierstrasse）一間寓所的地板上，隨後宣告不治，而那間房子正是貝多芬去世的地方。魏寧格年方二十三，特意選了一個極具象徵意義的地點和舉動，在他視為絕頂天才的人的家中舉槍自盡。《性與性格》於前一年春天出版，基本上評價很差，若不是作者死得太戲劇化，多半不會留下太大影響。同月十七日，《火炬》刊出劇作家奧古斯特·史特林堡[35]的來信，推崇該書「令人敬畏激賞，可以說解決了所有問題當中最困難的一個問題」。魏寧格崇拜就此誕生。

對許多人而言，魏寧格自殺是書中論證的必然結果。正是這一點將他推上了戰前維也納的爭議焦點。他的自我了結不是逃避痛苦的懦夫行為，而是挺身接受悲劇結局的義舉。史學家史賓格勒（Oswald Spengler）讚揚這是一場「精神抗爭」，提供了「晚近信仰之精神所呈現最高貴的景象之一」[36]。於是，

這事引發了不少仿效的自殺事件，連維根斯坦都開始瞧不起自己，因為他不敢自殺，不敢面對自己，在這世上實屬**多餘**的可能。這感覺持續了九年之久，直到他讓羅素確信他是哲學奇才後才得以化解。他哥哥魯道夫的自殺比魏寧格晚了六個月，而且同樣戲劇化。

維根斯坦直言魏寧格對他的影響，比起他說到其他人的影響更能突顯他的生命與作品是如何受到成長環境的塑造。魏寧格是典型的世紀末維也納人，從書的主題到他的死法，在在強烈象徵著維根斯坦成長時期維也納社會、智性和道德層面的暗潮洶湧。

當時的維也納士紳開口閉口就是現代的衰亡，而這正是貫穿《性與性格》全書的主題。魏寧格和克勞斯一樣，認為現代衰亡是科學和商業興起、藝術和音樂勢微的結果，並從近似貴族的觀點，將現代的衰亡視為藐小趕走了偉大。魏寧格曾用一段話批評現代。維根斯坦要是替自己一九三〇年代的哲學作品撰寫前言，或許也會說出同樣的話：

……〔現代是〕藝術家以塗鴉為滿足，從野獸嬉戲中求靈感的時代；是對正義和邦國無動於衷的膚淺無政府時代；是共產主義道德觀的時代；是歷史觀最愚蠢、完全唯物解釋歷史的時代；是資本主義和馬克思主義的時代；是歷史、生命和科學被化約成僅只是政治經濟和技術操作的時代；

33　見本書一四四頁。（此為原註；頁數為原文頁數，請參照每頁底部之標示。）

34　譯註：Otto Weininger，1880-1903。奧地利哲學家。

35　譯註：August Strindberg，1849-1912。瑞典文學家、劇作家。

36　譯註：此句出自《西方的沒落》第二卷。

是天才被當成某種瘋癲，不再有偉大藝術家和哲學家的時代。是不再有原創，卻對原創癲狂上癮的時代。

魏寧格也和克勞斯一樣，常將自己對現代文明最厭惡的部份歸咎於猶太人，並用性的對立（雄─雌）來詮釋當時的社會和文化潮流。但他強調這兩點到了偏執得近乎瘋狂的程度，而克勞斯並未如此。

《性與性格》大篇幅精心建構了一套理論，支持魏寧格的厭女症及反猶太主張。他在前言中提到，該書重點是「將男人與女人的所有反差歸結至一個原則」。

該書分成兩個部份，「生物─心理」及「邏輯─哲學」部份。魏寧格在第一部分力圖證明：所有人在生理上都是雙性人，是男性與女性的混合，只是比例不同，所以會有同性戀，也就是男性化的女人和女性化的男人。在該書「科學」部份的尾章〈解放的女人〉，魏寧格用這套雙性理論反對女性運動。「女人會不會爭取解放，又夠不夠格獲得解放，和她有多少男性成份成正比。」因此，這種女人通常是同性戀者，等級高於一般女人。社會應該給予這些男性化的女人自由，但大多數女人若是起而效尤，可就大錯特錯了。

該書第二部份篇幅大得多，同樣討論男與女，但不是生理上的男女，而是「心理類型」。這裡指稱的心理類型類似柏拉圖的概念。世上所有男人和女人在生理上都是雙性混合體，純粹的**男人**（Man）與**女人**（Woman）只以柏拉圖「理型」的方式存在，但在心理上我們卻是非男即女，沒有也不會混合。有趣的是，魏寧格認為一個人有可能是生理男性、心理女性，反之卻絕無可能，也就是不會有生理女性、心理男性。因此女人即便解放，即便是女同性戀，心理仍然是女性，而他對**女人**的看法也就適用於世

他說，**女人**的木質就是全然的性，除了性慾她一無所是，她就是性慾本身。男人是男人擁有性器官，

上所有女人和某些男人。

女人是「性器官擁有女人」。女人只想著性，男人則對其他許多事物感興趣，例如戰爭、運動、社會事

務、哲學、科學、商業、政治、宗教及藝術。為了解釋這個差異，魏寧格引入了「涵擬」（henid）的概

念，建構了一套特殊的認識論。涵擬是概念形成之前構成概念的心理材料。**女人**用涵擬思考，因此感

覺和思考才會對女人是同一回事。**男人**用清晰明白的概念思考，因此女人指望男人釐清她的心理材料，

解釋她的涵擬。這就是女人只會愛上比自己聰明的男人的原因。於是，男女的根本差異就在於「男人有

意識地活著，女人無意識地活著」。

這套分析讓魏寧格引申出了一些誇張的道德論點。女人無法自己釐清涵擬，做出清楚的判斷，因

此真假之分對女人毫無意義，女人天生無可避免地不真實。這不代表女人不道德，而是她根本沒進入

道德領域，沒有是非標準。由於女人對道德和邏輯律令一無所知，因此不算具有靈魂，也就缺乏自由

意志。由此可知，女人沒有自我，沒有個體性，也沒有性格。女人在道德上註定無望。

接著，魏寧格從認識論和倫理學轉向了心理學，提出兩個新的柏拉圖式類型分析女人，亦即母親

和妓女。所有女人都是母親和妓女的混合，但必有其一為主導。兩者並無道德高下之分，母親對孩子

的愛和妓女垂涎所有男人的慾望一樣，都是不加思索、不知區辨的。魏寧格從未依社會和經濟的角度

解釋賣淫。他說，女人出賣肉體是因為「賣淫的欲念與傾向深植於女人本性之中」。母親和妓女的主要

區別在於性執迷的方式。母親執迷於性的結果，妓女執迷於性行為本身。

無論母親或妓女，所有女人都有一個共同點，一個「實屬於女人也只屬於女人的特質」，就是配對

的本能。女人永遠渴望見到男人和女人結合。的確，女人首要關切的是自己的性生活，但那其實只是她「唯一要緊的興趣」的一次展現而已。女人「唯一要緊的興趣」就是「性結合，希望性結合盡可能發生，隨時隨地任何狀況都可以發生」。

魏寧格對女人進行心理考察之餘，還附了一章論猶太人。這裡「猶太人」同樣是柏拉圖式的心理類型，所有人都可能擁有這種（有害的）特質，但「只在猶太人身上體現得最明顯」。猶太人「充滿女性特質，連最男人的猶太人也比最不男人的亞利安人還女人」。猶太人和女人一樣，擁有強烈的配對本能，個體性薄弱，但擁有強大的族群維繫本能。猶太人沒有是非觀念，也沒有靈魂，缺乏哲學素質更毫無宗教精神，猶太教「只是歷史傳統」。猶太教和基督宗教完全相反。基督宗教是「最高信仰的最高展現」，猶太教是「懦弱的極致」。基督是所有人裡面最偉大的，因為「他憑自身征服了猶太教，即否定之最大者，並創造了基督教，即肯定之最大者」。

魏寧格本人既是猶太人，又是同性戀，故有可能是心理女性。因此，認為魏寧格自殺是一種「解決」之道，這樣的看法很容易得到最粗劣的反猶太份子和厭女者的贊同。據稱希特勒便這麼說過：「劇作家狄特里希・埃卡特[37]告訴我，他這輩子只認識一名好猶太人，奧圖・魏寧格。此人發現猶太人專靠人性腐敗維生之後就自盡了。」十九世紀末的維也納人普遍恐懼女性解放，更憂心猶太人解放，這點無疑是此書大為風行的原因之一，並於日後成為納粹方便取用的宣傳素材。

然而，維根斯坦為何如此推崇此書？他在書裡究竟體會到了什麼？坦白說，書裡的生物學誇大不實，認識論荒誕無稽，心理學粗糙原始，道德觀令人作嘔，維根斯坦**怎麼可能**從中獲益？

我認為，要明白這一點，得先拋開魏寧格全盤負面的**女人**心理學，了解一下他的**男人**心理學。只

有這部份才能看到偏執與自蔑之外的東西，看見維根斯坦少年時能與之共鳴（並且終生念茲在茲）的思

考課題，並且至少提供了一些線索，幫助我們理解維根斯坦推崇該書的緣由。

魏寧格認為，**男人**不同於**女人**，因為男人可以選擇男性化或女性化，選擇有意識或無意識、意志

或衝動、愛或性，並且非得做出選擇。而面對每一項抉擇，選取前者（男性化、有意識、意志和愛）是

所有男人的道德責任。一個男人愈能如此選擇，便愈接近男人的最高類型，也就是天才。

天才的意識離涵擬最遠，擁有「最強、最透徹的明白與清晰」。天才有最發達的記憶力，最有能力

做出清楚的判斷，因此最能精確分辨真假與是非。邏輯和道德基本上並無二致，「無非是人對自己的責

任」。天才是「最高的道德，因此也是每個人的責任」。

男人並非生來就有靈魂，而是有此潛能。要實現這潛能，就得發現更高貴而真實的自我，擺脫（不

真實的）經驗自我的束縛。愛是自我發現的途徑之一。透過愛，「許多男人首次發現自己的真實本性，

確信自己擁有靈魂」：

在愛中，男人只愛他自己。不是愛他的經驗自我，軟弱與粗俗，也不是愛他顯現於外的挫敗與

卑微，而是愛他想成為、該成為的一切，愛他最真實、深刻、明晰的本性，不受一切必然性的羈絆，

以及塵世的玷污。

譯註：Dietrich Eckart，1868-1923，德國記者、劇作家、詩人，德國工人黨（German Workers Party，即納粹黨前身）創始人之一。

魏寧格這裡講的當然是柏拉圖式的愛。事實上，他眼中只存在一**種愛**，就是柏拉圖式的愛，因為「其他所謂的愛都屬於感官世界」。愛和性慾不僅不同，還互相對立。這就是婚後談愛是癡人說夢的原因。身體親近會加強性吸引力，但愛唯有愛人不在，才最熾烈。事實上，愛**需要**分離，需要保持距離才能維繫。「旅行無法促成、時間難以成就的，跟愛人不經意身體接觸就能達到。接觸時，性衝動會被喚醒，足以立刻扼死愛」。

愛上女人或許能激起男人高貴本性的一點火光，但最後若非註定不幸（當他發現女人毫無價值），就是走向不道德（繼續盲信女人的完美）。唯有「依附於絕對，繫於神的概念」的愛才有永恆的價值。男人該愛的不是女人，而是自己的靈魂，自身的神性，那「常居我胸臆的上帝」。因此，男人必須抵抗女人的配對本能，就算女人施壓，也要躲避性的束縛。有人說這麼做會讓人類滅絕，魏寧格反駁道，滅絕的只是**肉身**生命，「精神生命反而能徹底發展」。而且他還說，「凡忠於自己的人，都不會覺得自己有責任維持人類的存續」。

人類必須延續下去，這事對理性沒有丁點好處。讓人類永存，就是讓問題和罪惡永存，因人是唯一的問題，唯一的罪惡。

魏寧格的理論給出的選擇實在可怕又淒涼，不成為天才就是死亡。若只能以**女人**或**猶太人**的姿態活著，亦即無法擺脫感官與肉慾的束縛，就根本不該苟活。**唯有精神生活才值得活。**堅持性愛分離、世間唯有天才的作為方有價值、性慾永遠不見容於天才所追求的誠實──魏寧格

的作品裡有許多看法，都可以在維根斯坦畢生不斷展現的態度裡見到。因此，我們確實有理由認為在

他年少時讀過的書裡，對他人生觀影響最大最深遠的，就是魏寧格的書。

其中，魏寧格對康德道德律的獨特曲解可能尤其重要。根據魏寧格的解釋，康德道德律不僅規定

了誠實是人不可違背的責任，還提供了人發現自身天才的途徑。依照他的觀點，成為天才不僅是高貴

的抱負，更是「定言令式」，也就是絕對的律令。維根斯坦一九○三至一二年數次產生自殺的念頭，直

到羅素認可他的天才纔告平息，這似乎顯示他完全接受這條嚴厲得駭人的律令。

以上便是維根斯坦求學時期的智性發展。我們看到，他首先受哲學反思的啟發，隨後在葛蕾塔的

引導下接觸了哲學家與文化批判者的作品，進一步得到了滋養。但他在工程方面的發展呢？那是他所

選的職業，需要掌握某些技能與知識才可能成功。少年維根斯坦在這方面的進展呢？

關於這部份的紀錄出奇地少。維根斯坦這時期讀過一些科學家的作品，例如赫茲的《力學原理》[38]

和波茲曼的《大眾文集》[39]，給人感覺他有興趣的不是機械工程，甚至不是理論物理，而是科學哲學。

這兩本書和先前討論過的作品一樣，都以康德的哲學方法和自然觀為基礎。牛頓物理學中，**力**

（force）的概念抽象玄奧，赫茲在《力學原理》中面對這個問題時建議讀者，與其追問「力是什麼？」不

38 譯註：Heinrich Hertz，1857-1894，德國物理學家。以實驗證實電磁波存在，故頻率的國際單位以他的名字命名。《力學原理》（Principles of Mechanics）是其著作。

39 譯註：Ludwig Boltzmann，1844-1906，奧地利物理學家、哲學家。波茲曼常數（Boltzmann constant）即以他的名字命名。《大眾文集》（Populäre Schriften）是其著作。

如將之捨棄，不以力為基本概念來重新表述牛頓的物理學。「一旦拋開這惱人的矛盾，」他寫道，「力的性質依舊沒有解答，我們的心靈卻能擺脫苦惱，不再追問錯誤的問題」。

維根斯坦幾乎一字不漏記住了赫茲的這番話，日後談到哲學問題和正確解決哲學問題的方法時，更常引用它來闡述自己的看法。如我們所見，哲學思考對他而言正是始於「惱人的矛盾」，而非如羅素一般，出於追求**確定的**知識。哲學思考的目的永遠是化解這些矛盾，以清晰取代混亂。

維根斯坦可能是從波茲曼的《大眾文集》間接得知了赫茲的作品。《文集》一九○五年出版，收錄了波茲曼較為通俗的講座內容，其中描繪的科學觀依然近似於康德：實相的樣態（models of reality）是加到我們的經驗之上的，而非（如經驗主義所主張）得自於經驗。這個觀點深植在維根斯坦的哲學思考之中，以至於他根本無法想像經驗主義的學說。

波茲曼是維也納大學物理學教授，據傳維根斯坦中學畢業後曾師事於他。但維根斯坦離開林茲那年（一九○六年），波茲曼便因得不到科學界的認真看待而絕望自殺了。

看來波茲曼自殺並未影響維根斯坦的下一步。他的未來已經定好了：他應該增進工程知識，而非追求自己對哲學和理論科學的興趣。因此，維根斯坦一離開林茲就去了柏林夏洛騰堡的工業高等學校（現為柏林工業人學）學習機械工程。這顯然是他父親催促的結果。

對於維根斯坦在柏林度過的那兩年，我們所知甚少。學校資料記載他一九○六年十月二十三日註冊入學，讀了三個學期，順利完成學位課程後，於一九○八年五月五日取得了畢業文憑。在那時拍攝的相片裡，他是個衣冠整潔的俊俏青年，甚至和他一年後去了曼徹斯特一樣，「備受女性青睞」。

柏林求學期間，他寄宿在教授約勒斯（Jolles）博士家裡。博士對這位「小維根斯坦」視如己出，然而多年之後，維根斯坦卻對這段親近過往頗覺難堪，因為他已經不再是過去的維根斯坦。第一次世界大戰深深轉變了他，不下於他在一九〇三到〇四年所經歷的變化。他收到約勒斯夫人親切熱情的來信，卻回以生硬的客套。但他在柏林當時，以及離開後的若干年裡，確實是對他們的溫情呵護深懷感激的。

那是一段責任和興趣相互衝突的歲月。維根斯坦一方面出於對父親的責任而埋首苦讀工程，甚至對當時尚在起步的航空學產生了興趣，另一方面卻發現自己深深糾結於哲學問題，幾乎不受理智控制。受到作家戈特弗里德‧凱勒[40]日記的啟發，他開始在筆記本上以條目的形式寫下自己的哲學思索，並註明日期。

終究，父親的願望暫時佔了上風。離開柏林之後，他轉往曼徹斯特繼續攻讀航空科學。但放眼未來，他或許早已胸中了然，此生唯一值得的道路便是履行更大的責任，對自己——對自己的天才。

40
譯註：Gottfried Keller，1819-1890。瑞士德語作家。

二、曼徹斯特

一九〇八年春天，十九歲的維根斯坦壓下了他對哲學問題與日俱增的興趣，前往英國曼徹斯特研究航空學，似乎期望未來能自己設計和建造飛機，在空中翱翔。

當時航空科學才剛崛起，美國和歐洲各地的業餘人士、狂熱份子和怪才個個摩拳擦掌，互不相讓，萊特兄弟也還沒以足足兩個半小時的飛行震驚世人。儘管尚未出現實質進展，媒體和大眾也抱著消遣與嘲弄的心態，但科學家和政府都意識到這個領域的潛在價值，一旦成功便能獲得可觀的回報。維根斯坦的父親顯然全力支持兒子的計畫。

維根斯坦從風箏的設計和製造開始嘗試。為了做研究，他特地到格洛索普（Glossop）附近的風箏飛行高空站工作。該氣象站使用立體風箏攜帶儀器到空中進行觀測，創辦人亞瑟・舒斯特[1] 是物理學教授，雖然才剛退休，但對觀測工作依然興致高昂。曼徹斯特大學的氣象學講師裴塔弗爾（J. E. Petavel）是高空站主管，後來對航空學產生強烈興趣，最終成了這個領域的頂尖權威。

在觀測站工作時，維根斯坦寄居於德比郡沼地的松雞旅店（Grouse Inn）。那是一間僻靜的路邊酒吧兼旅館。五月十七日，他在旅店寫信給赫爾敏，描述了他的工作環境，並且提到松雞旅店的遺世獨立

讓他驚喜不已。但他也抱怨這裡陰雨不斷，食物和衛生設備太過鄉下。「雖然適應起來有些麻煩，但我已經開始喜歡這裡了。」

他在信中說，他的工作「非常愉快，不能再奢求更多了」。

我在觀測站負責預備風箏。之前都是直接向外面採購，現在則是觀測站替我訂好材料，由我組裝，並用試誤法找出最佳設計。當然，一開始我得陪同觀測，以便了解做出來的風箏必須滿足哪些要求。不過，前天他們告訴我可以開始自己嘗試設計了……我昨天開始製作我的第一只風箏，希望下週內能完成。

他接著寫到身體與情感的孤獨，以及對親密伴侶的強烈渴望。旅店裡除了他這位房客外，就只有「做氣象觀測的一位里默先生[1]」。而在觀測站，只有週六裴塔弗爾帶著一些學生過來時，他才有伴……

因為太隔絕了，我自然**異常熱切**地想要朋友，因此週六學生們過來時，我總覺得會是他們其中的某一個。

他太沉默寡言，無法和學生打成一片，但他寫完這封信不久，友誼就自己找上門來了。威廉・埃

1 譯註：Arthur Schuster，1851-1934，出生於德國的英國物理學家，在光譜學、電化學、光學等領域中有諸多貢獻。

克萊斯（William Eccles），這位比維根斯坦年長四歲的工程師，來觀測站進行氣象研究。他到了松雞旅店，走進交誼廳看見滿地的書和紙，桌上也是，而維根斯坦就坐在書海中央。由於走過去一定會踩到，埃克萊斯立刻動手收拾起來，讓維根斯坦看了覺得既有趣又感謝。兩人很快成了好友，並且一直維繫著（其間也有中斷）直到第二次世界大戰。

一九〇八年秋天，維根斯坦註冊為曼徹斯特大學工程系的研究生。那時曼徹斯特的研究生還很少，安排也頗為隨意，沒有正式課程，也沒有導師指導研究。校方不認為維根斯坦入學是為了學位，而是想要借助學校的實驗室設備，同時（如有需要）吸引教授關注，以便從事自己的研究。

數學家賀拉斯·蘭姆[2]當時開了一堂討論課，讓研究生們提問，由他給意見。維根斯坦似乎把握了這個機會。他十月寫信給赫爾敏，提到他和蘭姆的一段對話。他說：

……〔蘭姆〕看了我想出來的方程式，說會試著解解看，但不確定以現有的方法一定可解。我真想快點知道他嘗試的結果。

維根斯坦對這個問題的關注，顯然不侷限於它在航空學的應用。他開始對純數學產生興趣，不僅去聽李特爾伍德[3]的數學分析理論，每週還有一晚會跟兩名研究生討論數學。過程中，維根斯坦開始思索為數學提供邏輯基礎的問題。一名研究生向他推薦了羅素五年前出版的《數學的原則》[4]，書裡談的就是這個主題。

日後看來，閱讀羅素的《數學的原則》是維根斯坦生命中的轉捩點。雖然他又唸了兩年航空工程，但對羅素討論的問題愈來愈著迷，對工程方面的學問愈來愈覺得索然無味。他終於找到一樣事物，可以讓自己跟哥哥漢斯彈鋼琴一樣全神貫注，可以指望自己不僅能有所成就，還會是**偉大的**貢獻。

《數學的原則》主要反對康德和大多數哲學家的看法，主張純數學推演系統可以由少量的基本**邏輯**原理推導出來。換句話說，數學和邏輯，是同一回事。羅素想用嚴謹的數學推演證明這一點，於是決定實際動手，從幾個淺顯自明的公理推導出所有的數學定理。這部份原本會是《數學的原則》的第二卷，沒想到最後寫成了三巨冊的《數學原理》。羅素在這第一冊裡為自己的大膽計畫提出了哲學基礎，主要是反對當時影響廣泛的康德觀點：數學和邏輯不同，數學的基礎為「表象的結構」(structure of appearance)，也就是我們對時間和空間的「直覺」。對羅素而言，這問題的重要性在於它突顯了兩種觀點：數學是**客觀**確定的知識，還是人類心智的**主觀**建構？

羅素直到《數學的原則》付梓時才發現，這條恢宏大道已經有人走在前面了。那人便是德國數學家弗雷格。5 弗雷格在《算術基本法則》裡（第一卷於一八九三年出版）企圖做到的正是羅素的心

2　譯註：Sir Horace Lamb，1849-1934。英國應用數學家，皇家學會院士。

3　譯註：J. E. Littlewood，1885-1977。英國數學家，曾與另一位數學家哈代（Godfrey H. Hardy，1877-1947）合作，兩人有諸多貢獻。

4　譯註：The Principles of Mathematics，一九〇三年出版。羅素另有一本更著名、與懷德海合著的《數學原理》(Principia Mathematica)。詳細可參考本書導讀或後文。

5　譯註：Gottlob Frege，1848-1925。德國數學家、邏輯學家、哲學家，亦是分析哲學的奠基人之一。著有《算術基礎》(Die Grundlagen der Arithmetik，1884) 與《算術基本法則》(Grundgesetze der Arithmetik，1893、1903)；後文會提及的是後者。

願。羅素匆匆讀了弗雷格的書，並在《數學的原則》補上題為〈弗雷格論邏輯和算術〉（The Logical and Arithmetical Doctrines of Frege）的文章，讚揚這本著作。

在此之前，《算術基本法則》默默無聞，讀的人屈指可數，懂的人更少。羅素可能是最先看出該書重要性的人。但他在匆匆讀過之後，卻察覺弗雷格漏了一個難題。這個難題乍看影響不大，但難題的解答卻很快成了數學基礎的關鍵問題。

為了替「數」提供邏輯定義，弗雷格使用了「類」的概念。他將類定義為概念的外延。也就是「人」的概念對應人的類，「桌」的概念對應桌的類，依此類推。接著他提出一條公理：每個有意義的概念都對應一個對象、一個類，此即概念之外延。然而，羅素一路推演下去，卻發現這條公理會導致矛盾。因為依據前述，有些類屬於自身，有些類則否。所有的類構成的類本身也是一個「類」，故屬於自身。人的類本身不是一個「人」，故不屬於自身。所有不屬於自身的類在一起，就是「所有不屬於自身的類」。問題來了：**這個**「所有不屬於自身的類」，屬不屬於自身？無論屬於或不屬於，結果都是矛盾。而弗雷格的公理既然可能導出矛盾，當然就不適合作為數學的基礎。

羅素發表這項發現之前先寫了一封信，通知當時正在耶拿大學撰寫《算術基本法則》第二卷的弗雷格。弗雷格雖然匆匆寫了一篇不完全的回應放進書裡，心中卻明白這個悖論證明他的系統有著致命缺陷。羅素本人規避這個悖論的做法，他稱之為「類型論」（Theory of Types）。《數學的原則》附錄二裡大致勾勒了這套理論。羅素假定「物」的**類型**有層級之分，相同的某物聚集起來就是該物的「集合」。因此，第一層類型是物的個體，第二層是物的類，第三層是物的類的類，依此類推。集合必須是同類物的群集，因此不可能有屬於自身的集合。

類型論的確避開了上述的悖論，卻帶著「因人設事」的味道。或許物的類型真有數種，而世上也不存在屬於自身的集合。但這樣的預設很難說是羅素希望賴以為根基的自明邏輯真理。羅素本人也不滿意，並在《數學的原則》書末拋磚引玉：

這個難題我還未能徹底地解決，但因推理（reasoning）的根基有賴於此，故我衷心呼籲所有的邏輯研究者關切這個難題。

維根斯坦怎麼可能放過這個誘餌。他遵照羅素的呼籲，開始潛心研究，希望破解悖論。他在曼徹斯特的頭兩個學期花了許多時間，仔細研讀羅素的《數學的原則》和弗雷格的《算術基本法則》，並於一九〇九年四月前寫出了第一個解決方案，寄給羅素的朋友數學家兼數學史學者菲利普·約丹[6]。

維根斯坦將自己的解決方案寄給約丹，而非寄給羅素或弗雷格，可能帶著探路的意味。他應該是在《哲學雜誌》（Philosophical Magazine）一九〇五年的某一期上見到約丹的名字。那一期除了約丹論數學基礎的文章外，維根斯坦在曼大的教授蘭姆也發表了文章。根據約丹的通信紀錄（日期標註為四月二十日），他先跟羅素討論過了才回信給維根斯坦，兩人似乎都不滿意維根斯坦的解決方案：

維根斯坦說他「解決了」羅素的悖論。羅素則說，我回給維根斯坦的看法跟他自己的見解一致。

據赫爾敏回憶，維根斯坦當時沈迷於數學哲學，兩股不同的使命感在心裡拉扯，令他備受煎熬。約丹駁回了「解決方案」似乎替他做了決定，讓他重拾航空學，安安分分過了兩年，直到他再次通信，並且直接聯絡弗雷格和羅素，提出更為深思熟慮的哲學見解後，才又重新陷入拉扯。那時的維根斯坦對哲學問題有足夠的感受力，卻還不確信自己有哲學天才。

雖然確信自己對航空工程既無天份也沒感覺，維根斯坦還是繼續嘗試設計和建造飛機引擎。根據留存下來的引擎草圖，他的構想是用燃燒室產生的高速氣體推動螺旋槳，有點類似用水壓轉動草坪撒水器。這個想法有嚴重的缺陷，也無法實際驅動飛機，但二戰期間用在直昇機的設計上倒是相當成功。

維根斯坦讓當地一間公司替他建造了一個燃燒室，而他的實驗主要在研究燃燒室搭配不同排放嘴的反應。他有一名實驗室助手，名字叫吉姆‧班伯（Jim Bamber）。他日後曾說吉姆是「我在曼徹斯特時少數相處融洽的人之一」。強迫自己投身工程已經讓他夠煩躁了，研究繁瑣更是雪上加霜。班伯回憶道，維根斯坦「神經質的個性讓他比誰都不適合這類研究」。

……實驗出錯是常有的事。只要一出狀況，他就會捶胸頓足，德文髒話罵個不停。

班伯說，維根斯坦從不午休，總是一路忙到傍晚。而他的放鬆方式有兩種，一是泡熱水澡（「他老愛說水有多燙」），二是去聽哈勒管弦樂團（Hallé Orchestra）的演奏。班伯說他們有時會結伴同行，維根斯

坦「時常從頭到尾一言不發，完全沈浸其中。」

此外，維根斯坦還有另一項消遣，就是跟埃克萊斯一起出遊。那時埃克萊斯已經離開大學，在曼徹斯特當工程師。其中一次週日下午的經歷讓他永生難忘。維根斯坦決定去黑潭（Blackpool）的海邊，在曼徹斯特當工程師。其中一次週日下午的經歷讓他永生難忘。維根斯坦決定去黑潭（Blackpool）的海邊，但發現火車班次都不適合。他沒有另覓他途，而是提議直接租一班火車，乘客就他們兩人。埃克萊斯好不容易才說服維根斯坦打消念頭，改用不那麼昂貴的方式（雖然埃克萊斯還是覺得他們很誇張）：先搭計程車到利物浦，再搭默西河渡輪到黑潭。

在曼徹斯特的第二年，維根斯坦放棄了親手製造噴射引擎的夢想，全力投入設計螺旋槳。校方對他的成果相當看重，決定給他一年（一九一〇─一九一一）研究獎助金。那是他在曼徹斯特的最後一年。他對自己成果的重要性和原創性深具信心，甚至還申請了專利。檔案記載，維根斯坦於一九一〇年十一月二十二日遞交了〈航空器螺旋槳改進方案〉的專利申請和臨時說明書，隔年六月二十一日遞交完整說明書，並於八月十七日正式取得了專利。

然而，維根斯坦此時對工程事業的投入已經比不上他對哲學問題的執迷了。即使他又拿到了一年獎助金，一九一一年十月也在大學註了冊，但他的航空工程生涯其實在暑假就結束了。開學前的那段時間，維根斯坦在「難以形容，近乎病態的長時間焦躁下」，對自己想寫的一本哲學著作已經有了腹案。

三、羅素的高徒

一九一一年暑假，維根斯坦對自己想寫的哲學著作有了腹案。假期結束時，他到耶拿[1]造訪弗雷格，跟對方討論自己的構想，可能是想弄清自己該認真動筆，還是回頭守著航空學研究。姊姊赫爾敏知道弗雷格年事已高，很擔心這次訪問，深怕弗雷格缺乏耐心處理這種場面，並且無法了解這次會面對她弟弟有多重要。維根斯坦後來告訴朋友，弗雷格「輕鬆駁倒了」他的構想。這部著作無疾而終，兩人的會面或許是原因之一。不過，弗雷格還是給了維根斯坦足夠的鼓勵，建議他到劍橋大學師事羅素。

這建議之好，遠超出了弗雷格的想像，不僅將維根斯坦引向人生另一個轉捩點，也對羅素產生了深遠的影響。因為維根斯坦需要良師，而羅素正需要高徒。

一九一一年算是羅素生命裡的分水嶺。他殫精竭慮費了十年工夫，終於在前一年完成了《數學原理》。「經過那次折騰，我的智力再也沒完全恢復，」他日後在《自傳》裡說：「處理艱深的抽象問題能力大不如前。」《數學原理》完成後，羅素的個人生活和哲學事業都進入了新階段。那年春天，他愛上了自由黨下議院議員菲利普·莫瑞爾的貴族妻子奧特琳（Lady Ottoline Morrell）。兩人的婚外情持續到一九一六年，情到濃時，羅素甚至一日三信，信裡近乎逐日紀錄了他對維根斯坦的感受。羅素日後談

起維根斯坦當年的軼事，往往加油添醬，對正確與否不大講究，因此這些信裡的記述對釐清事實頗有幫助。

奧特琳的影響，加上撰寫《數學原理》太折騰，讓羅素的哲學路起了變化。他在《原理》之後的第一本書是《哲學問題》（The Problems of Philosophy），他口中的「廉價小說」[2]。這本書不僅開啟了他一系列的通俗寫作，更首次展現出他善以淺顯文字表達艱澀概念的卓越天賦。同時他在劍橋大學三一學院取得了數理邏輯講師的資格。教書、寫作闡揚個人思想，加上《數學原理》讓他精疲力竭，羅素轉而認定他接下來的角色不是繼續發展《數學原理》裡的想法，而是鼓勵別人接棒。一九一一年底，他寫信給奧特琳說道：「我曾經覺得那些有待我解決的技術性哲學問題真的很重要」，但現在…

我對哲學卻懷抱著不安。哲學方面有待**我**做的（即那些**技術性的哲學問題**）似乎不再絕頂重要了。我真心覺得廉價小說更值得寫……讓想法更容易為人理解才是要務。

這段時期要論奧特琳對羅素的影響，最明顯的例子就是羅素曾打算寫一本論宗教的書，書名為《牢獄》（Prisons），動筆時《哲學問題》還沒完成，但他只寫到一九一二年就放棄了。「牢獄」典出《哈姆雷特》的台詞：「世界是一座牢獄，丹麥是最糟的牢房。」書的主旨在點出人類生命受困於牢獄之中，唯有接

1　譯註：Jena，德國地名，該城市以光學工業聞名。
2　譯註：原文為 shilling shocker，羅素自嘲之語。

受「沉思的宗教」才能逃脫。「沉思的宗教」不是相信神或永生（雖然羅素癡戀奧特琳，而奧特琳信仰非常虔誠，她卻依然說服不了他）；這裡「沉思的宗教」指的是和宇宙密契為一，人超越有限的自我，跟無限合為一體。因為，照他對奧特琳的說法（用詞精準得可疑）：「妳稱之為上帝者，我稱之為無限。」面對自己的懷疑不可知論和奧特琳的虔誠信仰，羅素很想找出化解之道，這本書可說是他的嘗試。

他在一封信裡描述奧特琳的愛解放了他，並重新提到了該書的中心思想：

……我已經不再困於牢獄。我迎向星辰，穿越時間，無論去到何處，都有妳的愛為我點亮世界。

因此，維根斯坦一九一一年遇到的羅素遠非他後來的模樣，既不是強硬的理性主義者，也不那麼藐視宗教，而是深陷於愛情之中，比之前和後來的自己更能欣賞人類非理性和情緒化的那一面，甚至還接納了超驗神秘主義。或許更重要的是，他認定自己對技術性的哲學問題無法再有貢獻，決定尋找一個擁有青春、活力與能力的人來接手他開創的志業。

有跡象表明，維根斯坦本來打算不理會弗雷格的建議，回曼徹斯特繼續他的研究工作，因此秋天開學時才會見到他註冊為工程系研究生，獎助金也延長了一年。可能是弗雷格駁倒了他，讓維根斯坦決定克制自己對數學哲學的著迷，回頭堅守工程師的道路。

十月八日，米迦勒學期（即第一學期）[3] 開始兩週左右，維根斯坦突然出現在三一學院羅素的房間裡，向羅素自我介紹，顯然事前沒有知會對方。

羅素正在和奧格登[4]（後來成為首位翻譯《邏輯哲學論》[5]的人）喝茶，這時：

……一名陌生的德國人出現了。他幾乎不會說英文，又不肯講德文，後來才知道他在德國夏洛騰堡讀工程時，自發地對數學哲學產生了熱情，現在來劍橋想聽聽我怎麼說。

我們會立刻察覺，維根斯坦自我介紹時略過了兩件事，相當令人意外。一是他沒提到是弗雷格建議他來找羅素的，二是他沒告訴羅素自己曾在（嚴格說是**還在**）曼徹斯特讀工程。維根斯坦略過這兩點雖然奇怪，但可能只說明了他非常緊張。羅素說他幾乎不會講英文，那就表示他真的很慌亂。

就維根斯坦隨後幾週的表現來看，他似乎不只是來聽羅素講課，還希望在他心裡留下印象，冀望能從真正識貨的人嘴裡聽到自己到底有沒有哲學天份，從而決定到底不該不該放棄航空學研究。

羅素的數理邏輯課並不受學生青睞，課上常常只有三名學生：布洛德[6]、內維爾[7]和諾頓[8]。因此當他見到維根斯坦「正襟危坐」出現在班上，是該蠻開心的。「我對我那位德國朋友很感興趣，」他寫信

---

3 譯註：Michaelmas term，劍橋大學、牛津大學等一些英國與愛爾蘭的大學，以此稱第一學年的第一個學期（秋季學期）。因米迦勒節（Michaelmas：天使長米迦勒之慶日）而得名。

4 譯註：C. K. Ogden，1889-1957。英國哲學家、語言學家、作家。

5 譯註：Tractatus Logico-philosophicus，維根斯坦之著作。詳見後文。

6 譯註：C. D. Broad，1887-1971。英國哲學家。

7 譯註：E. H. Neville，1889-1961。英國數學家。

8 譯註：H. T. J. Norton。羅素學生，其餘資料不詳。

給奧特琳說：「希望接下來能常見到他。」沒想到兩人見面比他期望的頻繁得多。維根斯坦纏了他整整四週，上課時霸佔著討論不說，下課後還跟著他回家，繼續為自己的立場爭辯。對此，羅素的反應是既覺得有趣和欣賞，又覺得惱怒和不耐：

我那位德國人朋友簡直快變麻煩了。他下課後跟著我回去，一直跟我爭辯到晚餐時間，講話執拗又任性，但我認為並不蠢。（一九一一年十月十九日）

我那位德國工程師真的很愛爭辯，很煩人。他不肯承認房間裡確實沒有一頭犀牛……（他）又回來了，我換衣服時他一直在爭辯。（一九一一年十一月一日）

我覺得我那位德國工程師笨到家了。他認為經驗事物都不可知。我要他承認房裡沒有一頭犀牛，他就是不肯。（一九一一年十一月二日）

〔維根斯坦〕只承認斷言命題存在，其他一概不接受。（一九一一年十一月七日）

今天課上得蠻順利。我那位德國工程師依然堅持世界上只有斷言命題存在，但我最後告訴他這個論點太太了。（一九一一年十一月十三日）

我那位兇猛的德國人朋友下課後又來跟我爭辯了。再多的理性之箭也射不穿他的固執，跟他討論實在是浪費時間。（一九一一年十一月十六日）

羅素日後提起這段討論時渲染了一番，聲稱他將所有桌椅底下都看了一遍，希望說服維根斯坦教室裡沒有犀牛。但顯然對維根斯坦來說，這是形上問題，跟經驗無關，問題在於世界由何種東西構成，而非眼前有沒有犀牛。他當時如此堅持的看法，其實正呼應了他在《邏輯哲學論》裡著名的第一命題，即「世界是事實的總和，而非物的總和」。

從信裡的內容看，羅素對維根斯坦的哲學天賦還不是很有把握，但替維根斯坦的未來做決定的責任很快便落在了他頭上。十一月二十七日，第一學期結束前，維根斯坦拿著自己最急迫的問題去請教羅素，希望對方的意見能幫助他決定選擇何種職業，徹底解決糾纏了他兩年多的興趣兩難：

我那位德國人朋友正在哲學和航空學之間舉棋不定。他今天問我是不是覺得他在哲學方面毫無前景，我說我不曉得，但應該不是。我要他寫點東西給我看，方便我做判斷。他有錢，對哲學又興趣強烈，但覺得除非自己能力不錯，否則就不該獻身投入。我覺得自己責任重大，卻實在沒把握他究竟天份如何。（一九一一年十一月二十七日）

離開劍橋前，維根斯坦和羅素小聚了一次。這回他總算在這位哲學家身旁放鬆了下來，不再一味追究哲學問題，而是聊到了自己的其他方面。羅素這才知道他是奧地利人，而非來自德國，同時「很有

文學素養，又懂音樂，舉止悅人……而且我**覺得**真是聰明」，以致於「我開始喜歡他了」。

不過，真正的轉捩點發生在隔年一月。維根斯坦拿著他假期時完成的草稿回到了劍橋，羅素一讀，對他的態度立刻變了。他告訴奧特琳，草稿「非常好，比我的英國學生好多了」，並且說：「我一定會鼓勵他，他很可能成大事。」維根斯坦日後告訴大衛·品生特，[9] 羅素的鼓勵拯救了他，結束了他九年來的孤獨與煎熬，不再反覆有自殺的念頭，並讓他徹底放棄了工程，放下「他在這世界是多餘的」的感覺，不再因為自己**沒有**自殺而羞愧。換言之，羅素鼓勵維根斯坦追求哲學，肯定他想放棄工程的衝動是對的，是真的救了維根斯坦一命。

接下來那學期，維根斯坦對數理邏輯的鑽研之勤，到了學期末，羅素說他能教的他都已經學會了，甚至鑽得更深。「雖然是好是壞還不知道，」他告訴奧特琳：「但錯不了的，維根斯坦絕對是我生命中的大事。」

我愛他。我的作品引發了許多問題，但我太老了而處理不了，需要新鮮腦袋和年輕活力才能解決。我覺得他**正是**那樣的年輕人，所有問題都能被他解決。

羅素才指導了維根斯坦一個學期，就認定他是自己尋覓的高徒。

維根斯坦在那三個月從事了什麼哲學研究，我們不得而知。羅素在寫給奧特琳的信裡只提到了隻字片語，令人好奇不已。一月二十六日，維根斯坦提出了「對邏輯**形式**（form），而非邏輯**內容**（matter）」

的定義。一個月後，他「就一個重要的邏輯問題，提出了極有創意的構想，我認為是正確的」。雖然只是隻字片語，但已經足以顯示維根斯坦的鑽研焦點從一開始就不是「數學是什麼？」而是更根本的問題：「邏輯是什麼？」羅素個人認為，這是《數學原理》留下的最重要的問題。

一九一二年二月一日，維根斯坦成為三一學院的學生，由羅素擔任導師。他知道維根斯坦沒有修過正式的邏輯課，覺得上課應該有好處，便拜託知名邏輯學家兼國王學院理事詹森（W. E. Johnson）「指導」維根斯坦。但這項安排只持續了幾週。維根斯坦後來告訴里維斯 [10]：「我和他見面第一個小時，就知道他沒什麼可以教我。」詹森則跟里維斯說：「我們才剛見面，他就給我上起課來了。」差別在於詹森是在挖苦，維根斯坦卻是完全認真的。最後詹森主動結束了這項安排，導致羅素不得不使出渾身解數，靠著圓滑與機敏指出維根斯坦的錯誤而不惹怒他。這是第一次，之後羅素還多次遇到這種場面。

我正在準備講稿，維根斯坦情緒激昂地來了，跟我說詹森（我建議他接受詹森的指導）來信說不再教他了，確切意思是維根斯坦上課爭論的時候多，乖乖聽課的時候少。維根斯坦問我詹森的看法有沒有道理。他近來特別頑固，別人幾乎插不上話，大夥兒都覺得他是個討厭的傢伙。但我真的很喜歡他，因此遇到這種事時總能點醒他，又不致於刺激到他。

9　譯註：David Pinsent，1891-1918。英國哲學家大衛・休謨（David Hume）之後代，維根斯坦的親密友人，詳見後文。

10　譯註：F. R. Leavis，1895-1978。英國文學評論家。曾與維根斯坦有短暫友誼，見第十一章。

喬治·摩爾對維根斯坦的印象完全不同。那個學期，維根斯坦開始聽摩爾的課。他「對維根斯坦的

頭腦評價極高」，羅素告訴奧特琳：「說兩人意見不同時，他往往覺得維[11]**一定是**對的。他說維在課堂上

總是極其困惑的模樣，其他學生反倒沒有。我很高興不是只有我對維這麼激賞。年輕人不怎麼看重他，

就算看重，也是因為我和摩爾時常讚許他。」至於維根斯坦，羅素說：「維說他很愛摩爾，說他會喜歡

或討厭一個人全看對方的思考方式。摩爾的笑容是我見過最美的，那樣的笑容打動了維。」

維根斯坦和摩爾的友誼日後才會開始，但他和羅素很快就親近了起來。羅素對他讚賞得無以復加，

認為他是「完美的學生」，這種學生「會用強烈又極為聰明的異議來表達心中熱誠的欽佩」。維根斯坦和

布洛德相反。布洛德是羅素最**可靠**的學生，做出來的研究「肯定有用，但搆不著傑出」；而維根斯坦「充

滿了沸騰的熱情，潛能無可限量」。

羅素愈來愈認同維根斯坦，覺得兩人志同道合，同樣是將一切力量及熱情灌注在**理論**問題上的人。

「這種熱情很罕見，見到了實在令人開心。」而且，「他對哲學的熱情比我還強。跟他雪崩般的激情相比，

我的熱情只像小雪球。」羅素對維根斯坦的描述裡不斷出現「熱情」兩個字。那是一種「純粹智性的激

情」，而維根斯坦在這部份（和羅素一樣）屬於「最高級」。羅素說「我因此而愛他」。感覺他在維根斯

坦身上看到了自己。更恰當的說，是將維根斯坦看成了自己的子嗣：

他有著藝術家的性情，直觀而情緒化。他說自己每天早上都滿懷希望開始工作，到了晚上卻絕

望以終。他搞不懂一件事時的那種氣憤，和我一模一樣。（一九一二年三月十六日）

我在智性上完完全全能理解他。我們有著同樣的激情與熱烈，同樣覺得「不理解毋寧死」，思考

到極度緊繃時會突然蹦出玩笑。（一九一二年三月十七日）

……他運用的比喻也跟我一樣，認為自己和真理之間隔著一道牆，必須設法將它推倒。我們討

論完後，他說：「嗯，牆倒下了一點。」

他的態度證明了我對自己的研究抱持希望是對的。（一九一二年三月二十二日）

羅素讚許地提到維根斯坦很有禮貌，但更欣賞他「爭辯時會渾然忘了禮貌，想到什麼就說什麼」。

沒有人比維根斯坦更真誠，更缺乏阻礙追求真理的虛偽禮貌了。他讓自己的感覺和情感流露，

實在溫暖人心。（一九一二年三月十日）

例如，維根斯坦有回遇見一名學生，對方正巧是修士，羅素開心地告訴奧特琳，維根斯坦「比我更不喜

歡基督徒[11]」。

他原本很喜歡法，那位修士學生，得知法是修士讓他嚇壞了。法來找他喝茶，維立刻出言抨擊，而且如我想見，砲火很猛烈。昨天他再度發難，但不是論辯，而是真誠地勸說對方。維基本上對倫理道德深惡痛絕，刻意讓自己憑衝動行事，也覺得人應該如此。（一九一二年三月十七日）

「我不會為他的道德良能（technical morals）擔保」，羅素結論道。

羅素這段評論自相矛盾，顯示他誤解了維根斯坦論辯的重點。維根斯坦既然鼓吹誠實，顯然就不是憎惡道德、想要替不道德辯護；而是他認為，道德必須基於人格的一以貫之（integrity），忠於自我，發自內心的衝動，也就是出自於內在，而非來自外部強加的規範、原則與責任。

對維根斯坦而言，這個問題牽涉甚廣。棄工程而就哲學，難道不就是揚棄了原被視為責任的東西，轉而追求**內在**燃燒的熱情？但如同先前所見，維根斯坦一開始便這麼告訴羅素，這樣的決定需要支持，證明他不是一時的心血來潮，而是真的有可能在哲學路上做出貢獻。

羅素的誤解預示了兩人關係的未來，顯示他和維根斯坦的「理論激情」終究並非如他想的那麼相似。那個學期結束時，維根斯坦已經覺得可以對羅素的作品直言不諱，說自己喜歡和**不喜歡**哪裡。他對《數學原理》的美滿懷欽慕，形容它宛如音樂。這或許是他能給出的最高讚美了。但他很不喜歡羅素的通俗著作，尤其是〈一個自由人的崇拜〉和《哲學問題》最後一章〈哲學的價值〉。他甚至不喜歡說哲學有**價值**：

……他說喜歡哲學就會做哲學，不喜歡就不會，如此而已。**他自己**最強烈的衝動就是哲學。

（一九一二年三月十七日）

很難相信維根斯坦的態度會如羅素所描述的那麼乾脆，畢竟他在師事羅素之前雖然就發現哲學是他最強烈的衝動，卻仍然擺盪於責任與衝動之間，糾結了好幾年。他確實相信人**應該**順應衝動而活，就像他父親、哥哥漢斯和所有天才一樣，但他同時擁有強烈的責任感，因此不時陷於自我懷疑而躊躇不前。羅素的鼓勵之所以必要，正因為那讓維根斯坦得以擺脫懷疑，**開心**聽從自己最強的衝動。他一得到羅素的鼓勵就立刻轉讀哲學，令家人吃了一驚，而他則在學期末告訴羅素，自己有生以來最快樂的時光就是待在羅素家的時候。但這份快樂不僅出於聽從自己的衝動，更來自他深信，自己既然擁有不尋常的哲學天賦，便**有權**這麼做。

維根斯坦認為羅素應該要了解他這一點。新學期一開始，他回到劍橋那天，兩人又談到這個話題。羅素發現維根斯坦「穿得好極了……跟我預料的一樣。我感覺他莫名地興奮」。他仍覺得兩人在性情上沒有根本的差異，維根斯坦「和我一樣活在亢奮之中，幾乎無法好好坐著或讀一本書」。維根斯坦談起貝多芬：

……他說貝多芬的朋友有一回到貝多芬家門口，聽見貝多芬對著自己的新賦格曲「咒罵、咆哮和高歌」，整整一小時後才來開門，看起來像是跟魔鬼打了一架，而且已經三十六小時沒吃東西，因

12 譯註：法默（Farmer）的簡稱，詳見後文。原信寫為 F，中譯為「法」。

為廚子和女傭都被他的怒氣嚇跑了。他說這才是人所當為的事。

然而，如同之前，這裡「咒罵、咆哮和高歌」的可不是一般人。要是這般狂熱的專注只生出平庸之作，維根斯坦還會覺得這是「人所當為的事」嗎？他這話背後的含意是，若作曲是某人最強烈的衝動，而且這人完全獻身於這股衝動將能寫出偉大的音樂，那這人不僅有權利依衝動行事，還有責任這麼做。

羅素給予維根斯坦的，正是聽從衝動的許可證，因為他在對方身上見到了天才的特質。他後來這麼描述維根斯坦：

……（他）可能是我認識最符合傳統定義的天才了，熱情、深刻、專注又強勢。

夏季學期一開始，羅素就在維根斯坦身上見到這些特質了。他在四月二十三日寫給奧特琳的信中說：「我的研究只要他接手，我就不覺得自己放棄是罪過。」並且隨即補上一句，彷彿想證明維根斯坦確實有資格擔當大任似的：「他今天興奮得不得了，我還以為他會把我房裡的家具統統砸爛呢。」維根斯坦問羅素，他和懷德海[13] 打算如何替《數學原理》結尾。羅素答說他們不會做結論，「最後寫到哪個式子就在那裡結束。」

他起先有點意外，接著便明白這麼做是對的。我覺得這本書裡只要有一個贅字，便會破壞它的美。

羅素追求作品之美，顯然深得維根斯坦的認同。他後來在《邏輯哲學論》裡採用精簡的散文體，將羅素提倡的簡樸美學推上了新的高度。

不過，夏季學期初，兩人的關係已經開始轉變了。羅素雖然名義上仍是維根斯坦的導師，卻愈來愈渴望得到維根斯坦的讚許。復活節假期時，羅素開始撰寫一篇論「物」的文章，預備遞交給卡地夫大學（Cardiff University）的哲學學會。他希望這篇論文能展現出一種新的活力，「示範如何使用冷靜而熱情的分析，摒棄人類情感，做出最痛苦的結論」。冷靜**而**熱情？羅素解釋道：

我過去一直提不起勇氣處理「物」，因為懷疑得還不夠徹底。我想寫出一篇文章讓對手覺得「實在論破產了」。世上最棒的事，莫過於以熱情給予冷靜的洞見。我之前的傑作多半來自悔恨的激勵，但只要熱情夠強，一樣能做到。哲學是冷淡的情人，唯有用熱情的手握著冷靜的劍，才能觸到她的心。

然而，維根斯坦對於此事的反應卻讓羅素失望了。他覺得這個議題根本是「枝微末節」。

熱情的手握著冷靜的劍：維根斯坦集嚴格的邏輯、心靈與執著的衝動於一身，這個形容充分捕捉了他的形象。他正是羅素心中哲學典範的化身。

13
譯註：Alfred North Whitehead，1861-1947。英國數學家、哲學家。羅素的學院導師。詳可參考本書導讀。

當，物理、天文學和其他科學仍然可以為真。

他承認如果「物」不存在，那除了他自己就沒有其他人存在。但他說這無所謂，因為只要詮釋得

幾天後，維根斯坦讀了一部分論文，想法稍有改變，讓羅素如釋重負。維根斯坦喜歡文中的極端。羅素在文中劈頭就說，哲學家迄今為止提出的證明「物」存在的論證，基本上全都站不住腳。維根斯坦說這是羅素做過的第一好事。但他讀完整篇論文後，想法又變了，跟羅素說他還是不喜歡。「但只是由於他意見不同，而非論文寫得不好」——羅素彷彿見到一線生機似地這麼對奧特琳說。這篇他原本寄予厚望的論文終究沒有發表。

不難想見，羅素如此看重維根斯坦，必然會引起他在劍橋的朋友的好奇，尤其是使徒們（the Apostles）[15]。使徒會是一群自居菁英的人組成的社團，羅素是成員之一，經濟學家凱因斯[14]和史學家斯特雷奇則是主導人物。用使徒的話來說，維根斯坦是「胚胎」，亦即觀察中的入會人選。為此，斯特雷奇特地從倫敦來羅素家跟維根斯坦喝茶，親自考察這位準成員。維根斯坦剛讀了斯特雷奇的《法國文學地標》（Landmarks in French Literature），但並不喜歡，跟羅素說這本書感覺很吃力，像是哮喘病人在呼吸一樣。不過，他在碰面時還是搬出了不少本事，給斯特雷奇留下了好印象。「所有人都開始注意到他」，羅素過後對奧特琳說：「他們發現他很有天才。」

至於維根斯坦想不想加入使徒會，羅素卻是有點保留：

有人跟使徒提到了維根斯坦，他們有意讓他入會，想聽聽我對他的看法。但我跟他們說，我覺得維根斯坦應該不會喜歡這個團體，我很有把握他不會不會。他應該會覺得滯悶，而這也的確是事實，因為使徒們彼此走得很近，互相親愛。我入會時還不是這樣，我覺得主要是斯特雷奇的關係。

羅素認為維根斯坦不會喜歡使徒當時瀰漫的浪漫的同性愛氣氛，會覺得「滯悶」。無論這話是對是錯，他都說中了一點，維根斯坦對使徒會確實沒有好感。

斯特雷奇對維根斯坦的感覺則是有好有壞。他五月五日邀維根斯坦午餐，但這回並未留下深刻的印象。「辛克—維克先生[16]跟我午餐，」他寫信給凱因斯說：「安靜的小傢伙。」兩週後，兩人在斯特雷奇弟弟詹姆士的住處再次見面，這回他得到的印象是一種折騰人的才華：

辛克—維克先生一個勁兒的討論個體和共相。喔，這話題多麼精彩，可是**痛苦至極**[17]！天哪！天哪！「A愛B」—「其中或許有共同的性質」—「用這種方法根本無法分析，但複合概念具有某些性質。」我怎麼才能靜下來好好睡覺？

---

14 譯註：John Maynard Keynes，1883-1946。英國著名經濟學家，其學派之經濟學理論的影響力至今不輟。

15 譯註：Lytton Strachey，1880-1932。英國史學家、傳記作家、評論家，著有《維多利亞女王傳》。雖與畫家朵拉·卡靈頓（Dora Carrington）結婚，卻也公開談論自己的男同性戀傾向。

16 譯註：原文為 Herr Sinckel-Winckel，指維根斯坦。

17 譯註：原文為法文 quelle souffrance。

維根斯坦和使徒會的接觸到此暫告結束，直到十月他見了凱因斯，「辛克—維克先生」才成為了「維根斯坦弟兄」。只不過這段關係沒能維持多久，而且結局是災難一場。

於是，維根斯坦從劍橋年輕人眼中「討厭的傢伙」搖身一變，成為「有趣又討人喜歡」的同伴，只是「幽默感有點沈重」。至少這是其中一名青年的看法。這人就是品生特。夏季學期初，他在羅素舉辦的「碎南瓜」社交聚會上認識了維根斯坦。他當時是數學系的大二生，前一年也曾是使徒會的「胚胎」，但最後沒能入選。這事或許說明了他在當時劍橋知識菁英心中的評價：有趣但不特出，聰明但不是天才。

但對維根斯坦來說，品生特性情溫和，音樂感受力又高，正是理想的夥伴。維根斯坦似乎很快就看出了這一點，兩人認識不到一個月就邀對方到冰島渡假，而且費用全由他父親負擔，讓品生特受寵若驚。「我真不知該如何是好」，品生特在日記裡說：

……這趟旅行肯定會很好玩，我自己出不起錢，威根斯坦[18]又一副很希望我去的樣子。我遲遲無法決定，便寫信問家裡的意見。冰島感覺很迷人，我想在島上應該都是騎馬，絕對好玩極了！這提議很吸引我，又讓我感到意外。我才認識威根斯坦三週左右，但兩人感覺處得還不錯。他很喜歡音樂，而且品味和我一樣。他是奧地利人，但英語說得很流利。我想他年紀應該和我差不多。

在此之前，兩人的往來僅限於心理實驗。品生特是維根斯坦在心理實驗室進行的研究的受試者。維根斯坦似乎想用科學方法了解節奏在音樂欣賞中的角色，因此需要懂點音樂的人來做實驗。品生特

在日記裡並未提到實驗內容，只說當受試者「還蠻有趣的」。心理學家邁爾斯（C. S. Myers）協助了維根斯坦的研究。他非常看重這項實驗，甚至在英國心理學會上示範了一次。研究成果主要是發現在某些狀況下，受試者會覺得聽見某些音符加了重音，其實並沒有。

品生特受維根斯坦之邀一起渡假前，除了每週兩三次做實驗，就只有在羅素週四舉辦的碎南瓜晚會上會見到維根斯坦。五月三十日晚會之後，他在日記裡寫道，他覺得維根斯坦「非常有趣」。

……他正在這裡讀哲學，但有系統地讀還是最近的事。他無比天真又驚訝地說，他之前懵懂崇拜的哲學家其實又蠢又不誠實，而且犯了一堆噁心的錯誤！

不過，他們倆直到維根斯坦意外邀約後才親近了起來。隔天晚上兩人一起去聽了音樂會，之後回到維根斯坦住處，聊到十一點半。維根斯坦「非常健談，還跟我說了許多他的事」。他告訴品生特自己在想自殺的孤獨和痛苦中過了九年，直到羅素鼓勵他唸哲學，他才得到了救贖。品生特說：

我知道羅素對他評價很高，而且被他糾正過一兩個哲學上的論點，羅素也接受了他的看法。被他糾正過錯誤的哲學老師不只羅素。威根斯坦幾乎沒有其他嗜好，因此很孤獨。人活著不能只有學位考合格之類的遠大目標，但他真的很有意思，也很討人喜歡。我想他已經克服自己的病態了。

18
譯註：品生特原文拼錯字成 Viregenstein。後面引文同。

兩人開始密切往來，一起去聽劍橋大學音樂社的演奏會、在辯論社的聯盟聚會廳用餐、到對方住處喝茶。維根斯坦甚至為了聆聽品生特朗讀經文，而去大學教堂望了一次彌撒。

羅素曾說維根斯坦「不喜歡」基督徒，但不代表他上教堂必然是違心之舉。其實約莫在同一時期，他曾經突然冒出一句話，讓羅素大感詫異。他說自己非常欣賞馬可福音八章三十六節：「人就是賺得全世界，賠上自己的生命，有甚麼益處呢？」

〔他〕接著又說，沒有失去靈魂的人太少了。我說要看一個人有沒有真心追求的大目標。他說他覺得要看苦難和承受苦難的力量。我相當意外，沒想到他會說出這種話。

維根斯坦在此透露出的斯多噶思想，似乎跟他日後告訴諾曼‧馬爾康姆的一件事有關。他回維也納渡假時，去劇院看了奧地利劇作家兼小說家路德維希‧安曾魯伯的《畫十字的人》[19][20]，讓他一改先前對宗教的輕蔑。 [21]這齣劇很平庸，但裡面一個角色主張，無論世上發生什麼，都不會有壞事落在他身上；他獨立於命運和環境之外。這樣的斯多噶思想讓維根斯坦深受震撼。他告訴馬爾康姆，他頭一回意識到宗教的可能。

在那之後，一直到他過世為止，維根斯坦始終認為「絕對安全」的感覺就是宗教經驗的根本。和羅素那番對話過後幾個月，他讀起了威廉‧詹姆斯[22]的《宗教經驗之種種》（Varieties of Religious Experience），並跟羅素說：

這本書對我**很有幫助**。不是說我會立刻成為聖人，但我不能說它沒有讓我在自己期望能**大大改**

進的事上改進了一點點。意思是：我認為這本書幫我擺脫了**Sorge**〔煩惱與焦慮〕（這裡的 Sorge 是

歌德《浮士德》第二部裡講的那種 Sorge）。

　　討論靈魂失與得之後過了兩天，羅素和維根斯坦又談了一次話。這次對話顯露了兩人道德觀的深

刻差異。事情是從狄更斯《塊肉餘生錄》開始的。維根斯坦認為主角大衛·考伯菲爾不該為了斯帝福斯

跟小愛彌麗私奔而責怪他，羅素說他在同樣的情況下也會那樣做。維根斯坦「很難過，不敢相信我這麼

說。他認為人可以永遠對朋友忠誠，深切愛之，也應該那麼做」。

　　〔維根斯坦〕說他不會憤怒或憎恨，只會感到無比的悲傷（而我相信也他）。他本性良善得徹頭徹

尾，所以才看不出道德的必要。我先前完全錯了，熱情或許能驅使他做任何事，但他絕不會做出

冷血不道德的惡行。他對未來的展望很自由，原則之類的東西對他毫無意義，因為他的衝動雖然

19　譯註：Norman Malcolm，1911-1990。美國哲學家。曾為維根斯坦講座學生，並有交誼，著有多部與維氏相關著作。

20　譯註：Ludwig Anzengruber，1839-1889。奧地利劇作家、小說家，著有《畫十字的人》（Die Kreuzelschreiber）。

21　維根斯坦告訴馬爾康姆，當時他大約二十一歲，換句話說就是一九一〇年或一九一一年初。然而，羅素察覺到維根斯坦對宗教態度有變是一九一二年夏天。這就不禁讓人設想，此事其實發生在一九一二年的復活節假期。（原註）

22　譯註：William James，1842-1910。美國哲學家、心理學家，被譽為美國心理學之父。

強烈，卻從不可恥。

「我感覺他滿懷熱情全心對我，」羅素又說：「我和他對一件事只要感覺不同，都會讓他難受不已。我對他也滿懷熱情，但因為我全心對妳，因此我對他的熱情對我來說，自然沒有他對我的熱情對他那麼重要。」

羅素似乎沒能察覺，兩人的感覺差異觸及了維根斯坦在意的核心問題。他也本能理解，維根斯坦重視對個人的一以貫之（以及上面提到的忠誠）不是反對道德，而是另一種道德。就兩人根本相反的人生態度而言，這是個典型的例子。即便此時的羅素或許是他一生最內觀自省的時候，他卻還是認為，若要保有靈魂，有賴於「真心追求的大目標」，傾向於在自身之外尋找安身立命的寄託。維根斯坦則是一如過去和往後，堅持不墮落的可能性完全繫於自我，端賴人內在覺得的品格。一個人只要靈魂純粹（對朋友不忠就會使靈魂不純），那麼無論「外在」任何事落在他身上，即便是妻子跟別人跑了，也不會動到他的**自我**分毫。因此，最該在意的不是外在事物，而是自我。

比起他人的作為可能帶來的不幸，處理妨礙自我平靜面對世界的 **Sorge**（煩惱與焦慮）才是當務之急。

當最最根本的態度互相衝突，就無所謂贊不贊同，因為一個人的言行都必須從那態度**之中**來理解。因此，雙方會覺得挫折、無法理解對方，也就不足為奇了。令人意外的是，羅素的想法相當天真，認為兩人的差別不在理念不同，而在對方是個特別的人，擁有的衝動「雖然強烈，卻從不可恥」。他彷彿只能藉由維根斯坦的人格特質才能理解對方為何抱持那樣的觀點。當他發現對方的態度陌生而無法想像，他只能**解釋**，卻無法**搞懂**，無法進到維根斯坦的態度**裡面**。

讀羅素寫給奧特琳的信，會讓人一再感覺他抓不到維根斯坦「理論熱情」的根本精神。人格的一以貫之，是維根斯坦的人生中心德目，卻被羅素在不同時期理解成反對現有道德或本性純正，甚至一度被他當成笑話看待。有一回在碎南瓜會上，維根斯坦主張研究數學能提昇人的品味，「因為好品味必然真誠，因此凡是讓人真實（truthfully）思考的事物，必能培養品味」。從羅素對奧特琳的轉述看來，他似乎根本無法將這個論點當真。他說維根斯坦的觀點是「悖論」，還說「我們都不贊同他」。然而，我們很有理由相信，維根斯坦講這話是完全認真的。對他而言，真誠和好品味是密不可分的概念。

維根斯坦不會為自己最根本的信念和人爭辯。唯有支持相同信念的人，才能與他對話。因此，他和羅素很快就無法討論道德問題了。對理念不同的人而言，無論談邏輯或道德，維根斯坦的發言恐怕都像無字天書。羅素開始憂心這一點。他在信中告訴奧特琳：「我很怕沒人了解他寫的東西想說什麼，因為他從來不用論證討論其他觀點來支持自己。」羅素告訴維根斯坦不能只說自己的想法，還要提出論證，維根斯坦卻說論證只會毀了它的美，就像泥濘的雙手弄髒了一朵花：

我跟他說我實在不忍心反對你這點，他最好請個奴隸來替他提論證。

羅素很有理由擔心維根斯坦不被理解，因為他愈來愈覺得自己未完成的邏輯研究應該交棒給維根斯坦。他甚至覺得自己在三一學院五年講師任期一到，應該放棄續任，由維根斯坦接手。「我竟然開始覺得學問的世界不真實，真是沒想到，」他寫道：「我幾乎不再想到數學，只有證明偶爾會勾起我的興趣。我也不常想到哲學，不再有做哲學的**衝動**。」羅素不再相信哲學的價值，和他在《哲學問題》最後一章的

說法判若兩人。

我確實曾認真試著回到哲學上去，卻發現自己實在無法認為它很有價值。一方面是由於維根斯坦，他讓我對許多事更懷疑了，另一方面是因為遇見了妳，引發了我的改變。

羅素說的「改變」是指他受奧特琳啟發，愈來愈投入哲學之外的作品。第一本是論宗教的書《牢獄》，其次是自傳（但他中途放棄，而且顯然銷毀了），最後是自傳式中篇小說《約翰・弗斯提仕》（The Perplexities of John Forstice）。這本小說顯然引用了自傳裡的一些素材，並大量引用他寫給奧特琳的信，嘗試用虛構的手法描述自己的智性之旅，從孤立走向道德和政治的迷惘，最後達至清明與從容。羅素並不擅長這類書寫，上述作品在他有生之年都沒有問世。「我**好希望**自己更有創造力，」他對奧特琳感嘆道：「莫札特那樣的人真讓人自慚形穢。」羅素後來答應死後出版《約翰・弗斯提仕的迷惘》，但非常遲疑：

……小說第二部裡的看法，我只主張了一小段時間。那些看法太感性、太溫和、對宗教太寬容，因為當時的我太受奧特琳・莫瑞爾夫人的影響。

維根斯坦對邏輯分析的研究就是在這「一小段時間」有了非凡的進展，而這是好是壞就見仁見智了。但他被羅素視為哲學天才，或許跟羅素受奧特琳的影響脫不了關係。要不是羅素正處於感性階段，

可能不會那麼喜歡維根斯坦。「維根斯坦今天送了好美的玫瑰給我，他真可愛」（一九一二年四月二十三日）、「我愛他如子」（一九一二年八月二十二日），要不是他失去了獻身數理邏輯的興趣與信念，可能不會那麼輕易交棒給維根斯坦。

總之，維根斯坦來到劍橋剛滿一年，羅素就指明維根斯坦會是他的接班人。夏季學期末，赫爾敏造訪劍橋，順道見了羅素。羅素親口表示：「我們都覺得妳弟弟將帶領哲學邁出一大步。」讓她聽了非常驚訝。

暑假一到，摩爾就提議將自己的學院宿舍讓給維根斯坦。之前維根斯坦一直住在玫瑰彎月街（rose crescent），遂欣然接受了摩爾的好意。宿舍位於惠威爾庭院[23] K 樓頂層，窗外就是美麗的三一學院，位置非常完美。維根斯坦很喜歡這個塔樓頂層的房間，一直在這裡住到離開劍橋為止。就算後來回到劍橋成為研究員，再升為教授，可以住到更大更好的宿舍，他依然選擇這裡。

維根斯坦對新家的擺設非常講究，找了品生特幫忙：

　　他下學期要搬進學院，我陪他去了各式各樣的店，看了非常多家具。陪他挑家具很好玩。他挑剔到極點，帶著老闆在店裡來回穿梭，像亂舞的蜜蜂。老闆給我們看的東西，九成威根斯坦都說「不行——太糟了！」

譯註：Whewell's Court，位於劍橋三一學院之庭院，庭院四周由樓房圈起，其樓房之樓梯則多按字母排列，維根斯坦即住在 K 樓梯的頂樓。

羅素也被維根斯坦找去商量，結果被他搞得很不耐煩。「他**非常難搞**，」羅素對奧特琳說：「昨天一樣家具都沒買，還給我上了一課，告訴我家具應該怎麼做。他不喜歡任何跟結構無關的裝飾，結果怎麼也找不到夠簡單的家具。」最後維根斯坦決定全用訂做的。家具送來時，品生特覺得「有點老氣，但還不壞」。

品生特和羅素都無法理解維根斯坦為何如此錙銖必較。唯有建造過東西的人才能了解他為什麼在意設計與做工。正是因為如此，幾年後，他在曼徹斯特的工程師朋友埃克萊斯才會寄來自己設計的家具，徵詢他的意見，而他仔細思考過後提出的評判，埃克萊斯立刻就接受了，並且很感謝他。

至於維根斯坦對於多餘裝飾的強烈反感，以及他賦予這一點的**道德**重要性，唯有出身維也納，並且認同卡爾・克勞斯和阿道夫・魯斯，認為維也納文化曾經獨步全球，擁有海頓和舒伯特這樣的人物，卻在十九世紀後半一落千丈，墮落成恩格曼[24]口中「低俗的冒牌文化」，成了自己原本反對的東西、矯飾的面具——如此，才能明白維根斯坦心中的感受。

七月十五日，維根斯坦回到維也納，並和品生特約好（品生特的父母已經同意了他們的冰島之行，並祝他們玩得愉快）九月第一週在倫敦碰面。家裡的日子並不好過。父親得了癌症，已經動過數次手術。葛蕾塔懷孕，但遇到了難產。他自己則做了疝氣手術，是兵役體檢發現的。他沒有告訴母親，因為她忙著照顧生病的父親，已經心力交瘁了。

他從維也納寫信告訴羅素：「我又很健康了，正全心研究哲學。」他的思考有了進展，從鑽研邏輯

常項（即羅素的「ⅴ」、「～」和「⊃」等符號）[25]的意義，推進到認定「我們的問題都能回溯到原子命題」。

但這項進展將引向什麼樣的邏輯符號論，他在寫給羅素的信裡只有零星的暗示。

「很高興你讀了莫札特和貝多芬的傳記，」他對羅素說：「他們才是真正的上帝之子。」他讀了托爾斯泰的《哈吉穆拉特》，跟羅素說他讀得很愉快。「你有讀過嗎？沒有的話應該找來讀，寫得好極了。」

九月四日，維根斯坦來到倫敦，寄宿在羅素位於貝利街的新家。他的出現讓置身布盧姆茨伯里藝文圈[26]的羅素感到氣象一新，「跟史帝芬們、斯特雷奇們[27]這些自命天才的人完全不同」。

我們立刻埋首邏輯，精彩辯論了一番。他非常厲害，一眼就能看出什麼才是真正重要的問題。……他讓我心裡一陣陶然，感覺可以將困難的思考全交給他。從前這件事只能靠我自個兒。有他之後，我就更能安心放掉技術性的問題了。只是我覺得他的健康很不穩定，給人一種性命飄搖的感覺，而且我覺得他聽力愈變愈差。

24　譯註：Paul Engelmann，1891-1965。維也納建築師，維根斯坦友人與房屋建造夥伴。兩人相識見第七章。

25　譯註：指邏輯形式的連接詞，「ⅴ」表示抑或、「～」表示非、「⊃」表示蘊含。

26　譯註：布盧姆茨伯里（Bloomsbury）是倫敦地名，而布盧姆茨伯里藝文圈（Bloomsbury Group，或稱布盧姆茨伯里派）則是對於以該地為中心活動的藝術家、文學家之稱呼。其中成員有維吉尼亞·吳爾芙（Virginia Woolf）、佛斯特（E. M. Forster）、前述之斯特雷奇等人。後文中會敘述到。

27　譯註：「史蒂芬們」指萊斯利·史蒂芬（Leslie Stephen）的四個子女（其中一位即是吳爾芙，本姓史蒂芬）、「斯特雷奇們」則指前述之立頓·斯特雷奇與詹姆斯·斯特雷奇（James Strachey，1887-1967，英國精神分析學家，佛洛伊德著作之英譯者）。

說維根斯坦聽力欠佳可能是嘲諷之詞。他不可能聽不見，只是不想聽，尤其羅素給他的「忠告」，勸他別等解決了**所有**哲學問題才開始動筆，他更是置若罔聞。羅素告訴他，不會有那麼一天的。

維根斯坦大發雷霆。他像藝術家一樣，覺得除非能做到完美，否則就別做。我跟他說，他得學會寫下不完美的東西，否則就拿不到學位，教不了書，結果他聽了更加火大。最後他求我，就算他讓我失望了也不要放棄他。

隔天，品生特到了倫敦，維根斯坦來接他，堅持搭計程車送他到特拉法加廣場的豪華飯店（Grand Hotel）。品生特拚命建議改住普通一點的旅館，但維根斯坦毫不理會。品生特在日記裡寫道，這趟旅行顯然是不計花費了。他們一到飯店，維根斯坦就告訴他旅費的事：

維根斯坦（應該說他父親）堅持支付全部費用。我有想到他會很慷慨，但沒想到會這麼大方。維根斯坦給了我一百四十五英鎊以上的紙鈔，自己身上也帶著同樣多錢，外加一張兩百英鎊的信用狀！

他們從倫敦搭火車到劍橋（「不用說當然是頭等車廂！」），因為維根斯坦必須處理宿舍的事，接著轉往愛丁堡停留一夜，隔天坐船出航。在愛丁堡，維根斯坦帶品生特去逛街，堅持認為品生特衣服沒帶夠……

……他很在意帶夠衣服這件事，一直大驚小怪。他自己帶了三包行李，看我只有一個箱子就很擔心，不僅在劍橋要我多買一條毛毯，今天早上在愛丁柏洛[28]又要我添購一些雜七雜八的東西。我拒絕了很久，更何況花的不是我的錢。但我後來倒是扳回一城，說服維根斯坦買了他還沒有的油布雨衣。

九月七日，他們從里斯（Leith）搭乘斯特林號出發。維根斯坦沒想到這艘船這麼不起眼，跟普通的海峽渡輪沒有兩樣，令他好生嫌惡。不過當他發現船上有一台鋼琴，並在其他乘客熱切慫恿之下彈起品生特帶來的舒伯特樂譜，心情就好轉了許多。那五天的航行風浪不小，讓他們兩人飽受折磨。不過，品生特觀察到一件有趣的事，雖然維根斯坦幾乎常在房艙裡躺著，卻一次也沒有嘔吐。

九月十二日，兩人抵達冰島首都雷克雅維克，一住進旅館就僱了一名導遊，預定隔天開始在島上觀光。兩人在旅館裡發生了第一次爭論，起因是公共學校。雙方爭得不可開交，最後才發現彼此都誤會了對方。品生特寫道：「他非常厭惡對於暴行和苦難無動於衷的人，說那是『非利士人』[29]的態度。他批評作家吉卜林[30]，並以為我也是那種人。」

一週後，兩人又談到「非利士人」的態度：

---

28 此處（和品生特其他信裡）的古怪拼字（將Edinburgh拼成Edinborough）是原文照錄。（原註）

29 譯註：Philistine，居住在迦南南部海岸的古民族，其領土位於今日加薩走廊及以北一帶。

30 譯註：Rudyard Kipling，1865-1936。英國作家、詩人。

維根斯坦動不動就談到「非利士人」，而且長篇大論。他不喜歡誰，誰就是非利士人！（見上文：如現代比過去好等等，讓他有點困惑，因為他不覺得我有那麼非利士人，而我不覺得他討厭我！

最後他自我安慰，說我年紀再大一點就會改變想法了！

九月十二日週四）我覺得他認為我對某些事的看法有一點非利士人（一般事情上，不是哲學），例

兩人的爭執很容易被視為是文化差異。一邊是維也納的**焦懼悲觀**（Angst），另一邊是英國的遲鈍樂觀（至少第一次世界大戰前是如此。一戰後，連英國人都不再深信現在會比過去好了。）假如真是這樣，品生特自然無法體會維根斯坦對於文化的悲觀論點，但這份特質卻也使他成為維根斯坦的旅遊良伴。

然而，開朗平靜如品生特，有時還是會被維根斯坦的神經質（用品生特的話來說就是「大驚小怪〔fussiness〕）搞得精疲力竭。在雷克雅維克的第二天，他們到輪船公司的辦事處預訂回程的舖位。雖然雙方溝通有點困難，最後還是搞定了，至少品生特很滿意：

維根斯坦卻大驚小怪，一直嚷說我們回不去了，搞得我一肚子火。最後他自己在岸上找了一個人當翻譯，到辦事處將整件事從頭處理一遍。

好脾氣的品生特很少發怒，每回失控總讓維根斯坦焦躁不已。九月二十一日發生了這樣的事：

維根斯坦整晚都悶悶不樂。我只要因為一點瑣事而惱火，即使時間很短，他也會非常焦慮。今晚就是這樣，我忘了是為什麼，但那之後他就很沮喪沉默。他一直求我別那麼易惱。我盡力了，而且我覺得這趟旅行我真的不常這樣！

那次渡假有十天是騎著迷你馬在島上旅遊，同樣不惜花費，除了維根斯坦、嚮導和品生特各騎一匹馬，還加上兩隻馱行李和三隻應急用的小馬在前面開路。白天他們造訪鄉間，晚上維根斯坦教品生特數理邏輯，品生特覺得「非常有趣」而且「維根斯坦是非常好的老師」。

他們有幾次步行出遊，甚至試了一次攀岩，只是兩人都不在行，維根斯坦「非常緊張」：

他又開始大驚小怪，一直求我別拿生命冒險！他會這樣子真是好笑，不然實在是很好的旅伴。

他們步行時，幾乎都在談邏輯。維根斯坦繼續教導品生特。「我從他那裡學到了很多，他真的絕頂聰明。」

我在他的推理裡挑不出一丁點錯誤，我對許多問題的看法已經被他完全改變了。

結束鄉間旅行，兩人回到雷克雅維克的旅館，品生特遇到一名剛來的旅客，便跟這名「奇妙的粗人」開聊了一陣，結果維根斯坦便跟他討論起「這種人」來了。兩人談了很久，維根斯坦說「他就是不會跟這種人交談，但說真的，我覺得他們變有趣的」。隔天，「維根斯坦開始大驚小怪，」強烈厭惡起那名**奇**

妙的粗人，完全拒絕與他同桌用餐。為了確保不會發生這種事，他還要求旅館讓他和品生特比其他客人早一小時用餐。午餐時旅館忘了這件事，維根斯坦不肯冒險，就拉著品生特到市區找東西吃，結果找不到。於是，維根斯坦待在房裡吃餅乾，品生特去了飯廳。到了傍晚，品生特發現維根斯坦「對午餐的事還是耿耿於懷」，不過他們晚餐如願提前了一小時，還喝了香檳。維根斯坦這才「稍微開心了些」，終於恢復正常了」。

旅遊期間，品生特始終開朗，樂於傾聽。在回程的船上，維根斯坦帶他到輪機室解釋引擎的運轉原理，還提了自己在做的邏輯研究。「我真心覺得他已經發現了很棒的東西。」品生特說道，可惜他在信裡沒有說明那是什麼。

回程途中，品生特說服維根斯坦在伯明罕留宿一晚，造訪他的父母親。他很想讓他們見見維根斯坦。他告訴維根斯坦市政廳有音樂會，成功打動了他。節目單上有布拉姆斯的《安魂曲》、史特勞斯的《莎樂美》、貝多芬第七交響曲和巴哈的經文歌《別害怕》。維根斯坦開心聽了布拉姆斯，但不想聽史特勞斯，因此聽完貝多芬就離席了。晚餐時，品生特要維根斯坦大略說說渡假時教他的數理邏輯，他父親適度表達了欽佩之意。「我想父親還彎感興趣的，」品生特說，隨即更加肯定地說：「後來聊天時，他顯然和我看法一致，認為維根斯坦真的非常聰明和敏銳。」

對品生特來說，這真是「我人生中最美妙的假期了！」

新奇的國度、完全不用在意支出、各種興奮的體驗──這一切讓這次渡假成為我有生以來最棒

的經歷，給我一種近乎神秘而浪漫的感覺。因為最大的浪漫就來自新奇的體驗與環境等等，反正什麼都是新鮮的。

維根斯坦不是這麼感覺的。他記住的是兩人的差別與歧異（可能就是品生特日記提到的那些事）、品生特的偶爾暴怒和「非利士人」習氣，以及「粗人」事件。他後來告訴品生特，他喜歡那次旅行，只因「兩個彼此什麼都不是的人也能做到這件事」。

四、羅素的導師

若轉而檢視有天賦的男人，我們會發現在他們身上，愛往往始於自我折磨、貶低與克制。他們所愛的對象似乎引發了淨化作用，帶來了道德轉變。

——魏寧格，《性與性格》

維根斯坦在焦躁不安之中結束了渡假，回到劍橋，沒隔幾天就和羅素有了第一次嚴重的分歧。維根斯坦不在劍橋的這段期間，羅素在《希柏特期刊》（Hibbert Journal）發表了一篇文章〈論宗教的本質〉。這篇文章來自他放棄的書稿《牢獄》，是奧特琳給他的靈感，主張「沉思的宗教」以「我們生命裡的無限」為對象，但「不以管窺天，而是無所偏頗，有如陰天海上散射的日光遍照一切」：

和有限的生命不同，它無所偏頗，因而能在思想中發現真理，行動中尋得正義，情感裡見到博愛。

這篇文章的神秘主義觀點，有不少後來出現在維根斯坦的《邏輯哲學論》裡，尤其他還在書中提倡

史賓諾莎[1]的「擺脫有限的自我」，主張從**永恆的角度**（sub specie aeterni）沉思世界，否定內心的需求——用羅素的話來說，就是「理念應當已在世界中實現了的頑強需求」（可比較《邏輯哲學論》6.41）。然而，這篇文章跟《邏輯哲學論》不同，非但大刺刺闡述了這套神秘主義，用字遣詞更讓「有限」和「無限」這些詞彙變得毫無意義，經不起嚴格的檢視。總之，維根斯坦恨透了這篇文章，回到劍橋沒幾天就衝進羅素的住處，想表達自己的感受，結果打擾了正在寫信給奧特琳的羅素。

維根斯坦剛走進來。他被我在《希柏特期刊》發表的論文弄得很痛苦，顯然**憎恨**那篇文章。我得暫時停筆，不能給妳寫信了。

幾天後，羅素詳細說明了維根斯坦情緒激動的原因。「他覺得我背叛了對精確的信仰，還有這種事太私人，不應該出版。」接著又說：「我心裡非常在意，因為我無法完全否認他說得對。」接下來幾天，他仍對維根斯坦的抨擊念念不忘：

維根斯坦的批評讓我心煩意亂。他太溫柔，不想對我有壞的印象，結果把自己搞得那麼不開心、那麼受傷。

---

1 譯註：Benedict de Spinoza，1632-1677。西洋哲學家，亦是近代哲學史中重要的理性主義者，於倫理學、認識論、形上學領域都有重要貢獻。

由於他愈來愈將維根斯坦視為接班人，所以就更在意了。他自己對邏輯分析愈來愈不上心，完成〈何謂邏輯？〉的論文初稿後，他發現自己竟然不想再寫下去，覺得「真想交給維根斯坦去寫算了」。

十月開頭這幾週，摩爾也嚐到了維根斯坦直率批評的威力。那學期維根斯坦選了摩爾的心理學，但他「上得很不開心，」摩爾寫道：「因為我花了許多時間討論沃德[2]的觀點，亦即心理學和自然科學只是視角有別，而非主題不同。」

他告訴我課教得糟透了，我應該闡述**我的**想法，而非討論別人的見解，之後他就不再來聽課了。

摩爾寫道：「今年我和他還是繼續去聽羅素的數學基礎，但維[3]傍晚還會去找羅素，待上好幾小時跟他討論邏輯。」其實維根斯坦此時顯然正在經歷魏寧格所謂的自我折磨與道德轉變，因此談論自己的時間跟討論邏輯一樣多。據羅素描述，他會「激動得不發一語，跟野獸一樣在我房裡踱來踱去，三小時不停。」

有一回他問：「你是在想邏輯還是自己的罪？」「都有。」維根斯坦答道，然後繼續踱步。

羅素覺得維根斯坦就要精神崩潰了，說他「離自殺不遠，覺得自己很可悲，渾身是罪」，並且似乎將精神耗弱歸咎於自己「不斷將心智繃到極限，專注於困難得令人沮喪的問題」。不只羅素，醫師也這麼認為。維根斯坦因為不時暈眩，以致無法工作，便找了醫師來。醫師說：「完全是神經的問題。」因此，儘管維根斯坦渴望在**道德上**得到醫治，羅素依然堅持他是身體的毛病，建議他吃好一點，出去騎騎馬。

奧特琳也寄了可可來。「我會記下用法，」羅素向她保證：「並想辦法讓維用，但我敢說他一定不肯。」

不過，維根斯坦倒是接受羅素的建議去騎馬了。那個學期，他每星期都和品生特僱馬出遊一兩

次。品生特形容他們騎得「很溫和」，也就是不含跳躍。他們或是沿著河邊的牽道騎到克萊西瑟（Clay-

hithe），或是從特蘭平頓路（Trumpington road）騎到格蘭切斯特（Grandchester）。不過，就算騎馬真的有

幫助，維根斯坦的暴怒傾向依然沒有減弱，仍然不時對自己或他人的道德過失勃然大怒。

十一月九日，羅素講好要和維根斯坦散步，卻又覺得應該去看懷德海的兒子諾斯的划船比賽。於

是他帶維根斯坦去了河邊，兩人看著諾斯輸掉了比賽。據羅素的講法，他「激動了一下午」，覺得比賽

的「刺激和傳統上的重要性」令人難受，尤其諾斯「非常在意輸了比賽」，讓他更是難過。然而，維根

斯坦卻覺得整件事令人作嘔：

……他說這跟鬥牛有什麼兩樣（我也有同感），**全都是**邪惡云云。我很難過諾斯輸了，便耐心和

他詳細解釋比賽的必要性。後來我們轉到其他話題，我以為事情過去了，沒想到他忽然站住不動，

說我們下午過得太罪惡，根本不值得活，至少他沒有臉活，只有創作偉大作品或欣賞別人的傑作

還有點意義，而他一事無成，也永遠成不了大事。他講這話時，力量強得能撂倒人。跟他比起來，

我覺得自己就像小綿羊。

3　譯註：摩爾在此也以W稱呼維根斯坦。

2　譯註：指詹姆斯・沃德（James Ward, 1843-1925），英國心理學家、哲學家、劍橋使徒。

幾天後，羅素受夠了。「我昨天告訴維根斯坦他太在意自己了。要是再這樣子，除非我覺得他真的很絕望，否則我一概不聽。現在的他多說無益。」

然而，十一月底，他又被維根斯坦纏著談起了維根斯坦：

我們討論起他的過錯。他為自己的不受歡迎而煩惱，問我為什麼這樣。我們談了很久，對話吃力又激動（他很激動），直到深夜一點半才結束，所以我有點睡眠不足。他很麻煩，但值得我這麼做。他有點太單純了，但我怕自己說得太多讓他改變，反而損害了他的美好品格。

羅素說維根斯坦「有點太單純了」（這可能也是他不受歡迎的原因）是什麼意思，或許能在品生特的日記裡找到端倪。在河邊「激動了一下午」的那個晚上，維根斯坦和品生特去聽了劍橋大學音樂社的演奏會，之後一起返回維根斯坦的住處。先前羅素提過的修士學生法默也來了。品生特說，這個人「維根斯坦很不喜歡，覺得他內心不誠實」。

……〔維根斯坦〕激動遊說他讀一本關於精確科學的好書，了解什麼才是誠實的思想。對法默來說，這顯然是個好建議，其實對誰都是，但維根斯坦太專橫了，直率說出他對法默的看法，簡直跟教務長一樣！法默充分領教到了。他顯然認為維根斯坦是瘋子。

維根斯坦認定自己不受歡迎，其實並不盡然。那個學期就算他神經質和易怒到了極點，還是交了幾

個重要的新朋友，尤其贏得了凱因斯的情誼與敬重。在他往後的人生裡，凱因斯的支持幾乎不曾間斷，是他寶貴的朋友。十月三十一日，羅素讓兩人首次見面，結果「不大成功」，羅素說：「維根斯坦病得太重，沒辦法好好討論事情。」但到十一月十二日，凱因斯卻寫信給畫家鄧肯・葛蘭特（Duncan Grant）說：

「維根斯坦這人真是太棒了，而且人好得出奇，我上回見你時說的完全不對，我很喜歡跟他相處。」

凱因斯一言千金，就算斯特雷奇對維根斯坦夠不夠格成為使徒仍有疑慮，也不得不臣服。凱因斯一說維根斯坦是天才，這事就沒什麼好討論的了，問題只剩維根斯坦想不想加入，覺得值不值得花時間跟其他成員定期討論。這對使徒們來說，簡直是新鮮事。「你聽說了嗎？」凱因斯在信中驚訝地對斯特雷奇說：「我們的新弟兄不想加入，理由竟然只是使徒會不是真的使徒。」

羅素雖然不無保留，卻還是努力促成此事。「顯然，」他寫信給凱因斯說：

照〔維根斯坦的〕觀點，使徒會只是浪費時間，但從分享互助的觀點去說服他，或許能讓他覺得值得加入。

於是，羅素開始盡可能從「分享互助」的角度替使徒會說話。他告訴維根斯坦，雖然目前加入不會有收穫，但從前這社團很有益處，而未來只要他努力投入，這社團仍有可為。之前提過，羅素對使徒會的反感來自成員偏好「同性」私情，但維根斯坦的疑慮在於他喜歡會裡的天使（即本科畢業了的人，尤其是摩爾、羅素和凱因斯），卻強烈憎惡同輩的弟兄（即在學生），不曉得自己有沒有辦法定期和他們討論。雖然梳洗

他討厭他們的不成熟。他告訴凱因斯，聚會時看著他們就像看著一群衣冠不整的人在梳洗。雖然梳洗

有其必要，但看了只讓人不舒服。

維根斯坦討厭的「弟兄」是法蘭克·布里斯（Frank Bliss）和弗倫克·貝克什（Ferenc Békássy）。前者出身拉格比公學[4]，來國王學院攻讀古典學，後者是匈牙利貴族，比得萊斯中學[5]畢業，兩人都捲入了羅素反對的私情。尤其是貝克什，據斯特雷奇說，貝克什頭一回參加使徒聚會，就讓凱因斯和傑洛德·夏夫[6]情慾高漲，甚至想在壁爐前的地毯上直接「搞他」。然而，維根斯坦不大可能因為這種事而厭惡布、貝兩人，否則很難解釋他為何對凱因斯沒意見。他討厭貝克什可能跟奧地利和匈牙利的對立有關，但布里斯才是他憎惡的對象。「他受不了他。」羅素這麼跟奧特琳說。

於是，維根斯坦滿懷猶豫和疑慮接受了會籍，並於十一月十六日首次參加了週六聚會。會上，摩爾宣讀了一篇論改宗的文章，維根斯坦之後在討論時提了自己的觀點：就他所知，宗教經驗在於擺脫煩慮（即他跟羅素提過的 Sorge）進而擁有不在乎會發生什麼的勇氣，因為沒有什麼**能**發生在有信仰的人身上。聚會結束，斯特雷奇對使徒會的未來充滿信心，新成員的衝突與惡毒（bitchiness）更讓他覺得「格外振奮」。

同一天，他還寫了一封長信給薩克森·席尼特納[8]，提到羅素反對維根斯坦入會的事：

我們的布里斯弟兄和維根斯坦弟兄下流至極，貝克什弟兄和善不已，使徒會現在可以往前衝向最激進的水域了。我週日晚上順道看望了布〔里斯〕，感覺他和過去的魯珀特〔布魯克〕[7]一樣下流之至。

那個可憐的傢伙很沮喪。他滿頭白髮，面容憔悴到極點，看上去就像九十六歲的老人。維根斯坦入會對他打擊很大。他很想獨占他，之前也如其所願，結果卻被凱因斯壞了事。凱因斯堅持要見維根斯坦，一眼就發現對方是天才，非讓他入會不可，其他人（在貝克什的輕微搖擺之後）便也強烈贊同。這個決定事出突然，老羅9，聽了差點昏過去。他當然想不出反對的理由，只能搬出大道理：使徒會太墮落了，他的奧地利朋友一定會拒絕加入。他拚命抓著這想法不放，甚至都信以為真了，可是一點用也沒有。維根斯坦看來對使徒會沒有任何反感，只是憎惡著布里斯，而布里斯也討厭他。我認為使徒會的前景大體是極光明的。貝克什真是討人喜歡，就算愛著布里斯，也努力去愛維根斯坦，我想他們三個應該會處得很好。老羅真的很慘，我很為他難過，但他真的是最搞不清狀況的。

斯特雷奇搞錯了不少地方。羅素無意「獨占」維根斯坦。能不陪他夜以繼夜檢視自己的「罪愆」，羅素高興都來不及。這事已經煩了他一學期了。他對維根斯坦選入使徒會的疑慮，除了他本人對同性戀的反感，主要是他覺得這事會「以災難收場」。在這一點上，他並不如斯特雷奇說的搞不清狀況。

4　譯註：原文為Rugby，應指拉格比公學（Rugby School），這是一所位於英國歷史悠久的學校，並以橄欖球聞名。

5　譯註：原文為Bedales，應指比得萊斯中學（Bedales School），一所有名的英國私立中學。

6　譯註：Gerald Shove，1887-1947。英國經濟學家。

7　譯註：Rupert Brooke，1887-1915。英國詩人。曾被葉慈（W. B. Years）形容為「英國最俊美的年輕人」。

8　譯註：Saxon Sydney-Turner，1880-1962。前述布盧姆茨伯里藝文圈之一員。

9　譯註：斯特雷奇用Bertie暱稱羅素。

十二月初，斯特雷奇的弟弟詹姆士告訴他：「那個維特吉特人[10]正在退會的邊緣徘徊。」在摩爾的敦促下，斯特雷奇來到劍橋慰留維根斯坦，但就算他和兩人談了好幾次，還是沒能成功。學期末時，羅素對奧特琳說：

維根斯坦退出使徒會了。我認為他做得對，只是出於對使徒會的忠誠，我才沒有事前就這麼說。

羅素又補述幾句，顯示他確實根本無意獨占維根斯坦：

應付他費了我很多力氣。雖然我覺得這麼說很差勁，但想到一段時間不用見他，還真是個解脫。

羅素對綽號老金的古典學者狄更生（Lowes Dickinson）也是這麼說。羅素認為維根斯坦離開使徒會是對的，還說曾勸他打消退會的念頭。「他是摩爾之後我見過最像使徒，也最有能力的人了。」

維根斯坦那個學期從事了哪些研究，現存的史料很少。十月二十五日，品生特提到維根斯坦來找他，說他想到一個新方法，可以解決某個「符號邏輯領域的根本」問題。冰島渡假期間，這個問題讓他大傷腦筋，只想出了一個權宜之計。

他的最新方法跟之前的解法很不一樣，涵蓋更廣，要是證明為可靠，將大幅改寫符號邏輯。他說

羅素認為這解法是可靠的，可是不會有人看得懂。但我覺得自己聽懂了（！）那個問題已經困擾羅素和弗雷格幾年了，如果這個解法沒錯，不僅能讓維根斯坦成為首位解決它的人，也會是最巧妙、最有說服力的解答。

從這段話讀不出問題是什麼，也猜不到解法，但很可能跟維根斯坦暑假時對羅素提到的「我們的問題都能回溯到**原子命題**」有關。學期末時，維根斯坦交了一篇論文給道德科學社（the Moral Science Club），或許可以視為那句話的擴充。道德科學社是劍橋大學的哲學社團，維根斯坦在那個學期大量參與討論，並且在摩爾的協助下，說服社團改採新規則，包括任命一名主席，以防止討論陷於空談，以及論文宣讀一律不得超過七分鐘。維根斯坦是新規則下的首批論文發表人之一，十一月二十九日的聚會紀錄寫道：

維根斯坦讀了一篇題為〈什麼是哲學？〉的論文，只花了約四分鐘，打破了先前由泰伊先生保持的紀錄，縮短了近兩分鐘。他將哲學定義為所有未經科學證明便預設為真的原始命題。這個定義得到了許多討論，但沒有太多人接受。由於討論非常切題，主席不覺得需要太過干預。

學期結束後，返回維也納前，維根斯坦到耶拿拜訪弗雷格。他告訴羅素，他們倆針對「我們的符號理論」談了很久，「我想他大致理解其中的要點」。據他一月寫給羅素的信件，他那時正在思考「複合問

題」，也就是當某一原子命題為真，與之對應的是什麼？例如，若「蘇格拉底會死」為真的原子命題，那與之對應的事實是由兩個「東西」（即「蘇格拉底」和「會死」）組成的「複合」嗎？這個觀點需要接受柏拉圖的主張，假定形式是客觀存在的。世界上不只個體存在，「會死」這類的抽象概念也存在。羅素的類型論當然預設了這一點，但維根斯坦對這個理論愈來愈不滿意。

放假期間，這份不滿意讓他提出了新邏輯論的一個核心理念：「我認為不可能有不同**類型**的東西！」

他寫信給羅素道：

……任何一個類型論，都能找出一個符號論使它成為多餘。如果我將「蘇格拉底會死」這個命題分析為蘇格拉底、會死和 $(Ex,y)\in l(x,y)$ [11]，就需要一個類型論證明「會死蘇格拉底」沒有意義，否則只要把「會死」當成專名（像我前面這樣）分析為蘇格拉底和 (Ex) x 會死，或進一步通則化為 x 和 (Ex) (x) [12]，就不可能要將「蘇格拉底會死」分析為蘇格拉底和 (Ex) × 會死，就沒有理由不能做出這種錯誤的代入。**然而**，現在只要有符號論能證明，**不同種東西**其實是由**不能**彼此代入的不同種符號所表徵，這個符號論就能去除所有的類型論。

發生錯誤代入，因為現在兩個符號本身變成了不同的**種類**。

維根斯坦告訴羅素，他不確定自己對「蘇格拉底會死」的分析是對的，但他非常確定一點：「只要有符號論能證明，**不同種東西**其實是由**不能**彼此代入的不同種符號所表徵，這個符號論就能去除所有的類型論。」

這主張徹底駁斥了羅素的理論，羅素照理應該極力辯駁，至少有力地反問：**少了**類型論，他為數學所設立的邏輯基礎要如何不產生矛盾？但他這時期對邏輯已經幾乎不感興趣，休假期間都在鑽研一

個很不同的主題：物質的存在。他十一月時就曾交了一篇論文給道德科學社，重申他先前那篇（預定交給卡地夫大學）論文的論點：「對於物的存在，贊同或反對兩方迄今都未提出好的論證。」並且進而追問：「因此，我們能藉由個人感覺與料[13]來認識符合物理假說的對象嗎？」休假期間，他構思了一套處理這個問題的綱領：

就這樣。

因此，我們必須將物理對象的感覺方程式解為感覺的物理對象方程式。

但知識論要求物理對象應該呈現為感覺的函數。

物理學將感覺呈現為物理對象的函數。

「我有把握自己找到了真正有料的東西，」羅素告訴奧特琳：「未來幾年很可能都花在這上面。」這需要「結合物理學、心理學和數理邏輯」，甚至「創立一個全新的科學」。維根斯坦在一九一三年一月的信中對此略顯輕視，「我很難想像你從感覺與料要如何開始。」

於是，到了一九一三年初，羅素和維根斯坦開始分道揚鑣，羅素潛心創造「全新的科學」，維根斯坦專心邏輯分析。羅素這時已經完全準備接受邏輯是維根斯坦的地盤，而不是他的了。

11　譯註：（Ex,y） el （x,y）是邏輯符號，（Ex,y）表示「存在 x、y」，el 表示「基本命題」（elementary proposition）。
12　譯註：（Ex）（x）表示「存在 x，使（x）成立」，這裡的（x）表示某個包含 x 的謂詞。
13　譯註：感覺與料（sense-data）指知覺經驗中我們直接察覺到的東西。

品生特察覺到了兩人關係的轉變。開學前，他提到有一次維根斯坦在他住處：

接著羅素來了，跟我說他改了上課時間，然後就和維根斯坦聊了起來。維根斯坦向他解釋自己在邏輯基本原則上的一個新發現，我猜應該是他今天早上想到的，感覺很重要也很有趣。羅素從頭到尾一聲不吭，默許了他說的東西。

兩週後，維根斯坦判定《數學原理》裡有些較早的證明非常不精確，羅素只淡淡對奧特琳說：「幸好修正證明是他的事，跟我無關。」

兩人的合作結束了。維根斯坦遠不再是羅素的邏輯學生，而是他的老師。

一月二十一日，維根斯坦寫信給羅素：

維根斯坦沒能趕上開學，因為他父親癌症纏身兩年多後終於過世了。這樣的結局算是一種解脫。

我親愛的父親昨天下午過世了，離去前沒有絲毫痛苦，睡得像個孩子，我想不出還有比這更美的死了。父親臨終前那幾個小時，我心裡沒有半點哀傷，反而感到莫大的喜悅。我認為能這樣死去，這一生也就值得了。

他一月二十七日才回到劍橋，一抵達就直奔品生特的住處。大約一週後，品生特在日記裡提到一

72

段爭論，點出了羅素和維根斯坦的另一點不同。一九〇七年，羅素曾經代表婦女選舉權黨參選議員。或許因為這件事，加上兩人剛從羅素的課堂上回來，維根斯坦和品生特開始吵起了婦女選舉權。維根斯坦「非常反對此事」：

……但除了「他認識的女人都很白痴」之外，並沒有提出什麼特別的理由。他說曼徹斯特大學的女學生整天只會跟教授打情罵俏，讓他深惡痛絕，因為他最討厭半吊子，嫌惡一切不夠真誠至極的東西。

維根斯坦在邏輯方面的研究，顯然對他思考政治議題時的嚴謹沒有幫助。

或許正因為他無能（應該說無意）將分析能力用在公眾事務上，才使得羅素批評維根斯坦「恐怕會變得狹隘又野蠻」，並建議他讀點法國散文平衡一下。但這個建議卻引發「一場激烈的辯駁」：

他氣急敗壞大聲咆哮，而我只是面帶微笑，讓他更為光火。我們最後談和了，但他還是相當不服氣。我對他說的話，就是妳不怕我會火山爆發時對我說的話，而他爆發的樣子就是我會爆發的模樣！我感覺他缺乏教養，並且因此受苦。音樂對人這麼沒有教化力，實在令人費解。可能音樂太孤高、太激情、離語言太遠。他的好奇心不夠寬，廣泛探索世界的意願不夠強。這不會妨礙他鑽研邏輯，卻會使他永遠只是狹隘的專家，過度鶴立雞群──這是就最高標準來說。

羅素拿自己和奧特琳相比，顯示他發現自己站在推崇綜合而非分析的一方，心裡頗為困擾。但要記得，那時連他的哲學興趣也在朝那個方向移動——遠離「狹隘」的邏輯分析，轉向結合物理學、心理學和數學的更廣闊的綜合。因此，他和維根斯坦的討論成了單向道，令他非常沮喪：

我發覺我不再跟他談論**我的**研究，而只討論他的。一旦不涉及清晰的論證，只有欠缺結論有待商榷的想法，或不夠充分需要對照的觀點，他就幫不上忙。他對待尚在發展中的理論毫不留情，凶狠的程度只有成熟的理論才承受得住。結果就是我變得完全緘默，即使談的是研究。

維根斯坦繼承了羅素在邏輯學的衣缽（他的表現令人很難記得他才二十四歲，還是正在攻讀學士的大學生），因此受邀為《劍橋評論》(Cambridge Review) 寫書評，對象是科菲執筆的教科書《邏輯科學》[14]。這是他唯一發表過的書評，也是他第一次留下白紙黑字的哲學意見。他在文中以羅素的立場駁斥了科菲提倡的亞里斯多德邏輯，措辭卻比羅素強硬許多，幾近刻薄：

沒有一門學科能像哲學和邏輯這樣，作者可以完全無視真誠研究的結果，卻絲毫不受懲罰。正是因為如此，科菲先生的《邏輯科學》這樣的書才得以出版。唯有將它當成今日許多邏輯著作的典型，這本書才值得一讀。作者信奉士林哲學家[15]的邏輯學，犯的錯也和他們一模一樣，想當然三句不離亞里斯多德（這些邏輯學家如此頻繁無益地提到他的大名，亞里斯多德要是地下有知，現在這麼多邏輯學家對邏輯的理解還和兩千年前的他一樣，肯定死不瞑目）。他對當代數理邏輯學家的偉

大成果毫無所悉，不曉得這些成果對於邏輯的貢獻唯有從占星學到天文學、鍊金術到化學的進展差可比擬。

科菲先生和許多邏輯學家一樣，靠著表達不清得了許多好處。因為看不出他到底想說「對」或「錯」，所以也就很難反駁他。然而，就算他用語如此含糊，還是可以認出許多明顯的重大錯誤。我計畫列出幾個最驚人的錯誤，並建議學習邏輯的人在其他邏輯書裡留意這些錯誤，以及它們的影響。

接著他就列出了一些錯誤，大部分是羅素數理邏輯支持者常指出的傳統（亞里斯多德）邏輯的弱點。例如，傳統邏輯預設所有命題都是主謂句，其實混淆了作為繫詞的「是」（如「蘇格拉底是會死的」）和意味同一性的「是」（如「二加二是四」）等等。「這種書最糟的地方，」他在書評的結尾寫道：「就是讓明智者對學習邏輯產生偏見。」

維根斯坦所謂「明智者」[14]大略是指受過一定邏輯或科學訓練的人，而非受過科菲及多數傳統邏輯學家所受的古典訓練。羅素於前一年十二月便曾在信中對奧特琳表達過同樣的觀點：

我認為某一類數學家的哲學才能遠高於大多數哲學研究者。之前受哲學吸引的人多半喜好宏大的普遍原則，但這些原則全是錯的，以致於講求精確的人很少從事哲學研究。我一直想創立一門學[15]

14　譯註：彼得‧科菲（Peter Coffey，1876-1943）是一位哲學家，著作《邏輯科學》（The Science of Logic）出版於一九一二年。

15　譯註：原文為 scholastic philosophers，又稱經院哲學家。

派，匯聚所有具備數學心智的哲學家，但不曉得自己能不能做到。我曾經寄望諾頓，但他體格不足。

布洛德還不錯，但欠缺根本的原創性，維根斯坦自然是我的理想人選。

前面說過，羅素到了四旬齋學期（春季學期）[16]已經略微變了想法，認為維根斯坦雖然精確，但很狹隘，「廣泛探索世界的意願」**太弱**，對草創階段的理論太要求精確，對「欠缺結論的想法」和「不夠充分的觀點」太缺乏耐心。見到維根斯坦如此死腦筋，或許讓羅素覺得熱愛普遍原則終究不是那麼糟。

對維根斯坦而言，邏輯問題就是一切，不是生活的一小塊，而是全部。因此當他在復活節假期時發現自己一時失去了靈感，整個人立刻陷入了絕望。三月二十五日他寫信給羅素，形容自己「完全貧瘠」，懷疑自己還能不能有新想法：

我一思考邏輯問題，腦中的想法就一片混沌，凝聚不出任何成果。這樣的感覺是所有半吊子天才的詛咒。就像有人提著燈火帶你走進一條黑暗的長廊，半路卻把燈火熄了，留你一人在長廊上。

「可憐的倒楣人，」羅素就此對奧特琳說：「我完全了解他的感受。擁有創造的衝動是個可怕的詛咒，除非具備足以實現衝動的天賦，莎士比亞或莫札特那樣的天賦。」

「哲學的下一步大躍進」是羅素賦予維根斯坦的責任，對他既是榮耀，也是痛苦的來源。他不僅以徹底嚴肅的態度接下這個棒子，也扛起了護衛羅素數理邏輯的重擔。因此，弗雷格寫信給約丹，說他打算研究無理數理論時，約丹才會藉維根斯坦之名責備他：

你是說你正在寫《算術基本法則》第三卷嗎？想到你或有此意，我和維根斯坦都頗為不安。因為無理數理論似乎要求預先排除矛盾，除非你有嶄新的見解，但在新的基礎上處理無理數，羅素和懷德海已經在《數學原理》裡出色解決這部份了。

據羅素說，維根斯坦休完復活節假期回來，狀況「很嚇人，總是一臉陰沉地來回踱步，有人跟他說話才如夢初醒」。他告訴羅素，邏輯快把他逼瘋了，羅素也有同感：「我認為有可能，便勸他暫時丟開邏輯，做點別的研究。」

沒有資料顯示維根斯坦那陣子做了別的研究，但他倒是意外多了一項娛樂，只是為期很短。四月二十九日，品生特寫道：「我和維根斯坦打了網球。他從來沒打過網球，需要我教他，所以打得很慢！」但一週後：「我到維根斯坦家喝茶，五點動身到『新球場』打網球。他打得很不順，最後不耐煩，打到一半就不打了。」這是網球最後一次出現。

維根斯坦進而覺得自己需要的不是消遣，而是更強的專注。為此，他什麼都願意嘗試，甚至催眠。他請一位羅傑斯醫師替他催眠。「道理是這樣的，」品生特於日記裡寫道：「在催眠的出神狀態下，若人的肌肉有辦法超常使力，那人的心靈又何嘗不可呢？」

16
譯註：四旬齋學期（Lent term），劍橋大學等英國大學稱呼一月至三月的春季學期之名。

因此，維根斯坦進入出神狀態後，羅傑斯問了他幾件事，全是他還沒想透的邏輯問題（尚未有人想透的特定的未定之論）。維希望催眠時自己能想透。這聽起來真是太瘋狂了！維接受催眠兩次，但到第二次見面快結束時，羅傑斯才成功讓他睡著。但他一睡就非常沉，事後花了半小時才完全醒來。維說他全程都有意識，聽得見羅傑斯在講話，但意志與力氣全無，無法理解羅傑斯說什麼，肌肉也無法使力，感覺就跟麻醉了一樣。離開後，他睏了一個小時。總之真的很神奇。

神奇歸神奇，但沒有用。

羅素顯然對此一無所知（他**要是**知道，肯定不會在多次回憶維根斯坦時漏掉這麼精彩的故事）。這時品生特是更受信任的傾訴對象。據說有一次在羅素的碎南瓜聚會上，維根斯坦和品生特「兩人聊到忘了其他人的存在」。品生特可能是**唯**一能讓維根斯坦自在相處，暫時拋開邏輯問題的人。有品生特作陪，維根斯坦發現自己還蠻能享受劍橋大學生常做的消遣：騎馬、打網球，甚至偶爾「在河上瞎玩閒晃」。

……跟維根斯坦去划小船，到上游格蘭切斯特的「果園」吃午餐。維根斯坦起初又是悶悶不樂，但午飯後突然清醒了（他老是這樣）。隨後我們一起去拜倫潭戲水，雖然沒帶毛巾和泳褲，但好玩極了。

不過，音樂才是兩人最強的連結。品生特在日記裡記述了無數次的劍橋音樂社的演奏會，還有他們倆一起彈奏音樂的時光。維根斯坦會用口哨吹出舒伯特樂曲的聲樂部份，品生特用鋼琴替他伴奏。維根斯坦似乎還想推廣拉兩人的音樂品味相同，都喜歡貝多芬、布拉姆斯和莫札特，更鍾愛舒伯特。維根斯坦似乎還想推廣拉

博的音樂，品生特提到他曾試著讓劍橋音樂社演出拉博的一首五重奏。此外，兩人都討厭品生特口中的「現代音樂」，因此：

> ……我們去劍音社[17]，發現林德利在那裡……他和維根斯坦談起現代音樂，兩人吵了起來，爭執的內容很有意思。林德利原本不喜歡現代音樂，但後來墮落了！演奏家最後都是這樣。（一九一二年十一月三十日）

> 維根斯坦和林德利來喝茶，我們興高采烈談起現代音樂，聊了很久。林德利一個對我們兩個，替現代音樂辯護。（一九一三年二月二十八日）

> 我跟維根斯坦回到他的住處，不久就有一個叫麥克魯爾的人來了。他是唸音樂的大學生，我們激動大談現代音樂，我和維跟他不同立場。（一九一三年五月二十四日）

諸如此類。維根斯坦貶低的音樂不必**非常**現代，上面提的這些討論，談的可能是荀白克，也可能像是馬勒。就史料來看，除了拉博之外，維根斯坦和品生特從未讚賞過布拉姆斯之後的音樂。

維根斯坦再次邀品生特一起渡假，這回是西班牙，同樣由他出錢。品生特的母親告訴兒子這個邀約

「好得難以拒絕」。兒子好友的慷慨顯然讓品生特的父母大感好奇，便應邀到維根斯坦的住處喝茶。維根斯坦超乎尋常的彬彬有禮對這種場合很有幫助。除了用燒杯喝茶（「因為他覺得普通陶杯太醜了！」）和「維根斯坦有點太執著於主人的角色外，他表現得很好」。

品生特的父母離開之後，維根斯坦就評論起好友的性格來。他說品生特「各方面都很完美」、

他之外，對其他朋友都沒這麼慷慨。他說的「大方」不是一般粗淺的含意，而是指同情心之類。

……只是他〔指維根斯坦〕擔心，我只有跟他在一起時才顯得大方。他特地指出，他很怕我除了

這些話品生特都聽進去了。「他態度很好，說的方式完全不讓人生恨」。但他對維根斯坦的評論並不大贊同。畢竟維根斯坦幾乎不認識他的其他朋友，也不清楚他和朋友間的互動。但他承認自己對待維根斯坦確實不同，畢竟維根斯坦太異於常人（「有一點瘋。」）不得不用別的方式對待。

維根斯坦和品生特的友誼愈來愈濃，跟羅素的關係則是日益緊繃。羅素愈來愈在維根斯坦身上見到自己的缺點，而且放大了許多。他知道自己和維根斯坦相處的感覺，正是別人和他相處的感覺。「他影響我就和我影響妳一樣。」他對奧特琳說道：

我又很愛他、欣賞他。此外，我冷漠時對他的影響，就和妳冷漠時對我的影響一樣。兩相對照起來，看著他怎麼惹惱我，使我沮喪，我就明白自己是怎麼在大大小小的事上惹妳煩躁和灰心。可是

真的像得出奇。他和我的差別就如同妳和我的差距。他更專精、更有創造力，也更熱情。我更寬廣、

更有同情心，也更理智。我為了對稱所以誇大了對應的程度，但這樣的類比不無道理。

過度強調這份對應可能誤導了羅素，將維根斯坦的缺點視為「邏輯學家典型的」毛病：「他和我有

一樣的缺點，隨時都在分析，將事物連根拔起，想搞清楚別人對他的感覺是怎麼回事。我覺得這很累人，

而且對別人的感情太麻木。」不過，他舉的例子也可以做另一種解讀：不是維根斯坦太愛分析，而是他

自己太淡漠：

昨天午茶到晚餐前的這段時間，我和維根斯坦處得糟透了。他分析起我和他之間到底哪裡出了差

錯，我說這只是我們兩人都有點神經質，其實根本沒什麼。他說他不曉得我是講真話還是在客氣。

我就生氣了，不想再說什麼。他還是繼續說呀說的，於是我坐到桌前拿起筆開始看書，但他還在講。

最後我厲聲說：「你最好克制一點。」他就垂頭喪氣離開了。我們原本約好了晚上去聽演奏會，但

他沒有出現，我開始擔心他是不是自殺了，結果（我放下演奏會，但一開始找不到他）他在自己房

裡。我向他道歉，說我不該發脾氣，然後平心靜氣提醒他該如何改進自己。

或許羅素必須保持距離，才能避免自己陷得太深。不過，他可以對維根斯坦沒完沒了的自我剖析

充耳不聞，卻抵擋不了對方的哲學砲轟。這年夏天，維根斯坦對羅素的哲學生涯產生了致命影響，主

要是動搖了他對自己判斷力的信心。三年後他回顧過往，表示：「這是我生命中數一數二的大事……之

後我做的每件事都深受影響。」

妳還記得嗎，妳常找維托茲〔奧特琳的醫師〕看診那段時間，我寫了不少知識論的東西，結果被維根斯坦批評得體無完膚……我看出他是對的，也看出自己再也無法在哲學領域從事基礎研究。我的衝動瓦解了，有如海水打在防波堤上碎成了浪花，整個人絕望到極點……當時我必須到美國講課，雖然我自始至終深信邏輯才是哲學的基礎，卻選了形上學作為題目，因為維根斯坦讓我相信自己無能處理待解的邏輯問題。於是我依然備課，但內心的哲學衝動並沒有得到真正的滿足，哲學也不再讓我廢寢忘食。在這一點上，維根斯坦對我的影響更勝於戰爭。

這裡提到的「知識論的東西」還在起頭階段，但羅素寄望甚高。這些研究衍生自他之前對物質的討論，而受邀到美國講課也是動力之一。他寫完第一章才讓維根斯坦知道。五月八日，他在信中開心地對奧特琳說：「我文思泉湧，全都在腦中醞釀好了，筆有多快就寫多快。我感覺跟國王一樣開心。」然而，他必須對維根斯坦三緘其口才能保有這份喜悅，這似乎表示他並不如信裡說的那麼確信這麼做有其價值。他彷彿直覺就知道，維根斯坦對形上學研究（而非邏輯研究）會有什麼反應。果然，維根斯坦非常反對。「他認為我一定又會寫成另一本廉價小說，讓他深惡痛絕。**他真的是個暴君。**」

然而，羅素還是往下寫，五月底之前就寫了六章，顯然會成為一本大書。但打擊還是來了，不僅一舉粉碎了他的熱情，還讓他確信自己再也無法在哲學領域從事基礎研究。有一天在討論時，維根斯坦對他的判斷理論提出了反駁。這反駁乍看無關緊要，羅素有自信可以克服。「他的反駁是對的，但我認為

不需要大幅修正我的看法」，羅素對奧特琳說。但才過一週，他就覺得自己所有論點的根本基礎動搖了：

天氣很熱，我們倆火氣都上來了。我把文章裡一個關鍵部份給他看，他說那部份完全不對，沒有意識到問題所在，還說他試了我的觀點，可是行不通。我聽不懂他的意思，事實上他說得很不清楚，但我骨子裡覺得他一定沒錯。我漏了什麼，而他看到了。要是我也有看到，那就無妨，但我沒看到，所以才令人憂心。我只能繼續照我所見來寫，卻感覺寫出來可能全是錯的。這樣寫下去，維根斯坦肯定覺得我是不老實的無賴。唉，好吧，長江後浪推前浪。我得快點替他開路，否則就會成為人家的包袱了。但此時此刻，我實在很不好受。

羅素即使聽不懂維根斯坦的反對，仍然**覺得**維根斯坦是對的，他缺乏信心的程度可見一斑。「但即便他說得有道理，」他狀似平靜地寫道：「也無損於這本書的價值，因為他的批評總是環繞在我打算交給他解決的問題上。」換句話說，維根斯坦的批評只針對邏輯，跟形上學無關。然而，要是羅素的看法沒錯，所有哲學問題**基本上**都是邏輯的，那維根斯坦的批評怎麼能不減損這本書的價值？後來，維根斯坦將自己的反對意見寫成文字，羅素立刻舉白旗認輸。「聽說我反對你的判斷理論，讓你陷入僵局，我實在很遺憾，」維根斯坦寫道：「我想唯有正確的命題理論才能化解。」但這正是羅素想交給維根斯坦去做的事。他相信這是當務之急，但自己力有未逮，因此再也無法對最根本的哲學做出貢獻。

這件事讓他沮喪得想要自我了結。建構知識論這個大工程，他當初是抱著多大的熱情與希望開始，如今卻被迫捨棄。但他已經講好在美國開講座，因此就算確信自己寫的東西根本不對，還是硬著頭皮

繼續準備。「我一定快完蛋了，」他寫信給奧特琳娜說：「我這輩子從來沒寫過違心之論，現在卻這麼做。我昨天覺得自己可以不用活了。」四個月前，他才說：「我腦袋裡這些想法，換作十年前我早就寫成一本書了，可惜我現在對精確的要求更高了。」這個新的高標準是維根斯坦設的，但羅素現在覺得自己不可能達到了。直到維根斯坦走出他的世界，他才對自己的研究恢復了信心。但即使如此，他仍然覺得必須跟自己說「要是維根斯坦讀到我最近的作品，應該也會喜歡」，他才能稍感放心。

從底下事情可以看見羅素的大度。即使維根斯坦的批評讓他信心大挫，但一九一三年夏末，他聽見維根斯坦自己的研究進展順利時，依然雀躍不已，寫信給奧特琳說：「妳一定無法想像我心頭卸下了多大的負擔，讓我開心得像個年輕小伙子。」

維根斯坦認為自己確實有了突破。八月底和品生特在倫敦會面時，他喜不自勝地跟好友分享他的「最新發現」。品生特回憶道，維根斯坦的發現「真的很驚人，徹底解決了他去年一直無法突破的問題」。根據這些發現建構出來的系統「精巧簡單到極點，感覺一切豁然開朗」：

的確，他動搖了羅素的許多研究（主要是羅素針對邏輯基礎概念的研究。純數學方面的研究，例如《數學原理》的大部分成果，就不受影響），但要說誰會對此深惡痛絕，那人絕不會是羅素。事實上，羅素的創見之偉大幾乎毫髮無傷，因為維根斯坦顯然以羅素為師，而且受惠良多。不過，維根斯坦的發現真的很驚人，讓我相信混沌的哲學泥淖裡終於冒出一個堅實的邏輯理論，而哲學裡人類有機會確實知道點什麼的領域只有邏輯，形上學等等都受制於完全缺乏與料（說真的，邏輯

就是哲學的全部，其餘籠統名為哲學的東西，不是因為缺乏與料而進展無望的形上學，就是諸如心理學之類的自然科學）。

但儘管維根斯坦顯然已經想出一套徹底顛覆既有哲學的邏輯理論，卻沒有留下文字紀錄，實在令人扼腕。說這套理論讓「一切豁然開朗」、「解決了所有問題」的人，是維根斯坦或品生特，我們無從得知。

但幾週後，維根斯坦在給羅素的信裡說：「還有一些**非常**困難（以及非常根本）的問題有待解決。除非找到答案，否則我絕不會動筆。」

品生特和維根斯坦見面，因為兩人約好了一起去西班牙，但見面之後才得知計畫有變。西班牙不去了（原因不明），改成另外三個選項：安道爾[18]、亞速群島[19]或挪威的卑爾根[20]，品生特得選一個。維根斯坦「努力不透露自己的偏好，要我不受影響做選擇」，但他顯然想去挪威，因此品生特便選了挪威（其實他想去亞速爾群島，但維根斯坦害怕船上遇到大批美國遊客，「他會受不了！」）

所以我們要去挪威，而不是西班牙！維根斯坦為什麼最後一刻改變心意，我完全沒概念！但我想去挪威也一樣好玩！

18 譯註：安道爾（Andorra）是位於庇里牛斯山東部，鄰接法國與西班牙的微型國家。

19 譯註：亞速群島（Azores），或譯亞述群島、亞速爾群島。位於葡萄牙外海一三五〇公里處。

20 譯註：卑爾根（Bergen）是挪威第二大城市。

出發前，維根斯坦去了一趟劍橋，向羅素和懷德海說明自己的新進展。據品生特轉述，羅素和懷德海反應熱烈，一致認為《數學原理》的第一卷必須根據新發現來重寫（若是如此，懷德海就是後來變卦了）。也許由維根斯坦重寫前十一章，這真是「他的光榮勝利！」

羅素數理邏輯的未來愈來愈有賴於維根斯坦，至少看來如此，而這份重責大任則讓他變得更加神經質。從赫爾[21]啟航前往克里斯帝安尼亞（現奧斯陸）[22]途中，他的情緒焦慮到極點：

我們啟航不久，維根斯坦就突然大驚失色，說他把旅行皮箱忘在赫爾了，裡面有他的全部手稿……他驚惶的模樣非常嚇人。我正想發電報詢問這件事，皮箱就在某人艙位外的走道上找到了！

到了克里斯帝安尼亞，兩人在那裡過了一晚，預備隔日（九月一日）搭火車前往卑爾根。在旅館裡，維根斯坦顯然想起兩人去年在冰島時偶爾會意見相左，便對品生特說：「我們到目前為止處得棒極了，對吧？」品生特的反應是英國人慣有的保留：「我一直不曉得該如何回應他突如其來的真情流露。我覺得我這回只想輕巧打發他。我真的很不習慣在這類事上展露熱情。」他的寡言狠狠惹惱了維根斯坦，那晚沒再跟他說過半句話。

隔天早上，維根斯坦仍然「極度惱怒和暴躁」。上火車後，他們不得不臨時更換座位，因為維根斯坦堅持不靠近其他乘客：

這時來了一名非常親切的英國人，跟我閒聊一陣之後，堅持邀請我們去他的車廂抽煙，因為我們的車廂禁煙。維完全不肯動，於是我當然只好去了，至少待一小會兒，因為拒絕很不禮貌。我儘快回到維身邊，發現他情緒非常糟。我向他形容那個英國人是怪人，他轉頭說：「其實我可以跟他一起旅行。」我只好跟他把話攤開來，最後總算讓他恢復正常，重拾親切。

品生特補充道：「只要他慍怒一發，我就必須戰戰兢兢，特別包容。他只要極度神經質，就會變得跟《安娜·卡列尼那》裡的列文[23]一樣，情緒一發作就把我想得很壞，事後懊悔不已。」

我很擔心他現在比平常還要神經質，讓我很難避免跟他發生摩擦。在劍橋要避免摩擦很容易，因為見面時間不長，但他永遠無法理解，當我們像現在這樣膩在一起，要想避免摩擦簡直難如登天。這一點讓他怎麼也想不透。

火車上這次爭執似乎標誌了兩人關係的轉折。品生特在日記裡從此不再稱他維根斯坦，而是改稱「路德維希」。

21　譯註：赫爾（Hull），英國地名。

22　譯註：挪威首都奧斯陸（Oslo），於一九二五年前舊稱為克里斯帝安尼亞（Christiania）。

23　譯註：《安娜·卡列尼那》（Anna Karenina，1877）是俄國文豪托爾斯泰的作品，寫實主義小說經典。列文（Levin）是書中兩位主角之一，個性單純而認真、排斥虛偽，具有理想主義精神。一般認為這個虛構角色有托爾斯泰強烈的自我投射。

一到卑爾根，他們就去遊客中心詢問，哪裡有維根斯坦想要的那種地方：怡人的鄉間，峽灣邊，小旅館，而且完全沒遊客。換句話說，一個他能不受打擾，專心思索邏輯的地方。事到如今應該很明顯了，這就是維根斯坦最後一刻改變主意的原因。他在卑爾根的旅館時就已經開始工作。「工作時，」品生特寫道：「他不停喃喃自語，英德文夾雜，並且一直在房裡來回踱步。」

遊客中心替他們找到了一個完美的地方：哈當厄峽灣[24]邊一個叫埃斯德敘（Öistesjo）的小鎮上的一間小旅館。旅館裡有十二名房客，就他們兩個外國遊客，其餘都是挪威人。兩人一到旅館就去附近繞了繞，品生特很喜歡拍照，因此帶著相機，結果「又讓德維希生悶氣了」。

我們本來好好的，後來我停下來拍照，拍完再追上他，他就不說話了，一臉悶悶不樂。我們一言不發走了半小時，我終於問他怎麼回事。看來是我太愛拍照讓他非常反感，說我就像「散步時腦袋空空，只想著怎麼把這片地方變成高爾夫球場的人」。我跟他就這事談了很久，最後總算又和好了。他現在真的非常神經質。晚上時他強烈自責，自我嫌惡到極點，讓人看了於心不忍。

品生特接著做了一個很傳神的比喻：「不誇張地說，他神經質的程度就和貝多芬一樣糟。」諷刺的是，他可能不曉得維根斯坦認為貝多芬正是「有為者應若是」的典範。

這事之後，品生特開始小心翼翼不去觸犯或惹惱維根斯坦，直到旅程結束都沒有再發生過衝突。他們的作息很快便完全照著維根斯坦的意思走：早上工作，午後散步或坐船，接著繼續工作，晚上打西洋骨牌。品生特覺得很無趣，「只差沒到無聊而已」。這裡荒郊野外，其他旅客在他們抵達後不久就

走了，完全不像冰島騎馬旅行那麼新鮮浪漫，逼得他只能在日記裡描述空蕩蕩旅館裡勉強找到的一點娛樂，一次次重述他們怎麼想盡辦法捅掉旅館屋頂上發現的黃蜂窩。

然而，對維根斯坦來說，一切都完美極了。他心滿意足地寫信給羅素：

我坐在美麗峽灣邊的一個小地方，思索那惱人的類型論……品生特在這裡對我是莫大的慰藉。我們僱了一艘小船，乘著它遊歷峽灣。應該說只有品生特在駕船，我始終坐在船艙裡工作。

有一個問題困擾著他：

我最近常有一種難以形容的感覺，覺得自己的研究終將完全失敗，但我仍然抱著一絲希望，思考……我會生出什麼來嗎⁈! 沒有的話就慘了，所有功夫都付諸流水。但我並沒有喪失勇氣，而是繼續的工作。比方說，我們在他九月十七日的日記裡讀到：

一如既往，維根斯坦的情緒始終隨著思考進展而起伏。於是，在他沮喪時鼓舞他，就成了品生特的工作。在他九月十七日的日記裡讀到：

整個上午和大半個下午，路德維希都非常鬱悶，難以親近，一直埋頭思索著邏輯問題……我好

不容易讓他振作起來，心情回復正常——喝完茶後，我們一起出門散步，因為天氣很好。我和他聊了起來，發現他心情那麼低落，似乎是類型論某個大難題解不開，而他一直窮擔心，深怕自己還來不及搞定類型論就先死了，來不及將他其餘的成果以世人能懂的方式寫下來，對邏輯科學做出貢獻。他已經寫了不少，羅素也承諾若他死了會替他出版，但他仍然堅信自己寫的東西表達得不夠好，還不能徹底淺白地闡明他真正的思考方法等等——而他的思考方法當然比他做出的明確結論更有價值。他之前一直說自己活不過四年，今天卻改口變成兩個月了。

維根斯坦覺得自己可能來不及發表成果就死了，這種感覺在挪威之行的最後一週變得更加強烈，讓他急忙寫了一封信給羅素，問羅素能不能見他：「**愈快愈好**，並給我充裕的時間，讓我說明我到目前為止完成的一切，甚至讓我**當場**寫份筆記給你。」這就是《邏輯筆錄》（Notes on Logic）的由來，維根斯坦思想留存下來最早的紀錄。

心急如焚之下，維根斯坦覺得他會早死的念頭從**可能**變成了**確信**，使得他說什麼或做什麼都深受影響。他告訴品生特他**不怕死**，但「唯恐自己浪費了生命僅剩的短暫時光」。

這全出於他瘋狂地相信自己就快死了，執著到徹底病態的程度——我實在看不出什麼明顯的症狀，讓他沒辦法再活很久，但想用道理說服他放下執念，別再為此煩惱是不可能的。他阻止不了自己不去相信或擔心，因為他瘋了。

除此之外，他還擔心自己的邏輯研究成果到頭只是一場空，那麼「他因為神經質把自己搞得這麼悲慘，給別人那麼多麻煩，不就毫無意義了？」

品生特似乎具有通天的本領，很能振作維根斯坦的心情，在拖垮人的焦慮襲來時鼓勵他、安撫他，陪他打西洋骨牌、乘船出遊，更重要的或許是一起彈奏音樂。兩人這趟旅行將舒伯特的四十多首樂曲編成一套曲目，維根斯坦用口哨吹旋律，品生特伴奏。

不難想見，兩人對這次渡假感受截然不同。維根斯坦說他從來沒度過這麼愉快的假期，品生特的感覺平淡許多。「我自個兒是蠻開心的……但路德維希現在這麼神經質，跟他獨處有時真的很挑戰。」

十月二日回程途中，他在日記裡發誓以後再也不跟維根斯坦出遊。

假期結束前，維根斯坦「忽然宣佈了一個駭人的計畫」：

就是他要流放自己，遠離所有認識的親友故舊生活幾年，例如在挪威。他要徹底隱匿起來，獨自一人離群索居，除了研究邏輯什麼都不做。我覺得他的理由荒誕不經，但他顯然覺得很切實。首先，他覺得在那樣的地方，他做出的研究肯定比在劍橋多出百倍，水準也好過百倍。劍橋有太多事物（例如演奏會）會打斷他，讓他分心，嚴重阻礙他的進展。其次，他覺得自己無權活在如此不同情他（同情的人當然很少）的世界裡。他發現自己在這世界總是輕蔑他人，卻沒資格（例如是個真正偉大的人，並且做出真正偉大的事）輕蔑，而他人總是被他的神經質所激怒。

這個說法有一部分很耳熟：如果他行為舉止像貝多芬，那麼應該也像貝多芬一樣寫出偉大的作品。跟之前不同的是，他相信在劍橋不可能做到。

話雖如此，但維根斯坦並未下定決心，仍然繼續為自己先前答應在倫敦工人學院開設的哲學課做準備，直到回程途經紐卡斯爾[25]時才塵埃落定。因為他收到葛蕾塔來信，說她和她的美國丈夫傑若米・史東巴羅（Jerome Stonborough）打算搬到倫敦。這似乎讓他拿定了主意。維根斯坦告訴品生特說，要是姊姊和姊夫隨時可能來找他，他就無法忍受住在英格蘭。

品生特原本覺得維根斯坦去挪威做邏輯很荒謬，但維根斯坦連他也說服了，讓他相信他終究**該去**，因為「他已經解決了不少難題，但仍有一些問題懸而未決」，而且「他研究的主題有個大麻煩，就是唯有徹底解決所有基礎問題，他做的一切才有價值」。因此，他「不是做出真正偉大的成果，就是徹底一場空」。

雖然這個說法跟葛蕾塔夫婦定居英格蘭毫無關聯，也沒有解釋維根斯坦為何需要獨居，而且跟品生特自己一週前才認可的觀點（維根斯坦的研究**方法**比研究**成果**更有價值）大相逕庭，但他似乎被說動了。事實上，魏寧格曾經提出一個極端的二分，人不是偉大就是無物，而維根斯坦的說法似乎就是這個二分的翻版。不過這套說法要能當成離開劍橋的理由，或許還得加上魏寧格的另兩個主張：愛通向偉大，而性慾是偉大之敵。「身體親近會加強性吸引力，但愛唯有愛人不在才最熾烈。愛**需要**分離，需要保持距離才能維繫。」

因此，唯有離開所愛之人，才能企及偉大。

25 譯註：紐卡斯爾（Newcastle），又名新堡，英國地名。

五、挪威

不難想見，羅素覺得維根斯坦瘋了、精神錯亂，才會想去挪威獨居兩年。他提出各種反對意見，想說服維根斯坦打消念頭，卻都被當成了耳邊風：

我說那裡天色昏暗，他說他討厭日光。我說那裡很孤單，他說跟人講話等於濫用心智。我說他瘋了，他說神讓他不必神智健全（神顯然會這麼做）。

維根斯坦和羅素都認為他應該先寫下目前的研究成果，然後再去卑爾根。對維根斯坦來說，這是因為他確信自己只剩幾年（甚至幾個月）可活，而羅素則是希望赴美擔任講座時能引用維根斯坦的發現，而且他也覺得現在不做，之後或許就來不及了（他強烈感覺維根斯坦隻身待在挪威會徹底發瘋，甚至自殺）。

問題是維根斯坦的（套用羅素的說法）「藝術良知」作祟，沒找到完美的表達形式之前不想發表自己的研究，但由於還找不到，便什麼也不想寫，只想用說的解釋給羅素聽。羅素認為維根斯坦的發現「和過往的邏輯研究相比毫不遜色」，但他極力跟上維根斯坦的解釋，還是覺得太過精妙，怎麼也記不住，

只好求維根斯坦寫下來⋯⋯

他嘀咕了好一陣子之後，說他做不到。我狠狠罵了他，兩人大吵一架，最後他說他會把我認為有價值的部份說完，寫下來，於是我們便那麼做了，效果很不錯，只不過兩人都精疲力竭，而且進展很慢。

但羅素沒有放棄，只因為他決心「將維的想法用鉗子拽出來，就算他痛得尖叫也不管」。

最後，他總算弄到了維根斯坦思想的文字紀錄。約丹的秘書來他住處借書，羅素要他用速記抄下他和維根斯坦的對話。羅素問，維根斯坦答。幾天後，維根斯坦到伯明罕跟品生特道別時又講了一些，留下了打字稿。速記和打字稿一起構成了維根斯坦第一個哲學作品：《邏輯筆錄》。

那年夏天，他曾告訴羅素「只要找到恰當的符號論，就能去除」類型論。《邏輯筆錄》可以說是這個主張的延伸，也是朝此目標邁進的初步嘗試。就其細節以及對羅素的批評來說，這本書確實非常精妙，但它的基本想法卻簡單得令人錯愕，亦即「A和A是同一個字母」（約丹的秘書聽到這句話時，忍不住評論道：「本來就是這樣。」）這個想當然耳的真理區分了「顯示」與「言說」，而這個區分正是《邏輯哲學論》的核心。維根斯坦的想法是，類型論說的東西無法言說，必須以符號論來**顯示**（亦即我們能**看出**A和A是同一個字母，和B是同一**類**字母，和x、y、z是不同類的字母。）

除了這個符號論的雛形，《邏輯筆錄》還包含一系列對哲學的談論，明確地呈現出維根斯坦對哲學的看法，且絕大多數看法他終其一生都沒有改變⋯⋯

哲學沒有演繹：**哲學**純粹是描述。

哲學不提供現實〔reality〕的圖像。

哲學既不確證、也不反駁科學研究。

哲學由邏輯和形上學構成：邏輯是其根基。

認識論是心理學的哲學。

不信任語法，是做哲學的第一要務。

十月八日，維根斯坦告別品生特，離開了伯明罕。「真難過他離開了，」品生特寫道：

……但他明年夏天可能會來英格蘭稍作停留（之前他會一直待在挪威，之後也會回去）我或許能再見到他。我們的相處雖然亂了套，但我打心底感激，我敢說他也一樣。

然而，隔年夏天戰爭爆發，兩人再也沒有見面。

一九一三年，維根斯坦需要（或覺得需要）獨處，也找到了一個好地方：卑爾根北方松恩峽灣[1]旁

1 譯註：松恩峽灣（Sognefjord）為挪威第一長、世界第二長的峽灣，位於挪威西部。

一個名叫斯寇爾登（Skjolden）的村子。他寄宿在郵局經理漢斯‧克林恩柏格（Hans Klingenberg）家。「這裡幾乎碰不到人，」他寫信給羅素說：「讓我的挪威語進步很慢。」這兩點都不全對。他其實結交了幾位村民朋友，除了克林恩柏格一家，還有木箱廠老闆哈瓦德‧德拉格尼（Halvard Draegni）、農婦安娜‧瑞布尼（Anna Rebni）和十三歲的學生艾恩納‧伯斯塔德（Arne Bolstad）。他的挪威語也進步神速，不到一年就能用挪威語和這些朋友通信。的確，他信裡寫的挪威文既不複雜，也不高深，但這主要出於友誼的特質，而不是他挪威語欠佳。事實上這種風格正是他喜歡的，簡單、直接而扼要，通常像這樣：

「親愛的路德維希，你好嗎？我們常常想到你。」

因此，維根斯坦並未完全離群索居，但他確實遠離了**社會**，這或許才是最重要的一點。他擺脫了劍橋和維也納的布爾喬亞生活，以及那種生活強加於他的義務與期待。他對布爾喬亞生活的恐懼，除了人際關係的膚淺，還來自面對這種生活時他的本性帶給**他**的內心衝突。一方面需要抵抗，一方面又需要順服，這樣的衝突讓他難以承受。

在斯寇爾登他可以遠離衝突，能做自己而不用擔心惹惱或觸怒他人。這對維根斯坦是巨大的解脫，可以完全專注於自己，或不如說專注於邏輯——在他看來，這兩者其實是同一回事。這一點，加上鄉間的美非常適合長途獨自散步，既能放鬆又能沉思，讓他怡然自得，更為他的思考提供了完美的環境。這可能是他一生中唯一一次如此確定，自己在正確的地方做著正確的事，而斯寇爾登這一年也可能是他此生最多產的時光。多年後，他常回顧這段歲月，覺得自己生出了完全原創的思想，甚至「孕育了思考的新浪潮」。他總是說：「**我那時**心智火燙。」

才到斯寇爾登幾週，他就寫信告訴羅素自己有了新的重要想法，這些想法將帶來驚人的結果，讓

「整個邏輯只由一個 P.P.〔按：原始命題〕就能導出！」

羅素當時正竭力消化《邏輯筆錄》，替自己在哈佛大學的講座做準備。他在後來出版的講座集前言寫道：

這次講座只會簡略提到純邏輯，不過內容得力於我好友維根斯坦先生發現甚多。這些發現雖然尚未發表，但極為重要。

然而，筆錄裡有些要點他還是搞不懂，便寫信問了維根斯坦一堆問題，希望他能指點迷津。維根斯坦答得相當簡略，但大多數都很有幫助。但他滿腦子都是新的想法，實在不覺得老在舊地方打轉很有趣。

「你要我說明一般不可定義項（general indefinables）？喔，天哪！太無聊了!!!改天吧！」

真的——如果你一直沒有搞懂，我會寫信跟你解釋（因為我覺得手稿裡已經寫得很清楚了。）但我現在被同一性（identity）的問題搞得好煩，實在沒辦法跟你閒聊。我心裡不斷冒出各種新的邏輯想法，只是現在還不能談。

處於智性創造的頂峰令他興奮，卻也使得解釋自己先前的發現格外惱人。他認為那些發現都搞清楚了，並且得到確證，不值得多講。他十一月寫了一封信，試著解釋他為何認為整個邏輯必須由單一原始命題導出。但羅素還是不懂，他的耐心就用完了…

我求你自己想。我之前把解釋寫出來就已經**厭惡至極**，絕對**無法忍受**再寫一次。

儘管如此，他還是試著說明得更清楚一點。他之所以如此主張，是因為他確信只要找到正確的方法列出命題真值的所有可能，就能判斷一個**邏輯**命題的真假，無須知道構成該命題的各部份的真假。因此，「要嘛在下雨，要嘛沒下雨」是真的，無論「在下雨」是真是假。同理，我們無須知道天氣如何，也能判斷「此時既在下雨又沒下雨」絕對為假。這類陳述都是**邏輯**命題，第一個是重言（tautology），永遠為真，第二個是矛盾，永遠為假。現在，給定任何命題，只要我們有方法判斷它是重言或矛盾或兩者皆非，就有一條規則可以判斷**所有**邏輯命題的真假。將這一條規則表達成命題，就能證明整個邏輯是從單一（原始）命題導出的。

這個論證要能成立，必須接受所有邏輯命題都是重言式。這就是為什麼維根斯坦寫信給羅素，劈頭就是一句有如神諭的話：

（我認為定是如此）。

所有邏輯命題都是通則化的重言，所有通則化的重言都是邏輯命題，除此外沒有別的邏輯命題頭就是一句有如神諭的話：

「但有一個大問題，」他告訴羅素：「就是如何建立一套符號系統，以確保所有重言都能以**同一種方式**辨認出來？這是邏輯的根本問題！」

維根斯坦後來用所謂的真值表方法（大學修邏輯課的學生都知道這是什麼）處理這個問題。但在他寫信時，有如樂曲般**漸強的**亢奮過去了。隨著耶誕節的接近，怡然自得被抑鬱所取代，維根斯坦再度陷入病態的執念，覺得他將不久於人世，有生之年什麼也發表不了。「我死後，」他去信要求羅素：「你一定要親自監督我的手記付印，一頁都不能少。」

他在信末寫道：「我常覺得自己快要瘋了。」其實都是瘋狂，只是方向不一樣：「從頭幾個月的狂喜轉為耶誕節來臨時的沮喪，因為屆時「我**不幸**得去維也納」，而且非去不可──

糟了，我不忍心賴在外面。

其實，我母親很希望我回去，非常想。要是我不去她會難過得發脾氣。她對去年此時的記憶太

然而，維根斯坦「想到回家我就害怕。」唯一安慰的是他不用停留太久，很快就能返回斯寇爾登。「在這裡獨居帶給我無盡的好處，我覺得自己現在無法忍受和人群相處。」

動身前一週他寫道：「我每天就在鑽研邏輯、吹口哨、散步和沮喪中度過。」

我向上帝許願，希望自己更聰明，最終能搞清楚一切，不然就別讓我活太久！

不是徹底明晰，就是死亡，沒有第三條路。如果不能解決「**整個邏輯體系最根本的問題**」，他就沒有資格（至少沒有意願）活著，沒有妥協的餘地。

答應耶誕節回家就是在妥協，為了滿足他自覺對母親的責任而違背己願，而回家只會有更多妥協。

他好不容易才灌注在邏輯裡的精力，又將在緊繃的人際關係裡消耗殆盡，必須將真正關注的事情掃到地毯底下，在母親和家人面前扮演盡責的乖兒子。最慘的是，他無力也無決心不這麼做。他**不敢**冒險做出讓母親難過生氣的事。這個感受讓他陷入迷惘而動彈不得。他被迫承認一件事，就算他在邏輯裡無比接近徹底地、不妥協地明晰，他在自己和自己的人生裡卻離明晰無比遙遠。他不停在反抗和順從、激動和漠然間拉扯。「然而，」他告訴羅素：

我變成不同的人。

……我內心深處宛如溫泉的底部，始終有一股熱流。我一直希望這股熱流能一次徹底爆發，將我變成不同的人。

處在這種狀態，他當然做不了邏輯研究。但維根斯坦在煎熬之中，不也正在對付另一組同樣重要、而且相關的問題嗎？「邏輯和道德，」魏寧格寫道：「基本上並無二致，無非是人對自己的責任。」維根斯坦寫信給羅素，在信裡應和了這個觀點，但他根據兩人在劍橋的談話，知道羅素不大可能認同他：

你可能覺得這種自我探索是浪費時間，但我怎麼能不先是一個人，然後才是邏輯學家！**最**最重要的是我該怎麼清算自己！

跟邏輯一樣，這種自我探索唯有獨處才能做到最好，因此他儘快回了挪威。他在信裡告訴羅素：「**很**遺憾，關於邏輯，我這回還是沒有新想法給你。」

多虧了我的維也納「假期」，過去幾週我過得很糟，每天輪流受到沮喪和恐怖的焦懼折磨，即使稍有喘息，整個人也是精疲力竭，完全提不起工作的念頭。那種精神折磨可怕到筆墨無法形容。直到兩天前，我才在地獄的哀號之外聽見理智的聲音，再次開始工作。**也許**我會好轉，做出一點像樣的成果，但我之前從不曉得感覺自己離瘋癲只有**一步**是這種感受。讓我們期望最好的結果吧！

回到挪威，維根斯坦決定一勞永逸，擺脫生命中所有卑劣的妥協，而且像是打人不成、打狗出氣似地，竟然先拿羅素開刀。他第一刀還算客氣，迂迴婉轉批評了羅素的妥協性格：

衷心祝福你在美國講座順利！也許它能讓你更有機會分享你的**思想**，而**不僅僅是**修剪過的乾枯成果。對聽眾來說，**這**才是他們所能想像最有價值的東西。去了解真正有價值的是**思想**，而非修剪過的乾枯成果。

羅素幾乎措手不及。他後來告訴奧特琳自己的回信「太過尖銳」。我們不曉得他到底說了什麼，但可以合理推測他對維根斯坦的刺耳評論感到不耐，同時（一如以往）批評了維根斯坦的完美主義，並且為自己辯護，願意出版未臻完善的作品並沒有錯。

不管他說了什麼，都是壓垮駱駝的最後一根稻草，讓（處於當時心境下的）維根斯坦相信自己該和羅素徹底決裂了。他寫信給羅素，顯然視之為告別信，說自己對他們倆的關係想了很久，最後「得出結論，我們實在不適合對方」：

這麼說**不是想責怪誰**，對你對我都是，只是陳述事實。我們聊到某些話題，總是談得很不愉快；不愉快不是因為哪一方脾氣不好，而是我們的性格相差太遠。我真心希望你別認為我有責怪你的意思，也不要覺得我想對你說教。我只是想把我們的關係說清楚，**以便做出結論**。我們上回起爭執，也絕不是因為你太敏感或我太不知體諒，而是源自更深的差異。從我信裡，你一定能看出我們的觀念完全不同，是我太遲鈍，才會在信裡長篇大論探討那個問題。我本該告訴自己，這麼根本的差異不可能靠一封信化解。這樣的例子**很多**，這只是其中之一。

維根斯坦承認，羅素的價值判斷跟他一樣好、一樣根深蒂固，但正因如此，兩人不可能有**真正的友誼**：

我這一生都會全心全意感激你，忠誠於你，但**我不會再給你寫信，你也不會再見到我**。現在我既然再次與你和解，我便想**和平地**跟你分開，這樣我們就不會再有機會惹惱對方，最後反目成仇。我衷心祝福你一切都好，求你別忘了我，並常常**懷著友好的感情**想起我。再見！

你永遠的

路德維希・維根斯坦

羅素將信拿給奧特琳看，對她說：「我敢說他過一陣子就會改變心意了。我發現自己在意不是不是為了他，而是為了邏輯，如此而已。」不過，「我確實在意得看不下去。是我的錯，我對他太尖銳了。」羅素不僅回了信，而且軟化了維根斯坦不再寫信給他的決心。維根斯坦三月三日寫信給羅素，說他的回信「是**那麼和善、那麼友好**，我覺得自己**無權置之不理，毫無回應**」。儘管如此，維根斯坦對自己的主要觀點還是很堅持：「我們的爭執**不只**出於外在的理由，例如神經質或太疲累，而是**非常根深蒂固**的，至少我這方是如此。」

你說我們**本身**沒有那麼不同，或許沒錯，但我們的**理想**就不是那麼相近了。正是因為如此，我們始終無法談論，也**不該再**談論價值判斷的事，否而只會流於虛偽或不歡而散。我認為這很明顯，我很久以前就注意到了。這讓我非常惶恐，因為它玷污了我和你的關係。我們像是並肩站在沼澤裡。

無可爭辯，我很久以前就注意到了。這讓我非常惶恐，因為它玷污了我和你的關係。我們像是並肩站在沼澤裡。

他們倆如果還要維持關係，就必須建立在其他的基礎上，讓「兩人都能徹底坦誠而不會傷害對方」。但是由於雙方的理想根本無法調和，因此沒有這種可能。兩人要避免虛偽和爭執，**只能**「將關係侷限於交流客觀確立的事實，頂多還能提一點對彼此的好感」。

你可能會說，我們之前不是處得不錯，何不繼續下去呢？但我**實在**受夠了，不想再繼續這沒完

沒了的卑劣妥協。我的人生到今天是一團糟，難道真要永無止盡地繼續下去嗎？

因此，維根斯坦提了一個建議，他認為可以讓兩人的關係「在更真實的基礎上」繼續下去：

讓我們寫信給對方，談工作或健康等等都行，但就是不要討論任何的價值判斷。

維根斯坦從此一直奉行這一點。他寫信給羅素依然署名「你忠實的朋友」，並在信裡談論工作進展，描述自己的健康，但之前那種讓他們可以談論「音樂、道德和一堆邏輯之外的事情」的親密感消失了。而智性上的同感雖然在**這次的**決裂中倖免於難，卻在第一次世界大戰爆發後也隨之瓦解了。因為大戰改變了他們倆，進而加深、加重了他們本性的差異。

正如維根斯坦在信中一再強調的，他和羅素的差異已經讓兩人的友誼緊張了一年有餘，而羅素完全搞錯方向，以為問題出在兩人**很相似**。就連他們的哲學討論，也早在維根斯坦去挪威之前就失去了合作的性質。其實，維根斯坦在劍橋的最後一年根本沒有真正和羅素討論過自己的想法，只是報告給對方聽，算是給了一份邏輯簡報。早在前一年的十一月，維根斯坦寫信敦請摩爾來挪威時，就已經表明劍橋沒人能和他討論他的研究，沒有「尚未腐化又對這個主題**真正感興趣的人**」存在。

就連羅素，以他那個年紀算是絕頂活躍的心靈，也不再適合**這件事**了。

維根斯坦先是切斷羅素的關係，隨後維持不大親近的往來，於是對摩爾就更殷殷相盼了。對於預定的挪威行，摩爾有些勉強，可能後悔自己竟然答應了。但維根斯坦不容對方拒絕，**你務必學期一結束就過來。**他於二月十八日寫道：

我很企盼你的到來，期望得無法形容！邏輯（Logik）和其他事情把我煩死了，但我希望自己能活到你來，否則就沒辦法跟你**多談**了。

這裡提到的「邏輯」可能是他正在寫的一份稿子，打算先給摩爾看，再用來申請學士學位。三月他寫道：「**我認為**邏輯就算還沒完成，也差不多了。」雖然摩爾這時找了一個新藉口，說他得待在劍橋寫論文，但維根斯坦毫不接受：

你到底為什麼不能來**這裡**寫呢？我會替你備好**起居室**，不僅窗景美不勝收，而且**完全不受人打擾**，你自個兒想待多久就待多久（**必要的話，一整天也行**）。與此同時，我們想見面又隨時**見得到**，甚至能討論你的研究（**可能很有趣**）。還是你真的需要那麼多書？你知道，我自己也有**很多事**要做，所以一點都不會妨礙你。請你**務必搭**上十七日從紐卡斯爾出發的船，十九日抵達卑爾根，來這裡繼續你的研究（我甚至能幫上一點忙，防止你論文裡有太多重複）。

儘管旅途艱苦，和維根斯坦獨處更令人心生畏懼，但摩爾最終還是摁下了心中的不情願，同意前往。他三月二一四日動身，兩天後在卑爾根見到了維根斯坦。他在挪威停留了兩週，每晚都進行「討論」──維根斯坦說、摩爾聽。（摩爾在日記裡抱怨道：「就他在討論。」）

四月一日，維根斯坦開始向摩爾摘述自己的邏輯見解。無論這些摘要是《邏輯》的全部或部份內容，至少應該是核心部份。摘要明確主張說出和顯示是不同的。一年前維根斯坦向羅素口述自己的發現時，這一點還沒有說得很明白，但這一回他開頭就說：

邏輯的所謂命題**顯示**語言的邏輯性質，因而顯示宇宙的邏輯性質，但什麼都沒有**說出**。

維根斯坦之前告訴羅素，必須建立一套符號論讓類型論成為多餘，而他認為區分說出和顯示能做到這一點。這份摘要便是他勾勒出的大要。宇宙存在著不同類型的東西（對象、事實和關係等等），但這件事無法**言說**，只能藉由「存在著不同類型的符號」來**顯示**，並且這些不同類型的符號一眼就能**看出**其差別。

維根斯坦認為比起之前口述給羅素的筆記，這份摘要前進了一大步，並且是他對這議題的最終定論，至少暫時如此。他寫信敦促羅素閱讀摩爾的筆記。「我再次陷入了枯竭狀態，既不能做新的研究，也無法解釋之前的見解。」

不過，摩爾在我這裡時，我已經跟他**詳細**解釋過了，他也做了不少筆記，你可以從他那裡盡量

發掘。當中許多見解都是新的。想徹底了解，最好的方法就是親自讀摩爾的筆記。我可能得過一陣子才能再生出新的想法了。

摩爾回到劍橋後，便照維根斯坦的請託，詢問《邏輯》能否當作學士論文。他去請教維根斯坦在三一學院的助教弗萊徹（W. M. Fletcher），弗萊徹表示根據相關規定，這樣的摘要不符規格。論文除了要有序言，還需要註明資料來源，並指出論文裡哪些部份是原創，哪些參考了他人的研究成果。

於是，摩爾寫信給維根斯坦說明情況。維根斯坦勃然大怒，他的研究能讓「哲學邁一大步」，竟然沒資格拿到學士學位？而且只是因為缺了論文裡的枝微末節？這完全超過了底限。明珠暗投已經夠糟了，對方竟然認為一文不值，這簡直無法忍受。五月七日，按耐不住情緒的維根斯坦寫了一封諷刺糟滿的信給摩爾，不僅斬斷了他和摩爾的友誼，也暫時葬送了他取得劍橋學位的希望：

親愛的摩爾：

你的信讓我惱火。**我寫《邏輯》時沒有查規定**，因此我想頒學位給我應該也不用查規定才對！至於序言和註釋，我想審查委員應該一眼就看出我的論點幾乎都是抄鮑桑葵[2]的。如果**連一些愚蠢的細節**我都不值得你為我破例，那我活該下地獄；但若我**值得**破例，你卻不肯做，那老天有眼，**你**就下地獄吧。

2

譯註：Bernard Bosanquet，1848-1932。英國哲學家、政治理論家，並參與社會改革等。

這件事實在太蠢、太可惡，實在寫不下去了，所以——

路・維

維根斯坦痛責摩爾根本站不住腳。規定不是他立的，執行也不關他的事，他只是告知維根斯坦摘要還少了什麼。而且他沒遇過這樣的回信方式，信裡的口氣讓他大受打擊，不公平的指控更令他深感震驚，甚至導致身體不適。從他五月十一日至十五日的日記看來，這封信在他心裡餘波盪漾了好幾天。

他沒有回信。

將近兩個月後的七月三日，摩爾又收到維根斯坦的來信，是維根斯坦從挪威前往維也納過夏天之前寫的。信裡的口氣友好許多，甚至帶著歉意，但摩爾依然沒有回信。

親愛的摩爾：

離開斯寇爾登前我整理文件時，瞥見了你那封令我震怒的信。重讀之後，我發現自己寫那樣的信給你可能有些理虧（但不代表我**現在**喜歡那封信了。）不過至少我的火氣已經消了，還是情願和你再做朋友。我覺得這麼做已經夠累人了，因為讓我願意寫這些的人**不多**。若你沒有回信，我就不會再寫了。

摩爾在日記裡寫道：「我想我不會回信，因為我真的不想再見到他了。」接下來幾年，他數度軟了

心腸，和羅素或戴斯蒙德‧麥卡錫[3]談話時偶爾會提到維根斯坦，每次都讓他猶豫是否正確。雖然維根斯坦（間接透過品生特）求他恢復聯繫，他還是沒那麼做，直到一九二九年維根斯坦回到劍橋，兩人碰巧搭上同一班火車才又見面。不過，那些年維根斯坦一直盤據在他心裡，甚至讓他考慮寫一本日記專門紀錄「我對維根斯坦的感受」。

如前所述，維根斯坦在摩爾來訪後陷入了枯竭，一時無法繼續思考邏輯。於是他便決定在松恩峽灣邊、村外兩公里處蓋一間小屋。他應該打算長住在那裡，至少待到解決了所有邏輯基本問題為止。但七月房子還沒蓋完，他就先回維也納了，避開挪威的旅遊旺季。他原本只想待完暑假，先在奧地利陪家人，然後和品生特去渡假，結果直到一九二二年夏天才回到挪威，而那時邏輯基本問題已經（至少暫時）解決了。

3　譯註：Desmond MacCarthy，1877-1952。英國文學及戲劇評論家。亦是劍橋使徒的一員。

六、火線之後

維根斯坦一九一四年六月底回到了霍赫海特，原本打算在那裡度過夏天，八月底和品生特去渡假，接著到英國探望埃克萊斯等老友，秋天再回挪威的新房子，把書寫完。

那年七月，斐迪南大公遇刺在歐洲掀起波瀾，列強積極備戰，維根斯坦和品生特則書信往返，討論他們倆的渡假計畫。是照預定行程去西班牙呢，還是改去較遠的地方？最後他們約好八月二十四日在英國特拉法加廣場的豪華飯店碰面，再決定要去哪裡。埃克萊斯六月底寫信給維根斯坦，提到他搬新家，妻子預計八月臨盆，家裡將多位「小陌生人」。維根斯坦於大公遇刺當天（六月二十八日）回信給他，信心滿滿保證無論他和品生特最後去哪裡渡假，都會在九月十日左右到曼徹斯特拜訪他。「我希望小陌生人健康康，」維根斯坦在信裡寫道：「而且最好是個男孩。」

埃克萊斯之前設計了一套臥室家具，包括衣櫥、藥櫃和梳妝台，打算請人做好擺在家裡。他寫信徵詢維根斯坦的意見，因為他非常信任老友在這類事情上的判斷。他新家起居室裡的裝潢更和維根斯坦在劍橋的住處一模一樣：藍地毯、黑油漆和黃牆面。「佈置完成，」他告訴維根斯坦：「所有人都讚不絕口。」

埃克萊斯在信裡提到自己的設計理念，就是講求最大效用、最容易的工法和絕對的簡單，其他一律免談。這些原則，維根斯坦想必然同意。他給埃克萊斯的評語是**太棒了**，只有針對衣櫥的設計做了一些改動，純粹出於功能的考量。「我沒看到床的圖樣，」他說：

……還是你打算到家具行現成的款式？如果這樣，**務必**要他們去掉那些華麗的贅飾。還有，他們為何要在床腳上裝輪子？你又不會躺在床上在家裡溜來溜去！無論如何，都要按**你的**設計製作其他家具。

雖然維根斯坦和埃克萊斯設計家具都強調功能至上，去除一切裝飾，但我想這件事對埃克萊斯僅此而已，對維根斯坦卻還有文化上，甚至道德上的重要性。對「青年維也納」知識份子而言，不必要的裝飾只是冰山一角，是哈布斯堡帝國文化衰敗的象徵。他們憎恨贅飾，因為他們對社會集體的浮誇誇深惡痛絕。克勞斯向報紙的藝文版面（feuilleton）開戰，魯斯在米歇爾廣場建造了那棟知名的無裝飾樓房[1]，不過是同一場戰爭的不同戰場。維根斯坦相當讚賞這兩位要角的作品，顯然表示他或多或少站在同一陣線。

寄居挪威期間，維根斯坦曾經託人寄來克勞斯創辦的《火炬》雜誌，並在雜誌裡讀到克勞斯介紹作

1 譯註：指位於維也納米歇爾廣場（Michaelerplatz）的魯斯建築（Looshaus）。

家路德維希・馮費克（Ludwig von Ficker）的文章。馮費克非常仰慕克勞斯，在因斯布魯克²負責編輯一

份克勞斯風格的刊物，刊名叫《火爐》（Der Brenner）。維根斯坦七月十四日寫信給馮費克，表示願意資

助十萬克朗，分送給「生活拮据的奧地利藝術家」。他在信裡解釋道：「我請你幫忙這件事，是因為我想

你認識不少最有天賦的人，知道他們當中誰最需要資助。」

可想而知，馮費克被這封信嚇呆了。他從來沒見過維根斯坦，也沒聽過他，對方卻一口氣要給他

這麼大一筆錢（十萬克朗在一九一四年相當於四千英鎊，也就是現在的四萬到五萬英鎊）。他覺得有必

要確定真假，於是便回信請問是不是真有其事，抑或只是玩笑。「我想可能只有當你拿到錢，」維根斯

坦回覆道：「才會相信我是當真的了。我下回到維也納就會這麼辦。」他接著解釋，父親死後留了鉅額

遺產給他，「捐一筆錢用作慈善是家族的慣例」。而他選擇馮費克是「因為克勞斯在《火炬》提到了你的

作為和刊物，還有你對克勞斯的評論」。³

馮費克收到信後，跟維根斯坦約好七月二十六、二十七日到新瓦德格街⁴碰面，接著便開始向他在

維也納的朋友打聽維根斯坦這個人。畫家馬克思・馮艾斯特勒（Max von Esterle）告訴馮費克，維根斯

坦的父親是哈布斯堡帝國首屈一指的猶太富豪，也是視覺藝術的慷慨贊助者。馮費克確認維根斯坦所

言不虛之後，便動身前往維也納和他見面，討論錢的分配。他在維根斯坦位於新瓦德格街的住處停留

了兩天。根據他一九五四年出版的回憶錄，維根斯坦讓他想起了《卡拉馬助夫兄弟們》裡的牧師阿利歐

沙和《白痴》裡的公爵梅什金⁵，「乍看寂寞得令人心頭為之一震。」

沒想到他們共處的那個週末幾乎沒談到捐款的事，直到第二天才提起，讓馮費克有些意外。維根

斯坦起初似乎更急著想讓他多了解一點自己，不只提到了他的邏輯研究，這些研究跟羅素和弗雷格的著

作有什麼關聯，還提到了挪威的小屋，他和當地農民的相處，以及他想回挪威完成研究工作。這很難不讓人感覺，維根斯坦資助馮費克不只出於慈善，還希望藉此和奧地利的知識圈維持一定的聯繫。畢竟他出於絕望，覺得劍橋的朋友羅素和摩爾無法理解他的理念與感受，已經切斷了他和劍橋的交流。或許奧地利人比較能了解他。

停留維也納期間，馮費克向魯斯引薦了維根斯坦。對維根斯坦來說，這是馮費克此行的最大貢獻。

「能見到魯斯我**非常**高興」，他在八月一日寫給馮費克的信裡說道。的確，維根斯坦和魯斯當時關切的事物和態度是那麼接近，據說魯斯本人見到維根斯坦時更直呼：「你就是我！」

後來，維根斯坦和馮費克終於談到了錢，維根斯坦要求其中一萬克朗必須分配給《火爐》，其餘則由馮費克自行裁決。

2　譯註：因斯布魯克（Innsbruck）為奧地利西方的城市。

3　克勞斯如此評論馮費克的刊物：「奧地利唯一誠實的評論刊物是在因斯布魯克出版的，這一點就算奧地利人不知道，德國人也應當知道。德國唯一誠實的評論刊物也是在因斯布魯克出版的。」《火爐》創辦於一九一〇年，名稱和克勞斯的刊物《火炬》遙相呼應，公開表示要延續克勞斯的精神。克勞斯大力諷刺盛行於奧地利的劣質思想和著作，馮費克則努力挖掘不劣質的作品。他最出色的成就，或許也是最著名的一件事，就是他率先發現了葛奧格・特拉克爾（Georg Trakl，1887-1914）的詩才。從一九一二年十月到一九一四年七月，《火爐》每期必定刊登特拉克爾的詩作。此外，他還刊登過作家赫爾曼・布洛赫（Hermann Broch，1886-1951）、女詩人艾爾莎・斯拉克－舒勒（Else Lasker-Schuler 1869-1945）、詩人卡爾・達拉戈（Carl Dallago，1869-1949）和作家提奧多・黑克爾（Theodor Haecker，1879-1945）的作品。維根斯坦寫信給馮費克當時，《火爐》已經成為日耳曼前衛派的首要文學刊物，確立了名聲。（原註）

4　譯註：維根斯坦寫信給馮費克當時所在一棟房子的所在地。見第一章。

5　譯註：《卡拉馬助夫兄弟們》（The Brothers Karamazov）與《白癡》（The Idiot）都是俄國文豪杜斯妥也夫斯基的小說作品。

來訪之前，馮費克已經選定了三位受益人，分別是萊納‧瑪利亞‧里爾克[6]、特拉克爾和達拉戈，每人各分得兩萬克朗。維根斯坦欣賞的現代詩人不多，里爾克是其中之一，因此他欣然同意了這項提議。特拉克爾他同樣樂見其成，至於達拉戈他沒說什麼。達拉戈走的是波希米亞路線，是當時知名的作家和哲學家，定期為《火爐》撰稿，宣揚反物質主義、反科學思想，擁抱東方神秘主義，讚揚人性中情感的、「女性化」的那一面。

剩下的三萬克朗，作家卡爾‧豪爾（Karl Hauer）（特拉克爾的朋友，曾經為《火炬》撰稿）和畫家奧斯卡‧科克西卡各得五千克朗；詩人艾爾莎‧拉斯克—舒勒（定期有作品刊登在《火爐》）四千克朗、魯斯、黑克爾、作家提奧多‧多布勒（Theodor Däubler）、路德維希‧艾利克‧特薩（Ludwig Erik Tesar）、理查德‧衛斯（Richard Weiss）和法蘭茲‧克朗維特（Franz Kranewitter）各兩千克朗，赫曼‧華格納（Hermann Wagner）、約瑟夫‧歐柏寇夫勒（Josef Oberkoffer）、卡爾‧海因里希（Karl Heinrich）和雨果‧諾伊格鮑爾（Hugo Neugebauer）各一千克朗。

表現主義作家艾伯特‧埃倫斯坦（Albert Ehrenstein）也在《火爐》發表過作品，馮費克似乎也分了他一點錢，起碼維根斯坦如此認為。「我曾經在偶然的狀況下金援過他」，他後來這樣告訴保羅‧恩格曼。

埃倫斯坦寄了兩本作品《圖布茲》（Tubutsch）和《尖叫者》（Man Screams）給維根斯坦以示感謝，維根斯坦表示：「除非我看走眼，否則這兩本書根本是垃圾。」

他資助過的這些藝術家，大多數人的作品他應該都沒看過，就算看過也應該不會欣賞。收到馮費克轉來的致謝信，他雖然回覆了，但信中看不到他對這些藝術家有任何欣賞，甚至對資助一事顯露了幾許不屑。他收到的第一封致謝信是達拉戈寫的。維根斯坦直接將信寄還給馮費克。「我不曉得你會不

會用到，但還是退還給你。」後來費斯克又寄了一批致謝信給他，他統統寄還了，表示自己並不需要留存這些信件，還說：「老實講，信裡的感謝多半讓我極其生厭。低聲下氣、**近乎**哄騙的語氣，還有其他。」

維根斯坦對這些「窮」藝術家的淡漠，並不是沒有人感受到。黑克爾曾將齊克果[7]的作品譯成德文，刊登在《火爐》上，大大激起了一戰前奧地利知識份子對這位丹麥哲學家的興趣。他起先並不想接受資助，因為維根斯坦向馮費克開出的條件是錢要給「有需要」的藝術家，而他認為自己並不符合。若有富人欣賞他翻譯的齊克果，願意出錢買下，自然另當別論，但若「純出於饋贈」，並且明白要求對象必須啞需援助，那我便不能接受這筆錢，也無意接受」。然而馮費克回力勸，說這筆錢講好了有一部分要給他，也符合資助者的意願，黑克爾這才打消疑慮，收下了款項。不過，沒有跡象顯示維根斯坦對自己資助過黑克爾比他資助過艾倫斯坦更感到自豪。

只有三名受益人可以稍微肯定地說，維根斯坦不僅知道他們的作品，而且還相當欣賞，那就是魯斯、里爾克和特拉克爾。儘管如此，我們還是得補上一句：維根斯坦雖然很欣賞特拉克爾作品的調性，但坦言自己讀不懂；而里爾克後期的作品他並不喜歡，戰後更斥責魯斯為冒牌貨。

不過，他說里爾克的致謝信是「友善」和「高貴」的：

他的信感動了我，也讓我深感喜悅。在我搖擺不穩的生活中，任何高貴者的友愛於我都是一份

6　譯註：Rainer Maria Rilke，1875-1926。極為重要的德語詩人，發掘出德語的音樂性與可塑性，深深影響了現代德語詩歌的發展。

7　譯註：Søren Aabye Kierkegaard，1813-1855。丹麥神學家、哲學家，被視為存在主義之鼻祖。

支持。我完全配不上這份出色的禮物。我將它存在心中，作為這份友善的象徵與回憶。可以的話，請代我向里爾克表達最深的感謝和全然的**忠心**。

至於特拉克爾的詩，維根斯坦可能直到馮費克寄了詩集給他才頭一回讀到。他在回信中寫道：「我讀不懂，但**調子**我很喜歡。那是真正天才的調子。」

那個週末，不僅維根斯坦和馮費克討論了十萬克朗該如何分配，奧匈帝國的命運也在那兩天寫下了定局。七月二十三日，奧匈帝國向塞爾維亞下了最後通牒，接受條款的期限是七月二十五日（週六）傍晚六點，但塞爾維亞沒有回應，於是二十八日奧地利正式宣戰。

儘管事已至此，歐洲一週之內將陷入大戰，也沒有多少人認為奧匈帝國和英國的關係會受影響。英國輿論在這件事上更偏向哈布斯堡，而非塞爾維亞，各報幾乎都和奧地利報紙一樣嚴詞譴責大公遇刺。

因此，品牛特七月二十九日寫信給維根斯坦，很有把握地重提兩人八月二十四日要在豪華飯店碰面，似乎也就不足為怪了。他唯一擔心的是渡假地點，是法羅群島[8]或安道爾，還是其他地方？「我覺得馬德拉島，不適合你，」他樂觀提議道，接著不帶熱衷地說：「當然，不列顛群島也是有一些偏僻的地方，」不過「我想我們最好別去愛爾蘭，因為那裡很快就會有叛亂或內戰之類的事！」蘇格蘭可能不錯（這顯然是維根斯坦的建議），例如那裡的奧克尼群島（Orkney）、昔德蘭群島（Shetland）或赫布里底群島（Hebrides），也許確實比去歐洲大陸好，因為——

考慮到歐戰這檔事，我們或許最好別去安道爾，因為可能很難回來。

維根斯坦收到信後沒幾天，「歐戰這檔事」，這場英國史學家泰勒（A. J. P. Taylor）稱之為「照表操課的戰爭」的荒謬戰事，就讓他和品生特成了一次大戰的敵對方。

維根斯坦起先似乎打算離開奧地利，或許前往英國或挪威，但沒走成。得知自己無法出國後，他便決定入伍，只不過是志願兵，因為他前一年才由於疝氣而判定免役。「我覺得他入伍很了不起，」品生特在日記裡寫道：「不過實在令人感到悲傷與不幸。」

維根斯坦雖然愛國，但他從軍的動機並不只是保家衛國那麼簡單。赫爾敏便認為弟弟此舉肯定「出於一股強烈的渴望，想讓自己受點折磨，做一些純粹動腦以外的事」。這跟他一月以來就強烈感受到的渴望有關，他想「成為不同的人」。

他當時用來形容自己內心狀態的比喻，正好也適合用來描述一九一四年夏天歐洲瀰漫的氣氛：蠢蠢欲動，希望「乾脆一次爆發開來」。因此宣戰之後，交戰各國反而歡欣鼓舞，彷彿全世界都和那年的維根斯坦一樣陷入了瘋狂。羅素在自傳裡提到自己走在特拉法加廣場歡呼的人群之間，看見「一般人不分男女，全都為了開戰而欣喜，」心裡簡直難以置信。就連他的摯友，包括懷德海和歷史學家特維廉（George Trevelyan），也被捲入這股狂熱當中，變得「像野人般好戰」。

8　譯註：法羅群島（Faroe Islands）為丹麥王國的海外自治領地，位於挪威海與北大西洋中間。

9　譯註：馬德拉島（Madeira）為葡萄牙在北大西洋中央管轄的群島，也是其主島的島名。

要說維根斯坦帶著解放般的喜悅迎接對俄宣戰的消息，或和歐洲各國一起陷入了歇斯底里的仇外情緒，那是毫無根據，但說他**歡迎**戰爭似乎毋庸置疑，即使主要出於個人而非國族的情緒。他和許多同代人一樣（例如同在劍橋的詩人魯珀特・布魯克、法蘭克・布里斯和弗倫克・貝克什），覺得面對死亡可以**提昇**自己，因此他從軍與其說是為了國家，不如說是為了自己。

美國心理學家威廉・詹姆斯撰有《宗教經驗之種種》。他曾在書裡提到英勇面對死亡的精神價值，而維根斯坦一九一二年告訴羅素，他一直很想提昇自己的某個方面，這本書應該很有幫助。詹姆斯在書裡寫道：「無論一個人在其他方面如何脆弱」──

只要他願意冒死亡的危險，甚至肯在自己選擇的事上英勇面對死亡，他就將一舉成為聖人。

根據維根斯坦一戰期間日記裡（其中私人部分是用很簡單的暗語寫成的）的跡象顯示，他正有此打算。「我終於有望成為像樣的人了，」他在頭一回撞見敵軍時寫道：「因為我和死亡四目相對。」開戰兩年後，他才真正踏上火線，而他當下想到的就是其中的精神價值。「或許，」他說：「接近死亡能為生命帶來曙光。神照耀我。」因此，維根斯坦期望戰爭能徹底轉變他的個性，帶給他「一種宗教體驗」，永遠改變他的生命。如此一來，這場戰爭來得正是時候，因為當時的他更想「成為不同的人」，遠勝過解決邏輯的基本問題。

奧地利八月六日向俄國宣戰，維根斯坦八月七日入伍，被派到東邊克拉科夫[10]戰線的炮兵團服役，

並且立刻就因為維也納軍事高層的親切而備受鼓舞。「每天都有千百人向他們徵詢意見，但他們總是親切回覆，而且言無不盡」，他寫道。這是好徵兆，讓他想起英國人的做事方法。他八月九日抵達克拉科夫，心裡既興奮又期待。「現在就可以開始了嗎？我真想知道會遇到什麼。」

大戰頭幾個月發生了幾場極其荒謬無稽的戰役，由於維根斯坦所屬的炮兵團編在奧地利第一軍麾下，因此參與了其中一場。俄國和奧地利的司令部完全依據幻想制定戰略：俄方以為奧地利會將大軍集結在倫貝格（今利沃夫）[11] 附近，奧方以為俄軍會在更北方集結，也就是盧布林[12] 附近。因此，奧地利部隊輕輕鬆鬆就挺進了俄屬波蘭，而俄軍則是順利殺入奧地利加利西亞[13] 第一大城倫貝格，雙方都很意外幾乎沒有遭遇抵抗。等到奧地利司令官康拉德（Conrad）察覺事情真相，倫貝格已經被俄軍攻陷，而他的第一軍更是岌岌可危，因為南方的補給線很可能被俄軍切斷。於是他只好下令撤退。原本長驅直入俄羅斯領土的大膽行動，瞬間變成退回奧匈帝國**境內**兩百二十五公里處的丟臉撤退。不過要是沒有回防，第一軍可能被人數佔優的俄國大軍徹底殲滅。這場混亂徒勞的加利西亞戰役，讓康拉德麾下的九十萬大軍折損了整整三十五萬。

戰役期間，維根斯坦幾乎都待在維斯瓦河[14] 的戰艦上。這艘**戈普拉納號**（Goplana）是奧軍最初推進

10　譯註：克拉科夫（Kraków）為波蘭第二大城市，位於波蘭南部。

11　譯註：倫貝格（Lemberg）／利沃夫（Lwów）是今烏克蘭西部主要城市。

12　譯註：盧布林（Lublin）為波蘭東部邊界的城市。

13　譯註：加利西亞（Galicia）是中歐歷史上的一個地區名，現在分別屬於烏克蘭和波蘭。

14　譯註：維斯瓦河（Vissula river）為波蘭最長的河流。

時從俄國人手上搶來的。就算維根斯坦在這頭幾個月裡曾經目睹實戰，也沒寫在日記裡，反而全是關於聽來的慘烈戰役，以及「俄國人緊追在後」的傳言。或許是維根斯坦的悲觀性格作祟（至少這回是如此），他很快就相信了俄軍佔領倫貝格的說法，卻轉眼否認德國人佔領巴黎的傳言。這兩則傳言讓他得出同一個結論：「這下我知道我們戰敗了！」尤其是巴黎淪陷的傳聞，讓他在十月二十五日鬱鬱思考起同盟國的局勢：

這些傳聞雖然離譜，卻是壞徵兆。要是我方進展順利，**一定會被報導**，這些荒謬的傳言就不會有人相信。因此，今天我比之前都更強烈感覺到我們日耳曼民族的處境悲慘。英國人（世界上最優秀的種族）**不可能戰敗**，但我們卻有可能，而且註定會落敗，不是今年就是明年。想到我們會輸，我就沮喪不已，因為我是百分之百的日耳曼人。

維根斯坦傾向從民族的角度來看這場戰爭，或許可以解釋他為何覺得自己跟其他同袍很難相處。奧匈帝國部隊的種族組成，是歐洲各國最多樣的。雖然軍官多是日耳曼或馬扎爾人，但士兵多半來自帝國轄下的斯拉夫民族。維根斯坦覺得他的直屬長官「為人和善，有時非常好」，但一見到同伍士兵，就直言他們是「一群罪犯……對任何事都沒有熱情，粗魯、愚蠢和惡毒得不可思議」。他幾乎無法將他們看成人類：

聽中國人說話，我們會覺得他在胡亂出聲，但聽得懂中文的人就能辨別出**語言**。同樣的道理，

我常常沒辦法在人身上辨別出人性。

他被外星人圍著，而他們眼中的他也像是外星人，讓他感覺自己彷彿回到了林茲的中學。八月十日，領到軍服隔天，維根斯坦忽然意識到這一點，壓抑著的焦慮瞬間浮上了檯面。「今早醒來，我感覺自己彷彿身在夢裡，意外又荒謬地回到了學校。」在船上被同袍譏弄之後，他又寫道：「感覺真糟。要說我有什麼發現，就是整艘船上沒有一個像我的人。」

接下來的日子會很難熬，因為我被出賣、被背叛，就像很久以前在林茲一樣。

想到自己離開林茲之後，協助他克服生命裡的寂寞感的那些人（羅素、凱因斯和品生特）如今都屬於「敵對的一方」，他的疏離感更深了。「這幾天，我常想起羅素，」他在十月五日寫道：「他還會想起我嗎？」凱因斯曾寫信給他，但內容純屬公事，問他開戰之後原本說好要給詹森的那筆錢該怎麼處置。[15]「一位過去信賴的人來交了信，信裡卻只談公事，尤其在這種時候，實在令人傷心。」不過，維根斯坦心裡最記掛的還是品生特。「大衛毫無音訊。我徹底被拋棄了。我想過自殺。」

他寫了幾封軍用明信片，寄給為數不多的德國和奧地利朋友，也收到不少鼓勵與支持。尤其是柏林的約勒斯夫婦，跟他書信往返得熱切而頻繁。這對老夫妻愛國心切，讀到「小維根斯坦」從前線捎來

15
維根斯坦在戰前跟凱因斯說好了，每年捐贈兩百英鎊給國王學院的研究基金，資助詹森繼續邏輯研究。（原註）

的消息，總能得到一種身歷其境的愉快，因此戰爭期間一直纏著要他細細描述戰果。「我從來不曾像現在這樣，這麼經常而愉快地想著你，」史丹尼勞斯・約勒斯（Stanislaus Jolles）在十月二十五日寫道：「讓我們更常、更快收到你的消息吧。」而他們「回報」的方式，就是定期寄給他巧克力、麵包和香煙。

弗雷格也懷著愛國之心寄給他幾份祝福。「你志願入伍，」他十月十一日寫道：

我得知之後心裡特別高興，而且你還能繼續投入科學工作，更是不可思議。願我有福，能看你平安從戰場歸來，再次和你討論問題。我很有把握，我們最終一定能更接近彼此，更了解對方。

然而，將維根斯坦從自殺邊緣拯救出來的不是約勒斯或弗雷格，而是他當初投身戰場所追尋的生命轉變與宗教皈依。他是被神的話語拯救的。駐紮在加利西亞的頭一個月，他有天到書店裡只找到一本書，托爾斯泰的《福音書摘要》（The Gospel in Brief）。這本書徹底迷住了他，甚至成了他的護身符，走到哪兒都帶著它，而且反覆地讀，所有段落都背得滾瓜爛熟。同袍開始稱呼他「帶著福音書的人」。羅素戰前曾經感嘆維根斯坦比他「更不喜歡基督徒」，但《福音書摘要》不僅讓維根斯坦一度成為信徒，更成為宣教士，向每位痛苦中人推薦這本書。「不熟悉這本書，」他後來告訴馮費克：「就無法想像它能對人產生多大的效果。」

對維根斯坦而言，邏輯和反省自身其實是一體兩面，都出於**對自己的責任**。這個熱忱的信念必然會對他的研究產生影響，後來也果真如此，讓他跳脫了弗雷格和羅素一脈的邏輯符號分析，將邏輯理論和宗教神秘主義融合為一，成為我們今日所知的奇特混合。

116

不過，這份影響還要幾年才會浮現。開戰後的頭幾個月，閱讀《福音書摘要》讓維根斯坦得到了精神的養分而「活了下來」。照他的說法，就是讓他外在愉快了許多，「使得內在得以不受打擾」。

換言之，由於這本書，讓他兩三年前欣賞〈畫十字的人〉時得到的想法終於付諸實現了⋯無論「外在」發生什麼，都不會加之於他最深的內在。於是，我們可以在他日記裡一再看到他向神祈求，不要讓他「失去自己」。這點對他比活下去還重要得多。加諸他身體上的一切是無關緊要的，至少他感覺應當如此。「倘若我此刻就來到了生命的盡頭，」他於九月十三日（據傳俄國人正在逼近他們）寫道：「願我死得其所，做我自己，自始至終都不失去自己。」

對維根斯坦而言，身體只屬於「外在世界」，那些「粗魯、愚蠢又惡毒的」罪犯也存在的世界。但他的**靈魂**必然活在完全不同的時空裡。十一月時，他這麼告訴自己⋯

別依賴外在世界，就不會恐懼外在世界發生的一切⋯⋯獨立於事物要比獨立於人容易 n 倍，但還是必須能做到。

維根斯坦在船艦上負責夜間操控探照燈。這是一份孤獨的工作，讓他更容易做到獨立於人，而他認為要捱過船上的處境，就必須做到這一點。「藉著它，」維根斯坦寫道：「我成功遠離了同袍們的邪惡。」或許正是由於他強烈渴望疏離外在環境，使得他更容易重拾邏輯研究。八月二十一日，他還在擔心自己可能永遠無法思考邏輯了⋯

我研究過的那些概念都變得好「陌生」，我什麼都**看**不到！！！

但接下來兩週，他卻寫了很多。這段期間他晚上負責探照燈，白天則是捧起托爾斯泰的《福音書摘要》，從中得到了慰藉。兩週後他寫道：「我正朝一項偉大的發現前進，但我會走到嗎？」

然而，身心的分離並不徹底。怎麼可能徹底呢？他可以遠離周遭，甚至避開他的同袍，卻無法和自己的身體分離。事實上，隨著他拾回了邏輯研究的能力，一股血氣也重新注入了他體內。緊接著上一段引述的歡喜之言，他又寫道：「我感覺比之前更肉慾，於是今天又自慰了。」兩天前他才寫道自己三週來頭一回自慰，在那之前幾乎完全沒有性慾。他記下自慰的事顯然不以為傲，卻也沒有自我勸戒的意思，只是單純做個紀錄，記述事實，有如紀錄健康狀況一般。從日記的描述似乎可以看出，他的性慾和研究能力其實互為徵兆，顯示他活生生地**活著**。我們甚至能這麼說，肉慾和哲學思考在他身上難分難解，都是激情勃發的展現，只是分別展現在身體和精神方面。

九月下半，奧地利大軍撤退期間，維根斯坦沒有再寫加密札記，不過正是在這段時期，他做出了自己一直覺得即將達成的大發現，包括現在稱為「語言圖像論」（Picture Theory of language）的構想，亦即「命題就是其所描述的現實的圖像」。後來他向朋友馮‧賴特（Georg Henrik von Wright）提起自己當時如何得出這個想法，故事便就此流傳開來。維根斯坦是這麼說的：他在東線服役時，有天在雜誌上讀到一篇報導，巴黎有一起車禍訴訟，律師在法庭上展示了事故模型。他忽然想到模型之所以能代表事故，是因為模型各部份（迷你房子、車子和人）對應了實際事物（房子、車子和人）。他進而想到，

依照同樣的類比，命題或許可以說是一個模型或**圖像**，藉由其各部份和世界之間的對應，呈現出某個事態。而命題各部份的組成方式（即命題的**結構**），則描繪了現實中各元素的可能組成，也就是可能的事態。

根據維根斯坦的筆記，我們可以推斷語言圖像論大約誕生於九月二十九日。他那天寫道：

在命題中，世界是實驗地拼出來的（就像在巴黎的法庭上，車禍是用玩偶等東西拼出來的一樣）。

整個十月，維根斯坦都在推衍這套他稱之為「邏輯描繪論」（Theory of Logical Portrayal）的理論。就像素描或圖畫以圖像的方式描繪事物，命題則是以**邏輯的**方式描繪事物。換句話說，命題（「草是綠的」）和事態（草是綠的）之間有共同的邏輯結構，而且非有不可。正是由於這個共同的結構，語言才能描述現實：

我們可以直接用「這命題描述這樣的事態」取代「這命題表達這個意思」。命題邏輯地描繪事態。

唯有如此，**這命題**才有真或假可言。唯有命題是事態的**圖像**，才能符應或不符應現實。

維根斯坦認為這個想法是一大突破。可以說，如果要征服邏輯，它就是一個必須攻下的關鍵堡壘。他在十月三十一日寫道：「今天工作了一天」──

猛攻這個問題，可是沒用！但我寧可血濺城下，也不願空手而歸。最難的是確保已經攻下的堡

壘。只要**整座城**還沒攻陷，就不能待在其中一個堡壘裡而感到徹底安全。

不過，他在邏輯問題上攻城掠地，奧地利軍隊卻是慌亂撤退。戈普拉納號正掉頭返回克拉科夫，

部隊預計在這個深入國土的地方駐紮過冬。抵達克拉科夫之前，維根斯坦收到了詩人特拉克爾的短箋。

特拉克爾當時因為精神疾病，正在軍醫院療養。馮費克之前曾到克拉科夫探視特拉克爾，不僅跟維根

斯坦說了他的狀況，還在當地寫信請他有空去看看這位詩人。他說特拉克爾覺得很孤單，在克拉科夫

沒有熟人能去探望他。「如果有幸得到你的探望，」特拉克爾寫道：「我將感激不盡……再過幾天，我或

許就能出院重回戰場。但在確定之前，我很希望能跟你聊聊。」到了克拉科夫我想見見他！他可能給我許多啟發。」十一

開心地接受了邀約。「能認識他真是太棒了！」置身在那樣的同袍之間，維根斯坦自然

月五日，戈普拉納號終於抵達了克拉科夫，維根斯坦「興奮得發抖，滿心期盼跟特拉克爾見面」：

太晚了。

我好懷念有人可以跟我交流……那將大大鼓舞我……我到克拉科夫了，不過今天去看特拉克爾

最後這句話宛如最無情又無知的嘲弄，因為維根斯坦一語成讖，隔天早上他趕到醫院時，發現自

己果然去得太晚，詩人已於十一月三日服用過量古柯鹼自殺了。維根斯坦大受打擊，「**多麼悲慘，多麼**

悲慘!!!」（wie traurig, wie traurig!!!）是他唯一能有的反應。

接下來幾天，維根斯坦的日記裡主是自己生活的困境、環境的殘酷，以及想找個像樣的人幫他熬過死亡的念頭卻屢遭失敗。他在特拉克爾身上找到這樣一個人的希望被奪走了，只好重新寄望品生特。

「我好常想起他！心想他想我會不會有找想他一半多。」他發現可以經由瑞士將信寄到英國，便立刻寄了封信給「**親愛的大衛**」，隨後幾週股股盼著回音。十二月一日，品生特的回信終於寄來了。維根斯坦心中的石頭總算落了下來，忍不住吻了那封信。

品生特在信裡告訴維根斯坦他想從軍，但士兵體檢沒過（「我太瘦了」），也沒得到軍官委任，因此只能繼續唸書，準備律師考試。「戰爭結束後，」他寫道：「我們就能再次見面了。希望那天快點到來！」

接著又說：「我覺得你自願入伍真的**很了不起**，雖然必須這麼做實在很可悲。」

維根斯坦立刻回了信，接著比之前更加焦急地等待回音。就這樣週而復始，整個冬天，「**沒有大衛的消息**」（Keine Nachricht von David）和「**收到大衛可愛的來信**」（Lieben Brief von David）之類的句子在他日記裡反覆出現。

在克拉科夫過冬，維根斯坦最擔心的不是天寒地凍（雖然他頻頻抱怨此事），而是必須跟其他人同睡在一間寢室，讓他不停禱告「願神豁免我這件事」。結果禱告應驗了，上級承諾給他一個房間，讓他如釋重負。更棒的還在後頭。十二月他被調到新的職位，總算有機會徹底擺脫忍受了四個月之久的「那群惡棍」。他原本想加入軍用氣球分隊，但上級發現他有數學背景，便改派他到砲兵工場工作。

結果，維根斯坦在砲兵工場只是負責普通的文書工作，替軍營的車輛造冊，完全用不到數學專長。有好一陣子，他日記裡就只有「**整天都在辦公室**」（Ganzer Tag Kanzlei）三個字。由於出現得太頻繁了，

他後來甚至直接縮寫成「G. T. K.」。不過，這份工作也有好處，其中一項就是他得到了像樣的房間。「等了四個月，我總算能獨自佔用一個像樣的房間了！我好**享受**。」更重要的是，他身邊開始出現他能喜歡、尊敬和交流的人，尤其是他的直屬上司古爾特中尉（Oberleutnant Gürth）。兩人的情誼，是他從軍以來最接近友誼的關係了。

或許因為有人可以說話，那段期間他的日記變得簡短了、制式化了。除了 **G.T.K.** 之外，另一個常見的詞是「**沒工作**」（Nicht gearbeitet）。矛盾的是（不過想想也許並不奇怪）比起戰火威脅下在夜裡操控探照燈，跟他討厭的人在一起，在辦公室跟意氣相投的同事相處一整天，反而更讓他難以專注於邏輯研究。他在工場既沒機會，也不渴望徹底獨處，可以全心思考哲學問題。

不過，他還是設法讀了點東西。十一月他開始讀愛默生 16 《隨筆集》，心想「這些文章或許能帶給我好的影響」。但他沒有說結果如何，也沒有在日記裡再提起過愛默生，而愛默生對他那個時期（事實上是所有時期）的研究顯然毫無影響。

更吸引他的反而是另一位作家，其立場跟維根斯坦信奉的托爾斯泰式基督教精神簡直南轅北轍。這個人就是尼采。維根斯坦在克拉科夫買了八卷本的尼采文集，其中包括《反基督》（The Anti-Christ）。尼采在書裡尖刻攻擊基督信仰，斥之為墮落腐敗的宗教，指責它「對現實抱有不共戴天的仇視，無人能出其右。」尼采認為，基督教信仰源自人心最脆弱、最低劣的部份，只不過是面對殘酷世界一種懦弱的逃避：

我們觀察**觸覺**就會發現一種病態的敏感，生物只要一碰到東西、一抓到硬物就會驚惶退縮。這種生理特質如果用最終的邏輯來解釋，就是一種本能的厭惡，厭惡**所有**現實，想逃進「不可把握」

和「不可想像」的事物裡，憎惡所有形式、所有時空概念、所有堅實的事物……只想安逸待在不受任何現實打擾的世界裡，待在純粹的「內在世界」、「真正的」「永恆的」世界……「上帝之國在**你們**中間」……

但他的信念並沒有因此而動搖：「基督教確實是通往快樂唯一**可靠**的路」——

雖然尼采對基督教信仰的敵意「深深震撼了」維根斯坦，而他不得不承認尼采的分析有幾分道理，

在尼采眼中，憎恨現實，以及這股憎恨所引出的「渴望憑著神的愛得救」，都源自於「對痛苦和刺激的極度敏感，以致於完全不想被**碰**，因為任何觸碰感覺都太強烈……唯有在**愛的宗教**裡，對痛苦（再小的痛苦皆然）的恐懼**才能**終止。」

……但若有人蔑視這種快樂呢？和外在世界做困獸之鬥，最後鬱鬱而逝，會不會更好？但這樣的人生沒有意義。可是為何不能過沒意義的人生呢？那樣真的沒有價值嗎？

光從這一小段就能看出，維根斯坦雖然沒有動搖，卻只差那麼一點就要接受尼采的觀點。他喜歡尼采從心理角度探討這些問題，也不認為重點在基督教信仰是否為**真**，而在它能否幫助我們面對無法承受、無意義的人生。用威廉·詹姆斯的話來說，問題在它是否能醫治「生病的靈魂」。這裡的「它」

16　譯註：Ralph Waldo Emerson，1803-1882。美國思想家、文學家。

不是信仰，而是一套做法、一種生活方式。尼采說得好：

想從「信仰」、從因神得救的信念裡找出基督徒的獨特處，根本錯得離譜。唯有照著基督徒的樣式**去做**，為了死於十字架上**而活**，才是基督徒……即使在今日，**這樣活著依然可能，某些人甚至必須這樣活著**。純正而原始的基督教在一切時代都是可能的……不是**信仰**，而是作為，更精確說是**不做許多事**，成為不同的**存在**……所有心理學家都曉得，所有意識狀態、所有信仰（例如認為某事**為真**）比起本能都等而下之，毫無價值……將身為基督徒（基督徒性）簡化為相信某些事情為真，簡化為單純的意識狀態，其實就是否定了基督性。

我們應該可以說，維根斯坦就是讀了《反基督》的這一段，讓他相信尼采的分析確實有幾分道理。宗教的本質在於感受（或照尼采的說法，「本能」）與實踐，而非信念，這個觀點在維根斯坦此後思索信仰問題時，是始終不變的主題。對（這個時候的）他而言，基督教信仰是「通往快樂唯一**可靠的路**」，不是因為它應許了永生，而是因為基督憑著祂的言行和形象，提供了一個足堪效法的典範與態度，讓人明白如何承受人世的苦痛。

一九一四年底到隔年初的冬天，維根斯坦的日記裡沒再多談到信仰。他不再求神賜他力量，日記的結尾也不再寫著「願祢的旨意行在地上」。在工場裡生活似乎無須神的協助。除了幾乎沒時間鑽研哲學，他的生活幾乎可以說是愉悅的，至少比起前四個月舒服多了。

總之，這裡的生活怎麼都比維也納愜意，耶誕節無法回家看望家人更是一點也不讓他煩心。耶誕夜當天他晉升為「軍官」(Militärbeamter)，隔日受邀到軍官食堂用餐。節禮日[17]晚上，他和一位曾在倫貝格唸大學的年輕人去了咖啡館。他和這位年輕人在某個場合結識了，很喜歡他。耶誕假期就這麼過去了，過得平淡無奇，而維根斯坦顯然壓根不想回家和家人共度。他從軍事郵局收到了幾張賀卡，包括約勒斯（當然沒忘了附上一包巧克力）、挪威的克林恩柏格家和弗雷格。弗雷格在賀卡上寫道：「但願我方戰士凱旋歸來，來年贏得長久的和平。」

然而，新年夜當天，維根斯坦突然得知必須陪同上司去一趟維也納，因為古爾特有公務要辦。這趟意外之行自然讓維根斯坦的母親大為高興，但從他的日記看來，維根斯坦非常冷漠而疏離。對於家人團聚，他只說因為元旦整天都和家人一起，他什麼事都做不了，同時冷淡加上一句（顯然是另起話題）：「我想說，我現在的道德水準比之前（如復活節時）低得多。」他在維也納待了十天，其中兩天和當時年事已高的作曲家拉博一起，其餘大部份時間都陪著古爾特。回到克拉科夫，他對此行的看法只有「我和古爾特度過了不少愉快的時光」。

維根斯坦對家人的冷淡，顯示他決意不讓家人打擾他的內在，可能也是害怕失去自己好不容易從戰爭經歷中得到的自我覺察與自我把持。不過，冷淡也可能出於他整體上的倦怠。這段期間他常提到自己筋疲力竭，尤其在研究方面。例如一月十三日，他提到自己想事情沒什麼勁：

17
譯註：節禮日（Boxing Day）即十二月二十六日，聖誕節次日或是聖誕節後的第一個星期日。

我的腦袋累了，看事情犀利不起來，愣愣的，毫無生氣，感覺就像熄火了，而我只能等待，等火自己再燒起來。

他覺得自己需要外來的激勵。「**唯有靠著奇蹟，研究才能成功。我只能等眼前的面紗被掀開，只能完全聽從命運擺佈。過去就是如此，未來依然。我在命運的掌心裡。**」

維根斯坦再次想起英國的朋友。於是他又寫信給品生特，急切等候回信。「什麼時候才有大衛的消息？」他在一月十九日的日記裡哀求道。他收到凱因斯的信，但稱那封信「不是很好」。其實那封信相當友好，只是可能太過輕挑，無法真的安慰到他。「我希望你已經平安當了俘虜，」凱因斯寫道：

我和羅素暫時放棄了哲學，我為政府財政部門效力，羅素為和平奔走，只有摩爾和詹森一如既往。順帶說一句，羅素在開戰之前出了一本好書。

品生特直到十月中都還沒入伍，但後來我就沒他的消息了。

你的好友貝克什在你們軍隊裡，摯友布里斯是我們軍隊裡的**士兵**。

參加戰爭一定比在挪威思考命題愉快多了，但我希望你快點停止這種自我放縱。

到了二月六日，維根斯坦總算能說「大衛可愛的來信！」信是一月十四日寫的，品生特說他能講的不多，「只能向神祈求我們戰後能夠再見」。比起凱因斯信裡親熱但疏離的「機智」，如此坦率表達友誼才是維根斯坦渴望及需要的。

同樣符合維根斯坦脾胃的，或許還有斯寇爾登的農民寄來的短箋，像是哈瓦德・德拉格尼、艾恩納・伯斯塔德和克林恩柏格一家都有寫信給他。德拉格尼的卡片經常這麼寫著：「謝謝你的卡片，我們都很健康，常聊到你。」維根斯坦的回覆顯然同樣簡短，也同樣親切。從挪威傳來的消息是他的小屋完工了。

「現在房子蓋好了，」克林恩柏格寫道：「我們都希望你很快回到新家。」維根斯坦託德拉格尼付錢給工人，德拉格尼收到工錢非常意外，寫信給維根斯坦，說他以為維根斯坦回來才會付錢。他還為價格道歉：「要是有人房子想蓋得和你一樣穩當，」他解釋道：「總是會比原先估的價錢高一截。」

二月初，上級指派維根斯坦負責工場的鍛造間，新增的任務讓他更難專注於哲學之上。除了必須多花時間在鍛造間，擔任主管也讓他和同事的相處變得更麻煩。他被選上這個職務，應該是他工程技術卓越的緣故，但即使如此，擔任工頭對他還是相當困難。他紀錄了許多自己和手下相處的麻煩，其中有些鬧得很不愉快，有一回還差點和一名年輕軍官決鬥。那人應該是不喜歡被軍階比他小的人指揮。維根斯坦努力使喚這群不聽話的手下，他們既不尊重他的軍階，也不認可他出眾的知識，讓他筋疲力竭，神經緊張得近乎崩潰。他只當了一個月（這個月他幾乎沒寫出半點哲學）就想自殺，覺得自己再也沒辦法研究哲學。

「不能再這樣下去」，他在二月十七日寫道。他勢必做出改變，不是晉升，就是換別的職位。他開始遊說古爾特改善他的處境，但不曉得是出於無效率或無視，很長一段時間什麼也沒發生。那陣子他的日記除了「沒工作」外，又多了一個新句子：「**情況照舊**」（Lage unverändert）。赫爾敏談到弟弟的戰爭經歷時，心裡想到的肯定是這段時期。她提到維根斯坦不斷要求派往前線，還有「那可笑的誤解：和他打交道的上級一直以為他想換到輕鬆的崗位，其實他是想去危險的地方」。

我想可能是這樣：與其說上級誤解了維根斯坦加入步兵的請求，不如說他們沒有理睬。而且他們認為他擔任專業工程師主管修理庫，比當步兵對軍隊更有用處。整個三月，雖然他不斷向古爾特請求，但情況照舊。

在哲學研究方面，一九一五年頭三個月近乎荒廢，而其他方面他同樣覺得死寂與遲鈍。但令他困惑的是，這段時期他對任何事情都提不起勁，卻仍有性慾，常想自慰。二月時，馮費克寄來了特拉克爾死後出版的作品集，維根斯坦的評論異常無趣：「大概不錯。」他感謝馮費克寄書來，接著解釋自己正處於枯涸期，絲毫沒有「吸取外來思想的慾望」。不過，就算如此鈍感的時期，依然有一件事值得盼望：

> 我這樣子只有生產力下滑才會發生，而非生產力**瓦解**。只是**很不巧**，我現在覺得自己燃燒殆盡了，只能保持耐心。

他覺得自己只能等待神，等待聖靈幫助他，給他啟示。

由於無話可說，他便沉默了。他收到約勒斯夫人的來信，含蓄指責他傳回的戰地消息太過簡略。

顯然，她告訴維根斯坦，他做不了好的戰地記者或電報通訊員。他就不能好好寫封信，讓他們知道他在哪裡，過得如何，在做什麼，對義大利人又有什麼看法？難道不是一群無賴，就這樣背棄了三國同盟？「要是我把對他們的看法寫下來，」她說：「這封信肯定過不了審查。」她繼續寄來麵包、巧克力和水果蛋糕，顯然為她的「小維根斯坦」在戰場上的功用而自豪。「你志願入伍這件事，」她告訴他：「我

每回想到都很開心。」

而她先生則是為了維根斯坦終於得以發揮工程所長而驕傲。「無論如何，」他在信裡說：「你的技能終於擺脫了對地方。加利西亞的路況那麼糟，肯定有許多車輛需要修理！」維根斯坦顯然回信告訴約勒斯，他寧可在前線當兵，也不想在後方修車。約勒斯非常吃驚：「你難道不覺得在工場更能發揮工程才嗎？」他太太雖然愛國心切，卻也同樣擔憂：「希望你想派往前線的願望不會實現，」她懷著母親般的焦慮寫道：「在前線你只是眾人之一，而且不是最強壯的，在工場才能更安全地發揮作用。」

這些關心當然令人開懷，甚至是必要的，對維根斯坦卻遠遠不夠。直到品生特的回信寄來，他才擺脫了無生趣的狀態。三月十六日，他總算又能在日記裡寫道「大衛可愛的來信」，以及「回信給大衛。**很有性慾。**」當時回信的草稿被保留下來，內文如下：

親愛的衛：

今天收到你一月二十七日寄的信。谷底到了，我的創造力開始回來了。

維根斯坦之前託品生特帶話給摩爾，說明如何把信寄來。品生特照辦了，「希望他會給你寫信」。但這希望落空了。「很遺憾摩爾沒有基督徒的樣子，」品生特四月時寫道：「事實上，他連有沒有收到我的信都沒說。」

然而，維根斯坦並未從摩爾的世界中離開。一九一五年十月十二日，摩爾在日記裡寫道：「我夢見維根斯坦──

……他看著我，彷彿在問我還好嗎？我不禁笑了，彷彿在說我很好，雖然我知道其實不然。接著他在海裡游泳，後來又成了拚命脫逃的敵軍。

四月二十二日，上級指派維根斯坦掌管整座工場，但他在日記裡寫道，這差事只是讓他有更多不快的事要應付。為了緩和局面，古爾特允許他穿工程師制服，並且給了他相應的軍銜。

四月三十日，維根斯坦又在日記裡提到「大衛可愛的來信」，信裡提到一則可能頗令人驚訝的消息。[18]

「我在寫一篇哲學論文，」品生特告訴他：「可能只是通篇胡說八道！」他說自己試著解釋「邏輯本身是在討論什麼，還有什麼是『真』和『知識』」。雖然論文主題跟維根斯坦的一樣，但成果（目前尚存）卻和《邏輯哲學論》或更早的《邏輯筆錄》幾乎沒有相似之處。品生特用「一致性」（consistency）來定義邏輯，而非「重言式」，而且要旨大多源自於英國經驗主義傳統（尤其是摩爾和羅素）而非維根斯坦。

儘管如此，品生特明顯認為自己是在研究維根斯坦關切的問題。「真希望你在這裡，能跟我一起討論」，他寫道。信末他說：

願神早日結束這場可怕的悲劇。我很渴望再見到你。

值得一提的是，無論是否受到品生特來信的激勵，維根斯坦待在克拉科夫的最後那幾個月，雖然由於轉調不成而鬱鬱寡歡、滿心挫折，卻又突然活力充沛，可以繼續做研究了。從五月到六月，他哲

思泉湧，《戰時筆記：一九一四—一九一六》（Notebooks: 1914-1916）有一大部分論述（約三分之一）便是在這時寫下的。

這段期間，維根斯坦主要思考的問題是語言**如何描繪**世界。語言和世界到底有何特徵，讓描繪成為可能：

我所寫的一切都圍繞著一個大問題：這世界有一個**先驗的**秩序嗎？如果有，它的構成為何？

雖然不喜歡，但維根斯坦被迫做出結論，先驗秩序確實存在：如同他之前向羅素強調的，這世界是由**事實**（facts）構成，而非事物（things）。換句話說，世界由一群彼此具有某種關係的事物（對象）組成，而命題中諸符號之間的關係則如鏡子一般映現出對象之間的關係，描繪出這些事實。然而，要是如他之前堅持的，語言能解析為**原子**命題，那麼就必須存在**原子**事實，跟原子命題相對應。既然原子命題是無法再行分析的命題，原子事實就是**簡單**對象而非複合對象之間的關係。維根斯坦舉不出原子命題或原子事實的例子，也說不出**簡單對象**是什麼，但他覺得單憑「分析是可能的」這一點，就必須認定這些東西存在。這些東西給出語言和世界的結構，好讓前者可以反映後者。

18　一九一五年夏末，同盟國突破東線後，整座工場再往北遷，移到了倫貝格以北的索卡爾〔Sokal〕，當時維根斯坦的軍銜還沒有正式獲得確認。（原註）

我們感覺世界必定由元素組成，就算**我們**無法將命題分析到可以指稱其中元素的程度，也不違反這個感覺。對於「世界必定如其所是，必定是確定的」這個命題也是如此。

我們或許不確定也不可靠，但世界不可能如此：「世界有固定的結構」。這一點讓「語言有明確的意義」成為可能。「簡單事物存在之必然，**即是**明確意義存在之必然。」

在這段多產期間，維根斯坦收到一封羅素的德文信，信上日期是五月十日。羅素告訴維根斯坦，他看了他在挪威口述給摩爾的筆記，但覺得很難理解。「我衷心希望，」他寫道：「戰後你能親口解釋給我聽。」接著又補充道：「因為開戰後我就無法思考哲學了。」

「很遺憾你無法理解摩爾做的筆記，」維根斯坦寫道：

我想沒有進一步解釋確實很難懂，但我認為它們基本上是底定的。我最近寫的東西恐怕更難懂，因此我得做好準備，若是沒能活到戰爭結束，我的研究就完全徒勞了。到時你務必出版我的手稿，無論有沒有人能讀懂它。

「問題正變得愈來愈精純、愈普遍，」他告訴羅素：「方法也變了很多。」隨後兩年，維根斯坦的作品經歷了極大的改動，而奇特的是，這改變竟然事先便出現在品生特的論文走向裡。品生特在四月六日寄出（維根斯坦可能五月才收到）的信中提到，他的論文已經從邏輯拓展到了「道德，甚至是哲學整體」。隔年維根斯坦的作品也出現了類似的走向。

維根斯坦的邏輯研究火力再開的同時，同盟國在東線也大有斬獲。三月時，奧匈帝國部隊處境還岌岌可危，俄軍逼得他們更往喀爾巴阡山脈退卻，眼看就要侵入奧地利本土。三月二十二日，要塞城鎮普熱梅希爾[19]淪陷，奧軍若要避免潰敗，顯然需要德國盟友給予高效率的強力支援。因此，德奧兩國整個四月都在為加利西亞的聯合作戰做準備，並於五月一日發起攻擊。指揮官是德國將軍馮馬肯森（von Mackensen），攻擊發起處則選在波蘭的戈爾利采（Gorlice）和塔爾努夫（Tarnów）之間。結果作戰空前成功，取得了關鍵性的突破，連計畫制定者都大感意外。一九一五年夏季，德奧聯軍輕而易舉地剷平了俄國的抵抗，最後陣地往前推進了四百八十多公里，不僅收復了普熱梅希爾和倫貝格，還奪取了盧布林、華沙及布列斯特—立陶夫斯克[20]。

戈爾利采—塔爾努夫大突破是否讓維根斯坦歡欣鼓舞，在他日記裡見不到端倪。進軍期間，維根斯坦都待在克拉科夫的工場，愈來愈痛恨自己只能待在那裡。不過他有位筆友，你知道只要戰事告捷他一定興高采烈，那就是約勒斯。三月二十五日，約勒斯在信裡惋惜普熱梅西爾（在奮勇抵抗之後）淪陷，並期盼春天時能從俄國人手裡討回加利西亞。戰役期間，約勒斯的信簡直像束線戰事的愛國戰報。四月十六日他寫道：「看來俄國人在喀爾巴阡山的攻勢陷於停頓，而加利西亞的淪陷區或許終於能解放了！」五月四日他在信裡寫道，聽說馮馬肯森的勝利可望變成一場大勝仗，「願可憐的加利西亞很

19 譯註：普熱梅希爾（Przemyl）位於波蘭東南部，是僅次於克拉科夫古老的城市。

20 譯註：布列斯特—立陶夫斯克（Brest Litovsk）或稱布列斯特，今為白俄羅斯鄰近波蘭邊境的城市。一九一八年蘇俄與同盟國在此簽訂《布列斯特—立陶夫斯克條約》，退出第一次世界大戰。

快能從俄國人手中重獲自由！」

奧軍取得突破之後，約勒斯五月十七日寫信給維根斯坦，說他完全能理解他想去前線的渴望。他妻子則是關心維根斯坦的安危，和他有沒有吃飽。「我很少提筆寫信，」她四月八日在信裡解釋：「因為你很少寫信，而且內容一成不變，總是同樣幾個字，讓人感覺你對要寫什麼根本不大感興趣。」接著又說：「我很高興你不去前線，會繼續待在原處。」她每封信都會問部隊食物是否短缺，他有沒有需要什麼？維根斯坦在回信裡隱約談到他不得不面對的「不愉快」。約勒斯夫人回信問道：「什麼樣的不愉快？聽到你得應付那麼多事，我們很難過，但你那麼勇敢地承擔下來，真了不起，讓我打心底高興。」

七月，維根斯坦收到馮費克的來信。他也進了奧地利軍隊，在阿爾卑斯山區布雷薩諾內（Brixen）的步兵團服役。他抱怨部隊裡的生活品質極差，三十六個人擠在一間寢室，白天或晚上都無法獨處，而且到九月前可能都不會改善。他抱怨自己失眠，精神疲乏，累得幾乎無法閱讀和寫作。「親愛的朋友，」他寫道：「我有時覺得自己整個存在都耗盡了……這裡的環境已經徹底瓦解了我的抵抗力。」

這語氣似曾相識。維根斯坦依著自己類似的絕望經驗給出了建議。「你說的不幸消息我完全了解」——

你就像活在黑暗裡，聽不見救贖的話語。我本性和你如此不同，硬是要給你建議可能很蠢，但我仍然決定試一試。你熟悉托爾斯泰的《福音書摘要》嗎？這本書真的及時救了我一命。你可以買來讀嗎？！不熟悉它，就無法想像它能對人產生多大的效果。

說來或許出人意料，馮費克竟然熱切採納了這個建議。「上帝保佑你！」馮費克回信寫道。沒錯，維根斯坦說得對，他**是**活在黑暗裡，「因為沒人給我話語。」而維根斯坦不只給了他話語，還用他永難忘懷的方式：「上帝保佑你！」

維根斯坦是在醫院裡回信給馮費克的。工場發生爆炸讓他精神受到打擊，並受了幾處輕傷。他在醫院待了一週左右，之後返回維也納休假三週。這休假來得正是時候。「休假三週，」約勒斯夫人嘖嘖道：「以你服役一年多，受傷又生了病，三週實在太少了。」不過，三週對維根斯坦來說可能太多了。

等他重返崗位，修理場已經搬離克拉科夫了。戈爾利采─塔爾努夫大突破後，修理場就遷到了倫貝格以北的索卡爾，安置在當地火車站的一列砲兵工場火車裡。

索卡爾時期的日記沒有留存下來，但我們有理由認為，這是維根斯坦軍旅生活中相對愉快的一段時光。他至少有一位相當親密的朋友，馬克斯·比勒醫師（Dr. Max Bieler）。比勒醫師掌管工場火車邊上的紅十字醫院火車，有一回受邀到工場火車上和軍官一起用餐，就這麼認識了維根斯坦。他回憶道：

頭一回到工場用餐，在座的全是軍官，我很快就注意到一位削瘦敏捷的人，年約二十五歲，沒有軍銜。其他人狼吞虎嚥大吵大鬧，他卻吃少喝少，也不抽煙。我向鄰座打探，得知那人名叫路德維希·維根斯坦。在那群腦袋空空的年輕職業軍官當中，我很高興發現一位有大學素養的人，而且那麼謙心。我感覺他在那氛圍中格格不入，只是不得不待著。我想稱心的感覺是互相的，因為飯後他邀我去他在火車上的小房間。我們的友誼就這樣開始，持續了好幾個月（將近一年）。每天長談好幾小時，不喝威士忌也不抽菸。認識幾天後，他就要我別再稱「您」。

一九一五年的秋冬兩季，前線幾乎所有物資都陷入短缺，環境惡劣，維根斯坦和比勒從彼此的友誼裡得到了莫大的慰藉。他們經常熱烈長談哲學和形上學問題，只是（也許不難料到）兩人交談的地位並不對等。維根斯坦曾經告訴比勒，他會是個好信徒，但不是先知。「對於他，我能說的是，」比勒寫道：「他具有先知的一切特質，但沒有信徒的半點樣子。」

那幾個月，戰場上風平浪靜。夏天的慘敗逼得俄國人必須重新集結，同盟國則是樂於維持現狀，將重心擺在西線上，因此修理場自然也很清閒。維根斯坦很滿意自己最近的邏輯研究成果，這段空檔正好讓他有時間開始試著把它寫成書。可惜的是，這份《邏輯哲學論》的初稿未能留存下來。我們是因為維根斯坦在他十月二十二日寫給羅素的信裡提到，才曉得有這份書稿。他告訴羅素，自己正在將研究成果寫成文章。「不管結果如何，」他說：「我都會先讓你看過才出版。」換句話說，戰後才有可能。

但誰曉得我能不能活到那時候？要是我沒活下來，記得叫我朋友把我的手稿統統寄給你，裡頭有我用鉛筆寫在散頁上的最後摘要。要全部了解它，對你可能有些困難，但請不要因此而放棄。

羅素十一月二十五日回了信。「聽到你正在寫書準備出版，」他信裡寫道：「我真高興。」他很想快點一睹究竟，覺得沒什麼必要等到戰爭結束，便告訴維根斯坦可以把書稿寄給哈佛大學的拉夫・佩里（Ralph Perry）。佩里之前就從羅素那裡得知了維根斯坦初期的邏輯理論，他會將稿子寄給羅素，再由羅素出版。「我們重逢那天，感覺肯定棒透了！」羅素在信末寫道。

134

弗雷格也聽說了維根斯坦在寫東西。十一月二十八日他寫信給他，口氣跟羅素如出一轍：「很高興你在軍中仍有時間和精力從事科學研究。」要是維根斯坦聽從了羅素的建議，於一九一六年出版他的研究，那麼書裡有許多內容都會和我們現在所知的《邏輯哲學論》相去不遠，像是意義圖像論、「邏輯原子主義」形上學、用重言和矛盾這對概念分析邏輯、區別說出和顯示（以便消解類型論）和真值表方法（用以顯示邏輯命題不是重言，就是矛盾）。換句話說，《邏輯哲學論》的大部分內容都會涵蓋其中，只有結尾關於道德、美、靈魂和生命意義的討論**不在裡頭**。

意思是，它和《邏輯哲學論》完全是兩本書。

《邏輯哲學論》經歷最終轉變（也是最重要的轉變）的那幾年，維根斯坦和羅素完全沒有聯繫。一九一五年十月二十二日那封信之後，羅素就沒再收到維根斯坦的消息，直到一九一九年二月維根斯坦成為義大利戰俘，他才又有了對方的音訊。大戰最後一年，羅素寫了《數理哲學導論》（Introduction to Mathematical Philosophy）。當時他被控危害英美兩國的關係，正在獄裡服刑。他在書裡提出了「重言式」如何定義的問題，並加上以下的註腳：

「重言式」對定義數學很重要，這是我過去的學生路德維希·維根斯坦指點我的。當時他正在鑽研這個問題。我不知道他解決了沒有，甚至不曉得他是死是活。

大戰最後兩年，維根斯坦和品生特的通信也斷了。一九一五年九月二日，品生特寫信說他「放棄了

該死的法律學業」，正在政府裡工作。一九一六年，他想辦法寄了三封信，都是用德語寫的，其中第一封強調「戰爭不會動搖個人關係，兩者毫不相干」。品生特在這三封信裡告訴維根斯坦，自己受了一些機械訓練，受雇成了工程師。維根斯坦收到品生特的最後一封信，日期是同年九月十四日。

《邏輯哲學論》在構想上的轉變，以及維根斯坦本人同時期的變化，都發生在他和英國朋友斷了聯繫的時候。因此，戰後他擔心英國的朋友能不能理解他，也就不奇怪了。促成他轉變的種種條件，他們知道多少？又能了解多少？

那到底是怎樣的一種轉變，或許從維根斯坦在索卡爾和比勒的談話中可以看出一些端倪。比勒說，他們的討論「有時會到忘我的程度，不知今夕何夕」：

我記得一件好笑的事。一九一五年的新年夜，當地司令官邀請所有人到軍官餐廳跨年。晚餐結束時快十點，我們倆回到維根斯坦的房間，繼續討論昨天的話題。十一點左右，火車上的軍官提醒我們，若要趕上跨年就該出發了。維根斯坦要他們先走，我們隨後就到，但說完我們就忘了這件事，也忘了時間，兩人繼續討論，直到聽見外頭傳來喧嘩聲。是我們的同事，凌晨四點開開心心從派對上回來了。但我們以為還沒半夜呢。隔天早上，我們不得不去向司令官賠罪，向他致上遲到的新年祝賀。

兩人討論得如此帶勁，表示維根斯坦完全投入其中。然而，他們討論的主題不是邏輯。維根斯坦無意教導比勒，像他之前對品生特那樣，解釋自己的研究成果。兩人談的《福音書摘要》和杜斯妥也夫斯

基的《卡拉馬助夫兄弟們》。維根斯坦常讀《卡拉馬助夫兄弟們》，對書裡內容瞭若指掌，尤其是佐西馬（Zossima）長老的談話。對他而言，佐西馬長老是強大的基督徒理型，是「能看透別人靈魂」的聖人。

維根斯坦和比勒共度的那幾個月，是東線戰事最平靜的時期，也是維根斯坦過得相對平穩的時光。

雖然不是軍官，卻享有不少同等待遇，上級甚至配了一名僕人給他。這位來自附近戰俘營的俄國少年名叫康士坦丁，比勒回憶道：「康士坦丁是個好孩子，非常盡心照顧維根斯坦。而維根斯坦也待他很好，沒多久就讓這個骯髒瘦弱的戰俘變成了部隊裡最圓潤、最乾淨的士兵。」

一九一六年三月，平靜的日子結束了。為了解除法國的壓力，俄國人在波羅的海側翼發動攻擊，而奧國軍方高層也在一年多後針對維根斯坦的軍銜做出了裁決，宣佈他不能保留「工程師」的軍銜和制服，但宿願可償，准他以普通士兵的身份派駐前方。比勒說，這項裁決「對我們兩人都是沈重的打擊」，而維根斯坦和他道別時，就像不指望自己會活著回來的人：

他只帶了絕對必要的物品，其餘都要我分給部隊其他弟兄，同時跟我說他在挪威一個峽灣邊蓋了一間房子，以便不時蝸居平靜做研究。他要把那間房子送給我，但我拒絕了，只收下了一支威迪文鋼筆。

維根斯坦的行李寥寥無幾，《卡拉馬助夫兄弟們》是其中之一。

如果他覺得自己不會活著從前線回來，就更不可能認為自己會毫無改變地回來。對他來說，這場戰爭從一九一六年三月才真正開始。

七、在前線

毫無疑問，對世界進行哲學反思和形上學解釋，其最強烈的衝動來自人對死亡的認識，以及隨之而來對生命苦難的關切。

——叔本華《意志與表象的世界》

如果維根斯坦始終待在後方，那麼《邏輯哲學論》就幾乎會是它一九一五年剛成形時的模樣，只是一本探討邏輯本質的專書。書中關於道德、美學、靈魂和生命意義的討論，全是源於叔本華所謂的「哲學反思的衝動」，來自對於死亡和苦難的認識。

一九一六年三月底，維根斯坦終於得償宿願，被派到對俄前線的戰鬥部隊，成為奧地利第七軍炮兵團的一員，駐紮在東線最南端，靠近羅馬尼亞邊界。部隊推向火線前的那幾週裡，維根斯坦努力在心理和屬靈方面做好死亡的準備。「神啊，照亮我。神啊，照亮我，照亮我的靈魂。」他三月二十九日寫道，隔天則是「全力以赴，再多也不可能了，要快活」——

盡全力幫助自己，也幫助別人，同時要多快活！但自己需要多少力氣，別人又需要多少？很難好好活！！但好好活是好的。無論如何，願祢的旨意行在地上，而非我的。

然而，當等待已久的時刻到來，他卻病倒了。指揮官說可能得把他留下。「如果那樣，」維根斯坦寫道：「我會了結自己。」四月十五日，他得知自己還是會和部隊同行，便禱告道：「願他們派給我艱困的任務，讓我冒險。」他數著日子，計算還有多久會上火線，並祈求神到時賜給他勇氣。他注意到，抵達前線後自己完全沒了性慾。

一到前線，他就請求派到最危險的地方，也就是觀察哨，以確保自己成為敵方的攻擊目標。「敵方朝我開火，」他四月二十九日紀錄道：「想到上帝。願祢的旨意得行，願祢的旨意得行。上帝與我同在。」五月四日，他被指派在觀察哨值夜班，由於砲擊晚上最猛，因此是前線最危險的崗位。「到時候，」他寫道：「戰爭於我才真正開始。」

生命（或許）也是。或許接近死亡將帶給我生命的光。願神照亮我。我是蟲豸，但經由神而成為人。上帝與我同在，阿門

隔天在觀察哨，他滿心期待夜間炮襲，覺得自己「就像魔法城堡裡的王子」。

現在，白天時一切都很安靜，但晚上一定很**可怕**。我受得了嗎？今晚就知道了，上帝與我同在！

隔天他記述自己不斷遭受生命危險，但靠著上帝的恩典活了下來。「我不時感到害怕，那是誤解了生命的錯。」他幾乎每晚值勤都預備赴死，求神不要拋棄他，賜予他勇氣，讓他無畏面對死亡，唯有那時他才能肯定自己像樣地活著。「唯有死能給生以意義。」

和在戈普拉納號上一樣，維根斯坦寧可選擇孤獨危險的職務，也不想跟同袍成天廝混在一起。對他來說，應付同袍就和面對敵人一樣需要上帝之力，甚至更多。那些傢伙「全是一群醉鬼、惡人和蠢蛋」。

他們都討厭我，只有少數人例外。因為我是志願兵，所以幾乎人見人厭。這一點我到現在還是無法忍受。這裡的人既惡毒又無情，幾乎找不到半點人性。

努力不憎惡這些人，就和面對死亡而不畏懼一樣，是對他信仰的試煉。「真信者的心理解一切。」因此他勉勵自己：「只要發現自己憎惡這些人，就試著去理解他們。」只是試的感覺顯然很吃力：

我身邊這些人與其說卑劣，不如說狹隘得可怕，因此幾乎無法和他們共事，因為他們永遠會誤解我。他們不笨，只是狹隘，在他們的圈子裡算是聰明，可是缺乏人品，因此欠缺識見。

最後，他認定自己並不**憎惡**他們，只是他們還是很討人厭。

剛到前線的頭幾個月（三月至五月）維根斯坦還能做一些邏輯研究。他繼續思考函式和命題的本質，以及簡單對象存在的必要與否，不過加上了一個題外的有趣看法。這個關於「現代的世界觀」的思考，後來原封不動出現在《邏輯哲學論》裡頭（6.371和6.372）：

現代的世界觀完全建立在一個錯覺之上，即自然法則是對自然現象的解釋。

於是現代人就停在自然法則上，認為自然法則不可違背，就像前人看待神和命運那般。

其實，兩者都對也不對：現代系統努力佯裝自己能解釋一切，古人的觀點則坦白一些，明確承認有一個清楚的極限（terminus）。

弗雷格寄了一張明信片來，鼓勵維根斯坦繼續研究邏輯。「你不想讓自己的思考工作停擺，」他寫道：「這我很能理解。」他感謝維根斯坦邀他到維也納討論，但不確定能不能去成。不過，他仍然希望兩人能繼續討論邏輯科學。然而，維根斯坦接下來直到大戰結束，幾乎不再對邏輯有所著墨，而當弗雷格總算找到機會讀了《邏輯哲學論》，維根斯坦卻覺得他一個字也沒讀懂。

東線四五兩個月沒什麼戰事，但六月俄軍果然發起了大規模攻擊。這次作戰以策劃和指揮進攻的布魯西洛夫將軍命名，稱為「布魯西洛夫攻勢」（Brusilov Offensive）。一次世界大戰最慘烈的一場戰役就此展開。維根斯坦此時所屬的奧地利第十一軍首當其衝，死傷慘重。維根斯坦的作品就是在這段時間產生了質變。

六月十一日，他在思考「邏輯的基礎」時被一個問題打斷：「我對上帝和生命的目的知道什麼？」

他將答案列成一張表：

我知道世界存在，也知道——

自己置身其中，如同我的眼置於它的視域之中。

關於世界有一個問題，就是它的意義。

這意義不在世界之內，而在它之外。

生活就是世界。

我的意志滲入世界。

意志非善即惡。

因此，善與惡跟世界的意義有某種關聯。

生命的意義即世界的意義，我們可以稱之為神。

與此有關的是：將神比作父親。

禱告就是思考生命的意義。

我無法令世界服膺我的意志，完全無能為力。

我只能讓自己獨立於世界，不對發生的事施加任何影響，從而駕馭世界。

自此之後，他的筆記就被這類思考佔據了，彷彿個人的事和哲學的事合而為一，道德與邏輯（「對自己的責任」的一體兩面）這些話不是用暗語寫的，格式看來就跟這些話出現前的邏輯論述沒有兩樣。

終於走到了一起，不再只是個人使命的兩個面向，也是同一項哲學研究的兩個部份。

例如，我們在他七月八日的札記裡讀到：「面對死亡而恐懼，是活得虛假（亦即活得壞）的最佳標記。」這話不再是陳述個人信條，而是哲學思考。

大戰之初，當他得知哥哥保羅受了重傷，恐怕無法再當鋼琴家，他寫道：「太不幸了！什麼樣的哲學才能幫助人克服這種事？」而今當他自己經歷了戰爭的所有恐怖，似乎不僅需要宗教信仰，還需要一套哲學。

換句話說，他不只需要**相信**神，求神賜給他力量與光照，還需要**理解**自己相信的是什麼。當他向神禱告，他是在做什麼？在對誰禱告？自己嗎？這個世界？還是命運？他的答案似乎是：三者都是。

相信神意味著理解生命的意義。

相信神意味著看出世界不是事情的全部。

相信神意味著看出生活有其意義。

世界是**加給我**的，意思是：我的意志完全由外進入世界，猶如進入某個已經存在的東西。

（至於我的意志是什麼，我還不曉得。）

無論如何，我們在某個意義上**就是**有所依賴，而我們所依賴的，可以稱之為神。

在這意義上，神就是命運，或世界，兩者是一回事。而世界獨立於我們的意志。

我可以讓自己獨立於命運。

有兩個神：世界和獨立的我。

……當良心破壞了我的平衡，我就和某樣東西不一致，但那是什麼？**世界嗎？**

這麼說必然是對的……良心是神的聲音。

稍後我們又讀到：「事物如此這般，是神。神是，事物如此這般。」（How things stand, is God. God is, how things stand.）——「事物如此這般」在此既指事物在**世界中**如此這般，也指事物在**自身中**如此這般。

因為就如魏寧格和叔本華說的，自身（the self）就是微世界。

這些想法像是塞入他腦中似的，幾乎讓他措手不及。七月七日他寫道：「上個月著力甚深，所有可能的議題都想了許多。怪的是，我無法跟自己的數學思考模式連結起來。」八月二日他提到自己的研究，彷彿它有生命似的，從「邏輯的基礎拓展到了世界的本質」。

維根斯坦思考邏輯，反省生命的意義，這兩者的關聯隱藏在他先前做的一個區別之中，也就是**說出**和**顯示**的不同。他之前提到，邏輯形式無法在語言**之內**表達，因為它是語言本身的形式。它會在語言裡現身——它必須被**顯示**。同理，道德和宗教真理雖然無法說出，但會顯現在生命裡：

生命問題消失，生命問題的解答就會出現。

這不正是人在多年猶疑之後忽然明白了生命的意義卻說不上來的原因嗎？

於是：「道德不涉及世界，而必須是世界的前提，一如邏輯。」要理解邏輯形式就必須把語言看成整體；

同樣的，要理解道德就必須將世界看成整體。試圖描述從這角度看到的東西，只會變成無意義的話語。

維根斯坦提到自己曾經嘗試過，結果「發現我講的句子完全不清楚。」然而，人能獲得這樣的視角，這

一點毋庸置疑。「確實有東西無法訴諸言語。它們**顯現自身**，它們就是那神秘的。」

提到這種視角（將世界看成一個有限的整體）時，維根斯坦採用了史賓諾莎用過的拉丁文片語：

sub specie aeternitatis，意思是**以永恆的形式**。這不僅是道德的視角，也是美學的…

藝術作品是**以永恆的形式**觀看的對象，善的生活則是**以永恆的形式**觀看的世界。這就是藝術和道德的關聯。

平常的視角可以說是從對象之中看對象，「以永恆的形式看」是從外面。

如此，世界就成了對象的背景。

這些說法顯然出於叔本華的影響。叔本華在《意志與表象的世界》提到一種沉思方式，跟維根斯坦剛才提到的視角驚人相似。他說這種沉思需要放棄「平常看待事物的方式……不再考慮事物的何處、何時、何故和何從，只考慮**何為**」：

再來我們更進一步，不讓抽象思想和理性概念佔據自己的意識，而是將心靈全部力量投注於感知〔perception〕，讓自己完全沉入，平靜地沉思實際在場的自然對象，無論是風景、樹木、岩石、懸崖、建築還是別的東西，讓意識完全被這樣的沉思佔滿。講得意味深遠一點，就是在對象中完全**失去**自己……

當史賓諾莎寫下 *Mens aeterna est, quatenus res sub specie aeternitatis concipit*[1]（當心靈以永恆的形式構

想事物，心靈即為永恆）這句話時，就是這個意思。

無論維根斯坦是戰時重讀了叔本華，還是記起年少時令他印象深刻的段落，總之他在一九一六年寫下的這些話帶著濃濃的叔本華味。他甚至沿用了叔本華的兩個術語，意志（Wille）和表象（Vorstellung，有時譯成觀念），例如：

我的表象是世界，一如我的意志是世界——意志〔world-will〕。

維根斯坦對意志和自身的說法，在許多方面只是叔本華**超驗觀念論**的重述，沿著叔本華對**表象世界**（時空世界）和**意志世界**（**本體的**無時間的自我世界）的二分而展開。這套理論可以說是尼采嘲弄的宗教心態的哲學版，同樣是對苦難的病態敏感，只想逃避現實遁入「純粹**內在的**世界，**真正的、永恆的**世界」。一旦這種心態成為哲學的基礎，就會變成唯我論，認為**這個世界和我的**世界是同一回事。於是我們看到維根斯坦寫道：

的確：人**是**微宇宙……

我是我的世界。

維根斯坦和叔本華兩人的說法，差別在於維根斯坦加了一個限制，亦即這個說法付諸言詞時，嚴格來說是無意義的。「唯我論的**意思**是對的，只是無法被**說出**，只能顯現自身。」

維根斯坦認為自己走到了一個交會點，將叔本華的唯我論和弗雷格的實在論合在同一個觀點裡：

這是我走過的路：觀念論將人單獨從世界抽出來，唯我論將我單獨抽出，最後我發現自己跟世界是一起的，於是一邊什麼也**沒有**，另一邊獨有**世界**。由此觀之，觀念論推到徹底就走向了實在論。

維根斯坦曾經提到，是弗雷格將他從叔本華的觀念論解放出來，但他顯然不曉得維根斯坦又走上回頭路。六月二十四日，他在明信片上再度表達很高興維根斯坦能繼續邏輯研究。「我對自己就很難這麼說了」，他寫道，因為他的心思全被戰爭所佔據，心繫著捲入戰爭的朋友的苦難，其中一人最近二次負傷，另一人在波蘭殞命。他沒提到布魯西洛夫攻勢，只說他很高興收復了倫貝格。七月二日，他在另一張明信片上對維根斯坦無法進行研究表示同情。他說自己也是如此，但希望戰後兩人都能再次鑽研邏輯問題。七月二十九日，他再次提到維根斯坦近來在信裡透露的低落情緒，希望很快能收到他振作起來的消息，但「無論收到什麼，只要說明你還活著，我都很高興」。

從這些明信片完全看不出弗雷格有察覺到，維根斯坦的思想在這個階段有了天翻地覆的轉變，關切的視野已經從邏輯的基礎拓展到世界的本質，也不曉得他深信自己已經找到了唯我論和實在論的結

1 譯註：原書此句寫為 Mens aeterna est quatenus res sub specie aeternitatis，應為雷伊・孟克引用時之誤。

維根斯坦寫書期間，心裡始終沒有忘懷品生特的信。信是用德文寫的，告訴維根斯坦他哥哥死了，在法國死的。但他仍然相信：「戰爭不會動搖個人關係，兩者毫不相干。」維根斯坦在札記裡寫道：「這封友善美好的信讓我開了眼，見到自己活在**流放**當中。這趟流放或許對我有益，但我現在覺得它就是流放。」

收到這封信時，奧軍已經被趕回喀爾巴阡山，而俄軍乘勝追擊，緊咬不放。部隊處境非常惡劣，「天寒地凍，又是雨又是霧，」維根斯坦記道，「日子非常艱難」：

很難不失去自己，因為我很軟弱。但聖靈會幫助我。最好我病了，這樣至少能有些許安寧。

但俄軍節節進逼，為了不被俘虜或戰死沙場，他不能停住不動。「遭到槍襲，」他七月二十四日寫道：「每一槍打來，我的整個存在就縮成一團，只想活下去。」

在這種處境下，**哲學的我**（作為道德價值所有者的自我）究竟為何的問題就變得格外強烈。退守喀爾巴阡山時，維根斯坦意識到一件事，而且可能是他有生以來頭一回發現，被動物本能般的求生意志佔據而失去那樣的自我，以致於道德變得無關緊要是什麼感覺：

昨天遭遇槍襲。我嚇壞了！害怕自己會死。我現在一心只想活著。愈是享受生命就愈難放棄生

合點。

146

命。這就是「罪」的意義，不經思考地活著，抱著錯誤的人生觀。我不時變成**動物**，腦袋空空，只想著吃喝拉撒睡。可怕！此外，我也像動物一樣受苦，看不到內在得救的可能，完全受慾望和恐懼左右，想要本真地活著根本是天方夜譚。

隨後三週，他在日記裡勸阻自己不要墮入罪的生活。「你明知道怎麼做才能活得幸福，」他八月十二日告訴自己：「為什麼不做？因為你不思考。不思考的生活是壞的。」他求神賜給他力量，對抗自己的軟弱本性。

雖然不斷自責，但維根斯坦在戰役期間始終展現了卓越的勇氣。布魯西洛夫攻勢的頭幾天，同袍數度要他尋找掩護，但他從頭到尾堅守崗位，上級因此為他申請勳章。「他的非凡行為，」報告裡寫道：「大大穩定了同袍的軍心。」他晉升得很快，先是升為「無委任狀的砲兵」（Vormeister，類似英國砲兵的准下士），隨後升為「下士」（Korporal），到了八月底俄軍攻勢停止時，他已經調回奧爾穆茲（今奧洛穆茨）[2] 的軍團總部，接受軍官訓練。

受訓前，維根斯坦回維也納休了一次假。他在日記裡寫道，待在維也納讓他感到寂寞又沮喪，但好消息是魯斯還健在。魯斯將他在奧爾穆茲的熟人的名字和地址給了維根斯坦。那人曾是魯斯的學生，此前因為肺結核而從軍中退伍，正在家裡休養。

2
譯註：奧爾穆茲（Olmütz，德語）或奧洛穆茨（Olomouc，捷克語），位於今捷克共和國東部的摩拉維亞（Moravia）。

八月二十八日，維根斯坦收到弗雷格來信，建議他們倆就邏輯問題書信往來。他問維根斯坦，有空的時候能不能將想法寫下來寄給他？他會試著用信回覆，「這樣的話，」他寫道：「我們或許能進行一點科學交流，多少可以代替當面討論。」但維根斯坦似乎直到書寫完了才有所回應。也許這個提議來遲了一步，因為那年秋天，維根斯坦找到了可以協助他釐清新思路的討論夥伴。

魯斯提到的學生名叫保羅・恩格曼，他和一群年輕人組成了共學會，在奧匈帝國境內這塊文化貧瘠的沙漠裡創造了一小片綠洲。這個團體裡有法蘭茲・茨威格（Fritz Zweig），一位才華洋溢的鋼琴家，後來成為柏林國家歌劇院首席指揮；有他堂兄馬克士・茨威格（Max Zweig），當時是法律系學生，也是劇作家；有海里希・葛羅格（Heinrich Groag），綽號海尼，同樣是法律系學生，後來成了大律師，恩格曼說他是「我見過最機智的人」。恩格曼的弟弟同樣機智過人，後來成了維也納家喻戶曉的漫畫家「彼得・恩」（Peter Eng），但當時他和維根斯坦彼此看不順眼。保羅是魯斯和克勞斯兩人的忠實信徒。從軍中退伍之後，他就全力協助克勞斯宣揚反戰，並且蒐集剪報，作為克勞斯挖苦戰爭藉此反戰的材料。

維根斯坦一九一六年十月多抵達奧爾穆茲，一直待到了耶誕節前。他原本想住在市政廳的塔樓裡，但門房告訴他那裡不租人，於是他就在鎮郊的一棟廉價公寓裡找了個房間。搬進去不久，他就得了腸胃炎。恩格曼照顧他直到痊癒，恩格曼的母親也有幫忙，替維根斯坦煮便餐。恩格曼頭一回送便餐給維根斯坦時，不小心打翻了湯。一進門，維根斯坦就說道：「親愛的朋友，你的好意與幽默，這一幕就這樣烙印在他心裡。回到前線後，他寫信給恩格曼：「我常想起你……還有你送湯來給我。都是你害的，但你母親也有錯！我也不會忘了她。」

維根斯坦喜歡的就是這種單純的善意真燙啊。」外套溼濕了的恩格曼回答：「我想我是在給自己沖澡。」

多虧有恩格曼那群朋友，維根斯坦在奧爾穆茲度過了一段快樂的時光。他參與表演莫里哀的《無病呻吟》（Malade Imaginaire），聽了法蘭茲·茨威格的鋼琴獨奏會，覺得很不錯，最重要的是他還參與了他們的討論，談文學、音樂和宗教。尤其是恩格曼，兩人志趣相投，維根斯坦有了絕佳的聽眾，可以分享自己在前線六個月來萌發的各種想法。恩格曼回憶道，兩人就掉頭繼續談，換成維根斯坦陪他回家。要是到了公寓還沒談完，有時談話會在路上進行，在他陪維根斯坦從他家回到鎮郊公寓的途中。

恩格曼是維根斯坦離開英國之後最親的朋友。這段友誼能成立，主要歸功於兩人當時都處於信仰覺醒的階段，而且對自己覺醒的理解和分析很接近。恩格曼底下這段話形容德很好，他提到，自己的

屬靈（spiritual）困境——

　　……讓我彷彿從骨子裡就能理解他那些令旁人不解的言論。正因為我當時如此理解他，所以對他來說是不可或缺的人。

維根斯坦當時常說：「我如果有話卡在了腦子裡，恩格曼就會連拖帶拉幫我把它扯出來。」這話讓人想起羅素也說過要用鉗子將維根斯坦的想法拽出來。事實上，我們很難不將恩格曼和羅素相提並論。兩人在《邏輯哲學論》孕育階段對維根斯坦的影響可說不相上下。恩格曼底下這段話似乎就有此意：

3　譯註：Molière，1622-1673，法國喜劇作家。

維根斯坦意外遇到我這樣的一個人，這人跟許多年輕世代一樣，深深苦惱於世界實際的樣子和他認為應該是的樣子之間的落差，並且傾向朝自己的內在而非外在去尋求落差的根源。維根斯坦不曾在別處見過這種態度，但想真正了解他的屬靈處境，有意義地討論，就必須具備這種態度。

談到羅素為《邏輯哲學論》所寫的序言時，他說：

這本書時至今日普遍被看成邏輯領域的關鍵鉅作，而不被視為主旨更宏大的哲學作品，〔這篇序言〕或許是主因之一。維根斯坦肯定倍感哀傷，這麼傑出的人，而且全是有助於他的朋友，竟然無法理解他撰寫《邏輯哲學論》的用意。

恩格曼這話有點本末倒置，同時顯示他幾乎完全沒察覺，自己一九一六年遇到的維根斯坦跟五年前羅素認識的維根斯坦並不相同，撰寫《邏輯哲學論》的用意也不一樣。維根斯坦的研究「從邏輯的基礎拓展到世界的本質」時，羅素和他並無聯繫，因此就羅素所知，維根斯坦寫這本書就是為了闡明邏輯的性質。可以說，恩格曼對一九二一年正在蛻變成哲學家的維根斯坦不會有什麼用，因為那時維根斯坦的心思都擺在羅素悖論引起的問題上。

然而，有一點不會改變，那就是維根斯坦一九一六年和二一年時同樣幸運，可以和一個幾乎完全傾心於他的知音每天交談。

值得一提的是，維根斯坦這段期間完全沒有用暗語寫日記。有了恩格曼就不必那麼做了。不過倒是有一些哲學札記，內容大致延續了他在前線開始的叔本華思想。我想，維根斯坦和恩格曼的漫長交談可能幫他理清了《邏輯哲學論》裡神秘主義和邏輯兩部份之間的關聯。他肯定跟恩格曼深談了這本書，而從後者回憶錄裡的〈雜談《邏輯哲學論》〉（Observations on the *Tractatus*）也可以清楚看出，這本書給恩格曼的強烈印象就是「邏輯和神秘主義根出同源」。將邏輯和神秘主義串在一起的關鍵，也就是真理不可說只會顯現，是恩格曼自然就有的想法。事實上，他後來舉過一個例子，維根斯坦和他都覺得很棒：烏蘭德的作品〈艾伯哈德伯爵的山楂樹〉[4]。

在維也納過完耶誕之後，維根斯坦一九一七年元月回到了對俄前線，軍銜是砲兵軍官，附屬於奧地利第三軍野戰師，駐守喀爾巴阡山北端。這時俄軍亂成一團，前線相對平靜。他寫信給恩格曼，說自己又能做研究了。可惜這時期的手稿未能留存下來，但十有八九是在探討道德和審美真理的不可說。

四月四日，恩格曼在信裡附上了烏蘭德的〈艾伯哈德伯爵的山楂樹〉。詩中講述一名士兵參加十字軍東征時折了一小根山楂樹枝，戰後回家種在土裡，長成了一棵大樹。士兵年邁時坐在樹蔭下，年少往事又活生生回到了眼前。故事很簡單，沒有雕琢也沒說教，但用恩格曼的話來說，「這首詩用二十八行便描繪了一個人的一生」。他告訴維根斯坦，這是「客觀性的奇蹟」。

4　譯註：烏蘭德（Johann Ludwig Uhland，1787-1862），德國詩人、哲學家、文學史學家。〈艾伯哈德伯爵的山楂樹〉（Count Eberhard's Hawthorn）是他的詩作，詳見後述。

大多數的詩（包括好詩）都試圖述說那不可言說之物，這首詩卻不打算這麼做。恰是因為如此，它反而做到了。

維根斯坦看法相同，寫信告訴恩格曼說這首詩的確「非常出色」：

就是這樣：只要不去說那不可說的，就**什麼也不會喪失**。但那不可說的卻會不可說地**包含**在說出的東西裡！

這時，大戰看來很快就要以同盟國戰勝而告終了。俄國政府垮台了，德軍在西線對抗法國取得了突破，與英國的潛艇戰感覺也快贏了。至少弗雷格是這麼想的。他四月二十六日寫信給維根斯坦，列出這些理由，「讓我們樂觀以待吧！」

俄國革命後的那段平靜時期裡，維根斯坦回維也納休了一個短假。他邀請弗雷格過來討論他的研究，但弗雷格回信道歉，說他無法成行。「以我目前的狀況，」他解釋道：「去一趟維也納再回來實在太疲累了。」因此，維根斯坦想和弗雷格討論自己的研究，顯然就得去耶拿。

沙皇垮台之後，東線起初出現了一點動靜。俄國新任戰爭部長（七月起成為新任首相）亞歷山大·克倫斯基（Alexander Kerensky）鐵了心繼續抵抗，於是俄軍七月時發動了以他為名的困獸之鬥，但士兵撑下去的意志早已潰散，因此攻勢很快停頓了下來。奧匈軍隊守住了茨亞尼，5，維根斯坦則因此役中的

表現獲頒了銀質勇士勳章。在隨後的反擊戰裡，他隨部隊沿著普魯特河進攻，於八月奪取了烏克蘭的切諾維茲（今切爾諾夫茨）[6]。

俄軍的反撲至此完全瓦解，克倫斯基政府也隨之垮台，同盟國在東線戰場取得了勝利。布爾什維克政府（Bolsheviks government）喊著「麵包與和平」的口號上台，只能盡量從不可避免的投降裡減少一點損失。其後的談判非常漫長，維根斯坦一直駐紮在烏克蘭，直到一九一八年列寧和托洛茨基總算在苛刻的布列斯特—立陶夫斯克條約上簽了字，他才隨著大軍移師到義大利戰線。

在這東線無戰事的六個月裡，維根斯坦似乎已經開始整理手上的哲學札記，弄成接近《邏輯哲學論》定稿的模樣了。該書一份早期的版本（後來以《邏輯哲學論初稿》（Prototractatus）之名出版）就出現在這個時期，而且根據恩格曼的說法，維根斯坦調派到義大利**之前**就已經有打字版存在。這份打字版不可能是最後的定稿，但我們可以肯定地說，《邏輯哲學論》於一九一七年底到一八年初已經開始底定了。

這段期間，維根斯坦跟弗雷格和恩格曼都有通信。弗雷格在明信片裡期望戰後能和他見面討論邏輯（這話已經講成習慣了），恩格曼則受維根斯坦家族之託，正在改造新瓦德格街的房子，因此信裡多半談些雜事。一九一八年一月，他大膽地提到了維根斯坦的屬靈狀態。他說耶誕節假期兩人在維也納見面時他就想說了，只是忘了講。「我說這些話如果對你不公，還請包涵」：

5　譯註：茨亞尼（Idziany）為烏克蘭的村莊。該地區應位於現在的韋爾夫比卡的羅日尼亞紀夫地區（Verbivka, Rozhniativ Raion）。

6　譯註：切諾維茲（Czernowitz，德語）或稱切爾諾夫茨（Chernovtsy，俄語）位於烏克蘭東南部，是重要的教育語文化中心。

跟你在奧爾穆茲時相比，我覺得你似乎沒有信仰。那時我沒這種感覺。我寫這些不是想影響你，但我希望你想想我說的話，並祝福你做**真正有益於你**的事。

維根斯坦的回覆非常寬和。「的確，」他寫道：「現在的我和你在奧爾穆茲認識的我有所不同。就我所知，差別在於現在的**我稍微**像樣一點了。不過，我這話的意思只是說，我心裡對自己的不像樣稍微清楚了一點」：

你說我現在沒有信仰，這話**完全正確**，只是我之前也沒有信仰。這不是明擺著的事嗎，想發明一種機器來讓自己像個樣的人是沒有信仰的。但我要怎麼做？**有一件事我很明白**，就是我太壞了，以致無法為「自己」提出一套理論。事實上，我要嘛仍是豬玀，要嘛有所長進，如此而已！只是，當一件事像一記耳光那麼直白，就扔掉那些超驗的廢話吧。

維根斯坦在信末說道：「我確信你說的這些完全正確。」看來，恩格曼同時說了廢話和真理。維根斯坦認為自己在《邏輯哲學論》裡說的一切也是如此。但羅素作為邏輯學家，卻深感不足。

一九一八年二月一日，維根斯坦晉升少尉，三月十日調往義大利戰線一個山區砲兵團，這時他書已經差不多寫完了。三月二十五日他寫信給弗雷格，表示自己的作品要大大歸功於這位年事已高卻依然默默無聞的邏輯學家。弗雷格回信表示，讀到這麼熱誠的致謝讓他很意外：

我想，你我在智性研究的過程中，都從對方那裡有所學習。如果我對你的研究的幫助比我以為的更多，那我真的十分欣喜。

維根斯坦在《邏輯哲學論》定版的序言裡，再次提到自己受益於「弗雷格的大作和我朋友羅素的著作，我的思想受他們激發甚多」。

調到義大利沒一個月，維根斯坦就病倒了，跟在奧爾穆茲一樣得了腸胃炎。他請恩格曼寄來當時的藥，因為「那是唯一對我有效的藥」。但恩格曼遲遲沒回覆，直到五月二十八日才提筆寫信，卻是回問維根斯坦知不知道什麼能醫治意志薄弱！同一時間，維根斯坦才寄了一包書給恩格曼，並且寫道：「你不配得到這些書，因為你太懶了，連緊急求助都不回覆。」

那時，維根斯坦已經在波爾札諾（Bolzano）的軍醫院住了一陣子，應該有空繼續寫書。六月一日弗雷格在來信裡寫道，他很高興維根斯坦的研究就要完成了，希望很快就能變成白紙黑字，「免得消失了」。

同一天，約勒斯夫人也寫信給維根斯坦，語氣有些傷心，為自己又寫信來打擾他而道歉，因為她知道他瞧不起寫信，不想多做表面的交流。戰爭經歷改變了維根斯坦，約勒斯夫婦可能是第一個（但絕非最後一個）嚐到這變化的苦果的。

六月十五日奧地利發起進攻，維根斯坦已經身體無礙，可以作戰了。他被指派為觀察官，隨砲兵團攻擊特倫蒂諾（Trentino）山區的法國、英國和義大利部隊，並且再次因為勇敢而受到表彰。「他那無比英勇的行動、鎮定、沉著與氣概。」報告中寫道：「……贏得了全體官兵的敬佩。」部隊建請上級頒發金質勇士勳章給他，相當於英國的維多利亞十字勳章，但上級只頒給維根斯坦帶劍軍事勳章，理由是他行為

雖然英勇，但戰功還配不上最高榮譽。進攻很快就被敵軍擊退了。這是維根斯坦參與的最後一次戰役，也是奧軍有能力發動的最後一次攻擊。七月部隊撤退後，維根斯坦獲准休了一次長假，一直休到九月底。

我們現在知道的《邏輯哲學論》不是在維也納定稿，而是在薩爾斯堡近郊的哈萊因[7]，維根斯坦叔叔保羅的寓所裡。一九一八年夏天，保羅·維根斯坦在火車站和姪子不期而遇，發現對方鬱鬱寡歡，想自殺，但總算說服姪子去一趟哈萊因。維根斯坦在那裡寫完了《邏輯哲學論》。

他那時一心求死，最主要可能是愛倫·品生特夫人的來信。她在七月六日的信裡告訴維根斯坦，她兒子大衛遇難了，五月八日死於飛機失事。他在做氣體力學的研究，死時正在調查之前的一次空難。

「我想告訴你，」她寫道：「大衛是多麼愛你，重視你的友誼，直到生命最後。」維根斯坦將完成的書獻給品生特，以誌懷念，並寫信給品生特夫人，說大衛是「我第一和唯一的朋友」。

的確，我認識不少同齡的年輕人，也和其中一些人處得不錯，但只有在大衛那裡覓得了一位真正的朋友。和他相處的時光是我一生最美好的片刻。他是我的弟弟和朋友。我每天都想到他，期盼再見到他。上帝將賜福給他。若是我能活著見到戰爭結束，我就會去見您，跟您一起回憶大衛。

「還有一件事，」他又說：「我剛剛完成了我從劍橋就開始做的哲學研究。」

我一直期望有機會拿給他看，在我心裡它將永遠和大衛連在一起。我會將它獻給大衛，作為紀

念。因為他一直對它深感興趣，而我研究時能有必要的快樂情緒，幾乎都要歸功於他。

如前所見，最後這句話指的不僅是他倆在劍橋、冰島和挪威共度的時光，還包括品生特戰時寫的信。有時唯一能振作維根斯坦精神，使他還能專注於哲學的就是這些信。

如今他寫完了書，解決了最初決心處理的問題，最強烈的感覺卻是這件事比起來根本無足輕重。「書裡呈現的想法，」他在序言裡寫道：「在我看來絕對**正確**，而且無懈可擊」，同時自認「在所有關鍵點上」找到了哲學問題的解答，可是⋯⋯

⋯⋯如果上頭說的都沒錯，那麼這本書的第二個價值在於，它顯示了解決了這些問題是多麼沒有用處。

他引了奧地利作家庫恩伯格[7]的話作為書的題詞：「⋯⋯所有事情，只要屬於人之所知，而不僅是咆哮吼叫，都能用三個詞說完。」克勞斯之前引過這句話，維根斯坦可能從他那裡借來的，但也可能直接引自庫恩伯格（維根斯坦寄給恩格曼的包裹裡就有庫恩伯格的書）。無論如何，這句話都非常貼切。他在序言裡寫道，這本書的意義「總結成一句話就是：能說的就能清楚說出，不能說的就必須保持沉默。」

7　譯註：薩爾斯堡（Salzburg）為奧地利西部的地名，哈萊因（Hallein）則是薩爾斯堡的第二大城市。
8　譯註：Ferdinand Kürnberger，1821–1879。十九世紀六、七〇年代最有影響力的維也納作家之一，以參與德意志一八四八革命而聞名。

《邏輯哲學論》自維根斯坦一九一一年初到劍橋時開始動筆，最終成品是高度濃縮後的精華。書中論述從一系列手稿裡（可能有七卷）挑選出來，並且逐條編號以示從屬，如2.151是2.15的闡述，而2.15又是2.1的闡述，依此類推。這些論述少有論證，照羅素的說法，每道命題就那樣寫出來，「彷彿凱撒的諭旨」。戰前在挪威完成的邏輯論、大戰頭幾個月想出來的命題圖像論，以及戰爭後期服膺的叔本華式神秘主義，統統在結晶般的書本構造裡佔有一席之地，而且語氣是那麼果斷確鑿，彷彿暗示它們都屬於顛撲不破的真理。

書中不管哪一部份，核心都是**顯示**與**說出**的區別。要理解類型論在邏輯裡為什麼純屬多餘，道德真理為何不可表達，這個區別都是關鍵。類型論所要說的，只能用正確的符號系統來顯示；道德所要談的，只能**以永恆的形式**思考世界來顯示，因此「確實有東西無法訴諸言語。它們**顯現自身**，它們就是那神秘的」。

書裡著名的結語「不能說的就必須保持沉默」既是邏輯—哲學的真理，也是道德訓示。

在這一點上，正如恩格曼指出的，這本書的要旨和克勞斯捍衛語言的純潔是系出同門。克勞斯揭示語言誤用所導致的思想混亂，藉此突顯其荒謬。若想說出「只能被顯示的東西」只會帶來無意義，不只在邏輯上站不住腳，道德上也不可取。

書寫到最後，維根斯坦顯然認為書裡的道德意含，其重要性絕不下於書裡的邏輯意含。他希望自己的書能搭配克勞斯的作品出版，因此一寫完就立刻寄給克勞斯的出版商亞霍達（Jahoda），似乎認為兩者的關聯一目了然。同時他還寫信給弗雷格，表示要送他一本。弗雷格九月十二日回信說他樂於拜讀，還說他能理解維根斯坦覺得自己的書可能徒勞無益的感覺：當你在一座未曾有人攀登過的陡峭山

上開出一條小路，自然會懷疑後繼無人。他自己就經歷過這種疑慮，但相信維根斯坦的研究不至於完全無用。後來在十月十五日的信裡他又寫道：「願你能見到自己的心血付印，並願我讀到它！」

維根斯坦也承諾送恩格曼一本。九月下旬，維根斯坦在返回義大利之前去了一趟奧爾穆茲，恩格曼這才一回讀到這本書。十一月七日他寫信給維根斯坦，提到自己經常研讀它：「我理解得愈多，得到的喜悅也愈多。」

九月底，維根斯坦回到義大利戰線，其後一個月他焦急等待書商的回音。「還是沒有出版社的消息！」他十月二十二日寫信給恩格曼說：

我很不想寫信去問，心裡止不住厭惡。鬼才知道他拿了我的稿子做什麼！你哪天到維也納的時候，麻煩大發慈悲去找那個該死的傢伙，再告訴我結果！

幾天後，他得知亞霍達「由於技術原因」無法出版他的書。「我真想知道克勞斯怎麼說，」他寫信告訴恩格曼：「你要是有機會弄清楚，我會很高興。也許魯斯知道一點。」

維根斯坦回到義大利時，奧匈帝國已經開始瓦解了。來自捷克、波蘭、克羅地亞和匈牙利的軍人是部隊主幹，無論過去對哈布斯堡帝國有多少忠誠，如今都轉而效忠自己未來的國家。不只協約國承諾創立這些國家，哈布斯堡帝國也有相同的許諾。十月三十日，協約國取得了最後突破。協約還沒簽定，大批士兵就以民族為單位退出了戰爭，打算回家協助同胞建國。奧國軍官發現這些士兵雖然名義上還

是屬下，卻往往完全不聽指揮。維根斯坦的哥哥庫爾特便身受其害。同年十月或十一月，他因為部下不服從命令而舉槍自盡。

奧地利人除了謀和之外別無他法，而義大利人手握搜刮戰利品和贏回領土的絕佳良機，一點也不心急。十月二十九日，奧地利代表團舉著和談的旗子去找義大利，卻因未帶國書而吃了閉門羹，直到五天後才簽了停戰協定。就在這短短五天內，義大利人擄獲了約七千枝槍和五十萬名戰俘，維根斯坦也在其中。

維根斯坦被俘之後進了位於柯莫（Como）的戰俘營，在那裡遇見兩名軍官同袍，教師路德希．亨澤爾（Ludwig Hänsel）和雕刻家米埃爾．德羅比爾（Michael Drobil），兩人日後都成了他的貴人好友。維根斯坦的姊姊赫爾敏提過一個故事，由於維根斯坦衣衫襤褸又不修邊幅，德羅比爾一開始以為他出身低微，有一天兩人談到畫家克林姆曾為某位維根斯坦小姐畫過肖像，維根斯坦說那是「我姊姊的畫像」，德羅比爾大吃一驚，不敢置信地瞪大眼睛說：「所以你是維根斯坦家的人？」

維根斯坦和亨澤爾是在課堂上遇到的，因為他去上了亨澤爾的課，那是開給穫釋後想當老師的戰俘們的邏輯課。結識之後，兩人開始經常討論，維根斯坦逐步講解符號邏輯的原理給亨澤爾聽，闡述《邏輯哲學論》的想法，兩人還一起讀了康德的《純粹理性批判》。

一九一九年一月，維根斯坦被送往位於卡西諾（Cassino）的戰俘營，亨澤爾和德羅比爾也被轉到同一個地方。作為義大利的談判籌碼，他們在那裡待到了八月。

就是在卡西諾這段時間，維根斯坦決定回維也納之後要受訓成為小學老師，不過在戰俘營跟他有過短暫友誼的作家弗朗茲．帕拉克（Franz Parak）說，維根斯坦更想當個神父，「和孩子們一起讀聖

經。」[9]

維根斯坦二月寫了一張明信片給羅素。「我從十一月就在義大利當戰俘，」他對羅素說：「心裡一直希望停了三年之後之能再度跟你取得聯繫。我完成了不少邏輯研究，很想在出版前讓你看一眼。」

明信片還真的寄到了羅素手裡。當時他正接受奧特琳招待，在加辛頓莊園（Garsington Manor）作客，努力完成他去年在布里克斯頓監獄裡動筆的《心的分析》（The Analysis of Mind）。

過去這段期間，羅素和維根斯坦一樣不好過。四十二歲的他打仗太老了，但以他堅決反戰的立場，也不可能志願從軍就是了。反戰讓他丟了三一學院的講師職，而跟作家勞倫斯[10]的短暫合作也不平順，讓他心力交瘁，從此更加堅決憎惡人性裡衝動非理性的那一面。

他孜孜矻矻反對強制徵兵，發表了無數的政治評論，其中一篇還讓他被控損害了英美關係，因而入獄六個月。在大眾眼中，他更多是個政治運動家，而非哲學─數學家。《社會改造原理》（Principles of Social Reconstruction）和《通往自由之路》（Roads to Freedom）的讀者數量遠高於《數學的原則》和《數學原理》。但在獄中他又重拾哲學研究，寫了《數理哲學導論》，並動筆撰寫《心的分析》。如今他暫時不問世事煩擾，借助加辛頓莊園的寧靜重啟哲學思考，能和維根斯坦恢復交流實在令他大喜過望，兩天內就連寫了兩張明信片：

9　對帕拉克來說，這段友誼太短暫了。他比維根斯坦年輕七歲，對後者有著近乎崇拜似的敬佩。他在回憶錄裡說，維根斯坦說過的每一個字他都牢牢記在心裡，想盡量吸收對方的卓越知識與智慧，但維根斯坦不久就厭煩了，開始「像含羞草一樣」躲避帕拉克的依附，說他讓他想起自己的母親。（原註）

10　譯註：D. H. Lawrence，1885-1930。英國作家，著有《查泰萊夫人的情人》等。

得知你還活著真是謝天謝地。有機會請多寫邏輯。希望我們很快就能見面討論，我也有很多想說，關於哲學等等。（一九一九年三月二日）

擔心了很久，很高興有你的消息。我很有興趣了解你完成的邏輯研究，希望很快就能聽見全貌。期盼更多消息，關於你的健康等等。（三月三日）

維根斯坦回信道：「你無法想像收到你的明信片我有多開心！」接著說除非羅素願意到卡西諾來，否則兩人不可能「很快」見面。他沒辦法談邏輯，因為他每週只准寫兩張明信片，但他沒有忘記重點：「我寫了一本書，我一回家就會出版，我認為自己總算解決了困擾我們的問題。」幾天後，戰俘營裡一名學生獲准返回奧地利，維根斯坦終於有機會寄一封長信詳述這一點。「我寫了一本題為《邏輯哲學論》的書，涵蓋了我過去六年的研究」，他說明道：

我認為自己已經解決了困擾我們的問題。這麼說或許妄自尊大，但我忍不住這麼覺得。一九一八年八月我寫完書，兩個月後成了戰俘〔Prigioniere〕。書稿我帶在身邊，很想抄一份給你，但書很長，而且我找不到安全的寄送方法。事實上，書是由短論組成的，沒有先作解釋你不可能讀懂（當然，我是說沒有人能讀懂，雖然我認為它如水晶般清晰，但它挑戰了我們在真理、類、數和所有其他方面的理論。）我一回家就會出版。

接著他又說自己可能還會在戰俘營待一陣子，但還是試探地問：「我想你不可能來這裡看我吧？」

……還是你覺得這種事我連想想都太過份了？但如果我走得開，就算你在世界的另一頭，我也會去的。

事實上，羅素不可能去卡西諾，倒是維根斯坦自己後來有機會離開戰俘營。他的家人透過一名親戚在梵蒂岡的人脈，安排了維根斯坦接受體檢，準備以身體狀況不適合長期監禁為由，讓義大利人釋放他。但維根斯坦拒絕了這項特權，並且在體檢時激烈堅持自己完全健康。

羅素也在暗中斡旋。他透過當時正陪同英國代表團出席凡爾賽和平會議的凱因斯牽線，讓義軍准許外人寄書給維根斯坦，並免除他一週兩張明信片的限制，讓他可以在信裡討論學問。維根斯坦沒有拒絕這些特權。他開始寄書稿給羅素，也收到了對方的新書《數理哲學導論》。羅素認為這本書受到他閱讀維根斯坦《邏輯筆錄》的影響。[11]

然而，對維根斯坦來說，這本書印證了他心底的疑慮，羅素不可能理解他剛完成的著作。讀完書後，他告訴羅素：「我真不敢相信，你竟然完全無視了我六年前口述給摩爾的想法，見不著半點痕跡。」

11
羅素在註腳裡提到維根斯坦的貢獻，註腳內容見此書第一百三十四頁。（原註）

簡單地說，我現在覺得自己恐怕很難跟你相互理解了，而我期盼自己的手稿對你有所意義，這僅存的一點希望也破滅了……**現在**我比之前更急著讓書付印。看著自己完成的作品身陷囹圄動彈不得，無意義的東西卻在外頭逍遙自在，簡直令人惱怒！想到就算書付印了也沒人讀得懂，這也一樣氣人！

羅素回覆得很友善。「的確，」他寫道：「我看不懂你口述給摩爾的東西，而他也愛莫能助。」至於自己的書，羅素解釋道：

戰爭期間我都沒碰哲學，直到去年夏天我進了監獄，才寫了一本通俗教科書打發時間。處在那種地方，我也只能寫那樣的東西。現在我又回到哲學的懷抱，比較有理解心了。

「別氣餒，」他鼓勵道：「你最後還是會為人所理解的。」

一九一九年夏天，三人各收到了一份書稿。就算我們假定維根斯坦自己沒有留備份（他後來寫信給羅素證實了這件事）還是有點猜不透他是怎麼生出三份副本來的。

恩格曼、羅素和弗雷格是維根斯坦最希望能理解他作品的人，也是他覺得最可能理解他作品的人。

四月六日，恩格曼寫信給維根斯坦，刻意戲仿了書裡的編號系統，以表達內心的敬佩：

別在行間寫字！

1. 親愛的維根斯坦先生，我很高興聽到

2. 你家人說你很好，我

3. 這麼長時間沒寫信，希望

4. 你別往壞處想，希望

5. 太多想寫，所以我寧願留到

6. 見面時再說，希望很快。但我現在

7. 必須全心全意向你道謝，因為你的

8. 書稿。前陣子，我從你姊姊那兒

9. 拿到了一份，我想我現在

10. 大體了解它，至少在我身上你已經

11. 完全實現了你的目的，藉這本書

12. 讓某人得到了一點樂趣。我很

13. 確信你的想法為真，並且

14. 辨明了那些想法的意思。祝好，

15. 你忠實的朋友，保羅‧恩格曼

恩格曼顯然樂在其中，因為下一封八月十五日的信裡他又故技重施，向維根斯坦解釋自己為何有負所

託，遲遲沒有弄到弗雷格的《算術基本法則》寄過去。

有跡象表明，維根斯坦最期待的是弗雷格的反應。若是如此，那他得知弗雷格的反應時肯定大失所望。

弗雷格在六月二十八日的信裡提到了他的第一印象。他首先向維根斯坦道歉，因為自己回信遲了，而且事情太多，沒什麼時間詳讀書稿，故而給不出確切的評斷。他整封信幾乎都在關切維根斯坦用語的精確性：

我開頭就讀到**實際情況**〔is the case〕和**事實**〔fact〕兩個詞，覺得兩者是同一回事。世界是所有實際情況，世界是事實的總和。[12] 每個事實不都是實際情況嗎？我說 a 是事實，跟我說 a 是實際情況，難道不一樣嗎？……再來是第三句：「實際情況，事實，是 Sachverhalte（諸基本事態）的存在。」我覺得這話的意思是，一個事實是一個 Sachverhalt 的存在，因此另一個事實是另一個 Sachverhalt 的存在。難道我不能去掉「的存在」，直接說「一個事實是一個 Sachverhalt，另一個事實是另一個 Sachverhalt」嗎？又或者可以說「每個 Sachverhalt 是一個事實的存在」？

「你瞧，」弗雷格寫道：「我從一開始就發現自己陷入了疑惑，搞不清你想說的是什麼，所以無法真的進入。」他不確定維根斯坦說的 Tatsache、Sachverhelt 和 Sachlage 是什麼意思，說他需要例子來弄懂這些用語。他還想知道有不存在的 Sachverhalt 嗎？每一個對象集都是一個 Sachverhalt 嗎？[13] 弗雷格的信肯定讓維根斯坦痛心疾首，因為信裡完全看不出他有讀到第二頁。他的問題全都和書裡大約前十句有關，而

且焦點都擺在用語而非內涵上。對於維根斯坦的符號理論，以及該理論在理解邏輯上的意含，弗雷格顯然絲毫沒有領會，就更不用指望他能理解這本書的道德意含了。

沮喪之下，維根斯坦將希望寄在了羅素身上。八月九日他寫信給羅素，跟他提到弗雷格對書的反應：「我想他一個字也不懂。」

　　難受！

因此，我唯一的希望就是快點見到**你**，將一切解釋給你聽，因為沒有半個人理解自己，那**非常**

維根斯坦確實有理由相信羅素最後應該能搞懂這本書。因為他最初的反應更像是理解了，也更為讚許。他至少把書讀完了，而且「認真讀了兩遍」——他這麼告訴維根斯坦。而且他對這本書在講什麼也有一**些**概念（即使是錯的）。「我很確定，」他八月十三日在信裡寫道：「你主要論點是正確的：邏輯命題是重言，其之為真不同於實質（substantial）命題之為真。」

12　譯註：「世界是所有實際情況」（The world is everything that is the case）是《邏輯哲學論》的命題1．...「世界是事實的總和」（the world is the collection of facts）是指命題1.1。

13　這裡我保留了德文詞，因為英語讀者可能會把譯本的差異跟弗雷格的困惑攪混在一起。奧格登將 Sachverhalt 譯成**原子事實**（atomic fact），將 Sachlage 譯成**事態**（state of affairs）...皮爾斯和麥吉尼斯則用**事態**來翻譯 Sachverhalt，而用**情況**（situation）來翻譯 Sachlage...奧格登的譯法至少有個好處，就是（如維根斯坦不得不向弗雷格和羅素解釋的）表明了 Sachverhalt 對應於（真）原子命題，因此是Tatsachen（事實）的構件。（原註）

事實上，這並非《邏輯哲學論》的主要論點，至少維根斯坦不這麼認為，但起碼顯示羅素了解維根斯坦在邏輯上想說什麼。然而，維根斯坦在八月十九日的信裡解釋道，這只是他主要論點的一個「推論」或引申：

我的主要論點是一套理論，說明能用命題（即用語言）說出（及**被思考**，這兩者其實是一回事）的東西，以及不能被命題說出〔gesagt〕而只能顯示〔gezeigt〕的東西。我認為這才是哲學的首要問題。

我相信這段話和維根斯坦之前的一段評論是相連的。他說《數理哲學導論》顯示羅素完全「無視了」他口述給摩爾的筆記。雖然借用了他的重言的概念，卻沒有用到說出和顯示的區別，但他在口述想法給摩爾時就已經提到了這個區分。羅素不是不理解，而是覺得這區別很含混，不必要。他後來稱之為「一種奇特的邏輯神秘主義」，並且認為至少在邏輯上不需要這區分，只要引入一種更高階的語言（「元語言」）去說那些無法用原本的「對象語言」說的東西即可。

羅素隨信附了一張表，列出他對書稿的疑問與質疑。和弗雷格一樣，他也想知道 Tatsache 和 sachverhalt 的差別。維根斯坦的回答一模一樣：

Sachverhalt 是一個 Elementarsatz（基本命題）為真實所對應的東西……Tatsache 是基本命題的邏輯積為真時所對應的東西。

羅素提的其他疑問，多半出於他不願意接受這個想法：有些東西（如邏輯形式）無法用語言表達，只能顯示。例如維根斯坦在命題 3.331 簡要地摒棄了類型論，但羅素告訴維根斯坦：「在我看來，類型論是正確符號系統的理論：a.簡單符號不能用來表達複雜事物；b.更普遍說，符號的結構必須和其意義的結構相同。」維根斯坦答道：「這些正是不可說的東西」——

但才正確！

你不能規定一個符號**可以**用來表達什麼。凡符號**能**表達的，就是它**可以**表達的。這回答很短，

對於羅素提到的另外兩點，維根斯坦的回答還是強調同一件事：

……這麼想吧：「那裡有兩個東西」這句貌似命題的話想**說**的東西，是由那裡有兩個意義不同的名稱所**顯示**的。

……「有必要給出『所有基本命題都給出了』這個命題」是不必要的，因為根本**不可能**。沒有這樣的命題！『所有基本命題都給出了』是由一件事**顯示**的，就是不存在具有基本意義卻未給出的命題。

這些問與答雖然針對的是邏輯理論的某些要點，但其背後蘊含著一個更普遍也更重要的分歧。羅

素堅持元語言的可行性，去除神秘的領域，維根斯坦則堅持有些事物只能顯示不能說出，保留神秘的領域，這樣的差異不是巧合。

然而，羅素還有一個疑問沒有得到解答。這也許是他心中最大的疑問，關於書裡對數學的簡短討論，尤其是維根斯坦對集合論的斷然擯棄。「類的理論，」維根斯坦在命題6.031寫道：「在數學裡全屬多餘。」這個命題斬斷了羅素所有數學成就的根基，因此他很自然感到不安：

如果你說類在**邏輯**裡是多餘的，那我還能理解，只要假定邏輯和數學有差即可。但你卻說類在數學裡是多餘的，我就不懂了。

對此，維根斯坦只說這問題答起來很長，而「你知道我現在用寫的討論邏輯有多困難」。

對於書的結尾，羅素沒什麼好評論的。「我同意你對歸納和因果等的看法，至少看不到反駁的點。」至於維根斯坦對道德、美、靈魂和生命意義的論述，他什麼也沒說。

「你認為這本書非常重要，我確信你說得沒錯，」羅素總結道：「只是有些地方因為簡短而有些含糊」：

我很急切想見你，不只詳談這本書，也因為就是想見你。但我還不能出國。在我能自由離開國境之前，你可能已經可以自由來英國了。我一知道該寄去哪裡就會寄還你的書稿，但我希望你很快就能得到自由。

單是這封信就足以打動維根斯坦，讓他努力設法及早見面了。「我很想過去，」他寫道：「但你可以想像，德國人現在去英國實在有點尷尬。」最好的辦法是在中立國見面，例如荷蘭或瑞士，而且**要快**。「後天，」他告訴羅素：「我們或許就能離開戰俘集中營回家了。感謝上帝！」

兩天後，一九一九年八月二十一日，維根斯坦獲釋了。

第二部

一九一九—一九二八

八、印不出的真理 1

和古往今來的許多退伍軍人一樣，維根斯坦發現自己很難重回和平的生活，幾乎無法融入。他當了五年兵，那段經歷在他個性上留下了永難磨滅的印記。他戰後繼續穿著軍服許多年，彷彿軍服已經成為他身份的一部分，不可或缺，不穿就會迷失。軍服或許也象徵了他的一種感受，這感覺終其一生未曾消失。他感覺自己屬於過去的年代，因為這套軍服屬於一支不再存在的部隊。奧匈帝國沒了，而他一九一九年夏天所回到的國家也正經歷痛苦的調整。維也納曾是帝國核心，掌管五千萬子民的生活，成員來自各色民族，如今卻成了阿爾卑斯山腳下一個貧窮蕞爾小國的首都，人口只有六百萬出頭，而且多數是日耳曼人。

維根斯坦為了保衛祖國而征伐的帝國領土，如今也成了外國。倫貝格和克拉科夫納入新建國的波蘭，特倫蒂諾山區一帶被義大利人佔走，而奧匈文化的最後堡壘奧爾穆茲則成了捷克斯洛伐克的城市。倫貝格和克拉科夫納入新建國的波蘭，特倫蒂諾山區一帶被義大利人佔走，而奧匈文化的最後堡壘奧爾穆茲則成了捷克斯洛伐克的城市。捷克斯洛伐克是「民族自決」而成的混合體，恩格曼不得已成了公民，申請護照時還遇到了問題，讓他好幾個月無法去維也納造訪根斯坦。對許多奧地利人來說，奧地利獨立存在的理由已經滅絕了，因此於一九一九年投票贊成跟德國**合併**。在這些人眼中，既然身為日耳曼國家，當然最好還是成為祖國

的一部分。但協約國不僅否決了他們的選擇，同時藉由《凡爾賽條約》和《聖日耳曼條約》的戰後賠償，讓這兩個日耳曼國家裡的日耳曼人民脫離不了赤貧狀態，逼得他們含恨在心，直到下一次大戰爆發。

維根斯坦希望參戰能改變自己，結果真的改變了。他服役四年被俘一年，面臨過死亡，經歷過信仰覺醒，擔負過別人的性命，忍受過長期監禁，獄友全是他之前連同坐一節車廂都不可能的人。這些都讓他徹底改頭換面，給了他一個新的自我認知。可以說，一九一九年的他沒有回到任何地方或事物上，因為一切都變了，他再也無法重拾一九一四年自己拋下的生活，一如他再也變不回柏林約勒斯夫婦認識的「小維根斯坦」。他被迫重新打造自己，為過去五年經歷所造就的這個人找到新的角色。

家人為他的變化感到驚惶和灰心，無法理解他為何想受訓當小學教師。羅素不是親口認可他的哲學天才了嗎？不是說他將帶領哲學邁出一大步？那為何現在要把天份浪費在無知的窮人身上？維根斯坦的姊姊赫爾敏說，這就像拿著解剖刀去開大木箱一樣。對此，維根斯坦的回答是：

妳讓我想到某人從關著的窗的玻璃往外望，見到一名路人動作怪得讓他看不懂。他不曉得外頭正刮多大的風，也看不出那人可能只是拚了命想站穩。

1 譯註：標題原文為 THE UNPRINTABLE TRUTH，這一方面指《邏輯哲學論》出版困難，見後文；一方面則是戲仿其「真理不能說出（unsayable）」的思想。

2 譯註：《凡爾賽條約》是第一次世界大戰後，戰勝的協約國和戰敗的同盟國簽訂的和約，標誌著第一次世界大戰正式結束。《聖日耳曼條約》的內容則是宣布奧匈帝國正式解散，奧地利承認匈牙利、捷克斯洛伐克、波蘭和南斯拉夫王國的獨立。

一般人當然會想，維根斯坦比喻裡的那個人最自然的做法就是進屋避風，但維根斯坦卻做不到。對他來說，戰場上的磨難不是避之不及的厄運，而是賜給他生命以意義的事物。靠著家人的財富和自身的學識避開風暴，躲進安全和舒適之中，只會犧牲掉他在艱苦中掙扎所獲得的一切。那是為了活在平原而放棄攀登山峰。

維根斯坦認為自己不僅不該利用繼承來的財富特權，還得利用不了。這一點對他非常重要。戰後返回家園時，他是全歐洲數一數二的有錢人，因為他父親敏銳的財務嗅覺，戰前就將家族財富轉成了美國債券。但維根斯坦回家後不到一個月，就已經將名下的財產全數轉出。他堅持將自己繼承來的資產轉讓給姊姊赫爾敏、海倫娜及哥哥保羅（至於葛蕾塔，維根斯坦覺得她已經太有錢了，不必列入），讓他的家人備感憂心，家族會計師也大吃一驚，其他親戚（如他叔叔保羅・維根斯坦）更是無法理解他的哥哥和姊姊怎麼能收下這筆錢。難道不能起碼偷偷存下一些，免得他日後反悔？但赫爾敏寫道，這些親戚並不曉得，維根斯坦擔心的正是這一點……

他一再希望能確保自己身上不會有任何錢，任何形式的財產他都不要。他一次又一次地強調這一點，搞得負責轉讓的公證人都快絕望了。

最後公證人終於被他說服，決定一字不差按著他的意願去做。「所以，」公證人嘆道：「你根本在財務自殺！」

一九一九年九月，處理掉自己的財產，並在庫德曼街（Kundmanngasse）的師範學校註冊之後，維

根斯坦搬出了新瓦德格街的家門，在下維亞杜克特街（Untere Viaduktgasse）租了間宿舍，更進一步甩脫了自己的特權身份。下維亞杜克特街位於維也納第三區，走路到師範學校很近。

其後幾個月，維根斯坦過得非常痛苦，不只一次盤算過結束自己的性命。他筋疲力竭（就我的精神狀態而言）。」他要羅素和恩格曼盡快來看他，只是兩人都無法成行。恩格曼拿不到捷克斯洛伐克護照，而羅素正在倫敦政經學院講課（《心的分析》便是以他上課的教材為基礎），必須在英格蘭待到耶誕節，而且他也可能出不了國。「你可能知道，」他回信給維根斯坦：「我跟政府鬧翻了。」不過，他還是提議兩人耶誕假期在海牙碰面。「如果政府准我去的話，我可以待上一週。」

無法和羅素或恩格曼重聚的挫折，顯然讓維根斯坦緊繃的情緒雪上加霜。他感覺自己失去了所有老友，又無法建立新的友誼。過去五年來他最期盼的會面，已經因為「親愛的大衛」（他在給品生特夫人的信裡這麼寫著）過世而無望了，其他如願以償的會面不是令人受挫，就是徹底的失望。他去見了魯斯，卻告訴恩格曼他感覺「驚駭和噁心」。

回家後不久，他寫信給羅素說：「我還沒完全正常。」又對恩格曼說：「我不是很好[3]

這絕對超出了底線！我去見魯斯時已經有點沮喪，結果卻成了最後一根稻草！

他染上了最惡性的偽唯智主義！他給了我一本小冊子，主張成立**藝術局**，還談到反聖靈的罪。

3　維根斯坦只在那裡住了一個月左右，但由於作家威廉‧沃倫‧巴特利三世（William Warren Bartley III）的緣故，這段時光成了熱烈討論的話題，詳見附錄。（原註）

而他一個三十歲的退伍軍人，在師範學校跟十幾歲的青年一起上課，也不大可能交到許多新朋友。

「我不可能再像义法學校的孩子一樣了，」他寫信給恩格曼：「而且說來好笑，那種羞辱感是**那麼強烈**，我常覺得自己就快受不了了！」他在寫給羅素的信裡也有類似的抱怨：

板凳上坐滿了十七八歲的男孩，而我已經三十歲了。這造成了一些可笑的狀況，還有許多**非常**不愉快的經驗，我常覺得悲哀！

雖然正邁向新的職業與生活，並從許多方面刻意斬斷拴住他的家族紐帶，但維根斯坦仍然需要為戰前和戰後的自己建立某種連結。師範學校開課之前，他去霍赫海特待了約十天。照他對恩格曼的說法，他去是希望「可能的話，再次找到一點自我」。

在他向羅素抱怨的不愉快經驗中，有一回是來自他的家族背景和他對家人的矛盾情感。老師問他是不是**那個**維根斯坦家的人，就是有錢的維根斯坦家。他說是。是**很近的**親戚嗎？老師繼續問。維根斯坦覺得自己必須撒謊：「不是。」

祖國因戰敗而陷入窮困，摯友過世，無法跟老友重聚的沮喪，加上孤注一擲開始新生活的壓力，可能足以解釋維根斯坦一九一九年秋季時的自殺念頭。但他消沉最重要的原因或許還是找不到人出版《邏輯哲學論》，甚至連一個理解它的人也找不到。

他覺得自己寫的這本書為哲學問題找到了確鑿的、顛撲不破的正確解答，沒想到想找一個願意出版它的人竟然這麼難！即使是當時被亞霍達拒絕了，身在卡西諾戰俘營的他也還自信滿滿地說：「我一回家就會出版。」

返回維也納沒幾天，維根斯坦就帶著書去找威廉·布勞穆勒（Wilhelm Braumüller）亦即魏寧格《性與性格》的出版商。他告訴羅素說，布勞穆勒「自然既沒聽過我的名字，也對哲學毫無概念，因此需要尋求專家意見，以確保這本書值得出版」：

為此，他想向這裡他信賴的一個人（可能是某位哲學教授）徵詢意見。我告訴他這裡沒人能評判這本書，但你或許會願意寫一份簡單的評語給他，說明這本書的價值。如果你評價不錯，就足以讓他出版它。出版商的地址是維也納十一區塞維騰街五號，收信人威廉·布勞穆勒。請你秉著真實的感受，寫幾句話給他吧。

收到羅素的評述後，布勞穆勒同意出版這本書，條件是維根斯坦必須負擔印刷和紙的費用。但布勞穆勒說這話時，維根斯坦已經沒錢了，而且就算有錢，他也會拒絕這樣的條件。「我覺得，」他說：「將一本書強加在世界上是不得體的，而出版商也是世界的一部分。寫作是**我的**事，但世界必須照一般的方式接受它。」

等待出版商決定期間，維根斯坦收到了弗雷格的來信。這是一封遲來的信，同時回覆了維根斯坦於卡西諾寫的最後一封信和他返回維也納後寫的信。弗雷格對於維根斯坦使用 Sachverhalt 一詞的清晰性

依然很不滿意：

現在你寫道：「一基本命題為真時，則對應「一 Sachverhalt 之存在。」這裡你沒有解釋 Sachverhalt，而是解釋了「一 Sachverhalt 之存在」這整句。

維根斯坦對於全書意旨的說明也讓他深感不解。「這本書可能只有已經想過書中想法的人才能理解」，維根斯坦在前言裡寫道，而他一定也在信裡對弗雷格說過類似的話。「因此這不是教科書。只要一個讀懂它的人從中得到了樂趣，這本書的目的就達成了。」弗雷格覺得這很奇怪：

所以，讀你的書的樂趣不再來自內容，因為內容都是已經知道的了，而完全來自作者給予這本書的特殊形式。也就是說，這本書的成就是藝術的，而非科學的。書裡說了什麼僅是次要，怎麼說才是重點。

不過，維根斯坦信裡一句話讓弗雷格很受鼓舞。弗雷格曾表示「世界是所有實際情況」和「世界是事實的總和」兩句話意思相同，對此維根斯坦寫道：「這兩個命題意思相同，但我寫下它們時心裡連結的觀念（idea）卻不同。」這話踏進了弗雷格（他自認為）的地盤。他完全贊同維根斯坦的觀點，尤其維根斯坦講到了他當時看重的一個想法。他論證道，維根斯坦的觀點要能成立，就必須區分命題和命題的意義，從而才有可能出現兩個命題意思相同，但連結的觀念不同。他在寫給維根斯坦的信裡說：「一

個命題的實際意思對所有人都是一樣的，但其連結的觀念卻因人而異……沒有人能擁有別人的觀念。」

弗雷格不久前才發表了一篇論文談論這個主題，題目為〈思想〉（Der Gadanke），收錄在《德國觀念主義哲學學報》（Beiträgen zur Philosophie des Deutschen Idealismus）。雖然弗雷格努力想搞清楚《邏輯哲學論》的意義何在讓維根斯坦頗不耐煩，他在信裡附了論文給維根斯坦。他一個字也不懂，為了徹底、淺白解釋給他聽搞得我筋疲力盡」，但他還是不忘把握機會，希望能找到可能認可這本書的出版商。拒絕布勞穆勒自費出版的提議之後，他請弗雷格幫忙詢問，看有沒有可能將自己的書發表在刊登弗雷格論文的學報上。

弗雷格的回覆不是太令人興奮。他告訴維根斯坦，他可以寫信給學報編輯，告訴對方「我很清楚你是一位值得十分看重的思想者」。但「對於文章本身，我無法給出評斷，不是因為內容我不贊同，而是對我來說太不清晰」。他可以問問編輯是否想看一看這本書，但「我不認為會有什麼結果。」因為書印出來約五十頁，幾乎是整期學報了，而「我認為編輯應該不會將整期學報交給一位作者，何況是尚無名聲的人」。

不過，要是維根斯坦願意將書分段，就比較可能在學報發表了（而且弗雷格本人看來也更支持這麼做）：

你在前言裡寫道，書裡呈現的想法在你看來絕對正確，而且無懈可擊。那能不能以一個想法（就其解決了一個哲學問題而言）作為一篇論文的主題，這樣你書裡處理了多少哲學問題，就可以分成多少部份？

弗雷格指出這麼做有一個好處，讀者不會因為書的長度而嚇跑，而且「要是作為基礎的第一篇論文得到肯定，在學報上發表其餘的部份就更容易了」。

他認為，這麼做還能讓這作品更清晰。他告訴維根斯坦，讀者讀完前言後，其實不大知道第一個命題要講什麼。他們期待看到的是一個問題，見到問題的概貌，以及書裡對問題的處置，結果卻只見到一則乾巴巴的斷言，沒有給出任何根據。若能先說清楚這本書為哪些問題提出確鑿的解答，不是更好嗎？

「別往壞處想，」弗雷格在信末寫道：「我說這些〔是出於好意。」

他的建議對維根斯坦不具任何意義。對維根斯坦來說，將書分段等於「徹頭徹尾破壞了它，簡單說就是用它生出另一個作品」。如同弗雷格先前所言，維根斯坦思想的表述方式和作品本質息息相關，因此收到信後，他便放棄了在《德國觀念主義哲學學報》發表自己作品的念頭。

他的下一個念頭是馮費克的《火爐》，或許認為既然這本書對哲學刊物來說太過文學，不如試試文學期刊。說也湊巧，他正想找魯斯詢問馮費克的地址，馮費克的信就來了。他告訴維根斯坦《火爐》要繼續發行，問要不要寄一本給他。維根斯坦立刻寫了一封長信給他，解釋自己作品的來龍去脈。「大約一年前，」他在信裡寫道：「我花了七年撰寫的哲學作品終於完成了」：

嚴格說來，這本書呈現了一套系統，而且呈現得**極度**精簡，因為我只保留了自己確實產生的想法，以及它們如何產生。

他接著寫道，自己，寫完這本書就想找人出版，「結果困難重重」。

我的作品很短，只有大約六十頁。誰會寫一本六十頁的哲學小冊子呢？……只有某些徹底沒救的文字匠，既無偉大的心靈，也沒有教授的博學，卻不惜代價想要發表東西的人才會這麼做。因此，這類作品通常是自費出版的。但我實在不能讓自己的生命之作（它真的是）跟那些作品混為一談。

再來他告訴馮費克，目前他收到克勞斯、魏寧格和弗雷格的出版商的回應都不大令人滿意，最後才提到重點：「我忽然想到，或許你願意將這個可憐的小東西納於羽翼之下。」若馮費克考慮在《火爐》發表他的作品，他就將手稿寄給他，但「在那之前，我只能說」——

這作品是純哲學，也是純文學，但裡頭絕沒有胡言亂語。

馮費克的回信帶著幾分肯定，幾分謹慎。「你為何沒有立刻想到我？」他在信裡問道：「你應該不難想像，比起心裡只有商業利益的出版商，我對你作品的興趣完全不同，是更深刻的。」奇怪的是，他接下來卻大段談論起自己需要考慮商業利益。他說之前發行《火爐》是為了愛，而不是錢，但不能再這樣下去了。世道艱難，他有妻兒要養，印刷費用又高得令人卻步。戰後奧地利民生凋敝，出版是一樁冒險的生意，而他得確保自己避開不必要的風險。儘管如此，或許他意識到一九一四年的資助讓自己對

維根斯坦仍然有所虧欠，因此在說了「純學術的作品其實不在我們的出版範圍裡」之後，還是要求看一看維根斯坦的手稿。「放心，親愛的維根斯坦先生，我會盡力滿足你的願望。」

維根斯坦顯然被打動了，將手稿寄給了馮費克。「我就指望你了，」他在隨附的信裡寫道，並提到自己希望這本書如何被讀者理解。這是維根斯坦做過最明白的陳述。他需要對這本書說點什麼。他告訴馮費克：「因為我真心相信，你無法從裡頭讀出多少來。你不會理解它，只會覺得內容很陌生」——

其實你不會覺得陌生，因為它的要旨是道德的。我曾想在前言裡提個幾句，結果沒寫，但我現在要寫給你，因為對你來說可能是關鍵：我想寫的是，我的書包含兩部份，寫下來的和**沒有寫下**來的部份，而後者才是重要的。可以說，我的書是從內部為道德劃界，我相信，**嚴格來說**，道德只能以這種方式劃界。簡言之，我認為：現在**許多人對之胡說八道**的事物，我在這本書裡都對之保持沉默，從而界定了它們。因此，如果我沒想錯，這本書其實說了許多你自己也想說的事物，只是你可能不會發現。目前，我暫且推薦你讀**前言**和**結論**，因為這兩部份最直接表達了我剛才說的要點。

若這番話是為了讓馮費克相信，無論《邏輯哲學論》給人的表面印象為何，它的要旨和《火爐》目標一致，那麼維根斯坦就打錯算盤了。他這麼說等於要馮費克承認，他對道德想說的一切最好藉由沉默來表達，還隱含《火爐》裡發表的許多文章都只是「胡說八道」。他在信裡也沒顧慮到安撫馮費克的財務窘境。對一名憂心償付能力的出版商來說，實在不能指望一本沒將最重要部份寫出來的書是個誘

人的提議。

馮費克的回應很冷淡。他十一月八日在信裡寫道，雖然還不確定，但他恐怕無法出版維根斯坦的著作，因為當時主管雜誌的是他的朋友兼同事，而他在上封信裡也解釋過，出版社的財務是由這位同事負責。對方沒有把話說死，只是認為維根斯坦的書太過專門，不適合在《火爐》發表。不過，馮費克去找了里爾克，詢問哪裡可以找到其他出版社。最後他問能不能把書稿拿給一位哲學教授看看？這位教授在因斯布魯克大學任教，是他的舊識，熟悉羅素的著作，很有興趣讀讀維根斯坦寫的東西。誰曉得，說不定他能替他找到出版社呢！

這封信讓維根斯坦沮喪不已。「你還記得，」他寫信給羅素：「你老是逼我發表東西嗎？現在我想發表卻發表不了。隨它去吧！」他回信給馮費克：「你的回覆雖然不出意料，但自然令我不大好受。我也不知道哪裡願意出版我的書。真希望我沒活在這個糟透了的世界上！」當然，馮費克可以把書拿給教授看，但將哲學作品拿給哲學教授看就像對牛彈琴一般，「反正他一個字也看不懂。」

現在我只有**一事**相求：給我一個痛快，直接說「不行」，而非慢慢凌遲我。我的神經現在不夠堅強，受不了這種奧地利式的委婉。

維根斯坦如釋重負，回信說他希望馮費克接受這本書是因為它值得出版，而不是施恩給他。「我想我能這麼說，如果達拉戈和黑克爾等人的作品你能出版，**那麼也能出版我的**書。」然而，他收到的下一封信

維根斯坦信裡的絕望嚇到了馮費克，讓他立刻發了電報：「別擔心，你的書無論如何一定會出版。」

證實了他心底尚存的疑慮。馮費克寫道，他還是希望里爾克能找到出版商，但要是沒有，維根斯坦上

一封信裡的痛苦和沮喪深深觸動了他，他已經決定自己甘冒一切風險也要出版這本書。他寧可如此，

也不願辜負維根斯坦對他的信任。（他又寫道：順帶問一句，如果真能出版，數字編號非保留不可嗎？）

這麼做顯然不行，維根斯坦回信道：「因為出版我的書而使一個人（無論是誰）生計遭受威脅，這

責任我承擔不起。」馮費克並未辜負他的信任：

……因為我所信任的，或不如說我所期望的，僅僅是你能慧眼看出這本著作不是垃圾，我沒有

自欺欺人，而非你對它毫無想法，只是出於**對我的善意就不顧自己利益地接受它**。

而是的，編號絕對必要，「因為單靠編號就能讓這本書清晰明瞭，否則只會是一團不可理解的亂麻」。

這本書必須照原有格式出版，而且必須是他們覺得值得出版才出版，此外一律不行。如果里爾克能做

到這些，他會很高興，但「如果不行，就忘了這件事吧」。

很難知道里爾克為了維根斯坦的事費了多少力。一九一九年十一月十二日，他從伯恩[4]寫信給馮費

克，想知道替他出版詩集的島嶼出版社（Insel-Verlag）是否合適，同時建議去找哲學家蓋沙令伯爵[5]的

出版商奧托·海歇爾（Otto Reichl）。只是這兩項提議都沒下文，也沒有其餘相關的書信保留下來。

這時維根斯坦已經厭煩到極點了。「難道有專門在抓邪惡出版商的**坎卜斯**[6]？」他問馮費克，並且

於十一月十六日寫信給恩格曼：

我已經好幾次想了結生命，你就知道我消沉到什麼地步了。不是因為自己的差勁而絕望，全是外在的原因。

十一月，維根斯坦離開下維亞杜克特街的宿舍，搬進索格倫家（Sjögren family）位於維也納十三區聖維特街（St Veitgasse）的房子，心裡的絕望才稍微緩和了些。索格倫和維根斯坦兩家是世交，艾爾維·索格倫（Arvid Sjögren）生前是維根斯坦家族旗下鋼鐵廠的經理，遺孀米瑪（Mima）則是赫爾敏的閨中密友。米瑪獨力撫養三個兒子非常辛苦，維根斯坦家族認為讓維根斯坦充當一家之主或許能幫助她。既然他拒絕跟家人同住的好處，或許能說服他扛起照顧另一個家的責任。他們覺得說不定能安撫他的沮喪。

這招算是奏效了。一九一九年可能是維根斯坦一生最抑鬱的一年，只有他和索格倫家相處的日子還算愉快。「正常人對我來說是一帖良藥，」他寫信給恩格曼：「也是一種折磨。」他和索格倫家次子艾爾維（Arvid）成了摯友，甚至宛如他的父親。艾爾維是個壯碩、手腳笨拙粗魯的男孩，後來常被喚作「熊人」，一生大半時光都受著維根斯坦的道德指引。因為維根斯坦的影響，他完全放棄了唸大學的想法，轉而受訓成為技工。在這點上，他可以說是維根斯坦的第一位弟子，走在一九三〇和四〇年代許多劍

4　譯註：伯恩（Berne）為瑞士第五大城，亦是瑞士首都。

5　譯註：Count Keyserling，1880-1946。德國哲學家，波羅的海德國貴族。

6　譯註：根據阿爾卑斯山區的民間傳說，坎卜斯（Krampus）是聖尼古拉（Saint Nicholas，天主教之聖人，聖誕老人的原型）之隨從。聖誕節時，聖尼古拉會給乖小孩糖果和禮物，坎卜斯則會懲罰不乖的孩子。

橋高材生的前頭，選擇一份正當的行業，而不是照著自己的出身和教育背景走上預備好的職涯道路。

十一月，維根斯坦和羅素魚雁往返，討論十二月在海牙碰面的計畫。他們得定下時間，克服官僚阻礙，還得籌措旅費，至少維根斯坦需要籌錢。「想到你得賺錢謀生我就難過，」羅素得知維根斯坦放棄了所有財產之後寫信給他：「但不意外你這麼做。我也比以前窮多了。他們說荷蘭物價很高，但我想我們熬上一週應該還不會破產吧。」為了籌措維根斯坦的旅費，羅素將維根斯坦去挪威前留在劍橋一名商人那兒的家具和書買了下來，其中包括維根斯坦一九一二年煞費苦心挑選的家具。羅素付了一百英鎊，他後來在自傳裡說，這是他做過最好的買賣。

十二月十日，羅素攜同新任情人（後來的妻子）朵拉・布雷克（Dora Black）抵達海牙，住進了雙城旅館。「你一到海牙就過來，」他寫信給維根斯坦：「我等不及要見你了。我們會找到辦法出版你的書，必要的話在英國出版也行。」兩天後，維根斯坦和艾爾維一起到了海牙。朵拉日後這樣回憶艾爾維：「很少講話，甚至吃飯時也很沉默，簡直跟影子一樣模糊。」那一週，維根斯坦和羅素熱烈討論他的書。羅素十二月十二日寫信給柯萊特（Colette），說維根斯坦「滿腦子邏輯，幾乎沒辦法讓他談一點個人的事」。維根斯坦絲毫不想浪費兩人共處的時間，總是一早醒來就去敲羅素的門，直到羅素起床，接著便馬不停蹄討論邏輯，連續好幾小時。兩人逐行逐句讀這本書，結果成效卓著，羅素對書的評價比以前更高，維根斯坦則欣喜於總算有人理解了它。

羅素並未完全贊同這本書，尤其無法接受維根斯坦的這個觀點——所有對於世界整體的斷言都是無意義的。對羅素來說，「世界上至少有三個東西」這個命題既有意義也是真的。討論這一點時，羅素在白紙上畫了三個墨點，「求他承認既然這裡有三個墨漬，世界上就至少有三個東西，但他死不接受」：

他承認紙上有三個點，因為這是個有限的斷言，但就是不承認人可以對世界整體有所斷言。

「他學說的這個部份，」羅素堅持道：「我覺得絕對錯誤。」

與此類似，羅素也無法接受維根斯坦先前提過的全書「主旨」：命題無法說出的**可以**被顯示。對羅素來說，這仍然是個玄之又玄的主張，毫無吸引力。他寫信給奧特琳說，沒想到維根斯坦竟然成了徹底的神秘主義者，「他深深陷入了神秘的思考和感覺模式，但我覺得（雖然他不會同意）他最喜歡神秘主義的一點，就是它能讓他停止思考。」

不過，羅素對書裡的邏輯理論還是印象深刻，答應根據兩人在海牙的討論寫一篇引言，解釋書裡最難懂的部份。羅素當時已是暢銷作家，有他撰寫引言，《邏輯哲學論》出版幾乎不成問題。維根斯坦興高采烈回到維也納。「我**很**享受在海牙的那幾天，」一九二○年一月八日他寫信給羅素：「我覺得（你應該也是吧？）我們那週有了許多真正的進展。」他寫信給馮費克說：「這本書現在對出版商的風險小得多了，甚至毫無風險，因為羅素鼎鼎大名，自然會吸引某一群讀者拜讀這本書」──

我這麼說當然不代表它會交到適當的人手裡。但無論如何，有利的形式不是那麼不可能了。

馮費克隔了兩週多才回信，顯然仍舊認為這本書只會成為財務包袱，不會有其他可能。他一月十六日在信裡寫道：「不管有沒有羅素，依照目前的局勢，奧地利**沒有一家**出版社冒得起這個險。」他建議

維根斯坦先在英國出版，有機會再發行德文版。

維根斯坦料到馮費克幫不上忙，已經接觸了別的出版商。靠著恩格曼牽線，維根斯坦得到一位黑勒博士（Dr Heller）推薦，跟德國萊比錫的雷克拉姆出版社（Reclam）取得了聯繫。對方一聽羅素願意寫序，簡直迫不及待想看這本書。

維根斯坦立刻從馮費克那裡要回手稿，寄給了雷克拉姆出版社。二、三月他一直殷殷盼著羅素的序，但一收到就失望了。「裡頭有太多段落我不贊同，」他告訴羅素：「包括你批評我的地方，還有你只是想闡明我觀點的地方。」不過他還是將序譯成德文準備付印，結果卻更糟糕。「你那簡練的文風，」他寫信給羅素：「在譯文裡統統消失了，只剩膚淺和誤解。」他將序言寄給了雷克拉姆，結果果然如他所料，雷克拉姆拒絕了這本書。他用了一個理由安慰自己，僅供出版社作為是否出書的參考。結果果然如他所料，雷克拉姆拒絕了這本書。他用了一個理由安慰自己，並且告訴羅素，這理由「在我看來是無可反駁的」：

我的書要嘛是上乘之作，要嘛不是。若是後者（這更有可能），我自己也寧願它不要出版。若是前者，那它早二十年或晚一百年面世都無所謂。畢竟就像《純粹理性批判》，誰會問它是一七多少年出版的？

羅素這時正隨同英國工黨的代表團出訪蘇聯，直到六月回國才看到信。他的反應非常大度：「我完全不在乎那篇序，你的作品沒辦法出版才真的讓我難過。既然如此，要不要我試著在英國出版？」維根斯坦說好，「你想拿它怎麼辦都行，」他自己已經放棄了。「但要是你想出版它，那就全憑你處置。」

儘管他在寫給羅素的信裡自我安慰，但遭到雷克拉姆拒絕後，還是陷入了深深的絕望中。五月底

他寫信給恩格曼說：「我一直想著自我了結，這個念頭依然不時糾纏著我。**我已跌到了谷底**。願你永遠

不會到這地步！我有辦法再振作嗎？唉，等著看吧。」

他這時又一個人住了。四月初他搬出了索格倫家，再度住進宿舍。這回是在拉祖莫夫斯基街

（Rasumofskygasse）上，跟前個宿舍一樣在維也納第三區。「這回搬家發生的事，我只要想到就很低落。」[7]

事實上，他是逃出索格倫家的，因為索格倫夫人愛上了他。

維根斯坦這段時期寫給羅素的信，顯示他灰心絕望，很想自殺；寫給恩格曼的信更是如此。信裡

強烈的自我譴責，就算維根斯坦向來苛求自己，也顯得太極端。他將自己的厄運歸於他的「低劣與腐

爛，」並且說他擔心「魔鬼有一天會來把我收走。」[8]

對維根斯坦和恩格曼而言，宗教和意識到自己的失敗密不可分。事實上，恩格曼認為這份自覺是

宗教意識的核心：

---

7 至少索格倫和維根斯坦兩家有些人如此認為，因此（參見布萊恩·麥吉尼斯〔Brian McGuinness〕，前引書，第二八五頁）之後總是刻意不讓維根斯坦和米瑪出現在同一場合。（原註）

8 巴特利三世的書出版以來，許多人開始理所當然將這些「自責跟所謂的「普拉特事件」（譯按：Prater episodes，詳見正文後附錄）連結起來。但就算真的有關，恩格曼自己也沒察覺。維根斯坦死後，他在日記裡寫道，他常被問及維根斯坦的同性戀傾向，但什麼也說不了，因為他們倆從來沒談過這件事。（原註）

如果我不快樂，並且知道自己的不快樂反映了我和生活現實間的巨大分歧，那我就什麼也沒解決。我會走在錯誤的軌道上，永遠困在情緒和思想的混亂中，除非得到那至高而關鍵的洞見，否則永遠無法脫身。那洞見就是：分歧不是生活現實的錯，而是我自己的錯……

得到並堅守這個洞見的人，一次次努力照洞見而活的人，是有宗教情懷的人。

照這個觀點，不快樂**就是**挑自己的錯，厄運只能是自己「低劣和腐爛」的結果。宗教情懷就是認識到自己一文不值，並擔負起改正自己的責任。

維根斯坦和恩格曼從談話到書信往來，都環繞著這個主題。例如恩格曼一月寫信給維根斯坦，提出一串關於宗教的見解：

基督之前，人體驗到的神（或諸神）是外在之物。

基督以後，人（不是所有人，而是學會透過基督去看的人）將神視為內在之物，因此可以說，神通過基督被帶進了人類……

……通過基督，神成了人。

魔鬼想成為神卻不得。

基督不想成為神卻**成了**神。

因此，邪惡是不配愉悅卻要愉悅。

但若人不要愉悅卻**行得**正確，喜悅就會自己到來。

維根斯坦評論這些見解時，並沒有說它們錯了，只認為表達不妥當。「這些描述還是不夠清楚，」

他寫道：「我認為一定有辦法說得更妥當（甚至什麼都不說，這更有可能）。」就算最完美的表達方式是

沉默，這些見解還是正確的。

維根斯坦認為恩格曼是「理解人類的人」，因此當他嘗試由雷克拉姆出版《邏輯哲學論》而未果，情

感和心靈都備受打擊時，心裡只想找恩格曼談談。而五月底他陷入人生的「谷底」不斷想著自殺時，也

是向恩格曼求援。恩格曼用一封長信振作了維根斯坦。他提到自己的經歷，說他近來苦惱於自己為何而

工作，不知道工作的動機是否正直得體。他抽空到鄉下獨處了一段時間，思考這件事。頭幾天很不滿意：

但接著我做了一件事。我能告訴你，因為你夠了解我，不會覺得蠢。那件事就是我開始「懺悔」，

試著回憶生命裡的一些事件，在一小時內盡可能詳細地回憶。針對每件事，我努力釐清自己本該

怎麼做。靠著這樣的**全盤綜觀**［übersicht］，原本混亂的圖像簡明了許多。

隔天，我依著這新得的洞見，修改了自己對未來的計畫與意向。

「我完全不曉得，」他寫道：「類似的舉動對你現在是不是好的，有沒有必要，但也許告訴你這個，能幫

你找到點什麼。」

「至於你談到自殺的念頭，」恩格曼接著說：「我是這麼想的」——

這些念頭跟其他念頭一樣，背後可能有著高貴的動機。然而，這動機以這種方式呈現，以自殺的念頭呈現，這必然是錯的。自殺一定不對。人只要活著，就不會徹底迷失，而促使人自殺的，卻是對徹底迷失的恐懼。照剛才所談的，這種恐懼毫無根據。當人陷入其中，會做出最壞的事，結束自己生命，放棄原本可能讓他逃出迷失的時間。

「這些你顯然都比我清楚，」恩格曼在信裡寫道，為自己似乎在向維根斯坦說教而解釋：「但人有時會忘記自己知道的東西。」

維根斯坦日後曾經多次使用「預備懺悔」的方式來釐清自己的生命。但這回幫助到他的不是這個做法，而是聽到恩格曼自己的掙扎。「謝謝你友好的信，」他於六月二十一日寫道：「我得到許多喜悅，因而或許也得到了一點幫助。雖然以我的情況而言，外人是幫不了我的。」

事實上，我此刻的心境連我自己都覺得可怕。我之前也遇過幾次，就是那種無法克服某個具體事實的狀態。我知道，這種狀態很可悲，但我只想得到一種解藥，那當然就是和事實妥協。然而，這就像不會游泳的人掉進水裡，手腳亂揮亂踢，感覺自己怎麼也無法將頭抬到水面上，這就是我的處境。我知道自殺永遠是一件骯髒事。人當然不會想要自我毀滅。不管是誰，只要想到自殺涉及什麼，就知道自殺永遠出於一股自我辯護的衝動。然而，沒有事情要比不自主地奪走自己性命更糟了。

當然，一切都歸結於一點，就是我沒有信仰！

187

很遺憾，我們不曉得維根斯坦這裡說的事實究竟是什麼。可以確定的是，這事實跟他自己有關，而他覺得唯一的解藥是宗教信仰。少了信仰，他的人生就無法忍受。他的處境是想結束生命卻又無法自殺。照他對羅素的講法：「對我來說，最好的結局或許是我夜裡躺下，從此不再醒來。」

「不過，或許還有更好的事，」他在括弧裡補充道。這封信寫於七月七日，那天他拿到了教師證：這暗示在教書裡他或許可以找到值得為之而活的東西。

維根斯坦順利完成了師範學校的課程，但仍心懷疑慮。他告訴恩格曼，師範訓練最好的一點，就是教書時能讀童話給孩子聽。「讀童話讓他們開心，也舒緩我的緊張，」這對「我目前的生活是好事一件。」他在戰俘營的朋友亨澤爾給了他幫助與鼓勵。亨澤爾本身是老師，也是維也納教育界的知名人物。

受訓期間，維根斯坦不只一次想放棄，因為（他告訴亨澤爾）他和同學關係惡劣。亨澤爾很敏銳，一眼就看出問題出在維根斯坦一貫的敏感。「你和同學之間沒有牆，」他回信道：「我身上包著一層更厚的殼。」

維根斯坦接受的師範訓練，應該是以「學校改革運動」（School Reform Movement）的綱領為方針。這項運動由當時的教育部長奧托‧格洛克爾（Otto Glöckel）發起，希望重新打造戰後奧地利的教育，贏得了奧地利許多知名知識分子的好感及參與，但維根斯坦並不認同。培養學童成為民主公民不是他當老師的動機。他和恩格曼的動機基本上是宗教的，跟這些社會和政治動機格格不入。

亨澤爾本身也有宗教性格，因此也和學校改革運動不合，後來更成為保守天主教組織「新大陸聯盟」

（Der Bund Neuland）的領袖。新大陸聯盟也主張改革教育，但希望保持甚至增強天主教的影響。不過，維根斯坦對他們的主張也不認同。神職者和社會主義者的衝突主導了戰後奧地利的公眾生活，而維根斯坦左右搖擺，一方面和社會主義者一樣討厭天主教體制及浮泛的平等主義，一方面又憎惡社會主義者的世俗主義，[9] 以及他們的政治和社會改革信念。然而，在一九二〇年代政治動盪和日益兩極化的氛圍下，搖擺或超然都只會被誤解。對保守的神職者來說，他輕視傳統就足以被當成社會主義者；但對社會主義者來說，他的個人主義和宗教性格又說明他是反動的神職派。

因此，維根斯坦在格洛克爾派底下受訓，卻對其中某些目標敬而遠之。他不確定自己在學校裡的名聲，便問亨澤爾有沒有聽到講師們說了什麼。亨澤爾說教師們一致讚揚他，認為他是認真又有能力的準老師，很清楚自己在做什麼。所有課程的教師，從教育理論、自然史、寫字到音樂，都很滿意他的表現。「心理學教授還很得意地說，高貴的維根斯坦閣下令他非常滿意。」

接受師範訓練這一年，維根斯坦常去造訪亨澤爾，有時會和另一名戰俘營的朋友羅比爾一起去。他和亨澤爾不僅討論教育問題，也談論哲學。亨澤爾是位博學的參事長（Hofrat Direktor），對哲學很有興趣，一生發表了約二十篇相關論文，主題大多是倫理學。他在五月二十三日的信裡向維根斯坦提到了「批判實在論者」庫爾佩的著作《實現》[10]，並扼要說明了書中區分的三種對象：實存的、理想的和真正的對象。維根斯坦對此興趣何在，我們不得而知，因為庫爾佩只被提過這麼一次。但有另外一項證據，顯示維根斯坦當時正在關注形上學的觀念論和實在論之爭。這項證據就是弗雷格四月三日的來信。就我們所知，這是弗雷格寫給維根斯坦的最後一封信。

弗雷格寫這封信，顯然在回應維根斯坦對〈思想〉一文的批評。維根斯坦在信裡提到觀念論的「深

刻基礎」，而弗雷格回信開頭寫道：「當然，我不是反對你的直率」——

但我想知道，你覺得觀念論的什麼深刻基礎是我沒領會到的？我以為你並不贊同知識論上的觀念論，因此你應該明白它終究沒有深刻基礎。它只能有表面基礎，不可能有邏輯基礎。

接下來，這封長信全在分析《邏輯哲學論》的缺乏清晰。弗雷格這回完全專注於書裡的第一個命題：「世界是所有實際情況。」假設這句話裡的「是」是「同一的是」，並假設這句話是在傳遞訊息，而非只是陳述「世界」的定義，那這句話要有意義，就必須有方法確認「世界」和「所有實際狀況」意思同一，並且這個方法**不能是**陳述兩者是同一件事。問題是這要怎麼做到呢？「你若願意回答這個問題，讓我更容易了解你的思考成果，」他寫道：「我會很高興。」

在現存的資料裡，這是兩人最後一次通信，而弗雷格對這本受他啟發而成的巨著的了解大概就停在了這裡，直到他四年後過世都沒再增加。維根斯坦認為觀念論涉及的「深刻基礎」，顯然跟《邏輯哲學論》裡的命題5.6到5.641有關。他在該處提出對世界的說明：「世界是**我的**世界。」「我是我的世界（小宇宙）」，但我不在我的世界**裡**。「主體不屬於世界，而是世界的界限。」因此，唯我論「推衍到底」就會跟純粹觀念論相合。「唯我論的自我縮小為一個沒有外延的點，只剩與之相協調的現實。」如此一來，

9　譯註：世俗主義（secularism）主張人民在社會生活與政治活動中要擺脫宗教組織的控制，保持對信仰實體的中立狀態。

10　O. Külpe，1862-1915。德國心理學家。此處提到的著作為《實現》（Die Realisierung）。

弗雷格的實在論就跟叔本華的觀念論和魏寧格的唯我論一致。

對維根斯坦和恩格曼來說，這觀點為他們的宗教個人主義立下了哲學基礎。**我是我的世界，**因此當世界讓我不快樂，**唯一確鑿**的做法就是改變我自己。「快樂者的世界和不快樂者的世界是不同的。」

儘管如此，弗雷格有一點說得沒錯，這種形上學觀點是不可理解的。照維根斯坦自己的理論，將這個觀點付諸言語只會是胡言亂語。不過，雖然他無法對弗雷格解釋清楚，讓羅素信服他的論述為真，也找不到出版商將它們當成邏輯符號論的結果而出版，但他依然相信這個觀點無懈可擊。雖然他前一年因為「外在」因素而飽嘗痛苦，包括品生特過世、哈布斯堡帝國崩解和出書不順，但他還是只尋求「內在」解方。說到底，就算他的書一直出版不了又怎麼樣？最最重要的是「清算自己」。

於是，那年夏天他受完師範訓練，將自己的書丟給羅素之後，便全心投入最緊急的任務：克服自己的不快樂，對抗將他拖離「快樂者的世界」的「內在惡魔」。他到維也納近郊的克羅斯特諾伊堡修道院（Klosterneuburg Monastery）當園丁，在那裡整天紮實勞動似乎起了療效。「傍晚工作結束，」他告訴恩格曼：「我很累，不會有不快樂的感覺。」這份差事讓維根斯坦得以將天賦應用在務實的勞力活動上。有一天，修道院院長遇到正在幹活的維根斯坦，便說：「原來智力對園藝這樣的事也是有用的。」

然而，園藝只是局部有效，「外在」因素帶來的痛苦繼續將維根斯坦困在「不快樂者的世界」裡。八月他寫信給羅素：「我每天都想到品生特，他帶走了我一半生命，而另一半將會落在魔鬼手中。」當暑假接近尾聲，小學老師的新生活即將開始，維根斯坦告訴恩格曼，他對自己的未來有「陰暗的不祥之感」。

除非地獄裡的所有魔鬼突然反方向拉扯，否則我的人生就算還過得下去，也註定非常悲慘。

九、「完全鄉下的地方」

維根斯坦雖然並未感染格洛克爾追隨者的改革熱情，但還是抱著頗為理想的目標走進教師行業，同時對於在鄉下窮人之間生活與工作，他也帶著一種托爾斯泰式的浪漫情懷。

依著自己的道德**世界觀**，維根斯坦關切的不是改善學生的外在條件，而是**從內在**抬高他們。他想教他們數學，發展他們的智力，教他們德文的經典，拓展他們的文化認知，讀聖經給他們聽，提昇他們的靈魂。他目的不在帶領學生擺脫貧窮，也不認為教育是協助他們到城裡過上「更好」生活的方法，而是希望用智性成長本身的價值打動他們，就像他日後顛倒過來，用體力勞動的內在價值來打動劍橋大學生一樣。

從奧地利鄉下到劍橋大學，維根斯坦的教學理念都是羅斯金式[1]的，誠實苦幹加上精練的智性、深刻的文化感性和至誠的認真，外在貧乏，但內在富足。

1 譯註：羅斯金（John Ruskin，1819-1900）是英國藝評家、社會思想家，亦是慈善家。

192

在窮鄉僻壤工作對維根斯坦意義非凡，但是由於師範畢業生的慣例，他被派到了塞默靈[2]瑪利亞舒茲（Maria Schurz）的一所學校去實習一年。那裡是維也納南方鄉下一個著名的朝聖地，鎮上頗為繁榮舒適。維根斯坦大略遊歷了一番，覺得這地方不行。他對吃驚的校長說，他發現鎮上有一座帶噴泉的公園，「這不適合我，我要一個完全鄉下的地方。」於是校長建議他去特拉騰巴赫（Trattenbach），在山另一頭的小村子。維根斯坦立刻啟程，走了一個半小時，很開心找到了正合他想像的地方。

特拉騰巴赫又小又窮，有工作的村民不是在當地的紡織廠幹活，就是去鄰村農田幫忙。村民生活拮据，一九二〇年代蕭條時期更是艱困。然而，這個村落（至少起初）卻迷住了維根斯坦。到達之後不久他寫信給羅素，羅素當時在中國，剛剛開始在北京大學的一年客座。維根斯坦驕傲地將地址寫成「特拉騰巴赫的路・維老師」，深深陶醉於工作地點的偏僻。

我將在一個名為特拉騰巴赫的小村子裡當小學老師。這村子在山裡，維也納往南大約四小時路程。這肯定是特拉騰巴赫頭一回有老師寫信給北京的教授。

一個月後，維根斯坦寫信給恩格曼，語氣更興奮了。他說特拉騰巴赫是個「美麗的小地方」，還說自己「在學校工作得很快樂」。不過他鬱鬱補上一句：「我很需要這些」，否則地獄裡的惡魔會從我心底掙脫出來。」

頭幾個月，他寫給亨澤爾的信也是一樣愉快。他靠亨澤爾寄書來給學生讀，而且還要對方同一本書寄很多冊來，例如格林童話、《格列佛遊記》、萊辛寓言集[3]和托爾斯泰的民間故事集等等。亨澤爾經

常週末來找他，艾爾維‧索格倫、維根斯坦家族攝影師莫里茲‧勒厄（Moritz Nähe）和德羅比爾也是。

然而，維根斯坦和村民（及同事）之間的差異本來就大，這些訪客讓兩者的反差更加明顯，因此他很快就成了傳言和臆測的主角。同事葛奧格‧貝爾格（Georg Berger）在學校辦公室見到他和亨澤爾一起，維根斯坦問他村裡的人對他的看法。同事葛奧格躊躇不答，逼問之下才說：「村民覺得你是有錢的男爵。」

貝爾格沒有明說，不過村民肯定認為維根斯坦是位**古怪的**貴族。**奇怪**（fremd）是他們最常用的形容詞。他們很想知道，為什麼這樣一位有錢又有教養的人選擇活在窮人之間，尤其他對他們的生活幾乎不表認同，而且顯然更愛跟維也納來的優雅朋友在一起？為什麼他要過這種苦日子？

維根斯坦起初住在棕鹿旅舍（Zum braunen Hirschen）一間小客房裡，但沒多久就覺得樓下舞曲太吵，於是就搬走了。他在學校廚房幫自己弄了一張床，據貝爾格說（村民聽到的種種關於維根斯坦的傳言，有不少可能都是從他那裡聽來的）維根斯坦常常好幾小時坐在窗邊看星星。

維根斯坦很快就成了學生眼中充滿熱情、幹勁又嚴格的老師。誠如他姊姊赫爾敏所言，他在許多方面是天生的教師：

　　他對什麼事都感興趣，而且很懂得抓出最重要的部份，清楚說給別人聽。我看過路德維希教書，

<hr>

2　譯註：塞默靈（Semmering）為奧地利的一個地名。

3　譯註：萊辛（Gotthold Ephraim Lessing，1729-1781）是德國啟蒙運動時期重要作家，著有《寓言》（Fabeln，1759）與《拉奧孔》（Laocoön，1761）等。

他有幾次下午在我的職業學校教導孩子們，所有人都大開眼界。他不只會講課，還會用問題引導孩子找出正確答案。他曾經帶著他們發明了一台蒸氣引擎，還有一次在黑板上設計了一座塔樓，或描繪人體運動。他喚起孩子們莫大的興趣，連裡頭最沒天份、通常不專心的孩子也想出了驚人的好答案。所有孩子爭先恐後回答問題，或提出自己的看法。

雖然維根斯坦對學校改革運動有所疑慮，但在他教書期間，正是改革份子給了他最大的支持與鼓勵，例如普特爾[4]和地區督學威廉·昆特（Wilhelm Kundt）。他的教學方法跟學校改革運動的原則若合符節，最重要的是不能用反覆講述的方式來教導孩子，而是應該鼓勵孩子自己思考問題、得出結論。他要孩子組合貓的骨骼標本學習解剖，注視夜空學習星象，漫步鄉間辨認草木認識植物，去維也納遠足時辨認房屋風格學習建築等等。不管教什麼，他都努力在孩子身上喚起他自己在所有事上投注的那種好奇與好問。

這樣的教學法自然對某些孩子管用，某些則否。維根斯坦教過的孩子裡，有幾位表現得特別好。他把自己喜歡的學生（多數是男孩）編成班，給他們課後指導。在這群孩子眼中，他成了父親一般的角色。

但對天賦不足或興趣未受他熱情打動的孩子來說，他一點也不像和藹的父親，而是一名暴君。他強調數學的重要，每天早上頭兩個小時都在講數學。他認為代數愈早學愈好，教的數學難度也遠高於這年紀孩子的能力。他的一些學生（尤其是女孩）多年後回想起來，仍然對那兩小時餘悸猶存。其中一名學生安娜·布倫納（Anna Brenner）回憶道：

上算術課時，學代數的要坐在第一排。有一天上課，我和我朋友安娜・弗爾克勒決定老師問什麼都不答。另一名數學差的女學生回憶道，維根斯坦問：「三乘六答案是多少？」安娜說：「我不知道。」他問我一公里是多少公尺，我沒回答，結果挨了一耳光。後來維根斯坦對我說：「妳不知道的話，我就去一年級班上找一個知道的小孩來。」下課後，維根斯坦把我帶到辦公室，問我：「妳是不想做算術，還是不會？」我告訴他：「我想做。」維根斯坦說：「妳是個好學生，可是算術……還是妳身體不舒服？是不是頭痛？」我騙了他：「是！」維根斯坦說：「這樣的話，布倫納，可以請妳原諒我嗎？」他邊說邊抬手禱告。

我立刻覺得自己撒謊很丟臉。

從這段回憶裡可以看出，維根斯坦的教學法和格洛克爾所提倡的改革有一點非常不同，那就是他會體罰。另一名數學差的女學生回憶道，維根斯坦有一回在課上狠狠扯她的頭髮，後來她梳頭時掉了一堆。在他前學生的回憶裡，經常可以聽到被他打耳光（Ohrfeige）或拽頭髮（Haareziehen）的故事。

這些暴行傳到了家長耳中，讓他們對維根斯坦起了反感。雖然格洛克爾建議不要打罵孩子，但村民們不是反對體罰，也不是這種管教方法很少見，只是他們覺得不聽話的男孩搗蛋可以賞耳光，女孩學不會代數不該受到同等的對待。事實上，村民根本不覺得女孩**需要**學會代數。

總之，村裡的人（包括維根斯坦的一些同事）都對這位充滿貴族派頭的古怪外人失去了好感。他的

特異行徑有時好玩，有時會嚇到他們。有關他的「古怪」軼事傳了又傳，讓他成了村裡的傳奇人物。例如有一則軼事說，他有天找了兩名同事一起演奏莫札特的三重奏，他自己吹奏單簧管，貝爾格拉中提琴，校長魯佩特・柯爾納（Rupert Köllner）彈鋼琴。貝爾格回憶道：

維根斯坦一次又一次要我們從頭開始，完全不覺得疲憊。後來他總算讓我們稍作休息，我和柯爾納校長一時昏頭，隨意彈起舞曲來。維根斯坦勃然大怒，朝我們吼道：「**胡鬧**！〔Krausalat！〕」說完就拿著東西離開了。

還有一則軼事是他去參加村裡天主教會的教義問答，那天地區主教也來了。維根斯坦專心聽完牧師問孩子的問題，竟然大聲地說：「胡扯！」

但最驚人、也是村民印象最深的一件事，是維根斯坦修好了當地一家工廠的蒸氣引擎，而且手法就像行了神蹟一般。底下是比契邁爾夫人（Frau Bichlmayer）的回憶，她在那家工廠工作，是維根斯坦同事的妻子：

那天我在辦公室，聽說引擎壞了，工廠被迫停工。那年頭什麼都得靠蒸氣。後來廠裡來了一群工程師，但仍是修不好引擎。回家後，我告訴先生這件事，他隔天在學校辦公室提到工廠的引擎故障了，維根斯坦老師就問他：「我能去看看嗎？你能讓他們准我去瞧一眼嗎？」我先生問了廠長，廠長說好，他可以馬上來……於是維根斯坦老師就和我先生去了工廠。他馬上走到引擎室，在裡

197

頭走走看看，什麼也沒說，只是東瞧西看。接著他說：「可以給我四個人嗎？」廠長說可以，於是來了四個人，兩名是鎖匠，兩名不是。維根斯坦要他們每人各拿一支鎚子，再給他們一個號碼和位置。我記得他們得照順序敲打自己負責的那個點，順序是一、四、三、二……就這樣引擎就修好了。

工廠送了一匹亞麻布感謝他的「奇蹟」，維根斯坦起先拒絕，不過後來代表學校的低收入孩子接受了。

儘管如此，村民對奇蹟的感謝，還是未能勝過對他古怪行徑的猜疑。雙方的關係在秋季學期不斷惡化。維根斯坦的姊姊赫爾敏宛如母親，一直關心弟弟新工作的進展。但她只能透過亨澤爾間接關心，因為維根斯坦歡迎維也納的朋友來訪，卻嚴格要求家人別來看他，也不准提供任何協助。食物包裹被他原封不動地退回，信也從不回覆。

亨澤爾說服了赫爾敏，要她放心。維根斯坦的第一個學期雖然有些壓力，但還算不錯。十二月十三日，赫爾敏寫信給他，顯然寬慰不少：

非常感謝你親切回信。一來，你的信讓我放了心，維根斯坦挺過特拉騰巴赫人的好奇心和相處了。他那時在信裡感覺滿正面，而且話不多，那就更令人放心了。二來，我很感謝你說的那些關於我弟弟的看法，雖然我自己本來就這麼想。你說的對，有個聖人弟弟當然不容易。英國有句俗語：「寧可當活著的狗，也不要當死的哲學家。」而我則要說：我常情願自己的弟弟是個快樂的**人**，也不要他是個不快樂的**聖者**。

諷刺的是，一九二一年一月二日，這封信寫完沒幾週，維根斯坦就寫信給恩格曼痛斥自己沒有選擇神聖的事業：

我很遺憾耶誕節沒去見你。我忽然有個好笑的想法，覺得你在躲**我**，因為我已經道德死亡了一年多！從這裡你就可以知道我過得好不好了。如今這樣的例子或許已經稀鬆平常，而我也是其中一個：明知自己有一個使命，卻沒去做，結果現在生活開始崩壞。我應該用生命去做一點正面的事，成為天上的星，結果卻只困在地上，開始慢慢暗去。我的生命已經變得沒有意義，只剩下無謂的片段。我周圍的人沒有察覺這一點，也不會理解，但我知道自己有著根本的缺陷。如果你不懂我說的這些，那你真該慶幸。

恩格曼確實不理解。他回信道，如果維根斯坦覺得自己有未完成的使命，為什麼不現在去做？至少也可以等準備好了再去做？再者，說自己有著**根本的**缺陷肯定不對。他們倆不是討論過了，沒有人會迷失到無可挽回嗎？然而，恩格曼這次的回信彈錯了調。「我現在無法在一封信裡分析自己的狀態，」維根斯坦在回信裡寫道：「順帶一提，我不認為你完全了解……這陣子你不適合來看我，我們眼下很難知道怎麼跟對方相處。」

至少在那段時間，亨澤爾取代了恩格曼，成為維根斯坦覺得能夠理解他內在生命的人。亨澤爾回憶維根斯坦時寫道：「他當老師的時候，有天晚上突然覺得自己被召喚了，但他拒絕了。」這或許可以

解釋維根斯坦為何向恩格曼提到了使命，以及履行使命將讓他上達天際，無視它就會困居塵世。一九二一年的春夏兩學期，維根斯坦對特拉騰巴赫的感覺從起初的喜悅逐漸轉成了厭惡。他以超乎尋常的要求來教育農村孩子的努力，遭到家長、孩子自己

這還跟巴特利三世引述的一個夢（引自何處，我們無從得知）有關。他說維根斯坦「可能在一九二〇年十二月初」做了這個夢，夢境如下：

5

> 我是牧師，住處的前廳有一座聖壇，聖壇右邊有階梯，鋪著紅地毯，很像林蔭街那種大台階。聖壇腳下是波斯地毯，一些其他宗教的聖品和器物擺在聖壇上面和旁邊，包括一支貴金屬權杖。
>
> 但竊案發生了。小偷從左邊進來，偷走了權杖。這只好報警。警察局派了位警察過來，要我描述那支權杖，例如是用哪種金屬做的。我答不出來，甚至說不出它是金或銀的。警察懷疑根本沒有權杖。接著我開始檢查聖壇的其他部份和配件，發現地毯是禱告墊。

我眼睛開始盯著墊子的邊緣。邊緣的顏色比中間華麗的部份淺一些，感覺像是褪色了，有點古怪，但還是很牢固。

這讓維根斯坦大為困惑，如果將這樣的解釋加在夢上，那還算是他的夢嗎？

巴特利三世的書給人一種感覺，而上面引述的部份是書中最讓人有此感覺的段落。他不只引述這個夢，彷彿那是維根斯坦本人講的，還寫到維根斯坦和「另一人，可能是亨澤爾」對夢境的詮釋。而且，這裡不像「普拉特事件」，巴特利三世寫到的事，從夢的內容、時間，甚至亨澤爾和維根斯坦對夢的解釋，都跟其他資料來源頗為吻合。巴特利三世甚至提到了維根斯坦對亨澤爾解夢的反應。亨澤爾將夢裡的象徵跟舊約的意象連在一起，巴特利寫道：

> 這反應也很合乎情理。據巴特利三世說，維根斯坦自己傾向從鍊金術的角度解釋這個夢。權杖是性器官表徵（他的「低劣自我」），也是煉化的表徵（從低等金屬變為金或銀），而懷疑的警察則代表他無法說服自己的良心相信這種煉化。
>
> 因此，若我們將維根斯坦寫給恩格曼的信、亨澤爾的回憶和巴特利三世引述的夢綜合起來，就能得出一個可信的說法，足以解釋維根斯坦一九二一年耶誕假期時性情出現的巨大變化。因為他無法說服自己，他如此渴望的自我轉變真的能發生，於是便拒絕了那要他成為牧師的召喚。這拒絕唯有靠「根本的缺陷」才能解釋，否則他所渴望的轉變當然有可能。他確實**是**低等金屬，**只得繼續困在地上。**（原註）

（覺得達不到維根斯坦高要求的孩子）和同事們愈來愈多的誤解與抵制。

三月時他收到羅素回覆他九月信件的來信。那時信裡的他還滿懷興奮。「不曉得你還喜歡當小學老師嗎？」羅素寫道：「跟孩子們處得好不好？」

教書是份正直的工作，也許是真正的正直。這年頭每個人都多少涉及某種欺騙，你卻得以倖免。

羅素自己心情不錯。他喜歡北京，而跟朵拉‧布雷克公然「有罪地」一起生活，不時引發（英國）衛道者反感，也讓他樂在其中。「我喜歡中國和中國人民，」他告訴維根斯坦：

他們懶散、脾氣好又喜歡笑，很像好孩子。他們待我非常友好。其他國家都攻擊他們，說絕不能讓他們照自己的方式享受生活。他們被逼著發展陸海軍、挖煤和鑄鐵，但其實只想吟詩作畫（很美的畫）和彈奏奇怪的音樂。他們用帶著綠流蘇的弦樂器演奏，曲調優雅但幾乎聽不見。我的學生全是布爾什維克，因為時下風行。他們發現我沒那麼布爾什維克，都很驚訝。他們的程度不夠學習數理邏輯。我教他們心理學、哲學、政治學和愛因斯坦，晚上偶爾跟他們聚會。聚會時他們會放爆竹，比起上課他們更喜歡這個。

克小姐住在中國人的四合院，中間是庭院，我信裡附了一張我在書房門口的相片。

維根斯坦立刻回覆羅素，說自己先前對特拉騰巴赫的著迷已經消失，只剩對村民的厭惡。「聽到你

覺得當地的人那麼可憎，實在遺憾，」羅素回道：「但我認為所有地方都一樣，人性不會高到哪裡去。我敢說不管在哪，你都會覺得左右鄰人同樣討厭。」不對，維根斯坦反駁道，「這裡的人比其他地方的人都沒用和不負責任得多。」但羅素不為所動：

你覺得特拉騰巴赫的人那麼可憎，我很遺憾。但我不認為他們比其他人類更糟。反對這麼想。

「你說得對，」維根斯坦最終承認：「特拉騰巴赫的人並不比其他人類更糟。」

但特拉騰巴赫是奧地利一個特別不起眼的小地方。大戰以來，**奧地利人**就墮落到可悲的低谷，慘得不足為外人道，就是這樣。

羅素告訴維根斯坦，他將他的手稿留給了人在英國的朋友多蘿西·溫奇（Dorothy Wrinch），她是一位「出色的數學家，正在研究數理邏輯」。他交代她找人出版。「我無論如何都要讓你的書出版，」羅素肯定地說：「如果我人不在英國時沒完成，我一回去就會處理。」

一九二二年的夏季學期對維根斯坦來說，除了羅素的好消息，還有一件令人寬慰的事，就是他和一名學生建立了情感。這男孩名叫卡爾·葛魯柏（Karl Gruber），來自村裡最窮的人家，很有天份，相當適應維根斯坦的教學法。和維根斯坦的許多學生一樣，他起初覺得代數很難。「我搞不懂，」他日後

回憶：「人怎麼能用字母算術。」但挨了維根斯坦一耳光後，他開始發憤學習，「很快就成了班上代數第一名」。夏季學期結束後，他準備離校到當地的工廠幹活，維根斯坦決定盡全力讓這孩子繼續求學。七月五日他寫信給亨澤爾，說明葛魯柏的狀況，並尋求建議。男孩的父母負擔不起寄宿學校，所以該怎麼辦？維也納有中學可以讓他免費或以便宜的費用入學嗎？「我認為，」維根斯坦寫道：「這孩子若是無法繼續發展，將會是莫大的遺憾。」亨澤爾回信推薦了卡拉桑茲協會（Calasanzverein），維也納一個接受低收入學生的天主教機構。但維根斯坦已經決定自己教這孩子，即便他畢業了，並且要亨澤爾擔任考官，不時給男孩考試，看他是否達到維也納完全中學的入學標準。

這一年暑假，維根斯坦和艾爾維到挪威旅行。這是他一九一四年以後頭一回舊地重遊，總算見到了離開期間友人幫他建造的房子。他們身上的錢不多，途中甚至還在漢堡一間救世軍青年旅館過了一夜。他在信裡告訴亨澤爾，這是趟打工渡假：「我在一家類似木工廠的地方打工，從清晨忙到傍晚，跟艾爾維一起製作板條箱，靠這樣賺了一筆錢。」但和往昔一樣，內心平靜才是他體力辛勞所要的報償。

「我很高興做了這次旅行」，他告訴亨澤爾。

回到特拉騰巴赫不久，維根斯坦就收到羅素來信，說他的書終於要出版了。羅素八月份就和朵拉·布雷克從中國回來了，但因為朵拉懷了六個月身孕，所以回到英國後的頭兩個月，羅素都在為了孩子未來的合法地位而奔走。他在中國時曾有如破釜沈舟，寫信給三一學院辭去教職（「因為，」他後來說：「我公然活在罪裡。」），並且著手和妻子艾麗絲（Alys）離婚；但當兒子即將出世，可以繼承伯爵頭銜，羅素還是選擇了屈服。九月二十一日，他從艾麗絲那裡拿到了離婚判決，六天後和朵拉結婚，十一月

十六日嬰兒誕生，取名為約翰・康拉德（John Conrad），即未來的羅素伯爵四世。

走完必要程序，確定兒子可以繼承頭銜之後，羅素便能專心處理維根斯坦的出書事宜了。透過朋友奧格登牽線，他敲定《邏輯哲學論》的英文版將擺在一套專論叢書中出版。這套叢書由基根保羅（Kegan Paul）出版社策劃，名為「國際心理學、哲學和科學方法論集」，奧格登剛當上叢書的主編。雖然《邏輯哲學論》還是被視為包袱，但出版社認為財務上負擔得起。「做這本書的損失不會超過五十英鎊，所以他們能接受我很滿意，」奧格登十一月五日寫信給羅素道：「當然，要是這本書很快再版，印刷費用大降，或許就能回本了。」

不僅如此，羅素的朋友多蘿西・溫奇在羅素還沒回國之前，也已經敲定了一家德文期刊，答應出版這本書。這份期刊叫《自然哲學年鑑》（Annalen der Naturphilosophie），編輯是威廉・奧斯瓦德（Wilhelm Ostwald）。羅素知道維根斯坦對他序言德譯的反感，因此將書稿交給溫奇時，心想她應該會找英國出版社。但被劍橋大學出版社回絕之後，溫奇（正確地）猜想用德文出版可能是唯一的機會了，因此便聯絡了三家德文期刊的編輯。只有奧斯瓦德給了她肯定的回覆，而且完全是因為羅素的序。「換作別的情況，我一定會拒絕這份書稿」，二月二十一日奧斯瓦德寫信給她：

但我極為敬重伯特蘭・羅素先生，不僅因為他的研究，也由於他的人格，故我很樂意在《自然哲學年鑑》刊登維根斯坦先生的作品，尤其歡迎伯特蘭・羅素先生的序。

十一月五日羅素收到了奧斯瓦德的校樣，以及奧格登的口頭承諾，會將維根斯坦的書納入叢書，

他立刻寫信通知維根斯坦，說奧斯瓦德會刊登他的序，「抱歉，我想你恐怕不喜歡這樣，但如你在他信裡看到的，這實在沒辦法。」

接著，羅素提了一件可能會嚇到維根斯坦的事：「至於我，我已經和布雷克小姐結婚，再過幾天孩子就要出世了。」

我們買下了倫敦雪梨街三十一號的房子，還有你在劍橋的家具，我和她都很喜歡。孩子說不定會在你的床上出生呢。

羅素遊說維根斯坦來英國，還答應替他出錢，作為買下家具未付的尾款。「你的家具價值遠超過我當初付的金額，我願意補還給你，什麼時候都行。我買的時候完全不曉得它們有多珍貴。」後來在另一封信裡，他算出自己還欠維根斯坦兩百英鎊。「我不認為喬利低估了那些家具的價值，我就有理由坑你。」

維根斯坦十一月二十八日回信道：「我得承認，得知自己的作品將要出版讓我非常開心，」雖然「奧斯瓦德完全是個冒牌貨」：

只要別讓他修改就好！校樣出來你會看嗎？會的話，請盯著他一字不差照著原稿付印。那傢伙很有可能順著自己的品味改動我的東西，例如放入他愚蠢的拼寫。我最高興的還是整本書可以在英國面世。

羅素顯然沒什麼時間詳讀校樣，而且他收到校樣時書已經付印了，因此完全沒做修正。奧斯瓦德非但沒憑自己的喜好竄改書稿，反而完全照著打字稿印了，顯然對自己出版的作品的意義漠不關心。因此我們會發現，除了較普通的誤印之外，許多原本該是羅素邏輯符號的圖案都沒印出來，直接用了打字機上的功能符號，如—（謝費爾豎線，代表合取運算的否定）印成了！、～（否定符號）印成了／（有時謝費爾豎線也被印成／），還有⊃（實質蘊含）印成了C。

付印期間，奧斯瓦德一次也沒有找維根斯坦商量，也沒有寄抽印本給他。當羅素告訴他書印好了，他還得寫信給亨澤爾，請他在維也納的書店替他買一份《自然哲學年鑑》。亨澤爾沒找到，直到隔年四月維根斯坦才從奧格登那裡收到一本，總算見到自己作品印好的模樣，結果把他嚇壞了。他告訴恩格曼，他覺得那東西根本是「盜版」。直到一九二二年英文版發行，他才覺得自己的書真正出版了。

一九二一年十二月六日，羅素再次寫信給奧格登，將維根斯坦十一月二十八日的信轉寄給他，正式啟動了英文版的印行：

隨信附上維根斯坦的來函，完全授權此事，你可以跟出版商說沒問題了……維對這事反應很理智，讓我大大鬆了口氣。

一九二一年冬天到二二年初，法蘭克・拉姆齊（Frank Ramsey）依據奧斯瓦德版的抽印本，將全書譯成了英文。拉姆齊是劍橋大學國王學院的學生，也是奧格登的朋友，雖然才十八歲，已經是公認大有前途的數學家。

三月底，維根斯坦收到了拉姆齊的譯文和一張疑問表，上頭列了拉姆齊和奧格登都看不懂的地方，想請教他的意見。其中一些疑問是奧斯瓦德的德文版印刷草率造成的，另一些則是因為他們沒有正確理解維根斯坦想說的意思。由於維根斯坦還沒看過德文版，因此分不出哪個是哪個。事實上，他當時正懷疑奧斯瓦德根本還沒印他的書，甚至不曉得他會不會印。

因此，訂正譯文的工作漫長而艱困。但到四月二十三日，維根斯坦已經弄出了一份詳細的評註和建議，並寄給了奧格登。他的建議主要在讓英譯文盡量自然、緩和拉姆齊的過度直譯。他不只被迫定義某幾個德文字詞，還得解釋使用這些字詞時**他**想表達什麼，並找出相同意思和語氣的英文表達。因此，在這一點上，英文版不僅是德文版的翻譯，還是維根斯坦思想的重新闡述。

奧格登提出的第一個問題是書名。奧斯瓦德直接用維根斯坦給的標題：Logisch-Philosophische Abhandlung。這書名直譯成英文很彆扭：Logical-Philosophical Treatise（邏輯—哲學論文）。羅素提議用 Philosophical Logic（哲學邏輯）；摩爾則是想到史賓諾莎的 Tractatus Theologico-Politicus（神學政治論），提議用 Tractatus Logico-Philosophicus（邏輯哲學論）為書名，覺得這標題「明白又理想」。當然，這樣的書名不會讓一般人覺得書很好讀，因此奧格登有些擔心。「要說哪個書名好賣，」他告訴羅素：「**哲學邏輯**自然比較好，只要它意思沒錯的話。」

拍板定案的是維根斯坦。「我想拉丁文書名比現有的書名好，」他告訴奧格登：

雖然 Tractatus logico-philosophical（邏輯哲學論）還不夠**理想**，但意思差不多是對的，不像 Philosohical logic 是錯的。老實說，我根本不懂 Philosophical logic 是什麼意思，這東西並不存在。（除

非有人說這本書毫無意義，因此書名也能毫無意義。）

奧格登仔細考慮了維根斯坦提出的建議與評述，並依此修訂了譯文。從他和維根斯坦的通信可以看出，不會有作者找得到比他更仔細和包容的編輯了。五月時，英文版大致底定。

但還有一個問題。將筆記打成書稿時，維根斯坦加了不少補述，但只有一條納入定稿，其餘都沒有收錄。維根斯坦替補述編了號，只有第七十二條例外。他想將它納為命題4.0141，作為上一條命題的闡述。上一條命題比較了兩種關係：語言和世界之間的描繪關係，以及音樂主題（musical thought）、唱片和樂譜之間的關係。但在奧斯瓦德版中，命題4.0141讀起來相當怪：「（Siehe Ergänzung Nr.72）」（意為：見補述第七十二條）。顯然他不是搞丟了增補表，就是根本沒拿到，而且應該認為比起書裡其他句子，這句話並沒有更像無字天書。於是，問題只好等奧格登讀到拉姆齊的譯文「（See Supplement No. 72）」時才提了。「這是什麼？」他問拉姆齊：「應該哪裡錯了吧？」

維根斯坦在回覆裡解釋了補述的事，並且將他打算納入書裡的那條補述譯成英文交給奧格登。奧格登興趣大增，心想或許維根斯坦那裡還有更多補述，可以用來闡明和擴充這本原本就不好讀（而且又短）的書。

但維根斯坦拒絕再寄補述，「別想印了，」他告訴奧格登：「補述原本就是**不該**印出來的東西。再說，**它們一點也沒有闡明的效果**，反而比書裡的其他命題還不清晰。」

至於書很短，我心裡**實在抱歉，但又能怎麼辦**？就算你把我當成檸檬，也擠不出更多東西了。

印行補述沒有半點用處，這就像你找細木工人做桌子，他做出來的桌子太小，於是打算把刨花、鋸屑和其他垃圾一起賣給你，作為補償。與其印出補述把書撐厚，不如留幾張空白頁給讀者，這樣要是他們買了書卻讀不懂，就有地方可以洩忿了。

六月時，書準備付印了，奧格登寄了一份聲明給維根斯坦，要他簽名將書的所有出版權利授予基根保羅出版社，「以感謝他們將《邏輯哲學論》的德文和英文版收錄於國際心理學和哲學叢書中」。根據合約條款，維根斯坦不會拿到版權費，也不會收到任何版稅。一九三三年《邏輯哲學論》計畫再版，維根斯坦曾經請求基根保羅給他版稅，但對方沒回應，所以他後來的作品才會另覓出版社。不過，當時他關心的不是錢，而是大衛的母親愛倫·品生特務必得到一冊贈書。出書前的倒數階段，他在每一封信裡都會提醒奧格登記得品生特夫人，請他確保她一定會拿到書。

七月印樣完成，維根斯坦適度修改之後，八月第一週寄回給奧格登。出版社似乎想附上維根斯坦的生平概略，寫書時的非常環境，以及卡西諾戰俘營等等。維根斯坦反應尖銳而輕蔑，「隨便你，」他八月四日回信給奧格登：「義大利修道院那些事，你愛怎麼寫就怎麼寫。」

……只是我一輩子也看不出這有何意義。一般評論者知道我年紀做什麼？這不是等於說，你還能期待這樣一個小伙子寫出什麼？尤其他是在奧地利戰場上寫的，想必吵得要命？我要是知道一般評論者相信占星術，就會建議書的封面印上我是幾月幾日幾點幾分出生的（一八八九年四月二十六日傍晚六點），方便他們幫我畫星盤。

等書出版時，維根斯坦已經離開特拉騰巴赫了。早在前一年的十月二十三日，他就暗示羅素這是他待在特拉騰巴赫的最後一年，「因為我在這裡連和其他老師都處不來」，使得他在特拉騰巴赫的日子一天比一天難捱。他決定至少要幫那些能力較強的學生，拓展他們的眼界，因此除了卡爾・葛魯柏之外，他又收了新班級裡幾名表現較好的學生，像是恩默里齊・柯特霍德（Emmerich Koderhold）和奧斯卡・福克斯（Oskar Fuchs），替他們私下講課。然而，三名學生的家長都反對。維根斯坦想帶福克斯去維也納看劇，但被拒絕了，因為福克斯的母親不想把孩子交到「那瘋狂的傢伙」手上。他告訴柯特霍德的父親，說他小孩有能力唸維也納的文法學校，也應該去唸，得到的回答是門都沒有，柯特霍德需要在家幫忙種田。不過，最讓維根斯坦失望的還是卡爾・葛魯柏，他學生裡最有天賦的孩子。每天放學後從四點到傍晚七點半，維根斯坦都會替葛魯柏密集上課，教他拉丁文、數學、地理和歷史。亨澤爾會不定期測驗葛魯柏，尤其是拉丁文，因為維根斯坦覺得自己最沒能力教這個科目。他們打算讓葛魯柏唸維也納的文法學校，求學期間可以住在赫爾敏家，但這有一個困難。葛魯柏日後解釋道，「我會覺得那很丟臉」──

我不想乞求施捨，否則會覺得自己在接受救濟。我得以「窮孩子」的身份去那裡讀書，為自己拿到的每一片麵包向人道謝。

或許因為如此，也可能只是太累了，每天工廠下班後還得讀書三個半小時，而且得不到家人支持，

葛魯柏告訴維根斯坦他不想再上課了。一九二一年二月十六日維根斯坦寫信給亨澤爾：「今天葛魯柏來我這裡拿書，我和他談了一下，發現他已經無心繼續學習了……他顯然不曉得這麼做代表什麼，不曉得自己選的這一步有多糟，但他怎麼會知道呢！可悲啊可悲！」

「我真希望你在小學沒教得這麼辛苦，」羅素二月七日寫信給他：「那一定非常乏味。」維根斯坦回說他近來確實很沮喪，但不是因為憎惡在小學教書，「恰好相反！」

是這個國家的人民徹底無可救藥到極點，讓教書變得**很難**。在這地方，我找不到半個人可以跟我做有意義的對話。天曉得我還能忍受多久！

羅素之前曾經說他「喜歡中國遠勝於歐洲，」那裡的「人民更文明，我一直希望能再造訪」。的確，維根斯坦回信道，「我不難想像你覺得中國比英國更宜人，即使英國顯然已經比這裡好上一千倍。」

在他寫給奧格登的信裡，同樣可以感覺維根斯坦已經開始期望到英國，因為那裡至少有幾個聊得來的朋友。他信裡經常問起劍橋的老友，尤其是詹森和凱因斯，要奧格登轉達他的問候。

維根斯坦和羅素約了晤面，整個夏季學期都開心和熱切期盼著。羅素打算到歐洲一趟，去瑞士造訪哥哥和大嫂。原本說好維根斯坦到瑞士跟羅素會合，不過後來改成在因斯布魯克見面並停留一晚。他們交換對歐洲險惡局勢的看法，說自己有多期待這次晤面，維根斯坦還親切問起羅素的妻子和寶寶。（羅素說：「小傢伙很可愛，起初長得跟康德一模一樣，不過現在比較像嬰兒了。」）

然而，事後證明這次晤面讓兩人都非常失望。事實上，這是兩人最後一次以朋友相稱和見面。據

朵拉的說法，是「當時的局勢」造成這次「晤面不快」。奧地利通貨膨脹到達高點，到處是「盜墓者和

禿鷹，幣值大貶苦了當地人，卻讓觀光客如魚得水」：

我們在街上東走西繞，找不到住宿的房間。眼見祖國淪落至此，自己又無力款待我們，維根斯

坦自尊受損，痛苦得不得了。

最後他們找到了一間單人房，羅素一家睡床，維根斯坦睡沙發。「不過，旅館有一座露台，坐起來

蠻舒服，柏蒂6就在那兒跟維根斯坦討論怎麼讓他去英國。」她極力否認兩人那時有吵架，「維根斯坦向

來不容易相處，但我想他們倆的齟齬只出現在哲學討論上。」

然而，羅素自己認為兩人的分歧點在宗教。他說維根斯坦「為了我不是基督徒而深感痛苦」，而且

當時是他「最沈迷於神秘主義的時候」。他「急切想說服我，為善比聰明好」。不過（羅素發現一個有趣

的矛盾）他卻很怕黃蜂，而且因為蟲子的緣故，無法在因斯布魯克的旅館房間多待一夜」。

後來羅素描述這段往事，給人的感覺是因斯布魯克會面之後，維根斯坦覺得他太邪惡，不該跟他

扯上關係，於是斷絕了所有往來。羅素喜歡別人覺得他很邪惡，而且在他回憶裡，這部份顯然是那次

會面印象最鮮明的一面。維根斯坦確實反對他的性愛觀，在因斯布魯克會面前還曾建議他讀萊辛的《神

6 譯註：羅素的暱稱。

學文選》，試圖帶他走上宗教冥想的路，但他沒有理會。不過，因斯布魯克會面後，維根斯坦並沒有刻意和羅素往來，隨後那幾個月至少寫了兩封信給他，而且開頭都是「我已經好一陣子沒有你的消息了」。

這樣看來，主動斷絕往來的是羅素。也許事實是他覺得維根斯坦的宗教熱誠太過煩人，無法忍受。奧特琳激起的超驗因為就算維根斯坦當時「最沈迷神秘主義」，羅素自己也正好處於尖銳反神的高峰。奧特琳激起的超驗「宗教本質」和「神秘主義與邏輯」的熱情已經散去，取而代之的是激烈的反基督教。而他如今身為公眾演說家和暢銷作者，更是不放過任何一次表達反神立場的機會。

除此之外，兩人還有一個跟上面的差異有關、或許更深刻的區別，是恩格曼更為強調的差異，那就是試圖改善世界和只求改善自己的差別。和上面的狀況一樣，問題不只是維根斯坦變得更內省、更個人主義，而是羅素也變得更非如此。大戰將他變成了社會主義者，說服他統治世界的方式亟需改變。比起個人道德，如何讓世界更加安全這樣的公眾議題重要太多。恩格曼提過一件事，正好最赤裸裸地顯示維根斯坦和羅素的這點區別，而且顯然在講因斯布魯克那次會面：

二〇年代，羅素想成立「世界和平自由組織」或加入類似的機構，遭到維根斯坦嚴厲斥責，罵到他回嘴說：「呸，我看**你**寧可成立世界戰爭奴役組織吧。」維根斯坦激動贊同：「對，寧可那樣，寧可那樣！」

如果此事為真，那很有可能是羅素覺得維根斯坦太邪惡，最好別扯上關係。因為對他後來終其一生推

行的運動來說，沒有什麼比維根斯坦這番話更加徹底批判了他的道德立論了。

總之，羅素沒有再和維根斯坦聯絡，也沒有再勸他來英國。就算維根斯坦想擺脫奧地利農民的「可憎與低劣」，也不會借助他過去劍橋的老師之手。

維根斯坦在特拉騰巴赫擔任小學老師並不成功，主要是因為他太投入。他對學生期望太高，嚴厲的強迫教學為難了所有學生，嚇壞了他們，只有少數例外，結果引起家長反感，連同事都跟他相處不來。而且，就如羅素逼得他承認的，特拉騰巴赫的村民並不特別邪惡，就算換到別的地方，他也很可能得到相同的反應。

有跡象顯示，如果當時能找到更好的事做，維根斯坦就會完全放棄教書。除了和羅素談到返回英國，他還跟恩格曼討論了「逃往俄國」的可能。雖然不曉得自己去了這兩個地方要做什麼，但肯定不是哲學。他已經在那本書裡說了自己對**哲學**要說的一切。

結果，一九二二年九月他去了另一間學校。這回是中學，在一個名叫哈斯巴赫（Hassbach）的村子，跟特拉騰巴赫同屬一個地區。他對換校不抱太大的希望。開學前他告訴恩格曼，自己已經對「那裡的新環境（老師和教區牧師等等）產生了很不快的印象」。他說，那裡的人「**根本**不是人，是可惡的蟲子」。他可能以為中學老師會好相處一點，結果發現自己完全受不了他們對「專業教育」的自詡，沒多久就想轉回小學。他只在那裡待了不到一個月。

十一月他轉到了普希貝格鎮（Puchberg）的小學。普希貝格位於施內山區（Schneeberg mountains），環境宜人，如今是熱門的滑雪聖地。他再次發現自己難以在周圍的人身上見到一絲絲人性。他告訴羅

素，其實他們不是真正的人，而是四分之一的動物和四分之三的人。

搬到普希貝格不久，維根斯坦終於收到了《邏輯哲學論》。十一月十五日他寫信給奧格登，說他收到的這幾本《邏輯哲學論》「看起來很棒，希望內容有封面的一半好」。他想知道（剛出版論邏輯三卷本前兩卷的）詹森會不會買它。「我想知道**他**對這本書的看法。如果你見到他，請轉達我的愛。」

不難想見，普希貝格沒有人跟維根斯坦討論哲學，但他至少遇到了可以分享音樂熱情的夥伴。這人就是魯道夫・寇德（Rudolf Koder），他在學校教音樂，是很有天份的鋼琴家。維根斯坦某天無意間聽見寇德彈奏《月光奏鳴曲》，就立刻走進音樂教室自我介紹。認識之後，兩人幾乎每天下午都會見面，一起演奏鋼琴和單簧管，從布拉姆斯和拉博的單簧管奏鳴曲，到布拉姆斯和莫札特的單簧管五重奏改編，都是他們練習的曲子。

後來寇德又加了一位新成員，鎮上唱詩班的煤礦工人海因里希・波斯妥（Heinrich Postl）。波斯妥不僅和維根斯坦成為朋友，受他照顧及指導，後來更受雇於維根斯坦家族，擔任警衛和門房。維根斯坦送了幾本自己的愛書給波斯妥，像是托爾斯泰的《福音書摘要》和赫博的《百寶箱》，並努力灌輸自己的道德觀給他。例如波斯坦有一回提到想要改善世界，維根斯坦立刻說：「改善自己就好。要改善世界，你就**能**做的就只有改善自己。」

除了寇德和波斯妥，維根斯坦在鎮上和學校裡幾乎沒交到什麼朋友。跟在特拉騰巴赫一樣，他的教學方式將一些學生帶到了他們原本到不了的程度，卻也妨礙了他們在家裡幫忙，而遭致父母的反對。維根斯坦在小學裡苦苦掙扎，《邏輯哲學論》卻在學術圈引起了不少關注。一九二二年，數學家漢斯・哈恩，[8] 在維也納大學開了研討課討論這本書，隨後以石里克，[9] 為首的一群哲學家也看上了《邏輯哲

學論》。這群人就是後來著名的邏輯實證論維也納學圈（Vienna Circle）。而在劍橋大學，這本書也吸引了一群人數不多但很有影響力的教師和學生，成為他們討論的焦點。該校針對《邏輯哲學論》的公開討論可能是一九二三年元月，哲學家理查德·布雷斯衛特（Richard Braithwaite）在道德科學社所做的演講，題為「維根斯坦在《邏輯哲學論》裡闡述的邏輯」。

有一段時間，奧格登是唯一還跟維根斯坦保持聯繫的劍橋人。三月時他將自己的新書《意義的意義》（The Meaning of Meaning）寄給維根斯坦，是他和詩人文評家理查茲（I. A. Richards）合寫的。針對維根斯坦在《邏輯哲學論》提到的意義問題，奧格登認為他的新書提出了一個因果式的解答，但維根斯坦認為兩者根本無關。「我想我得坦白跟你說，」他在回信裡寫道：「我認為你沒有**抓到問題**，例如我在書裡處理的那些問題（不管我在書裡有沒有解決）。」四月七日他在寫給羅素的信裡進一步說道：

不久前，我收到了《意義的意義》。你一定也有收到。這本書簡直糟透了！哲學哪有這麼簡單?!由此可見寫一本厚書有多簡單。最糟的是文學博士波斯特蓋特教授〔Professor Postgate Litt. D. F. B. A.〕寫的導言。我很少讀到這麼蠢的文章。

7　譯註：Johann Peter Hebel，1760-1826。德國詩人、作家。這裡提到的《百寶箱》（Schatzkästlein des rheinischen Hausfreundes）是他的故事集。

8　譯註：Hans Hahn，1879-1934。奧地利數學家、哲學家。數學成就包括恩-巴拿赫定理等。

9　譯註：Moritz Schlick，1882-1936。維也納學圈／學派、邏輯實證主義創始人。詳見後文或本書導讀。

這是兩人在因斯布魯克會面不愉快以來，維根斯坦第二次寫信給羅素。「有時間寫信給我吧，」他懇求道：「你過得怎麼樣？你的小娃娃還好嗎？已經開始順利學習邏輯了嗎？」

羅素似乎沒有回信，可能被維根斯坦斷然否定了奧格登的書惹惱了，因為他自己覺得那本書沒有什麼可批評之處。書裡許多地方都只是重述了他在《心的分析》提過的論點。不久後，維根斯坦在《國家》週刊上讀到羅素於書評中讚揚《意義的意義》，說它「的重要性毋庸置疑」，令他大吃一驚。他從拉姆齊那裡得知，羅素「其實不認為《意義的意義》很重要，但他想幫奧格登一把」，刺激銷量」。這個解釋顯然讓維根斯坦更加不滿，而且驗證了他愈來愈堅信的看法：羅素已經不再嚴肅。一九三○年代，維根斯坦還曾經一兩次試著讓羅素對他正在做的哲學研究感興趣（可惜徒勞無功，）但他再也沒有如朋友一般熱切地對待羅素。

維根斯坦愈來愈孤單，（說來慚愧，」他寫信給恩格曼說：「我能說話的人愈來愈少。」）他很需要朋友。凱因斯透過奧格登，寄了他發表在《曼徹斯特衛報》副刊的〈歐洲的重建〉給維根斯坦，維根斯坦嘗試直接寫信向他道謝。「我更希望你能親自來信，」他告訴凱因斯：「跟我說你過得如何等等」——

還是你忙得沒空寫信？我想應該不至於。你有見到詹森嗎？有的話，請代為轉達我的愛。我也很希望收到他的消息（**不是談我的書，而是談他自己**）。

若不嫌降格屈就，有時間就寫信給我吧。

凱因斯隔了一年多才回信。「凱因斯寫信給我了嗎？」一九二三年三月二十七日，維根斯坦問奧格

215

登：「有的話，請轉告他信沒寄到。」他甚至將自己在普希貝格的住址告訴奧格登（之前已經給過兩次了）免得凱因斯的信寄丟了。

只有凱因斯才能將維根斯坦勸回英國，後來他也這麼做了。但在那之前，維根斯坦和劍橋的關係是靠凱因斯的一位朋友維繫著，那人就是國王學院的使徒會成員法蘭克‧拉姆齊。

今日，這篇書評依然是《邏輯哲學論》最可靠的解說，也是最透徹的批評之一。書評的開頭呼應了羅素：

《邏輯哲學論》出版頭一年，所有讀過這本書的劍橋人當中，拉姆齊顯然是最有見地的一個。雖然還在唸大學（一九二三年他才滿十九歲）卻受邀為哲學期刊《心靈》撰寫維根斯坦作品的書評。直到

這是一本重要至極的著作，對許多議題提出了嶄新的觀點，並構成了一套融貫的系統，無論該系統是否如作者所言，對諸多問題給出了最終的解答，都極為引人入勝，值得所有哲學家注意。

但他接著就開始批評羅素在序裡的誤解，例如羅素誤以為維根斯坦在談「邏輯上完美的語言」的可能性，批評完後再對書裡的主要論點做出了更完整也更可靠的解讀。

一九二三年，維根斯坦從奧格登那裡得知拉姆齊有意於夏天造訪維也納，立刻邀拉姆齊到普希貝格一遊。拉姆齊欣然同意，並於九月十七日抵達普希貝格，心裡對於此行毫無概念。他停留了大約兩週，維根斯坦每天都花五個小時（下午兩點下課到傍晚七點）跟他逐行細讀《邏輯哲學論》。「這真是醍醐灌頂，」他寫信給奧格登說：「他似乎樂在其中，我們大概每小時只讀一頁」──

他與致高昂，只是一直說自己腦袋已經不再靈光，沒辦法再寫書了。他早上八點在鎮上的學校教書，教到中午十二點或下午一點。他很窮，生活似乎相當枯燥，在這裡只有一個朋友。他的同事多半覺得他有點瘋。

因為細讀這本書，維根斯坦做了一些修正與改動，後來的再版他和拉姆齊必須徹頭徹尾了解這本書，一絲細節都不能讀錯。維根斯坦深怕拉姆齊回英國之後什麼都忘了，就像摩爾一九一四年到挪威找他那樣，因此盯得很緊。「真的很可怕，」拉姆齊寫信給母親說：「他問清楚了沒，只要我說沒有，他就會說：可惡，**還要**重來一次。」

拉姆齊打算以維根斯坦的作品為基礎，建立更高階的數學理論。兩人讀完《邏輯哲學論》後，他寫道：「我要從他那裡搾出更多想法，以作為我日後進一步發展之用」——

他說他不會再繼續了，不是因為倦了，而是他的腦袋不再那麼靈光。他說沒有人能研究哲學超過五到十年（他寫這本書花了七年），並且深信羅素不可能再做出更重要的創見。

維根斯坦似乎同意拉姆齊的計畫，至少贊同要有**東西**取代羅素和懷德海的《數學原理》。羅素當時正在籌劃新版的《數學原理》，而維根斯坦留給拉姆齊的感覺是他「有一點惱怒」，因為「他覺得自己已經傾向羅證明那本書錯得離譜，出新版也沒用，必須從頭來過。」

至於維根斯坦的生活狀況，拉姆齊頗為驚愕：

他很窮，至少過得很儉省。房間很小，四壁刷白，房裡有床和洗手臺，加上一張小桌子和一把硬椅子就沒空位了。我昨晚和他一起吃飯，只有難下嚥的粗麵包、奶油和可可。

不過，維根斯坦的年輕外表和強健活力讓他印象深刻。「他解釋自己的哲學觀點激動得比手畫腳，但隨即露出迷人的笑，舒緩了緊張的氣氛。」拉姆齊覺得維根斯坦「誇大了自己寫作時的默示靈感」，但毫不懷疑他的天才。

他很厲害。我之前覺得摩爾很強，但你瞧瞧維！

對維根斯坦來說，和拉姆齊討論哲學雖然費勁，卻為他單調的生活帶來了愉悅與刺激，並且讓他和劍橋有了聯繫，實在令人高興。他告訴拉姆齊自己學期後可能離開普希貝格，但還不確定接下來要做什麼，也許去當園丁，或到英國找工作。他請拉姆齊回去後替他打聽，他在戰前師事羅素六個學期夠不夠拿到學士學位，也許《邏輯哲學論》能當作學士論文。

十月初米迦勒學期開始前，拉姆齊回到了劍橋，開始和維根斯坦熱情友好地書信往返。在兩人通信初期的一封信裡，拉姆齊說他從凱因斯那裡得知，劍橋的學位授予規定已經變了，在學校待六個學期外加一篇論文不再能取得學士學位。維根斯坦想拿到學位，就得回劍橋再待至少一年，並遞交一篇

論文，這樣或許有機會取得博士學位。

凱因斯透過拉姆齊試著遊說維根斯坦到英國，提議提供五十英鎊的旅費。他本來想匿名出錢，但

維根斯坦直接問拉姆齊，逼得對方不得不坦承「五十鎊是凱因斯出的」：

跟你見面。

他要我別立刻說出來，怕你寧可接受無名的捐助，而不想拿他的錢，因為他一直沒有寫信給你。

我不懂他為什麼沒寫，他也說不上來，只說應該是某種「情結」作祟。**他很熱情地講到你，很想再**

於是一場遊說維根斯坦的持久戰就此開打了，先是勸他到英國過暑假，然後勸他放棄教書，回劍

橋繼續研究哲學。維根斯坦離開劍橋社群已久，生命經歷了一番巨變，而且不只離開了劍橋，甚至遠

離了所有社會，因此有些近鄉情怯。拉姆齊想盡辦法安撫他。十二月二日他在信裡說自己完全能理解

那種恐懼，「但你千萬不該在乎」：

我能在劍橋找到住處，你可以只見你喜歡或覺得能見的人。我知道跟人一起住很困難，因為不

可避免地必須常和他們相處。**但只要獨居，你就能慢慢來，逐步融入社會。**

拉姆齊甚至寫信給維根斯坦的外甥湯馬斯・史東巴羅（Thomas Stonborough）（兩人在劍橋結識），強力

勸說同一件事：「凱因斯很想再見到路・維，雖然他沒回信似乎否定了這一點，但他願意提供五十英鎊

是更有力的證明。他提到路・維時充滿了熱情。」

希望你別把我這番話當成你是該擔心自己會惹人無趣或生氣。別人不提，**我自己就真的很想見你。**但我只是想讓你知道，如果你擔心這一點，一開始先獨居完全沒問題，不用跟任何人同住。

拉姆齊事後發現，這套激將法完全用錯了地方，維根斯坦到英國最不想要的就是**獨自生活**。但無論如何，一九二四年二月他放棄了遊說計畫，不再慫恿維根斯坦到英國，而是提起自己想去維也納一趟。

拉姆齊很想接受心理分析，這念頭已經有一段時間了。起初是因為他對某位有夫之婦懷有「不快樂的激情」而致情緒騷亂，後來不了了之。但到了一九二四年的四旬齋學期，拉姆齊飽受憂鬱之苦，於是又起了同樣的念頭。這一點加上他想在走入學術生涯之前暫時離開劍橋，使得他最後決定到維也納半年。他選擇維也納不單因為想接受心理分析，還受到一件事影響，就是可以定期去找維根斯坦討論自己的研究。

那陣子拉姆齊為了自己的研究，正幫羅素籌劃新版的《數學原理》。羅素給了他修訂稿，希望他給意見，之後再加到新版裡。拉姆齊的評論沒有留存下來，新版導言也只提到「兩位作者（即羅素和懷德海，雖然修改都是羅素一個人做的）」大大「受惠於」拉姆齊。

但拉姆齊面對維根斯坦時，卻砲火猛烈：

你說得很對，出新版完全沒必要，只不過是用一套聰明的手法，不靠可約性公理〔axiom of reducibility〕來證明數學歸納法而已，根本上沒有改變，跟原版完全一樣。我感覺他太老了，每件事單獨說他都能理解，都說「沒錯」，但三分鐘後就忘得一乾二淨，又開始老調重彈。對於你的所

有研究，他似乎只接受一點：在該放名詞的地方放形容詞是無意義的，而這一點對他的類型論有益。

的確，新版似乎人人見人嫌。維根斯坦和拉姆齊覺得新版太輕忽了維根斯坦對它的批評，懷德海卻認為它太維根斯坦化，還發表了一篇論文反駁羅素放入新版中的新論點。

＊

拉姆齊三月去了維也納，湯馬斯・史東巴羅和他同行，途中向他大略說明了維根斯坦家族的狀況：維根斯坦有三個哥哥自殺了，還剩三個姊姊和一個哥哥，都在維也納。認識史東巴羅之後，拉姆齊肯定察覺了自己對維根斯坦「很窮」的印象需要稍微修正。史東巴羅在巴黎介紹了自己的父親傑若米給拉姆齊認識，拉姆齊在信裡對母親說，傑若米「看起來就是個有錢的美國人」。

拉姆齊在維也納結識了瑪格莉特，總算親眼見識到了維根斯坦家族的財力。瑪格莉特當時住在舍伯恩宮[10]，拉姆齊覺得「她一定富可敵國」。他受邀隔週六到宮裡晚宴，「就我所認得，出席的有維根斯坦的家人，大多是女性，還有教授和湯馬斯的朋友，多半是男性，因此男性佔大多數。」現場演奏由專業的弦樂四重奏負責，先演奏海頓，然後貝多芬。拉姆齊比較喜歡海頓，但得知這樣就露底了，「不過我倒是不在乎，反正遲早的事。」晚宴過後，他和保羅聊天。「維根斯坦的哥哥，很有名的鋼琴家，大戰時失去了一條手臂，現在單手彈琴。萊昂內[11]聽過他，但沒想到他和路德維希是兄弟。」保羅和赫爾敏邀拉姆齊改天到餐館吃飯。

見過維根斯坦的家人後，拉姆齊比較能了解維根斯坦的拮据是自找的了。他寫信給凱因斯解釋道，

說服維根斯坦「過好日子，或勸他別糟蹋自己的精力和腦力，可能一點用也沒有」：

我現在才明白這一點，是因為我認識了他姊姊，見到了他的其他家人。他們非常有錢，一心想資助他或為他做任何事，但他推掉了他們的所有好意，連耶誕禮物和他生病時寄去的營養餐都被他退了回去。不是因為他們感情不好，而是他完全不要不是自己賺來的錢，除非是為了很特別的目的，比如再去見你。我想他教書是為了掙錢，除非找到更喜歡的謀生方式，而且是老老實實地掙錢，他才會放棄教書。他絕不接受別人替他弄來的差事，這一點實在可惜。

他甚至提出了心理學的解釋，認為維根斯坦這種性格「似乎是幼年教養極為嚴格的結果。他的三個哥哥都自殺了。他們的父親逼得很緊，八個孩子曾有一度請了二十六名私人教師，而他們的母親則對孩子很冷漠」。

在維也納停留了快一週後，拉姆齊前往普希貝格造訪維根斯坦一天。他一心念著心理分析的事，不想跟維根斯坦聊自己的研究，討論數學的基礎，不過還是試著聊了一下，沒想到維根斯坦的反應令人失望。「我覺得維根斯坦累了，」他寫信給母親說：「雖然沒生病，但跟他討論實在沒什麼用，他根本沒在聽。你提問題他不會聽你回答，只會開始想自己的問題，但對他來說非常吃力，彷彿推太重的東

10　譯註：舍伯恩宮（Schönborn Palace）位於布拉格小城區，目前是美國駐捷克共和國大使館所在地。

11　譯註：Lionel Penrose，1898-1972。英國精神病學家。

離開普希貝格後，拉姆齊寫信給凱因斯，提到維根斯坦把自己弄到了怎樣惡劣的環境，強調必須把他弄出那裡：

……只要他能離開那個環境，不再那麼累，加上我的鼓勵，他或許會做出一些出色的研究。我認為他只要還待在這裡教書，就什麼也完成不了，想事情明顯費力至極，像是氣力用盡似的。他暑假時如果我還在這邊，會試著振作他。

看來維根斯坦曾要拉姆齊寫信給凱因斯，解釋自己對去英國的態度，因為他認為自己用英語沒辦法說得清楚，而凱因斯又讀不懂德文。拉姆齊向凱因斯解釋道，維根斯坦對於回英國見舊識憂心忡忡，覺得自己再也無法和羅素說話，跟摩爾的爭執也還沒和解，只剩凱因斯和哈代[12]了。他很想再更認識凱因斯，但得能重續往日的親近才行。他不希望到了英國卻只能偶爾見見凱因斯，維持泛泛之交。他覺得自己從大戰以來改變太多，除非花很多時間跟凱因斯在一起，否則凱因斯絕無法理解他。

換句話說，**除非**凱因斯邀他到鄉下家裡做客，而且願意花許多時間再次了解他，他才願意到英國。

拉姆齊解釋到最後提了一句警告：

我想你恐怕會覺得很辛苦，又很累人。雖然我非常喜歡他，但除非我對他的研究深感興趣，否則我很懷疑自己能忍受他超過一兩天。我們談話幾乎完全繞著他的研究轉。

西上山一樣。」

不過，他隨即補充：「你要是真的邀他去英國見你，我會很開心，那或許能幫他擺脫泥淖。」

凱因斯沒有立刻答覆是否邀維根斯坦一起去鄉間避暑，可能覺得負擔太重了。但他倒是終於回了

維根斯坦去年的信，落款日為三月二十九日，顯然在讀到拉姆齊的信之前。他解釋自己拖了那麼久，

是因為想先弄懂《邏輯哲學論》再回信，「只是目前我的心思完全不在基礎問題上頭，沒辦法讀懂這些

東西」：

我還是不知道如何評論你的書，只覺得它一定是極為重要的天才之作。對錯暫且不論，但從書

寫完以來，劍橋所有關於基礎問題的討論都離不開它。

他寄了幾本自己的新書給維根斯坦，包括《和平的經濟後果》（The Economic Consequences of the

Peace），並鼓勵維根斯坦來英國，強調：「我會竭盡己力，讓你能更輕鬆從事進一步的研究。」

這最後一句話，至少在當時是表錯情了。維根斯坦要的不是繼續研究哲學，而是找回過去的友誼。

他直到七月才回信，半用英文半用德文寫，堅稱他們再怎麼做都不可能讓他重返哲學：

……因為我對那種事已經不再有強烈的內在動機了。**我該說**的真的已經都說了，泉水乾了，一

12 譯註：指數學家哈代（Godfrey H. Hardy，1877-1947）。

滴也不剩。聽起來很怪，但就是這樣。

不過，他告訴凱因斯，若在英國有工作可做，就算只是掃街或擦鞋，「我都樂意去做」。要是沒工作，那只有凱因斯願意見他，而且不只偶爾碰面，去英國才有意義。他說，能和凱因斯重逢很好，但「整天待在房裡，每隔一兩天才跟你喝茶聊天，那可**不夠好**」。他們必須努力建立親密友誼才行，理由拉姆齊已經在信裡解釋過了。

我們已經十一年沒見，我不曉得你有沒有變，但**我**變了非常多。很可惜沒有變得更好，但就是**不一樣**了。因此如果見面，你可能會覺得眼前這個人其實不是你想邀來的人。不用說，就算我們**有辦法**彼此了解，光憑一兩次聊天也**不可能**做到，我們見面只會讓你失望和厭惡，讓我厭惡和絕望。

結果事情沒有這麼麻煩，因為凱因斯完全沒邀他。那年夏天，維根斯坦在維也納過了暑假。

儘管在普希貝格過得還算愉快，但一九二四年時，維根斯坦已經決定夏季學期完就要離開。拉姆齊五月去找他，之後寫信給母親，說維根斯坦看上去沒那麼鬱鬱寡歡了。「他花了幾週製作貓的骨骼標本給學生看，感覺還蠻開心的。」不過，拉姆齊接著寫道：「他對我的研究沒什麼幫助。」

拉姆齊對維根斯坦依然尊敬。他後來寫道：

我們真的活在一個思想的大時代。愛因斯坦、佛洛伊德和維根斯坦都健在（而且都在德國或奧地

利這些反文明國家！）

不過，雖然他夏天幾乎都待在奧地利，去見維根斯坦的次數卻寥寥無幾。奧格登寫信給他，要他提供去年和維根斯坦討論《邏輯哲學論》做的修訂，他回信說他九月回英國之前才會再去見維根斯坦。奧格登索取修訂，顯然是預備再版使用，但在當時看來機會不高。拉姆齊在信末寫道：「很遺憾賣了這麼少。」奧格拉姆齊夏天一邊接受心理分析，一邊撰寫學位論文。他在維也納得到消息，自己年方二十一就被選為國王學院院士，一回劍橋就生效。回英國之前，他只再去見了維根斯坦一次，去之前還特地表示：

「我不大想討論數學，因為我最近沒怎麼在做研究。」

這十有八九是婉轉之詞，意思是只要維根斯坦繼續「浪費自己的精力和腦力」，對拉姆齊的研究就依然「毫無用處」。

一九二四年九月，維根斯坦又換了一所小學，調到特拉騰巴赫附近的奧特塔鎮（Otterthal）。這是他最後一次扛下家長和同校教師的反感，嘗試拓寬奧地利鄉下孩童的眼界。

以他在特拉騰巴赫的經歷，選擇回到維克瑟山區（Wechsel mountains）或許讓人有些驚訝，但他應該能和同事相處得好一點，至少他姊姊赫爾敏是這麼想的。維根斯坦搬到奧特塔鎮不久，她就寫信給亨澤爾，問他有沒有打算去見她弟弟。「不用說，」她寫道：「如果有人能告訴我路德維希在那裡過得如何，我是說他和學校關係如何，我會很高興。」「不用說。」

我想**不可能**沒有摩擦，因為他的教法跟其他老師差別那麼大，但至少能期望摩擦不致把他**碾碎**。

奧特塔小學的校長是約瑟夫・普特爾，跟維根斯坦在特拉騰巴赫就是朋友。他是社會主義者，熱切提倡格洛克爾的學校改革運動，維根斯坦教書的頭兩年經常向他請益。

當然，他和普特爾不是沒有摩擦，特別是關於宗教在教育裡的角色。普特爾不大贊成在學校禱告，維根斯坦和他學生卻每天禱告。有一回，普特爾說他反對這類嘴巴說說的天主教信仰，覺得毫無意義，維根斯坦說：「人們互相親吻，那也是用嘴幹的。」

雖然和普特爾交好，維根斯坦轉到奧特塔不到一個月就明白了，自己在這裡不會比在特拉騰巴赫容易。「事情不是很順利，」他十月寫信給亨澤爾：「我的教書生涯可能快結束了」──

太難了，不是一股，而是一整打的力量在反對我，而我算哪根蔥？

不過，正是在奧特塔教書期間，維根斯坦為奧地利教育改革留下了可說最深遠的貢獻，而且完全符合格洛克爾的改革原則。那就是他編纂了給小學生學拼寫用的《小學辭典》（Wörterbuch für Volksschulen）。他會起心動念出版這本辭典，可能跟他請亨澤爾打聽學校用辭典的價格有關。他在前述那封寫給亨澤爾的信裡說：

我沒想到辭典的價格貴得嚇人。我想我要是沒有早死，應該能編出一本小學用的小辭典。我覺

得這需求很迫切。

當局也很清楚辭典的必要。當時只有兩種辭典流通，都是教學生拼寫用的。但一本太大太貴，不適合維根斯坦教的那種鄉下學校的孩子，另一本太小又編得很糟，收了不少小孩不大可能用到的外國詞，卻忽略了他們常拼錯的字。在普希貝格的時候，為了克服這個困難，維根斯坦讓學生自己編辭典。上德語課或天氣糟不能上體育課時，他會寫字在黑板上，讓學生抄進自己的詞彙本裡，之後再將詞彙本匯集裝訂，貼上厚紙封面，成為辭典。

在《小學辭典》的序言裡，維根斯坦談到了這個解決方法：

擁有實際經驗的人都能了解這有多困難，因為結果必須是每位學生都能拿到一本乾淨的、而且最好是正確的辭典。而為了做到這一點，老師幾乎要管到學生寫的每個字。（光舉例是不夠的，我還沒提到紀律上的要求呢。）

雖然他提到學生的拼寫進步驚人（「正確拼寫的良知被喚醒了！」），但這麼做顯然太勞心勞力，讓他絕對不想再做第二次。對他和其他處境相同的教師來說，出版《小學辭典》是比較實際的解決方法。

比起《邏輯哲學論》近乎難產，《小學辭典》倒是不費吹灰之力就出版了。一九二四年十一月，維根斯坦聯絡了師範學校校長拉茲克博士（Dr Latzke），告訴他自己的計畫。拉茲克聯絡維也納的霍德．皮希勒．滕普斯基出版社（Hölder-Pichler-Tempsky），對方十一月十三日寫信給維根斯坦表示願意出版

辭典。耶誕節假期出版社收到手稿，隔年二月就將校樣寄給了維根斯坦。

維根斯坦的序言落款日為一九二五年四月二十二日。他在序言裡解釋為何需要這樣一本辭典，以及選詞和編排時的考量。他明白指出所有考量都出於他擔任教師的經驗。「沒有什麼詞是太普通而不選入的，」他說：「因為我見過學生寫 wo 時多加了一個表示長母音的 h，或把 was 的尾巴寫成 ss。」維根斯坦在序言裡就清楚表明了，這本辭典是專為奧地利鄉下孩子而編纂的，因此他略去了一些非常正常的德文詞，因為奧地利人不說這些詞，然後納入了一些奧地利的方言用語。此外，他也用方言解釋據他經驗學生時常混淆的區別，例如 das 和 dass、直接受格 ihn 和間接受格 ihm 的差別等等[13]。

出版社印行辭典之前，想確保它會得到推薦，作為鄉下小學參考書之用，於是便將辭典遞交給下奧地利[14]的省教育委員會審查。審查報告由督學愛德華・布克斯鮑（Eduard Buxbaum）撰寫，日期為五月十五日。他同意維根斯坦的看法，這樣的辭典確實有其需要，甚至認為缺乏這類書籍「是當前最急迫的問題」。對於維根斯坦強調屬於「日常用語」的詞彙，他也沒有異議。但他對維根斯坦的選詞很有意見，批評他略去了諸如 Bibliothek（圖書館）、Brüke（橋）和 Buche（山毛櫸）之類很普通的詞，對序言也不滿意。布克斯鮑認為，用聽寫出一本辭典來訓練學生拼寫，是很怪的做法，他覺得必須先等孩子用過這些詞之後，再讓他們聽寫正確拼法。他甚至還挑剔了維根斯坦本人的德文：「把『幾個月的工作』寫成 eine mehrmonatliche Arbeit，而不是 eine Arbeit von viele Monaten，這樣的錯誤絕對不該混進德語，就算出現在序言也不行。」

布克斯鮑結論道：

可以這麼說，去除上述缺點後，本辭典對小學和市民學校的高年級學生是蠻有用的參考書。本報告撰寫者認為，本辭典以其目前的形式，任何教育委員會都不會推薦。

刪掉序言，並納進布克斯鮑建議的詞彙之後，辭典便審核通過了。出版社十一月和維根斯坦簽約，他能拿到十本辭典和零售價百分之十的版稅。辭典一九二六年出版，還算成功（但直到一九七七年才再版，而且興趣主要來自鑽研維根斯坦的學者）。

前面提過，維根斯坦一到奧特塔不久就明白，自己不大再能忍受四方反對下教書的壓力了。

一九二五年二月，他寫信給恩格曼：

我從一起生活的那些人（應該說「非人」）那裡吃了很多苦，簡單說就是跟之前一樣！

和過去幾所學校一樣，維根斯坦得到了一小群男學生的熱情回應。他們成了維根斯坦的愛徒，組成了一個特別班，放學後留下來接受額外指導，維根斯坦和他們都用教名相稱。他會帶他們到維也納，在鄉間散步，把他們教得遠超過鄉下小學要求的水準。和過去一樣，學生們的專注及維根斯坦對他們

13 譯註：上述例子為奧地利德語，wo意為「哪裡where」；was意為「什麼what」；das是中性單數定冠詞，dass則是子句連接詞，相當於英文的that；ihn和ihm分別為陽性第三人稱單數（him）的第四格和第三格。

14 譯註：下奧地利（Lower Austria）是奧地利面積最大的邦。

的投入，同樣引來了家長反感，紛紛拒絕維根斯坦的提議，不讓自己小孩繼續升學。同樣地，女學生對維根斯坦的教法比較沒反應，更討厭因為不肯或無法達到維根斯坦不切實際的高標準（尤其是數學）而被拽頭髮或打耳光。

簡單說，的確跟之前一樣。

恩格曼也很不適應戰後的歐洲。他和維根斯坦一樣覺得自己屬於上個世代，但不同於維根斯坦，他認為戰前是**猶太的**世代。在回憶錄中，他提到自己和維根斯坦都繼承了「奧地利猶太精神」和「維也納猶太文化」，但維根斯坦不這麼認為。不過，兩人都察覺隨著歐洲反猶太風潮愈演愈烈，他們身上的「猶太性」也愈來愈明顯，只是反應不同。恩格曼成了猶太復國主義者，企求建立以色列為新國，取代被一戰摧毀的祖國。至於維根斯坦，他始終不曾受猶太復國主義吸引，覺得巴勒斯坦的宗教意義主要來自新約，而非舊約，但對恩格曼有意遷居聖地的想法卻很高興。「你信裡說想去巴勒斯坦，」他寫道：「這消息真讓我開心，給了我希望。」

這麼做可能是對的，在屬靈方面有益。我或許想跟你同行，你願意嗎？[15]

寫信給恩格曼後不久，維根斯坦就收到了埃克萊斯的來信，令他喜出望外。自大戰以來，他就沒了這位曼城老友的消息（不像品生特、羅素和凱因斯，埃克萊斯戰時不願和敵國友人通信）。這封信成了他前往英國的最終推力。三月十日，他回信給埃克萊斯，顯然對兩人重新聯繫上了滿心歡喜……

親愛的埃克萊斯：

收到你的消息讓我開心極了。我還以為你可能戰死了，或者雖然活著，卻恨透了德國人及奧地利人，再也不願意和我往來。

……希望我很快就能再見到你，但天曉得我們何時能在何處相見。或許暑假我們能碰面，但我沒什麼時間，也**沒有錢**去英國，因為我大概六年前就把自己**所有的**財產都送掉了。去年我本來該去英國見一位朋友，劍橋大學的凱因斯先生（你可能聽過他），他願意替我出錢，但我很怕這麼久沒見，期間裡外外又發生了那麼多大事，我和他見面了會無法理解對方。但現在（至少**今天**）我覺得，我或許還是有辦法讓老友了解我。要是有機會，w. w. p. [16] 我可能去曼徹斯特見你。

兩個月後，他在五月七日的回信裡答應了埃克萊斯，同意去曼徹斯特時到埃克萊斯家暫住。他再次提到前一年夏天他沒去找凱因斯的原因（卻沒提到凱因斯根本沒有邀他，似乎覺得這不是重點）……

英國或許從一九一三年以來一直沒變，**我**卻變了。但在信裡說明沒有用，因為我雖然自己明白到底哪裡變了，卻無法跟你解釋清楚。等我到你那裡，你自己看了就明白了。我打算八月底去。

15（原註）
恩格曼後來真的離開歐洲去了台拉維夫，從一九三四年起定居該地，直到一九六三年去世。兩人的書信裡沒再提過維根斯坦同行的事。

16
譯註：作者孟克認為，這裡可能是維根斯坦筆誤，將 w. y. p.（若你同意 with your permission）寫成了 w. w. p.。

同年七月，維根斯坦寫信給凱因斯，說他想去英國，但還沒打定主意，暗示最後決定取決於凱因斯。

「如果（八月中旬）可以順便見到你，那我就樂意去。現在請**坦白告訴我**，你到底想不想見我？」凱因斯的回答是肯定的，甚至寄了十英鎊旅費給維根斯坦。出發前，維根斯坦寫信給他：「真好奇我們見面後會是如何，感覺就像做夢一樣。」

八月十八日，維根斯坦抵達英國，在去曼城造訪埃克萊斯之前，他先到凱因斯位於薩塞克斯郡（Sussex）路易士鎮（Lewes）的鄉間寓所待了幾天。雖然他先前再三向羅素強調，良善比聰明更好，但比起鄉下農人，能和歐洲最頂尖的心靈相處還是愉快的。他從路易士鎮寫信給恩格曼說：

我知道聰慧（心智高妙）不是至高的善，但若能死於靈光飽滿的瞬間，我也死而無憾。

維根斯坦到了曼徹斯特，埃克萊斯夫婦對於他變化之大都深感驚訝。他們到火車站去接他，迎面而來的不是戰前那位衣著講究的年輕人，他們熟悉的「女人青睞的男士」，而是一名衣衫襤褸、像是穿著童軍制服的男子。除了古怪的外表，維根斯坦還讓埃克萊斯誤以為他還沒看過《邏輯哲學論》。他要埃克萊斯夫人去買一本，她跑了曼徹斯特幾家書店都沒買到，於是埃克萊斯便從大學圖書館借了一冊。他要後來埃克萊斯在回憶錄裡自信（但錯誤地）說道，這是維根斯坦「頭一回拿到英語版的《邏輯哲學論》」。

維根斯坦顯然想讓埃克萊斯看這本書，卻不好意思承認這才是他要他們努力找書的原因。

離開英國之前，維根斯坦去了劍橋大學一趟，總算見到了詹森。「請你告訴維根斯坦，」詹森八月

二十四日寫信給凱因斯道：「我很高興再見到他，但條件是不談邏輯的根基問題。我已經不適合對自己刨根問底了。」維根斯坦還見了拉姆齊，但兩人似乎起了激烈爭執，兩年後才恢復聯繫。

儘管和拉姆齊吵了一架，不過維根斯坦此行是成功的。和老友重建聯繫對他很有用處，萬一在奧特塔過不下去（這很有可能），他就打算動用這層關係。他這麼對恩格曼說：「必要的話，我可能去英國」。九月學期開始，他寫信給恩格曼和埃克萊斯，信裡提到自己打算再給「老工作」一次機會，彷彿這是最後一年他嘗試在鄉下教書了。「不過，」他告訴埃克萊斯：「我現在不覺得那麼悲慘了，因為我已經決定要是事情每況愈下（我想遲早會發生），就去你那兒。」十月他以類似的口吻寫信給凱因斯，說他會繼續當老師，除非「我覺得這麼做的麻煩已經對我沒有半點好處」：

牙疼時，拿熱水瓶貼臉很有用，但只有瓶子熱得你有點疼才有效果。一旦我發現那疼痛不再對我人格有益，我就會扔掉瓶子。我是說，如果這裡的人沒有先把我趕走的話。

結果事情真的每況愈下，維根斯坦不得不把熱水瓶扔了，也許連他自己也沒想到會這麼快。

一九二六年四月，他突然放棄教職，離開了奧特塔鎮。促使他離開的事件在當時引發了不少議論，奧特塔一帶的居民稱之為「海德鮑爾事件」（Der Vorfall Haidbauer）。

維根斯坦有一位學生名叫約瑟夫·海德鮑爾（Josef Haidbauer），十一歲，父親已經過世，母親住在

「若是不教書了，」他又說：「我可能會去英國，在那裡找工作。到時還得請你幫忙了。」

「我可能會去英國，在那裡找工作，因為我很確定自己在**這個國家**找不到工作。」他又說：

名叫皮里鮑爾（Piribauer）的農人家裡幫傭。海德鮑爾蒼白多病，後來死於血癌，死時才剛滿十四歲。他不是不聽話的孩子，但上課回答問題可能慢了點，話也不多。某天，維根斯坦一時不耐煩，在他頭上敲了兩三下，這男孩就昏倒了。維根斯坦是不是用力過猛？是不是虐待這孩子？一位名叫奧古斯特・里格勒（August Riegler）的同學（用不是很有幫助的邏輯）表示：

　八成都是虐待。

　不能說維根斯坦虐待了那孩子。如果海德鮑爾得到的懲罰叫虐待，那維根斯坦給學生的懲罰有

　維根斯坦見到男孩昏倒，整個人都慌了。他讓班上學生回家，將男孩送到校長室等當地醫師過來（醫師住在附近的奇爾希貝格〔Kirchberg〕），隨即匆匆離開了學校。

　離開時，他不幸遇到了皮里鮑爾先生。對方大概是被班上某個學生找來的，村民對他的印象是很愛吵架，對維根斯坦積怨已久，因為他女兒赫爾敏常挨維根斯坦的脾氣，有一回甚至被打到耳後出血。他回憶自己在走廊上撞見維根斯坦，頓時怒火中燒。「我把天底下的髒話都端出來罵了一遍，說他不是老師，是馴獸師！說我立刻要去找警察！」皮里鮑爾匆匆趕到警局，想叫人逮捕維根斯坦，卻發現警局裡唯一的警察不在，讓他非常洩氣。隔天他又試了一次，但校長告訴他維根斯坦已經趁夜離開了。

　一九二六年四月二十八日，維根斯坦向地區督學威廉・昆特遞交了辭呈。昆特當然聽說了「海德鮑爾事件」，但向維根斯坦保證後果不嚴重。他很欣賞維根斯坦的教學能力，不想失去這位老師，便建議維根斯坦休假放鬆一下，再決定是否真的要放棄教職。但維根斯坦心意已決，什麼也不能說服他留下。

後來在聽證會上，維根斯坦果然如昆特所料，未被判決行為不當，但他已經不再指望自己在奧地利鄉下擔任老師會有任何貢獻了。

海德鮑爾事件當然不是他絕望的主因，只是導致他辭職的最後一根稻草。他絕望有更深層的原因。

海德鮑爾事件前不久，維根斯坦跟申請出任奧特塔小學校長的奧古斯特·沃爾夫（August Wolf）見過面；他告訴對方說：

我只有一個建議，就是撤銷申請。這裡的人心胸狹隘到極點，你什麼也做不成。

十、走出荒野

一九二六年，在奧特塔待不下去後，維根斯坦最自然的選擇或許是接受凱因斯的好意，重返英格蘭。但事實上，他隔了一年多才聯絡凱因斯，而他的解釋是想等自己擺脫了遇上的大麻煩再寫信給他，所以延遲了。

雖然知道自己遲早會離開奧特塔鎮，放棄教職，但離開時的狼狽還是將維根斯坦徹底擊垮了。聽證會是莫大的羞辱，尤其是他為了反駁對學生施暴的指控，覺得必須對自己施行體罰的程度說謊。這事帶給他的道德挫敗感糾纏了他十年以上，我們隨後會看到，他最後採取了激烈的手段，以免除心裡的罪疚。

在這種狀態下，他根本不可能考慮重返英國，也不覺得自己能回維也納。他心裡想的只有徹底擺脫世間的煩擾。離開教職後不久，他去了一所修道院，詢問能否成為修士。他曾經多次有過這個念頭，尤其在他特別絕望的時候。這一回，修道院長顯然很會看人，他告訴維根斯坦不會在修道院裡得其所望，而他前來的動機更是教會無法接受的。於是，維根斯坦在維也納的胡特多夫（Hütteldorf）一所教會慈善機構找到了園丁的工作，地點就在維也納近郊。他在花園的工具棚裡住了三個月。一如六年前，

園藝對他很有療效。夏天結束前，他已經覺得自己能重回維也納，面對社會了。

一九二六年六月三日，維根斯坦還在當園丁，他臥病在床的母親在林蔭街的家裡過世了，赫爾敏成了公認的一家之長。這件事是否讓維根斯坦更願意回維也納，母親的死又對他有什麼影響，這些都無從判斷。但引人注意的是，從此他對家人態度丕變。一九一四年的家族耶誕聚會是那麼讓他驚惶困惑，現在卻迫不及待。之後每年耶誕節，維根斯坦總是熱情參與聚會，直到一九三八年納粹併吞奧地利讓他被迫待在英國為止。他會送禮物給姪子姪女，一起唱頌歌，享用大餐，絲毫不覺得有違人格。

這樣看來，維根斯坦一九二六年夏天重返維也納，似乎被分派了一份很療癒的工作。和園丁不同，新工作逼他必須和別人共事，有助於他重返社會，並且讓他有機會將自己堅持的建築美學付諸實踐。這份差事就是姊姊葛蕾塔邀他和恩格曼合作，一起設計和建造她的新家。

恩格曼已經為維根斯坦家族效力過。他翻修了他們在新瓦德格街的房子，替保羅在林蔭街蓋了一間瓷器收藏室，並於一九二五年底接受葛蕾塔邀約，替她在庫德曼街新蓋一棟連棟公寓。庫德曼街位於第三區，是維也納最不時髦的區段之一，葛蕾塔在那裡買了一塊地，維根斯坦唸過的師範學校就在旁邊。他很快對這計畫產生了興趣。在奧特塔的最後一年，他只要回維也納，就會跟姊姊和恩格曼進行深入而熱切的討論，後來恩格曼甚至覺得維根斯坦比他更了解葛蕾塔的期望。

維根斯坦教書的最後一學期，恩格曼畫好了草圖，但老友離開奧特塔後，恩格曼覺得理應邀他一起共事。恩格曼說，從那之後「建築師就變成他，而不是我了。儘管總平面圖在他參與之前就已經畫好，但我覺得最後成果是他的作品，而不是我的」。

藍圖一九二六年十一月十三日定稿，簽章為「建築師 P‧恩格曼和 L‧維根斯坦」。雖然維根斯坦不曾受過建築訓練，也只參與過這個建案，但有跡象顯示，他對這件事變得很認真，開始將建築視為新的志業，一種重塑自己的新方式。維也納的分類電話簿有許多年都將他列為職業建築師，而那時期他的信紙頁眉也是「保羅‧恩格曼和路德維希‧維根斯坦建築師事務所，維也納三區公園路十八號」。

或許這只是他想強調獨立自主的另一種方式，堅持自己是自由工作者，否認為姊姊設計房子只是掛名。

維根斯坦主要負責門、窗、窗門和暖氣系統的設計。這部份乍看沒有什麼，其實不然。正是這些細部上的安排，使這棟原本單調甚至醜陋的房子有了與眾不同的美感。這房子外表毫無裝飾，光禿禿的，多虧了維根斯坦的優雅設計和一絲不苟的執行，才不致那麼枯燥。

因此，細節才是一切，而維根斯坦近乎瘋狂地要求精準執行，分毫不差。有鎖匠問他：「告訴我，工程師先生，這裡和那裡差個一釐米對你真的那麼要緊嗎？」維根斯坦沒等他說完就朝他大吼：「當然！」他和工程公司討論自己設計的高玻璃門時，前來商量的技師崩潰落淚，心想絕不可能做到維根斯坦的要求。看似簡單的暖氣系統花了一年才搞定，因為奧地利沒人做得出他心裡想的東西。零件鑄件從國外進口，到了還被他嫌不能用。然而，姊姊赫爾敏回憶道：

說到路德維希鍥而不捨追求比例精準的態度，最明顯的例子就是房子都蓋好準備開始清理了，他竟然盯上其中一間大如講堂的房間，硬是要求房間的天花板必須再提高三公分。

葛蕾塔一九二八年底搬進了這棟房子。據赫爾敏說，新家對葛蕾塔就像手套一樣合身，充分體現

了她的個性，「從小到大，她身邊一切都要是原創和宏偉的」。不過，赫爾敏自己倒是有所保留……

……雖然我很欣賞這棟房子，但心裡始終明白自己不想也無法住在裡頭。它感覺確實更像神殿，不是給我這種渺小凡人住的。一開始我甚至得壓下心裡那一絲絲敵意，對這棟我稱為「邏輯之屋」的房子，還有它那紀念碑般的完美。

這樣的憎惡不難理解，因為這棟房子的設計幾乎不曾考慮一般人的舒適。那強烈的清晰、嚴謹與精準，的確是我們對邏輯的期望，而不是對住所的需求。在設計房子內部時，維根斯坦幾乎不肯為了家居舒適而讓步。地毯、吊燈和窗簾都被他完全拒絕。地板是黑色磨光石板，牆壁和天花板漆成亮赭色，窗戶、門把和暖氣的金屬部份全沒上漆，房裡照明只用無罩的燈泡。

由於建築本身強烈的宏偉感，以及奧地利的悲慘命運，這棟耗費大量時間、精力與時間完成的房子後來下場多舛。葛蕾塔搬進去不滿一年，華爾街大崩盤（雖然離她山窮水盡還早得很，卻還是）逼得她辭退了許多原本不可或缺的僕役，宴客也從大廳改到了廚房。九年後，奧地利遭德國併吞，她逃往紐約躲避納粹，房子空了，只留下一名僕人照管。一九四五年，俄國佔據維也納，這房子成了軍營和馬廄。葛蕾塔一九四七年搬回住處，一直住到一九五八年過世，之後房子就歸到兒子湯馬斯·史東巴羅名下。

湯瑪斯和赫爾敏一樣，覺得房子不怎麼好住，因此讓房子空了許多年，最後於一九七一年賣給一名地產開發商。開發商打算將房子拆了，幸好維也納地標委員會發起保護運動，讓房子正名為國家遺產，這才躲過被拆的命運。目前這棟房子是保加利亞駐維也納大使館文化部的所在地，但內部已經大幅改

裝，以適合新的用途。維根斯坦若是看見它現在的樣子——隔間打掉變成L形房間、牆和暖氣漆成白色、大廳鑲了木板、鋪了地毯等等——很有可能寧願它被夷為平地。

為葛蕾塔工作讓維根斯坦重返維也納社會，最後更回到了哲學。庫德曼街的房子完工前，葛蕾塔一家仍住在舍伯恩宮一樓，長子湯馬斯剛從劍橋回來，在維也納大學讀博士。他在劍橋認識了一位名叫瑪格麗特‧芮斯賓格（Marguerite Respinger）的瑞士女孩，並邀她到維也納。維根斯坦和她交往四年，到一九三一年結束。至少他是認為會和瑪格麗特結婚的。就大家所知，她是他唯一愛過的女人。

瑪格麗特年輕活潑，充滿藝術氣質。出身富裕的她對哲學毫無興趣，也缺乏維根斯坦認為維繫友誼必須的執著與認真。她和維根斯坦交往應該是葛蕾塔促成的，不過維根斯坦一些親朋好友只覺得困惑，談不上高興。她在庫德曼街房子的工地意外傷了腳，寄住在舍伯恩宮休養，因而認識了維根斯坦。她和一群年輕人經常圍在他床邊聽他朗讀。這群年輕人除了湯馬斯外，還有索格倫家的塔勒（Talle）和艾爾維兩兄弟。維根斯坦有一回朗讀了瑞士作家約翰‧彼得‧赫博的作品，瑪格麗特記述道：「我再次感到自在，為聽見如此透徹理解的朗讀而感動。」艾爾維察覺維根斯坦注意到瑪格麗特，讓他很不高興，或許夾著嫉妒。有天維根斯坦問他們想聽他朗讀什麼，其實是在問瑪格麗特，艾爾維酸溜溜地說：「隨你想讀什麼，反正她都聽不懂。」

儘管艾爾維不喜歡，維根斯坦和瑪格麗特還是開始幾乎天天見面了。瑪格麗特在維也納時白天上藝術學校，放學後就去庫德曼街的工地找維根斯坦，兩人再一起到戲院看西部片，然後到咖啡館吃簡餐，通常是雞蛋、麵包、奶油和一杯牛奶。這不是她平常的生活方式，而且對她這樣一位體面時髦的

年輕女子來說，跟一個穿著邋遢的男人在外頭走動，可需要相當的勇氣。維根斯坦總是穿著手肘破洞的外套、開領衫、寬垮的褲子和厚皮靴，而且年紀幾乎是她的兩倍。有時她喜歡跟年輕、時髦一點的男人出去，例如湯馬斯和塔勒。這讓維根斯坦既困惑又生氣，不只一次問她：「妳怎麼會想跟湯馬斯・史東巴羅那樣的小伙子出去？」

更讓維根斯坦或瑪格麗特的朋友困惑的是，這兩人怎麼會想跟對方約會？在維根斯坦的密友當中，跟瑪格麗特處不來的不只艾爾維，恩格曼也是，而瑪格麗特對恩格曼也沒有好感，形容他是「一般人不喜歡的那種猶太人」。「一般人」或許可以忍受維根斯坦家族，因為他們非常有錢，極為融入維也納社會，而且在信仰和「種族」上也不完全是猶太人，但恩格曼就太猶太人了。維根斯坦和瑪格麗特交往期間，他和恩格曼開始交惡。愛上她的那段日子，他對自己身上的猶太性的態度有了極大的轉變，兩者可能是巧合，也可能不是。

葛蕾塔顯然是支持兩人交往的，因為她覺得有瑪格麗特為伴，對她弟弟有著安撫的作用，能讓他「正常起來」。或許確實如此，或許正是由於瑪格麗特缺乏知性深度，才讓她有這種作用。維根斯坦明白要求她別試圖窺探他的思想世界，瑪格麗特欣然同意。

那段期間，維根斯坦以瑪格麗特為模特兒雕了一座胸像。胸像是在米埃爾・德羅比爾的工作室做的，但沒有忠實反映瑪格麗特的容貌，因為維根斯坦雖然對臉的姿態與表情深感興趣，但他想捕捉的不是她的實際神態，而是他想創造的表情。這讓人想起（尤其在描述戀愛中的維根斯坦時）魏寧格在《性與性格》裡說：

唯有不去考慮女人的實際特質，用不同於物理現實的虛構現實取而代之，才可能愛上女人。

胸像完成後，維根斯坦將它送給葛蕾塔，擺在庫德曼街的房子裡。這可說是適得其所，因為胸像和那房子出自相同的美學。維根斯坦談到自己旁及建築時說：

……我替葛蕾塔蓋的房子，來自絕對敏感的耳朵和好的態度，表達了（對文化等事物的）偉大**理解**，但缺乏了**原初的**、力求爆發的野性生命力，因此可以說不是**健康**的。

同樣的，維根斯坦的雕塑也可以說缺乏「原初的生命力」，因此（用他自己的話來說）稱不上偉大的藝術品，因為「所有偉大的藝術裡頭都藏著一隻**野獸**，只是**被馴服了**」。維根斯坦認為自己的雕塑只不過是德羅比爾作品的澄淨版。

就算對音樂，這個他最有感覺的藝術，維根斯坦展現的也是偉大的理解，而不是「力求爆發的野性生命力」。他在維也納常和人一起演奏，但他在乎的是演奏的正確，用他極為敏感的耳朵要求同奏者一起追求無比精確的演奏。甚至可以說，他想要的不是創造出音樂，而是重新創造音樂。他演奏不是在表達自己、表達他的原初生命力，而是其他人的思想與生命。因此，維根斯坦認為自己不是創造者，而是再生產者，這話或許沒錯。

儘管維根斯坦對藝術很感興趣，感受力也很敏銳，但唯有哲學才能真正喚醒他的創造力。正如羅

素很久以前就注意到的，唯有哲學才能讓人在維根斯坦身上看見「力求爆發的野性生命力」。這一回推手又是葛蕾塔，葛蕾塔新家施工期間，維根斯坦重拾了這項最能展現他特殊天份的活動。這一回推手又是葛蕾塔，是她讓維根斯坦認識了維也納大學哲學教授石里克。

石里克多年來一直想見維根斯坦，始終沒如願，如今卻讓葛蕾塔做到了。他一九二二年抵達維也納，《邏輯哲學論》也在同年出版。他是維也納最早閱讀這本書並看出其價值的人之一。一九二四年夏天，他在葛蕾塔家見到拉姆齊後，寫信給人在普希貝格的維根斯坦：

我是《邏輯哲學論》的仰慕者，一直很想認識你，卻由於教書和其他職責而一再拖延，轉眼也在維也納待了將近五個學期了。每年冬季學期，我都會跟有興趣的同事和聰穎的學生討論數理邏輯的基礎，你的名字經常被提起。尤其某次講座，數學系的同事黑德馬斯特〔Reidemaster〕教授介紹了你的作品，所有人都印象深刻。因此，這裡有不少人（我也是其中之一）相信你的基本想法是正確而重要的，並且強烈渴望為傳播這些想法貢獻一臂之力。

石里克信裡說想去普希貝格見維根斯坦，但維根斯坦那時已經搬到奧特塔，不過信還是順利寄到了。維根斯坦回信表示歡迎對方來訪。石里克很快回了信，再次表示打算一訪，但直到十五個月後（一九二六年四月）才挑了幾名學生和他一起去了奧特塔。石里克的妻子談到丈夫此行的心情說：「他用近乎虔敬的口氣向我解釋，維是地球上最頂尖的偉大天才，感覺就像去朝聖一樣。」但到了奧特塔，這群朝聖者卻大失所望。當地人告訴他們，維根斯坦已經辭職不教書了。

因此，一九二七年二月，石里克收到葛蕾塔來信邀他和維根斯坦共進晚餐，簡直喜出望外。「又來了，」石里克對夫人說：「我又像看好戲一樣，見到那朝聖一般的敬畏神情。」在這之前，石里克曾經寄了一些自己的作品給維根斯坦，並邀請維根斯坦跟他和另一些人一起討論邏輯。葛蕾塔在邀請函裡代弟弟做了回覆。她告訴石里克：

親愛的石里克教授——見面，或許有辦法討論邏輯問題。他認為到時就能弄清楚，自己在這方面是否對你有一點幫助。

他要我向你轉達最溫暖的敬意，並且請你原諒，他覺得自己無法一邊專注眼下的工作，一邊討論邏輯問題，因為眼下的工作需要他百分之百的投入。他顯然無法跟一群人見面，但若是只跟你——

石里克夫人回憶道，她先生見了維根斯坦「回來欣喜若狂，幾乎沒開口，而我也覺得不該多問」。

隔天維根斯坦告訴恩格曼：「我們倆都覺得對方一定瘋了。」這次會面後不久，維根斯坦和石里克開始定期討論。恩格曼說：「維根斯坦發現石里克是出色的討論夥伴，理解力又強，加上他很欣賞石里克的教養，就更這樣認為了。」但石里克始終無法說服維根斯坦參加他辦的「學圈」聚會。這個學圈由哲學家和數學家組成，以實證進路處理哲學問題和科學的基礎，後來演變成維也納學圈。維根斯坦告訴石里克，他只能跟「讓他自在」的人談話。

儘管如此，到了一九二七年夏天，維根斯坦已經固定在週一晚上和人聚會，成員除了他和石里克，

還包括學圈仔細選出的人，像是弗里德里希・魏斯曼[1]、魯道夫・卡納普[2]和赫伯特・費格爾[3]。而聚會的成功完全有賴於石里克對氣氛的敏銳掌握。卡納普回憶道：

首次聚會前，石里克急切告誡我們，別用我們在學圈習慣的方式討論，因為維根斯坦完全沒興趣。甚至發問都得小心，因為維根斯坦非常敏感，問題太直接容易刺激到他。石里克說，最好的方法就是讓維根斯坦暢所欲言，然後只小心地請他做必要的解釋。

為了說服維根斯坦來聚會，石里克向他再三保證討論不必非得和哲學有關，他想討論什麼都可以。維根斯坦有時會突然背對眾人開始讀詩，嚇大家一跳。他尤其愛讀泰戈爾[4]的詩，彷彿在向他們強調，如他之前對馮費克解釋過的，他在《邏輯哲學論》裡**沒說的**比說出的更重要。泰戈爾當時在維也納非常紅，他詩裡的神秘主義觀點跟石里克學圈的主張完全相反。卡納普、費格爾和魏斯曼很快就明白了，他們以為《邏輯哲學論》的作者是實證主義者，其實不然。「之前，」卡納普寫道：

在學圈裡讀維根斯坦的書時，我誤以為他對形上學的看法和我們類似，因此對他書裡關於神秘

1　譯註：Friedrich Waismann，1896-1959。奧地利數學家、物理學家、哲學家。
2　譯註：Rudolf Carnap，1891-1970。美國分析哲學家，生於德國，經驗主義、邏輯實證論、維也納學圈代表者之一。
3　譯註：Herbert Feigl，1902-1988。奧地利哲學家，維也納學圈早期成員。
4　譯註：Rabindranath Tagore，1861-1941。印度詩人、哲學家。一九一三年獲得諾貝爾文學獎，為首位獲獎之亞洲人。

的說法不夠注意，因為他這部份的感受與想法和我差太多了。只有和他本人接觸之後，我才更看清他在這件事上的態度。

對實證主義者來說，清晰和科學方法互為表裡，然而這本他們視為哲學清晰精確之典範的作品，作者的性情與方法卻如此非科學，實在令人驚訝。對卡納普而言尤其如此：

他對人和問題的觀點與態度都更像藝術創作者，而遠非科學家，甚至對理論問題也不例外，幾乎可以說就像宗教先知或預言者。只要他開始對某個哲學問題闡述看法，我們就常感覺到他內心在掙扎，在強烈的痛苦與緊張之下頑鬥，想要衝破黑暗迎向光亮，甚至從他表情豐富的臉上都能看見那股緊張。當他（有時在費盡千辛萬苦之後）終於找出答案，將看法端到我們面前，感覺就像嶄新的藝術品或神啟一樣。我不是說他講得不容挑戰……而是給人一種感覺，彷彿那看法來自於神的啟發，讓人不禁覺得任何理性評論或分析，對它都是褻瀆。

學圈成員認為要檢驗一個看法，最好的方法就是透過質疑和反對來討論它。然而卡納普回憶道，維根斯坦「一旦藉由啟發得到了洞見，就完全無法忍受別人對它做批判式的檢驗」：

我有時感覺，維根斯坦非常討厭科學家那種刻意不帶情感的理性態度，以及任何帶有「啟蒙」味道的想法。

儘管性情和關注點大不相同，維根斯坦和石里克學圈的成員還是對哲學問題有過幾次成果豐碩的討論，其中一個討論焦點是拉姆齊剛發表的論文〈數學基礎〉（The Foundations of Mathematics）。這篇論文出自拉姆齊一九二五年十一月對倫敦數學學會發表的演講，收錄於學會出版的《學報》（Proceeding）中。

這篇文章是拉姆齊跨出的第一步。他想用維根斯坦的邏輯作品重新證明弗雷格和羅素的做法是可靠的，邏輯能作為數學的基礎。當時直覺主義正在崛起，以荷蘭數學家布勞威爾為首提出更激進的主張，影響愈來愈大[5]。因此，直到一九三〇年二十六歲英年早逝為止，拉姆齊的主要長期目標都是修補羅素《數學原理》的理論漏洞，重建邏輯主義的優勢，擊倒茁壯中的直覺主義。概略而言，兩派人的差別在於羅素想證明所有數學都能化約為邏輯，進而為純數學家認可的全部定理提供嚴格的邏輯基礎；布勞威爾對數學和邏輯的看法則完全不同，打算另起爐灶**重建**數學，主張唯有系統內可證明的定理才可接受，其餘定理都必須視為未能證明而拋棄，就算普遍接受的定理也不例外。

拉姆齊想用《邏輯哲學論》的命題理論來證明，數學是由維根斯坦定義下的重言所組成，因此數學命題就是邏輯命題。這不是維根斯坦的看法。他在書裡區分了數學和邏輯命題：只有前者是重言，後者是「等式」（《邏輯哲學論》6.22）。

5 譯註：直覺主義（intuitionism）是用人類的構造性思維活動進行數學研究的方法。詳可見後述。其中代表人物為荷蘭數學家布勞威爾（L. E. J. Brouwer，1881-1966）。

因此，拉姆齊希望證明等式**是**重言，而其關鍵在於同一的定義。他用特別定義的邏輯函數 $Q(x,y)$ 來取代 $x=y$，實際上是想斷言 $x=y$ 要嘛是重言（當 x 和 y 同值），要嘛是矛盾（當 x 和 y 不同值），從而建立起一套函數理論，以證明數學的重言特性。「唯有如此，」他認為：「數學才能不受布勞威爾和魏爾[6]的布爾什維克式威脅。」

維根斯坦注意到這篇論文是因為石里克。拉姆齊將論文寄給石里克，卻沒有寄給維根斯坦，因為兩人一九二五年的爭執還沒化解。維根斯坦顯然從頭到尾細讀了這篇論文。一九二七年七月二日他寫信給拉姆齊，大段批評了他的同一性定義，並表明所有這類（宣稱同一表達式不是重言就是矛盾的）理論都不成立，他自己從來不曾參與將數學奠基於邏輯之上的大計畫（羅素一九一九年時很驚訝地發現這一點）。事實上，他認為這根本走錯了路。「雖然 $Q(x,y)$ 是很有趣的設定，」他告訴拉姆齊：「但要解決這一切麻煩，方法是看出 $Q(x,y)$ 或其他任何命題函數都無法取代 $x=y$。」

面對維根斯坦的批評，拉姆齊答覆了兩次，一次透過石里克，一次直接回給維根斯坦，主要強調他不是在**定義**同一，而只是提供一個替代的函數，在他的系統裡作為同一性陳述之用，給出他所要的邏輯結果。

這段書信往返很有意思，除了點出兩人的差別外，或許還能解釋維根斯坦為何會說拉姆齊是「布爾喬亞」思想家。維根斯坦的批評直指問題核心，他想證明拉姆齊建構數學基礎時不該重走羅素的老路，那在**哲學**層面是誤入歧途，拉姆齊的回答卻只停留在邏輯和數學層面，探討新設定的函數能不能達成他要的目的。因此，對維根斯坦來說，這就是拉姆齊「布爾喬亞」的原因：

「……他思考這個政府時只在乎如何整頓某個政府的事務，而非政府的本質，至少他不喜歡這麼做。他只會思考這個政府如何組織才合理，至於可能有其他政府存在，這個想法既令他不安，也讓他厭煩。他只想快點開始思考基礎問題，思考這個政府。這是他擅長的，也是他真正感興趣的。真正的哲學思考只會困擾他，直到他將其結果（如果有的話）扔到一旁，斥之為無關緊要為止。

維根斯坦這裡用政治做比喻，自然是影射拉姆齊批評布勞威爾時提到的「布爾什維克式威脅」。或許有人會想，這表示維根斯坦認為布爾什維克派才是「真正的哲學思考」，其實不然。維根斯坦既沒興趣整頓這個政府（羅素的邏輯主義）的事務，也無意用另一個政府（布勞威爾的直覺主義）取而代之。「哲學家不屬於任何理念團體，」他寫道：「所以他才是哲學家。」

或許因為這次交流，維根斯坦終於再次寫信給凱因斯。打從他辭去教職，就沒再寄給他隻字片語了（「我受不了熱水瓶了」，他在信裡解釋道）。他感謝凱因斯寄來自己的新作《俄國一瞥》（A Short View of Russia），並說他希望葛蕾塔的房子十一月（一九二七年）能完工，到時「如果有人想見我」，他很樂意去英國一趟。

「至於你的作品，」維根斯坦寫道：「我忘了說我很喜歡。它說明你知道這世界除了天地之外，還有許多東西。」

這個理由很奇怪。維根斯坦繼續說明自己為什麼喜歡這本考察蘇聯的書，原因在於：凱因斯強調

6 譯註：此指赫爾曼·魏爾（Hermann Weyl，1885-1955），德國數學家、物理學家。

蘇聯的馬克思主義應該作為一種新宗教來欣賞，而不是經濟上的創新。他認為列寧主義的經濟思想不值一曬，是「一套將過時的經濟學教科書當成聖經、不容質疑的教條，而我知道那本教科書不僅科學上有誤，並且對於現代世界既沒益處，也不適用」。不過，他對這套教條引發的宗教熱情印象深刻：

⋯⋯在這個宗教缺乏的時代，任何既非舊宗教的翻版，又顯然具備感召力的全新宗教，註定會引發許多人濃烈的情緒與好奇。當新信仰來自俄羅斯時更是如此，只因它是歐洲家族中的俊俏老么，頭髮濃濃，比西邊的禿頭老大哥更接近地上，也更接近天空。它晚生了兩個世紀，以致於還沒失去年少的天才，臣服於舒適與習慣，就獲得了中年才有的幻滅與覺醒。我能了解為何有人會去蘇聯尋找美好的事物。

在凱因斯筆下，蘇聯信仰和基督教一樣，對普通人懷有崇高的評價，但有一點和基督教不同⋯

⋯⋯列寧主義徹徹底底非超自然、反超自然，其情感和道德的根柢完全落在個人和集體對金錢的熱愛之上。如果未來還有宗教，這套教條或許在形式和環境改變之後，能對未來的真正宗教有所貢獻。

不難想見維根斯坦讀到這些段落時會如何頻頻點頭，而凱因斯對信仰的描繪又會如何讓他敬佩有加，甚至死心塌地。這本書是凱因斯在簡短訪問蘇聯之後寫的，和羅素的《布爾什維克的實踐與理論》

（The Practice and Theory of Bolshevism）形成了強烈的對比。羅素一九二〇年訪問俄國後出版了這本書，裡頭只有對蘇聯政權的滿滿憎惡。他也拿蘇聯和基督宗教做對比，卻只是為了表達心裡的輕蔑：

> 無論是誰，只要和我一樣相信自由的心智才是人類進步的主動力，都不得不徹底反對布爾什維克主義，一如反對天主教。催生共產主義的那些希望就和山上寶訓灌輸的希望一樣可敬，但愈狂熱緊抱希望，就愈可能帶來同等的傷害。

羅素論蘇聯的書出版後不久，維根斯坦就對俄國產生了興趣，彷彿覺得既然羅素恨之入骨，那個國家就一定有什麼優點似的。一九二二年他寫信給恩格曼，提到他們「曾經討論過一起飛去俄國」。從那時候起，套用凱因斯的說法，維根斯坦就一直是「去蘇聯尋找美好事物」的人。赴俄生活和工作的念頭一直吸引著他，直到一九三七年政治局勢改變，他不再可能前往蘇聯為止。

雖然凱因斯自稱沒有信仰，但我認為他的說法——蘇聯馬克思主義是一種被人用宗教**態度**熱誠追捧的信念（如普通人的價值及金錢之愛的邪惡），而非超自然的**信仰**——提供了重要的線索，有助於我們了解維根斯坦想在蘇聯找到什麼。

維根斯坦在信裡告訴凱因斯，庫德曼街的房子會在一九二七年十一月落成，然而這個估計太過樂觀（原因如前所述）不可能實現。一直要到一年後，他才有時間重啟赴英計畫。這麼一拖延，反而讓他得以親眼見到拉姆齊戒之懼之的**布爾什維克式威脅**。一九二八年三月，布

249

勞威爾到維也納演講，講題為「數學、科學與語言」。維根斯坦跟魏斯曼和費格爾一起去聽了演講，之後三人又在咖啡館聊了幾個小時。費格爾回憶當時：

……維根斯坦那天晚上的變化簡直太迷人了……他變得非常健談，開始勾勒一些想法，那些想法替他後期的寫作起了頭……那天晚上，那個熱愛哲學、熱愛哲學活動的維根斯坦又回來了。

的確，布勞威爾的演講大大刺激了維根斯坦，也很可能在他心裡埋下了一顆日後逐漸萌芽的種子，但若有人根據費格爾的回憶，認定維根斯坦那一晚瞬間轉向，皈依了布勞威爾的直覺主義，那他就錯了。在他早期的作品裡見不到任何證據，顯示他曾經聽過布勞威爾的想法，而拉姆齊在一九二五年發表的論文裡提到布勞威爾，很可能是維根斯坦頭一次見到這人的名字。不過，他從一九二九年起**確實**開始頻繁提到他，以致於羅素一九三○年受邀介紹維根斯坦的思想時，不忘提起這層他認為不健康的影響：

……他寫了許多關於無限的想法，這些想法總是帶著變成布勞威爾的危險。每當危險太過明顯，就得趕緊剎住。

然而，維根斯坦聽完演講之後的興奮不僅出於他對布勞威爾的認同，也出於他的不認同，兩者比例不相上下。布勞威爾有許多論點和維根斯坦自己的觀點（包括早期和後期）相衝突，尤其是康德的「基

本數學直覺」。這個概念是直覺主義的哲學基礎，但維根斯坦始終對它沒有好感，終其一生都不曾改變。事實上，他對基本數學直覺的反對只有愈來愈強，一九三九年在講座上談論數學基礎時更直接告訴聽眾：「直覺主義全是胡說，百分之百。」

不過，布勞威爾若干觀點可能跟維根斯坦的看法符合，尤其是他不同意羅素和拉姆齊的部份。羅素認為維根斯坦似乎接受布勞威爾的觀點，反對「無限延伸序列」，但布、維兩人的相似在更深的層面，是哲學**態度**上的，跟羅素和拉姆齊的「布爾喬亞」心智迥然不同。布勞威爾的哲學立場大體上屬於歐陸反理性傳統，叔本華便是其中之一，而維根斯坦對叔本華的思想很有共鳴（叔本華遭到石里克批評時，維根斯坦曾出言為他辯護，讓卡納普大吃一驚）。但維也納學圈的立場跟羅素和拉姆齊一樣，站在了反理性傳統的對立面。

說得更具體一點，讓維根斯坦有共鳴的，可能是布勞威爾對羅素邏輯主義的某些反對意見。布勞威爾不認為數學可以奠基在邏輯上，也不需要。他還進一步反對一致性證明在數學裡是必要的。他反對數學具有一般人理解的「客觀性」，亦即沒有獨立於心靈之外、有待數學家發現的數學實體存在。對他來說，數學家不是發現者，而是創造者；數學不是事實的集合，而是人類心智的產物。

維根斯坦完全贊同這些觀點，而他的後期思想可說是這些觀點的進一步闡發，將他遠遠帶離了《邏輯哲學論》的邏輯原子主義。這些觀點就算沒有將他推向直覺主義，至少在整體和細節上幫他釐清了許多看法，更了解自己為何不同意羅素和拉姆齊處理數學時採用的邏輯進路；即使這套邏輯進路曾經指引過（縱然未曾支配過）他在《邏輯哲學論》裡闡述的觀點。

布勞威爾的演講或許沒有說服維根斯坦，讓他相信《邏輯哲學論》錯了，但也許讓他明白自己的書

終究不是蓋棺之作，關於這個主題其實還有更多可說。

因此，當一九二八年秋天房子完工，前往英國的念頭再次興起，他總算可以計畫重拾哲學研究了。

他在寫給凱因斯的信裡並沒有明說，只在十一月時寄了房子的相片給他（「科比意[7]風格，」凱因斯對夫人莉蒂亞・洛普科娃（Lydia Lopokova）說，給了她錯誤的描述），並提及他打算十二月前往英國，暗示是一趟簡短的渡假。他「想來我這裡待兩週左右」，凱因斯寫道：「我挺得住嗎？如果我從現在到那時候都不工作，就做得到。」

結果維根斯坦生病了，整個十二月都待在維也納。等他一月初病好了，終於能去英國了，他的目標已經不是路易士鎮（凱因斯得知時似乎不大驚訝），也不是找掃大街的工作，而是重返劍橋跟拉姆齊一起做哲學。

7　譯註：Le Corbusier，1887-1965。瑞士－法國建築師、室內設計師，有「現代主義建築之父」的美稱。

第三部
一九二九─一九四一

十一、再臨

「呃，神到了。五點十五分的火車。我接到他了。」

在一九二九年一月十八日寫給莉蒂亞的信裡，凱因斯如此宣告維根斯坦重返劍橋的消息。剛回到英國幾個小時，維根斯坦就已經告訴凱因斯，他打算「永遠待在劍橋了」：

我們剛喝了茶，我現在回到書房寫信給你。我知道一定會非常累人。我絕對不能讓他每天跟我說話超過兩到三小時。

對維根斯坦來說，這些二年來他經歷了巨大的轉變，回到劍橋卻發現這所大學幾乎沒有改變，迎接他的也是一九一三年道別過的那些人，那感覺不只奇怪，還有點詭異。他在日記裡寫道，一切「就像時間倒流一般」。「我不曉得有什麼在未來等著我」，但無論未來如何，「都會有所結果的！只要時間還沒用完。」

此刻我只是不能自休地遊蕩，但不曉得繞著哪個平衡點。

維根斯坦一到劍橋，凱因斯便號召人馬，準備歡迎他重回使徒會。維根斯坦回到英國次日，凱因斯就辦了一次使徒晚宴慶祝他的歸來。出席的有理查德·布雷斯衛特、拉姆齊、喬治·瑞蘭斯[1]、喬治·湯姆森[2]、艾利斯特·華森[3]、朱利安·貝爾[4]和安東尼·布倫特[5]，全是劍橋知識圈的一時之秀。晚宴上，維根斯坦獲選為榮譽會員，也就是**天使**，象徵使徒會原諒了他一九一二年當時的態度，並在隨後一次聚會上正式「宣佈將適時擇日收回驅逐他的成命」。

使徒會從來沒有對誰這麼客氣過，而他們會這麼做，全是由於維根斯坦不在英國期間，《邏輯哲學論》更是知識份子討論的熱門話題。

然而，使徒們若是想將這尊「神」佔為己有，恐怕就要失望了。維根斯坦參加了幾次聚會，也去過幾場凱因斯在戈登廣場（Gordon Square）家裡辦的晚宴，認識了布盧姆茨伯里派的幾名成員。布盧姆茨伯里派可說是使徒會的倫敦分會，但這兩群菁英的「雅士派」英式唯美主義，跟維根斯坦那嚴苛的苦行

1　譯註：George Rylands，1902-1999。又名戴迪·瑞蘭斯（Dadie Rylands），英國文學家、戲劇導演。

2　譯註：George Thomson，1903-1987。全名為喬治·德溫特·湯姆森（George Derwent Thomson），英國古典學者、馬克思主義哲學家與愛爾蘭語哲學家。

3　譯註：Alister Watson，1908-1981。英國數學家。

4　譯註：Julian Bell，1908-1937。英國詩人。

5　譯註：Anthony Blunt，1907-1983。英國藝術史學家。晚年時承認自己曾為蘇聯間諜。

僧主張以及有時近乎無情的誠實，彼此幾乎毫無交集，常讓雙方大感驚駭。李奧納德‧吳爾芙[6]回憶有一回在凱因斯家午宴，他被維根斯坦對待莉蒂亞的「粗魯無情」嚇壞了。另一回午宴，男士們當著女士的面談論性愛，讓維根斯坦嚇得奪門而出。維根斯坦顯然無法適應布盧姆茨伯里派的氣氛。法蘭西絲‧派特里齊[7]說，比起貝爾、斯特雷奇們和史帝芬們這些人，維根斯坦似乎無法也不願和異性成員討論嚴肅的話題。「當在座有男有女，他的話題常常瑣碎至極，不時穿插無趣的笑話，嘴角掛著冷淡的微笑。」

維根斯坦和維吉尼亞‧吳爾芙可能在凱因斯家的聚會上見過。但就算如此，兩人似乎都沒給對方留下多少印象。吳爾芙過世後，維根斯坦曾跟洛許‧里斯[8]談論到出身對她的影響。他說她出生在那樣的家庭，人的價值完全來自在寫作、藝術、音樂、科學或政治領域的表現，以致於她從來不曾問過自己，世上是否還有別種「成就」。維根斯坦的說法可能來自他和吳爾芙的接觸，但也可能只是基於道聽塗說。吳爾芙不曾在日記裡提過維根斯坦，信裡也只偶爾順帶提到他。維根斯坦抵達劍橋幾個月後，吳爾芙在寫給克里夫‧貝爾[9]的信裡談起貝爾的兒子朱利安，順帶提到了維根斯坦：

……梅納德[10]說，朱利安無疑是國王學院的頂尖大學生，甚至可能當上院士。看來朱利安讓他印象深刻，還有他的詩。對了，朱利安說他在梅納德面前批評了維根斯坦，但被駁倒了。

之所以提到這一點，純粹是因為朱利安‧貝爾曾經寫過一首長篇的諷刺詩，正好可以當成布盧姆茨伯里派對維根斯坦的機敏反擊。這首詩收錄於布倫特主編的學生雜誌《冒險》[11]裡，帶有詩人德萊頓[11]的風格，詩中提到某些人開始對維根斯坦產生的看法，關於他專斷好辯作風之下的粗俗野蠻。

布盧姆茨伯里派的信條是**價值可在心靈中獲知與發現**，但《邏輯哲學論》反對這個觀點，斥之為無意義的陳述。朱利安在詩裡捍衛布盧姆茨伯里派的信條，主張維根斯坦違背了自己的規則：

維根斯坦不只談論這些自己堅稱必須沉默以對的事物，還掌控一切……

……誰曾在任何事上，見過

他滔滔不絕，說著無意義的話語，

打破自己誓言謹守的沉默：

日日夜夜談道德、論審美，

為事情定好壞、分對錯。

6　譯註：Leonard Woolf，1880-1969。英國政治理論家、作家、出版商等。維吉尼亞・吳爾夫的丈夫。

7　譯註：Frances Partridge，1900-2004。英國作家，與布盧姆茨伯里派關係密切。

8　譯註：Rush rhees，1905-1989。美國哲學家，維根斯坦的學生。與安斯康姆於維根斯坦過世後編輯出版了《哲學研究》(Philosophical Investigations)。詳見後述。

9　譯註：Clive Bell，1881-1964。英國藝術評論家，與布盧姆茨伯里派關係密切，前述朱利安・貝爾的父親。

10　譯註：梅納德（Maynard）是凱因斯的中間名。

11　譯註：原文為Drydenesque，德萊頓指一六六八年英國桂冠詩人約翰・德萊頓（John Dryden，1631-1700），他亦是英國王政復辟時期的主要詩人，以至於這一段文學史被稱為德萊頓時代。

路德維希不頒布聖旨？

無論誰在場，他都不服也不讓，

打斷我們，結巴說著自己的句子，

無止盡爭辯，嚴厲、惱怒而吵鬧。

他當然對，他為自己的正確而驕傲，

這毛病很常見，是人多少都會得，

但維根斯坦說一，沒人能說二。

這首詩是使徒書信（epistle），寫給同為使徒的布雷斯衛特，詩裡表達了許多年輕使徒信奉的唯美主義觀。維根斯坦曾經輕蔑地稱呼這群使徒為「朱利安們」。這首詩發表之後，法尼婭・帕斯卡說[12]：「最善良的人讀了也會噗哧一笑。這首詩釋放了累積已久的緊張、怨恨，甚至恐懼，因為從來沒人能在維根斯坦面前扭轉局勢，還以顏色。」

維根斯坦沒有徹底棄絕使徒會，拉姆齊是最主要的理由，因為他是使徒。

維根斯坦回到劍橋的第一年，拉姆齊不僅是他最好的哲學討論夥伴，也是最親密的朋友。剛回劍橋的頭兩週，維根斯坦寄住在莫帝默路（Mortimer Road）上的拉姆齊家，拉姆齊的太太萊迪絲（Lettice）很快便成了他的好友和知己。借用凱因斯的話說，「終於有人軟化了這位凶猛野蠻的獵人」。萊迪絲風趣幽默，又帶著質樸的誠實，總能讓維根斯坦覺得放鬆與信任，只有和她在一起時才能聊起他對瑪格

麗特的愛。不過，從法蘭西絲·派特里齊寫給丈夫拉爾夫（Ralph）的信裡看來，他的信心並不牢固：

我們常見到維根斯坦。他向萊迪絲透露自己愛著一位女士，在維也納，但他覺得婚姻很神聖，不能隨口提起。

讓人意外的不是維根斯坦無法隨口提起婚姻，而是他竟然會談起。他這時期固定寫信給瑪格麗特，寫得很勤，有時每天都寫，但瑪格麗特直到兩年後才察覺他想娶她為妻，而她立刻就打了退堂鼓。雖然他的關心讓她受寵若驚，他的人格力量也令她折服，但瑪格麗特在他身上並未看到自己想要的丈夫特質。他太過儉樸，也太過挑剔（可能有一點太猶太人了），而且當他表明心意時，也不忘表明自己想要的是柏拉圖式的婚姻，不生孩子；但這不是她想要的。

回到劍橋後的頭兩個學期，維根斯坦的正式身份是攻讀博士的高等生，比他年輕十七歲的拉姆齊是他的導師，不過兩人實際上平等相待，鑽研的問題類似或彼此相關，也會從對方身上找意見、指導與靈感。他們每週見面數次，花好幾小時討論數學的基礎與邏輯的本質。維根斯坦在日記裡形容兩人碰面時總是「討論得很愉快」，而且「像在玩遊戲，我認為很興奮」，甚至帶有幾分情慾的味道：

能有人把我的想法從我嘴裡掏出來，散播出去，沒有比這更讓我愉悅的事了。

「我不喜歡在科學路上踽踽獨行」，他還這樣說。

拉姆齊在討論裡的角色就像一般的導師，負責反駁維根斯坦的說法。維根斯坦在《哲學研究》（Philosophical Investigations）的序言裡說，拉姆齊的批評讓他察覺《邏輯哲學論》的錯誤，幫助之大「我難以估量」。不過，他在當時的一則日記裡卻沒這麼大方：

好的反駁能幫人前進，膚淺的反駁就算成立，也只是累人。拉姆齊的反駁就屬於後一種。他的反駁沒能抓到問題的根柢——那才是精髓所在——而是太過邊緣，就算我錯了，他的反駁也指正不了。好的反駁直指解答，膚淺的反駁不得不先解決，以便扔到一旁不管它，就像樹得打個彎繞過樹瘤才能繼續長一樣。

儘管維根斯坦和拉姆齊十分敬重對方，兩人在智性和性情上卻差異極大。拉姆齊是數學家，不滿意數學的邏輯基礎，想用健全的原則重建數學。維根斯坦對數學毫無興趣，只想斬除數學令人困惑之處的哲學根源。因此，當拉姆齊在維根斯坦身上尋求靈感，而維根斯坦在拉姆齊身上尋求批評，挫折自然在所難免。拉姆齊曾經直截了當告訴維根斯坦：「我不喜歡你的論證方式。」而維根斯坦則在之前引述過的話裡形容拉姆齊為「布爾喬亞思想家」，還說**真正的**哲學思考只會困擾拉姆齊，直到「他將其結果（如果有的話）扔到一旁，斥之為無關緊要為止」。

從維根斯坦重返劍橋頭一年起，就有一位「非布爾喬亞思想家」深深影響了他的思想發展，那人便是皮耶羅·斯拉法（Piero Sraffa）。斯拉法是傑出的義大利經濟學家，頗具有馬克思主義傾向，也是當時人在獄中的義大利共產黨魁葛蘭西的摯友。由於公開抨擊墨索里尼的政策，斯拉法在祖國的教職岌岌可危，凱因斯便邀他到國王學院繼續做研究，還讓劍橋特地為他設了經濟學講師職位。在凱因斯的引介下，他和維根斯坦成了好友，維根斯坦每週至少會和他見面討論一次，重視程度後來甚至超過他和拉姆齊的會面。他在《哲學研究》序言裡提到斯拉法的批評說：「這本書裡的重要想法多半得利於他的**這種刺激。**」

這是很大的恭維，也很令人費解，因為兩人的研究領域差別很大。然而正是由於斯拉法的批評不重細節（也可以說因為他不是數學家或哲學家）因此才夠份量。和拉姆齊不同，斯拉法有能力迫使維根斯坦修正整個主張，而不僅是這裡或那裡的觀點。維根斯坦曾經跟馬爾康姆和馮·賴特提過一件事，後來廣為流傳，正好能用來說明這一點。有一回在討論時，維根斯坦堅持命題和它所描述的東西必須具有相同的「邏輯形式」（logical form）——也有版本說是「語法」（grammar）。斯拉法做出那不勒斯人的

招牌動作，用指尖掃過下巴並問道：「**那你這個**的邏輯形式是什麼？」[13] 據說維根斯坦從此不再堅持《邏輯哲學論》的立場：命題必須是其所描述的現實的「圖像」。

這個小故事很重要，不是因為它解釋了維根斯坦為何揚棄意義的圖像論（它也並未解釋），而在於它清楚展現了斯拉法如何讓維根斯坦用全新的角度重新檢視事物。維根斯坦跟許多朋友說過，他跟斯拉法討論時，經常感覺自己就像一棵枝幹全被砍掉的樹。這個比喻是他精心選擇的：砍掉枯死的枝幹，新的、更有活力的枝幹才能長出來。相反地，拉姆齊的反駁留著死木頭不管，只會要樹繞過它。

維根斯坦有一回告訴里斯，跟斯拉法討論對他最重要的收穫就是用「人類學」的角度審視哲學問題。這句話多少解釋了維根斯坦為何認為斯拉法對他影響深遠。維根斯坦後期的作品跟《邏輯哲學論》最大的差別之一，就是「人類學」進路，也就是《邏輯哲學論》處理語言時，完全抽離語言使用的環境，而《哲學研究》則反覆強調「生活之流」能賦予語言以意義的重要。要描述「語言遊戲」，就必須提到其中的行為，以及用「部落」的生活方式玩這遊戲。如果這個視角轉換真的出自斯拉法，那他對維根斯坦後期作品的重要性自然毋庸置疑。不過，就算真是如此，他的影響也還得再等幾年才會開花結果，因為維根斯坦的「人類學」視角要到一九三二年才逐漸顯露。

除了拉姆齊和斯拉法，維根斯坦跟其他劍橋講師就沒什麼互動了。頭幾週的殷勤接待之後，他和凱因斯有事時才會往來。雖然他跟高層有什麼問題，都是凱因斯出現解決，對他的幫助難以估量，但兩人卻不是知交摯友。不過，倒是不難看出凱因斯很樂於扮演這種角色。當維根斯坦的**朋友**所需的時間和精力，不是他能或願意付出的。

維根斯坦回劍橋那天，摩爾正好和他同一班火車，兩人一九一四年因為維根斯坦那封野蠻回信而斷了的友誼，立刻就和好了。摩爾當時已是劍橋的哲學教授，因此替維根斯坦尋找經費進行研究的責任就落在了他頭上。但除此之外，兩人的情誼純屬私交，與哲學無關。維根斯坦雖然欣賞摩爾用詞精確，偶爾會從他那裡沿用詞彙來準確表達自己的觀點，但不認為他算是原創的哲學家。「摩爾？」他曾經這麼說：「一個才智全無的人能達到多高，看他就知道了。」

同樣的例子還有年事已高的邏輯學家詹森。他也是維根斯坦的劍橋舊識，兩人在智性上雖然有差距，卻維持著真摯的友誼。維根斯坦對他琴藝的讚賞更勝於他的邏輯研究，週日午後經常到他家聽他的那名為「居家」的鋼琴演奏會。至於詹森，雖然他很喜歡維根斯坦，也欣賞他，卻認為維根斯坦回來是「劍橋的災難」。他說，維根斯坦「這個人相當沒有能力跟人討論」。

儘管年屆四十，維根斯坦的朋友圈卻多半是劍橋的年輕人，為道德科學社裡不屬於使徒一派的大學生。據法尼婭‧帕斯卡的說法，這些「英國中產階級之子」擁有成為維根斯坦弟子的兩大特質：孩子般的純真和第一流的腦袋。或許如此，但我認為另一種說法也成立，亦即維根斯坦只是覺得自己和年輕人有更多的共同點。他其實還很年輕，甚至外表也是，年近四十依然常被認成大學生。但不僅如此，他的心智也和年輕人一樣新鮮敏捷。他曾告訴德魯利：「心智僵化得比身體還要早得多。」而在這點上他還是青少年，心靈失去彈性的部份很少。他回到劍橋是為了推翻自己之前得到所有結論，不僅要換

---

13 譯註：斯拉法回話的原文「What is the logical from of *that*?」對此處的「that」有兩種詮釋，其一認為指的是維根斯坦的想法，可參考本書導讀。其二認為指的是斯拉法摸下巴的動作本身。

上新的思考方式，更要過上新生活。因此，他和大學生一樣未定形，尚未固著於既定的生活模式裡。

不少聽說過維根斯坦是《邏輯哲學論》作者的人，將他想像成年邁威嚴的日耳曼學者，因此在道德科學社見到他是如此年輕氣盛、活躍激動時，全都大感意外。例如，日後成為維根斯坦的朋友與仰慕者的伯斯（S. K. Bose）便回憶道：

我第一次遇到維根斯坦是在道德科學社的聚會上。我發表了一篇論〈道德判斷的性質〉的文章。那次聚會來了相當多人，有些蹲坐在地毯上，其中一個我們都不認識（當然，摩爾教授和另一名應該也在的資深社員可能認識）。我唸完論文，那名陌生人劈頭就（但不刻薄）提了幾個問題與反駁（後來大家明白這就是維根斯坦的風格）。不久後，我得知當時提問的人是誰，想到自己對他的問題與反駁的回答是那麼傲慢自大，簡直恨不得鑽進洞裡去。

維根斯坦後來完全主宰了道德科學社的討論，結果使得道德哲學教授布洛德不再出席了。布洛德後來說，他沒打算「每週花好幾小時吸著濃濃的菸草味，聽維根斯坦千篇一律在自己的想法裡兜圈子，信徒們千篇一律『露出欽佩的蠢樣，嘖嘖讚嘆』」。

維根斯坦的另一位大學生朋友戴斯蒙・李（Desmond Lee）將他比作蘇格拉底，因為他喜歡跟年輕人討論，常讓年輕人啞口無言。他說，這兩人對於拜倒在自己魔力之下的人都有近乎催眠的力量。李離開劍橋之後就擺脫了這個魔力，雖然深受維根斯坦影響，但不能真算是他的門徒。不過，和他年紀相仿的莫理斯・德魯利非但成了首位法尼婭描述的那種年輕弟子，而且可能是最完美的例子。

一九二九年初識維根斯坦之後，德魯利生命中的每個重大決定幾乎都有維根斯坦的影響。他原本打算劍橋畢業之後去當英國聖公會牧師。「千萬別誤會我瞧不起這個決定，」維根斯坦得知他的計畫後說：「但我無法贊同，真的沒辦法。我怕牧師的衣領有一天會勒壞你。」這才是他們第二或第三次見面的時候。後來再見面時，維根斯坦又重提舊事：「你想想，德魯利，每週都必須講道是什麼感覺？你做不到的。」德魯利唸了一年神學院，發現維根斯坦是對的，並且在他的鼓動之下選了一個與「普通人」同在的工作，從事失業救濟，先在紐卡斯爾，後來在南威爾斯[14]，接著又在維根斯坦的鼓動下轉讀醫學。二戰後他專攻精神醫學（同樣出自維根斯坦的建議），自一九四七年到一九七六年過世都在都柏林的聖派屈克醫院精神科服務，從住院醫師做到資深顧問。一九七三年，他出版文集《詞語的危險》（The Danger of Words），探討精神醫學中的哲學問題，雖然很不受重視，但無論就其調性或核心關懷而言，都是維根斯坦弟子當中最具維根斯坦精神的作品。「為什麼我把這些文章放在一起？」他在序言裡自問自答：

「理由只有一個，就是筆者曾經師事維根斯坦。現在許多人都曉得，維根斯坦時常鼓勵學生（至少那些他覺得哲學創造力不突出的學生）放下哲學研究，轉而主動學習和從事某個具體的職業。就我而言，他鼓勵我轉讀醫學，不是因為我用不到他教的東西，而是我無論做什麼都不該「放棄思考」。因此我儘管猶豫，卻還是奉上這些文章，以展示維根斯坦對我這種既需要對付直接實際的難題，又得面對深刻哲學困惑的人的影響。

<hr/>

14
譯註：南威爾斯（South Wales）位於英國西南部，為該地人口最為稠密的地區。後面會提到的城市斯旺西（Swansea）也位於此處。

德魯利於過世前不久出版了他和維根斯坦的對話錄，也是基於類似的理由，目的在減低某些「善意評論者」的影響。這些人「讓讀者以為他的著作如今不難納入知識界的語境裡，殊不知他的寫作主要就是為了警告世人當心這種語境」。比起其他二手資料，這本對話錄或許更清楚展現了貫穿維根斯坦生活和思考的靈性與道德態度。受維根斯坦作品啟發的學術文章汗牛充棟，德魯利是第一個（但絕非最後一個）讓人看到維根斯坦學術之外的影響力的弟子。可以說，傳承維根斯坦道統的人遠遠不侷限於學院哲學圈。

事實上，維根斯坦最親近的大學生朋友，就是個對哲學毫無興趣的年輕人。一九二九年復活節過後，吉爾伯特‧帕特森（Gilbert Pattisson）在從維也納出發的回程火車上遇到了維根斯坦，其後十多年，兩人一直維持著無關哲學的緊密友誼，直到二戰動盪期間，維根斯坦懷疑帕特森是好戰強硬份子，兩人的友誼才劃下句點。年輕時的帕特森和氣、機智又善於處世，現在依然如此，完全不是法尼婭形容的那種純真而過度害羞的青年門徒。以最小的努力和熱誠完成劍橋學業後，他在倫敦金融城找到了會計師的工作，過起合乎他階級、出身與教育程度的舒適生活。和他在一起時，維根斯坦可以恣意滿足自己的某種喜好，法尼婭稱之為插科打諢，維根斯坦自己則說是「瞎扯」。他說跟人「瞎聊亂扯」是一種根深蒂固的需求。

在劍橋時，帕特森和維根斯坦會一起讀《閒談者》雜誌（Tatler），盡情享受這份上流社會雜誌裡源源不絕的「瞎扯」題材，尤其是經常登在這類雜誌裡的可笑廣告。他倆也很愛讀〈滿意消費者來信〉。這類文宣經常陳列在「精緻裁縫」伯頓服飾店的櫥窗裡，兩人去買維根斯坦的衣服時都會刻意留意那些

櫥窗。大多數人或許覺得維根斯坦老穿同一套衣服，開領衫、灰色法蘭絨長褲和厚底鞋，但其實這些服飾都是精心選過的。

帕特森離開劍橋後，維根斯坦只要路過倫敦（他往返維也納通常都會路過）就會去找他，一起進行維根斯坦所謂的「儀式」：先到里昂咖啡館（Lyons）喝下午茶，再去萊斯特廣場（Leicester Square）的大戲院看電影。維根斯坦會先寫卡片給帕特森，通知他抵達倫敦的日期，讓帕特森預作安排，例如查《標準晚報》看哪家戲院在放「好」電影。根據維根斯坦的標準，好電影通常是美國片，尤其是西部片，後來還包括音樂劇和浪漫喜劇，但絕不包含藝術或知性電影。當然，儀式比帕特森的會計師工作還優先。帕特森曾有一回求情說他工作很忙，維根斯坦回覆道：「我希望你在辦公室別太多事，別忘了，連俾斯麥也不是不可取代。」

維根斯坦和帕特森信裡幾乎全是「瞎扯」，他幾乎每封信都會用上「bloody」這個形容詞，意思是該死或非常。不曉得為什麼，他就是覺得這個詞很滑稽。他會在信的開頭寫「親愛的死傢伙」，並用「你該死的朋友」或「你的死朋友」結尾。帕特森會從雜誌上剪相片寄給他，稱之為他的「畫作」，而維根斯坦會故作正經大加讚嘆：「不用看簽名就知道是帕特森的大作。畫裡有一種該死的感覺，從來沒人用畫筆呈現過。」回信時，他會從報紙自我提昇廣告欄剪下高雅中年男士的相片，當成「肖像」寄給帕特森。「上一張只表達了慈祥的父愛，這一張凸顯森。」他在一封附了肖像的的信裡說：了勝利感。」

兩人的書信往返裡，始終不乏對廣告用詞的溫和嘲諷。單是將這種話語當成朋友通信的正常口吻，就能讓人感覺其中的荒謬。帕特森寄了一張自己的相片（不是假的）給維根斯坦，背後寫道「反面是我

們那套47／6的西裝。」維根斯坦在某封信末寫道：「不知何故，雙塔牌八三精品襪就是讓人感覺它是真男人的襪子，品味十足，考究、舒適又時尚。」他在另一封信的附註裡寫道：

最近你將收到由我慷慨致贈的格羅斯妥拉髮油試用品。願你長保體面紳士的正字標記，髮澤永遠光彩明亮。

維根斯坦信裡開的玩笑，有些確實無聊得驚人。他在一封信裡寫到以W.C.I結尾的地址時，特地畫了箭頭指著W.C.，並且註明「這不是廁所。」他在都柏林基督教教會教堂的明信片背後寫道：「如果我沒記錯，這座教堂至少有一部份是諾曼人蓋的。當然那是很久以前，而我的記性可沒那麼老。」

因此，回到劍橋沒幾個月，維根斯坦已經建立了相當廣泛的朋友圈，多少證明了他當初害怕自己無法重返社交生活是多慮了。然而，他依然覺得自己在劍橋是個外人，覺得這裡少了恩格曼或亨澤爾那樣的人，讓他可以用自己的語言討論心底最深處的想法與感覺，而且知道對方一定會了解。或許因為如此，他一回到劍橋就重拾《邏輯哲學論》出版之後便中斷了的習慣，開始在筆記裡寫下類似日記的個人記事。和之前一樣，這些記事不同於他的哲學創作，是用他小時候用的密碼寫的。他在最初的記事裡形容那感覺有多古怪，「我已經有多少年壓根不覺得有寫記事的需要了」，並且回想當初怎麼會開始。他在柏林時開始紀錄對於自己的想法，因為他感覺有必要紀錄自己。這一步很重要，儘管帶著虛榮和模仿（凱勒及佩皮斯[15]）的味道，卻還是滿足了一項真正的需求，取代了一個他能與之傾訴的對象。

維根斯坦無法向劍橋的朋友傾訴衷腸，因為隔著語言和文化的差異（這一點他比這些朋友都意識得更清楚），他不確定他們能了解他。只要誤解可能是語言或文化問題。某次遇到類似的誤解後，他寫信給拉姆齊說：「一句話對我有這個意含，對你卻沒有。你若是在外國生活過一段時間，並且依賴他們，就會明白我的困境。」

他依賴這些朋友，這些朋友卻無法理解他，這種感覺讓他非常痛苦，尤其在錢的事上。一九二九年五月，他寫信給凱因斯試著解釋這股焦慮。「在你批評之前，請先試著了解，」他懇求道：「用外語解釋就更難了。」他愈來愈確定凱因斯已經厭倦和他對話了（如我們先前所見，這確實有點道理）。「**請別認為我很介意這一點！**」他寫道：「你怎麼可能不厭煩？我從來不曾認為你會覺得我很有趣或好玩。」他擔心凱因斯覺得他經營這段友誼只是為了得到金援，這才是他的痛苦之處。這份焦慮加上害怕說英語會讓人誤解，讓他生出一種完全虛妄的確信：

這學期初我去找你，想還一些跟你借的錢。但我話說得很拙，竟然用「首先我想要錢」當成開頭，其實我想說的是「首先我想要處理錢的事」。你自然誤解了，因此臉色有異，讓我剎時就完全明白了。後來的事——我是說我們針對使徒會的討論——讓我察覺你心裡已經對我累積了多少的負面情感。

15 譯註：Samuel Pepys，1633-1703。英國政治家，其日記非常有名。瑞士德語作家戈特弗里德・凱勒之日記亦有名，前文已述。

不過，維根斯坦感覺凱因斯自認是他的資助者，而非朋友，這可能是對的。但他堅持「我不接受朋友以外的人給我恩惠。正因為如此，三年前在薩塞克斯我才會接受你的幫助。」他信末寫道：「除非你能簡短給我一個友善的回覆，否則就別回信了。我寫信不是要你解釋，而是跟你說我的想法。因此，你若是不能用短短三行給我一個友善的回覆，那麼不回信更能讓我高興。」凱因斯的回信老練細膩到了極點，簡直是傑作：

親愛的路德維希：

你真是瘋了！你說的錢的事，當然沒有半個字是對的。學期初時，除了請我幫你兌現支票之外，我壓根沒有想到你還會跟我要什麼。我從不認為你會向我要錢，只有我自己覺得該給的時候才給。

前兩天我在短箋裡提到你的財務狀況，是因為我聽說你意外多了一筆費用要付，而我想如果確實那樣，或許可以照我在你剛回劍橋時建議過的，看看能不能從三一學院那裡得到一點資助。我有想過由我自己出錢，但通盤考慮之後決定最好不要。

你錯了，上回見面我口氣不悅，不是因為「心懷舊怨」，只是疲倦和不耐。因為只要講到和你切身之事，要讓你正確理解而不致誤會我的意思實在太難了，幾乎沒有可能。而你離開之後，就會想出一套完全出乎我意料之外的解釋，讓我根本想不到必須提防你那麼想！

老實說，我心裡一直有兩種感覺在反覆：一方面喜歡你，很享受跟你談話，另一方面又被折騰得神經耗弱。這不是什麼新聞了！這二十年來一直如此。但要說我「積怨」或「不友善」，若是能看見我的心，你會發現完全不是如此。

凱因斯就這麼將事情圓了過來，讓維根斯坦心安理得接受他的幫助，又不用和他更緊密往來。他只要當一位**友善的**資助者，讓給錢和拿錢的人都能自在。

少了財務奧援，維根斯坦就不可能繼續研究哲學。第二學期結束時，他身上就算還有存款（應該是當初的建築師收入），付完學費也不夠供他生活，因此他便照著凱因斯的提議，向三一學院申請研究經費，但這麼做註定會遇到麻煩。院方無法理解維根斯坦出身富裕，為何還需要經費補助？難道他沒有其他經濟來源？三一學院的生活導師巴特勒爵士（Sir James Butler）這麼問他，維根斯坦答說沒有。沒有親戚可以幫他？維根斯坦說有。「現在搞得像我刻意隱瞞似的，」約談後他寫信給摩爾：「請你接受我的書面聲明：我不僅有許多有錢親戚，而且只要開口，他們就會資助我。**但我永遠不會向他們要半毛錢。**」他在另一封信裡向摩爾解釋自己的立場：

我提了研究計畫，而在我印象中，學院有些情況會提供經費或獎學金之類的鼓勵這類研究。換句話說，只要我產出某種東西，**而且那東西對學院有用處**，那只要他們覺得**有用**，而且我能生產出來，就能要學院幫助我。

維根斯坦的經費申請得到了拉姆齊的全力支持。他以維根斯坦導師的身份寫信給摩爾，強調補助絕對有必要。「依我之見，」他寫道：「維根斯坦是哲學天才，和我認識的其他人不在一個等級上。」

這一方面由於他有看穿問題本質的巨大天賦，另一方面由於他的智性熱誠與思考強度驚人，對於問題追根究底，絕不以可能的假設為滿足。比起其他人的研究，我認為他的思考更有可能解決困擾我的難題，大到哲學，小到數學的基礎，都是如此。因此，他能重拾研究實屬萬幸。

然而，對於維根斯坦迄今產出的「東西」，拉姆齊的說明卻短得讓人乾瞪眼：

過去這兩個學期，我大量接觸他的研究，感覺他有了可觀的進展。他從命題分析開始思考，一路探索到無限的問題，而目前有關數學基礎的種種爭議，核心就是無限問題。我起先擔心他缺乏數學知識與技巧，會嚴重妨礙他在這方面的研究，但他已有的進展讓我確信並非如此，他在這領域也可能做出頭等重要的貢獻。

「他目前研究得很賣力，」拉姆齊補充道：「而且依我看來進展不錯，若是因為缺錢而中斷，對哲學是一大損失。」

或許為了增加說服力，維根斯坦被匆匆授予了博士學位，而「論文」正是《邏輯哲學論》這本七年前出版的書在許多人眼中已經成了哲學經典。口試由摩爾和羅素主持，但羅素當時人在薩塞克斯教書，被抓回劍橋有點不情願。一九二三年羅素在因斯布魯克見了維根斯坦之後，就沒再和他聯絡過，因此自然有些擔心。他寫信給摩爾說：「我想，除非維根斯坦對我的看法改變了，否則他不會很喜歡我當口試官。我們上回見面，他因為我不是基督徒而非常痛苦，後來就躲著我。我不曉得他是不是沒那

271

麼難過了，但他顯然還是不喜歡我，因為他後來一直沒有跟我聯絡。我不希望他在口試途中衝出房間，

我覺得他做得出那種事。」

口試於一九二九年六月十八日舉行，過程宛如一場滑稽的儀式。羅素和摩爾走進房間，羅素笑著

說道：「我這輩子沒遇過這麼荒唐的事。」口試開始，三人就像老友聊天，羅素感覺這場面荒謬得有趣，

便對摩爾說：「來吧，你是教授，你得問他問題。」接著是一番簡短的討論，羅素提出自己的看法，認

為維根斯坦宣稱自己用無意義的命題表達了不可動搖的真理，這點自相矛盾。但他當然說服不了維根

斯坦。結尾就是維根斯坦拍拍兩位主考官的肩膀，安慰他們說：「沒關係，我知道你們永遠不會懂的。」

摩爾在口試報告裡寫道：「我個人認為維根斯坦先生的論文是天才之作，但儘管如此，這論文也一

定達到劍橋哲學博士學位的標準。」

拿到博士學位的第二天，維根斯坦便得到三一學院撥發的一百英鎊補助，五十鎊供夏季學期使用，

五十鎊供隨後的米迦勒學期支用。

暑假剛開始，維根斯坦留在了劍橋，寄宿在麥芽場巷霜湖屋（Frostlake Cottage, Malting House Lane）

的莫理斯·多布 16 夫婦那裡。這段期間他認識了知名的文學批評家里維斯，兩人發展出一段短暫而不安

的友誼。他們在詹森的「居家」演奏會上相遇，之後偶爾會一起長途散步。比起他的文學批評，維根斯

坦更欣賞他的人格，甚至可以說他喜歡他到不計較作品的地步。他曾經這樣勸告里維斯：「放棄文學批

16 譯註：Maurice Dobb，1900-1976。英國馬克思主義經濟學家。

評吧！」但里維斯大大誤判了這項建議，他只看到了布盧姆茨伯里派的壞影響，以為維根斯坦認同「凱因斯、他的朋友和他們的門徒」是「他們自以為的那種文化菁英」。

據里維斯回憶，那段時間維根斯坦工作得非常勤奮，時常睡眠不足。有一回他們出去散步到半夜，維根斯坦累得需要里維斯攙扶才能回家。到了霜湖屋，里維斯央求他立刻上床，但維根斯坦說：「你不懂。我只要一工作，就會擔心自己還沒完成就死了，所以每天完成多少就會好好膳寫一份，交給拉姆齊保管。今天的份我還沒膳。」

他當時在寫的是〈論邏輯形式〉（Some Remarks on Logicl Form）。這篇論文很特別，是他在《邏輯哲學論》之後唯一發表過的哲學作品，刊登於一九二九年亞里斯多德學會（Aristotelian Society）和心靈協會（Mind Association）年度聯合研討會的論文集上。那是英國專業哲學家最重要的研討會，該年於七月十二日至十五日在諾丁漢（Nottingham）舉行。不過，他才將論文寄出送印，就覺得它完全沒有價值，不承認是自己的作品，這顯示他當時的思想演變有多快。論文宣讀那天，他在會上讀了完全不同的東西，論數學中的無限概念，之後也沒有留存下來。

不過〈論邏輯形式〉還是很有意思，紀錄了維根斯坦思想發展的過渡階段。這個階段《邏輯哲學論》的邏輯體系雖然正在崩壞，但尚未瓦解。這篇論文可以視為他對拉姆齊的回應。拉姆齊批評了《邏輯哲學論》對顏色互斥的討論，這些批評最早出現在他的書評裡，後來在一九二九年的頭兩個學期，他顯然也跟維根斯坦做了進一步討論。

維根斯坦在《邏輯哲學論》命題 6.375 裡堅稱：「正如唯一存在的必然性是**邏輯**必然性，唯一存在的不可能性是**邏輯**不可能性。」並且在下一個命題將這個主張應用到「某物不可能既是紅色又是藍色」這

件事上：

　　……視域中同一位置不可能同時出現兩個顏色，而且是邏輯上不可能，因為顏色的邏輯結構不允許這種可能。

　　問題是，若是如此，那「這是紅的」就不可能是原子命題。《邏輯哲學論》主張原子命題邏輯上彼此獨立，但照上面的說法，「這是紅的」和「這是藍的」顯然**不彼此獨立**，因為前者為真蘊含後者為假，反之亦然。於是乎，顏色命題必須是複合命題，容許進一步分析。為了擺脫這個困難，維根斯坦在《邏輯哲學論》裡用粒子速度來分析顏色。因此，某物不可能既紅又藍來自以下矛盾：「一個粒子無法同時有兩個速度；換句話說，它不能同時出現在兩個地方。」但誠如拉姆齊強調的，就算分析到粒子層次，問題依然存在：

　　……即便物理學家對我們所謂的「紅」提供了這樣的分析，維根斯坦先生也只是把難題化約到空間、時間和物質或以太的**必然性質**上，明確地使其依賴於「一個粒子同時出現在兩處」的**不可能性**上。

　　拉姆齊表示，即使這樣分析，還是很難看出為何這是邏輯問題而非物理問題。

　　因此，拉姆齊的評論對維根斯坦構成了挑戰：他要嘛必須證明空間、時間和物質的性質為**邏輯上**

的必然，要嘛必須換個說法解釋顏色互斥。維根斯坦在〈論邏輯形式〉裡選擇了後者。

他這時已經放棄了「原子命題彼此獨立」的看法，認為甲命題為真確實可能蘊含乙命題為假，因此「這是紅的也是藍的」就被「排除了」。但若是如此，《邏輯哲學論》對邏輯形式的分析就出了一個嚴重的差錯。因為根據書裡的規則，這類句子唯有能被分析成「p且非p」，依真值表證明其為矛盾後，才可以被排除。因此，〈論邏輯形式〉留下了一個不確定的結尾：

我們的符號系統未能阻止這類無意義句子出現，這當然是它的不足。完美的系統必須能靠明確的句法規則排除這類句子才行……然而，這種句法規則唯有當我們對這類現象做出了最終分析才能找到。我們都曉得，這一點目前還沒達到。

接下來那一年，維根斯坦試了幾次，想找出「這類現象的最終分析」。照他自己的講法，這一小段時期的研究非常現象學。不過，受到他和斯拉法的討論影響，維根斯坦很快便放棄了這條路，不再嘗試修補《邏輯哲學論》的結構漏洞，甚至完全拋棄了世界和語言之間**必然**有其共同結構的看法。事實上，他放棄這個看法和決定不能在研討會上宣讀〈論邏輯形式〉，很可能是同一個時間點。因為他的論文非但沒有解決拉姆齊提出的問題，反而承認了在《邏輯哲學論》的架構下，他對這個問題莫可奈何。

決定改談數學的無限概念之後，他寫信邀羅素出席：「你在場能大大提升討論的水準，甚至唯有你在才能讓討論有些許價值。」這是維根斯坦學術生涯中頭一回參加研討會，也是最後一次，而且就如他對羅素說的，他對會議不抱太大希望。「我很怕不論說什麼，他們不是毫無反應，就是心裡冒出無關的

疑問。」他擔心自己對無限概念要說的事「對他們是鴨子聽雷」。

牛津大學哲學家約翰・馬伯特（John Mabbott）回憶道，他到諾丁漢參加會議時，在學生宿舍遇到一名樣貌年輕的人，背著帆布包，身穿短褲和開領衫，因為他沒見過維根斯坦，所以認為這人應該是放假的學生，不曉得宿舍暫時改成與會者的旅館，便好意跟對方說：「恐怕這裡有一群哲學家要聚會。」維根斯坦陰鬱地說：「我也怕。」

結果羅素沒有出席，而研討會只讓維根斯坦確認了一件事，他對這種會議的輕蔑是對的。不過，那次聚會有一件好事，就是他和吉爾伯特・賴爾[17]成了朋友。賴爾在自傳的附註裡寫道，那時他當維根斯坦「困惑的崇拜者已經一陣子了」。根據維根斯坦的說法，他會主動結識賴爾，是因為對方在他宣讀論文時臉上那份認真關注的神情吸引了他。後來，賴爾認定維根斯坦對學生的影響是有害的，而維根斯坦則認為賴爾終究不夠認真。不過，兩人一九三〇年代始終維持友好的關係，休假時偶爾還會結伴散步，除了討論哲學還會談論電影。維根斯坦認為英國過去不曾拍出好電影，未來也不可能，甚至（進一步分析之後可能會發現）是邏輯上不可能。賴爾堅決反對這一點。

維根斯坦深信，自己討論無限的論文對齊聚諾丁漢的哲學家來說「會是鴨子聽雷」。這句老話表達了他內心一再有的感受：不管他說什麼都容易被誤解。他覺得身旁盡是無法了解他的人，就連拉姆齊也無法跟上腳步，和他一樣從《邏輯哲學論》裡的理論遠走高飛。九月他在日記裡抱怨拉姆齊缺乏原創

17 Gilbert Ryle，1900-1976。英國哲學家，日常語言哲學牛津學派代表人物。後面將會提到一位約翰・賴爾（John Ryle），兩人是兄弟，見後文。

性，無法用新的角度（彷彿頭一回遇到那樣）看事情。十月六日，米迦勒學期剛開始，他提到自己做了個夢，夢中場景彷彿訴說著他的處境，至少是他對眼前處境的感覺⋯

今天早上我夢見：我很久以前委託某人幫我做一架水車，後來不想要了，但那人還繼續做。水車擺在那裡，做得很糟，到處都是凹槽，可能是為了裝葉片（類似蒸氣渦輪機的馬達）。他向我解釋水車做起來有多累，我心想，我只是想要一架腳踏水車，應該很簡單才對。想到他這麼笨，聽不懂我的解釋，也做不出更好的水車，我就百般苦惱，心想自己不得不跟無法理解我的人在一起。我其實經常有這個想法，卻又同時覺得是我自己的錯。

維根斯坦接著說：「那人製作水車，做得那麼沒有概念、那麼糟，就是我在曼徹斯特時的處境。我苦心做著燃氣渦輪機，事後看來根本白費力氣。」不僅如此，這個夢還是他當前智性處境的寫照，因為《邏輯哲學論》已經證明是不堪用的，構造不良，無法發揮功用，卻還繼續擺著，而且那人（他自己或拉姆齊？）還在東修西弄，徒勞幹著累人的活，想把它弄得更精巧，但其實根本應該重起爐灶，製作一架完全不同、更簡單的水車。

十一月，維根斯坦應《邏輯哲學論》譯者奧格登之邀，在「異教徒」（The Heretics）宣讀了一篇論文。異教徒跟使徒會類似，但沒有那麼菁英取向，也更關注科學。威爾斯[18]、羅素和維吉尼亞‧吳爾芙都曾在該會演講。吳爾芙的隨筆《本內特先生和布朗夫人》（Mr Bennett and Mrs Brown）便取材於她會中的

演講。這次維根斯坦決定不說讓人「鴨子聽雷」的話，而是藉機試著糾正對於《邏輯哲學論》最普遍的嚴重誤解，亦即誤認它是一本基於實證主義，反形上學的作品。

維根斯坦一生就做過這麼一次「通俗」演講。他決定談倫理學。他在演講中再次強調《邏輯哲學論》的看法：對於道德問題說什麼都是無意義的，但他試圖闡明自己對這一點的態度和實證主義者的反形上學立場大不相同：

在談論或書寫道德或宗教時，我個人傾向衝撞語言的界限，我相信其他人也都是如此。衝撞這禁錮我們的牢籠是完全無望的舉動。只要道德源自於闡述生命意義的渴望，它就不可能是科學，它所說的一切不會增加任何知識。但它呈現了人類心靈的傾向，對此我忍不住由衷敬佩，終其一生都不會輕蔑它。

他還以自己的經驗為例，說明這個「衝撞這禁錮我們的牢籠」的渴望：

我將描述自己的經驗，希望能讓各位記起同樣或類似的經歷，這樣我們或許就有共同的基礎探究下去。我認為最好的講法就是，當渴望來時，我會驚訝於這世界的存在，禁不住說出「有東西存

18 譯註：H. G. Wells，1866-1946。英國著名科幻小說家，對科幻小說影響極大，甚至有評論家將其第一本著作《時間機器》（The Time Machine，1895）之出版年份評為「科幻小說誕生元年」。

在，真是太奇妙了」或「這世界存在，真是太奇妙了」之類的話。我要立刻再提一個經驗，是我經歷過的，在座有些人或許也經歷過，就是感到徹底安全的經驗。我說的是那種心理狀態，覺得「我是安全的，不管發生什麼都不會傷害我」。

維根斯坦接著指出，當人經歷了那種感覺，描述時往往會誤用語言，說出無意義的話，但那感覺本身「對經歷過的人如我，卻有某種內在、絕對的價值」。這些經驗無法用事實性的語言捕捉，正是因為其價值存在於事實世界之外。維根斯坦當時的筆記本裡有一句話，他沒在演講裡提到，卻完美表達了他的態度：「凡是善的，就是神聖的。雖然聽來古怪，但這話總結了我的倫理學。」

不過，這場演講最特別之處或許在於，若照一般的理解，演講的內容根本和道德無關，因為裡面沒提到道德問題，也沒闡述道德問題該如何分析或理解。想知道維根斯坦對道德的看法，就必須從他的日記和日常對話裡找。

儘管維根斯坦認為道德不可言說，但他無疑對道德問題想了和說了很多。事實上我們或許可以這樣說，他的一生就是一場道德掙扎，想成為**得體**（anständig）的人的掙扎。對他來說，這主要意味著克服出於驕傲和虛榮而撒謊的衝動。

這不表示維根斯坦誠實到無法說謊，雖然他有些朋友堅持這一點。這也不表示他從來不曾有過那種他總是為之自責的虛榮。當然，這麼說不代表他就一般的標準而言是不誠實或虛榮的。他顯然不是。但他顯然也曾因為想要打動人而放下只說實話的自我要求。他曾在日記裡這麼談到自己：

別人對我的看法總是讓我在意到誇張的程度。我常在意讓別人留下好印象，時時想到自己會留給別人什麼感覺，如果是好的我就開心，不是就會難過。

雖然他這麼說只不過表達了人之常情，卻也點出他認為虛榮就是妨礙他成為得體之人的最大阻礙。維根斯坦很常給人的感覺就是貴族氣，而這顯然是虛榮心作祟。例如里維斯曾經聽他提到「我父親家有五架鋼琴」，讓里維斯立刻心想他是不是跟音樂史上有名的維根斯坦公主有血緣關係。事實上，劍橋有許多人認為他出身日耳曼的賽恩—維根斯坦王族。雖然維根斯坦自己不曾渲染這種印象，但其他人對他說過的話的記憶卻無助於釐清誤會（順帶一提，里維斯引述的話不一定正確，林蔭街的房子只有三或四架平台鋼琴）。對於他隱瞞自己出身到什麼程度，坊間說法不一[19]，但重點或許在於維根斯坦覺得自己有所隱瞞，讓別人以為他出身貴族，其實卻是猶太人。十二月時，他記下一個複雜的夢，或許就代表了他的這種焦慮：

怪夢一個：

我在畫報上看到 Vertsagt 的相片。他是當時引起話題的英雄人物。相片裡他坐在車上，人們談著他的不光彩行為。亨澤爾和我一起，旁邊還有一個人，感覺像是我哥哥庫爾特，他說 Vertsag（註：

19 巴特利表示，維根斯坦曾經請求一名英國表親不要洩漏他的猶太出身，但維根斯坦的多數朋友都堅稱他從來不曾隱瞞自己的血統。（原註）

原文如此）雖是猶太人，卻由有錢的蘇格蘭領主撫養長大，現在是工人領袖〔Arbeiterführer〕。他並未改名，因為那裡沒有這個習慣。我唸他的名字，重音擺在第一個音節上。我之前不知道他是猶太人，但現在看出他的名字就是 verzagt，德文的「膽怯」。對於 z 印成了 ts，而我還加粗，意外。我心想，難道所有不光彩的行為都有猶太人的影子嗎？接著我和亨澤爾出現在某間屋子的陽台上，可能是霍赫海特的大木屋，Vertsag 開車沿街而來。他一臉怒火，髮色金中帶紅，鬍髭顏色類似，外表不像猶太人。他用機關槍無情掃射後方的機車騎士，一命鳴呼摔倒在地。Vertsag 呼嘯而過，接著又出現一名衣著寒酸的年輕女騎士，騎士痛得身體扭曲。子彈打在她胸口發出啵啵聲，彷彿快燒乾的水壺。我為女孩感到難過，心想唯有在奧地利不會有人同情或幫助她，只會眼睜睜看著她痛苦而死。我怕被 Vertsag 殺了，所以也不敢幫她。我朝女孩走去，但試著躲在板子後頭。

後來我就醒了。但我必須補充：我和亨澤爾兩次交談，一次有另一人在場，一次沒有，我都不好意思也不想跟他說我是猶太後裔，而且情況和 Vertsag 一樣。

維根斯坦醒來後思考這個夢，焦點全擺在夢裡主角的名字上。不知何故，他一口咬定那人的名字寫成 pferzagt（這詞在德文沒有任何意義）並且是匈牙利名字，而他「覺得這個名字很邪惡，不懷好意，而且非常男性」。

不過，他醒來的第一個想法或許更有關聯：Vertsag 的情況就是他的情況。一個有著貴族樣貌和教養、被人視為英雄的人，實際上卻是猶太人和惡棍。而且更糟的是，他太羞愧、太膽怯，無法坦白這

一點。這種怯懦感糾纏了他許多年，最終讓他在做了這個夢的七年後正式坦白自己的猶太出身。

然而，這個夢最令人不安的一點，就是維根斯坦用了納粹口號來表達自己的內在焦慮。所有不光彩行為背後都有猶太人？這個提問可能來自《我的奮鬥》[20]，令人想起納粹的宣傳：狡詐的猶太人隱瞞自己真正的意圖與本性，如寄生蟲一般活在日耳曼人之間散播毒素。幸好維根斯坦使用這個意象（和與此類似的比喻）描述和分析自己的不得體的時間不長，於一九三一年達到最高峰（他寫了一系列文字談論自己的猶太性質）之後就戛然而止了。

這個夢自然引出一個問題，但維根斯坦沒有提及，就是 Vertsag 射殺了無辜女孩是否象徵他對瑪格麗特的壞影響？這個問題當然無法回答，但我想有理由認為，跟瑪格麗特結婚的打算讓維根斯坦更深刻、更努力滌除自己的不潔，挖掘本性中他原本寧可隱藏的所有不好與不誠實的部份，從而為他向萊迪絲提及的「神聖」行動做好準備。

十二、「檢證主義階段」

一九二九年底，維根斯坦可能察覺瑪格麗特對兩人的關係有些舉棋不定，不曉得該不該和他結婚。他剛回維也納跟家人和瑪格麗特過耶誕節不久，瑪格麗特就說她不想再吻他，還解釋她對他的感覺不對。維根斯坦沒聽出她話中的意思。他在日記裡沒有停下來思考**她的**感覺，而非耽於自己的感受。他承認這事很不好受，但又不會不高興。因為說到底，一切都取決於他的心靈狀態，而非肉慾的滿足。他要心靈沒捨棄我，那不管發生什麼，都不污穢細瑣」。「不過，」他又說：「如果不想沉淪，我就非得戰戰兢兢踮著腳走。」對他來說，問題不在贏得她的芳心，而是克服自己的慾望。「我是野獸，而且還不以為苦。」他在耶誕節當天寫道：「我正面臨變得更加膚淺的危險，願神阻止它發生！」

為了不讓自己陷入其中，或為了坦然示人，維根斯坦興起了寫自傳的念頭，不過**這事**同樣取決於心靈狀態。十二月二十八日他寫道：

寫出自己的真相，這麼做心態各式各樣，從最得體到最不得體的都有，因此可能該寫，也可能大錯特錯。的確，人能寫出的真實自傳從最高到最低的都有，例如我不能在高於自己的層次上撰寫自傳，

審判台，更多是為了清楚與真相。

這麼做不一定能抬高自己，甚至可能讓我比原本更污穢。我心裡有聲音鼓勵我寫自傳，而我其實也想找時間將自己的生命清楚攤開，清楚呈現在我自己和其他人面前。無論如何，這麼做不是將生命放上

隨後兩三年，維根斯坦持續記下一些東西，準備揭露自己的「赤裸真相」，思索什麼才是值得寫的自傳，但最後沒有留下任何結果。

如果他真的寫了自傳，肯定更接近奧古斯丁的《懺悔錄》而非《羅素自傳》之類的作品。換言之，撰寫自傳基本是精神上的作為。維根斯坦認為《懺悔錄》可能是「人所寫出最嚴肅的作品」。他尤其喜歡引述第一卷的這一段：「願悲哀降臨對你不置一詞的人！因為我們之中最能言善道者也找不到言詞來描繪你。」不過他和德魯利討論這段話時，喜歡將它改成：「願悲哀降臨從不談論你的人，只因喋喋不休者大放厥詞。」

跟魏斯曼和石里克討論時，他譯得更隨興了：「什麼，你這頭豬，竟然不想胡言亂語！說吧，胡言亂語也不要緊！」這些隨興翻譯就算沒抓到奧古斯丁的真意，也肯定表達了維根斯坦的觀點。人應該阻止喋喋不休者大放厥詞，但不表示自己不該胡言亂語，一切永遠取決於行事的精神與心態。

他向魏斯曼和石里克反覆重申自己在「異教徒」演講的要點：道德是知其不可說而說之的嘗試，是對語言的衝撞。「我認為遏止一切關於道德的空談非常重要，從道德直覺是否存在、價值是否存在到善能否定義，均屬於此。」但另一方面，我們也必須看到人忍不住說胡話，背後有某種東西。他說，他能想像（比方說）海德格想用存在與焦慮表達什麼（如「畏之所畏者就是在世本身」）[1]，也能體會齊克果

說的「理性受與之矛盾的激情所驅使，而致衝撞的那未知之物。」[2]

奧古斯丁、海德格和齊克果——我們很難想像跟維也納學圈的人談話會聽到這些名字，除了被拿出來辱罵。例如，實證主義者就常拿海德格的作品當例子，說明什麼是他們所謂的形上學廢話，是他們打算棄之如敝屣的哲學垃圾。

維根斯坦在劍橋期間，維也納學圈的成員開始自發匯聚。反形上學是凝聚他們的共同立場，他們依此前提寫出了類似宣言的東西，並以《科學的世界觀：維也納學圈》（Die Wissenschaftliche Weltauffassung: Der Wiener Kreis）為題出版。這本書從籌劃到出版，都是為了向石里克致敬。他不僅是學圈公認的領袖，那一年還為了維也納的朋友和同事而拒絕了柏林的工作。維根斯坦得知這項計畫後，寫信給魏斯曼表示反對：

正因為石里克不是普通人，人們行事更應當謹慎，別讓自己的「好意」因為自負而害他和維也納學派貽笑大方。我說「自負」是指那種自滿的姿態，宣稱「拒斥形上學！」好像這是創舉一般！維也納學派的成就就該用行動表現，而非嘴巴說說……大師應該靠作品而為人認識。

宣言不僅勾勒出維也納學圈的基本主張，還預告魏斯曼即將出版《邏輯、語言與哲學》（Logik, Sprache, Philosophie）一書，作為《邏輯哲學論》思想的導論。維根斯坦雖然對宣言頗有微詞，但還是同意合作出版該書，定期跟魏斯曼會面解釋自己的想法。

兩人總在石里克家討論。魏斯曼相當完整地紀錄了維根斯坦的發言，一方面為了自己的書，一方

面則是讓學圈其他成員（維根斯坦拒絕見他們）瞭解維根斯坦的最新想法。這些成員之後參加哲學會議，會在論文裡引用維根斯坦的想法，結果替他樹立了一種形象，成為左右奧地利哲學圈話題的藏鏡人。某些奧地利哲學家只聞其名不見其人，甚至認為「維根斯坦博士」不過是石里克捏造的人物，充作學圈的神話英雄。

然而，一九二九年時，別說學圈其他成員，連石里克和魏斯曼也沒察覺維根斯坦正迅速決絕地離棄《邏輯哲學論》。隨後幾年，魏斯曼不得不數次大幅改變出版方向，原本打算闡述《邏輯哲學論》的主張，後來變成概述維根斯坦對這些主張的修正，最後再改成敘述他的全新見解。然而當書終於底定，維根斯坦卻取消了合作，這本書終究沒有出版。[3]

耶誕節期間，維根斯坦跟石里克和魏斯曼幾番討論，勾勒出他自《邏輯哲學論》完成以來的觀點轉變。他告訴石魏兩人，他認為《邏輯哲學論》對基本命題見解有誤，必須揚棄，還有他對邏輯推論的早期看法也要一併扔了⋯

1　譯註：海德格（Martin Heidegger, 1889-1976）為德國哲學家。後引原句為「That in the face of which one has anxiety is Being-in-the-world as such」，出自《存在與時間》（Sein und Zeit，1927）第五十節。

2　譯註：原句為「this unknown something with which the Reason collides when inspired by its paradoxical passion」，出自齊克果《哲學片段》（Philosophical Fragments，1844）第三章。

3　至少在維根斯坦和魏斯曼生前沒有出版。一九六五年，該書的英文版《語言學哲學的邏輯》（The Principles of Linguistic Philosophy）面世，但由於當時維根斯坦的遺稿已經出版，所以這本書多少成了多餘。（原註）

……我那時認為所有推論都基於重言形式，沒發現推論還有另一種形式：這個人身高兩米，因

此不是身高三米。

他告訴石魏兩人：「我的看法錯在我認為不需要考慮命題的內在關聯，就能確定邏輯常項的語法。」但他現在明白邏輯常項的規則是「更全面語法」的一部分，只是「我當時還不曉得這套語法」。因此，他現在的哲學任務就是描述這套更為複雜的語法，闡明「內在關聯」在推論中的作用。

至於要**如何**達成這項任務，他那時想法還不固定，幾乎每週一變，甚至每天都有不同想法，討論時經常聽到他這樣開頭：「我之前認為……」、「我必須修正從前的說法……」和「我那時不該這樣表達……」這裡指的不是他在《邏輯哲學論》的立場，而是一年前，甚至不到一週前的看法。

為了說明所謂的「語法」(syntax) 是什麼意思，內在關聯又如何建立，維根斯坦舉了一個例子。假設有人說：「這裡有一個圓，長三公分，寬兩公分。」維根斯坦認為，對此我們只能說：「是哦！那你說的圓是指什麼？」換句話說，我們使用「圓」這個字的規則，排除了長大於寬的圓的可能。這些規則出自語法，或用維根斯坦的話來說，出自我們所用語言的「文法」(grammar)。是這套「文法」建立了某物是圓形和該物只有一個半徑的「內在關聯」。

幾何詞彙的語法先天排除了這種圓的存在，就像顏色詞彙的語法排除了某物既紅又藍的可能。《邏輯哲學論》的重言式分析遺漏了某些推論。有了這些不同語法建立的內在關聯，就能捕捉到這些推論，因為每套語法都構成一個**系統**：

我曾經寫道〔《邏輯哲學論》2.1512〕「命題像尺一樣對正現實……」但我現在會說：命題系統像尺一樣對正現實。這句話的意思如下：當我拿尺對正某個物體，就是同時將**所有刻度對正它**。

一旦量出某個物體長十五公分，立刻就能推論它不是十六公分，不是十七公分，等等等等。用拉姆齊的話來說，維根斯坦描述命題系統的語法，近似於在勾勒「時間、空間和物質的**必然性**」。所以，維根斯坦在做物理學嗎？不是，他這麼回答，因為物理學在意的是判定事態的**真或假**，而他在乎的是區分**意義與無意義**。「這個圓長三公分，寬兩公分」不是假的，但沒意義。維根斯坦在意時間、空間與物質的性質不是要做物理研究，而是（照他當時喜歡的說法）**現象學**分析。「物理，」他說：「無法描述現象事態的結構。現象學涉及的永遠是可能性和意義，而非真或假。」

對石里克而言，這種說法有康德的味道，讓他很不舒服，感覺幾乎就像維根斯坦正循著《純粹理性批判》的思路，試圖描述「表象結構」的一般與必然的性質，並且被引向了胡塞爾（Edmund Husserl）。他心裡掛著胡塞爾的現象學，問維根斯坦說：「面對相信現象學陳述是先驗綜合判斷的哲學家，我們該怎麼回應？」維根斯坦說：「我會這麼回答，要生出句子沒有問題，但我無法將它和想法連結起來。」

他在另一則評論裡說得更清楚一點：他認為確實有些語法規則無法被重言取代（例如算術的等式），這一點「我想說明了康德為什麼堅持 7+5=12 不是分析命題，而是先天綜合命題。」換言之，他給了一個我們熟悉的回答：他的研究**顯示了**康德和康德主義者試圖**說出**的東西。

維根斯坦新想法的康德色彩雖然惱人，但石里克幾乎不當一回事，因此學圈其他成員也就不怎麼注意這一點。對經驗主義派的他們來說，維根斯坦提到的另一點比較合他們的胃口，那就是一個命題

286

要有意義，要有所說，我們就必須曉得它怎樣才會為真，因此要有方法判定它的真假。維也納學圈稱之為「維根斯坦檢證原則」（Wittgenstein's Principle of Verification），並且信守不渝，使它從此成為世人公認的邏輯實證主義教條。這個原則在英語世界最知名也最響亮的版本來自艾耶爾的《語言、真理與邏輯》[4]——書名得自魏斯曼《邏輯、語言與哲學》的啟發（如果能這麼說的話），於一九三六年出版，是艾耶爾數度參加維也納學圈聚會之後寫成的。

這個原則則用一句口號表達：命題的檢證方法即其意義。維根斯坦這麼向石里克和魏斯曼解釋：

例如我說：「櫃子那兒有一本書。」我要怎麼檢證這句話呢？看書一眼，從不同角度看，還是拿起來、摸它、打開它、翻一翻等等，這樣就夠了嗎？這裡有兩個想法，一是無論怎麼做，都沒辦法完全證實這個命題。命題永遠開著後門，我們怎麼做都無法確定自己沒有做錯。二是我自己認同的看法：「不對，要是我永遠無法完全檢證一個命題的意義，就不能用它來意指任何東西，那它就無法表達任何東西。」

為了確定一個命題的意義，必須知道一個具體的方法，說明該命題什麼時候得到檢證了。

後來，維根斯坦否認自己曾經想將這個原則當成意義理論的基礎，也不贊同邏輯實證主義者拿它當成教條使用，和他們的做法保持距離。他在劍橋道德科學社的某次聚會上表示：

我有一段時間常說，為了弄清楚一句話如何使用，不妨問自己：「我要怎麼檢證這句話？」但要

搞清楚字和句子的使用，這只是方法之一，例如還有另一個問題也常常很管用：「這個字是怎麼學會的？」「我們怎麼教小孩學會用這個字？」然而，有些人卻將「想想如何檢證」這個方法當成教條，彷彿我在主張一套意義理論似的。

一九三〇年代初，英國哲學家斯托特（G. F. Stout）問他對檢證的看法，維根斯坦用了一個故事做比喻，似乎在說「發現一個句子無法檢證」是個重要的了解，而不是發現這個句子沒有東西可以讓人理解：

想像有一個小鎮，鎮上警察必須取得所有鎮民的資料，例如年紀、出生地和職業等等。這些資料會被保存，供日後使用。警察偶爾會問到一位鎮民，發現他沒有工作。他會將這事紀錄下來，因為這也是關於那位鎮民的有用資料！

不過，儘管他後來做了這些否認，但綜觀一九三〇年代，從他跟石里克和魏斯曼的談話、他對魏斯曼口述的「論題」到他本人的筆記都可以發現，維根斯坦自己陳述這個原則時，感覺就跟維也納學圈和艾耶爾一樣教條[4]，如「一個命題的檢證方式即其意義」、「一個命題如何檢證，就是該命題所言……檢證不是真理的一個**標記**，它**就是**命題的意義」等等。因此，我們似乎能說維根斯坦曾經有過「檢證主義

4　譯著：A. J. Ayer，1910-1989。英國哲學家，邏輯實證論代表人物之一。代表著作有《語言、真理與邏輯》（Language, Truth and Logic）等。

階段」。然而，前提是我們將檢證原則跟石里克、卡納普和艾耶爾等人的邏輯經驗論區分開來，將它放到更康德的脈絡下，放到維根斯坦的**現象學和語法研究**的框架裡，才能這麼說。

一九三〇年元月初，維根斯坦返回劍橋，發現拉姆齊病得很重，因為重度黃疸而住進了蓋斯醫院（Guy's Hospital），準備動手術查明病因。手術後，拉姆齊狀況危急，顯然保不住性命了。他的密友法蘭西絲·派特里齊，拉姆齊過世那天傍晚，她去了好友的病房，發現維根斯坦竟然坐在和病房相通的小房間裡，和拉姆齊相隔幾呎：

雖然維根斯坦用一種我聽了不舒服的詼諧語氣說話，但在那輕描淡寫底下，可以清楚感覺他的親切與內心的悲傷。法蘭克剛又動了手術，還沒醒過來，而萊迪絲還沒吃晚飯，因此我們三人便去找東西吃，最後在快餐部買了香腸卷和雪利酒。後來維根斯坦走了，萊迪絲和我又回到我們的火爐邊。

隔天（一月十九日）半夜三點，拉姆齊因病去世，只有二十六歲。

再隔天，維根斯坦去上了第一堂課。上學期末，布雷斯衛特以道德科學社的名義邀他開一門講座。他問維根斯坦課名要叫什麼，維根斯坦沉默良久後說：「課的主題是哲學，課名除了哲學之外還能叫什麼？」從此，維根斯坦只要講課都是用這個如此概括的名稱當課名。

一九三〇年的四旬齋學期，他每週在藝術學院的教室講課一小時，另外在克萊爾學院一個房間進

行兩小時的討論課。那房間是向普雷斯特利（即雷蒙德・普雷斯特利爵士[5]）借的。後來他完全捨棄了教室，講課和討論都在普雷斯特利的家中進行，直到一九三一年他在三一學院有了自己的住處才轉移陣地。

上過課的人常說說他的教學方式和其他大學講師很不一樣，似乎確實如此。他完全不用筆記，往往只是站在學生們面前邊想邊講，偶爾會停下來說：「慢點，讓我想一想！」接著便盯著手掌沉思好幾分鐘。有時，班上某位勇氣可嘉的同學提出問題，講課就會繼續下去。他時常罵自己笨蛋，說：「我真是白痴！」或激動地大喊：「這簡直跟登天一樣難！」修課者大約十五人，主要是大學生，不過也有教師，其中最有名的就是摩爾。他會坐在唯一的扶手椅上（其他人坐帆布摺椅）抽著煙斗猛抄筆記。維根斯坦激昂跌宕的講課方式，讓聽過的人都留下了深刻的印象。與奧格登合寫《意義的意義》的理查茲，在〈走失的詩人〉（The Strayed Poet）這首詩裡有生動的描述：

所有人企盼你的字字珠璣

扶手椅上，摩爾振筆抄寫

帆布椅散置四處，歪歪斜斜

非課之課上，有你和他的聲音

5　譯註：Sir Raymond Priestley，1886-1974。英國地質學家、南極探險家。

你憔悴的美，幾乎無人能抵擋

輕蔑的嘴角，不屑的大眼

皺眉、怪笑，懷著傷悲

棄絕世俗，為責任而奉獻自己

為了隱匿的囚徒而受苦、無助

等你開口，你卻啞口沉默

看著你，一口氣也不敢吐

見你受苦，聽眾為你著魔

再撥一次火！窗子打開！

關上！──耐心踱步沒有助益

天花板上不見靈感的蹤影──

又衝去把炭火攪開。

緊繃的氣氛更緊繃，

「哦，太明顯了，實在太明顯！」

鉛筆就位──「哦，我真是白痴！

白痴透頂！」

大師並非不擅教學，毫無想法的

腦袋冒出汗珠，眾人注視著

心為他淌血，但——誰想引火自焚

就開口吧！下一個出糗的是誰？

筆聲沙沙，一切又重頭開始。

巨大的平靜；句子浮現了；呻吟停止

（不必了，那早就熄了的，就別管了！）

再開一次窗，再撥一次火，

理查茲的詩名很貼切，維根斯坦的講課方式（其實還包括他的寫作風格）和主題之間的反差很有趣，彷彿一名詩人不小心走錯路，闖進了數學基礎和意義理論的分析裡。維根斯坦自己曾寫道：「我曾說，哲學其實應該**當詩來寫**，我想這句話總結了我對哲學的態度。」

他在課上描繪了自己對哲學的想法，哲學「嘗試擺脫某一種困惑」，亦即「語言的困惑」。方法是說清楚我們所用語言的語法特性。語法告訴我們什麼有意義，什麼沒有意義，讓「我們用語言做到一些唯有語言能做到的事，它界定了自由的限度」。照這個說法，顏色八面體 6 就是語法的一個例子，因為它

告訴我們，雖然我們能說綠綠的藍，卻不能說綠綠的紅，因此它牽涉的不是真理，而是可能性。同樣的道理，幾何也是語法，是「現實的鏡子」。

在解釋語法建立「內在關聯」這一點時，維根斯坦直接拿自己的觀點跟《意義的意義》和《心的分析》裡的意義因果論相對照。對奧格登、理查茲和羅素而言，因果關係是**外在的**，例如羅素認為使用語詞是為了引發特定感覺或心像，「只要普通聽者真的產生那個感覺或心像」，該語詞的使用就是正確的。但對維根斯坦而言，因果完全不是重點。他在筆記裡用一個類比來說明羅素的謬誤：「我想吃蘋果，某人揍了我肚子一拳，讓我不再想吃了，所以我想要的其實是那一拳。」

學期結束，替維根斯坦找研究經費的問題又出現了。三一學院去年夏天給的經費已經用罄，學院委員會顯然對值不值得繼續撥錢很有疑慮。因此，三月九日摩爾寫信給人在彼得斯菲爾德（Petersfeild）教書的羅素，問他能不能看一下維根斯坦在做的研究，向三一學院報告其價值：

……因為眼下似乎沒有其他方法可以給他足夠的收入繼續研究，只有委員會提供經費一途了，但我覺得除非有專家認可他的研究，否則他們不大可能撥款，而你顯然是最能勝任這件事的人。

果然不出摩爾所料，羅素反應不是很熱烈。「我看不出自己有什麼理由拒絕，」他說：

不過，你說得沒錯，這事既然涉及和他辯論，肯定非常費力。沒有比討論時和他意見不同更累

人的事了。

隨後那個週末，維根斯坦去了畢架山學校（Beacon Hill School），向羅素解釋自己在做的研究。「兩天當然不可能討論太多，」他寫信給摩爾說：「但他似乎理解了一點點。」他計畫復活節過後再和羅素見面，給他一份概述，說明他回劍橋之後的進展，因此復活節時他在維也納，幾乎都在口述自己筆記裡挑出的重點給打字員聽。「這事有點累人，做得我精疲力竭」，他向摩爾抱怨。

這份口述的打字稿就是後來出版的《哲學評論》（Philosophical Remarks），一般認為這是一部「過渡」的作品，亦即介於《邏輯哲學論》和《哲學研究》之間，可能也是唯一這麼稱呼而不致引起誤解的作品，因為它確實落在維根斯坦哲學思想發展的過渡階段，試圖擺脫《邏輯哲學論》裡的意義理論，用他跟石里克和魏斯曼討論時勾勒的類康德現象學分析來取代。本書稍後會提到，維根斯坦很快就揚棄了這個做法，也不再堅持檢證原則是意義的判準。因此《哲學評論》是維根斯坦作品中最檢證主義、最現象學的著作，雖然使用維也納學圈採納的工具，希望達成的目標卻和維也納學圈完全相反。

維根斯坦四月底從維也納回來，隨即前往康沃爾（Cornwall）造訪羅素，把稿子給他看。但對羅素來說，這時間很不湊巧。他妻子朵拉懷有七個月身孕，但孩子是另一個男人（美國記者葛里芬·巴里〔Griffen Barry〕）的，而他女兒凱特得了水痘，兒子約翰則患了麻疹。他和朵拉各自出軌，兩人婚姻岌

6　譯註：顏色八面體（color octahedron）是奧地利哲學家阿洛依·霍夫勒（Alois Höfler，1853-1922）提出的一種顏色系統。將兩個四角椎疊合在一起，就成為一個八面體，而這八面體的六個頂點分別為（紅，綠）、（黃，藍）、（黑，白），且以（黑，白）為豎軸。由於紅與綠是相對的頂點，所以任何混合色不能既紅又綠。

岌可危，而且他那陣子沒命似的工作，撰寫通俗專欄、講稿和暢銷書，以支付他燒錢如流水的教改實驗，身上的壓力大到畢架山學校的同事都覺得他快發瘋了。

維根斯坦在這種紛擾的狀態下待了一天半。之後，身陷麻煩的羅素寫信給摩爾，精疲力竭地概述了維根斯坦的研究：

我很不巧生病了，因此沒辦法照我希望的速度理解他的想法。不過，在和他交談的過程中，我大致掌握了他想做什麼。他對「空間」和「語法」這兩個詞有自己的用法，而且多少是相互聯繫的。他認為，如果說「這是紅色的」是有意義的，那麼說「它很大聲」就沒有意義，因為顏色有顏色的「空間」，聲音也有聲音的「空間」。這些「空間」感覺是先天的，康德說的那種先天，就算不完全如此，也相去不遠。語法錯誤來自「空間」混淆。接著他對「無限」說了一大堆看法，每句都有變成布勞威爾派的危險，必須替他踩煞車才不致於出事。他提出的理論顯然很重要，也很原創。正確與否我不曉得，但我衷心希望是錯的，否則數學和邏輯就會被搞得不可思議地困難。

他向摩爾請求：「可不可以告訴我，這封信能不能滿足委員會的要求？我這麼問是因為我現在事情太多，生不出力氣來細讀維根斯坦的東西。但你若是覺得確有必要，我還是會繼續。」摩爾覺得沒有必要，但（對羅素很抱歉）他認為這封信無法當成報告說服委員會。於是羅素把信重寫了一遍，用他自己的話說，「寫得更像回事，讓委員會一讀就懂。」委員會果然接受了這封信作為維根斯坦的成果報告，正式給他一百英鎊的經費。「我發現我只有健康時才能理解維根斯坦，」羅素對摩爾解釋道：「可惜我現

在不是。」

羅素當時麻煩纏身，卻還是如此仔細檢視維根斯坦的研究，實在令人驚訝。相較之下，維根斯坦卻對羅素的困境大肆批評。他痛恨羅素的通俗作品，認為《幸福之路》（The Conquest of Happiness）是「催吐劑」，而《我的信仰》（What I Believe）「絕非『無害之物』」。有一回在劍橋的討論會上，有人想迴護羅素（在《婚姻與道德》〔Marriage and Morals〕裡）對婚姻、性和「自由性愛」的看法，維根斯坦回答：

慧高人一等，那我就知道他是假貨。

如果有人告訴我，他去了最糟糕的地方，那我無權評判他。但要是他說能去那裡是因為自己智

四月二十五日維根斯坦回到劍橋，他在當天的日記裡寫到了自己沒那麼「自由」的愛情生活的進展：

那三小時我們頻頻接吻，感覺很好。

復活節假期後回到了劍橋。在維也納時常和瑪格麗特一起，復活節當天和她待在新瓦德格街。

復活節學期[7]後，維根斯坦回維也納跟家人和瑪格麗特過暑假。他待在霍赫海特的家族莊園裡，但不是住大房子，而是樵夫的小屋。那裡有他思考哲學所需的平靜和無負擔的環境。三一學院寄來了

<hr>

7　譯註：復活節學期（Easter term）是每年四至六月的夏季學期。

五十鎊經費，供他夏天花用，但就如他在信裡對摩爾說的，「我現在的生活非常經濟。事實上，只要我待在這裡，就不會用到半毛錢」。這段時間他很少休息，除了跟帕特森「瞎扯」之外⋯⋯

親愛的吉爾（老畜生）：

你有一個野心勃勃的目標，當然會有，否則你就只是隨波逐流，精神上更像老鼠而不是人。你不滿現狀，想要從生活裡獲得更多。為了你好，也為了現在和未來倚賴你的人好，你值得更好的職位和更高的收入。

你或許會問，我要怎麼擺脫低薪的行列呢？？為了思考諸如此類的問題，我隱居到了信上的地址，離維也納大約三小時的郊外。我買了新的大筆記本，做了很多研究。筆記本的標籤我附在信裡，還有一張我的近照。我的頭頂被裁掉了，因為做哲學用不到。我發現佩爾曼記憶法〔pelmanism〕組織想法最有效，那些灰色的小冊子讓我有辦法替自己的心靈「做索引卡」。

初夏時，維根斯坦到維也納找石里克和魏斯曼，三人在石里克家中會面，主要是為了準備魏斯曼的演講。魏斯曼預計九月參加在柯尼斯堡[8]舉行的「精確科學中的知識論」研討會，講述〈數學的本質：維根斯坦的觀點〉。這個系列講座涵蓋了論數學基礎的各學派，包括卡納普講邏輯主義，海廷[9]講直覺主義，馮紐曼[10]講形式主義，而魏斯曼是第四講。該講要點是將檢證原則用在數學上，得出一個基本法則：「數學概念的意義為其使用模式，數學命題的意義為其檢證方法。」不過，由於哥德爾（Gödel）在會上發表了那篇知名的〈不完備定理〉[11]，魏斯曼和其他所有人的成果都被比下去了。

295

那年夏天，維根斯坦還向魏斯曼口述了一系列的「論題」，應該是為了共同寫書做準備。這些論題多半是《邏輯哲學論》的要點重述，不過也包括一些對檢證的「闡釋」。他用最概括、最直接的方式敘述檢證原則：「命題被檢證的方式即其意義。」並做了如下闡釋：

一個命題的檢證方法能確立多少，該命題就只能說出多少，不會再多。如果我說「我朋友生氣了」，並藉由他表現出某項可觀察的行為而確立了這點，那這句話意思就只是他表現出了那項行為。倘若這句話的意思不只如此，我也說不出多了什麼。一個命題只說出它所說出的，沒有再多。

這些論題才寫好，維根斯坦就對表達方式不滿意了，覺得跟《邏輯哲學論》一樣犯了教條主義的錯。

8　譯註：柯尼斯堡（Königsberg）即今俄羅斯加里寧格勒（Kaliningrad）。鄰近波羅的海的海港城市。

9　譯註：Arend Heyting，1898-1980。荷蘭數學家、邏輯學家。布勞威爾的學生。

10　譯註：von Neumann，1903-1957。美國籍猶太裔數學家、現代電子計算機理論與經濟學博弈論的奠基者。

11　哥德爾第一和第二不完備定理指出：一、任何一致的形式系統中，都會有一個句子既無法證明為真，也無法證明為假。第一定理通常稱為哥德爾定理，一般認為它證明了羅素《數學原理》設定的目標（從單一邏輯系統推導出所有數學）原則上是無法達成的。第二定理指出所有數學系統的一致性無法從系統內部證明。維根斯坦是否接受哥德爾的成果這樣解釋，還有待商榷。對受過數理邏輯訓練的人來說，他對哥德爾定理的評論乍看粗糙得嚇人（見《數學基礎評論》[Remarks on the Foundations of Mathematics] 第一部的附錄）。就我所知，對於這些評論最好、最寬容的討論來自山克爾（S. G. Shanker）的〈維根斯坦對哥德爾定理之意義的評論〉（Wittgenstein's Remarks on the Significance of Gödel's Theorem），收錄於山克爾編輯《聚焦哥德爾定理》（Gödel's Theorem in Focus），頁一五一─二五六，克魯姆黑爾姆出版社（Croom Helm），一九八八年出版。（原註）

事實上，維根斯坦正在醞釀一套新的哲學觀點，完全不包含這些論題。這一點其實已經隱含在《邏輯哲學論》對哲學的討論裡，尤其是命題6.53：

做哲學的正確方法其實是這樣的：只說能說的，即自然科學的命題（亦即和哲學無關的東西），其餘什麼也不說。一旦有人說起形上事物，就向他證明他命題裡有些符號是他無法給出意義的。

雖然對方不會滿意，不會覺得我們在教他哲學，但這是唯一嚴格正確的方法。

然而，《邏輯哲學論》本身就沒有遵守這個方法，書裡編了號的命題也是。堅稱這些命題其實不是命題，而是「擬似命題」或「闡釋」，只是迴避這個主要難題的遁詞，顯然無法令人滿意，而魏斯曼彙整的「論題」顯然也面臨同樣的難題。哲學上的清晰無法來自教條式的陳述，必須另覓他途。一九三〇年，正當魏斯曼預備向世人介紹維根斯坦的「論題」時，維根斯坦寫道：「在哲學裡，提出論題就無法對之進行辯論，因為所有人都會贊同。」

維根斯坦開始認為，哲學家不該教授教條和發展理論，而是應該展示達致清晰的技巧與方法。照他對德魯利的說法，這項發現及其含意在他心裡逐漸明朗，最終將他帶到了「一個真正安穩之處」。「我父親是生意人，我也是生意人：我希望我的哲學像一門生意，能搞定事情，解決事情。」維根斯坦哲學發展的「過渡階段」在此劃下了句點。

十三、迷霧散去

一九三〇年秋天回到劍橋時，維根斯坦已經抵達了他對德魯利提過的「真正安穩之處」，亦即對哲學的正確**方法**有了清楚的概念。他用一句末世宣言般的話開始他米迦勒學期的講課：「哲學的光環已然逝去。」他說：

因為我們現在有了一種做哲學的方法，可以談論哲學家是否掌握了方法。就如同鍊金術和化學的差別……化學也有方法，可以談論化學家是否掌握了方法。

從鍊金術到化學的類比不全然正確。維根斯坦並不認為自己用真正的科學取代了神秘的偽科學，而是覺得自己穿透了哲學的混濁與神秘，亦即哲學的「光環」，發現背後**什麼都沒有**。哲學無法轉變為科學，因為哲學沒有要發現的東西。哲學難題是誤用和誤解語法的結果，需要的不是解答，而是消解。而消解哲學問題的方法不是建構新的理論，而是收集提示，提醒我們已經知道的東西……

我們在哲學裡找到的東西是平凡而瑣碎的。哲學不教給我們新的事實，只有科學才那樣做。然而，恰如其分地概述〔synopsis〕這些瑣碎之物極為困難，又極為重要。哲學其實就是對瑣碎之物的概述。

哲學和科學不同，哲學不是蓋房子，甚至不是為房子鋪設地基。我們只是「收拾房間」。

讓哲學這個「科學之后」走下高臺是勝利，也是絕望。它意味著不再天真，是更大範圍的文化衰頹的一個症狀：

……一旦找到方法，表現個性的機會就受到了限制。我們時代的傾向是限制這種機會，這是文化衰微或消失的時代的特徵。在這樣一個時代，偉大的人不必稍減其偉大，但哲學如今縮減成一種技能，哲學家的光環也在消逝。

這段話顯示維根斯坦受到了史賓格勒《西方的沒落》的影響（德文版一九一八年出版，英語版一九二六年），這時期他說的、寫的許多東西也是如此。史賓格勒認為文明是萎縮了的文化。文化一旦衰微，原本活躍的有機體就會僵化為死板的機械結構，藝術發達的時期轉而被物理、數學和力學所取代。這個概括的觀點和維根斯坦自己的文化悲觀主義非常契合，對應於十九、二十世紀之交西歐文化的衰微更是如此。維根斯坦有一回滿臉悲傷來到德魯利的住處，說自己見到了史賓格勒理論的現實寫照：

我在劍橋散步時，途中經過一間書店，櫥窗裡掛著羅素、佛洛伊德和愛因斯坦的肖像。再往前不遠是樂器行，我看見貝多芬、舒伯特和蕭邦的肖像。兩相對照，我強烈感覺不過短短一百年，人類精神竟然墜落得如此驚人。

在科學家接管一切的世界裡，偉大的人格（魏寧格口中的「天才」）無法在主流生活裡立足，被迫孤獨一人，只能四處收拾自己的房間，和周圍一切「蓋房子」行為保持距離。

*

一九三〇年的米迦勒學期，維根斯坦為一本書寫了好幾稿序言。不是他跟魏斯曼合寫的書，而是不久前拿給羅素看過的打字稿。每一稿序言，他都試著說明自己的寫作精神，並將自己的作品和科學家及科學哲學家的作品劃清界線。他想表明自己的思考是以他的整齊小房間為限，在這範圍內進行的。

然而，他在這裡遇到了一個熟悉的兩難：那麼他是在向誰解釋自己的態度？了解的人自然會從他作品裡見到那態度，不了解的人就算解釋了也聽不懂。維根斯坦在自己的筆記裡有談到這個兩難：「跟一個人說他不理解的事是白費工夫，就算你說他不會理解也沒幫助（這事經常發生你愛的人身上）。」

假設你有一個房間不想讓某些人進來，於是你裝了鎖，而他們沒有鑰匙。但如此一來，跟他們談這個房間就毫無意義。當然，除非你想讓他們站在外頭讚美這個房間！體面的做法是在門上裝一把鎖，這把鎖只有能打開它的人才會注意到，其餘的人不會發現。

「不過，」維根斯坦補充道：「我要說，本書和歐美的進步文明毫無關聯。雖然它的精神唯有在這一文明的環境裡才能誕生，但兩者目標不同。」他在一份較早的序言草稿裡點明了自己作品和西方科學家作品的關聯：

典型西方科學家瞭不瞭解、欣不欣賞我的作品，對我都一樣，因為他們絕對無法了解我的寫作精神。「進步」是我們當前文明的標誌，是其形式，而非其中一項特質。建造是進步文明的基調，旨在打造愈來愈複雜的結構，就連追求清晰也是達成此一目的的手段，而非本身就是目的。對我來說正好相反，清晰和明白本身就有價值。

我對打造建築沒有興趣，只想洞悉所有可能的建築的基礎。

因此，我和科學家目標不同，思考方式也不一樣。

維根斯坦在定稿裡沒有提到科學或科學家，而是談及「貫穿我們所有人所身處的歐美文明洪流的」精神，並強調自己作品的精神是不同的。不過，光是定稿裡的宗教氣息就足以說明這一點：

我很想說「這書是為了榮耀神而寫」，但現在這話只會被當成欺瞞，不會被正確理解。這話真正的意思是，這書是帶著善意而寫，倘非如此，而是出於虛榮等等而寫，作者寧願它受人譴責。作者能讓自己免於多少不純，就也只能讓這書擺脫多少不純。

維根斯坦不斷在課上反覆強調，自己不是在提供哲學**理論**，而只是提供一種方法徹底擺脫對理論的**需要**。思想的句法和語法無法如他之前所想的，靠（現象學或其他）分析來描繪與揭示。「對於思想，」他說：「哲學分析不會告訴我們任何新東西。就算會，我們也不感興趣。」語法規則不可能被哲學證成，甚至無法被哲學描述。舉例而言，哲學不是由決定我們語言「深層語法」（杭士基[1]用語）的「基本」規則所組成：

我們再怎麼研究下去，都不會抵達基本命題，而是遇到語言的邊界，讓我們無法再往下問。我們不會觸及事物的根柢，只會到一個不能再往前的點上，不能再問任何問題。

語法建立的「內部關聯」無法進一步檢驗或證成，只能舉出規則正確使用和錯誤使用的例子，然後說：「仔細看──你沒看到規則嗎？」例如，我們無法因果地掌握樂譜和演奏之間的關係，彷彿能神奇地看出某一樂譜會**導致**我們以某一方式演奏。我們也無法窮盡連結兩者的規則，因為只要借助解釋，任何演奏方式都能說是符合樂譜。最後，我們只得「在演奏和樂譜的關係裡**看出**規則」。如果看不出來，再多解釋也無法理解。如果看得出來，那麼到了一個點上解釋就是多餘，根本不需要「基本」解釋。

1　譯註：指諾姆・杭士基（Noam Chomsky，1928-）美國語言學家、哲學家。提出「轉換—生成文法」（transformational grammar）理論，解釋人類如何說話與理解新的句子。理論中認為語言有深層結構（deep structure）和表面結構（surface structure）；原文此處「深層語法」（depth-grammar）應指前者。

維根斯坦對這點的堅持是一個轉捩點，讓他從「過渡」階段開始走向成熟的後期哲學。他的哲學方法的後期發展，例如「語言遊戲」的應用，反而沒那麼重要。這些發展是啟發用的，顯示維根斯坦嘗試用各種方法讓人看見某些連結與差異，看見走出哲學兩難的出路。真正的關鍵其實更早。當他開始將《邏輯哲學論》的主張當真，哲學家沒有什麼需要**說出**，只有東西需要**顯示**，並且嚴格執行，徹底放棄用「擬似命題」說些什麼，這才是決定性的一刻。

強調「看出」關聯這一點，讓維根斯坦的後期哲學和史賓格勒的《西方的沒落》連結在一起，同時提供了關鍵的線索，讓我們一窺他的文化悲觀主義和後期思想主題之間的關聯。史賓格勒在《西方的沒落》區分了形式原則（格式塔）和定律原則（the Principle of Form (Gestalt) and the Principle of Law)，前者通往歷史、詩歌及生命，後者則通往物理、數學與死亡。史賓格勒根據這個區分提出了一個普遍的方法學原則：「辨認死形式的方法是**數學定律**，理解活形式的方法是**類比**（Analogy）。」因此，史賓格勒並不想憑藉定律去了解歷史，而是藉由看出不同文化時代之間的類比來認識歷史。他最反對的是「偽裝成自然科學」的歷史觀，是「在精神政治事件的表面價值愈來愈浮出水面之際，抓住這些事件，將之塞進『因與果』的模式裡」。他支持的歷史觀認為，史學家的工作不是匯集事實和提供解釋，而是看出事件之間的形態學（或用史賓格勒自己喜歡的說法，面相學）關係，進而認知事件的意義。

史賓格勒明白指出，他用面相學的方式研究歷史，是受到歌德用形態學研究自然的啟發，例如歌德的詩作《植物的變態》(Die Metamorphose der Pflanze) 就描繪了植物從葉子開始的一連串形態變化。

正如歌德研究「自然中的命定，而非因果」，史賓格勒表示：「我們也要發展出一套人類歷史的形式語言。」歌德研究形態學，其動機是討厭牛頓科學的機械主義，想要揚棄這套死的機械式研究，努力「**如**言。」

其所是地辨識活體的形式，在脈絡中看出它們可見可觸的部份，將它們視為內在某物的**顯現**」。

維根斯坦的哲學方法，是用「概述瑣碎之物」取代理論，因此也屬於這一傳統。他在其中一堂課上表示：「我所展現的，是語句使用的形態學。」他在跟魏斯曼合寫的《邏輯、語言與哲學》裡明白點出了此一關聯：

我們此處的想法跟歌德《植物的變態》裡的某些觀點若合符節。我們見到相似的東西，總覺得認為背後有共同的來源。這種將現象回溯至源頭的衝動屬於特定的思考方式。可以說，這種方式認定相似的模式只有一種，就是時間序列（並且和因果模式的獨一性密不可分）。但歌德的觀點顯示這不是唯一的模式。他對原生植物的構想跟達爾文不同，不需要假設植物王國會隨時間發展。這種構想解決了**什麼**問題？概觀如何呈現的問題。歌德的格言「所有植物器官都是葉子的變形」給了我們一張藍圖，讓我們按相似性替器官分類，彷彿有一個自然的核心。我們看見葉子從原本的形態變成相似的同源形態，變成花萼之葉和花瓣之葉，再變成半是花瓣半是雄蕊的器官，諸如此類。我們透過中間形態將葉子和其他器官連結起來，藉此追溯這個美妙的類型轉變。

我們這本書裡做的正是如此，將某種語言形式與它的環境相對照，或用想像將它變形，以窺見我們的語言結構所在的空間之全貌。

維根斯坦很少清楚談論自己的哲學研究想要達成什麼，難怪德魯利口中的「善意評論者」會說，維根斯坦的作品「很容易被知識份子圈接納，但他的作品有一大部分在警告人們提防這個圈子」。但話說

回來，當我們看見某人收拾房間，通常不會聽到他邊收拾邊解釋自己在做什麼、為什麼做，他只會專心幹活。基本上，維根斯坦就是以這種純粹「做生意」的態度在進行哲學思考的。

一九三〇年米迦勒學期末，維根斯坦拿到了三一學院五年的研究員資格。他之前給羅素看過的打字稿（在他死後以《哲學評論》為名出版）為資格論文，由羅素和哈代擔任主考官。獎學金暫時解決了他從事哲學研究的經費問題，讓他有機會摸索自己的新方法會有什麼結果，並且確知自己提供的「商品」確實有人需要。凱因斯寫信道賀，維根斯坦回信道：「的確，拿到研究員資格很令人開心，希望我的腦袋還能再多產一段時間，天曉得會不會！」

那年的耶誕假期，維根斯坦跟石里克和魏斯曼做了幾次討論，話題全圍繞在他對理論的攻擊。「對我來說，」他告訴他們：「理論沒有價值，什麼都沒給我。」理論對理解道德、美感、宗教、數學和哲學毫無用處。談到神學倫理學時，他認為關於善的本質有兩種看法：第一種認為善之為善，因為那是神要的。；第二種認為善是善的，所以神想要善。石里克認為第二種比較深刻，維根斯坦正好相反，堅持是第一種：「因為它阻斷了對善為何是善做解釋的路，第二種是膚淺的理性主義，以為能為『何謂善』找到理由」——

第一種看法明白指出善的本質和事實無關，因此無法由任何命題解釋。要說什麼命題準確表達了我的想法，那就是「神所命令的，即為善。」

同樣的，對審美價值做解釋的路也必須阻斷。貝多芬作曲時有價值的是什麼？成串的音符？貝多芬作曲時的感受？我們聆聽時產生的心境？「我會說，」維根斯坦表示：「不管答案是什麼，我都會拒絕，不是因為那解釋是錯的，而是因為它是**解釋**。」

如果我得到的是**理論**，我會說不對！不要！我對理論不感興趣，那不是我正在找的東西。

同理，宗教的真理和價值也跟所用的**語詞無關**，事實上根本不需要語詞。「言說對宗教是必要的嗎？」他問道——

我可以想像有一種宗教沒有陳述教義的話語，因此沒有言說。「有言說」這件事顯然跟宗教的本質無關。或不如說：當人說話，那言說本身是宗教行為，而不是理論。因此，那言說是真是假或無意義，根本無所謂。

宗教裡的言說也不是**隱喻**，否則就同樣能用白話說出來。

「如果你我要過宗教生活，就絕不是大量談論宗教，」他曾對德魯利說：「而是用不同的方式過日子。」在他徹底放棄建構哲學理論的可能之後，這句話點出了他後期思考的主題。正如他所提到的，歌德《浮士德》裡那一句「太初有為（Am Anfang war die Tat）」是他所有後期哲學的座右銘。

「為」（行為）是首要的，不管我們對「為」有什麼理論，都不足以證成它，給予它理據。語言和數

學也是如此，就像道德、美學與宗教一樣。「只要能玩這遊戲，就是能玩，一切就沒事」，他告訴石里克和魏斯曼：

　　我常和摩爾討論一件事：用日常語言說出的命題，唯有靠邏輯分析才能解釋它的意思嗎？摩爾認為如此。所以，當人說「今天天空比昨天晴朗」，他其實不知道這話的意思嗎？必須先做邏輯分析嗎？這想法實在差勁透了！

　　當然不必：「因此，就算不知道其分析，我們也一定能理解一個命題。」

　　那年的耶誕假期，維根斯坦跟石里克和魏斯曼花了許多時間討論一個問題，就是這個原則如何應用在數學哲學上。只要能正確使用數學符號、只要能應用規則，數學「理論」就沒有需要，給予數學規則徹底而根本的證成既不可能，也不值得嘗試。這表示所有關於數學「基礎」的爭論都建立在誤解之上。

　　也許有人好奇，既然維根斯坦和史賓格勒一樣深信音樂和藝術高於數學及科學，他又何必在哲學這個領域費這麼多工夫？但不要忘了，當初正是這團哲學迷霧將他引入了哲學，而他一生中的大部分時間，都把破除迷霧當成自己哲學思考的首要目標。

　　維根斯坦會對哲學產生熱情，是因為羅素發現了弗雷格邏輯裡的矛盾，而在一九一一年，解決那些矛盾感覺上是哲學的基本任務。現在他要主張那些矛盾是無足輕重的。他要主張迷霧一旦破除，這些問題一旦失去光環，就能發現真正的問題不在那些矛盾本身，而在看走了眼，以為它們是重要又有意思的兩難。你設立了一種遊戲，隨後察覺有兩條規則在某些狀況下互相矛盾，那又如何？「這種時候

怎麼做？很簡單：我們引入一條新規則，矛盾就化解了。」

這些矛盾看來重要又有意思，因為之前人們認為弗雷格和羅素並非只是設立一種遊戲，還揭示了數學的基礎。如果他們的邏輯系統有矛盾，那麼數學全體就彷彿建立在不安全的基礎上，需要加以穩固。但維根斯坦堅持道，這是錯看了問題。我們不需要弗雷格和羅素的邏輯就能有信心地使用數學，就像我們不需要摩爾的分析就能使用日常語言。

因此，形式主義數學家大衛・希爾伯特發展的「後設數學」是不必要的。[2] 希爾伯特積極建構數學的「後設理論」，好為算術奠立一個可證明的、一致的基礎。但維根斯坦說，希爾伯特建構的理論不是後設數學，而是數學：「它只是另一套演算，跟其他演算沒有兩樣。」這套理論提供了一系列規則與證明，其實真正需要的是清楚地看見。「證明無法驅除迷霧」：

如果我不清楚數學的本質，任何證明都幫不了我。如果我清楚數學的本質，一致與否的問題根本不會發生。

一如既往，這裡的啟示是「**不能靠理論來獲得對數學的基本理解**」。想了解一個遊戲，不需要靠建構另

2　一九〇四年於海德堡舉行的第三屆國際數學大會上，希爾伯特（David Hilbert）發表了一篇題為〈論邏輯與算術之基礎〉的論文，宣告了他的形式主義立場。後來他在一九二〇年代將這篇文章發展成一系列論文，陸續發表，其中最重要的兩篇的英譯收錄在海吉努特（Jean van Heijenoort）編輯的《從弗雷格到哥德爾：數理邏輯參考書》（From Frege to Gödel: A Source Book in Mathematical Logic）（哈佛大學出版社，一九六七年）。（原註）

一個遊戲。維根斯坦在討論裡大量使用遊戲當類比，不僅預告了他後來發展的「語言遊戲」技巧，也取代了他之前常用的「命題系統」。拿遊戲作類比的要點在於，遊戲顯然沒有**證成**的問題：只要會玩，就是懂得這個遊戲。語法或句法也是同樣的道理：「一條句法規則對應於遊戲的一種配置……句法無法證成。」

然而，魏斯曼問道，難道不能有「遊戲理論」嗎？例如有西洋棋理論，告訴玩家哪些走法可以，哪些不行，某個棋局八步之後能不能將軍。「所以，如果可以有西洋棋理論，」他補充道：「那我看不出為何不能有算術遊戲的理論，為何不能靠這套理論的命題實實在在學到遊戲的各種可能。希爾伯特的後設數學就是這套理論。」

維根斯坦回答，不對，所謂的「西洋棋理論」本身就是一種演算和遊戲。雖然它用的是字詞與符號，而非棋子，我們也不該被誤導。「能在八步之後將軍的證明，來自確實在符號系統裡做到這一點，因而用符號做到我在棋盤上用棋子做到的事……而我們都同意在一塊板子上移動幾塊小木頭一點也不實在，不是嗎？」代數使用字母而非數字做計算，並不會讓它成為算術的理論。它只是另一種演算。

對維根斯坦而言，迷霧散去後，就不會有後設理論或遊戲理論的問題，只有遊戲和遊戲者。規則和規則的應用：「我們不能為規則的應用立一條規則。」想連結兩樣東西，不一定總是需要第三樣：「東西必須直接連結，不用繩子，亦即東西必須已經在連結中，有如鏈條的鍊環。」字詞和其意義的連結不該在理論裡找，而是在實踐裡，在字詞的**使用**裡尋找。規則和其應用的直接連結、字詞和行為的直接連結，不能靠另一條規則來闡明，而是必須被**看見**：「**看見**在此至關緊要：只要沒看見新系統，就還沒掌握它。」維根斯坦揚棄理論不是羅素認為的那樣，不是反對嚴肅的思考、反對嘗試去理解，而是對「要

成。」

308

理解的是什麼」採取了不同的看法。他的看法跟史賓格勒和歌德一樣，都在強調「看出關聯的那種理解」的重要與必要。

十四、新的開始

對維根斯坦而言，一切都取決於精神。哲學如此，個人關係亦然。例如他和實證主義者都反對形上學，但兩者最大的差別就在於精神。一九三〇年，他在米迦勒學期撰寫的序言裡嘗試闡明自己的思想精神，一九三一年，他開始考慮另外一種可能，企圖**顯示**他之前嘗試說出的東西。「我現在認為，」

他寫道：「正確做法是指出形上學好比魔法，用這一點作為書的開頭」——

但這麼做時，我必須既不為魔法辯護，也不斥之為無稽。

魔法的深刻之處將得以保留。——

事實上，在此脈絡下，排除魔法這件事本身就有魔法的性質。

因為當我在前一本書以談論**世界**（而非這棵樹或這張桌子）為開頭，我所想做的不就是用言詞召喚某種更高階的東西嗎？

維根斯坦對這段話並不滿意，在邊上註明了 S（代表 schlecht：不好的），但這段文字還是顯露了他的意

圖。既然他現在不能像《邏輯哲學論》那樣用言詞和一套理論「召喚」更高階的東西，那看樣子就要用**指**的了。正如宗教不一定非要有言詞，其深刻之處在於它基本上表達一種宗教情感，一種衝擊我們語言界限的欲望。維根斯坦將這個欲望和道德聯繫在一起，因為道德是超越理性界限的欲望，做出齊克果所謂的「信仰的跳躍」。這一欲望無論以何種面貌顯現，都讓維根斯坦無比崇敬。齊克果和海德格的哲學、約翰生博士[1]的祈禱文、奧古斯丁的《懺悔錄》和基督教修道會的奉獻，莫不如此。這份崇敬不僅限於基督教及其旁支。**所有**宗教都很美好，他告訴德魯利：「即便是最原始部落的宗教同樣神奇。人類表達宗教情感的方式天差地遠。」

對維根斯坦來說，魔法的「深刻」之處就正在於它是宗教情感的原始表達，因此他一直迫不及待想要拜讀弗雷澤爵士[2]的《金枝》。這是一本關於原始宗教與魔法的劃時代巨著，共十三卷。一九三一年，德魯利向劍橋大學圖書館借了第一卷，但他和維根斯坦讀了幾週，沒深入多少就止住了，因為維根斯坦頻頻停下來解釋自己對弗雷澤的處理方式的異議。弗雷澤將魔法儀式視為早期的科學型態，沒有什麼比這麼做更能激怒維根斯坦的了。弗雷澤認為，野蠻人拿針戳敵人的人偶，是因為他們抱著錯誤的

<hr />

1　譯註：Samuel Johnson，1709-1784。英國歷史上最有名的文人之一，集文評家、詩人、散文家、傳記家於一身，並編纂字典。其祈禱文很有名。

2　譯註：Sir James Frazer，1854-1941。英國社會人類學家、神話學與比較宗教學之先驅。《金枝：巫術與宗教之研究》(The Golden Bough: A Study in Magic and Religion)於一八九〇年初版時為兩卷本，後持續增補，一九〇〇年二版為三卷本，一九一一年三版為十一卷本，最後又持續補遺，至一九三六年完成總共十三卷的決定版。

科學假設，認為這麼做能傷害敵人。但對維根斯坦而言，這種「解釋」是將深刻之物化約成無比淺薄的東西。「我們在弗雷澤那裡見到的生命是多麼狹隘啊！」他嘆道：「結果就是他完全無法理解當代英式生活以外的任何生活形式！」

在弗雷澤心裡，祭司就是現在英國教區牧師那種樣子，百般軟弱和愚蠢，不會有其他可能……弗雷澤比他筆下的野蠻人還野蠻得多，因為那些野蠻人不會像二十世紀的英國人對屬靈事物的理解偏謬得那麼遠。他對宗教儀式的解釋，比宗教儀式本身的意義還粗淺。

維根斯坦認為，弗雷澤蒐集了大量關於儀式的史實，這些資料如果能不經理論的虛飾，以一種能顯示其間關聯（以及那些儀式與我們自己的儀式的關聯）的方式對照排列，將會更有益處。屆時，歌德《植物的變態》裡評論植物形態的那句話或許也能用在這裡：「這一切都指向某個未知的法則」（Und so deutet das Chor auf ein geheimes Gesetz）：

我可以提出這個法則作為演化的假設，或像繪製植物圖式那般，繪製宗教儀式的圖式。但我也可以只是重新排列事實，從而能輕易地從某一部份移到另一部份，並清楚窺見全貌，以一種綜觀〔perspicuous〕的方式將儀式顯示出來。對我們來說，綜觀地呈現是最根本的。它指出了我們書寫的形式，看事物的方法（一種似乎是我們當代典型的世界觀。史賓格勒。）

因為這種綜觀的呈現，才讓「看出關聯」的那種理解成為可能。

因此，魔法儀式的**形態學**保留了儀式的深刻之處，既不架高也不貶低儀式，從而具有「魔法的性質」。

同樣的道理，維根斯坦希望自己的新哲學方法也可以保留舊形上學理論的可敬之處，從而具有形上學的性質，無須召喚《邏輯哲學論》裡的法術。

維根斯坦計畫撰寫的自傳也可以拿來當類比。他希望自傳能顯露他的本性，不加任何解釋、證成與辯解，並且理所當然地認為，到時揭露出來的本性可能「很不英雄」，甚至「醜陋」。但在暴露真實本性時，他最在乎的是自己不能否定它、鄙視它，甚至反常地以它為傲：

容我用比喻來說明：街頭遊民寫自傳會遇到幾個陷阱。他可能

（a）否認自己是這種本性，或者

（b）找到理由自豪有這種本性，或者

（c）表現得好像有這種本性無關緊要

第一種情形他說謊；第二種他仿效天生貴族，那種自豪是一種偽光彩，就像身體殘缺不可能天生優雅一樣；第三種他擺出群體民主的姿態，將文化置於個體特質之上，但這同樣是欺騙。他就是他，這很重要，也有意義，但沒理由自豪，另一方面也永遠值得他尊重。我可以接受別人貴族式的自豪，接受他輕蔑我的本性，因為在這件事上，我只關切自己本性為何，關切別人僅止於他們是我本性的外在環境（以我這個或許是醜陋之物的人為中心的世界）的一部分。

如同洛許‧里斯指出的，維根斯坦對自傳的看法頗有魏寧格的色彩，將自傳視為近乎精神道義的東西。

「撰寫一本完整的自傳，」魏寧格在《性與性格》寫道：「如果這需求出自那人本身，這麼做就永遠意味著他是更優越的人」——

因為真正忠實的回憶是虔誠的根源。真正的人格者不會為了物質好處或個人健康而拋棄自己的過去。就算他能得到世上最大的財富，甚至獲得幸福，也不會同意這樣的提議或要求。

一九三一年，維根斯坦對自傳的關注達到最高點，無論筆記或談話都大量提到了魏寧格及魏寧格的反思。他推薦《性與性格》給他的大學生朋友戴斯蒙‧李和德魯利，也推薦給摩爾。但不難理解，他們的反應很冷淡。在戰前維也納引起熱烈想像的這本書，在戰後劍橋的冰冷氣氛下看來只顯得古怪。維根斯坦被迫解釋：「我能想像你不會太欣賞魏寧格，」他在八月二十八日寫信給摩爾：「翻譯得那麼糟，而且魏這個人對你一定很陌生」——

的確他奇想連篇，但他偉大而奇想連篇。我們不必贊同他，或不如說我們不可能贊同他，但偉大之處就在我們不贊同的地方，就在他的巨大錯誤。意思是，粗略地說，在這本書前面加一個「～」[3]等於說出了一個重要的真理。

維根斯坦這段語焉不詳的話是什麼意思，依然眾說紛紜。魏寧格的中心思想認為女人和女性特質是萬惡之源。對此，維根斯坦向德魯利坦承：「他錯得過頭了，老天他真錯了。」但要說這就是否定《性與性格》而得到的重要真理，實在很難想像。否定荒謬不會帶來重要的真理，而是廢話：女人**不是**萬惡之源。或許他的意思是，魏寧格把握到了男人和女人的根本特質，但做出了錯誤的指控。畢竟在維根斯坦的 Versagt 夢裡，受害者是女人，犯罪者是男人，而且他的名字裡帶有令人不快的「男性的」東西。

不用說，他的自傳筆記也從未暗示，他覺得自己「不英雄」「醜陋」的本性可以歸咎於所謂的女性特質。

不過，他有幾段文字給人感覺他傾向接受魏寧格對「猶太性」的見解，認為自己至少有某些不大英雄的特質跟他的猶太血統有關。和魏寧格一樣，維根斯坦認為猶太性這個概念並不侷限於血統，例如他就認為盧梭的性格「有點猶太」。而且他和魏寧格一樣，發現猶太人和英國人的性格有相近之處，因此才說「孟德爾頌不是頂峰，而是平原。他的英國性」和「悲劇很不猶太，我想孟德爾頌是作曲家裡頭最沒悲劇性的一個」。

不過（這一點也和魏寧格一樣）通常他談到「猶太人」時，指的顯然還是某一個種族的人。事實上，維根斯坦談論「猶太性」時，最令人震驚的就是使用了許多反猶太語言，甚至口號。真正令人不安的，不是他對《性與性格》的呼應，而是他對《我的奮鬥》的應和。希特勒許多最離譜的指控，例如將猶太人比作「有害細菌，只要環境有利就拚命散播的」寄生蟲，猶太人對文化的貢獻都是再發明，他們「缺

3　譯註：邏輯的否定符號。

乏成為具有創造力和文化生命力的種族的特質」，對世人的貢獻只限於在**智性上精緻化別人的文化**（「因為猶太人……從來沒有自己的文化，他們智性發展的基礎總是取自他人」）──所有這些可悲的主張都能在維根斯坦一九三一年寫下的文字裡找到對應。

維根斯坦對猶太人特格的許多評論，若不是因為出自他筆下，只會被當成反猶太法西斯的叫囂。其中一段評論是這樣開頭的：「有時會聽到人說，猶太人狡詐又隱秘的性格是長久遭到迫害的結果」──

這點顯然不對，但他們能躲過迫害，顯然只是因為他們有隱秘行事的傾向，就像我們會說某種動物能免於滅絕，只是因為牠們有能力隱藏自己。當然，我這麼說不能當成讚揚這種能力的理由，完全不是。

「他們」逃過了滅絕，只因沒被發現，所以他們必然狡詐又隱秘？這是最道地的反猶太偏執：恐懼和厭惡「在我們之中的猶太人」。維根斯坦拿疾病做比喻也是如此。「把這腫瘤看成身體正常的一部分！」他想像某人這麼說，然後反問道：「這可能做到嗎？用命令的？我有能力隨意決定要或不要某一個對我身體的理想觀念嗎？」他進而將這個希特勒式的比喻用在歐洲猶太人的地位上：

在歐洲人的歷史裡，猶太人歷史的處理方式，不是按照猶太人對歐洲事務的實際影響來決定的。因為在歐洲人的歷史裡，猶太人被當成某種疾病和反常，沒有人想把疾病和正常生活擺在同一個等級（沒有人會說疾病和健康的身體過程──即便是痛苦的過程──擁有相同的權利。）

我們可以說：人只有對身體的整體感覺（整個國家對身體的感覺）變了，才會將腫瘤視為身體的自然部份，否則充其量就是**忍受它**。

你可以期望一個人表現出這種寬容或忽略這種事，但不能期望一個國家做到同樣的事，因為國家之所以是國家，正是因為不忽略這種事。換言之，期待某人既能保留之前對身體的審美感覺，又能愉快接受腫瘤，這根本是矛盾。

這話幾乎等於在說，人努力去除自己之中的「有害細菌」是正確之舉，至少不能期待他們（作為一個國家）不這麼做。

很顯然，這個比喻只有將「猶太性」視為一種族概念才有意義。猶太人再怎麼「同化」都不可能成為德國人或奧地利人，因為他不是那個「身體」的一部分，而是被身體視為腫瘤和疾病。這個比喻特別適合描述奧地利反猶太份子的恐懼，因為它意味著猶太人愈同化，作為疾病的他們對原本健康的亞利安民族國家就愈危險。因此，維根斯坦話裡的反猶太主義並非克勞斯的「猶太人的自我憎恨」，說兩者相同是錯誤的。對於他不喜歡的那些他歸於猶太人的特質，克勞斯並沒有歸咎於種族血統，而是歸因於猶太人在宗教和社會上的孤立。他主要抨擊猶太人的「族群心態」，遠非要求猶太人和非猶太人隔開。他沒有將猶太人視為日耳曼身體的「腫瘤」，反而孜孜不倦鼓吹猶太人徹底同化：「靠同化而得救！」

在這點上，克勞斯比維根斯坦更有能力看出納粹宣傳的可怕，辨識智識圈反猶太先例的眼光也更敏銳。維根斯坦當然看得出納粹是野蠻的「一群暴徒」，他曾經這麼對德魯利說過。但當他推薦史賓格勒的《西方的沒落》給德魯利，說這本書或許可以幫他更認識他們所處的時代時，克勞斯卻看到了史賓

格勒和納粹的相近之處，指出史賓格勒了解西方的土匪（Untergangsters），土匪也了解他。

維根斯坦使用種族主義的反猶太口號盡管令人擔憂，但當然不代表他和納粹份子有什麼關聯。他對猶太性格的評論基本上是對自己的反省，是將文化衰敗和渴望新秩序（這條路從史賓格勒通向了希特勒）的感覺內化為自己的內在狀態，彷彿他在那一小段時間受到了吸引（一九三一年之後，他的筆記裡就不再談論猶太性格了，謝天謝地），使用當時的反猶太語言來比喻自己的狀況（就像在 Vertsagt 之夢裡，納粹宣傳的猶太人形象〔不老實的狡詐惡徒，以可敬為幌子，背地幹著最可怕的罪行〕正好呼應了他對自己「真實」本性的恐懼）。當時有許多歐洲人覺得需要有新秩序來取代「已經腐爛的文化」，德國人尤其如此，維根斯坦也不例外，因此努力追求生活的新開始。他的自傳筆記基本上是懺悔，「而懺悔，」他於一九三一年寫道：「必須成為新生活的一部分。」唯有算清舊帳，才能重新開始。

或許最為諷刺的是：維根斯坦一邊開始發展全新的方法解決哲學問題，首開西方哲學傳統之先例（除非將歌德和史賓格勒納入這個傳統裡），一邊卻用「猶太人無法原創思考」這個荒謬的定見來評價自己的哲學貢獻。「猶太人的心靈有一個典型特色，」他寫道：「就是比別人更了解對方的作品。」例如，他自己的作品基本上就是在釐清他人的想法：

　　猶太人的「天才」只存在於聖人之中，再偉大的猶太思想家也只是有天份，例如我自己。我想，我說我的思想只是再生產，這麼說有幾分道理。我從不認為自己發明過任何一條思想，總是從別人那裡挪用。我只是立刻用熱情抓住那條思想，開始釐清它。波茲曼、赫茲、叔本華、弗雷格、羅素、克勞斯、魯斯、魏寧格、史賓格勒和斯拉法就是這樣影響我的。可以拿布羅爾[4]和佛洛伊德

作為猶太人善於再生產的例子嗎？我發明的是新的**比喻**。

維根斯坦貶低自己的成就，或許是為了防止自傲，不讓自己相信（如同他在寫給帕特森的信裡隨口提到的）他確實是「史上最偉大的哲學家」。他很清楚虛假的自豪有多危險。「裱好一幅畫或掛對地方時，」他寫道：「我常會發現自己覺得很自豪，彷彿那是我自己畫的一樣。」正是為了對抗這種自傲，他覺得必須提醒自己的侷限和「猶太性」：

猶太人必須記得「所有事物對他就像是無」，而且確實如此。但這對他來說非常困難，因為從某方面講，沒有什麼事物是特別屬於他的。跟還有可能有錢相比，**必須貧窮**的時候接受貧窮更加困難。

或許可以這麼說（可能對也可能錯）：猶太心靈連其他心靈的土壤上生出的最小的花或葉子都生不出來，遑論將其變成可以理解的圖像。這麼說不是在指出缺點，只要清楚自己在做什麼就不會有問題。只有將猶太人的作品和非猶太人的作品的性質混淆了才有危險，尤其是猶太作品的作者自己搞混這一點時更是如此。（這一點很容易發生──他看起來不是很驕傲、彷彿牛奶是他自己產出來的嗎？）

終其一生，維根斯坦從未停止跟自傲作戰，從未停止質疑自己的哲學成就與道德表現。然而，一九三一

<hr>

4 譯註：Josef Breuer，1842-1925。在一八八〇年代與佛洛伊德一起工作的奧地利心理醫師。

年之後，他不再使用反猶太語言來表達這份疑慮。

維根斯坦對猶太性格的評論，就像他想寫的自傳一樣，基本上是一種懺悔。兩者似乎跟他為自己和瑪格麗特計畫的「神聖」結合有關。兩件事出現的時間，正好就是他娶瑪格麗特意願最強的那一年。

初夏時，他邀瑪格麗特到挪威，認為這是為兩人未來的生活做準備，卻提議兩人分開行動，用這段獨處的時間認真思索，以便在精神上為即將到來的新生活做好準備。

因此，他住自己的房子，同時安排瑪格麗特住在安娜‧瑞布尼家裡。務農的安娜年近七十，性格強悍，和一百歲的母親同住。瑪格麗特在她家待了兩星期，幾乎沒見到維根斯坦。抵達農舍時，她打開行李箱，發現維根斯坦偷塞了一本聖經，還意有所指地在《哥林多前書》第一章第十三節（使徒保羅談論愛的本質與德性的段落）夾了一封信。但她完全沒察覺這麼明顯的暗示，非但沒有像維根斯坦將時間花在沉思、禱告和讀經上，反而跟一九一三年的品生特一樣，在斯寇爾登這個小地方盡量找樂子，在安娜家農場周圍散步，去峽灣游泳，結識村民，還學了一點挪威話。兩週後，她前往羅馬參加姊姊婚禮，心裡篤定自己不管嫁誰，就是**不會**嫁給路德維希‧維根斯坦。她不僅認為自己永遠做不到和維根斯坦一起生活的標準，而且同樣重要的是，她知道維根斯坦永遠無法滿足她想要的生活。例如，他明白表示絕對不要小孩，覺得那麼做只是多讓一個人到世間受苦。

維根斯坦停留挪威期間，帕特森來找過他，和瑪格麗特大概重疊了一週。他待了三星期左右，顯然讓維根斯坦情緒放鬆了不少。不過，和往常一樣，他發現自己必須不時放下維根斯坦到奧斯陸過上一晚，「尋歡作樂一番。」

挪威之行或許徹底斬斷了維根斯坦和瑪格麗特結婚的念頭，卻沒有（立即）造成友誼破裂。那年夏末，兩人在霍赫海特幾乎每天見面。維根斯坦和往常一樣待在莊園邊的小木屋，瑪格麗特則是以葛蕾塔客人的身份住在莊園別墅裡。她在寫給孫子女的回憶錄裡有一句話，讓人想起品生特的角色：「我的存在給了他必要的平靜，讓他得以孕育思想。」

維根斯坦在霍赫海特完成了自己的書，當時暫定的書名為《哲學語法》（Philosophical Grammar）。他承認這個名字聽起來很像教科書，但「沒關係，反正背後就是一本書」。

維根斯坦編輯這本書的方式特別費工。他先在小筆記本裡寫下評論，再選出自己覺得最好的，寫進大本的手稿冊裡，但順序不一定相同。接著他會再揀選一次，將選出的評論口述給打字員，接著再從打字稿裡進一步挑選，有時會裁剪再重新編排，之後整個過程重頭開始。雖然這過程持續了二十多年，但從來沒有調整到維根斯坦完全滿意過，因此他的遺稿保管人只好出版他們認為最令人滿意的手稿或打字稿，例如《哲學評論》、《哲學研究》和《心理學哲學評論》（Remarks on the Philosophy of Psychology）、不然就是他們自行決定的選輯，像是《哲學語法》、《數學基礎評論》（Remarks on the Foundations of Mathematics）、《文化與價值》（Culture and Value）和《字條集》（Zettel）。這些現在稱為維根斯坦後期作品的著作，嚴格說來沒有一本可以稱為完成的作品。

這種出版上的挫折，可以歸咎於維根斯坦對出版的苛求。這點不只在一九一三年讓羅素光火，接下來更讓可憐的魏斯曼火冒三丈。一九三一年，當維根斯坦才剛摸索出滿意的方式來表達自己的新思想，魏斯曼覺得自己對維根斯坦思想的闡述（即一九二九年預告要合寫的那本《邏輯、語言與哲學》）已經

差不多底定了。九月十日石里克從加州寫信給魏斯曼，說他覺得那本書應該很快就能完稿，來年復活節他回維也納時就能出版。

然而，一九三一年夏天，魏斯曼很少見到維根斯坦。暑假結束前，維根斯坦拿著摘錄了自己最近成果的最新打字稿，約他在維也納見面。兩人討論合寫的那本書有哪些地方必須根據新成果而改變，然後魏斯曼再根據討論結果重寫「論題」，將新的版本寄給石里克看。然而，維根斯坦愈來愈擔心魏斯曼可能曲解了自己的新想法。他十一月寫信給石里克提到「魏斯曼的這件事」，為石里克一直等不到定稿而道歉。他強調自己很想兌現對他的承諾，但「對這件事本身沒什麼熱情。我敢說，魏斯曼對許多部份的表達形式會和我認為正確的形式**完全**不同。」

問題的癥結在於這本原先構想的書現在已經變成多餘了。維根斯坦的想法改變得太徹底，不可能再由基本上只是《邏輯哲學論》升級版的書來表達。他這麼告訴石里克：「那本書裡有**許多、許多**主張，我現在完全不同意了！」他說，《邏輯哲學論》對「基本命題」和「對象」的說法已經證實有誤，沒必要出版一本重蹈覆轍的書。《邏輯哲學論》對命題的分析必須揚棄，由「綜觀呈現」的語法來取代，將「我」、「對象」和「基本命題」等等說過的所有教條」徹底清除。

維根斯坦和魏斯曼再次碰面已經是耶誕假期了，他那時才告訴對方這本書的整個構想必須改變。

他解釋自己的新想法對哲學論題的地位有什麼影響：

　　哲學如果要有論題，這些論題就必須不會引起爭論。因為這些論題必須讓所有人看了都說：對，顯然如此。只要還有不同的意見，還會就一個問題爭論，就表示事情還表達得不夠清楚。一旦表

達得完全清楚，達到徹底清晰，就不會再有異見或勉強，因為異見和勉強總是來自一種感覺：某人斷言了某件事，但我還不曉得該不該接受。然而，要是你搞清了語法，只用了很少的步驟，而且每一步都非常明顯和自然，就不會產生任何爭論。爭議永遠來自某些步驟遺漏了或沒說清楚，以致於讓人感覺提出的是一個有爭議的主張。

他告訴魏斯曼，他在《邏輯哲學論》裡「仍然一意孤行⋯⋯我就算遠遠看見一樣東西，看得不大清楚，卻想說出盡可能多的東西」。不過，他斷然補充道：「對這種論題炒冷飯已經沒理由了。」他堅持要魏斯曼將這次討論的筆記寄到加州給石里克，並告知石里克計畫有變，同時解釋原因。

一九三二年元月，維根斯坦回到劍橋，寫信給石里克問他有沒有收到魏斯曼寄的筆記，能不能「搞懂來龍去脈」。石里克顯然認為可以，因為他堅決鼓勵魏斯曼繼續寫那本書。魏斯曼和維根斯坦一樣，是為了石里克做這件事，因此我們可以不無把握地說，他對「這件事」本身不會比維根斯坦熱衷多少。

隔年復活節時，他原本已經不受羨慕的處境又更糟了，因為維根斯坦向他提出了新的工作方式：他不會再將書的材料直接寄給魏斯曼，而是將打字稿先寄給石里克，魏斯曼再找石里克拿。換句話說，維根斯坦對魏斯曼完全失去了信心，不認為他能正確傳達自己的思想，例如向維也納學圈介紹自己的新想法，就不再是魏斯曼的工作了。

這個時期，維根斯坦幾乎將所有心力都放在親自呈現自己的新想法上。他嘗試了許多種方式，包括編編號論述、編號段落和帶註解的內容表等等。課堂上，他則是像要在西方哲學傳統裡為自己定位似

的，檢視了布洛德在大學部「哲學的要素」課上對哲學風格與理論的分類。他反對休謨和笛卡兒的方法，但認為康德的批判方法是正確的進路」。至於思辨哲學的演繹方法和辯證方法的區別（前者代表為笛卡兒，後者為黑格爾，[5]）他傾向於黑格爾，但有所保留：

……辯證法很健全，是一種用以思考的方法，但它不應該如布洛德所描述，試圖從兩個命題 a 和 b 得出一個更複雜的命題。辯證法的目的應該是找出我們語言裡的歧義處。

對於布洛德說的三種「真理理論」，即符應論、融貫論和實用論，維根斯坦完全不認同：「哲學不是在不同的『理論』之間做選擇」──

我們可以說這個詞（「真理」）至少有三種意義，但不該認為這些理論有哪一個可以針對這個詞如何使用給出完整的語法，或努力將似乎不符合某一理論的情況弄成符合那個理論。

取代理論的是**語法**（grammar）。在這門課上，摩爾堅持維根斯坦使用「語法」這個詞的方式很怪，並曾經認真嘗試證明這一點。他向維根斯坦的班上學生發表了一篇論文，區別他認為的這個詞的一般意義和維根斯坦的用法，進而論證道，「Three men **was** working.」無疑是語法誤用[6]，但「Different colors cannot be in the same place in a visual field at the same time.（不同顏色不能同時在視域裡的同一處）」是否為誤用則不清楚。如果後者也稱為誤用，那「語法」在這兩個例子裡肯定意思不同。維根斯坦回答：不

對，「正確說法應該是『說……沒有意義』」。兩種規則在同一個意義下都是規則，「只是一種是哲學討論的主題，另一種不是」……

語法規則全是同一種，但違犯甲規則和違反乙規則不是同一個錯誤。用 was 代替 were 並不會造成混淆，但在另一個例子裡，拿物理空間做類比（與「兩個人在同一張椅子裡」比較）確實會引起混淆。當我們說無法想像兩個顏色在同一處，是誤以為它是命題，其實不然，而若不是被類比誤導，我們絕不會這麼說。使用「不能」這個詞會引人誤會，因為它引向了錯誤的類比。我們應該說……

「說……是無意義的」。

因此，哲學家的語法錯誤跟摩爾提到的普通錯誤，兩者的差別只在哲學家的語法錯誤更有害，因此研究這些錯誤是沒意義的。事實上比沒意義更糟，只會有害。重點不在研究這些錯誤，而在免於犯錯。

因此，維根斯坦信誓旦旦告訴他的學生卡爾‧布里頓（Karl Britton），只要是為學位而讀，就不可能認真對待哲學。他力勸布里頓放棄學位，去做其他的事。布里頓拒絕了他的建議，維根斯坦只說他希望這不會毀掉他對哲學的興趣。

同樣的，維根斯坦還勸布里頓不要成為哲學老師，他對自己大多數學生也是如此建議。只有一件

<hr />

5　譯註：G. W. F. Hegel，1770-1831。德國十九世紀唯心論哲學的代表人物之一。

6　譯註：依照英語文法，是 were 不是 was

事更糟，就是當記者。布里頓應該找一份真正的工作，跟普通人共事。學術生活令人厭惡。他告訴布里頓，每回從倫敦回來，只要聽見大學生對大學說「哦，是嗎！」他就知道自己回到劍橋了。學院寢室管理員嚼舌根都比高桌上不真誠的聰明言談更可取。

德魯利已經聽從維根斯坦的建議，在紐卡斯爾和一群失業的造船工人共事。不過隨著工作接近尾聲，他忍不住申請了紐卡索大學阿姆斯特朗學院的哲學講師，在紐卡斯爾和一群失業礦工經營社區商品菜園。學院後來聘請了桃樂西・艾米特，於是德魯利便去了南威爾斯，協助一群失業礦工經營社區商品菜園。「你虧欠艾米特女士很多，」維根斯坦堅持道：「她救了你，沒讓你當上職業哲學家。」

雖然蔑視哲學專業，維根斯坦卻始終懷著猜疑和警惕，留意學院哲學家如何使用他的想法，並於一九三二年夏天和卡納普捲入了優先權（Prioritätsstreit）之爭。事情的起因是卡納普一篇名為〈物理語言作為科學的普遍語言〉（Die Physikalische Sprache als Universalsprache der Wissenschaft）的論文，收錄在維也納學圈的《認識》期刊（Erkenntnis）當中，後來英文版以〈科學的統一〉（The Unity of Science）為題。這篇論文支持「物理主義」，主張**所有**陳述只要值得納入任何一門科學研究，最終都可以化約成物理語言，不論該門科學處理的是物理、生物、心理或社會現象都一樣。卡納普指出自己的主張受惠於紐拉特[8]的觀點，後者是維也納學圈最信守實證主義的哲學家。

然而，維根斯坦認為卡納普使用了他的向維也納學圈提過的想法，卻沒有提及他的貢獻。一九三二年八月，他寫了兩封信給石里克，一封給卡納普本人，堅稱自己對卡納普論文的氣憤純粹是道德和個人問題，絕不是主張對卡納普所發表的想法擁有著作權，也不是焦慮自己在學術界的名譽。八月八日他寫信給石里克：

……我打心底覺得，現今的職業哲學家怎麼看我都無所謂，因為我不是為了他們而寫。

然而，他關切的是，卡納普名下發表的想法，例如實指定義（ostensive definition）和假設的本質，正確來說是**他的**想法。他聲稱卡納普是從他和魏斯曼的談話紀錄裡擷取到的。卡納普回說自己的中心議題是**物理主義**，維根斯坦對此沒有發表過任何東西。維根斯坦反駁道，物理主義的基本概念可以在《邏輯哲學論》找到。「說我沒有處理**物理主義**的問題並不正確（我只是沒用那個——可怕的——名字罷了），而我是以《邏輯哲學論》一貫的簡潔來處理它。」

卡納普的論文發表後，維根斯坦和魏斯曼的哲學討論終於終止了。事實上，他們最後一次紀錄下來的談話，幾乎全是維根斯坦在反駁卡納普的說法，說他對假設的想法來自於龐加萊[9]，而非維根斯坦自己。自此之後，魏斯曼不再得到信任，失去了接觸維根斯坦最新想法的特權。

維根斯坦對魏斯曼愈來愈不信任，以及他對卡納普無禮舉動的不滿，時間正好和他自己重新努力編排自己的想法以便出版一事兜在了一起。

一九三二年夏天，他在霍赫海特向打字員口述了一份大的評論輯，是從過去兩年他所寫下的八卷

---

7 譯註：Dorothy Emmett，1904-2000。英國哲學家。

8 譯註：Otto Neurath，1882-1945。奧地利科學家、社會學家及經濟學學者。

9 譯註：Jules Henri Poincaré，1854-1912。法國數學家、理論科學家與科學哲學家。他提出的龐加萊猜想是數學中最著名的問題之一。

手稿裡挑選出來的。他在八月八日寫給石里克的信裡提到，自己每天花七個小時口述。這份評論輯就是維根斯坦學者所稱的「大打字稿」（the Big Typescript）。比起其他打字稿，這份選輯的完成度更高，更像一本書，包含章節標題和目錄，成為後來出版的《哲學語法》的基礎，但它和《哲學語法》並不完全相同。

具體而言，後者刪除了題為「哲學」的一章。這一章很有趣，「哲學能做的，」他在裡頭寫道：「就是破除偶像。」同時重批了維也納學圈：「這還包括不創造新的偶像，例如從『偶像不存在』造偶像。」他強調，我們不是在日常生活當中遇到哲學問題，而是被語言的某些類比所誤導，才會問出「什麼是時間？」「什麼是數字？」之類的問題。這些問題無法解答，不是因為太深刻深奧，而是因為沒有意義，是語言的誤用。因此：

真正的發現是：在我想做哲學時，它讓我停止做哲學。這發現賜予哲學平靜，讓哲學不再受使**它自身**成為疑問的問題折磨──相反地，我們現在藉由例子展示一種方法，而一連串的例子可以中斷。諸問題解決了（困難清除了），而非**單一**問題解決了⋯⋯「但如此一來，我們的工作就沒有盡頭了！」當然沒有，因為它沒有盡頭。

將哲學理解為只有任意起點、沒有盡頭的釐清工作，在這種想法之下，幾乎無法想像一個人如何**能**寫出令人滿意的哲學書。難怪維根斯坦經常認同地引用叔本華的格言：一本書不可能既有開頭和結尾，又是哲學書。而他一口述完大打字稿，就開始大幅修改，也就不足為奇了。不過，他修改最少的

是論數學哲學的部份，因此《哲學語法》完全保留了這些章節，只可惜比起他對語言的評論，這部份的見解並沒有得到同等的重視。

維根斯坦不僅認為論數學哲學的部份是自己對哲學最重要的貢獻，他和二十世紀職業哲學家的視角差別之大，也在這部份最為明顯。正是在此處可以清楚看到，他的觀察的確沒錯，他的思想確實和現代文明的主流對立。他的評論不是針對這位或那位哲學家的數學觀，而是幾乎所有數學工作者對數學的共同認知，而這個認知已經主宰了我們的文化超過一世紀，那就是將數學看成一門**科學**。

「這些事情之所以令人混淆，」他在大打字稿裡說：「完全源自將數學看成一門自然科學」——

而這一點跟另一件事有關，就是數學已經脫離了自然科學，因為只要數學工作跟物理學有直接關聯，它就明顯不是自然科學（同樣地，只要你用掃帚清潔家具，就不會將它錯當成家具的一部分）。

二十世紀前半葉，邏輯主義（由弗雷格和羅素領軍）、形式主義（希爾伯特）和直覺主義（布勞威爾和魏爾）爭論著數學的基礎。維根斯坦的數學哲學不是針對這項爭論，而是想釜底抽薪，顛覆「數學**需要基礎**」這個主張。對他而言，所有因為尋找「基礎」而誕生的數學分支，包括集合論、證明論、量詞邏輯和遞歸論等等，都源自於一個哲學上的混淆。因此：

哲學上的清晰影響數學的成長，就和陽光影響馬鈴薯苗的成長一樣（苗在黑暗的地窖裡會生成幾公尺長）。

維根斯坦當然知道自己是螳臂擋車，就算他的整套哲學建構不是如此，對數學的見解也是。「我覺得最不可能發生的，」他寫道：「就是有科學家或數學家讀了我的作品，對他的工作產生了巨大的影響。」如同他反覆強調的，他不是為職業哲學家而寫，因此自然更不是為職業數學家而寫。

十五、法蘭西斯

一九三二至三三學年度，維根斯坦火力全開，以唐吉訶德之姿猛烈抨擊純數學的地位。這一年他開了兩門講座課，一門叫「哲學」，另一門叫「數學哲學」。他在後一門講座上努力對抗數學系大學部教科書對學生的毒害。當時大學的標準數學教材是哈代的《純數學》。維根斯坦上課時會朗讀書裡的段落，從中指出他認為遮蔽了純數學本質的哲學迷霧。他認為唯有根除對數學的許多常有定見，方能驅散這層迷霧。這些定見由於太過根深蒂固，極少受到檢視。

第一個定見是數學屹立於康托[1]、弗雷格和羅素等人設下的邏輯基礎上。維根斯坦於講座一開始便開門見山表明了自己的立場，故意反問：「數學有基底嗎？」

數學的基礎是邏輯嗎？在我看來，數理邏輯只是數學的一部分，羅素的演算並非基礎，只是另一套演算。一門科學存在於其基礎奠立之前，這並沒有錯。

1　譯註：Georg Cantor，1845-1918。出生於俄國的德國數學家，創立了現代集合論。

第二個定見是數學旨在發現（關乎某物的）客觀為真的**事實**。因此，**什麼**是這個某物，客觀又在於什麼，自然成為數學哲學自柏拉圖以來的主題。對此，哲學家傳統上分為兩派，一派（經驗論者）主張數學陳述關乎**物理**世界的真假，另一派則認為這個觀點無法充分解釋數學的無可動搖，故主張數學陳述關乎**數學**世界的真假，亦即柏拉圖的永恆理型世界。這一派便是柏拉圖主義者。但對維根斯坦而言，「數學旨在發現真理」這一看法根本有誤，是純數學興起、數學和物理科學分家所導致的錯誤，好比不用的掃帚被當成家具的一部分。維根斯坦表示，若我們將數學視為一系列（包括計算與測量等等的）**技術**，那麼「數學關乎什麼」的問題就壓根不會出現。

維根斯坦所攻擊的數學觀，哈代曾在一次演講中扼要提及。那次演講的內容後來發表於一九二九年《心靈》期刊，題為〈數學證明〉（Mathematical Proof）。哈代似乎將涉足哲學視為自己從事正經的數學研究之外的輕鬆調劑。他在演講中斬釘截鐵地說：

……任何哲學，不論它以哪一種方式否認數學真理無條件有效，而且無可動搖，這樣的哲學就不可能得到數學家認同。數學定理非真即假，其真假乃是絕對的，與我們對它的認識無關。在某種意義上，數學真理是客觀實有的一部分……不論那意義有多複雜、難以捉摸，數學命題都是關乎實有的定理……而非我們心靈的創造物。

這場演講從口氣到內容都讓維根斯坦火冒三丈。他在講座課上說：

數學家話題一離開數學，就變得荒謬無稽，哈代就是一個例子。他主張數學不是我們心靈的創造物，將哲學看成裝飾品，是環繞在數學和科學的堅實有〔hard realities〕周圍的空氣。一邊是科學與數學，另一邊是哲學，兩者就像房間裡的必需品與裝飾物。哈代在表達哲學意見，但我認為哲學是釐清思想的活動。

對於數學，維根斯坦已經很清楚自己打算以何種方式進行思想釐清，只是要如何表達自己更一般的哲學立場，他還沒摸索出一個滿意的方式。對他來說，哲學和數學一樣是一套技術。然而，數學的技術已經存在，他的任務只是說服聽眾接受數學是技術，而非真假命題，但他想推展的哲學技術卻是他自己創建的，還處於嬰兒期。

他在「哲學」那堂講座引用了一門技術，後來對他的哲學方法愈來愈關鍵，亦即發明他稱之為「語言遊戲」（language-games）的技術，也就是發明一些想像的情況，讓語言在其中只用於達成嚴格定義的實踐目的。可能是幾個字或片語，出自我們的語言或完全虛構的語言都行，重點是在想像出來的那個情況下，若不提及語言怎麼被**使用**，就無法描述該語言。這門技術是一種治療，目的在使我們擺脫語言抽離「生活之流」來思考語言所導致的哲學困惑。

為了說明他希望聽眾擺脫的是何種思考，維根斯坦舉了自己的早期著作和羅素的作品為例，表示由於兩者都只考慮**一種**類型的語言（也就是斷言句），結果不是誤認為語言只有這一種類型，把它當成

語言的全部來分析，就是以為語言的其他用法都能分析成這種類型的變形，以致於得出一個不可行的概念，也就是「原子題」：

我和羅素都想藉由邏輯分析找出第一元素或**個體**（individuals），進而得到原子命題……卻也都敗在無法給出原子命題或個體的例子。我們各自找了理由為這事開脫。我們實在不該說「我們給不出例子是因為分析走得還不夠遠，但我們遲早會走到的。」

維根斯坦和羅素對命題的概念太過僵固，而語言遊戲法的目的（可以說）就是讓概念鬆綁。例如他要聽眾想像一個語言遊戲：指著某個東西，然後唸出那東西的名字，這樣教小孩學語言。他問，在這個語言遊戲中，命題何時登場？假設我們對小孩說「書」，而他把書拿來，這表示他學了一個命題？還是只有問題涉及真假，他才學到命題？但如此一來，一個字也可能有真假可言，例如問「有幾張椅子？」而他答「六」。所以「六」是一個命題嗎？維根斯坦在此暗示的是，我們如何回答這些問題根本無所謂，重點在於看出不論我們給出**任何**回答，都是武斷的（arbitrary）。因此，我們的概念其實非常地**滑溜**（fluid），滑溜到無法硬套進羅素和他曾經推崇的那種分析：

我想藉由語言遊戲展示我們使用「語言」、「命題」、「句子」有多模糊。許多東西我們可以稱之為命題，也可以不，如命令；能稱作語言的遊戲也不只一種。語言遊戲是了解邏輯的線索。既然我們稱什麼是命題多少是武斷的，那我們稱作邏輯的東西所扮演的角色也就跟羅素和弗雷格設想的

來聽講座的人裡頭，有一名二十歲的數學系大學生。他在三一學院三年了，很快他將成為維根斯坦生命中最重要的人，時常陪在左右，是維根斯坦信任的知己，甚至是他在哲學研究之路上最寶貴的合作者。

法蘭西斯・史金納（Frincis Skinner）一九三〇年從聖保羅中學進入劍橋就讀，是同輩中最被看好的數學新秀。但從大二那年起，他對維根斯坦的興趣就將數學擠到了第二位，徹徹底底、毫無懷疑、近乎癡迷地將自己獻給了維根斯坦。至於他有什麼吸引了維根斯坦，我們不得而知，所有認得史金納的人對他的印象都是害羞、俊俏、不愛出風頭，尤其溫和得不得了。但維根斯坦就是被他吸引了，只要有他在，維根斯坦似乎就能獲得思考所需要的平靜，跟品生特和瑪格麗特一樣。一九三二年，維根斯坦在一則註記裡提到自己當時努力收尾的研究，似乎認為史金納和那份研究的關係，就好比品生特和

《邏輯哲學論》的關係：

題獻是「獻給法蘭西斯・史金納」。

要是我在這本書完成或出版之前過世了，我的筆記以片段出版時，應該以「哲學評論」為名，而

維根斯坦保留了史金納的信，後人在他遺物裡找到了這些信，讓我們得以勾勒出兩人的交往軌跡（史金納過世後，維根斯坦將自己寫給他的信拿了回來，應該是燒掉了）。現存的第一封信落款日為

不同。

一九三二年十二月二十六日，內容是感謝維根斯坦送了他一棵耶誕樹。兩天後，史金納寫道：「我很高興讀到你說你想著我，我常常想著你。」

不過，要到一九三三年的復活節假期，他們倆才開始互稱「法蘭西斯」和「路德維希」，而史金納也才開始換成像是對愛人的口氣，只是依然緊張和扭捏。三月二十五日，他在格恩西島渡假時寫信道：

親愛的路德維希：

上週六我們分開後，我一直想著你。我希望我想你的方式沒有會錯意。那天談到你姊姊給你的箱子，我笑了幾次，你說看得出那笑容不友善。我有時想你時也會這麼笑。我一直知道笑是不對的，因為一笑完我就立刻想忘掉它，只是我不曉得它為何不友善。

……我這幾天待在英吉利海峽的一座小島上，這裡有人說法語。我記得曾經問你你會不會說法語，你說你小時候一個住在你家的女士教過你，她人很好。今天早上我忽然想起這件事。希望你知道我有多喜歡像這樣想起你跟我說過的事時，心裡也會很歡喜。

　　　　　　　　　　　　　法蘭西斯

不難想見，維根斯坦對信裡展現的那種孩子般的單純（甚至有些三頭腦簡單）很是喜歡。史金納的信顯然沒有維根斯坦在許多劍橋學生與老師身上見到、令他深惡痛絕的那種「聰明」氣。史金納不是會說「哦，是喔！」的那種人，信裡也沒有半點自我中心的痕跡。他一心向著維根斯坦，在他短得可悲的一生中未曾有片刻動搖，幾乎完全臣服於他，其餘一切皆屬次要。史金納的姊姊憶起自己和母親去三一

學院造訪弟弟時，只見他衝下樓來，草草應付她們說：「我在忙，維根斯坦博士來了，我們在工作，妳們晚點再來。」

法尼婭·帕斯卡曾說，孩子般的天真和一流頭腦是成為維根斯坦入門弟子的先決條件，史金納正是最完美的例子。出身學術世家，父親是切爾西理工學院（Chelsea Polytechnic）的物理學家，兩位姊姊都是劍橋畢業，分別修習古典與數學，因此他也該在學術上有所成就不僅被視為理所當然，甚至不得不然。要不是維根斯坦介入，他幾乎肯定會走上這條路。

大學最後一年，史金納更是眼裡只有維根斯坦，以致當他以一等榮譽學位從系上畢業，並獲得研究生獎學金時，家人都覺得這孩子是為了繼續待在維根斯坦身邊才這麼努力。事實上，三一學院給他獎學金是希望他專心研究數學。

這時，史金納已經很難忍受每年暑假維根斯坦都會離開劍橋很長一段時間。那年夏末，他寫道：「我覺得自己離你好遠，好希望再次靠近你。」他寄了許多描繪赫德福德郡（hertfordshire）萊奇渥斯（Letchworth）一個小鎮的風景明信片給維根斯坦，並且在正面潦草寫上幾句話，表面上是介紹自己的家鄉，實際上是袒露心意，告訴維根斯坦，當你距離我如此遙遠，萊奇渥斯便是我唯一能去的地方。

在印著霍華德角（Howard Corner）的明信片上，他寫道「花園城市」萊奇渥斯是艾本尼澤·霍華德爵士（Sir Ebenezer Howard）興建的，希望人人有機會在鄉間生活。「結果卻糟透了，令人鬱悶到極點，至少我這麼覺得。」史金納寫道。在印著大街景緻的明信片上，他寫道：「這是通往鎮上和火車站的路，一邊是一排房子，我見了就覺得難過。」在斯普瑞束腹工廠（Spirella Works）的相片上，他寫道：「這是萊奇渥斯最大的工廠……我總覺得那庭院又無趣又死寂。」最後兩張明信片分別是萊斯

街（Leys Avenue）…「非常沉悶的一條街，所有人都一臉刻薄，穿著打扮令人反胃。」和東奇普斯（East Cheap） 2 …「這街名真荒謬……走在這些街上我覺得四周全是蜚短流長。」

和維根斯坦的關係有如出口，使他得以逃離那「死寂」又「沉悶」的存在，最後甚至甩開了家人的期望，令他們錯愕不已。這段關係也給了他嶄新的期望，讓他熱烈擁抱這些新夢想。研究所那三年，他孜孜矻矻和維根斯坦共事，為發表維根斯坦的作品而準備，後來更徹底放棄學術生涯，找了一個維根斯坦認為更適合他的工作。

維根斯坦建議朋友或學生離開學術圈，因為他深信學術圈空氣太稀薄，支持不了正當的生活。他告訴德魯利，劍橋缺乏氧氣。他是無所謂，因為他自己能製造，但對依賴周圍空氣而活的人，最好離開這裡到更健康的環境去。他心目中的理想職業是醫療工作，也已經勸瑪格麗特朝這方面發展。她正在伯恩接受護士訓練，維根斯坦對此非常關切。他倆的關係已經褪去了浪漫色彩，瑪格麗特正和塔勒·索格倫相戀，但維根斯坦仍不時去伯恩一趟，看瑪格麗特訓練得如何。

一九三三年夏天，德魯利結束南威爾斯的失業礦工救濟工作後，也決定受訓成為護士，但對方告訴他，以他的教育程度，成為醫師會更有用處。維根斯坦一得知此事，便立刻插手進來，不僅跟凱因斯和吉爾伯特‧帕特森談妥，要他們借錢給德魯利，還發電報匆促德魯利，要他「立刻到劍橋來」。德魯利剛下火車，維根斯坦就逕自宣佈：「這件事不用再爭了，一切都安排好了，你馬上進醫學系。」他後來說，在自己的所有學生裡頭，就他對德魯利就職的影響最令他感到自豪與滿意。

維根斯坦不只一次認真考慮從醫，逃離「死氣沉沉的」學術哲學。他或許能自己製造氧氣，但給屍體一個肺又有什麼意義？他當然知道許多哲學家等不及想了解他的最新想法，因為一九三三年時，

335

人們（尤其在劍橋和維也納）都曉得《邏輯哲學論》出版後，他的立場有了劇烈的翻轉。維根斯坦堅決否認自己的新研究是為了**他們**而做，但還是無法忍受自己製造的氧氣被這群「哲學記者」回收利用。一九三三年三月，他在名為《劍橋大學研究》（Cambridge University Studies）的集子裡讀到一篇理查德·布雷斯衛特的文章，令他痛苦萬分。布雷斯衛特於文中描述了包含維根斯坦在內的幾位哲學家給他的影響，維根斯坦一想到人們可能認為布雷斯衛特表達的是他目前的想法，就激動得投書《心靈》期刊，表示文中那些歸於他名下的觀點與他無關。「可以說，」他寫道：「布雷斯衛特對我觀點的陳述不是不夠正確，就是和我的觀點完全矛盾。」他這樣結尾：

由於找不到清晰融貫的方式表達我的思想，使得我遲遲無法發表，更別提在一封信裡完整說明了。因此，讀者必須保留到之後再做判斷。

那一期《心靈》還刊載了布雷斯衛特語帶懺悔的道歉函，不過最後一句倒是話中帶刺：「至於本人對維根斯坦博士的觀點說錯了多少，等他那本萬眾期待的作品出版之後便知分曉。」

2　譯註：East Cheap 的 cheap 有廉價、劣質的意思。

十六、語言遊戲：《藍皮書》與《棕皮書》

一九三三至三四學年度開始前，維根斯坦回到劍橋，自此幾乎和史金納形影不離。兩人都在學院有了住處，總是一起散步、交談，連休閒活動也一起參加，主要去戲院看西部片和歌舞片。不過，最重要的或許是兩人一起工作。

維根斯坦這學年和去年一樣，開了兩門講座課，一門叫「哲學」，另一門叫「給數學家的哲學」。後一門課特別熱門，來了三、四十人，令他驚惶不已。對他想開的那種非正式課來說，這樣的人數太多了。開學三、四週後，他忽然宣佈不再繼續大班講課，讓上課的人大吃一驚。他提議改成只對一小組學生授課，由他們抄寫內容再複印轉發給其他人。照他後來對羅素說，他的想法是，這樣學生就能「帶點東西回去，就算腦子裡沒有，手裡總有」。這個特選小組裡有他最喜歡的五名學生，除了史金納，還有路易斯·古德斯坦（Louis Goodstein）、哈羅德·考克塞特（H. M. S. Coxeter）、瑪格莉特·麥斯特曼（Margaret Masterman）以及艾麗絲·安布羅斯（Alice Ambrose）。他們膽寫的筆記後來付印時用了藍皮紙封面，從此得名「藍皮書」（The Blue Book）。

再怎麼說，這都是維根斯坦的哲學新方法首度公開，自然引起了極大興趣。這群學生做了更多副

本，轉給更多人，讀者之廣遠超過維根斯坦想像，事實上遠超過他所樂見，比方到了一九三○年代後期，連牛津大學的哲學教師都有不少人讀過這份筆記。因此，可以說是《藍皮書》將「語言遊戲」的概念和利用它解決哲學困惑的技術引入了哲學論述中。

這份筆記從許多方面都可視為一個粗胚，預告了維根斯坦對自己後期哲學的表述方式。如同後來的作品（包括《棕皮書》(Brown Book) 和《哲學研究》），他在《藍皮書》裡也嘗試理出一個融貫的脈絡。這本書同樣以「哲學迷惘的一大來源」開頭，亦即我們常被實詞（substantive）誤導，以為有東西與之對應，於是去尋找它，所以才會問「時間是什麼？」「意義是什麼？」「知識是什麼？」「思想是什麼？」和「數是什麼？」等等，並期待靠著命名**某物**來回答這些問題，而設計語言遊戲便是為了破除這一傾向：

之後我會一再請你們注意一樣我稱之為語言遊戲的東西。比起日常語言使用高度複雜的符號，語言遊戲所用的符號更簡單，是小孩開始使用語言詞時所採用的語言形式。研究語言遊戲，就是研究原初語言或語言的原初形式。若要研究真假問題、命題符應實有與否的問題，以及斷言、假設和提問的本質，認識語言的原初形式會有很大幫助，因為這些思想形式出現時，沒有高度複雜的思考過程在背後作祟，困惑我們。當我們研究語言的簡單形式，籠罩著我們日常語言的那團心理迷霧就會消失，清晰明白的行為與反應就會顯露出來。

人習慣尋覓與實詞對應的實體，與此相關的還有一種直覺，就是每一個概念都有其「本質」，亦即歸於同一通名之下的事物的共同處。因此，比如在柏拉圖對話錄中，蘇格拉底面對「知識是什麼？」

這類哲學問題時，會嘗試在所有我們認為是知識的個例裡尋找共通點，以之為解答。對此，維根斯坦曾說他的方法一言以蔽之，就是蘇格拉底方法的相反。他在《藍皮書》裡用「家族相似性」（family resemblances）這個更有彈性的概念取代「本質」一詞：

比方說，我們習慣認為所有遊戲必然有一些共通點，就是這些共同點讓我們可以名正言順用「遊戲」這個通名稱呼所有遊戲。但所有遊戲其實是一個「家族」，彼此具有家族相似性，某些家人鼻子一樣，某些家人眉毛相同，還有些家人走路姿勢一樣，而這些相似是重疊的。

維根斯坦表示，尋找本質是人類「渴求通性」的例子之一，來自我們對科學方法的執著：

哲學家經常見到哲學方法出現在他們眼前，以致於難以抗拒不用科學的方式提出問題、回答問題。這個傾向是形上學的真正起源，將哲學家帶進了徹底的黑暗。

維根斯坦努力避免這個傾向，完全拒絕提出任何概括的結論，或許正是他的理論如此艱澀的主因，因為（可以這麼說）不點明意旨，往往很難理解他的論述想要表達什麼。正如他在某次講座課一開頭所指出的：「要說什麼不難，難的是知道為什麼說。」

一九三三年耶誕假期，史金納每兩三天就寫信給維根斯坦，說自己是多麼頻繁地想起他，對他魂

牽夢縈，渴望再見到他。他滿懷深情回憶自己和維根斯坦告別前的所有瞬間：

朝你揮完手帕，我走過福克斯通市區，搭上八點二十八分的火車返回倫敦。我心裡惦念著你，想起我們道別時是多麼美妙……我很喜歡為你送行。我很想你，經常想起你。

愛你的

法蘭西斯

維根斯坦一家在林蔭街舉行耶誕聚會，瑪格麗特也來了。葛蕾塔仍然每年邀請她到維也納過耶誕。在葛蕾塔的鼓勵之下，她決定不顧父親反對，和塔勒速戰速決，幾天後的新年夜就要結婚。瑪格麗特的父親遠在瑞士，至少遠離震央，維根斯坦就沒那麼幸運了。瑪格麗特回憶婚禮當天時寫道：

她在聚會上宣佈自己和塔勒·索格倫訂婚了，讓在座賓客為之騷動。

週日早上，路德維希在我婚禮一小時前來找我，讓我心情盪到了谷底。「妳即將搭船遠行，海上風浪翻騰，記得一直抓著我免得翻船，」他對我說。直到那刻，我才明白他對我依戀多深，（或許還有）對我隱瞞得有多好。許多年來，我就像他手裡的軟油灰，被他塑造成一個更好的人。他就像撒瑪利亞人，賜給墮落的人新的生命。

瑪格麗特直到婚禮當天才意識到維根斯坦對她有多依戀，這令人難以置信，不過歸根結底，她始終覺

得維根斯坦對她生活的涉入帶有**道德的**目的，這是他許多段友誼的特點。照法尼婭・帕斯卡的說法，維根斯坦「會召喚出一個更好的你」，而瑪格麗特最終選擇和別人結婚，部份也是因為她不想承受這種道德壓力。

一九三四年的大部分時間，維根斯坦持續進行三個不同但相關的工作，試圖解決他投書《心靈》時提到的問題，也就是找到「清晰且融貫的方式」陳述自己的哲學方法。他在劍橋除了口述《藍皮書》，還大量修訂了《大打字稿》，照他對羅素的說法，「磨磨蹭蹭地做」。這些「磨磨蹭蹭」出來的結果，後來編入了《哲學語法》的第一部份。此外，他在維也納繼續和魏斯曼合作，預備出一本書，只是愈來愈不情願、愈來愈疑慮。一九三四年復活節，出書計畫有了新的提議：維根斯坦和魏斯曼並列作者，由維根斯坦提供素材，並主導書的形式與結構，魏斯曼負責以清晰融貫的方法寫出來。換句話說，維根斯坦把他認為是最難的工作交給了魏斯曼。

每有新的安排，魏斯曼的處境就愈悲慘。同年八月，他向石里克抱怨和維根斯坦一起寫書有多困難：

他有一種天才，看什麼都能像第一次見到一樣。但我想這說明了跟他合作是多麼困難，因為他永遠被當下的靈感牽著走，推翻之前草擬的一切……只能看著結構被一點一滴摧毀，所有東西緩緩變成完全不同的模樣，讓人很難不覺得這些想法如何組織根本無所謂，因為一切到最後都會變樣。

維根斯坦不只思考常被當下的靈感牽著走，生活也不例外。一九三四年，他手邊明明有兩項出版

計畫，分別是維也納的《邏輯、語言與哲學》以及英國的《哲學語法》，心裡卻迸出徹底結束學術生涯，跟史金納一起到俄國定居，一起找勞力工作過活的念頭。史金納的家人自然非常擔心，史金納卻覺得好得不得了，可以跟維根斯坦如影相隨。那時的他已經開始覺得不能沒有維根斯坦，少了維根斯坦所有事情與感覺都走了調。復活節時，他在信裡寫道：「只要跟你一起，我就能深刻感受一切。」這是他信裡反覆出現的主題：

我常常想你，渴望有你在我身邊。今晚夜色美好，星星看來特別美麗。我好希望能用和你在一起時感受事物的方式感受這一切。（一九三四年三月二十五日）

我好想跟你一起在戶外，哪裡都好。我常常想你，想起我們的散步有多棒。我**好**期待我們下週的出遊。昨天我收到你的復活節卡片，感覺真好。我覺得，另一張卡片上街道兩旁的房子很美，真想跟你一起駐足欣賞。（一九三四年四月四日）

史金納在信裡還強調維根斯坦在他身邊的**道德**必要性，彷彿少了維根斯坦的帶領自己就會墮入惡魔手裡。其中最值得一提的例子是他在一九三四年七月二十四日寫的信。前一天他才在法國的布洛涅（Boulogne）揮別了維根斯坦，信的開頭照例描述道別的氣氛是多麼「甜蜜美好」，但他隨即寫到自己在布洛涅一落單就成了罪惡之人。他去了賭場，輸了十法郎，之後雖然痛下決心，卻還是忍不住重返賭場，這回贏了五十法郎。他對自己深惡痛絕，發誓下午就搭船回英國，但快到出發時又陷了進去。這時他

已經不由自主：

我又開始賭博。一開始很謹慎，非常克制，但後來輸了一點錢，我就忽然失去了自制與謹慎，出手愈來愈魯莽，整個人變得興奮莫名，完全控制不住自己，最後輸了大約一百五十法郎。我先輸光了手上剩下的法國現金，大約八十法郎，接著用一張十先令鈔票換成法郎，結果也輸光了，於是我把身上剩下的英國零錢統統換成法郎，同樣輸得一乾二淨。我五點左右離開賭場，走到室外呼吸到新鮮空氣時，突然發現自己開始賭博後，行為變得多麼不自然、多麼可憎，簡直恐怖。我竟然那麼瘋狂地想贏錢，感覺真可怕。我突然意識到自己墮落到多麼卑劣污穢的一種境地。我感覺身體一陣悸動與興奮。我垂頭喪氣在街上走了一陣，覺得自己終於明白為何賭徒經常自殺，因為墮落的感覺是如此可怕。我感覺自己庸俗得嚇人，感覺我在毀滅自己，於是便回到旅館，拚命刷洗自己。

史金納不是杜斯妥也夫斯基，對於自己道德墮落的描述也莫名地沒說服力，但他很清楚維根斯坦讚賞的俄國小說，心裡想達成的肯定是一樣的效果。他信中提到那種絕望得想自殺的內疚，似乎不可免地需要宗教救贖。事實亦然，因為他接著描述自己洗過手後，立刻去了他之前和維根斯坦一起造訪過的教堂。在教堂裡，他說：「我想起你許多事。我感覺教堂撫慰了我，即使我幾乎無法看它一眼。」接著又說：「我感覺要是不在信裡提到這件事，我就是個可惡的無賴，完全不配得到你的愛。」

幾週後的八月十一日，宗教話題再度出現。史金納引述了《安娜・卡列尼那》裡差點自殺的列文的

話：「我不能活著卻不知道自己是誰。」該段結尾道：「列文沒有自縊，也沒有飲彈自盡，而是繼續掙扎著活下去。」「讀到這最後一句，」史金納寫道：「我忽然明白自己在讀一段極其出色的文字。」維根斯坦也曾多次說過類似的話。史金納說：

我彷彿茅塞頓開，突然明白自己一切的真正意思。我又讀了幾章，感覺全像是巨大的真理，有如我讀到的是聖經的章節。雖然我不是完全理解，但感覺那是宗教。我很想告訴你這件事。

史金納和維根斯坦這時已經開始學俄文，為即將到來的蘇聯之行做準備。兩人的老師是法尼婭・帕斯卡，馬克思主義知識份子兼共產黨員羅伊・帕斯卡（Roy Pascal）的妻子。談到維根斯坦學俄文的動機時，帕斯卡夫人表示：「在我看來，比起政治或社會事務，他對俄國的情感始終跟托爾斯泰的道德教誨與杜斯妥也夫斯基的精神洞見更有關係。」史金納信中的語氣和內容似乎證實了這一點。然而，史金納和維根斯坦計畫造訪並求職謀生的地方，不是托爾斯泰和杜斯妥也夫斯基的俄國，而是史達林「五年計劃」下的俄羅斯。不論史金納或維根斯坦，都不可能如此無知或政治遲鈍，不曉得兩者的差別。

由於維根斯坦對馬克思主義不抱好感，帕斯卡夫人或許覺得他是「舊時代的保守份子」，但維根斯坦許多朋友對他的印象完全不同，比如一九三〇年代對他認識頗深的喬治・湯姆森就表示，維根斯坦當時「政治意識愈來愈強」，而且儘管他很少跟維根斯坦談論政治，但維根斯坦言談間「足以顯示他瞭解時事，明瞭失業和法西斯主義的罪惡，以及不斷升高的戰爭威脅」。至於維根斯坦對馬克思主義的態度，湯姆森補充道：「他理論上反對，實踐上支持。」這話和維根斯坦本人曾對羅蘭德・赫特（Rowland

Hutt）（史金納的密友，一九三四年認識維根斯坦）說的一句話遙相呼應：「**我的心**是馬克思主義者。」

此外也別忘了，維根斯坦這時期許多朋友，尤其提供他蘇聯相關資訊的友人，都是馬克思主義者，除了喬治·湯姆森，還有尼可拉·巴赫金（Nikolai Bachtin）、莫理斯·多布和皮耶羅·斯拉法，其中他最倚重斯拉法在政治議題上的意見。一九三〇年代政治動盪，維根斯坦顯然更為同情勞工和失業者，整體而言支持左派。

儘管如此，俄國對維根斯坦的吸引力終究不是作為政經理論的馬克思主義，甚至毫無關聯，而主要來自他印象中蘇聯人民的生活。這一點從他一九三四年夏天和史金納、德魯利的某次談話就得見端倪。他們三人到德魯利兄長位於愛爾蘭西岸康尼馬拉區（Connemara）的農舍過暑假，抵達當天德魯利準備了一頓精緻大餐，除了烤雞還有板油布丁和糖蜜，但卻遭到維根斯坦反對，堅持他們停留康尼馬拉期間三餐分別只吃麥片粥、蔬菜和一顆水煮蛋。三人聊到俄國時，史金納說他想做點「激烈」的事，但維根斯坦覺得他的想法很危險。「我想，」德魯利插話道：「法蘭西斯是說他不想帶糖蜜去。」維根斯坦立刻開心起來。「喔，這個說法真棒，我完全明白這話的意思。沒錯，我們不想帶糖蜜去。」

看來，維根斯坦認為俄國的勞動生活便是這種無糖蜜生活的體現。為了讓史金納體會一下這個中滋味，他隔年年初安排了史金納和赫特到農場工作六週，自己也於二月一個冷天清晨六點就去農場幫忙幹活。

一九三四至三五學年度，維根斯坦以口述完成了現在俗稱的《棕皮書》。但這本書和《藍皮書》不同，並非為了取代講課，也不為了別人，而是維根斯坦表述自己思考所得的一次嘗試。他的口述對象

是史金納和艾麗絲·安布羅斯，兩人每週四天、每次二到四個小時紀錄維根斯坦的話。《棕皮書》共兩部份，大致上一部份講方法，另一部份講運用。第一部份介紹語言遊戲的方法，讀來很像教科書，在簡單介紹奧古斯丁對「孩子如何學會說話」的解釋後，就是七十二個編了號的「練習」，其中許多都要讀者思考，例如：

想像一群人，他們的語言裡沒有「書本在抽屜裡」或「水在杯子裡」這種形式的句子。在我們說出這類句子的場合，他們的說法是「書本可以從抽屜裡取出來」或「水可以從杯子裡取出來。」（頁一○○）

想像一個部落，他們的語言裡有一句話對應於我們說的「他做了這件事」，另一句話對應於我們說的「他可以做這件事」，但唯有在能使用前一句話的場合使用後一句話。（頁一○三）

想像人類或動物被拿來當成閱讀機器，而為了做到這一點，他們必須接受特定的訓練。（頁一二○）

這本書很難讀，因為書裡很少直言想像這些各式各樣的情境**用意**何在，只是帶領讀者思考一連串愈來愈複雜的語言遊戲，偶爾停下來，對正在描述的遊戲的特性稍作評論。當他明確提到這些評論的用意時，也只表示是為了杜絕可能導致哲學迷惘的不當思考。感覺上，這本書像是上課教材，而課程的目的就在杜漸除微，不讓任何哲學化思考（philosophizing）發生。因此，書裡首先介紹一種只有四個

名詞——方石、磚頭、石板和柱石——的語言，用在建築「遊戲」裡（一名建築工人大喊「磚頭！」另一名工人遞磚頭給他）。在隨後的遊戲中，這個原初語言不斷擴充，先是增加了數字，然後是專名、「這裡」和「那裡」、問題與回答，最後是顏色詞。到這裡並沒有什麼哲學寓意，只是讓我們領略到無須假設心像的存在，就能了解這些語言如何使用；不論有沒有心像，所有遊戲照樣能玩。至於未明說的用意，則是希望讀者擺脫「有意義地使用語言必須伴隨心像」這個定見的束縛。

直到讀者經歷了另一連串的語言遊戲，從了解無窮序列的概念開始，一路認識到**過去、現在與未來**三個概念，維根斯坦才言明這一切和哲學問題到底有何關係。在描述了幾個用相對原始的方法來區別一天中不同時間點的語言遊戲之後，他將這些語言遊戲與我們的語言相比，表示我們的語言允許這樣提問：「當現在成為過去，它去了哪裡？而過去又去了哪裡？」並且指出：「這是最容易導致哲學迷惘的來源之一。」將《棕皮書》當成哲學書來讀的人，看完前三十頁總算讀到這一句提到了哲學，應該能稍微鬆了一口氣。維根斯坦表示，這種提問會出現，是因為我們被自己的符號使用（symbolism）誤導，以致做出不當的類比（就上述例子而言，是指將「過去的事件」和「事物」類比，將「某事發生了」和「某物到了我這裡」類比）¹。同理，「我們習慣認為『現在』和『六點鐘』都指向時間中的定點。這樣使用語言將導致一種困惑，而這種困惑或許可以用『什麼是**現在**？』這個問題來表達：『現在』是時間裡的一個點，但不能說它是『我說話的這一刻』，也不能說它是『鐘聲響的那一刻』等等。」這裡涉及的其實就是奧古斯丁的時間問題。至此，維根斯坦終於表明了他這一路下來的用意：

我們的回答是：「現在」這詞的功能完全不同於時間指示詞的功能，只要瞧一眼它在我們的語言

使用裡的作用就能輕易明白。但當我們不看整個語言遊戲，只看前言後語，只看用到這個詞的語句，這一點就會變得晦澀不清了。

沒有跡象顯示維根斯坦有意出版《棕皮書》。一九三五年七月三十一日，他寫信給石里克提到了這份筆記，說它展現了「我認為處理所有這些材料該有的樣子」。或許由於他打算徹底放棄哲學，到俄國從事體力活，因此才試著用這種方式呈現自己七年來的哲學思考所得，好讓別人（或許是魏斯曼）能夠利用。

然而，就算他人努力忠實轉達他的想法，他也不斷憤怒回應，借用他的想法沒提到他，就會被他指控剽竊，提到他又會被他指控誤解。口述《棕皮書》期間，安布羅斯就遇過一次。當時她計畫在《心靈》發表一篇論文，題為〈數學裡的有限主義〉（Finitism in Mathematics），闡述她認為維根斯坦對這方面的觀點。這篇論文讓維根斯坦大為光火，極力勸她不要發表。當她和《心靈》的主編摩爾拒絕向壓力屈服，維根斯坦便斷然中止了和她的一切關係。不過，他在上述那封寫給石里克的信裡並未責怪安布羅斯，而是批評鼓勵她發表的學術份子。他認為主要錯在學術哲學家太過好奇，在他自認還無法發表思考所得時就想知道他的最新見解。他雖然不願明珠暗投，卻也決意不該以贗品示人。

十七、投身行伍

一九三五年七月三十一日寫給石里克的那封信裡，維根斯坦說他那年夏天可能不會去奧地利。

我想九月初去俄國待上兩週，之後再看繼續待在那裡或回英國。我還完全不清楚自己若回英國要做什麼，但可能不會繼續研究哲學。

一九三五年夏天，他都在為即將啟程的俄國行做準備。他定期和朋友見面，其中不少是共產黨員。這些朋友不是去過俄國，就是可以告訴他當地的情況，而維根斯坦或許也希望他們居中牽線，找到人在俄國替他和史金納安排工作。這些朋友包括莫理斯·多布、尼可拉·巴赫金、皮耶羅·斯拉法和喬治·湯姆森。他們的感覺是維根斯坦想去俄國定居，當勞動階級，也可能從事醫療工作，總之會放棄哲學。

有一回他和湯姆森在三一學院的院士庭園碰面，他對湯姆森說，既然決定他放棄哲學，就得考慮筆記該如何處理，是留在哪裡呢，還是銷毀？他跟湯姆森談了很久，講述自己的哲學，懷疑它到底有沒有價值。湯姆森費盡唇舌，才好不容易讓他打消銷毀筆記的念頭，同意存放在學院圖書館。

由於當時西歐社會深受法西斯主義蔓延與大規模失業的威脅，許多劍橋人將目光投向了其他國家。

維根斯坦不是唯一一將蘇聯視為替代品的人。一九三五年夏天，馬克思主義成為劍橋大學生之間最重要的知性力量，許多學生與教師抱著朝聖的心情造訪蘇聯。安東尼・布倫特和麥可・史崔特[1]有名的俄國行便發生在那時候。那次造訪促成了「劍橋間諜幫」（Cambridge Spy Ring）的出現，而幾年前由莫理斯・多布、大衛・海登─蓋斯特（David Hayden-Guest）和約翰・寇恩福德（John Cornford）成立的劍橋共黨小組也大幅擴張，幾乎吸納了劍橋所有知識菁英，包括許多年輕的使徒會成員。

儘管維根斯坦從未信奉馬克思主義，劍橋共黨小組的核心成員卻認為他認同多於反對，許多成員都上過他的課，包括海登─蓋斯特、寇恩福德和莫理斯・孔弗斯（Maurice Cornforth）等人。然而，維根斯坦想去俄國的理由和他們很不同。他對西歐社會衰敗的看法始終更接近史格勒，而非馬克思。此外，如同先前所提，強烈打動他的可能是凱因斯在《俄國一瞥》書裡描繪的蘇聯生活。馬克思主義作為經濟理論，凱因斯對它沒有好話，但作為新宗教在俄國實踐，他卻讚不絕口，因為這種新宗教不談超自然信仰，只有深刻的宗教態度。

或許因為如此，維根斯坦心想凱因斯大概能理解他的決定。「我敢說你應該部份理解我想去俄國的理由，」他七月六日寫信給凱因斯說：「我承認其中有些理由很差勁，甚至幼稚，但這麼做確實也有一些深刻的原因，甚至是好理由。」其實凱因斯並不贊同維根斯坦的計畫，但還是竭盡所能幫助維根斯坦，打消蘇聯當局對維根斯坦的疑心。維根斯坦曾在俄國使館見過一位名叫維諾格拉多夫（Vinogradoff）的

1 譯註：Michael Whitney Straight，1916-2004。美國雜誌發行人、小說家。曾任蘇聯國家安全委員會KGB的間諜，後自白。

官員，他告訴凱因斯，這位官員「在我們談話時極度謹慎……他當然和其他人一樣知道推薦信對我很有用，但顯然不打算幫我爭取」。凱因斯直接找了上層（這是他的典型做法），讓維根斯坦拿著他的介紹信去找俄國駐倫敦大使伊凡・麥斯基（Ivan Maisky）。「容我斗膽向您介紹路德維希・維根斯坦博士……他是位出色的哲學家，也是我的親密老友……您若能助他一臂之力，我將誠摯感激。」信裡又說：「至於他想去俄國的理由，我只能由他親自跟您交代了。他不是共產黨員，但對他眼中俄國新政權所代表的生活方式強烈認同。」

和麥斯基會面時，維根斯坦使勁表現得體面而恭敬。凱因斯之前警告他，麥斯基雖然是共產黨員，但不代表他覺得別人不必稱呼他「閣下」，對禮儀標準的講究也不比其他高級布爾喬亞官員少。維根斯坦將這話謹記在心。這次會面是他生平難得一次繫領帶，而且盡量多講「閣下」兩個字。事實上他後來告訴吉爾伯特・帕特森，他太急著表現對大使的尊重，結果反而出了大洋相，在鞋墊上仔細擦了鞋底，只不過是**離開**房間的時候。會面後，維根斯坦告訴凱因斯，麥斯基「非常親切，最後還答應給我一些住在俄國的人的地址，他們或許能給我有用的消息。雖然他覺得我不大可能獲准在俄國定居，卻仍表示並非全然無望」。

除了幾次在俄國使館不是太有希望的會面外，維根斯坦也試著透過英蘇文化關係協會（SCR）聯繫俄國當局。英蘇文化關係協會成立於一九二四年，迄今一直致力於增進英蘇兩國[2]的文化聯繫，除了組織講座、論壇與展覽，還出版機關刊物《盎格魯—蘇維埃期刊》。一九三〇年代，該期刊每一期都會刊載一則蘇聯國際旅行社的廣告，推銷由其主辦的俄國旅遊行程，例如「一生難忘的蘇聯體驗」等等。由於文化關係協會以文化為主，政治性不如其他兄弟組織（如蘇聯友誼協會（USSR））濃厚，因此有許多

非共產黨人加入協會，如查爾斯・特維廉（Charles Trevelyan）和凱因斯本人。但到了一九三五年，把持該協會和友誼協會的已經幾乎是同一批人，如海登─蓋斯特和派特・史隆（Pat Sloan）等等。八月十九日，維根斯坦到文化關係協會辦公室見了副主席希爾妲・布朗寧小姐（Miss Hilda Browning），並於隔日向吉爾伯特・帕特森描述道：

我和B小姐的談話比我預期得要好，至少我得到了一則有用的訊息：我若想獲准赴俄定居，唯有以遊客身份前往，並且跟官員談，而要成事，我能做的只有努力拿到介紹信。B小姐還告訴我，她會替我準備兩封介紹信給兩個單位。這大體上什麼都沒有好，不過卻仍然沒有搞定任何事。我還是一樣摸不著門路，不僅不曉得在俄國他們會准我做什麼，也不曉得自己想做什麼。這很丟臉，但我確實每兩個小時就變一次心意。我發現自己其實蠢得徹底，感覺自己爛透了。

兩個確定有介紹信的單位分別是北方學會和國家少數民族學會。這兩個教育機構都致力於提高蘇聯境內少數民族的識字程度。維根斯坦雖然認為有介紹信「總比沒有好」，但他實在不想教課。不過，正如凱因斯叮囑過的，唯有拿到蘇聯國內單位的邀請函，他才可能獲准在蘇聯定居。「你如果是某種合格技術人員，而且正好對他們有用，」凱因斯在信裡對他說：「那或許還不難辦，但如果沒有這類證照

（就算醫療證照也好），就會很困難了。」維根斯坦這輩子一直懷抱著行醫的夢想，因此還真的考慮是否要在英國習醫，再去俄國執業。他甚至說服了凱因斯替他出學費。不過，他內心真正的希望是獲准在俄國從事勞動工作，只是他愈來愈明白自己極不可能從任何蘇維埃單位取得這種邀請函，因為蘇聯最不缺的就是沒有技能的粗工。

九月七日，維根斯坦動身前往列寧格勒時，手裡只有布朗寧小姐的介紹信和幾個住在莫斯科的人的姓名地址。吉爾伯特·帕特森到倫敦黑斯碼頭（Hay's Wharf）替他踐別，法蘭西斯則是病得太重無法成行，但兩人都明白這趟他除了為自己謀職，也要替法蘭西斯找工作。喬治·薩克斯醫師（Dr George Sacks）也在同一艘船上。他回憶自己和妻子每天進餐時坐在維根斯坦對面，旁邊是一名美籍希臘東正教牧師。維根斯坦總是神情沮喪，坐在那兒出神發呆，不跟任何人說話，直到有一天他突然伸手向牧師自我介紹，大喊：「維根斯坦！」於是牧師也報了自己的名字。但接下來的旅程，維根斯坦再也沒有說話。

九月十二日，維根斯坦抵達列寧格勒，隨後兩週，他的口袋日記本裡寫滿了人名與地址。他四處和人聯繫，努力爭取一份工作。停留列寧格勒期間，他除了聯繫北方學會，還去造訪了列寧格勒大學哲學系教授塔吉亞娜·高恩斯坦夫人（Mrs Tatiana Gornstein），表示願意在系上開課。在莫斯科，他見了數理邏輯教授索菲亞·亞諾夫斯卡婭（Sophia Janovskaya），兩人在他返回英國之後仍然保持通信。她的談吐直率吸引了他。初次見面時，她破口驚呼：「什麼，維根斯坦來了！」某次談論哲學時，她直接告訴他：「你該多讀一點黑格爾。」從兩人的哲學對話中，亞諾夫斯卡婭教授感覺（當然錯得離譜）維根

斯坦對辯證唯物論和蘇聯哲學思想深感興趣。顯然出於她的幫忙，維根斯坦先是拿到了喀山大學[3]的哲學教職，後來又拿到莫斯科大學的哲學教師職位。

維根斯坦在莫斯科時還和派特・史隆見了兩三次面。這位英國共產黨員當時正在籌組蘇聯貿易聯盟，後來他在一九二八年的《卸去假象的俄羅斯》（Russia Without Illusions）曾憶及這時期的生活。這幾次會面應該都圍繞著維根斯坦的心願打轉，他還是希望在俄國找到勞動工作，但顯然徒勞無功。喬治・薩克斯回憶他們夫妻倆在莫斯科「聽說維根斯坦想去集體農場工作，但俄國人告訴他，他現在做的事就很有貢獻了，他應該回劍橋去」。

九月十七日，人還在莫斯科的維根斯坦收到法蘭西斯的來信，敦促他盡可能待在俄國，直到找到工作。「我好想在你身邊，和你一起看那裡的事物。」他在信裡寫道：「但我感覺自己彷彿已經和你在一起了。」從信裡看，維根斯坦和史金納打算下學年（理應在兩人定居俄國之前）進行《棕皮書》的出版準備工作。這點不難理解，因為即將到來的一九三五至三六學年是史金納三年制研究生的最後一年，也是維根斯坦三一學院五年期院士的最後一年。「對於我們下學年要做的工作，我想了很多，」法蘭西斯對維根斯坦說：「我覺得你去年用的方法的精神實在很好」──

我覺得一切都非常簡單，卻充滿洞見，要是能繼續下去，把它寫成一本書，我想會很棒。我覺得這方法很有價值，很希望能繼續下去。我們會竭盡全力。

3　譯註：喀山大學（Kazan University）由當時沙皇亞歷山大一世創立於一八○四年，是俄羅斯最古老的大學之一。

接著他又寫道：「最後我想再提一次，若你覺得在那裡還能了解更多東西，那我希望你在莫斯科繼續待著，別在預定的時間回來，這對你我都很有價值。」

然而，維根斯坦顯然不覺得有理由繼續逗留。他這一趟只證實了自己出發前就被告知的一切：若他想來蘇聯教書，非常歡迎，但若想當集體農場的工人，就最好不要。離開前的那個週日，他寫了一張明信片給帕特森，請他到倫敦來接自己：

親愛的吉爾伯特！

明天傍晚我會從莫斯科出發（我正待在拿破崙一八一二年到過的房子裡），後天搭船離開列寧格勒，希望海神到時大發慈悲。我的船預定〔九月〕二十九日週日抵達倫敦，你可以到碼頭來接我，或在宮殿（一般稱作河岸宮殿）[4] 留言給我嗎？我等不及要見你那張該死的老臉了，去死吧！

路德維希

P.S. 要是審查員讀了這封信，算他活該！

回到英國後，維根斯坦甚少談起自己的俄國之行。他託法蘭西斯拿了一份報告給法尼婭・帕斯卡，報告中提到他和亞諾夫斯卡婭夫人的會面，以及喀山大學給他的教職，結尾這麼寫道：「他尚未決定自己的未來。」這份報告完全沒提及他對蘇聯的印象，不曾透露他對自己眼見的一切是喜歡或厭惡。對於此事，維根斯坦始終三緘其口，只零星評論過一兩句。至於理由，他對朋友的解釋是自己不想和羅素（在

《布爾什維克的實踐與理論》出版後）一樣，讓**自己**的名字被用在反蘇聯宣傳上。

這表示維根斯坦要是公開自己對蘇聯的印象，恐怕沒什麼太好的話。從他對吉爾伯特·帕特森說的一段話裡，或許可以找到關於他的態度的重要線索。他說住在俄國就像在部隊裡當士兵，對「我這種出身的人」很困難，因為在那裡連要生存都得偷雞摸狗。既然維根斯坦認為俄國的生活可比他一戰時在戈普拉納號上的境遇，那他短暫造訪之後就幾乎再也沒有去俄國定居的念頭，也就不足為奇了。

不過，他還是時常表達對蘇聯政權的認同，並相信由於蘇聯百姓的物質生活正在改善，這個政權相當強大，不大可能垮台。他對蘇聯的教育體系頗為讚揚，說他從來沒見過這麼求知若渴、專心聽講的人民。然而，他對史達林政權如此認同，最主要的原因或許是俄國幾乎沒有人失業。「重要的是，」他曾經這麼對洛許·里斯說：「人人都有**工作**。」當里斯指出蘇聯政府嚴格控制人民生活，雖然百姓都能就業，卻不能自由離職或換工作，維根斯坦不以為意。「獨裁，」他聳聳肩對里斯說：「不會讓我憤慨。」然而，「官僚統治」正在俄國加大階級差異，這倒是令他義憤填膺。「若問有什麼能摧毀我對俄國政權的認同，則非階級差異的擴大莫屬。」

從俄國回來後的兩年裡，維根斯坦不時想起莫斯科大學承諾的教職，在心裡把玩赴俄教書的念頭。他繼續和索菲亞·亞諾夫斯卡婭通信，去挪威時還託法尼婭·帕斯卡將胰島素寄給罹患糖尿病的亞諾夫斯卡婭。直到一九三七年六月，他還在信裡對恩格曼說：「或許我會去俄國。」但不久後，俄國就收回了教職的許諾，因為（據皮耶羅·斯拉法說）這時所有在俄國的德國人（包括奧地利人）都成了可疑

---

4 譯註：河岸宮殿（Strand Palace）是倫敦的一家旅館。

份子。

　　儘管如此，即便史達林一九三六年辦了作秀公審[5]，一九三九年俄國和西方關係惡化，納粹和蘇聯簽了互不侵犯協定，維根斯坦依然對蘇聯政權寄予同情，以致於他的一些學生認為他是「史達林主義者」。這個標籤當然貼錯了。但當大多數人眼中只見到史達林的暴政時，維根斯坦不得不解決的問題，以及他處理時取得的成就。第二次世界大戰前夕，他對德魯利說，英國和法國就算聯手也打不過希特勒的德國，需要俄國協助。他說：「有人批評史達林背叛了俄國革命，但他們根本不明白史達林面對的問題，不了解他見到的對俄國的威脅。」接著又說：「我看到一張英國內閣成員的相片，心裡想『好多有錢的老頭子』。」就彷彿上面這兩件事有關似的。這番話令人想起凱因斯對於俄國的形容：「它是歐洲家族中的俊俏老么，頭髮濃濃，比西邊的禿頭老大哥更接近地上，也更接近天空。」維根斯坦想去俄國生活的理由，不論「差勁甚至幼稚」或「深刻甚至好的」理由，我想都跟他的一個願望大有關係，那就是他想和西方的老人、跟西歐衰亡解體中的文化斷絕往來。

　　維根斯坦一直期望投身行伍，到普通人之間生活，去俄國定居自然是這個願望的另一次展現。蘇維埃政權和一九一五年的奧地利政府一樣，知道維根斯坦當軍官比當士兵更有用，而維根斯坦也很清楚，自己無法忍受一般士兵「偷雞摸狗」的生活，卻仍希望事情不是如此。

　　一九三五年秋天，維根斯坦在三一學院的院士生涯進入最後一年，但他還不曉得自己任期過了要做什麼。或許去俄國，或許跟羅蘭德·赫特一樣，到「普通人」中間找份工作，也可能如史金納期望的那樣，專心預備《棕皮書》的出版。感覺只有一件事是確定的，就是他不會繼續在劍橋執教。

維根斯坦最後一年的講座主題是「感覺與料和個人經驗」（Sense Data and Private Experience）。他在講座中試圖對抗哲學家常遇到的一種誘惑，就是認為當我們有所經驗（例如看到某物或感覺到疼等等），必然有某物（即感覺與料）是我們經驗的主要內容。不過，他舉的例子不是來自哲學家，而是取自日常對話，就算引用文獻，他也不引重要的哲學作品或《心靈》期刊，而是史崔特—史密斯出版社（Street & Smith）的《偵探故事雜誌》（Detective Story Magazine）。

有一次講座，他先讀了《偵探故事雜誌》裡的一段：敘述者（偵探）半夜獨自在船甲板上，萬籟俱寂，只有船上的時鐘滴答作響。偵探兀自沉思：「時鐘充其量是個困惑人的儀器：測量無限的一個片段：測量某個或許不存在的東西。」維根斯坦對班上表示，這種困擾出現在「蠢偵探故事」裡，比它從「蠢哲學家」嘴裡說出來更具啟發性，更重要得多…

聽到這裡你可能會說「時鐘明明根本不是一個困惑人的儀器。」若你在某種情況覺得它是困惑人的儀器，但接著清醒過來，說它當然不困惑人，那麼這便是解決哲學問題的方式。時鐘在這裡成為困惑人的儀器，是因為偵探說「它測量無限的一個片段，測量某個或許不存在的東西」。時鐘令他困惑，因為他引入了一個自己看不到、有如鬼魂的實體。

這事和我們對感覺與料的討論有什麼關係？答案是：困惑來自於引入了某個或可稱為不可感知

<hr />

5 譯註：即 show trials，也就是司法當局已提前定罪，卻刻意公開審判，具有強烈報復意味。文中所指的是一九三六年八月的第一次莫斯科審判。

物〔intangible〕的東西，彷彿就像桌椅沒有什麼不可感知的地方，飛逝的個人經驗則有。

那一年，維根斯坦講座課上反覆出現一個主題，就是他想力抗哲學家，捍衛我們對世界的一般認知。當哲學家對時間或心靈狀態提出一般人不會有的懷疑，不是因為他比一般人更有洞見，反而是他洞見更少，被非哲學家不會被誤導的某些事牽著走：

我們有這種感覺，一般人談到「善」或「數」等等，其實並不真的了解自己在說什麼。我看認知有古怪之處，一般人談之論之卻不覺得其中有任何古怪的地方。所以我們該說一般人知道自己在說什麼？還是不知道？

你可以說他知道，也能說他不知道。假設有兩人在下棋，我瀏覽規則，仔細推敲發現有些古怪，但史密斯和布朗毫無困難地下著棋。他們了解這個遊戲嗎？嗯，他們玩它。

這段話令人想起維根斯坦對自己身為哲學家的疑慮，對自己能「見到古怪之處」的厭倦，以及他想開始玩遊戲而非深究其規則的渴望。他再次考慮習醫。德魯利那時正在都柏林準備第一次醫學士考試，維根斯坦寫信給他，託他詢問自己能否去那裡讀醫學院，學費預計由凱因斯負擔。他還建議德魯利一起當精神科醫師，未來一起工作。維根斯坦覺得自己在這個領域可能天賦特出，對佛洛伊德的精神分析尤其感興趣。那年他寄了《夢的解析》給德魯利當生日禮物，並告訴他自己第一次讀到這本書時，心裡想：「總算來了一位言之有物的心理學家。」

356

維根斯坦自認將成為出色的精神科醫師，似乎來自他覺得自己的哲學思考方式和佛洛伊德的心理分析需要類似的才能。當然，這不表示他的哲思方法和心理分析是同一種技術。當人將他的方法封為「治療式實證主義」（therapeutic positivism），並比作心理分析時，維根斯坦勃然大怒。艾耶爾在為英國國家廣播公司《傾聽者》（Listener）雜誌的撰文中做了這個類比，立刻收到維根斯坦措辭強烈的譴責信。

不過，維根斯坦確實認為自己的思考和佛洛伊德的研究有所關聯。他曾對里斯說自己是「佛洛伊德的弟子」，並且多次用極為相似的句子概括自己和佛洛伊德的成就。「全是出色的比喻，」他在一次講座上如此描述佛洛伊德的著作，而他自己對哲學的貢獻：「我發明了新的**比喻**。」看來他想貢獻給精神醫學的，便是這種建構啟發性的比喻與隱喻，以從中得出概觀的能力。

然而，隨著時間流逝，維根斯坦對於習醫和另覓他職的興趣也減弱了，轉而全心完成自己的著作。

那年底，他的院士任期即將告終，維根斯坦跟幾位心愛的學生談到了自己未來的可能出路。研究生洛許·里斯是這個小圈子的新成員。他一九三五年九月來到劍橋，在摩爾門下學習，之前則在愛丁堡、哥廷根和因斯布魯克攻讀哲學。他起初因為見到維根斯坦門生的作態而不想上他的課，但到隔年二月終於克服疑慮，聽了那一年剩餘的課，從此成為維根斯坦的摯友，直到維根斯坦辭世。一九三六年六月，維根斯坦邀請里斯喝茶，和他討論自己該找其他工作，還是獨自去某個地方把書寫完。他告訴里斯：「我還有一點錢，只要錢沒用完，我就能獨自生活與工作。」

寫書的想法佔了上風。六月下旬，他和史金納到都柏林造訪德魯利時，完全沒提成為精神科醫師的事。讓他下定決心的，或許是石里克的死訊。他在都柏林得知石里克遭人殺害，一名失心瘋的學生在維也納大學的台階上槍殺了他。這名學生後來成為納粹黨員，因此有傳言槍殺涉及政治意圖，雖然

從證據上看，這名學生對石里克的不滿更多來自於個人恩怨，因為對方駁回了他的博士論文。維根斯坦聽到這消息，立刻寫信給魏斯曼：

敬愛的魏斯曼先生：

石里克的死實在大為不幸，於你於我都是莫大的損失。我不知道該如何表達內心對他妻兒的同情，你知道我真的深感遺憾。方便的話，勞你代我聯繫石里克夫人或他們的子女，告訴他們我抱著溫暖的同情之心惦著他們，只是不曉得該寫信對他們說什麼。若你（於內於外）無法代為傳達，請讓我知道。

謹獻上友愛的同情與問候

　你的

　　　　　　　　　路德維希・維根斯坦

一九二九年維根斯坦和魏斯曼決定合力出書，石里克的死讓這項計畫徹底劃下了句點。魏斯曼對維根斯坦老是改變主意大發雷霆，維根斯坦則不相信魏斯曼理解自己，兩人只是由於尊敬石里克，因為石里克鼓勵他們堅持下去，才抱著微弱的希望試著把書完成。石里克過世後，魏斯曼決定撇下維根斯坦，簽了合約要獨力將書寫完，在自己名下出版。一九三九年，這本書進入校樣本階段，卻就此無疾而終。

與此同時，維根斯坦決定仿照自己一九一三年的做法，到挪威去，在那裡他可以不受打擾地生活，把書寫完。這個決定可能出於石里克的死，但也可能出自一個更私人的原因：避開自己和法蘭西斯的友情所導致的「分心」，因為法蘭西斯的三年制研究所生涯將和他的院士職位同時到期。

一九三六年夏天之前，他和法蘭西斯的默契似乎是一起習醫，一起到俄國，一起跟「普通人」工作或一起完成維根斯坦的書，總之同進同退，至少法蘭西斯這麼認為。然而，維根斯坦是否認真將法蘭西斯視為哲學上的合作者，這就難說了。法蘭西斯在他口述想法時很有用，尤其英語口述時，如《藍皮書》和《棕皮書》的狀況，但在討論想法、釐清思緒上就愛莫能助。他對維根斯坦的敬畏癱瘓了自身的思想，阻礙他做出有益的貢獻。「有時，」維根斯坦告訴德魯利：「他默不出聲讓我火冒三丈，朝他大喊：『說話啊，法蘭西斯！』不過──」他又說：「法蘭西斯不是思想者。你知道羅丹的雕像『思想家』嗎？

我有一天忽然想到，我無法想像法蘭西斯擺出那個姿勢。」

基於類似的理由，維根斯坦不鼓勵法蘭西斯繼續從事學術工作。「他在學術圈裡永遠不會快樂」，維根斯坦如此斷定，而法蘭西斯一如既往接受了對方的主張。然而，法蘭西斯的家人並不這麼認為，他的許多朋友也不這麼看，例如路易斯·古德斯坦就認為法蘭西斯成為職業數學家應該大有可為。古德斯坦是法蘭西斯在聖保羅中學和劍橋的同輩，後來成為萊斯特大學的數理邏輯教授。他是法蘭西斯最早告知自己將放棄數學的朋友之一，對此他強烈反對，認為一切完全出自維根斯坦本身厭惡學術生活的不幸影響。法蘭西斯的家人也作如是觀，他母親更是對維根斯坦的影響深惡痛絕，不論兒子計畫定居俄國或放棄前途光明的學術生涯，都讓她驚恐萬分，而法蘭西斯的姊姊普莉西拉·特魯斯考特（Priscilla Truscott）同樣無法置信，不斷追問：「為什麼？到底為什麼？」

然而，法蘭西斯只在乎一個人的意見，堅決照著對方的意思去做，那人就是維根斯坦，即便這意味著離開對方，做一份幾乎用不上自身才能、令人深感被剝削的工作，他也義無反顧。史金納離開劍橋之後不是去習醫，而是當工廠技師，不是在維根斯坦身邊，而是孤家寡人。習醫的想法並不實際，兒時罹患骨髓炎讓他一條腿是跛的，而且長年為復發所苦。

懸壺濟世之外，維根斯坦（因此也是法蘭西斯）的第二選擇是技師。於是，一九三六年夏天，法蘭西斯進入劍橋儀器公司（Cambridge Instrument Company）實習兩年。雖然身為技師，但他的工作幾乎都在製造主螺桿（mainscrews），過程單調累了。不過，法尼婭·帕斯卡認為法蘭西斯跟工人共事比跟自己階級的人在一起快活。她說工人比較友善，不那麼做作。這話或許沒錯，但法蘭西斯在工廠的頭幾年沒怎麼跟同事往來，晚上往往獨處，他父母無力負擔學費，而凱因斯只答應替維根斯坦出錢，不包括他。法蘭西斯自願加入國際縱隊，[6]希望投身西班牙內戰，但由於身體殘疾而被刷下。其實他的健康狀況一直不好，

他父母無力負擔學費，而凱因斯只答應替維根斯坦出錢，不包括他。法蘭西斯自願加入國際縱隊，希望投身西班牙內戰，但由於身體殘疾而被刷下。其實他的健康狀況一直不好，或和大學朋友聚會，例如巴赫金一家、赫特和法尼婭。他最渴望和維根斯坦一起生活、一起工作，但維根斯坦已經拒絕了他。

法蘭西斯對愛的理解不是魏寧格式的，他不相信愛需要分離，需要一定距離才能維繫，但維根斯坦或許和魏寧格所見略同。儘管他在挪威時，在日記裡寫道唯有當他和法蘭西斯分隔兩地，才明白對方有多獨一無二，是真的很好，但或許正因如此，他才決定到挪威去，遠離法蘭西斯。

出發到挪威前，維根斯坦和吉爾伯特·帕特森去了法國度假，兩人一起開車遊覽波爾多區。帕特森是少數維根斯坦覺得在一起能放鬆享樂的人，但維根斯坦對他來說可能就負擔太重了點，因此和

一九三一年一樣，帕特森堅持旅途中起碼得有幾個晚上，他要自個兒到流行的度假勝地縱情奢華一番，享受美酒佳餚和賭博。有一天，維根斯坦陪帕特森賭博作樂，結果顯露自己是浪費錢的菜鳥。他們一起去了華雍賭場（Casino Royan）玩輪盤賭，維根斯坦顯然沒玩過這遊戲，他仔細觀察之後一臉懷疑訴帕特森說：「我看不出來你怎麼**可能贏**！」看來有時檢視規則比玩遊戲更有意思。

6
譯註：國際縱隊（International Brigade）創立於一九三六年，是西班牙內戰時西班牙第二共和國的軍事單位。由英國、法國、美國等五十六個國家的志願兵組成，以對抗西班牙法西斯主義者。

十八、懺悔

一九三六年八月，維根斯坦動身前往挪威。此行很難不令人想起一九一三年十月的那次遠行，兩次他都未立下歸期，兩次都任務明確，要為自己的哲學論述找到最終的表達形式，兩次都拋下了他愛的人。

差別在於一九一三年那次，品生特不想陪他同行。品生特是否知道維根斯坦有多愛他，這點大有疑問，但他並未以愛回報，這點幾乎毋庸置疑。他很「感激」和維根斯坦「相交」，但絲毫不倚賴這份關係。一九一三年十月時，品生特對受訓成為律師一事的關心遠勝過他和維根斯坦的友誼，甚至覺得和維根斯坦分開讓他喘了一口氣。

然而對法蘭西斯而言，和維根斯坦的關係卻是他生活的重心。只要維根斯坦開口，法蘭西斯一定放下一切到挪威和他一起生活。「收到你的來信，」兩人才分開幾週，他就在信裡寫道：「我恨不得過去幫你整理房間。」少了維根斯坦，他在劍橋的生活孤獨而沉悶。他不再和家人相處融洽，不再參與維根斯坦的研究，雖然為了維根斯坦而苦撐著，卻討厭工廠裡的差事。他定期向維根斯坦報告自己的工作，這顯然出於維根斯坦的要求，因為報告裡的語氣毫無熱情：「工作還行，我正在做主螺桿。」（一九三六

年八月二十一日）、「工作還可以，這批主螺桿快做完了。上週必須用工具，起初很困難，但現在已經拋好光，可以鍍鎳了。」（一九三六年九月一日）、「我有一張兩百個通風計和壓力計的訂單，真希望沒這麼多。」（一九三六年十月十四日）後來，和赫特討論了自己在工廠的處境後，連溫和順從的法蘭西斯也忍不住抱怨了：

我不大確定自己和公司的關係，也不大確定自己是否在做一份充分發揮我用處的工作。我覺得（赫特也同意）受到額外照顧和任他們使喚，這兩件事是不同的。比如領班告訴我，要是我在廠裡待五年，他就會讓我升得很快，但我只是來這裡兩年，公司知道我對他們終究沒多大用處，兩者差別很大。

他說他努力記得維根斯坦告訴他的，要心懷「希望、感激與深思」，但在這樣的環境並不容易。他雖然沒有明說，但我們可以想像他心裡會想，在這種處境下，他沒什麼可希望，沒什麼好感激，也沒什麼值得深思的，除了他寧願和維根斯坦在一起。他告訴維根斯坦，和赫特談話「讓我感覺自己多希望你能在這裡，和我說話」。他一次次在信裡強調：「我懷著很深的愛意，總是想著你。」維根斯坦的回信沒有留存，但這些愛的宣言有時給人一種感覺，它們是為了安撫維根斯坦可能表示過的疑慮而寫的。「我對你的沒有絲毫改變，這是千真萬確的。我時時想著你，帶著很深的愛意。」

對於法蘭西斯的處境，心懷「希望、感激與深思」這句話可能就是維根斯坦同理的全部了。遠在挪

威的他，心裡更在乎自己和自己的工作（兩者一如既往糾纏在一起，無法切割），而非法蘭西斯。事實證明，和一九一三年及一九三一年一樣，獨自待在挪威有利於他認真思考邏輯和自己的罪。

「我確實相信，來這裡感謝神對我是正確的，」他十月寫信給摩爾說：「我無法想像自己到其他地方能像在這裡一樣工作。這裡景緻很靜謐，甚至很美，我是說安靜而肅穆。」得知摩爾和里斯都文思枯竭，他回說這是好徵兆：「發酵中的酒不能喝，但酒在發酵，證明它不是洗碗水。」「你瞧，」他接著說：「我仍在做美麗的比喻。」

維根斯坦寄了一張地圖給摩爾，標示自己小屋跟海灣、附近山脈和最近的村子的相對位置，重點在說明他非得划船才能到村子去。天氣和煦時是不壞，但十月時天氣就潮濕寒冷了。他寫信給帕特森：「天氣從好極了變成糟透了，這幾天大雨傾盆，兩天前下了第一場雪。」帕特森寄了一頂海員防水帽作為回覆，維根斯坦非常開心。他想起〈滿意消費者來信〉，於是寫道：「就像他們總是對精緻裁縫伯頓先生說的，**尺寸款式都很完美。**」

維根斯坦帶了一冊《棕皮書》，打算用作基本材料，為自己的新書定稿。他花了一個多月修改《棕皮書》，同時將它從英文譯成德語，邊譯邊改，但到十一月初就放棄了，用粗體字寫道：**「這「嘗試改寫」從頭到現在都沒價值**」。（Dieser ganze "Versuch einer Umarbeitung" vom (Anfang) bis hierher ist nichts wert.）

他寫信給摩爾，說他讀完自己目前所寫的東西，覺得全部「或幾乎全部都很無趣和造作」⋯

因為英文版在面前，我的思考便施展不開，於是我決定另起爐灶，只聽從思考的指引。我發現頭一兩天很困難，之後就容易多了。因此，我目前正在撰寫新版，希望我說這一版比之前的更好

363

不會是空話。

這個新版後來成為維根斯坦新書的開篇定稿，大致涵蓋了《哲學研究》的第一至第一八八節，約佔全書四分之一，也是維根斯坦對自己後期著作唯一完全滿意的部份。他之後再也不曾修改或重排，也不曾表示有時間會**很想**修改。

《哲學研究》大致沿襲了《棕皮書》的鋪陳順序，以奧古斯丁解釋自己如何學會說話為開頭，進而引入語言遊戲的概念，接著討論「遵循規則」。不過，在這個最終版本裡，維根斯坦直接引用了奧古斯丁《懺悔錄》的話，並且更明確點出了以此開場的用意：

在我看來，這段話呈現了人類語言本質的某種圖像，即語言中的語詞指稱對象，句子則是名稱的組合。這個語言圖像催生了以下見解：每個詞都有意義，意義和語詞息息相關，是語詞所代表的對象。

書的其餘部份都在檢視這個見解的含意，以及它害得哲學家陷入的陷阱，並點出掙脫陷阱的路徑。

所有路徑都是從去除奧古斯丁的（前哲學的〔pre-philosophical〕）語言圖像開始，因為上面提到的哲學見解便是由之而起。維根斯坦希望藉由這個方式，剷除導致哲學迷惘的前哲學根源。

有些人認為，維根斯坦引述奧古斯丁的話是為了勾勒一種語言**理論**，然後再證明其謬誤，事實不然。畢竟《懺悔錄》不是（至少主要不是）哲學著作，而是宗教自傳。奧古斯丁在所引的段落裡不是在

不會是空話。

建構**理論**，而是描述自己如何學會說話。正是因為如此，這段話才適合用來指出維根斯坦哲學思考的攻擊對象。奧古斯丁的話並未表達理論，卻包含了一幅**圖像**（picture），對維根斯坦而言，**所有哲學理**論都根植於這樣一幅圖像，而且必須引入新圖像、新比喻來加以剷除：

比喻被吸收到我們語言的形式之中，造成了令人不安的假象。

圖像捆綁了我們，我們無法掙脫，因為它在我們的語言之中，而語言似乎不斷向我們重複它，無可阻擋。

這本書定稿後的開頭和《棕皮書》的不同之處在於，維根斯坦沒有不加解釋直接帶領讀者觀察一連串語言遊戲，而是不時停下來說明程序，預防讀者可能產生的誤解：

這些清楚簡單的語言遊戲，不是為了給語言制定規則而做的預備研究，不是忽略摩擦和空氣阻力的初步逼近〔first approximations〕，而是用作**對照物**，不僅從相似處闡明我們語言的事實，也從不同處觀照我們的語言。

我們的目的不在以前所未聞的方式改進或完善語言使用規則系統。

我們追求的清晰確實是**完全的**清晰，但這僅表示哲學問題應該**完全**消失。能讓我想停止哲學思考就停止，才是真正的發現。這樣的發現讓哲學得以安寧，不再受到使它**本身**成為問題的問題所

折磨。現在卻是這樣：我們用例子來闡明一種方法，而這一串例子是可被打斷的。諸問題得到解

決（困難得以消除），而非**單獨一個問題**。

他預期讀者對他的哲學構想和方法會有什麼反應，於是問道：「我們的研究為何重要？因為它似乎

只是在摧毀所有有趣的東西，亦即所有偉大重要的東西（就像摧毀了所有建築，只留下一堆瓦礫。）」

他回答：「我們不過是在摧毀紙房子，清理語言的地基。」隱喻雖然變了，但意思不變⋯

哲學的成果在於揭示那些十足的胡說八道，揭示理解一頭撞上語言的界限而長出的膿包。這些

膿包讓我們明白揭示的價值。

對沒有感受過這些「膿包」的人而言，維根斯坦的解釋很難有什麼意義，但話說回來，維根斯坦的

方法也不是為了這些人而設計的，就像佛洛伊德的分析並不是為了心理上不關心的人而存在。《哲學研

究》不只要求讀者的腦力，更要求他的**參與**（involvement），這點或許沒有其他哲學經典能出其右。別

的偉大哲學著作，如叔本華的《意志與表象的世界》，「想知道叔本華說了什麼」的人可以為了興趣和樂

趣而讀，但若以此心態去讀《哲學研究》，很快就會覺得辛苦和無聊，不是因為很費腦力，而是根本無

法把握維根斯坦在「說」什麼，因為他其實什麼都沒有「說」，而是在展示一種揭穿迷惘的技術。除非

你也有同樣的迷惘，否則這本書讀來肯定索然無味。

除了必須參與其中才能讀懂，還有一個理由讓《哲學研究》適合以《懺悔錄》的文字開頭，那就是

對維根斯坦而言，**所有**人們真誠而得體地追求的哲學或對哲學做出好的思考是意志問題——抵抗膚淺和引發誤解的種種誘惑的意志——而非智力問題。阻撓真正理解的往往不是缺乏智力，而是自傲，因此「必須拆除自傲築成的龐然巨物，而這事異常困難」。拆除自傲需要自我檢視，不僅成為得體的人需要如此，寫出得體的哲學也是。「凡因為太痛苦而不願降入自身之中，寫作就免不了膚淺」：

欺瞞自己，不願承認自己意志狀態的虛矯，必然會戕害一個人的風格，結果就是無法分辨風格裡哪些為真、哪些為假……

若我表演給自己看，風格就會展現這一點，就不會是我的風格。若你不願意知道自己所是，你的寫作就是一種欺瞞。

維根斯坦寫下自己最滿意的論述的時間，也是他對自己最無情誠實的時間，這點並非巧合。他竭盡全力「降入自身之中」，坦承那些自傲逼得他騙人的時刻。

在他為新書開頭定稿的那幾個月，維根斯坦還寫了一份懺悔錄，描述自己生命中軟弱與不誠實的時刻。他計畫在家人和幾位密友面前宣讀這份懺悔錄，可能覺得光是向自己坦承欺騙還不夠，若要妥當地「拆除引起軟弱的自傲」，還得向別人懺悔。對他而言，這是最重要的事，因此一九三六年十一月他寫了信給許多人，其中包括德魯利、摩爾、恩格曼、法尼婭·帕斯卡，當然還有史金納，告訴他們耶誕節他必須見他們一面。這些信裡，只有寫給摩爾的保存了下來，但我們可以推想其他的信應該相

去不遠。維根斯坦告訴摩爾，除了寫書，「我內在（我指在我心裡）發生著各種各樣的事」：

我現在不會寫出它們，但等我到了劍橋（我打算新年左右去幾天），願上帝讓我能向你吐露，到時我在一些非常困難和嚴肅的事上尋求你的建議與幫助。

他對法蘭西斯肯定說得更直接一些，告訴他自己想做的是懺悔。法蘭西斯十二月六日在回信裡如此承諾：「不論你告訴我什麼，我對你的愛都不會有任何改變。我自己在各方面都很墮落。」對法蘭西斯來說，最重要的是他終於能再見到維根斯坦了。「我經常想著你，想著我們彼此的愛，這讓我得以堅持、喜悅，並克服沮喪。」三天後，他再次許諾：「不論你告訴我你的任何事，我對你的愛都不會有任何改變……沒有寬不寬恕的問題，因為我比你差勁得多。我常想著你，始終愛你。」

維根斯坦在維也納過耶誕節，向恩格曼和幾位家人做了懺悔，也可能向幾位其他朋友說了（推想起來，亨澤爾肯定在其中）。這些人都沒有留下紀錄，告訴我們維根斯坦到底說了什麼。恩格曼出版維根斯坦寫給自己的信時，略去了提到懺悔的那封信，很可能被他銷毀了。新年那天，維根斯坦去了劍橋，向摩爾、赫特、德魯利、法尼婭·帕斯卡和法蘭西斯做了懺悔。

摩爾、德魯利和法蘭西斯至死沒有洩漏懺悔的內容，因此我們只能仰賴帕斯卡和赫特的回憶。其他朋友對維根斯坦懺悔的反應不得而知，但帕斯卡很可能抓到了德魯利和摩爾的態度。她說，他倆雖然沒告訴他，但她知道他們「耐心地聽，很少說話，表現出友善的投入，並用舉止和眼神暗示維根斯坦沒必要懺悔，但他要是覺得需要，那也很好，就懺悔吧」。然而，德魯利卻說他不是聽維根斯坦懺悔，

而是**用讀的**，還說摩爾也讀過了，而且據維根斯坦說，摩爾因為不得不讀而很不好受。除此之外，德魯利在回憶錄裡就沒說什麼。至於法蘭西斯，帕斯卡猜得應該不會錯：「他肯定釘坐不動，深深感動，目不轉睛望著維根斯坦。」

對赫特和帕斯卡來說，這場懺悔令他們很不自在。赫特的不自在純粹出於尷尬，因為他必須坐在一間里昂咖啡館裡，聽對座的維根斯坦高聲宣讀自己的罪愆，而帕斯卡則是對整件事感到惱怒。維根斯坦在她不方便的時候打電話來，問能否去見她。她問事情是否緊急，維根斯坦堅決說是，而且不能等。

「什麼能等？」坐在桌前聽維根斯坦懺悔時，她心想：「就是這種、這樣表達的懺悔最能等。」他那種生硬冷傲的表達不可能喚起她的同情，後來她甚至一度大喊：「怎麼樣？難道你想當完人？」「我**當然**希望自己完美！」維根斯坦咆哮道。

帕斯卡記得維根斯坦招認的其中兩宗「罪」，此外還有一些小罪，但她事後統統忘了，不過赫特倒是記得其中幾項。其中一宗小罪跟維根斯坦認識的一名美國人之死有關。維根斯坦從共同的朋友得知這人的死訊時，反應就跟乍然聽到不幸的消息一樣。但這是不真誠的，因為這事對他一點都不是新消息，他已經聽說了。另一樁小罪發生在一次大戰期間。維根斯坦的指揮官要他扛著砲彈走過一塊架在河上搖搖晃晃的木板，他起初怕得不敢做，雖然之後克服了恐懼，卻從此被自己當時的怯懦所糾纏。

第三宗小罪是多數朋友以為他是處男，其實不然，他年輕時曾和一名女子發生過性關係。維根斯坦雖然沒用「處男」或「性關係」這些詞，但赫特很肯定是這個意思，只是不記得維根斯坦當時到底用什麼字眼了。他覺得應該是：「大多數人以為我不曾和女人有過關係，但我有過。」

帕斯卡記得的第一宗「罪」是：維根斯坦讓多數認識他的人以為他有四分之三的亞利安血統和四分

之一的猶太血統，其實正好相反。換言之，維根斯坦的祖父母和外祖父母有三人是猶太血統，因此按照紐倫堡法，維根斯坦是猶太人。帕斯卡將他的懺悔和納粹德國的存在聯在一起，肯定是沒錯的。有一件事維根斯坦沒有告訴帕斯卡，但她後來發現了，就是他的「猶太」祖父母和外祖父母實際上沒有半個是猶太人，其中兩人受洗為新教徒，另一人則是羅馬天主教徒。「這算什麼猶太人。」她說。

上面提到的都是疏漏（omission）之罪，不是維根斯坦**沒做**某事，就是他沒糾正外人對他的錯誤認識。但最後這一宗罪卻是他真的撒了謊，因此最痛苦。帕斯卡回憶道，維根斯坦懺悔到這裡「必須極力控制自己，斷斷續續說出自己怯懦可恥的行徑」。然而，她對這一段懺悔的描述卻給人一種印象，其中的事件不知何故遭到了扭曲：

他在奧地利鄉下一所小學短期任教期間，曾打了班上一個女孩，傷到了她（我不記得細節了，只記得是體罰）。女孩跑去投訴校長，維根斯坦矢口否認。這件事是他剛成年時的一次危機。或許因此他才放棄了教職，甚至意識到自己最好離群索居。

這段描述有許多地方扭曲了。首先，奧特塔鎮事件發生當時，維根斯坦已經年近四十，說他「剛成年」顯然小了點。更重要的是，帕斯卡似乎不曉得，根據各種紀錄，維根斯坦在班上動手並不罕見，而且曾經因為被控施暴而站上法庭。維根斯坦可能沒告訴她這些事，只是拿這個單一事件作為自己在奧特塔鎮不當行為的代表，但也可能（我認為不無可能）是帕斯卡記錯了，畢竟她根本無心傾聽維根斯坦告解，而他的懺悔方式更讓她心不在焉。赫特記得的就不是對校長否認某次事件有動手，而是承認自

己在法庭上撒了謊。這樣的描述不僅更符合奧特塔鎮鎮民的說法，也更能解釋這樁欺瞞為何在維根斯坦心裡揮之不去。

在維根斯坦承過的欺瞞行為中，奧特塔鎮事件造成的心理負擔顯然最大，而他為了從中解脫所做出的努力，也比帕斯卡和赫特所能知道的大得多。做出懺悔的同一年，維根斯坦出現在奧特塔鎮鎮民的家門前，親自向自己體罰過的孩子道歉。他至少造訪了四位孩子（或許更多）求他們原諒他當年的不當行為。有幾位孩子很有雅量，例如鎮民葛奧格・斯當格爾（Georg Stangel）便回憶道：

我不是維根斯坦的學生，但戰前不久他到我父親家向我弟弟和父親道歉時，我也在場。中午一點左右，他走進廚房問我伊格納茲在哪裡，我叫了我弟弟，我父親也在。他說若是伊格納茲覺得他對他做了不公的事，他想道歉。伊格納茲告訴他不用道歉，說自己在他班上學了很多。維根斯坦待了半小時左右，提到自己還想去找岡斯特納和戈德貝格，以同樣的方式求他們原諒。

然而，曾對維根斯坦提告的皮里鮑爾家的反應就沒那麼寬容了。維根斯坦向皮里鮑爾的女兒赫爾敏道歉，但赫爾敏對他積怨難消，因為他當年多次狠狠拽她耳朵與頭髮，甚至讓她耳朵出血，頭髮被拔掉。維根斯坦懇求她原諒時，她只輕蔑地回了兩聲：「是啦，是啦。」

不難想像這對於維根斯坦是多大的羞辱，感覺幾乎就像他如此低聲下氣正是為了懲罰自己。但我認為這種看法誤解了他懺悔與道歉的目的。他這麼做並非是為了**傷害**自己的驕傲以為懲罰，而是為了**拆除**驕傲，移開阻擋他走上真誠得體的思考之路的路障。若他覺得自己對奧特塔鎮的孩子做了錯事，

那就應該道歉。所有人大概都會這麼想，但多數人只要一想就找理由放棄了：那已經是很久以前了；鎮民不會理解他這樣做，只會覺得奇怪；冬天去奧特塔的路很難走；道歉既痛苦又羞辱，再加上其他理由，實在不值得這麼做；諸如此類。只要覺得這些理由有說服力（我想我們大多數人都是如此），最後就會屈服於怯懦，然而這正是維根斯坦最堅決不肯做的。他去奧特塔鎮不是**尋求**痛苦與羞辱，而是就算痛苦與羞辱，他也要道歉到底。

事後思考懺悔的效果時，維根斯坦寫道：

不糾正這一點，我又會漂回我當初離開的水域了。

去年在神的協助下，我振作起來做了一次懺悔。這使我走進更平穩的水域，和人相處得更好，但現在這些東西感覺都花光了，我又離從前的自己不遠，怯懦得無以復加。若給我更高的嚴肅。

維根斯坦將懺悔視為切除怯懦的手術。他認為怯懦是惡性感染，需要持續治療，這點非常有他的風格。相較之下，他將身體受傷視為芝麻小事，這也是他的標準態度。一九三七年新年期間，他回到挪威後不久便出了事故，斷了一根肋骨。他對自己的道德狀態心焦如焚，對此事卻只用一個玩笑帶過。

他告訴帕特森：「我想取出那根肋骨，用它造一個妻子，但他們說用肋骨造女人的技術已經失傳了。」

若說維根斯坦的懺悔對法蘭西斯有什麼影響，大概是給他壯膽，讓他稍微自在地表露心聲，透露他一直隱瞞著的某些事。「我覺得對你隱瞞是錯的，」他於一九三七年三月寫道：「即使我那麼做是出於自慚形穢。」但他揭露的不是自己過去的作為，而是當下的感受，尤其他不想在劍橋的工廠勞動，想在

維根斯坦身邊，最好能一起工作的心情。「我有時真希望我們能一起工作，任何事都好。我感覺你是我生命的一部分。」他擔憂的不是自己的心情，或可能因為環境而被迫分開：

他害怕他們正漸行漸遠，或可能因為環境而被迫分開：

我常思考我們的關係。我們將沒有對方而各過各的，我有辦法沒有你而生活嗎？萬一發生戰爭會怎樣？若我們永遠分離了呢？我是那麼缺乏勇氣，常常渴望你，不論心情如何，總是感覺你就在附近，就算做了很差勁的事也一樣有那種感覺。我永遠是你的老忠僕。我喜歡想著你。

法蘭西斯想到自己和維根斯坦的思考成果不再有關，自己在各方面都不再是他的合作者，就覺得難過不已。五月時他寫道：「我不認為自己曾徹底了解你目前的研究，我想試著更了解一點對我是好事。」斯拉法「對勞工說了許多好話」，他信裡提到自己和斯拉法見面，說他從中「學到很多，對我很有好處」。

但他自己身為工人，發現哲學問題現在似乎離他非常遙遠了，讓他大為恐慌：

我近來一直在思考哲學現在對我有什麼用。我不想失去自己的智性良知，也不想讓自己攻讀哲學的那些歲月一無所成。我不希望自己只成了更聰明的人。我想要一直記得正確使用語詞的重要性⋯⋯我還覺得自己不該忘記哲學問題對我是真正重要的問題。

這封信寫於五月二十七日，當時維根斯坦人在維也納。他一九三七年春天在挪威的工作成果極差，

「原因之一，」他寫信給摩爾說：「是我為自己感到很煩惱。」因此他夏天先是和家人在一起，之後再到伊斯特路（East Road）和法蘭西斯相聚。他在劍橋時進行的工作，法蘭西斯理論上**能**幫忙：由他口述評論給法蘭西斯打字。這些評論是剛過去的那個冬天寫的，後來成為《哲學研究》的前一百八十八節。八月十日他又動身返回挪威。

回程中，維根斯坦滿懷不安，這點在他當時的日記裡清楚可見。他在前往斯寇爾登的船上寫道自己勉強寫了點東西，但他的心沒有「完完全全」在工作上。幾天後他形容自己「空虛、沒想法、焦慮」，為了孤獨一人而焦慮。「恐怕我會沮喪，無法工作」：

我現在很想有人一起過活，在清晨見到人的臉龐——另一方面，我現在變得如此**軟弱**，孤獨一人或許倒對我好。我現在異常可鄙。

「我有一種感覺，」他寫道：「我不會徹底沒想法，但會因為孤獨而沮喪，無法工作。我害怕在自己的房子裡，想法會全被扼殺，絕望的情緒會完全佔據我。」但他還能在哪裡工作？住在斯寇爾登卻不待在自己的房子裡？這想法令他不安，而在劍橋，「我能**教書**，但也無法寫作」。隔天他「悶悶不樂、無助、沒想法」，並且發覺「法蘭西斯是多麼獨一無二、不可取代，但和他在一起時，我卻幾乎沒察覺這一點」：

卑劣完全攫住了我。我煩躁，只想到自己，覺得自己的生活很悲慘，卻又不曉得到底有多悲慘。

維根斯坦無法面對搬回自己房子裡。他的房間之前看來很迷人，現在卻覺得陌生又不友善。於是他寄宿到安娜‧瑞布尼家，卻為此而良心折磨。和安娜一起住，自己的房子卻空著，感覺很詭異（unheimlich）[1]。「有一棟房子卻不住在裡頭，讓我感覺丟臉，奇怪的是這份感覺竟然如此強烈。」在瑞布尼家過了一夜後，他覺得住在那裡很古怪。「我不曉得自己有沒有資格或有任何好理由住在這裡。我既不是真正需要獨處，也沒有一絲想要工作的強烈衝動。」他覺得兩腿發軟，「是因為天氣嗎？真可怕，我竟然這麼容易被煩慮（Sorge）擊敗。」他想搬回自己的房子，「但我害怕到時可能被哀傷壓垮」。

他寫道，向上走很難，人總是不情願向上走，而他覺得自己軟弱得無法使勁。他有一兩天覺得問題出在身體，而非心裡。「現在我真的病了，」他八月二十二日寫道：「腹痛和發燒。」他隔晚他寫道自己體溫正常，卻一如既往感到疲憊不堪。直到八月二十六日，他才記述了復原的跡象：他終於能欣賞挪威的景色了。他那天收到兩封信（他的形容是「禮物蜂擁而來」）分別來自法蘭西斯和德魯利，「兩封都棒得令人顫抖」。在他搬到挪威一年後的這一天，他終於寫信邀法蘭西斯過來。「但願事情順利，願我能有半點得體。」

法蘭西斯欣然接受了邀請。他八月二十三日才寫道：「你曾在一封信裡說『真希望有我在這裡』。如果我去見你，對你會有幫助嗎？你知道我會去，我很想去。」現在：「我非常樂意去看你，我肯定那對我有好處，這點我非常確定。」然而，因為他腿上起了水泡需要手術，所以他直到九月第三週才能動身。

這段期間，維根斯坦逐漸找回了精神的穩定與工作能力，也能回自己房子住了。「若想解決生活裡遇見的問題，」他八月二十七日寫道：「就要用能讓問題消失的方式活著」──

生活成了問題，就表示你的生活和生命的模具不合，必須改變生活的方式。只要生活和模具相合，成問題的東西就會消失。

但我們不是會有這種感覺：看不出生活有任何問題的人是盲目的，不僅對於重要的東西，甚至對一切之中最重要的東西視而不見？我難道不是想說，那樣的人只是漫無目的地活著，和鼴鼠一樣盲目，只要他能看，就會見到問題？

還是我其實該說，正確活著的人不會覺得問題是**悲哀**，因此問題會像明亮的光暈環繞著他的生活，而非可疑的背景。

照這樣講，維根斯坦認為自己既不盲目，也沒有正確活著，因為他覺得生活中的問題是問題，是悲哀。他無可避免地認為問題就是他自己：「我表現得糟透了」有著刻薄卑劣的感覺與思想。」（一九三七年八月二十六日）「我是懦夫，我一次次在各種場合發現這件事。」（一九三七年九月二日）「我不虔誠，但有憂懼（Angst）。」（一九三七年九月七日）最後這一句裡的「但」似乎是一點安慰，彷彿他對自己缺乏信仰感到憂懼至少證明了自己不是盲目活著，起碼給了他生活被「明亮的光暈環繞著」的可能。他在九月四日寫道：

1 譯註：德文 heim 是「家」的意思，un-hiem-lich 直譯是不像在家裡（跟後文敘述有關），也就是陌生、古怪的感覺。

基督教不是一套學說，我是指，它不是一套談論人的靈魂發生了什麼、將會如何的理論，而是對人類生命中實際發生的某件事的描述。因為「罪之意識」是真實的事，絕望和因信得救亦然。談論這些事的人（如班楊[2]）只是在描述自己遭遇了什麼，不論外人如何在上頭加添光環。

如同以往，維根斯坦尋求的是自身中的神，也就是將絕望轉化為信仰。隨後幾天屋外狂風暴雨，他發現自己很想咒詛上帝，便嚴厲譴責自己，跟自己說「這就是惡毒與迷信」。

九月十一日，維根斯坦的工作能力已經恢復大半，又開始在大手稿冊子裡（而非筆記本裡）寫東西，但說他很怕自己寫出來的東西「風格生硬又差勁」。他發現自己只是剛好能工作，但工作時找不到樂趣。

「感覺我的工作好像被榨乾了」，他九月十七日寫道。

隔天他去卑爾根接法蘭西斯，感覺自己很有肉慾，他這麼寫道，夜裡輾轉難眠時滿腦子性幻想。

一年前他得體得多，嚴肅得多。法蘭西斯到了小屋後，維根斯坦跟他在一起是「肉慾、易感、不得體的」。

「和他睡了兩三次，**繼而**是羞愧，而且對他挑剔、暴躁、不誠懇、還有殘忍。」

我們不曉得這是不是他和法蘭西斯僅有的性接觸，但他在加密札記裡確實只提到這麼一次。特別的是，他一邊描述兩人睡在一起，一邊寫下自己對法蘭西斯的無愛，又或者他想表達自己對無愛的恐懼，彷彿料定自己會發現魏寧格說得沒錯：「跟愛人不經意身體接觸……性衝動會被喚醒，足以立刻扼死愛。」

法蘭西斯在小屋待了十天左右，維根斯坦只留下一則加密札記：「很不耐煩！」（一九三七年九月二十五日）然而，十月一日法蘭西斯離開當天，他卻寫道：

過去五天很好，他融入了這裡的生活，做每件事都懷著愛與和善，而我（要感謝上帝）並未不耐不煩，也沒有理由不耐，除了出自我的腐壞天性。昨天我陪他走了很遠，走到松達爾〔Sogndal〕，今天回到小屋，有點沮喪，也累了。

對法蘭西斯來說，他倆第一晚在維根斯坦小屋裡的肉慾與親密，當然不帶有絲毫魏寧格式的含意。他完全屈服於自己對維根斯坦的「易感」，不擔心失去愛意。例如在一封未署日期的信裡，他寫道：「我時常想起我們過去一起做的每件事，以及我們在劍橋這裡做過的事。有時這讓我劇烈地渴望你。」挪威之行剛結束後的幾封信裡，他反覆肯定此行多麼「美好」：

我一直想著你，想著和你在一起的美好時光。這竟然成真了，真是美好。和你在一起，和你在一起，一起在小屋裡生活，實在太棒了。這是給我們的一份美好的大禮，我希望它能帶給我許多益處。（未署日期）

我現在常常想起，和你在一起時的感覺是多麼地棒；和你在一起，一起欣賞美景是多麼美好。你於我是最美好的事物，和你在一起帶給了我許多益處……和你在一起是美好的。（一九三七年十

譯註：John Bunyan，1628-1688。英國作家，其著作《天路歷程》（The Pilgrim's Progress）為著名的基督教寓言文學。

月十四日）

停留小屋期間，法蘭西斯實現了自己一年前的夢想，替維根斯坦打掃房間。維根斯坦痛恨骯髒，因此清潔地板的方法特別嚴格。他會將泡過的茶葉扔在地板上，把灰塵吸住，再掃乾淨。不論住在哪裡，停留多久，他都經常這麼做，而且堅決不讓人在他住的房裡鋪地毯。法蘭西斯回到伊斯特路的公寓後，也開始採用這種一絲不苟的做法，作為對此行的紀念：

我常常想你，也常常想起和你一起打掃你的屋子有多棒。回來之後，我決定不要鋪地毯，因為即使拍打過了，我還是知道它無法完全乾淨。現在我必須打掃我的房間。我喜歡這樣做，因為那會讓我想起和你在一起的時候。我很高興自己那時學會了如何正確清理房間。

不僅如此，有一回在道德科學社的聚會，法蘭西斯也像維根斯坦上身一般，事後講起聚會經過，向來言詞謙沖溫和的他竟然一反常態，口氣異常兇猛，令人不禁覺得是向維根斯坦借來的：

摩爾教授不在，布雷斯衛特當主席。論文主題是道德，但我得說，布雷斯衛特是討論中最令人反感的，把討論的嚴肅意味全趕光了。他講話的樣子，好像自己對討論不負任何責任，好像討論沒有嚴肅的目的。討論時始終笑聲不斷，而且很多是他挑起的。如果他講話只是糟糕，那我不會介意，但我討厭他毫不嚴肅。這讓討論不會產生任何有用或有價值的東西。

維根斯坦在日記裡說，這是一封「法蘭西斯寫來的可愛來信」：

他說……布雷斯衛特主持的討論糟糕得可悲。這真可怕。但我不曉得能怎麼做，因為其他人也不夠嚴肅。還有，**我太怯懦**，做不出果決的行動。

在另外一封信裡，法蘭西斯用類似的不贊同口吻提到了法尼婭·帕斯卡論「現代歐洲」的講座。她同意為工人教育協會上這門談論時事的課。這回維根斯坦倒是做了果決的嘗試，寫了一封帕斯卡認為「嚴厲又威嚇」的信給她，導致她「怒火爆發到了極點，而且因為我不敢向他表達，所以更加怨憤」。維根斯坦說她絕對不能教這門課，這麼做是錯的，邪惡又傷人。維根斯坦**為何**這麼想，信裡到底是怎麼說的，我們永遠不會知道，因為帕斯卡一怒之下把信撕了。

法蘭西斯離開斯寇爾登兩週後，他的第一封信才寄到維根斯坦手裡，雖然耽擱得不是特別久，卻足以坐實了維根斯坦的恐懼。他十月十六日寫道：「已經十二天左右沒有法蘭西斯的消息了，很擔心，因為他還沒從英國寫信來。上帝啊，這世界上多少愁苦與悲慘啊。」隔天他收到了第一封信：「放心了，很開心，上帝會幫助我們。」

同一時間，亨澤爾之子赫爾曼（Hermann Hänsel）短暫拜訪了維根斯坦：「他給人印象**很好**。但我和他關係不是**很親**，因為他質地粗糙（grobkörnig），我跟質地粗糙的人不大合。」不過，質地雖然粗糙，

秉性卻是好的，「比我得體得多」。這孩子凸顯出他自己是多麼卑劣的人……「我好擔心自己會被某種東西腐蝕，若連僅存一點的東西都毀了，那是多麼**惱人**。」他擔心失去工作的精力，失去想像力，腐朽的意象刻在他心裡揮之不去……

它們切掉扔了。後來我謄寫自己之前寫的一句話，發現後半句很糟，我立刻覺得那是爛了一半的蘋果。

〔我〕從紙袋裡拿出一些蘋果。這些蘋果已經裝在紙袋裡很久了，有許多爛了一半，我不得不把

他自問，這種思考是不是帶有女性特質，使得「一切到我面前的東西，在我看來都成了自己當時正在思考的東西的象徵」。用魏寧格的術語來說，感覺他退化成用涵擬（henid）思考，而非概念了。

十一和十二月是維根斯坦在挪威的最後兩個月。這兩個月，他日記裡充滿了侵襲著他的恐懼、焦慮與不快的想法。他想到病和死，包括自己、朋友和家人，擔心自己離開挪威前會出事，苦惱他和安娜·瑞布尼的關係，還有自己離開之後要做什麼。那時他的書寫完了嗎？他又有能力獨自工作了，還是該去一個能和其他人在一起的地方？例如去都柏林找德魯利？

他還擔心自己的肉慾和愛的能力。他紀錄自己的手淫，有時帶著羞愧，有時帶著困惑的疑問……「這有多壞？我不知道。我想應該很壞，卻沒有理由這麼認為。」手淫衝動所展現的性慾是不是威脅到了他以一顆純潔之心去愛人的能力？

想起我之前對瑪格麗特的愛與癡迷，還有我對法蘭西斯的愛，我對M的感情竟能如此冷淡，於我是不好的徵兆。當然，兩者不能相提並論，但我就是**冷情冷心**。願我得到寬恕，亦即願我能真誠去愛。（一九三七年十二月一日）

昨晚手淫了。良心劇痛，卻也確信自己太軟弱，受不了衝動與誘惑，只要它們和隨之而來的影像朝我襲來，而我又無法藉他人躲避，就會屈服。但**昨天晚上我才反省過**，覺得需要過純潔的生活（我想起了瑪格麗特和法蘭西斯）。（一九三七年十二月二日）

儘管深陷擔憂、焦慮與恐懼之中，維根斯坦還是努力寫書。那幾個月他寫了如今構成《數學基礎評論》第一部份的大多數論述，只不過他是當成去年那本著作的第二部份來寫的。這些評論運用他前作提出的方法處理數學哲學問題，試圖闡明這些問題「乃是由於語言蠱惑了我們的智性」。特別是他使用自己的「人類學」方法，企圖瓦解催生出邏輯主義的那種思維方式。維根斯坦藉由想像習俗和推理方式迥異於我們的部落，藉由建構一般比喻的比喻，試圖削弱某些類比、某些「已經被吸入我們語言形式之中的譬喻」對我們的把持。例如他批評柏拉圖主義將邏輯命題比為事實命題，「邏輯推論不是有事實（truth）與之對應嗎？」他讓評論裡的對話者這麼說：「從上一點就能導出這一點，難道不是**真的**嗎？」對此，維根斯坦答道，要是我們做不同的推論呢？我們會如何跟真理衝突？

若我們的尺不用木頭和鐵做，而用很軟的橡膠做，會如何跟真理衝突呢？」「嗯，我們就得不到桌

子的正確尺寸了。」這是說，我們將得不到（或不確定能得到）用硬尺量得的尺寸。

意思是，推理正不正確的標準並非由某種外在的柏拉圖式真理所提供，而是我們自己提供的，由我們的「**習慣、使用**或**實際需求**」所提供。用硬尺而不用軟尺的習慣並非**更真確**，而只是更有用罷了。

維根斯坦還抨擊邏輯主義的關鍵譬喻，也就是將數學證明比為邏輯論證。在邏輯論證中，諸個（經驗）命題連結在一起，以確立結論為真，例如所有人都會死，蘇格拉底是人，**所以**蘇格拉底會死。然而，數學證明從來不在證明某個經驗命題的真假，而是建立一般通用的**法則**。這個抨擊要能成立，維根斯坦必須證明數學命題和邏輯命題無法類比，但他提出的論述不完全令人滿意，這一點他自己偶爾在文中也會提及：「我只是用很不純熟的方式指出，算術命題和經驗命題的角色除了明顯相似之外，還有著**根本的**差異。」維根斯坦始終不滿意自己在這部份的表達，也不喜歡自己對數學哲學其他議題的處理，

隨後的六年多裡一直反覆嘗試改進。

他打從寫的時候就不滿意了，經常在日記裡嚴詞批評，反覆指責風格太糟、太不確定，一直在刪改寫好的文字：「我寫作時很緊張，所有想法都喘不過氣，始終無法**確信**自己的表達站得住腳，感覺很糟。」這不僅顯示他神經緊張，也反映出他睡得太少、太久沒見到陽光。挪威天寒地凍，令他心煩不適。峽灣完全冰封，湖面也開始結冰，他不再能划船，必須在冰上走，這點也讓他憂心。他開始計算還有幾天才能到維也納過耶誕。當然他隨時都能離開，但這樣做對嗎？

我很想逃，但那樣做是錯的，我就是不能躲。然而，也許我可以──我可以**明天**就收拾行李，

後天離開。但我想離開嗎？這樣做對嗎？難道不該堅持下去？當然應該。我明天離開只會感覺很

槽，「堅持住」，一個聲音這樣對我說。堅持住的欲望其實也有一點虛榮，但也有某種正面的東西。

提早或立刻離開，唯一中肯的理由便是我在其他地方工作或許會更順利，因為事實是此刻的壓力

讓我幾乎無法工作，或許再待幾天就真的無法工作了。

隨後幾天，維根斯坦又能工作了，他感謝神給了他一份他不配得的禮物。他寫道自己始終有一個

念頭，是真正虔敬之人不會有的，那就是神該為他現在這個樣子負責。「這跟虔敬完全相反。我一次次

很想對神說，上帝啊，少了祢幫忙我能做什麼？」雖然這個態度符合《聖經》的教誨，卻不是真正虔敬

之人會有的態度，因為那些人會自己承擔責任。「你必須**自己努力**，」他叮嚀自己：「別想上帝。」

儘管如此叮嚀，他還是「肉慾高張、虛弱與低劣，」屈從於所有的舊焦慮，害怕自己會出事而無法

離開，回程時會生病或發生意外，還有羅素一九一三年就提到過的，在挪威過冬會遇到的麻煩：「惡劣

多變的天氣、寒冷、下雪、水結凍等等，還有天色昏暗和我的疲憊，讓一切變得很困難。」法蘭西斯當

然不忘送上鼓勵與關愛：

很難過你那裡有暴風雪，過湖請務必小心，我會常常想著你。我喜歡回想我們在挪威一起度過

的時光，想那些事對我有益。

不過，十二月十日，維根斯坦離開挪威的前一天晚上，心情倒是如釋重負，在日記裡寫道自己可能永

遠不會再來了。

搭船前往卑爾根途中，他寫到基督復活，以及是什麼讓他這樣的人也傾向於相信真有其事。理由是，若基督沒有復活，就會如別人一般在墓裡腐爛。「**他死了，腐爛了。**」他必須不斷強調，並且劃線，才能體會其可怕。因為如果基督死了，腐爛了，就只是個普通的導師，和其他導師一樣，「再也無法**幫助人**，我們再次孤苦無依，只滿足於智慧與思辨（speculation）」。倘若如此，「我們就在一個除了夢想什麼也不能做的地獄裡，以天堂為頂，卻與之隔絕。」想要得救，想被救贖，智慧是不夠的，還需要信仰：

信仰是相信我的心與靈魂所需要的東西，而非思辨理智所需要的東西，因為需要拯救的是我激情（有如其血肉）的靈魂，而非抽象的心智。或許能這樣說，唯有**愛**才能相信復活，或者，相信復活的是愛。我們會說，救贖之愛連復活都相信，連對復活都堅定不移。

因此，說到底，為了逃離孤獨的地獄，他或許需要去愛；一旦做到，他就能克服疑慮、相信復活，因而得救。又或者，他首先需要的是**被愛**，被上帝愛。

可以說，對抗各種懷疑的是**救贖**，堅持這一點就必須堅執這信念。因此，這話的意思是：首先你必須得救，並緊抓著那救贖，然後就會看見自己堅執這信念。

首先你必須得救：「然後一**切**都將不同，就算能做到現在做不到的事，也『不足為奇』」，例如相信

復活。因此，得救必須相信復活，但相信復活又需要得救。誰來打破這個惡性循環？他自己或上帝？

當他離開挪威的孤獨地獄，這舉動似乎在說，幫他逃離更大的地獄、更大的孤獨是神的責任。

他可以懺悔，但赦罪不是他的事。

十九、奧地利終結 1

一九三七年十二月，維根斯坦離開挪威回到了奧地利。和二十三年前的一九一四年七月一樣，他回國正好遇上了祖國的關鍵時刻。前一次是哈布斯堡帝國的瓦解，這一次則是奧地利的終結。

希特勒既有打算、也有本事將奧地利併入德意志帝國。這事在一九三七年十二月已經不是奇聞空想。《我的奮鬥》一九二五年就已出版，希特勒在頭一頁便說：「日耳曼－奧地利必將回到偉大的日耳曼母國懷抱……流著相同的血，就該屬於相同的帝國。」幾頁後他又說：「我很小就發現了一件基本的事，那就是**唯有瓦解奧地利才能捍衛日耳曼精神**。」一九三四年納粹暴動 2 失敗後，希特勒便開始走「法理」路線瓦解奧地利，最終於一九三六年七月簽署了「奧德關係正常化」條約，讓奧地利承認自己是「日耳曼邦國」，總理許士尼格（Schuschnigg）則被迫延攬「民族反對陣線」的兩名納粹成員入閣。由於希特勒後來否認凡爾賽條約，並且重整軍備，加上英法俄義四國拒絕插手，使得奧地利註定將被納粹黨員統治，不再是獨立國家，而臣屬於納粹德國。

除了少數例外，維也納大多數猶太人很晚才察覺（或許是不願面對）**併吞**在即的可能後果。即使是承認併吞無可避免的人，也不相信會有多大衝擊。當然，民眾強烈要求不能在奧地利實施紐倫堡法，

因為猶太人已經徹底融入了奧地利的主流社會，太多猶太人位居要職、和非猶太人通婚，還有太多忠誠的奧地利人的祖先碰巧是猶太人。在一個亞利安人和非亞利安人差異如此模糊的國家，怎麼能實行這套法律？

至少赫爾敏・維根斯坦是這樣想的。一九四五年撰寫回憶錄時，她無法想像自己曾經如此天真。「不過，」她補充道：「面對當時的政治危機，比我更聰明的人同樣反應遲鈍。」對照後來發生的事，她對一九三七年耶誕假期的描述特別美好也就不足為怪了。她非常高興自己的四個兄弟姊妹和他們的家人全到齊了（當時家族裡只有她和路德維希沒有小孩，海倫娜已經兒孫滿堂，是四個孩子的母親和八個孩子的祖母），和她的學生和前學生一起唱頌歌、憶往事、說說笑笑，以及最諷刺的一件事：聚在耶誕樹前唱奧地利國歌。「宴會午夜結束時，我們都覺得這是最棒的一次耶誕節，甚至開始討論明年的耶誕了。」

維根斯坦的日記裡完全見不到這些溫馨（Gemütlichkeit），但也沒提到任何政治事件。然而，他對當時局勢的認識不可能和她姊姊一樣天真。的確，他在挪威時唯一的消息來源是法尼婭・帕斯卡寄來的《倫敦新聞畫報》，但另一方面，我們也別忘了他一九三六年去了劍橋兩次，可能大大受惠於斯拉法淵博的政治分析與局勢判斷。我認為他一月在懺悔中承認自己的非亞利安血統時，心裡既清楚紐倫堡法，也知道未來可能實施在奧地利人民頭上。

不過，他在日記裡並未討論政治，只寫到自己，寫到他被挪威的生活折磨得身心俱疲，發現自己

1　譯註：原文為拉丁文：FINIS AUSTRIAE。

2　譯註：一九三四年，奧地利納粹份子試圖武力政變，最終失敗收場，然而奧地利總理陶爾斐斯（Dollfuss）遇刺身亡。

還寫到佛洛伊德：

很難跟身邊的人交談，幾乎無法向他們開口，思緒混沌到極點，還有他覺得自己在那裡多**沒必要**。他

佛洛伊德的想法：人在瘋癲時，鎖沒有壞，只是換了，舊鑰匙打不開，但用另造的鑰匙卻打得開。

也許他在這裡寫的還是自己，感覺只要他找到一把新的鑰匙，就能打開自己牢房的門，然後「一切都將不同。」

一月第一週他膽囊出了毛病，只能待在床上，不過他很難相信這是自己覺得如此疲憊虛弱的原因。他在床上反省自己的肉慾，以及他對法蘭西斯的情感。他寫道只要自己不舒服，就常陷入性幻想，易受性慾左右。他懷著肉慾想念法蘭西斯，「這很不好，但目前的狀況就是這樣」。法蘭西斯已經很久沒消息了，讓他非常擔心，並且一如以往朝最壞的方面想，例如法蘭西斯可能死了。「我想，他死了比較好、比較對，這樣我的『妄念』就會跟著消失了。」他立刻揮開這個黑暗又自我的想法，但只趕走了一部分。「不過，同樣地，我只有一半是認真的。」

他不補上這句話還好，補了只更令人震驚。難道他重新思考過後，依然**半認真地**覺得法蘭西斯死了是件好事？

「我很冷酷，縮在自己的殼裡，」他這麼寫道，覺得自己沒有和維也納的任何人擁有親密的關係。他傾向認為林蔭街的舒適生活對他有害，但他能去哪裡？挪威小屋的離群索居已經證實無法忍受，然而他也無意重拾劍橋的學術生活。都柏林再次成為誘人的選擇。那裡他能跟德魯利在一起，甚至和他

一樣受訓成為精神科醫師。一切都在變動，他不知道自己要做什麼，也不曉得要住哪裡。但有一件事是確定的：他需要跟一個他能說話的人在一起。[3]

二月八日，維根斯坦抵達都柏林，住進了德魯利在切姆斯福德路（Chelmsford Road）的老公寓。抵達隔日他描述自己「不虔敬、脾氣壞又鬱悶」。他身陷無法工作的「可恨處境」，不曉得自己該做什麼，只能坐困枯等。他說自己仍有**撒謊**的衝動：「我不斷察覺自己無法果決說出關於自己的真話，不然就是只在心裡承認，隨即拋到腦後。」虛榮、怯懦加上對真話的恐懼，使他隱瞞了一些內心不肯承認的關於自己的事，直到「我費盡**聰明**也找不到這些事為止」。兩天後，他開始後悔到都柏林來了，在這裡顯然什麼都做不了，但「另一方面，我必須等待，因為一切仍不明朗」。初到都柏林那幾週，他幾乎沒寫什麼哲學論述，他的哲學思考可以說是睡著了，「完全就像我的才能陷入了半夢半醒的狀態」。

他的哲學思考睡著了，想當精神科醫師的念頭卻醒了。他要德魯利安排他去造訪聖派屈克醫院，見見嚴重精神障礙的病人。他告訴德魯利，這事對他非常重要。造訪過後，他以英文寫道：「見到了瘋子身上的健全人，和自己身上的瘋子！」接下來幾週，他每週會去造訪幾名長住病人兩三次，但始終不確定這麼做會不會有結果，有的話又會是什麼。

維根斯坦選擇跟德魯利在一起，而不是法蘭西斯，這點需要解釋，但很不幸，我們只能全憑猜測。在日記裡，他連考慮去劍橋和法蘭西斯在一起的念頭都沒有。也許他要避開的不是法蘭西斯，而是劍橋，也可能去都柏林能受訓成為醫師這點吸引了他。但根據先前引述的日記內容，肯定還有一種可能，就是他對法蘭西斯的慾望，以及法蘭西斯對他的慾望太過強烈，使得他對劍橋興趣缺缺：他認為自己和法蘭西斯之間的肉慾容不下他希望在自己身上見到的改變。（原註）

德魯利這時已是習醫的最後一年，正在都柏林市立醫院當住院醫師。他告訴維根斯坦，自己在急診部工作時反應很笨拙，讓他很苦惱，不知道習醫的決定是不是做錯了。維根斯坦對自己要不要習醫舉棋不定，對德魯利的困惑倒是直接明快，第二天就寫信給德魯利，簡潔有力地說：「你沒做錯，因為當時你所知道和應該知道的事，你都考慮到了。」他叮嚀德魯利「不要想著自己，而是想想別人」——

歇息，但當你感到健康的疲憊，不妨就休息片刻。我覺得可以這麼說，你看人的臉還不夠切近仔細。

看看人的苦難，肉體和精神上的創痛。你能就近目睹，這對你的問題應該是一帖良藥。另一種方法是該休息就休息，整理自己（別跟我在一起，因為我不會讓你得到休息）……更切近地看看你的病人，視他們為受磨難的人，享受必須向這麼多人道「晚安」的機會。這是來自天堂的禮物，單是這一點就讓許多人羨慕你。我相信這種事應該能治好你被磨損的靈魂。這工作不會讓你的靈魂

他這麼寫道：

信末寫道：「願你有好的想法，更要有好的感覺。」

一九三八年初，維根斯坦首次在日記裡提到奧地利遭逢的政治危機，時間是二月十六日。「無法工作，」他這麼寫道：

想了許多關於轉換國籍的事——今天在報上讀到奧地利和德國的強制邦交又往前推進了一步——但我不知道自己到底該如何做。

那天，奧地利「民族反對陣線」的納粹首領阿圖爾·賽斯—因夸特博士（Dr Arthur Seyss-Inquart）被任命為奧國內政部長，希特勒和許士尼格在貝希特斯加登會面的意義自此明朗。[4]

這場會面於四天前的二月十二日舉行，起初大受奧地利讚揚，視之為兩國更友好的象徵，後來才知道在這場「友好談話」中，希特勒要求許士尼格任命納粹黨員出任奧地利的警察、國防與財政首長，並威脅：「若是三天內不答應我的要求，我就下令進軍奧地利。」二月十五日，英國《泰晤士報》報導：「奧地利終結」的字眼很快就會寫在歐洲地圖上。

若接受希特勒先生的建議，讓阿圖爾·賽斯—因夸特博士出任奧地利內政部長，掌管該國警察部門，那根據奧地利反納粹人士的普遍看法，這就意味著「奧地利終結」。

隔日，泰晤士報冷冷評論道，賽斯—因夸特一宣誓就任，便立刻從維也納動身去柏林，「內政部長第一件事竟是拜訪外國，這充分說明了奧地利在希特勒和許士尼格會面後的不尋常處境。」

隨後幾週，維根斯坦密切注意事態發展，每天傍晚都問德魯利：「有新消息嗎？」德魯利照理應該跟他說了當天的報紙內容，但讀德魯利的回憶錄，你很難不好奇他到底看的是哪家報紙。他對奧合

4　譯註：一九三八年二月十二日，希特勒和許士尼格在阿爾卑斯山腳下的貝希特斯加登（Berchtesgaden）會面，希特勒迫使他讓親納粹的阿圖爾·賽斯—因夸特加入內閣。一如正文後述，之後希特勒又要求許士尼格取消公投、要求他辭職。最終總統威廉·米克拉斯（Wilhelm Miklas）也在德國的軍事威脅下屈服。賽斯—因夸特成為總理後，德國軍隊在三月十二日早上進駐奧地利，許士尼格被納粹黨囚禁，在一九四五年美軍進駐後才獲得釋放。

併之前幾天的回憶就算沒有問題，也多少有些古怪。他寫到，三月十日晚上他告訴維根斯坦，所有報紙都報導希特勒隨時準備入侵奧地利，維根斯坦的回答天真得嚇人：「這謠言太荒謬了，希特勒才不想要奧地利，奧地利對他根本沒用。」德魯利說，隔天晚上他不得不告訴維根斯坦，希特勒真的佔領了奧地利，還問維根斯坦他姊姊會不會有危險。維根斯坦的回答再次安心得出奇：「她們那麼受敬重，沒人敢動她們的。」

這些敘述給人一種感覺，維根斯坦完全忘了他二月十六日讀到的新聞，對奧地利面臨的威脅一無所知，完全不了解納粹政權的本性，也不關心家人的安危。這些當然錯得離譜。我們只能認為他是故意誤導德魯利，免得增加對方負擔。德魯利對維根斯坦的話照單全收，或許充分說明了他對維根斯坦毫不質疑的態度，以及他本身在政治事務上的幼稚。但我想還有一種可能，就是喜歡將友誼分門別類的維根斯坦認為跟德魯利討論這些事沒有用。他只跟他討論宗教，凱因斯、斯拉法和帕特森才是他討論政治及時事的對象。

然而，就算不論其他，不考慮我們對維根斯坦對時事的熟悉程度知道多少或猜他知道多少，德魯利的回憶依然有些費解。假如他每晚向維根斯坦報告新聞，那麼他三月九日應該會告訴維根斯坦，許士尼格宣佈將舉行公投，讓奧地利人民決定他們贊成或反對奧地利獨立。正是因為這一聲明，希特勒隔天便下令部隊集結至奧地利邊界，準備入侵。倘若維根斯坦面對這一則消息的反應是否認希特勒想要奧地利，那他（還有德魯利）認為許士尼格舉行公投的用意何在呢？奧地利獨立為何需要再次確認？從哪裡獨立出來？

此外，部隊集結隔日希特勒並未佔領奧地利，而是許士尼格辭職，賽斯－因夸特接任首相。希特

勒和德軍要再過一天（三月十二日）才受到新首相邀請，越過了邊界，合併才正式達成。這也許是吹毛求疵，但那三天的事態轉變清楚烙印在了當時所有人心裡，就算德魯利不受影響，維根斯坦也明白每一次事態轉變都對他影響重大。三月十日，奧地利還是許士尼格治理下的獨立邦國，十一日變成納粹統治的獨立邦，十二日就成了德國的一部分。對一個猶太裔的奧地利家族而言，第二到第三天的轉變無比關鍵，意味著從奧地利公民變為德國猶太人的差別。

合併當天，維根斯坦在日記裡寫道：「我聽到的奧地利的消息令我不安，不確定自己該怎麼辦，能不能去維也納。我主要想著法蘭西斯，不想離開他。」儘管在德魯利面前擔保沒事，但他其實非常擔心家人的安危。他的當下反應是回維也納和家人在一起，之所以沒那麼做，是怕再也見不到法蘭西斯。但他仍然寫信答應他們，只要家人需要他，他就會回維也納。

維根斯坦和斯拉法的魚雁往返只留存了一封信，是斯拉法三月十四日寫的。那天希特勒在維也納市區舉行了勝利遊行，信裡長篇分析了合併後維根斯坦的處境，清楚顯示維根斯坦能從斯拉法那裡得到多有見地的政治看法和建議，以及他肯定寫了信給斯拉法，請對方指點他返回維也納的可能後果。

斯拉法在信的開頭寫道：

討論之前（可能有點亂）我想先明確回答你的問題。如果照你所說，事後能離開維也納、回到英國對你「至關重大」，那不用說：**你絕不能去維也納。**

斯拉法指出，奧地利邊境將禁制奧地利人出境，就算限制可能很快撤銷，但如果維根斯坦去了維也納，極可能長時間不准離境。「你應該很清楚自己現在是德國公民了，」斯拉法接著說：

你一到奧地利，你的奧地利護照肯定會被沒收，到時你就得申請德國護照。唯有蓋世太保認為你配得上德國護照，才會批准你的申請……

至於戰爭的可能，我不曉得。有可能下一秒發生，也可能還有一兩年「和平」。我真的沒概念，但我不會打賭還有六個月的和平。

維根斯坦肯定還問了斯拉法，如果當上劍橋的講師會不會有差，因為斯拉法繼續寫道：

然而，倘若你不願一切堅持回維也納，那我認為：a）你是劍橋講師肯定能提高你離開奧地利的機會，b）只要能離開奧地利（我應該說德國），入境英國就不會有困難，c）離開愛爾蘭或英國之前，你最好到德國領事館把護照換成德國的。我猜他們很快就會開始這麼做，但你在這裡比在維也納更容易換照，而且持德國護照入境，之後再出境的可能性比較高（雖然不完全確定）。

斯拉法提出警告：「你必須小心幾件事。」

1）如果去奧地利，就必須抱定主意不說自己是猶太裔，否則當局肯定拒發護照。

2）絕不能說自己在英國有錢，否則你在奧地利時，他們可能強迫你把錢轉到德國國家銀行。

3）要是都柏林或劍橋的德國領事館聯絡你，要你登記或換護照，你要小心應對，因為一句無心之言就能讓你再也回不了維也納。

4）寫信給家裡要非常小心，務必只談私事，因為信件一定會被檢查。

至於改換國籍一事，斯拉法建議維根斯坦如果決定申請愛爾蘭公民身份，就得在奧地利護照被收回之前去做，因為奧地利人比德國人更容易成功。另一方面：

依據目前的狀況，我毫不懷疑英國是你唯一無須再等十年就能取得國籍的地方，而且你在英國還有朋友可以幫忙，在劍橋有工作更是能加快速度。

斯拉法下個週五就要回義大利，他邀維根斯坦這之前如果有空，可以來劍橋繼續討論這件事，同時警告：「之後寫給我的信都會轉到義大利，所以你最好小心措辭，因為可能會有義大利審查官看。」最後他說：「抱歉這封信寫得很亂。」這不禁令人好奇他其餘的信究竟清楚和精確到什麼程度。

「你應該很清楚自己現在是德國公民了」，斯拉法寫下這句危言那天，維根斯坦的日記顯示他正為了這一點而掙扎：

我現在處境非常艱難。隨著奧地利併入德意志帝國，我成了德國公民。這點對我非常可怕，因

為我現在歸於一個自己完全不認可的政權之下。

兩天後，他「心裡和嘴上」都決定接受移民數年的想法，放棄奧國國籍。「這沒什麼差別，但想到拋下自己的同胞，這感覺討厭透了。」

他一收到斯拉法的信，就立刻從都柏林前往劍橋與之共商大策。三月十八日他在日記裡寫道：

斯拉法昨天建議我暫時絕對別去維也納，因為我幫不了自己的同胞，而且很可能困在奧地利走不了。我還不**完全**清楚該怎麼做，但目前我想斯拉法是對的。

和斯拉法商量之後，維根斯坦確定了接下來的行動。首先在劍橋大學取得教職或研究工作，接著申請英國公民身份。為了這兩個目標，他立刻寫信給凱因斯尋求協助。他先向對方說明狀況，奧地利被併吞不僅讓他成了德國公民，還因為紐倫堡法使他成了德國猶太人——「當然我的兄弟姊妹也一樣，但他們算亞利安人。」接著又說：「我必須承認，成為（或當個）德國公民，就算不論後果多令人難受，光是想到就讓我**不寒而慄**。聽起來或許很蠢，但事實就是這樣。」他列舉斯拉法反對他回維也納的理由，包括他的奧地利護照會被沒收，身為猶太人將拿不到新護照，因此再也無法離開奧地利和找到新工作。面對成為德國猶太人或英國大學講師的選擇，他被迫選擇後者：

取得英國公民身份的念頭以前就**出現過**，但我總是以一個理由回絕：我不想成為一個偽英國人，

這點我想你能理解。但我現在處境完全變了，必須在兩個新國籍當中選擇，一個將剝奪我的**一切**，另一個至少能讓我待著工作。我在這國家長長短短待了成年後的大半時光，交到了最好的朋友，完成了最好的作品。

……至於在劍橋謀職，你可能記得我當過「助理講師」五年……現在我想申請的就是**這個**，因為沒別的缺了。我其實想過自己終究會申請，就算不是現在，或許也是今年秋天。但我眼前必須盡快找到工作，**愈快愈好**，因為 a) 它能幫我歸化為英國人，b) 就算沒能歸化而**不得不成為**「德國人」，只要我在英國有份**工作**，回奧地利探望同胞之後要再離開，機會也比較高。

依照斯拉法的建議，維根斯坦懇請凱因斯替他介紹一位「專門處理這種事情」的顧問律師（solicitor），協助申請入籍。「補充一句：我在經濟上並無困難。我大約有三百或四百英鎊，還可以再維持個一年左右。」

凱因斯的回信沒有保存下來，但他顯然竭盡所能為維根斯坦在劍橋大學裡安插了職位，並協助他申請英國公民身份。只是維根斯坦老習慣不改，擔心凱因斯可能誤解他的處境，因此將信轉寄給帕特森，要對方「嗅」一下。他尤其擔心凱因斯在大學高層和內政部面前將他說成超級可憐人、窮苦的難民，因此當他從凱因斯那裡得知自己可能符合學術援助委員會的獎助資格時，便對帕特森說：「那是個專門幫助沒錢的人（例如難民）的機構，接受那兒的獎助不僅對我不公，也將我歸在了**完全錯誤的類別**。」他很焦慮這一點，甚至猶豫該不該用凱因斯為他寫給顧問律師的介紹信：

我有一種**模糊的**恐懼，這封介紹信的措辭要是有些許錯誤，可能讓我的處境更加難堪，例如把我說成**難民**或強調錯重點之類的。

事實證明他的焦慮毫無根據。大學迅速做出回應，給了他講師職位，下個學期起生效。

等待英國護照的漫長時日裡，維根斯坦一直很擔憂家人的情況。他無法確定家人面臨多大的危險，就算合併後不久他便收到了一封用英語寫的短信，也沒能讓他安心：

親愛的路德維希：

我和敏敏每天都談到你，想到你時總是滿懷關愛。請不要為我們擔心，我們真的很好，精神絕佳，每天都很快樂。要是能見到你，對我們是莫大的喜悅。

愛你的

海倫娜

維根斯坦在日記裡對此不以為然（他顯然是對的），說這是「維也納寄來的**報喜**家書，顯然是寫給審查官看的」。

事實上，海倫娜和赫爾敏很慢才意識到自己身陷危險，等她們察覺這一點，立刻陷入了恐慌。赫爾敏記得合併後不久的某天早晨，保羅語氣驚恐地說：「我們算猶太人！」她可以理解保羅為何如此害

怕。他非常在乎自己的演奏鋼琴家生涯，但身為猶太人，他就不能演出，再說，他喜歡在鄉間散步，

但路上每一個「猶太人禁止通行」的標誌肯定奪走他不少樂趣。不過，德國法律將她視為猶太人一事，

對赫爾敏似乎意義不大。深居簡出的她，除了一些過去會在公共場合跟她打招呼的人可能不再那麼做

了之外，生活顯然和過去不會有太大差別。

起初保羅努力爭取，以他們一家向來忠誠愛國，並且對國家貢獻良多為由，希望獲得亞利安人的

待遇，甚至和葛蕾塔（她是美國公民，沒有危險）到柏林和納粹當局交涉，但一無所獲。當局說，除非

他們能證明祖父母或外祖父母至少有兩人是亞利安人，否則他們就是猶太人。

維根斯坦的親戚也曾試圖證明赫曼·克里斯提安·維根斯坦是亞利安人。在柏林有一份維根斯坦

的姑姑米莉的孫女布莉吉特·茨威奧爾（Brigitte Zwiauer）為赫曼申訴的檔案，當年上交給家譜研究部

（Reichstelle für Sippenforschung，負責確定誰是、誰不是亞利安人的納粹單位），表示家族中人都知道赫

曼是瓦德克王族的私生子。茨威奧爾承認她沒有直接證據，但強調也沒有反證，雖然赫曼是在猶太社

群長大的，但無法證明他確實是猶太人之子。她在報告中附了一張赫曼和芬妮十一名兒女的相片，作

為赫曼是亞利安人的間接證據。「說這些孩子出自一對純猶太父母，」她辯稱：「在我們看來，就生物學

是不可能的。」報告還指出，赫曼選擇克里斯提安作為自己的中名，並以反猶太聞名，成年後不和猶太

社群往來，也不准兒女嫁娶猶太人。報告寫於一九三八年九月二十九日，起初並未獲得理睬，直到一

年後納粹當局才發現接受這份申訴的好處。

赫爾敏、葛蕾塔和海倫娜應該和這份報告無關。對她們而言，赫曼是摩西·邁爾的兒子，要是這

一點讓她們被德國法律視為猶太人，那也只好如此。至於保羅，只要能讓自己擺脫在德意志帝國當猶

太人的命運，他可能什麼都好。因此，當他眼見被歸為亞利安人毫無希望，立刻只想儘速離開大德國。他勸赫爾敏和海倫娜也照著辦，拋下一切到瑞士去。他說房子起火時，最好的做法是忘掉家中財物，趕緊跳窗逃難。但赫爾敏拋不下朋友、家人和心愛的霍赫海特，赫爾敏也捨不得自己的兒孫，兩人都拒絕離開。保羅和兩位姊姊多次惡言相向後，於一九三八年七月獨自離開了奧地利，前往瑞士。

那年夏天，海倫娜和赫爾敏從維也納到霍赫海特渡假，兩人依然相信自己的猶太血統不會招致任何危險。但這份確信很快就被葛蕾塔給瓦解了。葛蕾塔九月來到霍赫海特，告訴她們德國境外的消息人士普遍認為戰爭隨時就要爆發（當時正是蘇台德區危機[5]期間）而且德國政府預備將境內的猶太人抓起來送進集中營，不給他們足夠的食物，並虐待他們。葛蕾塔勸赫爾敏和海倫娜離開奧地利。

然而，這時德國猶太人已經不准入境瑞士，必須另覓他途。赫爾敏接受葛蕾塔的建議，決定向一名維也納猶太律師為自己和妹妹購買南斯拉夫護照。她顯然認為南斯拉夫政府是這樣授予國籍的，因為她說自己壓根兒不曉得買來的是假護照，直到艾爾維．索格倫代表她們去南斯拉夫領護照時，才告訴她護照是在一家專門偽造文件的工廠變造的。

儘管如此，赫爾敏還是按計畫親自到慕尼黑，想用假護照取得瑞士簽證。但警方隨即開始追查偽造文件的來源，因此赫爾敏和海倫娜還來不及飛往瑞士，姊妹倆就和葛蕾塔、艾爾維一起被捕了。她們在牢裡待了兩晚，葛蕾塔則多過了一夜。後來在法庭上，葛蕾塔千方百計證明這起鬧劇是她一人的責任，而法官也採信了她的說法，不過赫爾敏認為她們是靠外表和談吐打贏的，因為站在法庭上的不是《我的奮鬥》裡描述的那群邋遢發臭、身穿土耳其長衫的猶太人，而是有名有錢的奧地利高等布爾喬亞家族的兒女。四人的起訴都撤銷了。

維根斯坦對這事知道多少不得而知，但他無論如何都很掛念姊姊的安危，擔心到生病了。一九三八年十月他寫信給摩爾，說他「這一兩個月神經緊張到極點」，並將之歸咎於「我家人在維也納遭遇了大麻煩」。等待英國護照變得難以忍受，他恨不得立刻拿到，靠它回維也納盡力幫助姊姊。重重焦慮下，他見到英國首相張伯倫自慕尼黑返國，宣稱「這是太平時代」，簡直令他無法接受。他寄了一張慶祝張伯倫「成功」的紀念明信片給帕特森。張伯倫夫婦合照底下的圖說寫著：「和平之旅。偉哉，張伯倫先生！」維根斯坦在明信片背面寫道：「你要催吐劑是吧？這就是了。」

一九三八年末到三九年初的那個冬天，德國國家銀行開始調查維根斯坦家族持有的鉅額外幣。按納粹法律，德國國家銀行有權強制維根斯坦家族上繳外幣，但由於這筆鉅資的持有權配置複雜，銀行難以下手。這讓葛蕾塔想到了另一個保護妹妹安全的方法：上繳外幣以換得一份書面聲明，確保赫爾敏和海倫娜獲得亞利安人的待遇。

於是柏林當局和維根斯坦家族展開了長期磋商，最終納粹同意採茨威奧爾去年的報告，維根斯坦家族則同意上繳外幣。但由於保羅和家人意見分歧，導致磋商出現了變數。保羅當時已經離開瑞士在美國定居，他反對和納粹交易以滿足兩位姊姊繼續留在奧地利的任性願望。他認為將這麼大筆財富交到納粹手裡助紂為虐是錯的（赫爾敏認為保羅這套說法來自他的說士，並指出這些說士無一例外全是猶太人，彷彿只有猶太人才會認為必須考慮這一點）。

5　譯註：一九三八年慕尼黑會議後，在英、法兩國為避免戰爭爆發而犧牲捷克斯洛伐克領土，其蘇台德地區（位於蘇台德山脈附近，包括波西米亞、摩拉維亞與西里西亞的部分地區）被迫割讓給納粹德國。

400

各方口角一直拖到一九三九年春天，葛蕾塔往來紐約、柏林和維也納之間，努力尋求家人的共識，但直到一九三九年六月二日，維根斯坦終於等到了英國護照，爭執依然沒有解決。拿到護照後不滿一個月，維根斯坦便使用它去了柏林、維也納和紐約，希望幫忙葛蕾塔，但據赫爾敏說，這不是她弟弟適合做的事，從經驗到個性都不合適。此外（雖然她並未明說）賄賂納粹接受一個他兩年前才對之做了懺悔的謊言，其中的諷刺很難逃過他的注意。儘管如此，他還是發揮了所有嚴謹與堅持參與了磋商。「就算他在紐約沒能完成自己定的目標，」赫爾敏補充道：「那也真的不能怪他。」她暗示錯在他人──保羅的錯。

縱然保羅反對，磋商的結果仍然是維根斯坦家族將一大筆財產從瑞士轉入了德國國家銀行，而家譜研究部則發了一份正式聲明給維也納分部，表示赫曼‧克里斯提安‧維根斯坦具有純正**德國血統**（deutschblütig）。因此，一九三九年八月，赫爾敏、海倫娜和赫曼‧克里斯提安的所有其他孫子女都收到了證書，表示他們是**猶太混血**（Mischlinge），而非猶太人。隔年二月，柏林當局更進一步，公告表示猶太混血的相關規定不適用於赫曼的後人，而且「按照帝國公民法（即紐倫堡法），其種族分類不再有任何疑義」。於是，赫爾敏和海倫娜就這樣相對平靜地度過了戰爭。

二十、不情願的教授

若不是德奧合併，維根斯坦是否還會回劍橋任教，誰也說不準。不過，他無論怎麼嘗試在學術圈外謀生，都沒有結果。儘管不時談到想在「普通人」之間找工作，就像鼓勵史金納和赫特那樣，但他似乎沒什麼動作。雖然他對赴俄定居和習醫的計畫比較積極，卻未曾落實為堅定不移的行動。他可能會繼續尋求寫完書所需的內心寧靜與專注，也許和德魯利待在都柏林或到挪威獨居，但他那三四百英鎊的積蓄不可能支撐一輩子，最後勢必得找一份有給職，也就是（如同他一九三○年對摩爾說的）必須找到覺得他所製造的產品有用的人，而最需要他產品的地方，不用說就是學術界，尤其劍橋，因此他很可能終究還是會尋求教職。不過，我們可以肯定地說，若不是德奧合併，這事不會早在一九三八年四月就發生。

這不僅因為維根斯坦並不急著重回教學崗位，還由於他很擔心自己和法蘭西斯的關係。如他在紐約的日記所顯示的，他對自己和法蘭西斯之間的肉慾深感憂慮，擔心這種性慾是否（至少對他來說）能與真愛相容。他寧願遠遠愛著法蘭西斯，遠離自己「易發」慾望的誘惑。但現在，害怕失去法蘭西斯卻讓他回到了劍橋，比以往更加陷入了慾望的城池。

一回劍橋，他便搬進了法蘭西斯在伊斯特路雜貨店樓上的住處，其後一年兩人過著法蘭西斯一直夢寐以求的情侶生活。他們早已停止合作關係，不再聯手進行維根斯坦的著作，維根斯坦教書寫書，法蘭西斯在工廠幹活。法蘭西斯這段時間的信沒有留存下來，維根斯坦的加密日記裡也沒有相關記載，因此我們無從得知兩人關係為何在這一年內急轉直下，過程如何，只曉得一九三九年時已經惡化，之後兩年全靠法蘭西斯對維根斯坦忠貞不渝（甚至糾纏不休）的愛才勉強維繫。看來維根斯坦對法蘭西斯的愛終究未能（可能也無法）熬過他曾渴望卻又畏懼的肉體親密。

維根斯坦在這個階段的學生裡找到了幾位新門生。由於小班教學才自在，他並未照規定在劍橋大學紀錄表裡公佈課程，而是要約翰・威斯頓[1]、摩爾和布雷斯衛特告知他們覺得會對這門課感興趣的學生，因此最終只有十名左右的學生來聽課，其中包括洛許・里斯、約里克・史邁瑟斯（Yorick Smythies）、詹姆士・泰勒（James Taylor）、喀什米・路易（Casimir Lewy）和希奧多爾・瑞德帕斯（Theodore Redpath）。由於班級夠小，這十多名學生都和維根斯坦成為熟識，但只有里斯、泰勒和史邁瑟斯成為他特別親近的朋友。

上課在泰勒的住處。幾乎所有回憶錄裡都沒提到這個人，他是多倫多大學畢業的加拿大人，到劍橋師事摩爾，經由他成了維根斯坦的朋友，二戰後取得澳洲一所大學的講師教職，卻於布里斯本一間酒吧遭遇鬥毆而喪生，未能上任。史邁瑟斯則是神秘人物，儘管許多作品都提到他，卻甚少提及他做了什麼。他是維根斯坦的忠誠弟子，真正展現了維根斯坦精神，雖然未曾成為職業哲學家，卻從未停止認真深刻地思考哲學問題，直到維根斯坦死前都是他的摯友。離開劍橋後，他在牛津大學擔任圖書

館員，後來罹患妄想型精神分裂症，成了德魯利的病人，一九八一年慘然離世。讀到這些人，我們不禁想起一件事：受維根斯坦影響最深的人都沒有進入學術界，尤其一九三〇年代認識他的那些人（例如德魯利、史金納、赫特和史邁瑟斯），因此維根斯坦的影響有一大塊（很重要的一塊）不曾也無法出現在受他著作所啟發的大量學術文獻裡。這些人當中只有德魯利出版過作品，雖然他的哲學和心理學文集《詞語的危險》幾乎完全不受二手文獻青睞，但就其態度和關懷而言，卻比幾乎任何其他的二手文本更具維根斯坦精神。

習醫最後一年，德魯利趁著休假去聽了一次維根斯坦的新課程。維根斯坦在課上叫一位學生別再作筆記：

要是你把我隨興而作的評論抄下來，日後可能有人把它當成我深思熟慮過的看法出版，我不希望發生這種事，因為我現在想到什麼就隨口而出，但這一切都需要更多進一步的思考與更好的表述方式。

幸好學生並未理會維根斯坦的要求，課堂筆記最後真的出版了。[2]

這份筆記在維根斯坦的著作裡獨樹一格，光看主題就夠了，因為維根斯坦在課上談的不是數學或

1　譯註：John Wisdom，1904-1993。英國著名哲學家。

2　見《關於美、心理學與宗教的講座與對話》（Lectures and Conversations on Aesthetics, Psychology and Religious Belief），西瑞爾·巴雷特（Cyril Barrett）編輯，布雷克威出版社（blackwell），一九七八年出版。（原註）

一般的哲學問題，而是美和宗教信仰。不過，真正的差別並不如表面來得大，因為維根斯坦談論這些主題時，引用了許多他在別處用過的例子，例如康托的對角線證法和佛洛伊德的因果混淆等等，使得他談論美學和談論數學哲學或心理學哲學看起來沒有太大不同。真正的差別在講課的基調。正因為維根斯坦信口而言，不假防衛，讓我們得以毫不含混地一窺他思考哲學的目的，以及這目的和他個人**世界觀**（Weltanschauung）的關聯。藉由這份筆記，我們更加清楚他的目標（如他在《藍皮書》所指出的）不僅是哲學家「經常見到哲學方法出現在他們眼前，以致於難以抗拒不用科學的方式提出問題、回答問題」所造成的危害，還有科學崇拜與科學方法對我們整個文化的惡劣影響。美和宗教是科學方法不適用於思想與生活的兩個例子，當然也是對他而言至關重要的兩個實例，努力將其科學化只會帶來扭曲、膚淺與混亂。

維根斯坦告訴台下的學生，他這麼做是想「說服人們改變思考方式」，說自己在「宣傳」新的思考方式，以取而代之。「我真的很討厭那種方式」，他補充道。他說的「那種」思考方式就是科學崇拜，因此他在課上引述了一些文章，他認為這些文章都是宣揚科學崇拜的強力毒苗，也就是當時流行的科學作品，例如金斯的《神秘的宇宙》[3]。

金斯寫了一本名為《神秘的宇宙》的書，我非常不喜歡，覺得它誤導讀者。就拿書名來說……我會說《神秘的宇宙》這個書名包含了偶像崇拜，把科學和科學家當成偶像。

探討美學時，維根斯坦完全無意為這個哲學領域增添內容。光是這門學問有可能存在的想法本身

就是「那種」思考方式的結果，甚至症狀。他想做的，是將藝術欣賞的問題從那門學問裡拯救出來，特別是從「美的科學有可能存在」的想法裡解脫：

你可能認為，美學是一門告訴我們「美是什麼」的科學，這簡直荒謬得筆墨無法形容。我猜這門科學還會告訴我們哪種咖啡好喝才對。

維根斯坦有一回舉例提到德國音樂傳統的衰敗，里斯想知道他的衰敗「理論」，維根斯坦聽了滿臉憎惡：「你認為我有理論？你覺得我在談什麼是衰敗嗎？我是在描述名為衰敗的不同事物。」

維根斯坦並未回答傳統的美學問題，例如美是什麼，而是給出一連串例子，表明藝術欣賞並非站在一幅畫前說：「這幅畫真美。」讀過一些美學討論的人可能會這樣想，但欣賞的形式五花八門，隨文化而異，而且往往不包含**說**任何話。欣賞是**顯示**的，透過行動（次數不下於透過言說）、厭惡或滿足的神情、讀一首詩或演奏一首曲子的方式、閱讀同一段文字或聆聽同一首音樂的頻率與方式而顯示。這些欣賞形式沒有共同點，無法用它來回答「什麼是藝術欣賞？」的問題。這些欣賞形式是由一系列複雜的「家族相似性」連結起來，因此：

3 譯註：金斯（Sir James Jeans，1877-1946）是英國物理學家、天文學家、數學家。一九二二年退休後，他編寫多本以大眾為對象的科學書籍，《神秘的宇宙》（The Mysterious Universe，1930）即是其一。

不僅很難描述欣賞到底包含什麼，也不可能描述。要描述欣賞包含什麼，就必須描述整個情境。

最重要的是，當我們問人為何理解美、如何理解美時，並非在找**因果**解釋。美的科學並不存在，其他科學（如物理學）和偽科學（如心理學）的成果也不能用來回答這些問題。維根斯坦從佛洛伊德的著作裡引用了兩種解釋，分別代表他認為應該全力避免的化約解釋，以及他想倡導的另一種「思考方式」。

第一種解釋出自《夢的解析》。佛洛伊德的病人向他描述了一場美夢，佛洛伊德對夢做了「解釋」。他在重述夢境時替其中幾個字眼加了粗體，彷彿用粗體眨眼和點頭一般，標出了其中的性暗示：

> 她從高處落下……手裡抓著一根**大樹枝**。那樹枝其實大得像一棵樹，上頭開滿了**紅花**……落地之後，她看見一名男丁正在梳理一棵類似的樹，也就是用**一根木頭**勾出樹上垂下來有如苔蘚一般的**濃密毛簇**……

後來，那女人在夢裡遇見一群男人拿著樹枝往路上扔，樹枝四散**躺著**，她問他們能不能拿一根走，佛洛伊德解釋道，意思是她能不能**抽一根**（pull one down），也就是自慰的意思（德文的抽一根相當於英文的 toss oneself off，意指手淫）。他還說：「夢這麼解釋之後，做夢者對這個美夢的歡喜全消失了。」

對此，維根斯坦認為佛洛伊德欺騙了病人：「我會這麼對病人說，這個夢會因為這些聯想而變得不美嗎？它很美，有什麼理由不美呢？」佛洛伊德將夢裡的美好元素化約為淫穢的影射，這種還原有一種

魅力和吸引力，但要說佛洛伊德闡明了這個夢**究竟**關於什麼，那就錯了。維根斯坦認為這就好比說：「我們將瑞德帕斯煮到攝氏兩百度，水蒸氣散逸之後只留下灰燼，所以瑞德帕斯就是這些灰燼。」他指出這種說法或許有吸引力，「但別的不提，至少也是誤導別人。」

維根斯坦欣賞的解釋是另一種，出自《笑話及其與無意識的關係》(Jokes and their Relation to the Unconscious)。雖然他並未舉例，但或許只要一個簡單的例子就夠了。在這本書的開頭部份，佛洛伊德談到海涅《遊記》4 裡的一個笑話。書中一個角色（一名謙卑的彩券行老闆）吹噓自己和羅斯柴爾德男爵關係匪淺，說對方將他「當成同等人，**親錢**5 得很。」佛洛伊德認為，這話之所以好笑，不僅因為「親錢」兩字巧妙濃縮了羅斯柴爾德待他非常親切，就像有錢人一般，還因為它點出了一個受壓抑的連帶想法：面對有錢人的優越感，那感覺其實不怎麼令人愉快。

維根斯坦問道，若我們覺得這種解釋很有道理，其根據何在？

「若它不是因果解釋，你怎麼知道它是對的？」你說：「的確，是沒錯。」佛洛伊德將笑話轉變成另一種形式，讓我們得以認出一連串想法，將我們從想法這端引到笑話那端。他以一個全新的敘述提供了正確的解釋，不是符合經驗的敘述，而是獲得贊同的敘述。

4　譯註：海涅（Heinrich Heine, 1797-1856）是十九世紀德國詩人、新聞工作者。《遊記》(Reisebilder) 一共四卷，亦是他在詩歌之外著名的散文體作品。

5　譯註：這是諧音笑話，原文為 familionairely，此字結合 familiar（親近的、親密的）與 millionaire（百萬富翁）；故譯為「親錢」。

維根斯坦強調，這種解釋的要點在於「必須給出令人贊同的闡述，這就是解釋的目的所在」。而美學要求的正是這種解釋：不是為某物之美或我們為何視之為美找出原因，而是藉由闡明我們之前沒想到的關聯，顯示某物美在哪裡，顯示人們為何正確地將某段音樂、某齣戲劇或某一首詩視為偉大的作品。

維根斯坦在課上以自己的經驗為例，說明人開始了解一件藝術作品之偉大是怎麼回事。他說自己讀過十八世紀詩人克洛普斯托克[6]的作品，起初什麼也看不出來，但後來發現讀這位詩人的作品時，必須不按一般方式重讀格律：

> 一旦以這種新方式去讀，我就說：「嘿，我現在知道他為什麼這樣做了。」這是怎麼回事？我之前讀過類似的詩作，感覺有一點無趣，但當我用這種新方法深入地讀，我就笑著說：「這首詩真棒。但我也可以什麼都不說，感覺我讀了一遍又一遍，讀的時候做出算作讚許的動作與表情。關鍵在我讀詩的方式完全不同，更深入，並且對別人說：你瞧，這些詩就該這樣讀！」

另一個他可能會舉的例子，是印度詩人泰戈爾的《暗室的國王》(The King of the Dark Chamber)。維根斯坦一九二一年首次讀到這部劇的德文譯本，當時泰戈爾聲名正盛，在歐洲非常受歡迎，尤其德國和奧地利。維根斯坦寫信給恩格曼說，雖然這部劇充滿大智慧，卻未能給他留下太深的印象，沒能打動他：

> 我感覺其中的智慧彷彿都來自冰櫃。若有人說那全是二手智慧，是泰戈爾靠閱讀和聽說得來的

（就像我們許多人得知基督的智慧那樣），而非來自他本人的親身**感受**，我也不會意外。也許我沒讀出他的調子。對我來說，他的調子聽起來不像是被真理附身的人（**如易卜生**）。但也可能是翻譯造成了鴻溝，令我無法跨越。我從頭到尾**帶著興致**而讀，卻沒被攪住，這感覺不是好徵兆。因為這個主題應該能攫住我，還是我已經變得太過麻木，再也不會打動了？這當然有可能。

——還是一樣，我從頭到尾沒有一刻感覺戲劇在進行，只是抽象地理解這寓言。

史邁瑟斯的文稿裡找到了一份打字稿，是他們倆合譯的第二幕，標題是：

本。不過看來翻譯再次留下了鴻溝，因為他們倆決定自己翻譯，以跨越這道鴻溝，解凍文本。後人在約莫在他談論美學這段期間，維根斯坦和史邁瑟斯重讀了這部劇，這回讀的是泰戈爾自己翻譯的英譯這裡頭**確實**有很棒的東西。」《暗室的國王》後來成為維根斯坦的愛書之一，經常買來送給或借給朋友。

但幾個月後，他寫信給亨澤爾說自己一直在讀泰戈爾，「這回樂趣多了不少」。還說：「我現在認為

　　　　　　語

暗室的國王，泰戈兒[7]著，由維根斯坦和史邁瑟斯將泰戈兒的英語**譯成**維根斯坦和史邁瑟斯的英

6　譯註：Friedrich Klopstock，1724-1803。德國詩人。

7　譯註：打字稿原文將 Tagore 寫成了 Tagor，故譯作泰戈兒。

史邁瑟斯和維根斯坦做的更動，幾乎都是將泰戈爾老式的「詩意」語言換成現代的慣用語或短語。

因此，泰戈爾說「廳室」（chamber），他們用「房間」（room），除了標題之外。泰戈爾說「他於房間不虞匱乏」（he has no dearth of rooms），他們改成「他不缺房間」（he's not short of rooms），依此類推。

這部劇是一則宗教覺醒的寓言，和維根斯坦在這方面的許多想法遙相呼應。劇中百姓從來沒見過國王，有些人懷疑國王的存在，有些人則認為他長得太醜，所以不敢見人，還有些人（如女僕蘇朗嘎瑪）對國王太過忠誠與崇拜，從來不曾要求**見**他，他們**知道**他不是其他有死之人所能比擬的存在。國王接近和出現時，唯有這些徹底放下自傲臣服於主子的人才能感覺到他。這部劇在講國王之妻蘇達莎娜的覺醒，也可說是她的低頭與順服。她在劇裡起初是驕傲的王后，為夫君的殘忍而哀嘆。她只能在一個永遠黑暗的房間裡與他相會。她渴望見他，想知道他是否俊俏，結果這份渴望讓她愛上了另一位國王。她在外面的世界遇見了這位國王，將他誤認為自己的夫君。直到這個錯誤將她帶進完全的絕望，讓她徹底感到羞辱與墮落，她才拋棄驕傲，跟真正的夫君和解，完全臣服於他跟前。換言之，蘇達莎娜王后唯有降格為女僕蘇朗嘎瑪，才能得到光啟。這部劇結束在王后察覺一**切**真正有價值的事物都是國王賜給她的，而國王終於能對她說：「來吧，現在跟著我來，到外面去，**到光之中！**」

維根斯坦和史邁瑟斯翻譯的部份，是蘇朗嘎瑪和蘇達莎娜的一段對話。女僕試著向王后解釋自己如何變得對國王如此忠誠，即使從未見過他，即使他將她的父親逐出王國，讓她哀慟不已，她依然死心塌地。王后問女僕，國王驅逐她父親時，她難道不覺得受到了嚴酷的壓迫嗎？「我怒不可遏，」蘇朗嘎瑪答道：

我正走向毀壞與滅亡……當路對我封閉，我感覺被丟棄了，孤立無援，沒有支持與庇護。我像籠中的困獸咆哮憤怒，沈浸於無能的怒火當中，只想將所有人都撕成碎片。

「但國王做了這樣的事，妳怎麼還能對他死心塌地？」蘇達莎娜問道，妳的感覺是何時改變的？「我說不上來，」女僕回答：

我自己也不知道，那天這麼來了，我心裡的所有反抗知道自己輸了，我的全部本性謙卑順從地匍匐在塵土上，接著我看見……我看見他的俊美和他的恐怖同樣無與倫比。我得救了，我被拯救了。

將維根斯坦對泰戈爾的翻譯和他自己對宗教信仰的討論放在一起讀，應該能帶來不少收穫，因為在他翻譯的段落裡，泰戈爾表達了維根斯坦自己的宗教理想：他和蘇朗嘎瑪一樣不想見到上帝，也不想為祂的存在尋找依據。他認為只要能克服**自己**，只要有一天他的全部本性「謙卑順從地匍匐在塵土上」，上帝就會降臨，他就會得救。

他在課上談到宗教信仰時，只專注於上述想法的前半，也就是否認宗教信仰需要依據或理由。他反對宗教信仰和科學思考模式有關，這點和他對美的討論一致，並且或可視為底下這句話的進一步闡述。他對德魯利說：「羅素和教區牧師，他們之間遺害無窮、遺害無窮。」為什麼將羅素和教區牧師擺在一起譴責？因為兩者都鼓吹一個想法：宗教信仰必須由哲學證成才算可靠。無神論者蔑視宗教，因為他找不到教義的**證據**，信徒則試圖**證明**神的存在，兩者都深受「那種」思考方式危害，對

科學思考方式懷著偶像崇拜。宗教信仰和科學理論一點也不像，不應該按照同樣的證據標準來判斷接不接受。

維根斯坦堅稱，能讓我們成為宗教人（religious）的經驗，完全不像從實驗得出結論的那種經驗，也不像按數據往外推的那種經驗。他舉了一個例子：某人夢見最後審判，醒來就說自己知道最後審判是怎麼回事：

假設有人說：「這個證據很貧弱。」我會說：「如果你拿它和明天會下雨的證據來比較，那它根本不算證據。」他可能會讓你覺得只要放寬一點，它就算證據，但拿它當證據可能不只是荒謬而已。

不過，難道我會說「說得委婉一點，你是把信念建立在極度薄弱的基礎上」嗎？我為什麼要將夢當成證據，衡量其有效性，就像衡量氣象事件的證據的有效性一樣？

假若你拿它和科學裡算作證據的東西相比，那麼當你聽見有人說……所以……有最後審判。」你絕不可能相信他是頭腦清醒的。你可能會說：「這錯得也太離譜了。」若你突然在黑板上寫數字，接著說：「現在我要做加法。」然後說：「二加二十一是十三。」我會說：「這完全沒錯。」

我們是如何接受或拒絕宗教信仰的？對於神的存在、最後審判和靈魂不朽，我們相信的是什麼？

維根斯坦在課上對這些問題未置可否：

假設有人說：「維根斯坦，你相信什麼？你是懷疑論者嗎？你知道你死後還是否存在？」我真的（這是真的）會說：「我沒辦法說，我不知道。」因為我不曉得自己如果說「我不會停止存在」，我到底在說什麼。

不過，根據他在別處寫下的評論（例如之前引述過的，他在往卑爾根的船上寫下的話），維根斯坦顯然認為要是他哪天相信了上帝和復活，甚至賦予這些信仰的表達以**意義**，那也不是因為他找到了任何證據，而是因為他得救了。

然而，惱人的問題還是沒解決：維根斯坦到底認為（或希望）救贖會如何到來，換句話說，救贖掌握在他自己或神的手中？

在這個關鍵問題上，《暗室的國王》和維根斯坦一樣語焉不詳。蘇達莎娜獲救後對國王說：「主人啊，你並不俊美，而你無與倫比。」國王答道：「能與我相比之物在妳裡面。」「倘若如此，」蘇達莎娜說：「那它同樣無與倫比。」

你的愛在我裡面。那愛如鏡，映照出你，你在我裡面見到自己的臉：你所見到的不是我，而是你。

然而，劇裡其他段落，舉起鏡子的卻是國王。我們會讀到有些人認為國王醜，因為他們以國王映照出來的自己來想像他。於是我們會問：既然如此，那麼「那無與倫比之物」到底在不在我們裡面？我們要怎麼做才能見到它？擦亮自我這面鏡子以便映照出**它**，還是睜眼望著鏡子，看見它映照在**我們裡**

面？這裡或許便是有意義的語言（meaningful language）的極限，超越了排中律與矛盾律的範圍。[8]「它」或許既在我們裡面又不在我們裡面。要找到它，我們不僅必須在自己之內尋找，也得察覺自己倚賴某種外在於我們的東西，某種力量。

讓「它」映照在我們裡面和在我們的鏡像裡找「它」，兩者的差別或許不如表面那麼大，均須去除讓鏡像模糊的污垢。維根斯坦對此特別賣力，再小的污點也要清除，再小的行為為不檢也鐵了心絕不放過。比如一九三八年十月他寫信給喬治・湯姆森的岳母，真心誠意為一次根本無關緊要的過失道歉：

親愛的史都華夫人：

我必須為自己今天在佩特小姐辦公室對妳說的一句假話而道歉。我說自己最近在伯明罕見過湯姆森夫人，今晚回家後才想到這根本不對。幾週前我住在伯明罕的巴赫金家裡時，曾**試著**去見湯姆森夫人，但沒能見到她，只和她通了一次電話。今天下午和妳說話時，我腦子裡想的其實是湯姆森夫人去伯明罕前，我曾在妳家見過她。請原諒我的愚蠢。

你誠摯的

對照維根斯坦卸除自傲以求救贖的努力，他的哲學作品就顯得矛盾得有趣。這些著作一方面無疑受到謙卑以求得救的同一種態度所引導，另一方面又是他自傲的最大來源。儘管他不斷努力排除自傲，

維根斯坦

（照他的說法）「為了榮耀神」而寫作，而非出於虛榮，我們仍然一次見到羅素所謂的「魔鬼的驕傲」出現在他的哲學作品裡，而非他做的其他事情。

一九三八年夏天，維根斯坦依據自己在挪威的成果預備出版一份打字稿。《哲學研究》的最早版本便是出自於此。「由於諸多原因，」他在前言寫道：

我在這部作品裡發表的論述和目前別人所寫的東西會有交點。若這些論述的印記不足以顯明它們出自於我，那我將不再主張它們歸我所有。

然而，這些論述歸他所有，這一點對他至關重大。他之所以現在打算出版，正是因為卡納普、布雷斯衛特、魏斯曼和安布羅斯等人已經發表了源於這些論述的見解與主張。他在後一版的前言裡如此坦承：

這雖然非我所願，但我得知自己的思考成果在授課、打字和討論的過程中遭到了各種誤解，多多少少走了調、攙了水。這刺傷了我的虛榮心，久久難以復原。

然而，自傲既激發了維根斯坦的出版慾望，又阻止他這樣做。書九月交到了劍橋大學出版社手上，

8
排中律說，一個命題或其否定必有一真；矛盾律說，一個命題及其否定不能同時為真。（原註）

出版社同意發行德英對照本，但大約一個月後，他們得知維根斯坦現在不確定要不要出書了，於是出版計畫便暫時擱置下來。

維根斯坦的疑慮有二。第一個最重要，就是他對書的後半愈來愈不滿，亦即處理數學哲學的部份。第二個疑慮則和翻譯有關。

維根斯坦在摩爾的推薦下，找了里斯當譯者。這是項艱鉅的任務，不僅因為維根斯坦的德文艱澀難懂（和康德不相上下），也由於他的語言具有一種獨特罕見的特質，既口語又煞費苦心地精確。

一九三八年的米迦勒學期，里斯一直和翻譯搏鬥，定期和維根斯坦見面討論翻譯遇到的問題。維根斯坦本來就對別人表達他的思想很難滿意，一看譯稿簡直大驚失色。

一九三九年一月，他必須離開劍橋去美國一趟，便將打好字的譯稿交給了維根斯坦。維根斯坦焦急修改里斯的譯文，希望能讓凱因斯及時讀過一遍。「不用說，這整件事實在荒唐，」他寫信給摩爾說：「里斯完全搞不清頭尾，就算譯得好也沒用。」

除了出版之故，維根斯坦這時還有另一個理由希望英譯本像樣一點。摩爾剛辭去哲學教授一職，維根斯坦決定申請這個職缺，因此想用新書的英譯本摘錄助陣。他覺得自己無論如何不會獲選，一是由於他認為另一位申請者約翰·威斯頓一定會選上，二是因為牛津的柯林伍德[9]是遴選委員之一，此人肯定不會認可維根斯坦的研究。不過，凱因斯也是遴選委員，大可彌補這兩個缺點。維根斯坦焦急修

不論有沒有凱因斯幫忙、翻譯品質是好是壞，他還是很可能拿到教職，因為一九三九年時，他已是當時公認最頂尖的哲學天才。「拒絕給維根斯坦哲學教職，」布洛德說：「就像不給愛因斯坦物理教職一樣。」布洛德本人並不欣賞維根斯坦的作品，他只是陳述事實。

二月十一日，維根斯坦果然獲得聘任。可想而知，這既是他流露驕傲，也是譴責自傲的時刻。「拿到教授職位是與有榮焉等等，」他寫信給埃克萊斯說：「但比起這個，拿到替人開門關門的工作或許對我更好得多。除了虛榮和愚蠢有時帶來的快感，我的地位沒有給我任何滿足。」這件事也有助於國籍申請，六月二日他便拿到了英國護照。英國政府對奧地利猶太人移民事務再不寬容，也很難不給劍橋大學哲學教授公民身份。

在出書這件事上，還有一個比翻譯更嚴重的問題，就是維根斯坦很不滿意自己對數學哲學的論述。

一九三九年，他花了三學期的講座課討論這個問題。這些課的主題大致和去年的美學與宗教信仰講座相同，只不過遺害無窮的人變成了羅素和**邏輯學家**，等著被人從哲學理論家手裡救出的變成了數學。的確，這些課的策略已經在之前的美學課裡提過了。維根斯坦在討論康托的對角線證法時，除了表達自己對之的厭惡，還主張這類證明全憑「魅力」（大概是指得知有無限多個無限基數集時的那種著迷吧）而引人關注。「我將盡我最大的力量，」他說：「闡明這種魅力的影響，以及與『數學』之關聯的影響。」

數學之為數學……這似乎無可爭議，並且更加大了它的魅力。但當我們解釋這一表達的**週邊**〔surrounding〕，就會發現它本可以用完全不同的方式表達。我可以表達得讓它對許多人失去其魅力，並肯定對我失去其魅力。

9 譯註：R. G. Collingwood，1889-1943。英國哲學家、歷史學家、考古學家。其有名的著作有《歷史的觀念》（The Idea of History，1946）等。

因此，目的是重新詮釋數學，重新闡述它，讓康托的證明所開展的數學王國不再呈現為一個有待數學家發現的迷人世界，而是一個充滿哲學混亂的沼澤與困境。數學家希爾伯特曾說：「沒人能將我們逐出康托所創造的天堂。」「我會說，」維根斯坦對學生表示：「我不會夢想將誰趕出天堂」──

而是做一件完全不同的事：我會向各位闡明它不是天堂，讓你們自己離開。我會告訴你們：「歡迎來這裡，不妨四處看看。」

論數學的課是他攻擊科學偶像崇拜的一部分。雖然科學偶像崇拜是大目標，但他認為最重要的便是數學這一仗。「沒有一個宗教，」他曾寫道：「在誤用形上學表達而造成罪孽這件事上，比得上數學。」數學形上學所散發的「魅力」甚至比金斯《神秘的宇宙》之類的書還要強，對數學的偶像化也更具影響力。維根斯坦認為這是我們文化衰落的最主要症狀，甚至可能是其助因。

因此，他的任務就是摧毀那套形上學，而這門課有個特點，就是他為了達成這項任務，並未如先前那樣使用精細的專業知識討論數學。例如他沒有像一九三二至三三學年那樣，在課堂上朗讀哈代《純數學》的章節，也沒有像在《哲學語法》裡做過的那樣，用嚴格詳盡的分析來檢驗某些證明（如史扣龍對結合律的證明）。他完全拋開了技術細節，比如討論羅素悖論時，他的做法從數學的角度看來異常粗糙：

10

拿羅素的悖論來說，有些概念我們稱之為謂詞，例如「人」、「椅子」和「狼」是謂詞，「傑克」和「約翰」不是。有些謂詞適用於自身，有些則否，如「椅子」不是椅子，「狼」不是狼，但「謂詞」是謂詞。你可能會覺得這是胡扯，從某個角度來說它的確是。

我認為這種粗糙是一種宣傳手段，維根斯坦使用日常口語討論數理邏輯，將用於提出這類問題的語詞一概斥為「胡扯」，其實是一種解毒劑，用以化解那些陷入其「魅力」的人們（包括一九一一年的他自己）討論這些問題時的嚴肅與熱誠。此外，技術細節對他想探討的問題也是不相干的。「我在這門課上會討論的所有困惑，」他在第一堂課說：「都能用最基本的數學當例子，例如六到十五歲學的各種計算，或者很容易學會的東西，像是康托的證明。」

值得一提的是，聽課的人當中，有一位不僅是維根斯坦對立觀點的最有力代表，也是該世紀最偉大的數學家，那人就是艾倫·圖靈[11]。一九三九年的復活節學期，圖靈也在教「數學基礎」，但和維根斯坦的課天差地遠。圖靈的課旨在介紹數理邏輯這門學科，教導學生從嚴格的邏輯公理系統證出數學定理的技術。為了避免有人將**他的**課和那種「數學基礎」聯繫在一起，維根斯坦公開地說：

或許有人想，我要教的是數學裡一個名叫「數學基礎」的領域。數學裡是有這麼一個領域，《數

10　譯註：Thoralf Skolem，1887-1963。挪威數學家，研究數理邏輯和集合論等。

11　譯註：Alan Turing，1912-1954。英國計算機科學家、數學家等，被視為電腦科學之父。

學原理》之類的書就在探討這部份，但我不會教這個。事實上，我只熟悉《數學原理》的第一卷。

維根斯坦沒有提到，曾有一時他自己和羅素都認為他將重寫《數學原理》的部份章節。他現在這門課跟數學基礎只有一個關聯，就是破除它存在的理據，並試圖闡明：「那些稱為基礎的**數學**問題對我們不再是基礎，就像畫裡的岩石不是畫裡高塔的支柱。」

上課經常演變成他和圖靈的對話，一方攻擊數理邏輯，一方則為之辯護。到後來圖靈對課上討論的主旨實在太過重要，有一回他說自己沒辦法來上課，維根斯坦隨即告訴班上同學，那次的課只能算「註腳」。

維根斯坦的方法不是重新詮釋某個證明。他認為數理邏輯是一種哲學錯亂，因此試圖重新描述數學，讓聽者看出這一點，並徹底粉碎「數學是發現關於數學對象（數和集合等）的事實的科學」這種觀念。「我會不斷努力闡明，」他說：「所謂的數學發現最好稱為數學發明。」他認為沒有東西等著數學家去發現，數學證明不在確立某結論為真，而在劃定某些符號的**意義**。因此，數學的**嚴格**不在於關於數學真理的**特定知識**，而在於數學命題是**語法**，否認二加二等於四不是反對關於某事實的普遍觀點，而是顯露說話者不了解當中語詞的意義。維根斯坦似乎認為只要能說服圖靈以這種角度看待哲學，他就能說服任何人。

但圖靈不會被說服。對於他，就像對羅素和多數職業數學家，數學之美，其魅力之所在，正在於它能為一個少了它便無所確定的世界提供無懈可擊的真理，一如蒯因[12]所言：「不容爭辯，汝之名是數學！」有一回維根斯坦問圖靈是否了解他說的話，圖靈說：「我理解，但我不認為這只是賦予詞語新意

義的問題。」對此，維根斯坦的評論有些古怪：

圖靈不反對我對我說的任何事，每個字他都同意。他反對的是他覺得這些事所憑據的概念。他認為我們在破壞數學，將布爾什維克主義引入數學，但完全不是。

根據維根斯坦對自己的哲學方法的構想，他和圖靈不可能意見分歧。這一點非常重要。既然他的哲學並未提出任何論題，怎麼可能有東西不被同意？有一回圖靈說道：「我懂你的論點。」維根斯坦斷然回覆：「我沒有論點。」若圖靈傾向於反對維根斯坦說的話，那只可能是他使用語詞的方式和維根斯坦不同，只可能是賦予詞語意義的問題，或者不如說，是圖靈不了解維根斯坦對某些語詞的使用。例如，圖靈常說數學可以實驗，我們可以用物理實驗的精神來研究數學。「我們不曉得結果會是如何，但就來試試看……」維根斯坦認為這完全不可能，將數學比作物理學是完全錯誤，也是他想拆解的哲學困惑的主要禍根之一。但除了提出自己的觀點來反對圖靈的觀點，他要怎說清這一點？他必（a）讓圖靈承認兩人在相同的意義下使用「實驗」一詞，（b）讓圖靈看出，在這個意義下數學家不做實驗。

圖靈認為我和他使用「實驗」一詞的意義不同，但我想闡明並非如此。也就是，我認為若我能說清自己的意思，圖靈將不再說我們在數學裡做實驗，若我能按照正確順序排列某些眾所周知的事

12
譯註：W. V. Quine，1908-2000。二十世紀最有影響的美國哲學家、邏輯學家之一。

實，所有人將清楚看到，我和圖靈使用「實驗」一詞的意思並無不同。

你可能說：「怎麼可能有如此難以消除的誤解呢？」

教育的差異可能是原因之一。

另一個原因可能是圖靈拒絕離開數學家天堂，或他懷疑維根斯坦抱有布爾什維克主義。對維根斯坦而言，說他們倆觀點確實不同並無法解釋這個誤解。他對班上學生說：「重點顯然全在於我絕沒有觀點。」

然而，維根斯坦顯然有觀點，而且是很強的觀點，和多數職業數學家對自己專業的見解不同。他認為圖靈懷疑他「將布爾什維克主義引入數學」，是因為拉姆齊在一九二五年發表的論文〈數學基礎〉裡主張拯救數學，擺脫布勞威爾和魏爾的「布爾什維克式威脅」。布魏兩人否定排中律，認為某些傳統分析裡的標準證明並不正當。不過，圖靈肯定覺得維根斯坦的布爾什維克主義極端得多，畢竟維根斯坦挑戰的不是排中律，而是矛盾律。

對於數學的基礎，所有傳統學派（邏輯主義、形式主義和直覺主義）都同意，如果系統裡隱含矛盾，我們就必須以不一致為由拒斥之。事實上，就是因為傳統上對微積分的理解不一致，學者才開始為數學尋找可靠的邏輯基礎。

維根斯坦在課上對這種關切「隱含矛盾」的做法大加嘲諷，讓圖靈火力全開頑強反擊。維根斯坦建議圖靈考慮說謊者悖論：

420

這個悖論竟然會引人困惑，實在莫名其妙。人類竟然會為了這種事擔憂，這一點比你以為的稀奇得多。因為事情是這樣的，假設某人表示「我正在說謊」，我們由此推論他不是在說謊，由此又得出他正在說謊，依此類推。好吧，那又怎樣？你可以這樣繼續下去，直到火冒三丈。有何不可？

反正無所謂。

圖靈努力解釋，這類悖論令人困惑之處在於「人們通常將矛盾視為做錯了什麼事的標準，但在悖論裡卻找不出哪裡錯了」。維根斯坦答道，的確如此，因為根本**沒有**做錯任何事。「有人會說『這只能用類型論來解釋』，但到底什麼東西需要解釋？」

圖靈顯然不只需要解釋悖論為何令人困惑，還需要解釋它為何**重要**。他認為包含矛盾的系統「唯有當應用造成橋樑倒塌之類的後果時，真正的害處才會到來」。下一堂課他又重提這個論點，兩人幾乎整堂課都在爭執發現「隱含的矛盾」有多重要。

圖靈：演算裡必須沒有隱含的矛盾，才能放心應用。

維根斯坦：我覺得這一點錯得厲害。演算給出了結果，而你不希望橋塌。我認為出錯的路只有兩條：要嘛橋塌了，要嘛你計算有誤，例如乘錯了。但你似乎認為還有第三條路，就是演算法錯了。

圖靈：不對，我反對的是橋塌。

維根斯坦：但你怎麼知道橋會塌？那不是物理學的問題嗎？也可能有人用扔骰子來計算橋樑，而橋永遠不會塌。

圖靈：假如有人使用弗雷格的符號系統，將其中的乘法方式教給某人，那麼這人使用羅素悖論就能做出錯誤的乘法。

維根斯坦：那他做的就是我們不會稱之為乘法的事。你給了他一條規則，他照著走到某個點時有兩條路可走，其中一條將讓他徹底錯誤。

「你似乎在說，」圖靈提說：「人只要運用一點常識，就不會陷入麻煩。」維根斯坦吼道：「不是，我完全**不是**這個意思。」他想說的是，矛盾不會帶人走偏，因為它根本不引向任何地方，也不會讓人計算錯誤，因為它就是無法用來計算。矛盾不能用來做任何事情，除了讓人浪費時間苦苦思索。

圖靈繼續上了兩次課，之後就不再來了。他確信既然維根斯坦不承認矛盾是數學系統的致命缺陷，他倆就不可能有共同的出發點。作為維根斯坦攻擊對象的唯一代表來上課，身旁全是維根斯坦的追隨者，還得用自己不熟悉的方式討論問題，顯然需要一點勇氣。圖靈傳作者安德魯・霍吉斯（Andrew Hodges）（這本傳記非常出色）就很驚訝圖靈在課上的討論如此缺乏自信，例如他和維根斯坦對數學「規則」的性質做了那麼多討論，卻一次也沒有用圖靈機的概念對之給出定義。不過，圖靈當然知道就算自己這樣做了，維根斯坦肯定會斥之為不相干，因為兩人討論的是更根本的東西。維根斯坦攻擊的不是這個或那個定義，而是提出定義的原始動機。

除了艾利斯特・華森和少數例外，這門課的大多數學生可能都未完全領會圖靈和維根斯坦到底在爭論什麼，也不完全明白維根斯坦的看法有多極端，徹底背離了之前學者說過、寫過關於數學哲學的

一切。總的來說，他們對維根斯坦比對數學更感興趣，例如諾曼‧馬爾康姆就說自己雖然意識到「維根斯坦正在做一件重要的事」，但「上課時幾乎什麼也聽不懂」，直到十年後重讀自己的筆記才理解了一些。

馬爾康姆是哈佛博士生，一九三八年米迦勒學期到劍橋師事摩爾，很快便傾倒於維根斯坦的個人魅力。對於那份魅力，他在回憶錄裡有著最深刻和（對許多認識維根斯坦的人而言）最精確的描述。馬爾康姆個性和善，通達人情，讓維根斯坦備覺溫暖，兩人在馬爾康姆短暫逗留劍橋期間成了好友。馬爾康姆返回美國後，不僅成為維根斯坦珍視的通信對象，也是寶貴的貨源，因為英國當時買不到美國雜誌，得靠他將維根斯坦最喜歡的《偵探故事雜誌》寄到劍橋。

維根斯坦為何非要《偵探故事雜誌》不可，原因成謎。有一回馬爾康姆寄來別家雜誌，維根斯坦溫和斥責他為何不只寄「經過考驗的老牌好東西」過來，而是想搞新花樣。其實，《偵探雜誌故事》當時和比它有名的競爭對手，美國的偵探雜誌《黑面具》（Black Mask）已經宛如雙胞，兩者都刊登「冷硬派」偵探小說，作者也幾乎是同一群人，最有名的包括卡羅爾‧約翰‧戴利（Carroll John Daly）、諾伯特‧戴維斯（Norbert Davis）、康奈爾‧伍里奇（Cornell Woolrich）和厄爾‧史丹利‧賈德納（Erle Stanley Gardner）。雷蒙‧錢德勒（Raymond Chandler）只在《偵探故事雜誌》發表過一篇故事，是他比較不知名的作品，題為〈山中無罪惡〉（No Crime in the Mountains），至於達許‧漢密特（Dashiell Hammett）那時已經不再為「廉價刊物」（pulps）寫作。

至少在一個點上，冷硬派偵探小說和維根斯坦氣質相合，兩者各自以不同的方式貶抑「邏輯科學」代表是《數學原理》，冷硬派偵探小說是福爾摩斯。「我不是小說裡那種演繹推論派的偵探，」《偵探故事雜誌》某篇小說裡的主角瑞斯‧威廉斯表示：

而是苦幹實幹型的人，能一眼看出破綻。如果要用槍，我能在一分內、一秒內，甚至一毫秒內做出反應。

這種反應敏捷、開槍迅速、開門見山的傢伙顯然很像電影裡的牛仔，而維根斯坦最愛看的就是西部片，這點可能不是巧合。不過，到了一九三〇年代後期，他的口味更寬了，連音樂劇也愛，還告訴馬爾康姆自己最喜歡的女星是卡門・米蘭達（Carmen Miranda）和貝蒂・哈頓（Betty Hutton）。每當上課讓他精疲力竭，心生厭惡，他總是會由馬爾康姆、史邁瑟斯或班上其他朋友陪著去看部「片子」，總是坐在最前排，讓自己完全沉浸於影像之中。他向馬爾康姆形容，看電影「就像沖澡」能洗去他的思緒，不再想著上課的事。

當時戲院會在電影結束後演奏國歌，觀眾要起身肅立，但維根斯坦無法遵守這項儀式，總是在演奏前就衝出戲院。他還發現自己受不了影片間放映的新聞影片。隨著對德戰事逼近，新聞影片愈來愈愛國和好戰，讓維根斯坦火氣更大。在他的文件裡有一份寫給新聞影片製作單位的信稿，指控他們是「戈培爾[13]的好學生」，而正是在此時，他和帕特森的十年交情也戛然而止，因為他覺得自己在帕特森對戰爭的態度裡見到了好戰主義。他和馬爾康姆的友誼同樣受到了威脅。有一天他倆經過報攤，見到看板寫著德國政府指控英國試圖暗殺希特勒，維根斯坦表示如果真有此事，他也不會意外，但馬爾康姆意見不同，說這種行為不符合英國的「民族性格」。這番「粗糙」的評論惹毛了維根斯坦：

……如果哲學只是讓你對某些深奧的邏輯問題討論得頭頭是道，而沒有改變你對日常生活的重

要問題的思考，沒有讓你使用某些**危險的**語詞比……比記者那些為了個人目的使用這些語詞的人

更謹慎，那學哲學有什麼用？

因為這件事，維根斯坦停掉了上課前和馬爾康姆一起散步的習慣，直到對方一九四〇年二月返回美國

前，兩人才重修舊好。

維根斯坦有理由擔心英國為了戰爭在即而鼓動民族主義與反德情緒。一九三九年九月三日宣戰當

天，他和史金納在威爾斯造訪德魯利，兩人下榻龐提普里德（Pontypridd）一間旅館，隔天早上他被要

求到警局報備，因為他的德國名字引起了女經理的注意。這時他已經是英國人，也順利證明了這一點，

但就像他對德魯利和史金納說的，從今以後他得非常小心。

開戰後頭兩年，維根斯坦不得不留在劍橋教書，但他一直努力尋找和戰事有關的工作，例如加入

救傷隊。回想一九三七年九月工作進展不順時，他催促自己做點別的事情，但，「我怎麼才能找到另謀

他職的力量？」他問自己：「除非被強迫，例如戰爭所逼。」如今戰爭來了，他卻發現戰爭遠遠沒有逼

自己做別的事，反而阻止他這麼做。他的德國名字和奧地利出身阻斷了他做點「有用的事」的大門。他

一方面繼續上課，寫他書的後半，一方面又期望離開劍橋，以某種方式投入到戰事裡。「我覺得待在這

裡，我會慢慢死掉，」他對約翰・賴爾（John Ryle）說道：「我寧可找到快點喪命的機會。」

13
譯註：Joseph Goebbels，1897-1945。納粹德國時期的國民教育與宣傳部部長。

他勸馬爾康姆放棄學術生涯，但沒有成功。至於史邁瑟斯，維根斯坦認為他絕不可能進入學術界，因為他「太嚴肅」。馬爾康姆不能改做勞力工作嗎，例如務農或到牧場幹活？馬爾康姆沒有照辦。他回哈佛拿到了博士學位，在普林斯頓大學取得了教職。維根斯坦不斷在信裡提出警告。他恭喜馬爾康姆拿到博士，並叮囑他善加運用所學，別欺騙自己和學生。「因為除非我錯得離譜，**這正是人們對你的期待。**」他祝馬爾康姆教學順利，同時再次強調自欺的誘惑非常巨大，「**得靠奇蹟**才有辦法得體地教授哲學。」

大戰爆發時，法蘭西斯·史金納在劍橋儀器公司的實習已經結束，似乎打算重返理論研究。他在一封一九三九年十月十一日寫於里茲的信裡提到，自己正和過去在數學系的導師厄塞爾（Ursell）合作寫書（應該是數學教科書），但應該沒有寫成，至少我找不到任何有關這本書出版的資料。史金納在信裡表示自己現在很難找到這種工作，還說他可能很快會回劍橋大學求職。他還隱約提到自己和維根斯坦之間的裂痕，兩人關係出現了問題，而他一如既往將過錯完全攬在自己身上：

我竟然害得你寫信說你感覺我在遠離你，這實在令我難過。我的舉動可能動搖了我們的關係，真是太糟了。要是我們的關係出現問題，對我會是大災難。請原諒我做的事。

史金納沒說自己做了什麼，顯然他本人也不清楚，只知道自己正在失去維根斯坦的愛。回到劍橋後，他住在伊斯特路，維根斯坦則住在他很喜歡的惠威爾庭院的宿舍裡，兩人不再同居。

史金納過世後，維根斯坦不斷自責，因為他在對方生命的最後兩年出軌了。我們可以合理推斷，這份內疚跟他看上了史金納的年輕工人同事凱斯・柯爾克（Keith Kirk）脫不了關係。一九三九年，十九歲的柯爾克和史金納一起在工廠實習，他向史金納請教廠裡機器的數學和機械問題，兩人因而成為朋友。由於史金納太過寡言，當不了好老師，便將柯爾克介紹給了維根斯坦。維根斯坦開始定期替他上物理、數學和機械課，以便通過英國城市專業學會的專業考試。

對柯爾克來說，劍橋教授替他上課不僅是意外的驚喜和莫大的幫助，也是不尋常的機會。然而，維根斯坦在日記裡卻不做此想。他對這段關係的想法似乎超過了一般人的預期：

每週見柯一兩次，但憂心這麼做是否正確，但願確實有益。要是我把那些想法寫下來，一眼就會看出它們有多低級和不誠實，有多**不得體**。（一九四〇年十月七日）

一整天盡想著我和柯爾克的關係，大部分**很**不真誠也沒益處。（一九四〇年六月十三日）

從一九四〇年到一九四一年上半年，柯爾克定期到維根斯坦的三一學院宿舍免費上課。維根斯坦不用教科書，而是不停發問，逼柯爾克從基本原理出發，把問題想透。因此，課一開始可能是維根斯坦問柯爾克水沸騰後會怎樣？氣泡是什麼？為什麼會浮到水面上？等等。換句話說，柯爾克能從課上學到多少，主要取決於他自己的思考能力。和維根斯坦的哲學課一樣，兩人經常長時間沉默。但柯爾克表示，他一直記得課上學到的東西，而維根斯坦傳授給他的思考方式也讓他終生受益。

柯爾克壓根不曾想過維根斯坦除了是熱心助人的老師之外，對他還有什麼其他的情感。上完課後，他偶爾會陪維根斯坦和史金納去戲院看西部片，但除了這個，上課之外的時間他很少見到維根斯坦。

一九四一年，英國作戰部徵召柯爾克到伯恩茅斯的空軍研究中心工作，上課一事因而停擺。這事雖然終止了他的專業考試計畫，卻沒有立刻終止他和維根斯坦的友誼。維根斯坦努力維持聯繫，還曾去伯恩茅斯看柯爾克過得如何，而柯爾克回劍橋時，維根斯坦也一定會安排見面。

有一次柯爾克回劍橋，維根斯坦心焦如焚找到他，告訴他史金納得了小兒痲痺，病得很厲害，已經住院了。幾天後的十月十一日，史金納離開了人間。

維根斯坦起初的反應是不著痕跡的克制，在信裡以安靜尊嚴的語調告知朋友法蘭西斯的死訊。比如他這麼寫給赫特：

親愛的羅蘭德：

我必須告訴你一樁非常不幸的消息。

法蘭西斯四天前病倒了，小兒痲痺，昨天早晨離開了我們，臨終前沒有**任何痛苦與掙扎，完全**平靜。我陪著他，心想他在我認識的人當中活得最是幸福，死時也最為平和。

祝你有美好和善的思想。

一如既往的

維根斯坦

然而，葬禮時他再也克制不住了。史金納的姊姊形容他在儀式中的舉止像「一頭受驚的野獸」，葬禮後還不肯進屋，和三一學院的導師柏納比博士（Dr Burnaby）在萊奇渥斯鎮繞圈子，看上去「很激動」。史金納的家人一直不信任維根斯坦，對家中這個敏感男孩受到的影響深感疑慮。他母親相信劍橋儀器公司的工作加速了兒子的死，在葬禮上完全不和維根斯坦說話。

不過，維根斯坦的內疚完全無關乎他對法蘭西斯的影響，而是更和他自己的內心世界，和他在法蘭西斯生命最後幾年對這位密友的情感有關。一九四一年十二月二十八日他寫道：

常常想起法蘭西斯，但總是只在為我的無情而懊悔，而不是心懷感謝。他的生與死似乎只是在控訴我，因為我在他活著的最後兩年經常對他無情，並且在心裡對他不忠。若不是他如此溫順與真誠無限，我肯定會對他徹底無情。

這段話之後，他立刻談起自己對柯爾克的感情。「我經常和凱斯見面，我不曉得這到底代表什麼，活該失望、焦慮、擔憂，無法固定在一個生活模式裡。」一九四八年七月，法蘭西斯過世七年後，他又寫道：「經常想起最後一次和法蘭西斯在一起的時光，想起我待他的可憎嘴臉……我看不出自己這輩子如何能擺脫這份歉疚。」

維根斯坦對柯爾克的迷戀從來未曾說出、未獲承認、未得回報，徹底凸顯了他在感情上的一項特質，之前對品生特和瑪格麗特的愛也是如此，那就是無視於對方的感受。品生特和瑪格麗特並不愛他，

428

柯爾克更不用說，但這似乎未曾分毫影響他對他們的愛，甚至讓他更容易付出愛，因為這樣的關係能孤立在他自己的美好情感裡安然進行。他曾經深受哲學唯我論吸引，再用後半輩子反對它，形容自己的後期作品都在告訴蒼蠅怎麼逃出捕蠅瓶。與之對應的，是他在浪漫愛裡的感情唯我論。當法蘭西斯威脅到這份孤立時，維根斯坦退縮了，就像叔本華寓言裡的豪豬躲進了自己的尖刺之後[14]。

14 譯註：豪豬寓言講的是一群豪豬為了取暖而聚在一起，但如果靠得太近，牠們身上的刺會傷害彼此，故而必須在溫暖和安全之間取得平衡。

第四部

一九四一—一九五一

二十一、戰時工作

開戰後頭兩年，維根斯坦三天兩頭提到自己找不到學術圈之外的工作，令他非常沮喪。他覺得戰爭期間教授哲學簡直荒謬，心裡只想為抗戰出一份力，最後由於牛津哲學家朋友吉爾伯特・賴爾的緣故，他的機會總算來了。賴爾的兄長約翰是劍橋醫學系欽定教授，一九四〇年回到蓋斯醫院協助院方立刻對他印象深刻。「他是世上最有名的哲學家，」約翰寫信給妻子說：「身穿開領綠襯衫，五官頗有吸引力」——

為倫敦大空襲做準備。該年九月，維根斯坦寫信給約翰，希望能去蓋斯醫院見他。約翰邀他共進午餐，

我覺得很有意思，他當了多年三一學院講師，卻遠未染上別人的那種習氣，反而被那地方的死氣壓垮了。他對我說：「我覺得待在這裡，我會慢慢死掉，我寧可找到快點喪命的機會。」因此他想到醫院做些卑微的體力活，作為戰時的工作，必要時辭去教職也無妨，但不希望被別人拿來當話題。他還想到空襲區去工作。工作部打算讓他幹雜活，歸那位負責全院大小修繕的老工人管。

我想他明白自己腦袋的運作方式和大多數人差別太大，瘋了才會去找要用腦的戰時工作。我今晚

431

寫信告訴他有這份工作，但沒有刻意說服他。

我絕對要找一天帶他和一兩位加拿大人去見妳。

維根斯坦顯然不需要刻意說服，因為這封信寫完一週左右，他就開始在蓋斯醫院工作了，但不是幹雜活，而是藥局速遞員。

維根斯坦不希望自己從劍橋哲學教授變成蓋斯醫院藥局速遞員成為話題，而約翰應該未負所託，因為他似乎沒向醫院任何同仁提到新來的勤務是「世上最有名的哲學家」。有一件事印證了他的謹慎。約翰的好友亨佛瑞・奧斯蒙（Humphray Osmond）於二戰期間是院內刊物《蓋斯報》的編輯，總是在尋找有趣的故事，但他直到一九五八年馬爾康姆出版回憶錄後，才知道維根斯坦曾在醫院待過。幸好約翰口風很緊，要是醫院刊出《蓋斯醫院的名哲學家》之類的報導，維根斯坦肯定會勃然大怒。

任職醫院期間，維根斯坦和醫療同仁一起在納菲爾德大樓（Nuffield House）吃住。光憑這事就足以使他有別於其他速遞員，因為非醫療職員通常住在院區外，用餐也和醫師分開。住進納菲爾德大樓後不久，他就在晚餐時受到血液科醫師沃特菲德（R. L. Waterfield）的熱情歡迎。沃特菲德在劍橋待過，出席過道德科學社的聚會，他一認出維根斯坦，維根斯坦就臉色慘白地說：「天哪，別告訴任何人我是誰！」儘管《蓋斯報》始終沒抓到這個消息，但不論透過沃特菲德或其他管道，醫院裡許多人都非常清楚維根斯坦是誰，稱他「維根斯坦教授」。

維根斯坦在院裡負責將藥從藥局送到病房，據約翰的妻子米麗安回憶，他常建議病人不要服藥。

當時的藥局主管是伊札德（S. F. Izzard）先生，後來當人問他記不記得維根斯坦當過速遞員，他回答：「記得，記得很清楚。他來藥局工作三週之後，就來找我講解該怎麼管理這個地方。你知道，他是個喜歡思考的人。」不久後，維根斯坦就被轉到藥劑科當藥技士，負責為皮膚科製備拉薩爾軟膏。德魯利到醫院看維根斯坦時，一名職員告訴他從來沒人做出品質這麼好的拉薩爾軟膏[1]。

這段期間，維根斯坦很需要朋友。法蘭西斯過世了，柯爾克去了伯恩茅斯，維根斯坦極其孤獨，需要情感上的接觸。「發自你內心的一個字，」一九四一年八月二十日，他寫信給赫特說：「勝過你腦袋說出的千言萬語！」十一月二十七日他又寫道：「我沒辦法寫法蘭西斯，而你筆下的他雖然真確，但不知怎的就是和**我**對他的想法不吻合。」他向赫特描述自己在藥局的工作，說他每週賺二十八先令，工作很辛苦。「我希望自己身體能撐住，因為我的靈魂**非常**疲憊，狀態一點也不好，完全不是它該有的樣子。」他又補充道：「也許我們再見到對方，會對我們有點幫助。」

如果兩人真的會面，時間一定要夠長才有意義，這點對他非常重要。接下來幾封信裡，維根斯坦不斷強調見面最好選在週日，因為他只有那天不用到醫院工作：

但要是你**無法**週日來，就只好在週間了。那樣的話，就算晚來半小時都不明智，因為以目前這情況，我們很容易把事情搞砸，我實在不希望這樣！

「基本上，」他在另一封信裡解釋道：「**對我們這種人來說，匆促見面不是什麼好主意**。可能的話，我們碰面應該很悠閒。」當赫特對會面有些遲疑，維根斯坦提議兩人等三個月再試著見面：

既然你寫說覺得自己很難說想見我，那又有什麼理由見我呢？我想見想見**我**的人，如果有一天沒

人想見我（這一天或許就快到了），那我想我誰也不會見。

維根斯坦擔心自己身體無法應付藥局速遞員的工作，這是有道理的。他那時已經五十二歲，開始

顯得（也覺得自己）老了。「下午五點左右忙完工作，」他告訴赫特：「我常累得幾乎動不了。」但要說

他身體虛弱，他的精神在法蘭西斯死後則快崩潰了。那年耶誕，他和巴布魯克家一起過節，法蘭西斯

伊斯特路住處樓下的雜貨店是他們家的。聚會氣氛很感傷，除夕那天他寫信給赫特：

我整個人是孤獨的，很害怕未來的歲月！……希望你不乏快樂，並且比我更珍惜你所有的幸福，

無論多少。

一九四二年元旦，約翰‧賴爾兌現了對妻子的承諾，帶維根斯坦回薩塞克斯見她。多虧兩人十四

歲的兒子安東尼在日記裡記下了那個週末，我們才得以知道細節。但他對維根斯坦的第一印象並不完

全正面：

<hr>

1 譯註：拉薩爾軟膏（Lassar's ointment）為德國皮膚科醫師拉薩爾（Oskar Lassar，1849-1907）發明的軟膏。

晚上七點半，爸爸和又一位叫溫克斯坦（是這樣寫嗎？）的奧地利（？）教授回到家裡。爸爸很累，溫克非常古怪，英語說得不是很好，一直說「我的意思是」，還把「受不了」說成「是受不了」。

隔天晚上，他雖然把名字拼得更對了一些，但對父親的新朋友依然沒什麼好感：

早上爸爸跟我、瑪格芮特、廷克和羊群一起去散步。雖然結霜，但很晴朗。維更斯坦早上和安置居民[2]在一起，他覺得我們對那些人很冷酷。我們一下午都在爭論，他真是不可理喻，不管你說什麼他都說「不對不對，重點不在這裡。」他或許覺得重點不在這裡，但我們覺得在。聽他講話很累。午茶後我帶他四處走走，他懇求我善待那些可憐的小孩。他完全是另一個極端。媽媽要他們當好公民，他則要他們快樂。

賴爾家在薩塞克斯租了一座農場，「可憐的小孩」是安置戶，兩個來自樸茨茅斯藍領家庭的男孩。賴爾夫人組織了一群孩子——也包括這兩名男孩在內——替俄國紅十字會織手套。儘管她很照顧這些孩子，但顯然管教嚴厲。約翰在家或家裡有訪客時，他們會和安置戶保持距離，例如在不同的房間用餐。維根斯坦造訪期間，堅持和安置戶的孩子們一起吃飯，以表達支持與同情。

賴爾夫人收容了他們，作為政治立場的一種表達。

不難看出維根斯坦為何喜歡和敬重約翰。他和維根斯坦一樣很不適應劍橋的學術生活，顯然也和

維根斯坦一樣更愛在空襲區的醫院工作，勝過在劍橋「死氣」的劍橋。他在劍橋時是活躍的政治份子，一九四〇年以左翼獨立候選人參選，並且自一九三八年便一直努力營救猶太醫師離開奧地利和德國（或許因為這個緣故，安東尼才會說維根斯坦是「又一位奧地利教授」）。

許多大空襲期間在蓋斯任職的人想起賴爾的親切，心中都懷著暖意與感謝。他們之中許多是年輕人，和經歷過一次大戰的賴爾不同，完全沒有戰爭經驗。不論是猛烈轟炸時在醫院工作的恐怖或賴爾如何鼓舞同仁面對危險，奧斯蒙的描述都是許多人共同的回憶：

數十枚燒彈朝醫院落下，至少有十幾枚打在了院內樓房上，有些爆炸了，有些沒有……由於轟炸和接收大量傷患的壓力，留守在醫院的這一小群職員彼此都很熟識……我經常在醫院屋頂警戒，留意空襲……我們有許多時間在閒聊喝茶……經常睡在納菲爾德大樓的地下室。賴爾很聰明，又有智慧，對於和我一樣討厭被轟炸的人來說，他一戰時在壕溝裡鍛鍊出來的鎮靜是很大的安定力量。

四月時，維根斯坦在蓋斯醫院動了一次手術，取出困擾他多年的膽結石。由於他不信任英國醫師，覺得拉姆齊和史金納當時要是得到妥善的醫治就不會死了，因此堅持不做麻醉，好於手術時保持清醒。他要醫療人員擺了幾面鏡子在手術室裡，以便觀察手術過程。為了幫助他熬過這一段肯定痛不欲生的時間，約翰全程握著他的手坐在旁邊。

2 譯註：安置居民（evacuee）指戰時從危險地區疏散至後方的民眾。

除了約翰，維根斯坦在蓋斯醫院的新朋友多半是技士而非醫師，娜歐米·威金森（Naomi Wilkinson）便是其中之一。她是放射師，也是約翰的表妹，常在院內舉辦留聲機欣賞會，維根斯坦是常客。他很在意唱片的選擇，時常不滿意曲單。由於興趣相同，威金森和維根斯坦成了朋友，也和他許多朋友一樣，被他邀請到里昂咖啡館喝茶。有一回在咖啡館，她問他覺得有多少人懂他的哲學，維根斯坦沉思良久才說：「兩個，其中一個是吉爾伯特·賴爾。」很不幸他沒說另一人是誰。或許他說吉爾伯特·賴爾只是沒能完全扔掉童年的好規矩：即使年過五十，他仍然喜歡挑覺得能讓人開心的話說。

娜歐米·威金森的留聲機欣賞會有一回似乎成了他夢境裡的元素。維根斯坦在蓋斯醫院工作時記下了這個夢：

我今晚夢見：我姊姊葛蕾塔給了路易斯·波利策一樣禮物，是一個包。我在夢裡見到那個包，應該說只見到包的鋼鎖，很大，方方正正，作工很細，看起來像是人們有時會在博物館裡見到的那種複雜的老掛鎖。這把鎖裡有某種機關，讓鎖孔發出「妳的葛蕾塔贈」這幾個字或之類的話。我心想這個機關真精巧，會不會是某種留聲機，可不可能是鋼造的。

維根斯坦本人並未解釋這個夢，但考慮到他那時期很注意佛洛伊德的作品，之前也用過鎖的隱喻來描述佛洛伊德的核心概念，加上葛蕾塔是家裡和佛洛伊德關係最密切的人，我認為這個夢很可能在**講述**夢的解析。夢似乎在說話，而嫻熟運用佛洛伊德的作品將使我們（彷彿透過佛洛伊德理論這個鎖孔）聽見夢說了什麼，但背後的機制和建構夢的符號的材料（即無意識）太過精巧複雜，無法靠著佛洛伊德

用十九世紀力學所做的粗糙類比來理解。

總之，這個話題是維根斯坦一九四二年夏天和里斯的談話重點。他到斯旺西去找里斯，在那裡待了幾天，膽結石術後復原是原因之一。他們倆會沿著南威爾斯的海邊散步，維根斯坦特別喜歡那裡。里斯是當時（還活著的）維根斯坦認為可以討論哲學的極少數人之一，但令人詫異的是，雖然維根斯坦的哲學思考主要鎖定數學哲學，他和里斯的談話主題卻是佛洛伊德的心理學解釋之性質。

維根斯坦強調，我們確實**可以**將夢裡的意象當成符號，在這個意義下，我們可以談論夢的語言，就算做夢者不理解那些符號也無妨。當我們和解夢者討論夢境，並接受其解釋，這一點就會凸顯出來。同理，當我們畫出看上去無意義的塗鴉，分析者向我們發問，追索關聯，我們可能會為自己為何這樣畫提出解釋：「這時便能將塗鴉視為一種書寫，是在使用語言，只是沒人看得懂。」然而，維根斯坦認為必須將這種解釋和科學解釋區分開來。夢和塗鴉並非經由運用法則來解釋，而且「我認為重點是這種法則根本**不存在**」。佛洛伊德的解釋和神話學的共同點比它和科學的共同點更多，例如佛洛伊德認為焦慮只是出生焦慮的重複，但從未提出證據。然而，「這是個很有吸引力的想法」。

它具有神話學解釋的那種吸引力，告訴我們這一切都是在重複以前發生過的事。當人們接受和採納這樣的解釋，某些事就會變得清楚和簡單。

因此，佛洛伊德的解釋和維根斯坦對哲學的解釋是系出同源，都不在提供機械式的因果理論，而是提供：

……某種人們更容易接受、更容易產生某種作為的東西……使他們覺得某些行為和思考方式天經地義，放棄原本的思考模式，改採另一種。

基於這個理由，維根斯坦才會在這個時期對里斯說自己是佛洛伊德的「弟子」和「追隨者」。

二戰期間，維根斯坦的哲學思考大多擺在數學哲學上，大部份寫作都在改進他在挪威最後幾個月裡寫下的論述，改進《哲學研究》裡基於那些論述寫出的章節。任職蓋斯醫院期間，他寫了整整三冊論數學的筆記。這些筆記加上從中編輯出的稿子後來出版，構成了《數學基礎評論》的第四到第七部。

雖然這些筆記和他之前的論述要旨相同，但對於數理邏輯的攻擊更加尖刻，甚至可以說是他言詞最挑釁的作品。

羅素寫過一篇〈數學和形上學家〉（Mathematics and the Metaphysicians），當中描繪的數學形象正是維根斯坦攻擊目標的最佳描述。「現代數學的首要勝利之一，」羅素說：「就在於發現了數學究竟是什麼」——

所有純數學，從算術、分析到幾何，都是由原始邏輯概念組合建構而成，其命題由普遍的邏輯公理（如三段論和其他推論規則）推導而來……因此，形式邏輯和數學的題材已經證明是相同的。

羅素接著論及無限小、無限和連續的問題：

當代三位學者（魏爾斯特拉斯[3]、戴德金[4]和康托）不僅提出了這三個問題，還徹底提供了解答。對熟悉數學的人來說，他們提出的解答清楚至極，沒留下任何疑惑與困難。這或許是我們這個時代值得誇耀的最偉大成就。

維根斯坦抨擊的不僅是這種數學形象，還有其中所顯露的態度。「為什麼要大費周章找出數學是什麼？」他在醫院任職期間寫下的筆記裡問道：

因為我們對數學有一種定見，視之為一種典範，作為其地位與功能的理想，必須將它清楚找出來。

我的任務不是從內部攻擊羅素的邏輯，而是從外部。

也就是說：不是在數學上攻擊數學，否則我就是在做數學了，而是攻擊其地位、其職責（office）。

維根斯坦認為，形式邏輯並未證明自己等於數學，說它已經證明了這一點「幾乎就像有人說黏合是製作櫃子的全部」。數理邏輯也沒有徹底解答數學是什麼，而是「完全扭曲了數學家和哲學家的思考」。魏爾

3　譯註：Karl Weierstrass，1815-1897。德國數學家，替函數和極限建立了嚴格的定義。被譽為「現代分析之父」。

4　譯註：Richard Dedekind，1831-1916。德國數學家，在數論、實數論、代數等領域都有重要成就。數學家高斯（Gauss，1777-1855）的學生。

斯特拉斯、戴德金和康托的作品遠非我們時代最偉大的成就。相較於數學的其他內容，它們是「一種癌變，有如從正常人體中漫無目的且無意義地生長出來的東西」。

為了闡明邏輯和數學是不同的技術，數理邏輯的成果（在我們對無限、無限小和連續的理解上）不具羅素所說的重要性，維根斯坦嘗試了許多手法，比如他努力證明日常生活和數學所使用的無限、連續與無限小的概念，不僅沒有被戴德金、康托和魏爾斯特拉斯的定義所闡明，反而被扭曲了。

不過，他的攻擊重心在於證明這一點：數學裡典型的證明方法和邏輯所用的證明方法並不類同。邏輯的證明是用一系列命題以確立結論為真，維根斯坦則想表明數學證明是用一系列**圖像**（picture）以確立某一技術有用。

例如，他認為我們沒有理由認為以下的圖像：

不能是乘法交換律（a×b=b×a）的證明，因為某人可以先如此再那般地觀看這幅圖像，從中看出 5×4 等於 4×5，進而將交換律應用到所有其他情況。

這麼做無關乎命題或結論，也就不出現這個問題：若交換律為真，它是**關於**什麼為真？若將這種

圖像視為標準，而非以邏輯公理系統為典範，那就完全沒有理由認同羅素的說法，認為數理邏輯學家已經「發現了數學究竟是什麼」。數理邏輯學家對「數學基礎」的見解只是畫了另一種圖像，發明了另一種技術。

然而，強調圖像在數學裡的角色，不僅是為了摧毀特定的數學觀，還要用另一種強調「看見關聯」之作用的數學觀取而代之。為了從上圖掌握交換律，我們必須看出這個圖像

和底下這個圖像是同一回事。

只要無法「看出關聯」，這個證明就不可能說服我們接受任何事。因此，對這個證明的理解是一個（初步卻）很好的例子，可以說明構成維根斯坦**世界觀**的基礎的那種理解是什麼。數學證明和他的哲學論述一樣，應該視為「綜觀之呈現」，目的在促成「看出關聯的那種理解」。

因此，雖然說來古怪，但純數學的解釋其實類似佛洛伊德心理分析給出的解釋。而維根斯坦將焦點從數學轉向心理學，線索或許在於他發現佛洛伊德的「模式」比數學家的「圖像」更有意思。

這不禁讓人聯想，維根斯坦若是能將自己的生命納入某種模式，對他將會是一種慰藉。

一九四二年四月一日他寫道：「我對自己未來的生活不再抱任何希望」──

沒有朋友，亦無喜悅。

我感覺前方除了漫長的活死人狀態，沒有任何東西。我想像不出別種未來，除了悲慘還是悲慘，

幾天後他又寫道：

徹底孤獨的恐懼現在威脅著我，讓我極為痛苦。我看不出自己如何能忍受這樣的生活。在我眼中，這樣的日子就好比每天都恐懼夜晚到來，因它只會帶來乏味的悲傷。

在蓋斯醫院，他覺得要讓自己忙個不停。「如果在靜止中找不到快樂，」他告訴自己：「就在奔跑中尋找！」

但要是我累得跑不動了呢？「在垮掉前不要說崩潰。」

猶如自行車手，為了不倒下我必須不停踩踏向前。

「我的不快樂是如此複雜，」他五月時寫道：「實在難以形容，但主要可能還是**寂寞**。」

史金納過世之後，柯爾克回到了伯恩茅斯。和之前的史金納一樣，維根斯坦開始擔憂收不到柯爾克的信。五月二十七日他寫道：

雖然我一週前才向柯爾克要消息，但已經十天沒有他的音訊了。我想他可能已經跟我絕交了，真是**悲哀的念頭**！

其實，柯爾克在伯恩茅斯結了婚，成為出色的機械工程師，而且再也沒見過維根斯坦。對他而言，維根斯坦彷彿知道這一點，因為他在同一則日記裡說：「我吃足了苦頭，但顯然無法從生活中**學到教訓**，一直受苦，**就跟**許多年前一樣，既沒有變堅強，也沒有變聰明。」

醫院藥局裡的年輕同事羅伊・弗拉克（Roy Fouracre）的友誼給了他些許安慰，稍稍緩和了他絕望的寂寞。不難想像，維根斯坦喜歡弗拉克主要是因為他的熱誠與開朗。維根斯坦告訴德魯利，他有時

過於著急或激動，羅伊就會對他說：「穩住，教授。」他很喜歡這一點。

弗拉克常到納菲爾德大樓三樓去找維根斯坦。和他在劍橋的住處一樣，維根斯坦未做任何裝飾，弗拉克發現房間裡沒有哲學書，只有幾疊擺放整齊的偵探雜誌，讓他大吃一驚。他當時正在上現代語言的函授課程，常在這房裡讀書，維根斯坦總是安靜坐在一旁，為自己兩週一次在劍橋的週末講座備課。其餘的週末他會和弗拉克出門散步，有時去動物園，有時去哈克尼（Hackney）的維多利亞公園，到公園的湖裡划船。

和許多熟識維根斯坦的人一樣，弗拉克也記得維根斯坦口哨功夫一流，能用口哨吹完一整段交響樂章，壓箱寶是布拉姆斯的《聖安東尼變奏曲》。只要有人吹得不對，維根斯坦就會制止對方，明確告訴他們怎麼吹。這讓他在藥局的同事之間不是很受歡迎。

弗拉克的出身和史金納判若雲泥。史金納出身萊奇沃斯的中產階級家庭，在公立學校和劍橋受教育，弗拉克則是在東倫敦哈克尼的社會住宅長大，十五歲就開始工作。但兩人的人格特質在許多方面頗為類似。法尼婭·帕斯卡以下對史金納的形容，同樣能用在弗拉克身上：

他很容易開心，喜歡跟人在一起，所有狡詐都不懂得，無法想像別人是惡人。他能學著實際點，也確實學會了，但他總是太無私，太不喜歡出風頭。

弗拉克和史金納一樣，都比維根斯坦年輕許多。他二十出頭，維根斯坦已經五十二歲。雖然和弗拉克的友誼並非替代品，無法取代他對史金納的愛，但兩人共事的十八個月裡，弗拉克在他生活裡的作用

確實和史金納在劍橋的角色類似，亦即帶給他人的接觸。和史金納一樣，弗拉克光是在他身邊就有安撫的效果。

他在後來寫給弗拉克的信裡提到蓋斯醫院時，總是語帶溫暖，甚至還夾雜著幾分懷念：

很難過聽到蓋斯醫院的氣氛變糟了，真是難以想像。（一九四九年六月八日）

不知道你在講哪一則消息。我想應該不是他們正在打造我的巨型雕像，準備放在納菲爾德大樓前吧，難道是嗎？當然，再大的石像也不足以展現我這個人有多麼出色。（一九五○年十二月十五日）

對於信末的提議，弗拉克回信時顯然說醫院已經把他的雕像都給拆了，因為維根斯坦下一封信寫道：

「非常好，只要拆得很莊嚴就行了。」

蓋斯醫院的醫療人員裡，除了約翰·賴爾，似乎只有貝索·里夫（Basil Reeve）贏得了維根斯坦的信任與友誼。這位三十歲出頭的年輕醫師對哲學很感興趣，當他從沃特菲德那裡聽說飯桌上的新成員（他之前覺得這個人「坐在一群醫師之間顯得有趣又困窘」）是維根斯坦，立刻決定結識對方。於是他開始餐餐坐在維根斯坦隔壁，最後兩人真的成了朋友。然而，兩人的話題很少轉到哲學上，都在談藝術、建築與音樂，或談維根斯坦認識的人，甚至對飯桌上出現的醫學話題進行佛洛伊德式的解釋。後來，

談話重心轉到了里夫的工作上，因為維根斯坦對他的工作產生了濃厚的興趣。

里夫和格蘭特醫師（Dr Grant）一起在蓋斯醫院醫學研究委員會臨床研究部（Medical Research Council's Clinical Research Unit）工作，倫敦大轟炸開始沒多久，他們的實驗室就炸毀了，無法繼續之前的研究，於是格蘭特和里夫開始研究醫院當時接收的大量空襲傷患，目的在熟悉「創傷休克」（wound shock），這種症狀不僅會發生戰場傷員身上，其他劇烈創傷也會出現。

格蘭特和里夫起初的問題是，他們雖然詳細研究了科學文獻，卻找不到創傷休克令人滿意的臨床定義。有些學者以濃血症（haemoconcentration）（即血液中紅血球濃度異常偏高，一般認為是血漿滲漏至組織裡所致）為辨識基礎，有些學者則視之為低血壓、白斑病和脈搏過快的綜合症。因此，格蘭特在研究初期就建議放棄「創傷休克」這個概念，不使用這個術語，更詳細地觀察傷患。一九四一年一月，維根斯坦到蓋斯醫院十個月前，格蘭特在一份創傷休克患者的觀察項目備忘錄裡概述了自己的反對：

近來處理空襲傷患的經驗顯示，儘管做了不少研究，尤其上次戰爭期間，我們對創傷休克的性質與治療仍然所知極少。首先，實務上對於「休克」的診斷就有很大差別，除了無法預測，也常對治療方式有疑慮。此外，由於缺乏共同的診斷基礎，也就無法評估實際採用的各種療法的療效。

因此，我們有理由認為最好避免開出「休克」診斷，而是改以精確、完整地紀錄患者的狀態與進展，並註明接受的療法。

維根斯坦認為這個極端的做法很有意思也很重要，我想道理很明顯，因為格蘭特處理「休克」問題

的方式顯然和赫茲處理「力」的問題極為類似。赫茲在《力學原理》裡表示，與其直接回答「力是什麼？」不如不以「力」為基本概念，重新表述牛頓物理學。維根斯坦始終認為赫茲解決問題的方式是我們去除哲學混亂的完美典範，並經常借用赫茲《力學原理》序言中的一段話來闡述自己在哲學上的目標：

去除這些棘手的矛盾，力的本質的問題也不會得到回答，但我們的心不再苦惱，不再追問不當的問題。

他還有一段話和赫茲遙相呼應：

我做哲學的方式，全是為了找到一種表達方式，讓某些**不安**〔disquietude〕消失（赫茲）。

格蘭特建議避免「休克」診斷，也可以說全是為了「找到一種表達方式，讓某些不安消失」。然而，格蘭特的做法並沒有廣獲採納，軍隊尤其反對。陸軍輸血服務處的惠特比上校（Colonel Whitby）便致函醫學研究委員會，表示格蘭特的報告——

序言很長，其中好一部分都是對「休克」一詞的攻擊。我不認為這一點需要如此強調。拋棄上次戰爭的發現，此舉缺乏根據。那些人不是傻瓜……他們至少確立了一項基本事實：血壓降低是經常觀察到的徵狀。依照格蘭特對細節的標準，醫學研究委員會於上次戰爭所積攢的珍

貴文獻都得作廢了。

維根斯坦和里夫討論他的研究時發現，一次世界大戰期間成形的創傷休克理論，其問題不是出在細節的標準不當，而在使用了一個不可用的概念。他最感興趣的正是「對『休克』一詞的攻擊」。（里夫記得他們撰寫年度報告時，維根斯坦建議將「休克」一詞倒過來印，以強調它不可用。）

由於維根斯坦對研究的興趣濃厚，里夫便將他介紹給了格蘭特醫師。格蘭特立刻對維根斯坦提出的許多問題與建議之敏銳與切題印象深刻。一九四二年，大轟炸漸緩，蓋斯醫院的研究團隊不再有穩定的觀察對象，於是開始另覓合適的傷患，包括去了兩次轟炸機指揮部，觀察了不少空襲任務時受傷的機組員。但研究要有進展，需要更穩定的傷患來源，因此在相關單位安排下，研究團隊決定轉往紐卡斯爾市的皇家維多利亞醫院，那裡有大量的工傷和車禍重傷患。規劃搬遷期間，維根斯坦告訴里夫自己想一起遷往紐卡斯爾。

一九四二年十一月，研究團隊遷到了皇家維多利亞醫院，但格蘭特手下的醫技士拒絕同行，格蘭特想起維根斯坦對研究深感興趣，便提議由他接手。一九四三年春天，弗拉克已經離開蓋斯醫院入伍從軍，那裡應該沒有什麼令維根斯坦留戀的事物了。同年四月，格蘭特寫信給醫學研究委員會的哈洛德醫師（Dr Herald）：

我跟您提過的維根斯坦教授於四月二十九日加入本部門，職稱為實驗助理，試用期一個月，薪水照我們之前安排好的，為每週四鎊。

比起藥局速遞員週薪只有二十八先令，新工作的收入顯然大為提高。一個月試用期過後，格蘭特再次寫信給哈洛德，確認將正式聘用維根斯坦，並說「他證明自己很有用處」。

對維根斯坦來說，從跑腿轉為協助研究、從體力勞動轉為腦力為主的工作，顯然是好事一樁，原因不單是他發現速遞員的體力需求有些超過自己的負荷而已。三月十七日，在他即將離開蓋斯醫院前，他寫信給赫特提到思考的價值：「我猜想，比你現在習慣的多思考一點，對你會有益處。我希望你的家人沒妨礙你思考?!要是有人那麼做，那真是愚蠢。」赫特這時已經離開沃爾沃斯連鎖超市，準備從軍。他寫信告訴維根斯坦自己面對上司的一些問題。「我猜想，」維根斯坦在回信裡寫道：「這有外在的因素，也有內在的。」

我是說，他們或許沒有給你應得的得體對待，但你常常不大可靠，也就是你常常忽冷忽熱，或是不冷不熱。因此你熱切時被他們無視，把你當成冷淡或不冷不熱的人對待，其實不必意外。

動身前往紐卡斯爾之前，維根斯坦去見了里斯幾天，兩人又談起前一年夏天關於佛洛伊德的話題。他感興趣的同樣是「夢的符號構成一種語言」這個想法：我們本能地覺得夢意味著什麼，就算不知道它到底意味著什麼也一樣。同樣的，他對里斯提起莫斯科大教堂的五個尖頂：「每個尖頂的弧形各不相同，給人一種強烈的感覺，這些不同的形狀與排列一定意味著什麼。」問題的焦點在於佛洛伊德的見解對詮釋夢境有多大用處？維根斯坦強調我們要的不是解釋（explanation），而是詮釋（interpretation），因此夢

的科學理論或許能預測做夢者描述夢境之後會想起某些回憶，卻根本沒有觸及問題。佛洛伊德的見解之所以有趣，就在於他不提供這種科學方式。夢令人困惑之處不在其因果，而在其**含意**（significance）。我們要的是可以「改變面向」的解釋，改變我們對夢的影像有意義。佛洛伊德認為夢是願望的滿足，這個說法很重要，因為它「指向了我們想要的那種解釋」。但他的說法太籠統了。有些夢明明是願望的滿足（例如成人的春夢），但奇怪的是佛洛伊德竟然完全無視：

接了當的春夢，雖然這種夢就和下雨一樣常見。

在我們看來，佛洛伊德給的通常是性的詮釋，但有意思的是，他所舉的夢的例子沒有一個是直

這點又和佛洛伊德決心為所有的夢找出一**個**模式有關：對他而言，所有的夢都是慾念的表達，而非其他，例如恐懼的表達。他和哲學理論家一樣受到科學方法的誘惑，「渴望普遍性」。夢不只一種，詮釋夢裡的符號的方式也不只一種。夢的符號確實意味著什麼（顯然和語言有某些相似之處），但要了解這些符號，需要的不是夢的一般理論，而是一種多面（multi-faceted）技巧，就像理解一首樂曲需要的技巧一樣。

維根斯坦四月離開斯旺西前往紐卡斯爾，正式加入格蘭特的研究團隊，成員包括里夫、格蘭特和秘書海倫‧安德魯斯（Helen Andrews）小姐，全都住在布蘭丁公園（Brandling Park）的一棟房子裡，走路就能到醫院。屋主是莫法特（Moffat）夫人。安德魯斯小姐回憶維根斯坦抵達當天⋯

莫法特夫人的房子還有一間空房，所以他過來加入我們。那時我們已經住了一段時間，適應了陌生的環境，但維教授調適得很困難。早上他帶著愉快健談的心情下來用餐，但我們輪著看《曼徹斯特衛報》，沒怎麼說話。傍晚我們心情輕鬆，他卻喜歡待在自己的房間吃晚飯，不和我們一起用餐。莫法特夫人嘴裡叨念，將飯菜放在托盤裡，維教授下來拿（我覺得這麼做對格蘭特醫師很無禮）。

房子裡有一間起居室，壁爐火很旺，但他從不加入我們，幾乎每晚都去看電影，可是隔天有人問起時，卻又記不得電影演了什麼。他只是去放鬆。

維根斯坦住進來不久，莫法特夫人身體出了狀況，成員們不得不搬離布蘭丁公園的房子。他們各自找到了住處，但安德魯斯小姐回憶道：「維教授很難找到住的地方，因為他有外國口音，外表有點邋遢，又說自己是教授，多數女房東很自然會起疑心。」

維根斯坦每晚都去看電影，說明他在紐卡斯爾的工作有多辛苦，而他的態度又有多認真，讓人想起他對德魯利說過的話：

你覺得哲學夠難了，但我告訴你，比起當一個好建築師，那根本不算什麼。我在維也納替我姊姊蓋房子時，每天收工我都徹底精疲力竭，晚上唯一能做的就是去看「片子」。

還有一件事也能看出這一點，他在蓋斯醫院寫了滿滿三冊的數學哲學札記，但在紐卡斯爾卻沒寫

半個字。他並未自限於醫技士的工作，而是抱著強烈積極的興趣思考研究背後的意義。雖然格蘭特和

里夫會找維根斯坦討論想法，也獲益匪淺，更樂見維根斯坦對他們的研究感興趣，但有時又覺得他太

過投入了點。安德魯斯小姐記得由於成員們太認真，格蘭特有時會建議大夥兒休假一天，沿著哈德良

長城（Hadrian's Wall）散步。她發現格蘭特從來不會邀維根斯坦同行，便問格蘭特為何漏了他。格蘭特

回說要是維根斯坦一起來，就別想散步了，因為他「會一路談工作」。

雖然維根斯坦不曾參加「休假」健行，但格蘭特和里夫都記得自己曾經多次陪他沿著哈德良長城散

步。談話主題通常是研究，但兩人之中，維根斯坦比較常和里夫談起私事，例如告訴對方自己的童年，

說他到四歲才會講話，還說了一則德魯利也知道的童年往事，表示這件事顯然對他意義重大。他說他

家盥洗室牆上的灰泥掉了一塊，他總是看成一隻鴨子，讓他很害怕，因為那鴨子看起來就像畫家波希

《聖安東尼的誘惑》[5]裡的怪物。

里夫有時會向維根斯坦討教哲學，但維根斯坦照例百般勸阻，強調哲學和他研讀的醫學不同，完

全沒有用處，除非受到驅使才值得去做，否則毫無意義。「你的醫學研究做得很**得體**，」他告訴里夫：

「滿足於此吧。反正——」他調侃一句：「你那麼笨。」有趣的是，里夫四十年後回憶維根斯坦對他有兩

個重要的影響，一是謹記事物就是如其所是，二是尋找具有啟發性的對比，以了解事物如何是其所是。

這兩個想法都是維根斯坦後期哲學的要點。事實上，維根斯坦曾經考慮以巴特勒主教[6]的名言作為

《哲學研究》的題句：「一切都是其所是，而非別的。」而具有啟發性的對比之所以重要，不僅在於它是

維根斯坦的核心概念「看出關聯的那種理解」的關鍵，也在於維根斯坦認為它總結了自己對哲學的貢

獻。就像他幫里夫和格蘭特釐清「休克」的概念一樣，維根斯坦和里夫的交談顯示了除了討論哲學之外，

還有許多方式可以產生哲學影響。維根斯坦傳授思考和理解方式的方法，不是說出其特點何在，而是示範如何用它來釐清自己的概念。

格蘭特和里夫都記得，研究團隊最終報告導言裡的思路深受維根斯坦影響，標題刻意不用「休克」一詞，而是〈創傷對人的一般效應之觀察〉。報告的主要論據和格蘭特一九四一年一月的那份備忘錄相同，但「對『休克』一詞的攻擊」更為猛烈：

實務上，我們發現休克的診斷似乎更多來自診斷者的個人觀點，而非倚賴公認的準則。除非熟悉這些觀點，否則唯有到了病床邊，才會知道情況如何。單憑休克一詞，我們無從判斷病人顯出了哪些徵象或症狀，病得如何，又需要什麼治療，唯一找到的共同診斷基礎只有病人看起來病了。因此我們得出結論，必須拋棄「休克」一詞，以及它的各種定義。我們始終看不出這一概念對創傷研究有任何價值，只見到它妨礙了客觀觀察，引發誤解。

這段話不論是否出自維根斯坦之手，都產生了他期望自己的哲學作品能有的效果，終結了許多走偏了的研究進路。醫學研究委員會的一九三九至一九四五年報告指出，格蘭特指導的這項研究——

5 譯註：Jeroen Bosch，1452-1516。荷蘭畫家，作品多在描繪罪惡與人類道德的沉淪，具有高度想像力，並使用大量象徵與符號。被認為啟發了二十世紀的超現實主義。《聖安東尼的誘惑》（Temptation of St Anthony）是他著名的三聯畫（Triptych：繪於木質屏風上的作品）之一。

6 譯註：Bishop Butler，1692-1752。英國聖公會主教、神學家。

挑戰了將創傷性「休克」視為臨床和病理實體的觀點，使得以此解決休克問題的價值備受懷疑，本委員會於戰爭初期展開的幾條研究路線也因此放棄。

事實上，這就是維根斯坦希望自己的後期作品對數學哲學能有的影響，一如陽光影響馬鈴薯苗的成長那樣。

格蘭特和里夫的研究，其目的不在反對診斷創傷效應時使用「休克」一詞，而是希望在一戰期間研究奠定的診斷和治療之外，找到其他更有成果的診斷與治療，因此需要仔細觀察創傷的後果。就實務部份，維根斯坦負責切割冷凍組織切片並加以染色，以便檢測脂肪之類物質的存在。他顯然做得很好。除了處理組織，格蘭特還要維根斯坦協助他研究奇脈（Pulsus Paradoxus），一種血壓隨呼吸而改變的症狀，通常發生在重傷患身上。維根斯坦似乎做出了技術上的創新，發明了一種更好的血壓紀錄器。格蘭特和里夫只記得它是新發明，卻都不記得細節了，因此我們手上只剩德魯利的描述。德魯利談到自己趁著部隊休假去了紐卡斯爾一趟，造訪維根斯坦：

北非戰事結束後，我被調回英國預備參加諾曼第登陸。由於有一段上岸假，我便北上紐卡斯爾待了幾天，去找維根斯坦……他帶我到他研究部的房間，讓我看了他為研究設計的儀器。格蘭特醫師要他研究呼吸（深度和頻率）和脈搏（強度和頻率）之間的關係。維根斯坦刻意設計那台儀器讓

自己可以當受試者，並將追蹤結果紀錄在轉鼓（revolving drum）上。他替原本的儀器做了幾處改進，搞得格蘭特醫師說他真希望維根斯坦是生理學家，而非哲學家。維根斯坦向我描述目前的進展時，用他一貫的方式說：「它比你第一眼感覺的要複雜得多。」

德魯利的紐卡斯爾之行還透露了一段對話，讓我們一窺維根斯坦對性的態度有了很有趣的變化。看來到了一九四三年，維根斯坦不再接受魏寧格「性與精神互不相容」的觀點，轉向了另一個看法，將性行為視為宗教敬畏的對象。德魯利提到他在紐卡斯爾造訪維根斯坦時，曾一起搭火車到杜倫（Durham）去河邊散步，其間他對維根斯坦講起自己在埃及的經歷，尤其是在盧克索[7]見到的廟宇。他告訴維根斯坦雖然參觀廟宇感覺很棒，但其中一座廟宇的牆上有著荷魯斯神的浮雕，而且雕像陰莖勃起，拿著碗盛裝射出的精液，讓他大吃一驚。但維根斯坦用稱許的口吻反駁了德魯利語氣裡的反感：

他們為什麼不能懷著敬畏欣賞人類種族藉之以延續的行為呢？不是所有宗教對性的態度都得和聖奧古斯丁一樣。

維根斯坦剛搬到紐卡斯爾時，對德魯利的另一段話回應得更粗魯而直接。德魯利寫信祝他新工作順利，同時交到許多朋友。維根斯坦答道：

7　譯註：盧克索（Luxor，亦作路克索、樂蜀），古稱底比斯（Thebes），為埃及古都。

我覺得你顯然變蠢了，缺乏思考。你怎麼會以為我可能有「許多朋友」？

這話雖然刺耳，但無疑非常真實。維根斯坦在紐卡斯爾似乎只有一個朋友，就是貝索‧里夫。他和格蘭特處得不錯，兩人也都熱衷於音樂（格蘭特記得他有一次提到自己不喜歡貝多芬《皇帝協奏曲》的開場，維根斯坦激動贊同），但缺乏感情的溫度，缺乏那種維根斯坦在蓋斯醫院和弗拉克有過的單純的人的接觸。格蘭特太投入工作，做不到這一點。維根斯坦曾經向弗拉克抱怨，說他在劍橋的哲學工作缺乏人的接觸，但到了紐卡斯爾，他卻開始想念劍橋的朋友了，就像他在信裡對馬爾康姆說的：

十一日）

我已經好幾個月沒有史邁瑟斯的消息了。我知道他在牛津，但他沒有寫信給我。（喀什米‧）路易還在劍橋……里斯還在斯旺西教書……我希望你去看摩爾，希望他身體健康。（一九四三年九月

我在這裡覺得相當寂寞，或許該到有人可以說話的地方去，比如去斯旺西，里斯在那裡當哲學講師。（一九四三年十二月七日）

或許更重要的是，他開始想念自己的研究了。專注在格蘭特和里夫的工作裡已經不夠了。

我也惋惜因為種種內外因素，使得我無法做哲學。那是唯一能帶給我真正滿足的工作，沒有其他工作真正讓我振奮。我現在非常忙，腦袋沒有一刻空閒，但一天結束時只覺得疲憊與哀傷。

「內在因素」是指維根斯坦懷疑自己是否還能在哲學上做出好東西來。他常一再對里夫說「我的腦子已經沒了」，並且抱著緬懷與嚮往談起他一九一三年在挪威的日子：「那時我的腦袋像火一樣……現在全熄了。」「外在因素」是他在紐卡斯爾的工作重擔，以及不大令人滿意的居住環境。他還發覺自己愈來愈無法忍受天天見到住院醫師和實習醫師，聽他們口無遮攔談論病人，而且往往言詞粗鄙。同時他也愈來愈需要里夫幫忙，才能理解年輕醫師面對職業壓力時的反應。

或許由於這些挫折，再加上里夫的妻子和小寶寶剛搬到紐卡斯爾，使得里夫時間更少，導致連他和維根斯坦的友誼也開始惡化。維根斯坦向來是個佔有欲極強的朋友，開始要求里夫給他更多時間與關注，但工作和家庭生活限制了里夫能給的時間，兩人最終不歡而散。維根斯坦給里夫的臨別贈言是：「你並沒有我以為的那麼好。」里夫則是如釋重負，再也不必提供維根斯坦所需的情感支持了。

維根斯坦渴望重回哲學研究而不可得，跟里夫的關係也每況愈下，因此聽到里夫和格蘭特要離開紐卡斯爾時，應該鬆了一口氣。由於當時他們的研究開始著重於進一步檢視失血和組織損傷的後果，需要接觸比日常事故更嚴重的創傷，也就是必須到戰場上進行研究，因此一九四三年底時，研究團隊被安排轉往義大利。

接替格蘭特在紐卡斯爾職位的是拜沃特斯醫師（Dr E. G. Bywaters），他跟格蘭特和里夫一樣，曾經

在倫敦觀察空襲傷患。離開前，格蘭特致信倫敦醫學研究委員會總部的蘭茲波洛‧湯姆森醫師（Dr A. Landsborough Thomson）：

維根斯坦同意續任實驗室助理，但任職多久取決於他和拜沃特斯處得如何。

格蘭特力勸湯姆森，就算維根斯坦決定離開紐卡斯爾，也要讓他繼續為醫學研究委員會工作：

維根斯坦將實驗室工作當成一種上戰場的方式。我曾跟你提過，他是劍橋的哲學教授，若他決定在我和里夫去職之後也要離開，不另行任用他似乎甚為可惜……他有著一流的頭腦和驚人豐富的生理學知識，是討論問題的絕佳對象。工作上，他是出色的實驗室助理，還自行設計儀器與實驗，對人體血壓隨呼吸變化的徵狀做出了新的觀察。他不是好相處的人，但只要條件對了，就能成為激發同事潛力的好幫手。我猜戰爭結束後他會回劍橋重執教鞭。

格蘭特和里夫最終於一九四四年一月底去了義大利。如前所述，維根斯坦在拜沃特斯就任前過得並不開心，經常寂寞和沮喪。雖然在醫技工作上依然盡忠職守，卻不打算與人往來。拜沃特斯回憶道：

他很拘謹，而且頗為內向，就算喝咖啡或喝茶時談到哲學話題，他也不肯參與。這點我很失望，但他一絲不苟、兢兢業業為我準備冷凍的肺部和其他器官切片，這部份讓我相當滿意。他在我印

象中是個不愛交流的謎樣人物，或許相當消沉，喜歡自己房裡的休閒椅勝過一切應酬。

拜沃特斯才就任三週，就不得不寫信給總部要求另聘醫技士：

維根斯坦教授此前在本單位協助格蘭特醫師進行組織學研究……他最近收到劍橋來信，請他接下來至少花三個月時間撰寫一篇他自己專業（哲學）的論文。

一週後的二月十六日，他又寫道：

維根斯坦教授今天離開了我們，他被劍橋叫回去寫一篇哲學論文。過去一年這篇論文只聞樓梯響，現在他們希望它白紙黑字印出來。

於是，一九四四年二月十六日，維根斯坦離開紐卡斯爾返回劍橋，而從拜沃特斯信中提到那篇「過去一年只聞樓梯響」但「現在他們希望它白紙黑字寫出來」的論文，我們可以推論「他們」不是指劍橋大學，而是劍橋大學出版社。

一九四三年九月，維根斯坦聯繫劍橋大學出版社，建議對方將自己的新書《哲學研究》和舊書《邏輯哲學論》並排出版。這構想年初就有了，是他和尼可拉·巴赫金一起重讀《邏輯哲學論》時產生的，而他也對里夫提過，說他喜歡這點子，把《邏輯哲學論》和對它的反駁擺在一起出版。一九四四年一月

十四日，劍橋大學出版社正式接受這項提議，這一點和拜沃特斯第一封信裡的話是吻合的：「他最近收到劍橋來信⋯⋯」然而，這個計畫和劍橋大學出版社一九三八年接受的計畫一樣，終究沒有實現。

二十二、斯旺西

儘管拜沃特斯覺得維根斯坦是「被劍橋叫回去」而不得不離開紐卡斯爾，但維根斯坦卻一心不想回到劍橋。他想在重執教鞭之前把書完成，在這點上，去斯旺西更為理想。去年十二月他得知格蘭特和里夫將離開紐卡斯爾後，就動了去斯旺西的念頭。如他在信裡對馬爾康姆說的，他想跟可以討論哲學的人在一起，而里斯顯然是首選。「我不知道你還記得里斯嗎？」他寫道：「我想你之前在我的課上見過他。他是摩爾的學生，為人非常出色，也有真正的哲學天份。」

然而，離開紐卡斯爾前一週，他忽然想到自己可能無法在斯旺西長期工作。他向里斯解釋道，他能留職停薪，放下劍橋的教職，是因為他在從事「重要的」戰時工作：

要是比如我離開這裡去另一家醫院工作，我就得通知總部，請他們批准。如果我下週去劍橋，他們會想知道我在做什麼，我就得跟他們說我要做幾個月的哲學。這時他們就能說，既然你要做哲學，就不是在做戰時工作，那就得回到劍橋去做哲學。

……我幾乎確定自己現在無法在劍橋工作！我希望能到斯旺西。

事實證明，維根斯坦是白擔心了。他在劍橋待了幾週之後，便獲准休假到斯旺西把書完成。他一九四四年三月離開劍橋，隔年秋天天才需要回來。

斯旺西的誘人之處，除了能每天和里斯討論哲學之外，還有威爾斯的海邊。維根斯坦很喜歡那裡的海，但更重要的一點，或許是他覺得那裡的人比劍橋的人更加投緣。「天氣很糟，」他一九四五年寫信給馬爾康姆說：「但我很高興自己不在劍橋」──

我在這裡認識了不少喜歡的人，我發現自己在這裡比在英格蘭更容易與人相處，感覺自己更喜歡笑，不論走在街上或見到小孩的時候等等。

里斯從報紙廣告上替維根斯坦找到了住處：位於朗藍灣（Langland Bay）的曼恩夫人（Mrs Mann）家。那個地方實在太過完美了，當曼恩夫人寫信給維根斯坦說自己改變了心意，無法收他當房客，那時他竟然拒絕接受，硬是搬了過去。一九四四年春天他都住在那兒，而曼恩夫人果然是好房東，即使他身體不時變糟，仍將他照顧得很好。

維根斯坦搬進曼恩夫人家不久，和赫特有過一段密集通信。這些信件或許表達了法尼婭說出下面這段話時的內心想法：你如果殺了人或打算改變信仰，維根斯坦會是最好的商量對象，但講到日常的焦慮與恐懼，找他可能就很危險了。「他的救治方法可能太激烈、太精準無情，像是對付原罪一般診療你。」

赫特當時在皇家陸軍醫療部隊服役，對自己的職位很不滿意，很想拿到調令轉去實驗室或手術室工作。他滿懷沮喪寫信給維根斯坦，抱怨自己的處境。儘管維根斯坦向來鼓勵人行醫，卻將赫特的狀況視為靈魂問題，而非工作不順。「你的信給我的感覺不好，」他三月十七日回信道：「雖然我說不出哪裡有問題」——

我感覺你似乎愈來愈懶散。我不是在**責怪**你，也沒資格這樣做，只是我一直在想該怎麼辦。去找心理學家沒什麼用，除非他是非比尋常的**人**。

無論如何，他有點懷疑赫特轉到手術室能否勝任。「在那裡必須反應快，又很有策略，但我真不曉得你是不是這樣。」不過，「有一件事我很肯定，就是你絕對不能繼續待在在一個令你屈辱或洩氣的職位上。」維根斯坦認為，重點在於維持赫特的自尊。如果拿不到調令，又不願意做好手邊的工作（不論是什麼），那他就應該申請調往靠近前線的單位。維根斯坦告訴他，在那裡「你的**生命**至少沒有白過」：

我自己膽量很小，比你小得多，但我發現我每回經過漫長掙扎，最後鼓起勇氣去做某件事之後，總會感覺自由和快樂**許多**。

「我知道你有妻小，」維根斯坦不難想像面對這個明智的建議，最明顯的反駁會是什麼。「但如果你對自己沒用處，對家人也不會有用。」雖然赫特的妻子洛蒂現在還看不出這一點，但「她有一天會見到的。」

這個建議和維根斯坦二戰期間給朋友的許多建言一樣，顯然都來自他本人的一戰經驗。例如，德魯利動身參加D日[1]行動前，到斯旺西跟維根斯坦道別。維根斯坦送了他這句話：

萬一陷入肉搏戰，你務必站到一旁，讓自己被屠殺。

「我覺得，」德魯利說：「這個建議他上次大戰時也給過自己。」同樣地，馬爾康姆加入美國海軍時，維根斯坦寄了一本「劣版」的《哈德勞布》（Hadlaub）給他（應該是二手書，還有點污損），跟他說這本瑞士作家戈特弗里德・凱勒的小說外表破舊有一個好處，就是「你就算在機房讀，也不會把它弄得更**髒**」。他顯然想像馬爾康姆會在類似戈普拉納號的蒸氣船艦上吃苦勞動，而他的年輕朋友入伍參戰似乎給了他機會，讓他得以重溫一九一四至一八年那些改變了他的深刻事件。

感覺起來，維根斯坦如果是赫特，肯定會毫不猶豫請調前線，就像他一九一五年做的那樣。然而，他給赫特的建議還出於更一般的考量。「我認為，」他寫道：「你應該停止在地上爬，再次起身**行走**。」

他給赫特的建議還出於更一般的考量。

「順帶一提，我說的勇氣不是跟你的上司吵架，尤其那麼做完全沒用，只是逞口舌之快。我說的勇氣是找一副重擔，努力**挑起來**。我知道我沒資格這麼說，我自己也不擅長挑重擔，但我要說的仍然只有這些。等我哪天見到你時再說。

赫特回信裡看不出他打算接受這項建議，還說他最近找了一位心理學家。「我想多知道部隊的事，」

維根斯坦的回覆帶著幾分不耐的嘲諷：

我實在不能理解，比方說，心理學家跟你在部隊裡的病歷有什麼關係。你**心理上當然沒問題！**（就算有，心理學家也不會知道。）

接著他又重述了之前的建議。若赫特拿不到調令，那唯一要做的就是「做你**真正做得好**的工作，才不會在做的時候失去自尊」。

我不曉得你懂不懂我的意思。想辦法得到一份更好、更適合自己的工作，是需要動腦筋的。**但當那些辦法都失敗了，當抱怨責怪不再有意義，那就應當定下來**。你就像一個人搬進一間房子說，「這只是暫時的」，然後不打開他的行李。眼前是沒問題，至少現在。但要是他**找不到更好的地方**，或**下不定主意**徹底搬到別的城市，那不論房子是好是壞，他都應該打開行李，好好住下來，因為**什麼都勝過生活在等待中**。

「這場戰爭**終會**結束，」他鍥而不捨道：「最重要的是到時**你**會是哪種人。也就是說，當戰爭結束，

1 譯註：D日（D-Day）為軍事術語，表示「作戰或行動發起的那天」。最著名的D日、也是此處談到的，即為一九四四年六月六日諾曼第登陸行動開始之日。

你應當是一個人，但不從現在開始鍛鍊就不會是了」——

首先要做的，就是無益時停止責怪。在我看來，你應當要嘛申請調往前線附近的單位，就冒一次險，要嘛如果你不想，就好好待著，別再想著調動，只想著怎麼把現在的工作做好。

「我就老實對你說了，」他又補上一句，再次顯示他可能將自己的過往投射到了赫特身上：「我覺得待在你家人見不到你的地方，可能對你比較好。」

當然，家人是很大的慰藉，但也可能讓人軟弱，而面對某些瘡痛，你會希望自己皮膚硬一些，而不是更軟。我是說，我感覺（也許錯得離譜）家人讓你更難甚至更不可能定下來好好工作，不左顧右盼。此外，你或許也該多檢視自己的內心，但當家人在身邊，這可能也做不到。若你把這封信給洛蒂看，而她強烈反對我的意見，我會說：也許她不反對就不是好妻子了，但這不表示我跟你說的話就不是對的！

然而，」赫特依然希望轉調。他回信給維根斯坦，說他已經見了指揮官，或許很快會再去一次。「在我看來，」維根斯坦回覆道：「你一直擺盪在毫無根據的希望與絕望之間……我覺得，這時拿轉調的事打擾指揮官很不聰明。他拒絕你之後，事情沒有任何改變！」

你信裡說：「這些舉動已經讓我的處境令人滿意，不然也將會如此。」這完全是胡說，讀了真讓人作嘔。能給你滿足的舉動只有一個，而且是內在的舉動（但我不會說遠離家人對你沒有用處）。

這件事的討論在六月結束了，維根斯坦為兩人的對話劃下句點。「我祝你**好運與耐心！**」他最後寫道：「還有，別再找心理學家。」

維根斯坦這時已經搬出曼恩夫人的房子，住進基督教衛理教派牧師溫福德‧摩根（Wynford Morgan）家中。他首次造訪新居時，摩根夫人一如熱心的女主人問他想不想喝茶，想不想來點這個或那個，她丈夫在另一個房間喊道：「別問，**給就是了。**」這話令維根斯坦印象極為深刻，後來不只一次向朋友轉述。

但在其他方面，維根斯坦對新房東就不是那麼欣賞了。他取笑對方牆上擺了一堆從來不讀的書，批評那樣做只是為了向教眾擺譜。摩根問維根斯坦信不信上帝，維根斯坦答道：「我信，但你信仰的東西可能和我信仰的東西差得無限遠。」

這話當然不是指衛理教派和其他基督教派的差異。他信的不是天主教的信仰者。他曾如此評論皈依天主教的朋友：「我不可能讓自己相信他們相信的所有事。」史邁瑟斯便是其中一位。維根斯坦寄宿在摩根牧師家時，史邁瑟斯寫信告知自己皈依了天主教。維根斯坦非常介意，尤其他認為自己可能要負一點責任，因為是他鼓勵史邁瑟斯去讀齊克果的。他回得很迂迴：「如果有人跟我說他買了走鋼索的全套裝備，在看到他真的拿它做了什麼之前，我不會覺得這有什麼。」

他在一份筆記裡說明了這個比喻的意思：

誠實的宗教思考者有如走鋼索者，看上去就像完全走在空氣裡，腳下的支撐難以想像地纖細，但確實有可能行走其上。

儘管他極度敬佩可以平衡的人，卻不認為自己也能做到。比方說，他就無法說服自己相信傳言那些奇蹟的真實性：

奇蹟可以說是上帝的動作，就像人靜靜坐著，突然做了一個大動作一樣。上帝讓世界平順運行，接著讓大自然做出一個動作，一個象徵事件，伴隨著聖人的言詞而出現，例如聖人說完話，周圍的樹木彎腰鞠躬，像是敬畏一般。那麼，我相信這種事發生了嗎？我不相信。對我而言，要相信這種奇蹟，唯有它發生的方式讓我覺得「看到樹這樣子，我不可能覺得它們不是在回應聖人的話」，就像我說「看到這隻狗的表情，我不可能看不出牠很在意和留意主人在做什麼」那樣，我才會相信。我能想像有些人光是聽見聖人的言詞與生活，就相信樹鞠躬的傳言，但我沒有那種感覺。

維根斯坦告訴摩根他信上帝，並不表示他接受某些教義為真，只代表他用宗教的態度看待生命，就如他有一回對德魯利說的：「我不是信教的人，但總是不由得用宗教的角度看待所有問題。」

摩根家隔壁住著克雷門特一家（Clement family），維根斯坦很快和他們成為朋友，證明了他對馬爾

康姆的說法，自己在斯旺西比在英格蘭更容易和人處得來。他尤其喜歡克雷門特夫人，她每週日都會邀他來和家人共進早餐。「她真是個天使，對吧？」有一回早餐時，他這麼對克雷門特先生說。「是嗎？」克雷門特先生回答。「見鬼了，老兄，她當然是！」維根斯坦吼道。事實上，他對克雷門特先生太好，甚至央求搬到她家，不想再和牧師同住。克雷門特夫婦從未收過房客，也不大想收，但熬不過維根斯坦一再請求，便同意讓他搬來。隨後三年，維根斯坦一直和克雷門特一家保持往來，在劍橋任教的最後幾年如有休假也會回那裡作客。

克雷門特有兩個女兒，十一歲的裘安和九歲的芭芭拉。維根斯坦寄住期間，克雷門特一家幾乎將他當成家人看待。由於他的名字很拗口，他們都喊他「維奇」(Vicky)，但維根斯坦表明只有他們能這麼叫他。特別的是，他會和克雷門特家一起用餐，這點很不尋常，而且還會參與他們的生活。他尤其喜歡跟兩個小女孩玩飛行棋和蛇梯棋，有一回還太過投入，玩蛇梯棋玩了兩個多小時，最後是兩個女孩求情，他才勉為其難沒玩下去。

他還很關心兩個女孩的教育。老大裘安當時正參加當地文法學校的入學考，成績公佈當天，維根斯坦回家發現她一臉淚水，因為她得知自己沒有錄取。維根斯坦堅持這不可能。「見鬼了，」他說：「我們走著瞧！」說完便奪門而出，裘安和她母親緊張地跟在後頭。到了學校，他對通知裘安沒有錄取的老師說：「我可以拍胸脯向妳保證，她一**定**通過了。」老師有點嚇到，遂檢查紀錄，發現確實有錯，裘安的分數足以通過考試，所有人都鬆了一口氣，維根斯坦斥責老師是「無能的蠢蛋」。雖然事實證明了他的判斷和裘安的能力，但克雷門特夫人卻再也沒有臉到學校露面。

除了自己攬在身上的家務事，以及幾乎每天和里斯散步之外，維根斯坦在斯旺西大多時間都在寫

作。他將《哲學研究》一九三八年版的打字稿、任職蓋斯醫院時寫好的筆記和硬皮帳簿帶在身邊，開始

修改《哲學研究》，希望隔年秋天不得不返回劍橋前把書交給出版社。

在斯旺西的頭兩個月，他的工作重點擺在數學哲學上，繼續自己在蓋斯醫院完成的那本題為〈數學

與邏輯〉的筆記裡的思考。那本筆記主要在探討「遵守規則」這個概念。一九三八年版的第一部分結尾

討論了這個概念引起的混亂，第二部份開頭則試著拆解這些混亂，好為數學哲學問題的討論鋪路。然

而，在他死後出版的《哲學研究》裡，對於「遵守規則」的討論卻是為了心理學哲學問題的討

論而鋪路。這項改變就發生在斯旺西，時間是一九四四年的春夏兩季。

有兩件事可以說明維根斯坦的觀點在斯旺西轉變得有多快、多徹底，前後只差了幾個月。第一件事

發生在他剛搬去不久。約翰・威斯頓寫了維根斯坦小傳，預備收錄在一本人物辭典裡。出版前他將那一

小段傳記寄給維根斯坦過目，維根斯坦只做了一處修改，在段末加了一句話：「維根斯坦的主要貢獻在

於數學哲學。」兩三個月後，維根斯坦正在撰寫後來稱為「私有語言論證」(Private Language Argument)

的那些論述時，里斯問他：「你論數學的那些文章呢？」維根斯坦揮揮手說：「喔，那東西別人去做就行

了。」

當然，在數學哲學和心理學哲學 (philosophy of psychology) 之間反覆切換，拿一個領域的問題當作

類比來說明另一個領域的要點，這件事維根斯坦早在一九三〇年代初就開始在自己的課堂、筆記和談

話裡這麼做了，而他反對「私有語言是可能的」的這個念頭也不是一九四四年才出現的，早在一九三二

年他就在課堂上討論過。一九四四年這次的轉變之所以關鍵，在於它是永久的：維根斯坦再也沒有試

著將他對數學的論述整理成可出版的形式，而是終其餘生都在整理、再整理和修改自己對心理學哲學的看法。此外，這個看似永久的轉變發生的時間，正好是他最亟欲完成書裡對數學哲學的討論的時候。

我認為，轉變的線索在於維根斯坦對書的想法變了，尤其是他意識到自己對遵守規則的論述不僅是討論數學的起點，也是考察數學概念和心理學概念的序曲。雖然對里斯說「那東西別人去做就行了」、雖然再也沒有回頭討論數學，但維根斯坦仍舊認為自己對數學的論述屬於《哲學研究》。因此，一九四五年撰寫前言時，他仍將「數學的基礎」列為書中的討論主題，甚至到了一九四九年，他仍在自己的筆記裡寫道：

我想將自己在《哲學研究》裡對數學的考察稱為「數學的開端」。

因此，對於維根斯坦的轉變，我們首先且主要應該這樣看：轉變的是他對自己論述的看法——他對「遵守規則」的論述之力有了新認識。這些論述現在不只通向一處，而是兩處，而他意識到這一點後，更傾向於循著通向心理學概念的思路前進。儘管他生前來不及走回岔路口，循著另一條路前進，卻始終不曾忘記還有另一條思路等待他探訪，因此《哲學研究》的最後一則論述——「用完全類似於考察心理學的方式來考察數學，這是可能的」——完全呼應了他對里斯說的話，即使他自己未曾道盡書中第一部分的所有含意，這事仍然能由別人完成。

維根斯坦這麼告訴里斯：他唯有在自己哲學立場改變，開始發展新構想時才真正感到活力充沛。

他舉了一個例子，認為那是自己哲學思路的一次重要轉變，和他對「語法」命題和「實質」命題的見解

有關。他說他以前認為兩者的區別是固定不變的，現在則認為界線是流動可變的。其實，這更像著重點不同，而非觀點的改變，因為即使在一九三八年版的《哲學研究》裡，他也不認為區別是固定的，不過也沒特意強調它可變。而他一九四四年夏天的工作重心，正是強調這一點。

這兩種命題的區別是維根斯坦全部哲學的核心。在他對心理學、數學、美學甚至宗教的思考裡，他對自己不贊同的那些人的主要批評就是他們混淆了語法命題和實質命題，將應當視為**語法**（就維根斯坦對這個詞的古怪用法而言）創新的東西說成一項發現。

因此在他看來，佛洛伊德並非發現了無意識，而是將「無意識想法」和「無意識動機」這類詞彙引進了我們描述心理事件的語法中。同樣的，康托並未發現世界存在著無限多的無限集合，而是為「無限」一詞增加了一個新的意思，使得談論各種層級的無限變得有意義了。對於這樣的創新，要問的不是這些「新發現的」實體存不存在，而是它們所造成的詞彙擴充與語法改變有沒有用（維根斯坦個人認為佛洛伊德的創新有用，康托的沒有）。

維根斯坦對於語法命題的說法很多，例如「自明命題」和**概念形成**（concept-forming）命題」等等，但最重要的一個說法是稱之**為規則**。藉由強調語法命題和實質命題的區別並不固定，他讓我們注意到一個事實：概念的形成（從而規定了哪些話有意義、哪些話沒意義）並非如他在《邏輯哲學論》裡認為的那樣，是由不可動搖的邏輯形式法則所確立的，而是始終與習慣和實踐相連。因此，習慣或實踐不同，對於哪些概念有用的判斷就會和**我們**不同，用來判定哪些話有意義、哪些話無意義的規則也會和我們實際採用的規則不同。

對語法命題的關注是維根斯坦數學哲學的核心，因為他想表明數學之所以「無可動搖」不在於數學

真理的確定知識，而在於數學命題是語法命題。「2+2=4」的確定性來自我們不當它是描述，而是一條規則。

在他最後幾則對於數學哲學的論述裡，以及他和里斯的談話中，維根斯坦愈來愈關注遵守規則和習慣之間的關係：

使用「遵守規則」這個概念時，預設了「習慣」的存在。因此，說「世界上曾經有人只遵循了某規則（或某路標，或玩某遊戲，或說某句話等等）一次」是毫無意義的。

由於這一點涵蓋甚廣，從這段評論所在的筆記裡（寫於一九四四年）根本看不出維根斯坦講的是數學。不過，這一點和維根斯坦的反對私有語言論證的關聯倒是很明顯：

若有人說：「想像它被應用過不就行了嗎？」答案是：不行。

我現在可以給出一條從未被人用過、但所有人都懂的新規則，這做得到。但要是自古以來沒有任何規則被實際應用過，這件事還做得到嗎？

按照這條思路，維根斯坦會想重編書裡討論遵守規則的章節，將之引向反對私有語言的論證，而非引向數學哲學，看來也就順理成章了。而他於一九四四年夏天所做的，便是將一九三八年版《哲學研究》第一部分擴充了近一倍，加進了現在公認為該書關鍵的內容，也就是論遵守規則（印行本第一八九—

二四二節）和論「經驗私有性」（即所謂的「私有語言論證」，印行本第二四三—四二二節）的章節。

八月，維根斯坦開始嘗試將書定稿，打算秋天離開斯旺西之前把書完成。他告訴赫特，屆時他「可能再去做戰時工作」。到了九月三日，他寫道：「我還不曉得十月初離開時要做什麼，希望事情的發展能替我做決定。」隨著盟軍在法國高歌猛進，俄軍逼近波蘭，戰爭顯然即將以德國戰敗而告終。維根斯坦看不到高興的理由，「我敢說，」他告訴赫特：「戰後的和平會比戰爭更可怕。」

不論因為找不到合適的工作，還是因為休假不能延長，總之秋天一到，維根斯坦便不得不離開斯旺西，返回劍橋。他回去得不甘不願，書沒寫完只是原因之一。離開斯旺西前，他已經把自己認為可以出版的部份整理成了打字稿（內容和後來定稿的前四百二十一節大致相同）。在他放棄將自己原本認為最重要的（論數學哲學的）部份調整到滿意為止之後，維根斯坦唯一的心願就是完成「第一卷」，亦即對心理學概念的分析。

二十三、這個時代的黑暗

一九四四年十月，維根斯坦回到了劍橋。書沒完成讓他滿心沮喪，完全提不起勁重拾教鞭。

羅素這時也回劍橋了。在美國工作六年，他對婚姻、道德與宗教的觀點雖然名揚全美，卻也引來了保守勢力反彈，煽起民眾對他的憤怒與歇斯底里，使得那裡的生活變得無法忍受。因此，當有機會回三一學院那恬靜安祥的環境裡教五年書，他立刻感激地答應了。然而，回到劍橋後，他卻發現自己在英國學院哲學圈裡已然過氣，摩爾和維根斯坦的影響力比他大得多。他帶回了《西方哲學史》（History of Western Philosophy）的手稿，雖然出版後非常暢銷（許多年都是他的主要財源），卻並未提高他身為哲學家的聲望。

維根斯坦依然欣賞羅素機敏的心智，卻對他一九二〇年代起出版的通俗作品深惡痛絕。「羅素的書應該用兩種顏色裝訂，」他曾對德魯利說：

……討論數理邏輯的書用紅色，所有研究哲學的人都該讀，討論道德和政治的書用藍色，所有人都不應該讀。

維根斯坦認為羅素的成就已經到頂了。「羅素現在不會為哲學拚命了，」他笑著對馬爾康姆說，但馬爾康姆回憶道，一九四〇年代羅素和維根斯坦寥寥幾次同時出席道德科學社的聚會時，「維根斯坦在討論時對羅素必恭必敬，我從來沒見過他對別人那樣。」

至於羅素，他在維根斯坦的後期作品裡見不到任何優點。「早期的維根斯坦，」他說：「耽溺於熱誠強烈的思考，對我和他都認為重要的問題洞察深刻，並擁有真正的哲學天才，至少我是如此認為的。」

然而，後期的維根斯坦似乎厭倦了嚴肅的思考，還發明一套學說讓嚴肅思考成為多餘的事物。

由此看來，兩人一九四四年秋天再次重逢，久別十四年卻不見熱絡，也就不令人驚訝了。「我見過羅素了，」維根斯坦回到劍橋一週左右寫信給里斯，說羅素「不知何故給我的感覺**很差**」。此後他便和自己從前的老師少有往來，甚至斷了聯絡。

在哲學上受到孤立讓羅素深感怨懟，這雖然不是唯一的原因，但無疑加深了他對維根斯坦後期作品的輕蔑。羅素最關切的哲學問題不再被視為根本議題，知識論已經讓位給意義分析，而這多少出自維根斯坦的影響。因此，一九四八年《人類的知識：其範圍與限度》（Human Knowledge: Its Scope and Limits）出版時，儘管羅素自認這本書是他哲學立場的集大成，反應卻很冷淡。於是，羅素將心裡最大的輕蔑掃向了維根斯坦的子弟兵：

曾經引領風潮，如今卻被視為古董，那感覺並不全然愉快，很難坦然接受。年邁的萊布尼茲得知人們對貝克萊的讚美時，[1] 他評論道：「那位愛爾蘭的年輕人質疑物體的實存，看來既沒說清自己的觀點，也沒提出妥當的論證，讓我感覺他似乎想藉悖論而出名。」我無法這樣評論維根斯坦。在許多英國哲學家眼中，他已經取代了我，但他希望藉以出名的不是悖論，而是對悖論的圓滑迴避。

他是個非常奇特的人，我很懷疑他的門生知不知道他是怎樣的人。

摩爾沒有受到這樣的對待。不過，儘管他和維根斯坦依然友好，但一九四四年時他已經太年邁體弱了，無法跟維根斯坦頻繁進行冗長的哲學討論，那太折磨了，因此他妻子限制維根斯坦每次只能待一個半小時，讓維根斯坦很不高興。「摩爾人還是和以前一樣好，」他對里斯說：

我沒辦法見他太久，摩爾夫人會打斷我們。她後來告訴我，摩爾的身體其實沒有看上去那麼好，談話絕不能太長。我有理由認為這話基本上是胡說。摩爾有時會莫名昏眩，但他已經歲數不小了。以他的年紀，他顯然很健康。然而，摩爾夫人不喜歡他見我，也許擔心我會批評那本寫他的書，還有一般而言，我會影響他的精神。

1　譯註：萊布尼茲（Gottfried Wilhelm Leibniz，1646-1716），德意志哲學家、數學家，對物理學亦有貢獻，與牛頓在相近時間建立微積分。貝克萊（George Berkeley，1685-1753）則是愛爾蘭哲學家，曾任聖公會主教，英國近代經驗主義哲學家代表人物之一。

維根斯坦提到的書叫做《摩爾的哲學》（The Philosophy of G. E. Moore），一九四二年由希利普（P. A. Schlipp）編輯出版，收錄了數位哲學名家從各個角度闡述摩爾哲學的論文。摩爾同意該書出版，還特地為它寫了一篇自傳短文，但維根斯坦強烈反對。「我擔心，」得知這本書後，他寫信給摩爾：「你正走在懸崖邊上，我看見懸崖底下死了好多科學家和哲學家，羅素是其中一個。」由於書出版時，摩爾人在美國，一九四四年秋天是維根斯坦首次有機會再度當面提出批評，因此摩爾夫人的擔心可能是很有道理的。

其實，維根斯坦不該將會面時間受限完全怪罪給摩爾夫人。摩爾在美國時中風過一次，醫師禁止他太過激動或勞累，摩爾夫人只是遵照醫師的指示，限制丈夫和所有哲學朋友的交談不能超過一個半小時。她說，維根斯坦是所有朋友當中唯一憎惡此事的。「他不曉得自己有時有多累人，摩爾甚至不只一次跟我說，別讓他待太久。」

然而，維根斯坦依然堅信是摩爾夫人強迫摩爾縮短談話時間。兩年後他告訴馬爾康姆，他認為這麼做很不得當，「熱愛真理」的摩爾不該在討論還不到該結束的時候被打斷，而是應該想談多久就談多久，就算太累或太激動，因而中風過世，嗯，那也是死得其所，老將「戰死沙場」。

什麼也不該擋在哲學家和他對真理的追求之間。「思考有時簡單，往往很困難，卻又令人激動顫慄。」

他寫信給里斯說：

然而，最重要的思考正是最令人不快的，威脅到一個人最珍愛的想法，讓人徹底困惑，感覺無用。這種時候，我和其他人或許畏縮了不再思考，或許經過很長的掙扎才能再次思考。我相信你也了

解這個處境，祝你**勇氣十足**！雖然我自己毫無勇氣，我們全是**病人**。

他想起二戰初期和馬爾康姆的爭論。馬爾康姆談到英國的「民族性格」：這正是絕佳的例子，說明思考恰是由於令人不快才確實是最重要的。「我當時認為，」他寫信給馬爾康姆說：

……如果哲學只是讓你對某些深奧的邏輯問題討論得頭頭是道，而沒有改變你對日常生活的重要問題的思考，沒有讓你使用某些**危險的**語詞比……比記者那些為了個人目的使用這些語詞的人更謹慎，那學哲學有什麼用？

你看，我知道「確定」、「或然率」和「知覺」這些概念很難思考，但真正誠實地思考（或試著思考）自己和別人的生命更難，近乎不可能。問題是思考這些問題毫不刺激，反倒常常徹底棘手，令人厭惡，而令人厭惡的問題是最重要的。

馬爾康姆很久沒回信，維根斯坦或許想起自己一九一四年和羅素的決裂，便開始覺得或許是馬爾康姆擔心兩人討論嚴肅的非哲學問題會起衝突。「也許是我完全搞錯了，」他寫道：

但無論如何，我們此生若是還能再見，讓我們不要逃避挖掘。不想受傷，就無法得體地思考。

我很清楚，因為我就是逃避者。

其實，馬爾康姆沒回信和維根斯坦記得的那次爭執毫無關係，也無關乎他覺得兩人無法「在很嚴肅的事上看法一致」，主要和他擔任美國海軍軍官任務繁重有關。直到一九四五年五月他才寫信給維根斯坦，並在信中承認自己對「民族性格」的說法很蠢。不幸的是，他的人比信早了一步到英國。船在南安普頓靠岸時，馬爾康姆獲假去劍橋見維根斯坦，但維根斯坦顯然將他的的不回信看成一個信號，認為他果然是「逃避者」，不肯深入挖掘。馬爾康姆傍晚抵達惠威爾庭院，維根斯坦甚至沒跟他打招呼，只是冷冷點了點頭，邀他一起吃蛋粉。「我們不發一語坐了很久，」馬爾康姆回憶道：「他始終冷淡嚴肅，我們根本沒敘到舊。」

兩人會面隔天，維根斯坦終於收到回信，立刻回了一封溫暖的求和信說：「要是我在見到你之前收到這封信，應該會更輕鬆跟你互動。」他還建議兩人從此以後以教名相稱。不過，倘若維根斯坦沒收到這封信，馬爾康姆沒承認自己對「民族性格」的說法很蠢，認同「深入挖掘」確實有必要，兩人的友誼極有可能會就此結束。

二戰最後一年，不論努力將書寫完或在課堂上對牛彈琴，闡述自己的想法，維根斯坦都覺得自己在跟膚淺與遲鈍對抗。不只是自己的膚淺與遲鈍，還有別人的。相比之下，生活中其他事情均屬次要。「這場戰爭，」他寫信給赫特：「我認為對我們**所有人都有壞的**影響。（而且似乎正慢慢殺害我，雖然我身體很健康。）」

在這場對抗中，只有少數人被他視為盟友，里斯是其中之一。當里斯寫信給維根斯坦，說自己在斯旺西對著不感興趣的學生教授邏輯，讓他深感挫折，維根斯坦的回應充滿了同情與鼓勵：

聽到你說工作環境令人喪氣，讓我很難過。千萬別放棄或絕望！我知道事情有時多麼令人沮喪，而且不用說，我是第一個想逃的人，但我仍希望你能振作。對於邏輯課，我心想自己曾給過你什麼建議？總之，沒有比教一群半睡半醒的學生，讓他們學好邏輯更難的事了，我就聽過布雷斯衛特在我課上打鼾。請死命撐住！祝你班上出現**一個還算聰明又醒著的學生**，給你的工作一點回報！⋯⋯我再說一次，請死命撐住！可以抱怨罵人，但繼續下去。學生很蠢，但他們會得到東西。

他對自己的學生也不滿意。「我的班上很慘，」他對里斯說：「目前有六個人，沒一個真正好的。」但更令他不滿的，是他的書離完成還遠得很。他告訴里斯：「短期內我是沒希望把書寫完了。」這讓他產生一種無用感，讀到別人的作品更加強了這種感覺：

我最近閱讀量不小，看了一本摩門教史和兩本紐曼的書，讀完的效果就是更覺得自己無用。只不過感覺就只是感覺，跟睡著的人聽見周圍的聲音卻沒醒來沒什麼兩樣。

維根斯坦的課程主題是前一年夏天他在斯旺西關注的心理學哲學問題。他原本想用威廉・詹姆斯的《心理學原理》（Principles of Psychology）當教材，主要當成例子說明他想對抗的那種概念混亂，但後來如他對里斯說的：「你是對的，我沒拿詹姆斯當教材，就只談我自己腦袋裡的東西（或是胡言亂語）。」

實際上，他講課完全圍繞著《哲學研究》，思考自己當時正在撰寫的章節所涉及的問題。維根斯坦兩件事都不想做，他想問題的焦點是斷定心理歷程存在和斷定不存在的人之間的爭論。維根斯坦兩件事都不想做，他想

證明爭論雙方都倚賴一個錯誤的類比。

關於心理歷程、心理狀態和行為主義的哲學問題是如何產生的？所有人都忽略了第一步。我們大談過程和狀態，卻對其性質不聞不問，心想或許有一天會知道得更多。但正因為如此，使得我們陷入了特定的觀點，因為我們對「更認識歷程」是什麼意思有了明確的概念（這個召喚的關鍵動作已然做出，而它正是我們認為無傷大雅的那個動作）。現在，使我們理解自己思想的那個類比已經瓦解，我們被迫否定那個發生在尚未被探索的媒介中的尚未被理解的歷程。看來，心理歷程似乎遭到了否定，但我們當然不想這麼做。

說完這段，他立刻自問：「你在哲學上的目標是什麼？」並且自答：「告訴蒼蠅怎麼逃出補蠅瓶。」

而他用威廉・詹姆斯的書當教材，是為了示範當人陷入這只捕蠅瓶時會說出怎樣的話。例如，討論到「自我」概念時，詹姆斯描述他向內觀照自己「諸自我的自我」的經過。他表示，在這些嘗試內省的過程中，他最常意識到的是頭部的運動，因此結論道：

……仔細檢視後，我發現「諸自我的自我」主要由頭部或頭部和喉嚨之間的特定運動所構成。

維根斯坦認為，這事表明的「不是『自我』這個詞（當它意指人、**人類**、他自己或**我自己**時）的意義，也不是對自我的分析，而是哲學家對自己說『自我』並且嘗試分析其意義時的注意力狀態。」他接著說…

「而這當中可以學到很多。」

如同他用奧古斯丁說明自己想對抗的錯亂的語言圖像，用羅素來說明數學哲學的混亂，這裡維根斯坦以詹姆斯為例子說明心理學哲學的混亂，並非出於不敬。誠如他對馬爾康姆所說的，他引奧古斯丁的文字為《哲學研究》開頭，是因為「一個如此偉大的心靈會這麼想，表示這個觀點必然很重要」。因此，他評論心理學時引用詹姆斯，正是因為他極度尊敬他。他堅持德魯利一定要讀的書不多，詹姆斯的《宗教經驗之種種》便是其一。德魯利說他讀過了，「我一直很喜歡讀威廉・詹姆斯的任何作品，他真是一位人格者」。維根斯坦說，沒錯，「正是這點造就他為好哲學家，他是個真正的人。」

那年耶誕，維根斯坦到斯旺西過節，將書完成的機會忽然大了起來。他信心滿滿回到劍橋，相信出版之日近了。序言的定稿日為「一九四五年一月於劍橋」。

維根斯坦在序言裡形容這本書是「我過去十六年來（按：即自他一九二九年返回劍橋以來）從事哲學研究的思想結晶」，並如此談及書中的論述：

我懷著疑慮將它們公諸於世。面對這個時代的黑暗，這本書雖然貧弱，若是為兩三人的心靈注入一點亮光，倒也不無可能。但不用說，可能性實在不大。

顯然「疑慮」勝過了出版的意願。維根斯坦沒有將打字稿交給出版社，而是利用那一年的其餘時間增添內容，將研究觸角大幅伸向了心理學概念。

他從一九三一年以來撰寫的手稿裡挑了一些論述，作為增添的內容。一九四五年的四旬齋學期和復活節學期他都在為此事忙碌。到了夏天，他已經準備好將選定的內容口述給打字員了。六月十三日，他寫信給里斯：

學期結束了，我的思緒飄向了斯旺西。復活節以來，我工作得很順利，目前正在口述一些東西、一些論述，想將其中部分收進第一卷（如果真能完成的話）裡。口述大概還要再花一個月或六週，之後我就能離開劍橋了。

兩週後，他喪氣了不少，跟馬爾康姆說自己的工作「進展慢得要死。我希望秋天能完成一卷出版，但可能沒辦法。我做事真是差勁透了！」

結果，口述論述的事讓他在劍橋待到了八月。對他來說，完成的打字稿不是書的定稿，而是（加上他去年在斯旺西完成的打字稿）用來生出定稿的材料。不過，他現在很確定可出版的版本已經近在眼前了。「或許聖誕節就會出版，」他告訴馬爾康姆：

不是說我完成的東西是好的，但卻是我現在能做到的最好了。我想等它完成了，應該能帶著它面世。

預備打字稿的那幾個月，他愈來愈為「這個時代的黑暗」而感到壓抑。二戰末期出現的野蠻與不人

道，其規模之大遠超過以往所能想像。二月時，英美空軍聯合發動的德勒斯登大轟炸（bombardment of Dresden），幾乎徹底毀滅了那座城市，殺死了十三萬人。四月時，柏林和維也納分別落入盟軍和俄國手中，雙方都傷亡慘重。五月七日德國投降前不久，盟軍在貝爾森（Belsen）和布亨瓦德（Buchenwald）這兩個集中營發現腐爛屍體堆積如山的相片公佈了。五月十四日，維根斯坦寫信給赫特：「過去六個月比以往更令人作嘔。我真希望離開這個國家一段時間，像之前在挪威那樣到某個地方獨處，」還說劍橋「令我心煩氣惱！」

七月英國大選，他將票投給了工黨，並力勸朋友跟進。他覺得讓邱吉爾下台非常重要。照他對馬爾康姆的說法，他深信「這次和平只是休戰」：

這種說法臭不可聞，實際上預告了恐怖的未來。

宣稱只要將這場戰爭的「攻擊者」徹底撐除，世界就會變得更好，因為戰爭只會由攻擊者發起，

因此，當日本最終於八月投降，斯旺西的居民上街慶祝時，他的心情一點也沒有好轉。「我們已經有兩次對日作戰勝利日了，[2]」他寫信給馬爾康姆說：「我覺得喧囊比真正的喜悅多得多。」放眼戰後，他只覺得一片晦暗。赫特復員後，維根斯坦寫信祝他「好運」：「我真正的意思是，承受未來一切的力

2　譯註：對日作戰勝利日（VJ day，即 Victory over Japan Day）通常是指八月十五日；但這裡維根斯坦提到的「兩次」對日作戰勝利日意思並不明確，有可能指兩次投下原子彈的八月六日與九日。

量。」他告訴赫特，他這陣子一直覺得難受，「一方面是我一邊腎臟出了問題，一方面是讀到盟軍在德國和日本的獸行令我作嘔」。

面對德國和奧地利長期糧食短缺，英國部隊對降軍的「不優待」政策，以及媒體疾呼**懲罰**戰犯德國的消息，維根斯坦在《新聞紀事報》(News Chronicle)讀到一篇維克多·格蘭茨[3]的文章，讓他感動不已。格蘭茨呼籲各國終止「國際事務上的自以為是」，齊力供應德國糧食，「不是因為不這麼做我們會吃到苦頭，純粹因為餵飽飢餓的鄰居是正確的事」。他向里斯談到這篇文章後，里斯將格蘭茨之前出版的《布亨瓦德的真正含意》(What Buchenwald Really Means)小冊子借給了他。格蘭茨身為「信仰基督教倫理的猶太人」，抨擊英國媒體對布亨瓦德恐怖罪行的反應，主張不該要求**所有**德國人為之負責。他還抨擊「集體罪疚」的概念是大開倒車，退回到了舊約時代，而基督早已用自己為榜樣將我們從舊約解放了。

格蘭茨呼籲各國善待德國人，其中顯露的優缺點讓維根斯坦深受震撼。九月四日他寫信給格蘭茨，讚揚他在《新聞紀事報》的文章，說自己「很高興見到有人在如此顯眼的場合公開將惡行稱作惡行」。

至於論布亨瓦德的小手冊，他對格蘭茨說：

對於您嚴詞批評日報和英國國家廣播公司殘酷、低劣與粗俗（電影院裡新聞短片的惡毒則是有過之而無不及），我深感認同。正因為我強烈認同您對這些惡意的批判態度，使得我覺得應該認真批評您對他們的斥責。

他認為格蘭茨加添了太多次要的論點，反而降低了批評的力道。「儘管這些論點既不貧弱也不無根據，

卻讓讀者偏離了重點，導致批評失效。」如果格蘭茨想讓民眾「在日報和廣播的喧囂之下」聽見他的評論，就該緊抓重點：

如果你真想要人們去除髒污，就別談論生命的價值與幸福之類的哲學問題。這些問題就算有作用，也只是開啟學術閒談而已。

例如，你在寫到人們對待布亨瓦德暴行的態度不對時，只是想說服同意你對舊約和新約的看法的人嗎？對同意者而言，你冗長的引文只會使他們分心，偏離主題。對不同意者而言（在可能被你的論證深深打動的人當中，有非常多人並不同意），冗長的廢話會讓他們覺得文章站不住腳，尤其他們本來就不會欣然放棄原有的立場，這點只會使你的文章力道更弱。

該停筆了。如果你問我為什麼不自己寫文章，卻來批評你，我會說，就寫出得體又有效的報導而言，我既缺乏知識，也欠缺熟練的表達與必要的時間。對一個力有未逮的人來說，寫封批評信給一位具備你這種觀點和能力的人，是我所能做的最接近親自寫一篇好文章的事了。

這封信顯示了維根斯坦對論戰技巧非常了解。大約一年後，他向里斯大略重述了自己給格蘭茨的建議。里斯剛發表了一篇文章批評賴爾對卡爾・波普[4]《開放社會及其敵人》的熱情評論。波普在書中

3 譯註：Victor Gollancz，1893-1967。英國出版商、人道主義者。創立了「拯救歐洲」（Save Europe Now）組織，支持德國戰後恢復。

4 譯註：Karl Popper，1902-1994。出生於奧地利的猶太人科學家，其於認識論、科學哲學、政治哲學皆有建樹，如科學上的「可證偽性」（falsifiability）或底下提及的「開放社會」（open society：最先由柏格森（Henri Bergson）提出）等。

大筆一揮，將柏拉圖、黑格爾和馬克思統統歸為獨裁主義的宣揚者。維根斯坦告訴里斯自己同意他的立場，但批評他文章裡姿勢過多，直拳不夠……

你也知道，論戰（或者說扔雞蛋）和拳擊一樣需要高度的技巧……我很高興你向賴爾扔雞蛋，但記得正面朝他，把蛋扔好！難處在於別弄出多餘的聲音與姿勢，那樣做傷不了對方，只會傷了你自己。

然而，格蘭茨對維根斯坦的建議冷淡以對，輕蔑得很，回信（稱他「威爾根斯坦先生」〔L. Wiltgenstein, Esq.〕）簡短而不屑：「感謝來信，相信您肯定出於好意。」維根斯坦對此倒是處之泰然。

「唉，真荒唐！」他笑著對里斯說，將格蘭茨的回箋扔到了火裡。

一九四五年季夏，儘管憂慮歐洲的未來，深信很快就會有另一場更恐怖的戰爭，維根斯坦還是去了斯旺西渡假，至少（也像他對馬爾康姆說的）「享受不在劍橋的感覺」。

「我的書已經逐漸接近定稿了，」他夏末時對馬爾康姆說：

……如果你是乖孩子到劍橋來，我就給你讀。你可能會失望，因為事實上它寫得很糟（不代表再給我一百年，它就會確實改進），但我並不為此擔憂。

最後兩句不是實話。他確實擔憂書沒達到他要求的標準，也認為自己能改進它。正是由於這兩點，這本書直到他去世都未出版。

他很不想回劍橋教書，頻頻懇求馬爾康姆「在我下定決心辭去哲學教授這個荒謬的工作前」快來英國，「我現在就像活死人一個」。

現今《哲學研究》第一部分的定稿是於一九四五至四六學年度的米迦勒和四旬齋學期完成的。維根斯坦從夏天口述的打字稿裡挑了大約四百則論述，加進他一九四四年於斯旺西完成的打字稿裡，經過重新調整和編號之後，就成了現今版本的那六百九十三則編號論述。

因此，這本書的完成可以大略分成三個階段：第一至一八八節是一九三八年版的第一部分，第一八九至四二一節於一九四四年加入，第四二二至六九三節是一九四五至四六年擴充的，主要擷取自一九三一年至四五年的手稿。

維根斯坦於序言裡精彩描述了這本複雜的拼貼作：

我數度嘗試將自己的成果凝煉成一個整體，然而都失敗了，於是我明白自己永遠不會成功，能寫出最好的東西始終不過是些哲學速記，一旦我強迫自己的想法違背自然趨向朝我設定的道路前進，不管是任何方向，它們很快就會不良於行，而這當然和研究的性質有關，因為這樣的研究迫使我們行在遼闊的思想大地上，其間道路縱橫交錯，而這本書就像在這些漫長又複雜的旅程中所做的一系列風景速寫。

書裡反覆從不同方向重新論及相同或類似的要點，得出新的速寫。這些速寫許多畫得很糟，毫

無特色，充滿了拙劣畫家的各種缺點。篩掉這些之後，留下一些勉強可用的，還需要經過編排，甚至削剪，好讓你看了腦中會浮現一幅風景。因此，本書其實只是一本畫冊。

即便如此，畫冊裡還是有些速寫他不滿意，以致不願出版這最終的調整版。不過直到去世前，他始終稱它為「我的書」，並且和許多他最信任的朋友和學生逐段細讀，這樣就算他離開人世，至少還有幾個人多少理解他的書。

他深信書裡的基本論點會遭人誤解，尤其是學院哲學家，這無疑是他生前不出版的另一個原因。

他在其中一個修訂版的序言裡說：「將這本書公之於世，我其實不無猶豫」──

因為它將落入某些人手中，而我實在不願想像它在他們手上的模樣。但願這本書很快（這是我對它的期望）被哲學記者徹底遺忘，以便留給更好的那些讀者。

終其學術生涯，維根斯坦始終對專業哲學和劍橋充滿敵意，但在二戰之後「歐洲重建」的那段時間，這份敵意似乎和他對人性終結的末日感融合在了一起。一九四六年復活節假期，他重新和卡爾‧布里頓恢復了交誼。布里頓原是他的學生，目前是斯旺西大學的哲學講師。某天下午，他們倆在海邊散步了很久，維根斯坦告訴布里頓他開始相信新的戰爭正在醞釀，原子武器將毀滅一切。「他們真的要這麼做，他們真的要這麼做。」

維根斯坦會將這份末日焦慮感和他對學院哲學的敵意連在一起，是出於他對我們這個時代科學威

能的憎惡。這份威能一方面鼓動了哲學家「對普遍性的渴望」，另一方面促成了原子彈的誕生。古怪的是，他甚至歡迎原子彈的出現，彷彿只有對原子彈的恐懼才能減少社會對科學進步的崇敬。和布里頓交談前後，維根斯坦寫道：

民眾現在體驗到的（或至少表達出的）對原子彈的歇斯底里恐懼，似乎代表一樣真正有益的東西終於發明出來了。這恐懼至少給人一種印象，原子彈是真正有效的苦藥。我忍不住想，如果這沒有任何好處，那些非利士人就不會大喊大叫了。但也許這麼想也很幼稚。因為真正說來，我的意思不過是原子彈預告了一件惡事（即我們那可憎的肥皂水科學）的終結與覆滅，這肯定不是令人不悅的想法。

維根斯坦寫道：「真正的世界末日觀是事情不再重複，」終結確實會到來：

相信「科技時代是人性終結的開端」並不荒唐；相信「偉大進步與真理終將為人所知是幻覺」也不離譜；相信「科學知識不是值得追求的好東西，人類追求科學知識是中了圈套」更不荒謬。事情並非它們所是的樣子，而這點並不明顯。

總之，科學進步將會終結。但對維根斯坦而言，最悲觀的看法是科學與技術獲得最後的勝利：

科學、工業及其進展或許會是現代世界最屹立不搖的東西。猜想科學與工業將會崩潰，在現在和未來很長一段時間或許都只是夢想。或許科學和工業將統一世界──將世界壓縮成一個單元，即使其間將造成無限苦難，即使在那個世界裡和平將無容身之地。

因為科學和工業確實決定了戰爭，至少看上去如此。

因此，「這個時代的黑暗」直接源自於對科學的錯誤偶像崇拜。維根斯坦自一九三○年代以來便不斷抨擊這個謬誤，而他「夢想」科學和工業崩潰，也等於期待自己的思考方式會得到更多人接納與理解。這呼應了他對德魯利說的話：「目前這個時代不需要我這種思考方式，我必須奮力逆流而上，或許一百年後人們才會真的需要我在寫的這些東西。」然而，萬一「他們」真要如此，萬一末日觀並不荒謬，那麼那一天永遠不會到來，永遠不會有需要他這種思考方式的時代。

儘管維根斯坦的政治預感將他拉近左派，但他視科學崇拜為最大之惡，卻使他和馬克思主義保持距離。他從里斯的書架上拿了麥克斯·伊斯特曼的《馬克思主義是科學嗎？》[5]，讀到作者認為馬克思主義若想有助於革命，就必須更科學一點，便評論道：

其實沒有比科學更**保守**的東西了。科學設置鐵軌，而科學家的工作重點就是沿著鐵軌前進。

他和共產主義者一樣，極其厭惡英國既有體制的自滿，期待見到變革，但他希望見到的革命是反對我

們時代的科學**世界觀**，而不是支持它。

無論如何，維根斯坦終究視自己為哲學家，這就限制了他對政黨的認同度。身為不留情面追求真理的人，不會死守著自己舊有的「寶貝觀念」不放。當時，里斯覺得應該加入（托洛茨基主義）革命共產黨，他告訴維根斯坦，因為「我愈來愈覺得自己贊同他們對當前社會的分析與主要批評，以及他們的目標」。維根斯坦可以理解，但仍勸阻里斯，理由是身為忠貞黨員和身為哲學家的職責互相衝突。他堅持，做哲學必須隨時準備改變行進方向，因此以哲學家的身份思考，就無法對共產主義的理念另眼相看。他堅諷刺的是，就在他對政治事務最感興趣、對左派最認同的時候，卻失去了和自己最敬重的馬克思知識份子討論的機會。一九四六年五月，斯拉法決定自己不再想和維根斯坦交談，說他不想再花時間和注意力在維根斯坦想討論的事情上。這對維根斯坦是莫大的打擊，他央求斯拉法繼續每週和他談話，就算不討論哲學問題也行。「我什麼都能談。」他對斯拉法說。「的確，」斯拉法答道：「但用的是**你的**方式。」

不論是否肇因於此，一九四六年夏季學期，維根斯坦愈來愈常考慮辭去教職離開劍橋。回斯旺西過暑假時，他對劍橋和學院哲學的不喜歡達到了頂點。由於里斯不在，布里頓只好面對這股滿懷厭惡的憤怒：

5　譯註：麥克斯・伊斯特曼（Max Eastman，1883-1969）是美國作家、詩人、知名政治活動家。曾因支持社會主義而前往蘇聯居住了一年九個月，卻因目睹權力鬥爭而改變立場。《馬克思主義是科學嗎？》（Marxism: Is It a Science?）出版於一九四〇年。

七月某天……維根斯坦打電話給我，說他朋友不在，希望我帶他出去走走，但他整個人感覺上很有敵意。《心靈》期刊剛刊登了兩篇論「治療式的實證主義」的文章，我很快發現這讓他非常氣憤煩躁。他對我也很生氣，因為我去了英國心靈協會和亞里斯多德學會合辦的研討會，哲學家的年度大拜拜。他覺得那種研討會代表著一種輕浮，別有用心。他斥責職業哲學家，悲嘆英國的哲學現況，還問：「我一個人能做什麼？」我說下一次大拜拜在劍橋，一九四七年，我會宣讀一篇論文，他說：「很好，我覺得這就好比你告訴我明年夏天劍橋會有黑死病一樣。很高興知道這件事，我一定會讓自己人在倫敦。」（他真的那樣做了。）

外出結束，維根斯坦到布里頓家喝茶。他情緒緩和了一些，開始談起自己很喜歡斯旺西（對照他有多討厭倫敦和劍橋），也喜歡英格蘭北部。他回憶自己有一回在紐卡斯爾問公車司機到某家戲院要在哪裡下車，司機立刻告訴他那家戲院正在放一部爛片，他應該去另一家，兩人開始熱烈爭論他該去看哪部電影、為什麼。他告訴布里頓自己喜歡這樣，奧地利就會發生這種事。

最後這個比較很有意思，透露了一點線索，或許稍微解釋了他當時為何如此猛烈抨擊他所謂的「腐敗瓦解中的英國文明」。簡單說，他在想念維也納。他從德奧合併前夕之後就沒再回過維也納6，也幾乎沒和奧地利的家人與朋友聯繫。

當教授已經夠糟了，當英國教授更變得無法忍受。

6 譯註：雷伊‧孟克的原文如此。但如前述，維根斯坦拿到英國護照後，一九三九年曾去維也納協調家人事務，此處存疑。

二十四、面相轉變

如我們先前所見，維根斯坦對人性命運的悲觀其來有自，並非源自那些導致二戰終結的災難事件，但那些事件似乎加強了他長久以來的信念：人類正奔向毀滅。戰時所用的殺人機器、所目睹的科技威力的恐怖展示，從德勒斯登轟炸、集中營的毒氣室到投擲在日本的原子彈，在在強而有力地徹底證明了「科學和工業確實決定了戰爭」。這似乎更堅定了他的末日觀：人類的終結來自以機器取代精神，將信任置於科學「進步」之上而背棄了神。

戰後那幾年，維根斯坦的筆記裡充滿了這類反思。他寫道，有一幅闖入他腦海的畫面是這樣的：我們的文明「廉價地裹在玻璃紙內，隔絕於一切偉大事物，隔絕神於外」。房子、車子和周遭的所有虛飾「讓人類遠離了自己的根源，遠離了崇高永恆的事物等等」。彷彿生命本身走到了盡頭，被工業時代的虛飾所窒息。當然，期望靠著指出這一點而扭轉走勢是徒勞的。或許有人會問，走這一趟是否真的必要？但人類極不可能回答「仔細想一想，不必要」。儘管如此，維根斯坦仍繼續努力刨除他視為這整場災難之根源的思考方式，而他的門生則能在他死後接替這項工作。這不是說他想成立學派之類的東西。「我完全不曉得，」他這麼寫道：「自己更想讓別人接替我的工作，還是讓人們的生活方式發生改變，

使得這些問題變為多餘。」

這個問題的解決方式在於存在，而非理論。精神上的轉變才是必要。「智慧是冰冷因而愚蠢的，信仰則是熱情的。」為了再次呼吸，光是正確思考沒有用，還必須行動，將玻璃紙剝開，露出裡頭活生生存在著的世界。誠如他本人所言：「智慧是灰暗的。」生命和宗教則是充滿色彩，唯有宗教信仰的熱情能克服理論的死氣沉沉：

我認為基督教說的一件事是，健全的學說一無是處，你必須改變生活（或你生命的方向）。基督教說智慧全是冰冷的。冰冷的鐵無法壓鑄鍛造，智慧也無法將你的生活弄得正當。意思是健全的學說無須掌握住你，你可以像依循醫師處方那樣遵循它，但你需要東西推你一把，讓你轉到新的方向（這是我的理解），而且轉向之後還必須維持下去。

智慧是無激情的，信仰卻是齊克果所謂的激情。

羅素多年前曾認為維根斯坦的激情和自己的理論激情一樣，其實正好相反，維根斯坦的激情是種熱切的反理論激情。羅素後來說，維根斯坦愛上神秘主義，因為它能讓他停止思考，並嘲諷他接納了一種讓嚴肅思考成為多餘的學說。若「嚴肅思考」就是建構真的理論，那麼羅素後來對維根斯坦的評論顯然貼切得多。

維根斯坦理想中的「力求爆發的野性原始生命力」，是理解他哲學思考的目的與人生方向的關鍵，只是他極少認為自己達到了。他覺得自己太理論、太智慧、太死氣沉沉。他不只看到自己周遭的世界

需要激情和宗教，他覺得自己也需要。他覺得自己身上就帶著我們時代的典型缺陷，需要同樣的解藥，那就是信仰和愛。然而正如我們的時代發現信仰上帝是不可能的，他也發現自己無法禱告：「感覺我的膝蓋很僵硬，我害怕自己變得柔軟後會瓦解（我自己的瓦解）。」

愛也一樣。雖然他覺得深深需要愛，卻常感覺自己無能和恐懼，當然還害怕愛會離他而去，因為他太清楚愛的無常不定，因此一九四六年時，當他發現自己還能愛人，可能鬆了一口氣。他愛上了劍橋醫學系的學生班恩·理查茲（Ben Richards）。理查茲非常溫和，甚至有點膽怯，但為人極為友善、敏感和體貼，這些顯然都是能溫暖維根斯坦的心的特質。

於是，二戰過後深陷絕望之中的維根斯坦，總算在自己對班恩的愛裡找到了一絲慰藉，即使這份愛情有時只為他添了新煩惱。「我很難過，經常很難過，」一九四六年八月八日他這麼寫道：「我感覺自己的生活彷彿走到了盡頭」——

對班[1]的愛於我只有**一個**效果，就是將我對自身處境和工作的其他小煩惱全趕到了背景去。

戀愛中的焦慮也許是最難熬的，而且班恩很年輕，小維根斯坦將近四十歲。八月十二日維根斯坦寫道，班恩遲早會放下對他的愛，「就像男孩不再記得小時候的感覺一樣」，這不是很容易想像的嗎？因此幾天後，當他焦急等候班恩的信時，自然覺得班恩可能（甚至一定）拋棄了他。但當他每天早晨發

1 譯註：維根斯坦於日記或書信中將班恩的名字略寫為 B，故譯為班。後文同。

現沒有班恩的信，又覺得很奇怪。「我感覺自己好像有哪裡還不**明白**，好像必須找到一個立足點，把真相看得更清楚。」

維根斯坦這種等待愛人來信而不得的痛苦、近乎無法忍受的煎熬，給人一種似曾相識的感覺。他對品生特，對史金納，甚至對柯爾克都是這樣的。但他對班恩的愛有些不同，擺脫了過去的唯我論。

八月十四日，他彷彿頭一回發現這點似的寫道：

想到**另一個人**受的苦，是**真愛**的標誌。因為他也在受苦，也是可憐的魔鬼。

或許蒼蠅最終找到了離開捕蠅瓶的路，而且發現瓶外的生活不一定更好，暴露在自然環境裡可能更危險。「我覺得，」他八月十八日寫道：「我的心理健康懸於一線」──

如此消磨我的，當然是我對班恩的擔憂與焦慮。但要不是我這麼容易著火，「高度易燃」，事情也不會是這樣。

他心想，從前的人進修道院，「他們是愚蠢還是不敏感？唉，若他們是察覺自己必須這麼做才能生活下去，那他們遇到的問題肯定不簡單！」

但若愛（不論世俗或聖潔的愛）是解藥，那也不是垂手可得，而是必須由人贈與的禮物。因此，眼見別的哲學家擷取他的想法而發表，為了克服這份焦慮，他要提醒自己，唯有「一道從上而來的光照在

我的作品上」，它才是值得的。

　　一旦這事發生，我又何必在乎自己辛勤所得的果實被人偷走呢？若我所寫的東西真有價值，別人怎麼可能從我手邊偷走？若沒有上面那道光，我也頂多只是聰明而已。

　　至於他對班恩的愛，他寫道：

　　全是我曾夢想的那種。

　　祝福披著偽裝從天而降。」因為我很清楚這是多麼稀罕的大禮，也知道它是罕見的寶石，而且不完

　　每當我感受到班的愛，我就這麼對自己說：「我們的慾望甚至對我們隱瞞了我們所慾望的東西。

　　當然，維根斯坦還有其他理由離開劍橋。九月三十日他從斯旺西回到劍橋，當天就寫道：

　　這裡的一切都讓我反感。人死板、做作與自滿，大學的氣氛令人作嘔。

　　他寫信給弗拉克：「我最想念的就是有人跟我盡情閒扯。」弗拉克是他唯一保持聯絡的蓋斯醫院職員。一九四三年，弗拉克婚後不久便加入陸軍，並被派往遠東地區，直到一九四七年二月才回到英國。他不在國內的這段期間，維根斯坦非常想念他，並以驚人的頻率寫信給他，催他「快點從那個該……

的[2]蘇門答臘或其他鬼地方回來」。這些信未能全數倖存，但從留下來的信裡可以清楚見到維根斯坦對弗拉克的情感，甚至曾經五個月連寫六封信（一九四六年八月至十二月），每封結尾都是「上帝保佑你！」並要弗拉克快點回來。

六封信的第一封寫於一九四六年八月，維根斯坦提到自己摘了石南花寄到遠東給弗拉克，還描述了歐洲「爛透了」的境況，而結尾是「所以你回來不會看到什麼了不起的東西，但我還是希望你能快點回來，省得我老是大費周章摘花寄到蘇門答臘！」

這些信語調之輕鬆，他愛說的「廢話」密度之高，幾乎沒有一封不包含一個笑話或逗趣的評論，讓人很容易想起他寫給帕特森的信。

真遺憾你無法定期收信，尤其我信裡的內容那麼豐富——我是說紙、墨水和空氣很多。蚊子咬蘭人快來替你當地們的食物，送你回來！（一九四六年十月七日）

我搞不懂你到底為什麼沒收到我的信！你覺得是審查官覺得我的信太棒了，所以留著作紀念了嗎？我一點也不意外！唉，拜託快點結束你的蘇門答臘南部和中部之旅，搭飛機（不是木匠用的那種）[3]回來吧。（一九四六年十月二十一日）

我現在比學期開始感覺好多了。我那時覺得很糟，疲憊經常莫名來襲，絕望之下只好去見了劍橋的

你不是因為你人很好，因為你不是，而是因為你真該……的差勁，而牠們就愛這種血。我希望荷

494

在信裡寫道：

維根斯坦和弗拉克的關係簡單明瞭，為他保留了一種學院外的可能的生活模式。十月二十一日他

做什麼？我已經是個糟老頭了。

我每天都在想辭職的事，想離開這份工作，去做讓我和同胞更有人性接觸的事。但天曉得我能

信的結尾又是那一句叮嚀：「希望你能快點從那個……的蘇門答臘回來。」

「我該繼續教書嗎？」十一月初他這麼問自己。那天參加完道德科學社的聚會，他對自己表現出的

虛榮與愚蠢深惡痛絕，那「氣氛」簡直「差透了」。

許多劍橋哲學家（尤其布洛德和羅素）和來訪的講者都對維根斯坦在會上的強勢不以為然，十月

二十六日那次衝突更是有名。卡爾·波普在會上發表題為〈有哲學問題嗎？〉的演講，從主題到演講方

一位醫師……他建議我這個、建議我那個，最後說我不妨試試維他命B，心

裡毫不指望它會有效，沒想到竟然有用。我現在按時服用，再也不會突然疲憊了。事實上，灌飽維他

命B之後，我機智到極點，連玩笑話都卡住出不來了。這不是很可怕嗎？（一九四六年十一月九日）

2　譯註：原文為「bl…」，即「bloody」的略寫。後文同。

3　譯註：原文「plane」有「飛機」與「木工刨」兩種意思。

式都在刻意激怒維根斯坦（他認為維根斯坦否定哲學問題存在），也確實奏了效，只是到底怎麼惹惱了他，已經消失在傳說的謎團中了。有傳言說波普和維根斯坦各拿了一根撥火棒互鬥，但波普在自傳裡粉碎了這個謠言，但他說出來的故事又受到一些當時在場者的質疑。據波普說，他和維根斯坦激烈討論哲學問題是否存在時，舉了道德法則的有效性為例，手裡一直在玩撥火棒的維根斯坦突然站了起來，要他舉一個道德法則的例子。「不得用撥火棒威脅來訪的講者。」他這麼回答，維根斯坦聽了便氣沖沖離開了。羅素當時在場，後來在其他場合表明自己同情波普。另外一個版本說波普和維根斯坦互控對方混淆了問題，最後維根斯坦奪門而出，羅素在後頭喊道：「維根斯坦，混淆全是你製造出來的！」賴爾說自己偶爾到道德科學社，總會發現他們「對維根斯坦的崇拜是如此毫無節制，只要有誰（例如我）提到別的哲學家，就會換來一陣嘲諷」，令他深感不安。

不論實際如何，當時多數年輕劍橋哲學家對維根斯坦依然死忠不減。賴爾說：

在我看來，這種對維根斯坦以外思想的輕蔑，對學生學習上是一種災難，對維根斯坦也不健康。

這使我下了決心，在哲學上避免只說一種語言。不是我在哲學上要會多種語言，只是別讓自己只說一種，尤其別當只說一種語言的人的應聲蟲，就算對方是天才或朋友也一樣。

賴爾認為，維根斯坦「恰當地區分了哲學問題與註釋問題，但不恰當地給人留下一種印象」：

……首先，他為自己沒研究過其他哲學家而驕傲（他研究過，只是不多），他覺得會這麼做的人

是學術哲學家，因而不是真哲學家。

在這裡，賴爾多少是以牛津人的身份寫的。他的批評建立在對於牛津導生系統的推崇上，但對維根斯坦看待閱讀偉大經典的態度，他的說法倒很準確。「我讀的哲學雖然少，」維根斯坦寫道：「但肯定不是讀得太少，**而是太多**。我每回讀到哲學書都這麼覺得，它完全沒有讓我的思想變得更好，反而變得更糟。」

牛津絕不容許這種態度，那裡對傳統事物的敬重普遍高出劍橋許多，哲學訓練和閱讀哲學經典密不可分，幾乎無法想像一個驕傲宣稱自己從來沒讀過亞里斯多德的人能在牛津教書，更別提允許這人主持哲學系的事務了。照維根斯坦的觀點，牛津是「哲學沙漠」。

據我們所知，他只對牛津哲學家發表過一次談話，時為一九四七年五月。他受邀去喬伊特學會（Jowett Society）演講，回應該學會大學生秘書奧斯卡‧伍德（Oscar Wood）一篇論笛卡兒〈我思故我在〉的文章。聚會在莫德林學院[4]舉行，出席者多得不尋常。和伍德年紀相仿的瑪莉‧沃諾克[5]在日記裡寫道：「基本上我見過的哲學家都來了。」其中較知名的包括賴爾、厄姆森[6]、以撒‧柏林[7]和普里查

4　譯註：莫德林學院（Magdalen College）創建於一四五八年，被認為是牛津大學最美的學院之一。

5　譯註：Mary Warnock，1924-2019。英國哲學家及存在主義作家。她於一九八四年至一九九一年曾任劍橋大學格頓學院（Girton College）院長。

6　譯註：J. O. Urmson，1915-2012。英國哲學家、古典主義者。

7　譯註：Isaiah Berlin，1909-1997。英國哲學家、政治思想史學家、著名的自由主義知識分子。

德[8]。維根斯坦回應伍德時，完全不在乎笛卡兒的論證是否有效，而是一心將自己的哲學方法應用到所提的問題上。對於牛津的學術道統而言，這是令人不快的破格之舉，這一點在普里查德的身上清楚體現了出來：

普里查德：這都沒問題。我們想知道的是**我思**〔cogito〕是否有效？

維根斯坦：如果有人望著天空對我說：「我想會下雨，所以我存在。」那我無法理解他。

瑪莉・沃諾克在日記裡形容普里查德「老態龍鍾，耳不靈光，咳嗽得厲害，毫無章法」。他數度打斷維根斯坦，想讓維根斯坦回答笛卡兒的「我思」是否為有效推論，維根斯坦每次都避而不答，顯示他認為不重要。普里查德反駁道，笛卡兒關切的問題比維根斯坦這晚討論的所有問題都重要得多。瑪莉・沃諾克說，普里查德接著便「厭惡地蹣跚離開了」。一週後，他溘然長逝。

儘管大多數與會者都覺得普里查德過於粗魯，但多少認同他的反駁，並感覺維根斯坦完全不回應存在導向（existential）的哲學方法很容易被視為傲慢。在牛津這種敬重偉大哲學家的氛圍下，維根斯坦反歷史、反存在導向的哲學論文的主旨，是一種毫無根據的蔑視。

有個人要為維根斯坦來到牛津間接負責，這就是居中聯繫維根斯坦和伍德的伊莉莎白・安斯康姆[9]。安斯康姆曾就讀牛津聖休學院（St Hugh's College），一九四二年到劍橋當研究生，開始聽維根斯坦講課，一九四四年維根斯坦重回劍橋開課，她更是最熱切的學生之一。對她而言，維根斯坦的治療式哲學方法有如巨大的解放，當其他更理論的方法都無效時，是這一帖「藥」將她從哲學混亂中拯救了

出來。「許多年來，」她寫道：「我時常找一個地方，例如咖啡館，盯著東西對自己說：『我看見一個包裹，但我真正看到了什麼？我怎麼能說自己看到的比一片黃色還多？』」

我一直很討厭現象論，覺得自己困在其中找不到出路，卻不相信它。光指出它有哪些困難（例如羅素發現它哪裡出錯）沒有用，它的力量和中樞神經依然活著，大聲哀號。直到一九四四年上了維根斯坦的課，我才看見那神經被拔除了，看見「我有這個，於是我將黃色定義為這個」的核心概念得到了有效的駁斥。

一九四六至四七學年度，安斯康姆回到牛津，在薩默維爾學院（Somerville College）當研究員，但仍然每週回劍橋一趟，和另一名學生希賈布（W. A. Hijab）一起接受維根斯坦的指導。在他們兩人的請求下，指導課主要討論宗教哲學問題。到了該年底，她已經成為維根斯坦密友和最信任的學生，這點實屬例外，因為維根斯坦向來不喜歡學院女性，尤其厭惡女哲學家。因此，安斯康姆成了「榮譽男性」，維根斯坦總是親切喊她老男人。有一回他發現課上除了她就沒有其他女性，開心地說：「謝天謝地，我們甩掉了女人！」

安斯康姆當時熱烈崇拜卡夫卡，為了分享這份熱情，她借了幾本卡夫卡的小說給維根斯坦。「這個

8 譯註：H.A. Prichard，1871-1947。英國哲學家。
9 譯註：Elizabeth Anscombe，1919-2001。英國分析哲學家，維根斯坦的學生。詳可見本書導讀。

人，」維根斯坦還書時說道：「因為不寫自己的麻煩而給自己惹了許多麻煩。」他反過來推薦魏寧格的《最後四件事》（The Four Last Things）和《性與性格》，並說不論魏寧格有什麼缺陷，他都是真正寫了自己的麻煩的人。

這種直接，這種去除一切無謂與虛飾、「抽絲剝繭」的決心，既令人不安，也讓人深受啟發。安斯康姆是極少數覺得這是一種解放的人。聽過維根斯坦最後幾堂課的艾瑞斯‧梅鐸[10]覺得維根斯坦從人到房間都「令人很不自在」：

他那種非比尋常的直接，不帶任何邊幅，就是令人不安的地方……跟一般人相處通常會在某個框架底下，有特定的對話方式，不會以人格坦誠相對。但維根斯坦總是將這種坦誠相對強加在所有和人的互動裡。我只見過他兩次，不大了解他，或許就因為這樣，我每回想到他這樣一個人時，總是心懷敬畏與戒心。

這時期維根斯坦最敬重的學生是格奧爾格‧克萊塞爾（Georg Kreisel）[11]。克萊塞爾來自格拉茨，一九四二年到三一學院攻讀數學，上過維根斯坦戰時開的數學哲學課。一九四四年，維根斯坦表示當時年僅二十一歲的克萊塞爾是他見過最有能力的哲學家，同時也是數學家。里斯對此非常驚訝。「比拉姆齊更有能力？」他問。「拉姆齊？」維根斯坦說：「拉姆齊是數學家！」

儘管已經兩年多沒寫數學哲學，維根斯坦一九四六年和四七年都和克萊塞爾定期討論這個主題。特別的是，主導討論的人不是維根斯坦，而是克萊塞爾。當維根斯坦論數學的文字於死後出版，克萊

塞爾讀完非常驚訝。他說自己看了《數學基礎評論》後，發現他和維根斯坦討論時提出的話題「遠非他

的主要興趣所在，但他從來沒讓我察覺這一點。」

受到和克萊塞爾討論的刺激，維根斯坦在劍橋最後一年除了每週的心理學哲學課，還加開了數學

哲學討論課。不過，克萊塞爾覺得他倆的討論比討論課更有價值，還說他覺得維根斯坦在公開場合表

現「很緊繃，常常前後不一」。

克萊塞爾不是門徒的料。離開劍橋之後，他投到哥德爾門下，成為維根斯坦攻擊最力的數學分支（數

理邏輯的「癌變」）的代表人物。「維根斯坦對數理邏輯的觀點沒有太大價值，」他後來寫道：「因為他知

道得很少，而且侷限於弗雷格—羅素那條思路。」《藍皮書》和《棕皮書》出版時，他的不以為然表達得

更加強烈，甚至更辛辣。「作為介紹傳統哲學主要問題的著作，」他如此評論：「這兩本書極為差勁」——

這主要來自我的個人感受。我認為早年接觸維根斯坦的見解不僅沒有幫助，反倒阻礙了我對哲

學作為一門獨立學科建立一個有益的觀點。

維根斯坦常常覺得自己對學生有壞影響。「我可能只種下了某種行話」，他如此說道。人們模仿他

的姿態，採用他的表達，甚至使用他的技巧來寫哲學，給人的感覺卻是他們完全不理解他思想的要點。

10 譯註：Iris Murdoch，1919-1999。英國作家，獲獎甚多，其《網之下》入選美國現代圖書館（American Modern Library）的「二〇世紀百大英文小說」，《大海，大海》則獲得布克獎。

11 譯註：Georg Kreisel，1923-2015。生於奧地利的第二大城格拉茨（Graz）是一位在二戰後活躍於英美的數學家。

他不斷嘗試說明這個要點。他在最後一門課之初就開宗明義指出，這堂課的目的在於解決「心理學是研究精神現象的科學」這個想法造成的混淆。

這門課要談心理學哲學。我們不打算從事心理科學研究，對這門研究所發現的那類事物也沒有獨特見解，卻要討論發生在這門科學裡和從這門科學所生出的問題，這似乎有些奇怪。但當我們檢視心理學家可能說的話和非心理學家（以及我們）說的話，自然會產生一些問題與迷惑。

心理學常常被定義為研究精神現象的科學。我們稍後會談到，對照物理學（研究物理現象的科學）來看，這樣定義心理學有一點古怪。可能出問題的是「現象」這個詞。我們不難理解，一邊是某類現象，會做某類事情，一邊是另一類現象，會做另一類事情，所以如何比較這兩類事情？然而，說這兩類現象都會做一類現象做的事情，這麼說或許沒有意義。當我們說「研究精神現象的科學」，意思和其他人一樣，是指處理思想、決策、希望、欲求、揣度……的科學。於是一個老問題出現了。心理學家是這樣發現相關性的：他觀察人們做某些事，例如血壓升高、擤鼻子或神情焦慮等等，接著於S秒後接受了這個，S＋3秒後想到那個，在紙上寫下「不要」，諸如此類。問：在觀察自己的精神事件。怎麼觀察？內省。但只要觀察（亦即開始觀察自己的精神事件），精神現象就會改變，並生出新的精神事件。然而，觀察的重點就在不能這樣做，這正是觀察所該避免的事。於是，研究精神現象的科學就出現了一個問題：不論自己或別人的精神現象，我都無法進行符合「觀察」一詞定義的那種觀察。所以現在是什麼情況？

對於最後一個問題，維根斯坦的回答是：我們在迷霧中，在一系列混亂中，這些混亂既無法藉由累積更多資訊（不論靠內省或行為分析）來消除，也無法靠提出一套思想**理論**（a *theory of thinking*）來消除。要去除迷霧唯有靠考察概念，分析諸如「意向」、「意願」和「希望」等詞彙的使用，以迥異於描述和解釋物理現象的方法闡明這些詞彙的意義如何出自某種生活形式、某種「語言遊戲」。

維根斯坦這時已經深有體會，自己處理哲學問題的方法很容易被誤解，因此課上花了許多時間努力描述自己的哲學方法，還到道德科學社做了演講，講題（照他寫給摩爾的邀請函裡的說法）是〈我認為哲學是什麼，或說哲學方法是什麼〉。造成誤解的一個常見原因是，他以一個狀似討論**現象**的問題開頭（例如「什麼是思考？」）。最後卻是在考察我們使用詞彙（如「思考」）的方式。

第二堂課上，維根斯坦回顧上次的講課內容，概括了許多人對這做法感到不安的原因：

現在讓我們回到上一次講課。你們應該記得我提出（一）我們要分析，而要確實做到，就表示（二）我們要定義思考。接著我提出了可疑的一步，我指出，也許我們其實要的是「思考」一詞的用法。「可是，」你們說：「我們顯然不想知道『語詞的用法』。」某方面來說，的確如此。

意思是，我們不想為了知道語詞的用法而知道語詞的用法。描述語詞（實際的和想像的）用法是為了擺脫束縛，掙脫導致混亂的觀看方式。這種觀看事物的方式是哲學家舉例時「菜色貧瘠」造成的：

頭兩個學期的課程範圍，大致和《哲學研究》第一部分的後三分之一相同，包括質問「什麼是思考？」、分析「精神現象」以及考察「意向」、「意願」、「理解」和「意謂」之類的心理學概念。

我提供的是語句用法的形態學，向你們展示有些用法是你們未曾想過的。在哲學領域裡，人感覺自己被迫以某種方式看待概念，而我做的便是提出甚至發明不同的看待方式，提出你們之前未曾想過的可能。你們以為只有一種可能，頂多只有兩種。但我讓你們想到其他可能，還讓你們看到一件事，就是「指望概念符合這些狹隘的可能」是荒謬的。如此，你們的精神痙攣便得到緩解，得以自由瞭望「語句使用」的大地，描述各種不同的用法。

這方法還有一個問題，就是當維根斯坦給出更豐富的菜色時，可能害得學生見樹不見林。加斯金（D. A. T Gasking）和傑克森（A. C. Jackson）這兩位學生便回憶跟上課程的困難，「在於很難看出這些相當重複的瑣細談論到底要幹什麼，這些例子之間有什麼關聯，這一切又和我們通常以抽象詞彙提出的問題有什麼關係？」

維根斯坦也察覺了這個問題。「我在向學生展示一片遼闊地景的細節，」他這樣寫道：「他們不可能摸得著路。」他在課上詳述了這個比喻：

我教你們哲學，就像導遊教你們倫敦找路。我必須帶你們穿過城市，從北到南，由東到西，從尤斯頓到堤岸，從皮卡迪利到大理石拱門。當我帶你們在城裡各個方向走過許多路，每一條街都走過幾次，每次都是某條路線的一部分之後，你們會認識倫敦，和倫敦本地人一樣熟門熟路。當然，好的導遊會更常帶你們走重要的街道，而非旁支的巷弄，壞的導遊則是相反。在哲學上，我是個壞導遊。

在寫作上，維根斯坦同樣擔心自己花了太多時間走訪小巷。他說自己遠遠不曉得在這本書裡「我需要討論什麼，不需要討論什麼」：

　　我仍然一直糾纏在細節裡，不曉得自己到底該不該談這些東西。我感覺自己彷彿在檢視一大塊領域，只是為了最後能將它排除在考慮範圍之外。

　　雖然他將自己去年完成的打字稿稱為「我的書」，卻對它很不滿意，特別是最後三分之一，也就是主要取自之前手稿的心理學概念分析。儘管如此，他每星期還是會花一個下午和馬爾康姆討論這本書。維根斯坦在劍橋的最後一年，馬爾康姆在這裡當古根罕研究員（Guggenheim fellowship）。維根斯坦借他一份打字稿副本，希望兩人一起逐段細讀。馬爾康姆回憶當時的做法是這樣的：

　　我們從書的第一頁開始，維根斯坦先用德文朗誦一句，然後譯成英文，接著就其意思向我稍作說明，之後再朗誦下一句，依此類推。下一次見面時，他會從我們上回討論到的地方開始。

　　「我這麼做的理由是，」維根斯坦解釋道：「這樣我的書出版時，至少有一個人理解它。」這麼說有些奇怪，因為他這時已經不打算出版這份打字稿，並且開始重寫最後一部分。和馬爾康姆討論期間，他寫了一系列手稿，希望從中找出更加令人滿意的方式來表述自己對心理學概念的考察。但他並沒有浪費時間，因為還沒討論到書的最後部分，兩人的會面內涵就變了。維根斯坦的「討論」方式對馬爾康

姆而言太像註釋了，他更想討論當下困惑著**他**的哲學問題，於是維根斯坦逐漸放寬了自己的做法。

一九四六年的米迦勒學期，對班恩的愛給了維根斯坦須臾的快樂與漫長的折磨。「全是快樂，」他十月八日寫道：「若不是過去兩週和班在一起，我現在就不能這麼說。若是病痛或意外來攪局，我就不會有那樣的時光。」

但快樂非常脆弱，至少他如此感覺。「我對愛太缺乏**信仰**與**勇氣**。」十月二十二日他寫道：

但我很容易受傷，又害怕受傷，**這樣**保護自己只會扼殺所有愛情，因為真正的愛需要勇氣。然而，這還代表必須有勇氣分手和割捨（愛人），也就是有勇氣承受致命的傷害。但我只希望自己能免於最壞的遭遇。

「我沒有勇氣、力量與清明去正面生命中的事實」，幾天後他寫道。他認為其中一個事實是「班對我是**前愛**（這在德文裡是一語雙關，Vorliebe 的意思是喜歡、偏好） [12]，無法持久」：

我當然不曉得這愛會如何逝去，也不曉得其中某些部份如何活著、留存著而不被當成紀念壓在書頁中。

維根斯坦深信自己會失去班恩，這想法令他難以繼續這段關係，造成他「生活中的可怕困難」。「面對**這**

樣的未來，我不曉得自己能否繼續這段關係，又怎能忍受自己繼續。」

然而，他也受不了結束這段關係的想法。「只要我想像自己分手，就會被那寂寞嚇壞。」再說，這難道不是天上掉下來的美好禮物？丟棄它不等於褻瀆神明嗎？無論繼續或結束這段關係，那痛苦與折磨他似乎都無法承受。

然而，隔天他仍堅持「愛是**喜悅**，也許夾帶著痛苦，但依然是喜悅」。不是喜悅就不會是愛，「在愛中我必須能安歇」。但事實是疑慮讓他無法安歇。他不懷疑班恩心地熱誠。「但你能拒絕一顆熱誠的心嗎？」這個問題立刻引出了最關鍵的疑慮：「它是**為我**而熱誠跳動的心嗎？」他引用了一句英文（因此應該出自班恩之口）：「我寧願做任何事，也不願傷害友誼之心。」他接著用英文寫道（這回肯定是他自己的話）：「我得知道：他不會傷害**我們的友誼**。」他愛上了班恩，他要的不只友誼，不只喜歡，而是愛：

人無法掙脫自己的皮囊。我無法放棄停泊於我心深處、於我整個生命之中的一項要求。愛與本性緊緊相繫，若我本性不再〔unnatural〕，愛就必定終結。我能說「我會講道理，不再要求愛」嗎？……我能說：讓他愛怎麼做就怎麼做，有一天事情會不同。愛是高貴的珍珠，人將它緊抓在心口，不會用它來交換任何東西，珍視它高過一切。13 事實上，愛**展現了**（如果人有愛）什麼是**偉大**的價值，

12 譯註：維根斯坦原文的用字是德文的「Vorliebe」，作者雷伊‧孟克譯為英文的「pre-love」（故此處譯為「前愛」）。Vorliebe既有「喜歡、偏好」的意思，又有「愛之前的情感（還不是愛）」的意思。

13 這裡呼應了馬太福音第十三章四十五至四十六節：「天國又好像買賣人，尋找好珠子，遇見一顆重價的珠子，就去變賣他一切所有的、買了這顆珠子。」感謝大衛‧麥克林托博士（David McIntock）提醒我這個典故。（原註）

讓人明白從金屬裡挑出最貴重的金屬是什麼意思。

「不確定令人害怕。」不確定讓維根斯坦想像出各式各樣恐怖的可能，令他飽受折磨。他告訴自己：

「相信神。」但重點在於他什麼都無法相信。

從我所在之處到相信神，這中間是一條**長路**。歡喜的希望與恐懼是近親，我無法擁有其中一個而不觸碰到另一個。

此外，他還懷疑自己是否有資格去愛。愛上班恩不就背叛了對法蘭西斯的回憶？「問自己這個問題，」十一月十日他寫道：

……當你死時，誰為你哀悼？誰為法蘭西斯哀悼？我（比任何人都更有理由哀悼的我）對他的哀悼有多深？難道他不值得某人終其一生為他哀悼？如果有人配得上，那就是他。

然而，法蘭西斯在上帝手裡。「人們會說，上帝會照顧他，將某個壞人不給他的東西給他。」但維根斯坦的生命在自己手裡。兩天後他短短寫下一句：「生命的根本不安。」根基隨時可能垮掉。「別怯懦得不敢測試一個人的友誼，」他敦促自己。他必須知道自己和班恩的友誼能否抵擋加諸其上的壓力。「手杖拿在手裡好看，一把體重壓上去就彎了，這種手杖毫無價值。」

當然，走路不用手杖比用靠不住的手杖更好⋯

沒有他的愛，你就無法快樂了嗎？少了這份愛，你就必定陷入沮喪？沒有這支撐你就不能活了嗎？問題是這個：你不倚著手杖就**無法**站直了嗎？或者你只是無法**決心**放掉它？還是兩者皆是？

你**不該**再繼續期待不會寄來的信。

這段關係若只是一股支撐，就不值得。「將我引向這支撐的不是愛，而是我無法單靠自己的雙腿安穩站立。」

少了班恩，他的生活肯定會更孤單可憐，但為何不願受苦呢？畢竟「有些人一生都在生病，長時間強烈痛苦之後的短暫平靜，一聲如釋重負的歡喜嘆息，是他們擁有的唯一快樂。」

受苦是多麼前所未聞的事嗎？例如疲憊孤獨的老人，甚至變得半瘋了？

疲憊、孤獨與瘋狂，這是他的命，必須接受。「只是絕不能戲劇化，對此你務必提防。」懷著希望去愛，就算落空了也不絕望，這是最難的本事。「對慈善天父的信仰，其實說的就是這種生活。」

那樣生活是真正的解答，是令他的哲學思考相形失色的成就。「要是我打從心底不開心，天份於我又有何益處？倘若我無法搞定首要的事，解決哲學問題對我又有何幫助？」他的課有什麼真正的用處？

我的課進展順利，不可能再好了。但它們留下了什麼效果？我有幫到誰嗎？顯然**不比**我是為他們演出悲劇角色的偉大演員還好。他們學到的東西不值得學，他們對我的個人印象也不會帶給他們任何東西。所有學生都是如此，也許除了一兩個例外。

一九四七年夏季學期，維根斯坦決定放棄教書。他告訴馮・賴特自己將辭去教授職位，並希望對方成為自己的繼任者。

維根斯坦最後一學期的課特別有意思，因為他在課上談論了隨後兩年佔據他思考的問題，最終底定於現今《哲學研究》第二部分的打字稿。他在這堂課上頭一回提出了著名的兔鴨圖：

假設我讓一個孩子看這張圖。他說：「它是鴨子。」接著突然改口：「啊，它是兔子。」所以他認出〔recognize〕那是隻兔子，這是一種辨認的經驗。你在街上看到我說：「啊，維根斯坦。」這也是辨認的經驗。但人不是隨時在辨認。唯有鴨子變成兔子又變回鴨子時，辨認才會發生。在這中間，**面相**〔aspect〕可說是**傾向性的**〔dispositional〕。

這張圖的要點在於能有不只一個面相看它，同一張畫可以看成鴨子，也可以看成兔子。吸引維根斯坦的正是這種**看作**（seeing-as）。描述這類現象時，我

們往往會提到心理狀態，彷彿那是某種對象。比如，我們可能會說我們一會兒把圖看成鴨子，一會兒看成兔子，但外在圖樣（那張圖）並沒有變，改變的是我們心裡的圖像，我們的感覺與料。這個想法往上類推，就會得出維根斯坦心理學哲學所攻擊的那種感官經驗論，也就是現象論：直接經驗的對象是經驗論者稱作感覺與料的東西，是私有的、影子般的實體。正是由於擔心這種類推，使得維根斯坦一開始評論**面相觀看**（aspect-seeing）時（在上述那門課和《哲學研究》裡），便強調這不是標準做法，我們不是看到什麼都會看成某種東西…

說「我現在把它看作……」幾乎沒有意義，就好像看見刀叉然後說「我現在把這看成刀叉」一樣。

然而，儘管「看作」不是所有知覺的通例，對於維根斯坦卻格外重要，而且原因不只出於現象論的危險。可以說，維根斯坦的哲學方法就在於改變我們看待某些事物的面相，例如不將數學證明看成一串命題，而是一幅圖像，不將數學式看成命題，而是規則，不將第一人稱的心理狀態陳述（「我很痛」等等）看成描述，而是表達等等。可以說，「看出關聯的那種理解」就是造成面相轉變的那種理解。

維根斯坦在《哲學研究》裡提到，兔鴨圖取自約瑟夫·賈斯特羅一九〇〇年出版的《心理學中的事實與寓言》[14]，但是他對面相觀看的討論受惠於沃爾夫岡·柯勒[15]比賈斯特洛多得多。許多討論裡，他

14　譯註：Joseph Jastrow，1863-1944。美國心理學家。著作有《心理學中的事實與寓言》(Fact and Fable in Psychology)。

15　譯註：Wolfgang Köhler，1887-1967。德國心理學家。其理論詳見後述。

心裡想著的都是柯勒一九二九年出版的《完形心理學》（Gestalt psychology），尤其論〈感官組織〉那一章。

許多堂課，他都會先唸書中一小段作為開場白。

要了解維根斯坦對柯勒的興趣，我想必須認識歌德留給他倆的共同遺產。對維根斯坦和柯勒來說，歌德的概念作為自己思想的核心要點，只是方式大不相同。

德文「Gestalt」（格式塔）通常意指「形狀」或「形式」，但柯勒仿效歌德，用它來指稱很不同的東西：

全形（格式塔）所指涉的理解方式帶有歌德（對顏色、植物和動物的）形態學研究的血統，兩人也都以

分離（detached）之物，擁有形狀或形式為其屬性。依據這個傳統，全形理論中的「格式塔」意指

分離的整體（segregated whole）。

在德語裡（至少自歌德以來，尤其在他論自然科學的文章中）名詞「格式塔」有兩個意思，除了作為事物性質的「形狀」和「形式」的含意外，還意指一種有形的個別實體，具有獨特性，是某種

這個「分離的整體」（柯勒常稱之為「有組織的整體」）構成了柯勒反行為主義心理學的基礎。柯勒反對行為主義的「刺激─反應」機制，而採用他所謂的人類行為「動態」理論，強調組織在知覺中扮演的主動角色。柯勒指出，我們的知覺不是個別的刺激，而是有組織的格式塔，例如我們不會在紙上看到三個點，而是將它們看成三角形，視為一個整體，一個格式塔。

柯勒對人類心理的「動態」理解和歌德對大自然的「動態」理解遙相呼應。正如柯勒反對行為主義所蘊含的機械論，歌德開始研究科學也是為了尋找他那個時代牛頓機械論科學以外的方案。

歌德以植物為起點，開始了他對自然形式的形態學理解。他在《義大利遊記》裡形成的觀點是，如果能在單一格式塔面相下看待所有植物，就能有系統地（而且非機械論地）研究植物生命。每一類自然現象（如動植物）都會有某一個形式，即**原初現象**（Urphänomen），可以將這類現象的所有例子視為這個原初現象的變形。就植物而言，這個原初現象就是**原初植物**（Urpflanze）。

然而，在歌德的著作裡，原初植物的性質有些混亂。歌德曾將它視為有一天可能發現的真實植物：

在（義大利）這裡，植物不像我們那兒種在盆子裡或玻璃罩裡，而是能在開放的新鮮空氣裡自由生長，實現它們的自然天命，變得更可理解。見到如此多樣新而又新的形式，我的舊幻想又突然冒了出來：在這麼多植物裡，我會不會發現原初植物？這裡絕對有，否則我怎麼認出這個或那個形式是植物？唯有這些植物都從同一個基模建構而來才有可能。

然而，一個月後，他卻認為原初植物在自然裡找不到，是他所創造並帶進自然的東西，用來衡量可能性：

原初植物將是世界上最奇怪的造物，連自然也會嫉妒我。有了這個模型，掌握了它的關鍵，就能永遠不斷發明植物，而且知道它們的存在合乎邏輯，意思是就算它們實際不存在，也有可能存在。

這兩種構想的差異非常重要。第一種構想讓歌德的形態學變成了站不住腳的冒牌演化論，彷彿他

的任務是達爾文式的，是要找到所有其他植物都由它（因果地）導出的那個植物。第二種構想清楚指出，原初植物不能用作因果推論，形態學的任務不是發現經驗定律（如演化法則等等），而是呈現一種對於全體植物生命的**綜觀**（Übersicht）。讓歌德和維根斯坦的著作產生連結的，正是第二種構想。

歌德的形態學為維根斯坦提供了例子，示範一項研究如何不以解釋的方式而釐清某一現象。這種研究在於看出類比。不過，在維根斯坦對這種形態學的理解中，有一點至關緊要，那就是用作原初現象的格式塔本身不是對象，如同觀念和概念不是對象。我們看見或認出格式塔，不是像我們看見物理對象，而是像我們看見或認出相似之處那樣。這個區別非常重要，但由於格式塔、原初現象和原初植物等等都是名詞，而且我們會說看見或認出它們，故很容易忽略這個區別。於是，維根斯坦在《哲學研究》討論到面相觀看時，一開頭便高明又清楚地說明了這個區別：

「看」這個字有兩種用法。

其一：「你看見什麼？」「我看見這個。」（接著描述、描繪、複製。）其二：「我看見這兩張臉的相似處。」讓聽我說這話的人跟我一樣清楚看著這兩張臉。

重點是這兩種看的「對象」的範疇不同。

「看」這個字的歧義，造成了歌德和席勒[16]對原初植物的見解不同。歌德試著解釋自己的構想：

我生動地向他解釋了《植物的變態》，還拿起筆勾勒一番，將一株象徵性的植物喚到他眼前。

但席勒拒絕將這個「象徵性的植物」視為視覺對象：

……畫好之後，他搖頭說：這跟**經驗**毫無關係，它是個概念。

但歌德不為所動，堅持自己在談論自己見到的東西：

欸，這樣更好，這表示我已經有了概念而不自知，甚至已經**親眼見到了**……要是他將對我而言是經驗的東西當作觀念，那麼兩者之間終究還是有某種調解、某種關係。

維根斯坦認為，歌德和席勒可說都是對的。席勒對在堅持原初植物和觀念（而非物理對象）屬於同一範疇，歌德則對在堅持自己（從某個角度來說）親眼見到了原初植物。哲學的任務就在於解釋為何如此，找出某種描述「看作」這一現象的方式，使得格式塔（面向、有組織的整體）可以既是觀念又是視覺的「對象」，兩者不相矛盾。

於是，柯勒《完形心理學》提出的問題便成為維根斯坦關切的重點，但他的做法卻恰恰落入了維根斯坦「私有語言論證」所欲去除的概念混淆之中。他從一開始對格式塔的敘述就陷入了混淆。他指出，

16 譯註：Friedrich von Schiller，1759-1805。德國啟蒙文學的代表人物之一，詩人、哲學家、歷史學家等，歌德的好友。

格式塔是「一種有形的個別實體，具有獨特性，是某種分離之物，擁有形狀或形式為其屬性」。光是這段話，聽起來就像在描述物體，一種私有對象。這實體正是柯勒建構知覺理論所需的對象，因為他想表達「組織」跟顏色和形狀一樣，也是知覺對象的一部分。這個做法模糊了物理對象和心靈建構（如觀念等等）的區別，使得我們對一個模糊的**事物**產生了混淆的概念：

一旦將視覺印象的「組織」視為和形狀或顏色同等級的事物，視覺印象就從觀念變成了內在對象，進而自然成了一種幻影，一種飄忽古怪的建構物。

維根斯坦同樣不喜歡柯勒用「視覺實相」指稱以不同方式「組織」知覺時會隨之改變的東西。例如，除非有人指點，我們通常不會看出下圖裡有 4：

柯勒對此圖表示：

只要我告訴讀者數字4就在眼前，他就一定會找到（見下圖）。但只要他沒受到理論偏見的影響，就會承認4這個形狀起先並未以視覺實相〔visual reality〕的方式存在，若它後來開始存在了，這表示視覺實相有了轉變。

維根斯坦在課上嘲弄了這段話：

柯勒說：「你看見兩個視覺實相。」這麼說是相對於什麼？應該是相對於詮釋。他是怎麼做到的？

（也就是：這如何成立？）問人沒有用，柯勒從來沒說問人有用，但他卻表示：「如果不受理論蒙蔽，就會承認有兩個視覺實相」。他當然不是說只有不抱理論的人才會說「有兩個視覺實相」，而是想說任何人不論（一）是否受到理論蒙蔽，（二）是否說了這個或那個，都必須（為了表達正確）說：

「有兩個視覺實相。」

但在這些兩可圖的例子中（先看到鴨子再看到兔子，先看到兩個不明圖案和一條水平線，再看到藏在圖形裡的4），如果不說視覺實相或圖形的組織變了，那該怎麼說？**改變**了的是什麼？維根斯坦再次搬出自己的標準做法，希望用一種方式描述這過程，讓這問題不會出現。和其他哲學混亂一樣，是問題本身在誤導人。「問『改變了的是什麼』沒有意義，」維根斯坦對班上學生說：「回答改變的是『組織』也沒有意義。」

然而，他發現要對面相觀看做出恰當描述，從而消除隱含在柯勒的描述裡的混亂並不容易。課程結束兩年後，他將兔鴨圖拿給德魯利看，對他說：「現在你試著說說看，把某樣東西看成某樣東西是怎麼回事。這不容易。我正在思索的這些事跟花崗岩一樣硬得敲不開。」

最終出現在《哲學研究》裡的相關段落有些吊詭，甚至自相矛盾，或許便是出於這份壓力：

面相改變表達的是新知覺，也是知覺並未改變。

「看作」不是知覺的一部分，因此它既像看，又不像看。

有一點他**當時**很確定：不論怎麼描述「看作」，都不能訴諸「私有對象」：

……就是別說「我的視覺印象終究不是那幅畫，是我無法給任何人看的」。視覺印象當然不是那

幅畫，但也不屬於那種我隨身攜帶的東西。

維根斯坦還強調，對於面相改變，應該問的不是「**什麼改變了？**」而是「這改變造成了什麼**差別？**」因此討論到柯勒「隱藏的 4」的例子時，他不談「視覺實相的轉變」，而是談不同方式看這個圖形的後果：

柯勒說很少人會自己看到圖形裡的 4，

這顯然沒錯。現在假設有人描述或複製這個平面圖時完全偏離了一般方式，那麼這人使用不同的「單位」複製和描述，會讓他和一般人有什麼差別？換句話說，這樣一個人在別的事上將和一般人有何不同？

就畫圖而言，以不同方式看的後果可能是圖複製得不一樣（比如有些人可能從 4 開始複製）。就音

樂而言，以不同方式聽的結果可能是樂曲唱的、演奏的或吹的不一樣。就詩而言，可能是讀的方式不一樣。從這些例子當中，我們或許能看出維根斯坦的格言：「『內在』過程需要外在標準」《哲學研究》第一部分，五八○）雖然表面上和行為主義者的格言相似，動機卻可能（也確實）極為不同。以然而，只要想到就哲學**世界觀**而言，面相轉變的結果可能是**生命**的改變，這點就非常清楚了。以維根斯坦來說，他真心期望的結果（「外在標準」）是一個對待音樂、詩歌、藝術和宗教如同我們現在對待科學一樣尊重與認真的文化。

推動這樣的面相轉變有什麼意義嗎？

哲學家說「要這樣看事物！」但首先，這不保證人們會那樣看事物；其次，勸誡可能來得太遲了，而且怎麼樣如何都沒用。要改變知覺事物的方式，其推力必須來自完全不同的地方。

然而「知覺事物的方式」必須改變，這一點對維根斯坦非常重要。如他和恩格曼之前所言，「事物是如何」和「事物應當如何」的差異並不必然指向內在改變。外部事物不可能不入侵，發生影響，而人就是得試著改變事物。

或至少得改變他的外在環境。維根斯坦這時已經確信自己必須離開英國。「在這個國家，」他四月十三日寫道：「我這樣的人對人群除了厭惡，再沒有其他明顯的反應了。」而無法想像英國會發生革命，則更加令人沮喪。「彷彿可以說，這個國家的**精神**氣候潮濕又冰冷。」十天後他寫道：

我覺得劍橋愈來愈可恨，英國文明正在瓦解腐爛，英國政治在邪惡的目標和**毫無**目標之間輪流打轉。

「我感覺自己是這個世界的異類，」他七月寫道：「一個人若和人類或神都沒有連結，他就是異類。」學期一結束，維根斯坦就去斯旺西和班恩共度了兩週。雖然尚未辭去教職，但他已經決定離開英國獨自生活。他首先想到挪威，接著是愛爾蘭。八月他去都柏林找德魯利，德魯利剛受聘成為聖派崔克醫院的精神醫師，維根斯坦對朋友的新職非常感興趣。「如果事實證明你當精神醫師是選對了，」他告訴德魯利：「我也不會驚訝。你起碼知道了天地之間還有更多事物。」德魯利將聖派崔克醫院精神診療的參考書借給了他，薩甘和史雷特的《精神病學中的物理治療法》（Sargant and Slater's *Physical Methods of Treatment in Psychiatry*）。維根斯坦照例熱誠讚揚了堅實科學技術的價值，同時急切提醒其侷限：

這本書非常出色，我喜歡它的成書精神。我會叫班恩讀這本書。我完全能理解你為何會有「讓我們瞧瞧這些療法有什麼成效」的態度。

我完全不想低估你正在做的事情的重要，但絕不要讓自己覺得所有人類問題都能如此解決。

八月底維根斯坦回到劍橋，雖然決定辭去教職，卻還不確定要去挪威或愛爾蘭。他寫信給馮‧賴特，說他打算先到維也納待一個月，然後：

……去一個可以獨處的地方待稍長一段時間，而且可能的話，把我書裡的一部分寫完……我什麼都還沒告知劍橋高層，因為還不是完全確定（雖然我眼前看不出這事如何能避免，我是說離開劍橋的事。）

「我的心現在是一**團混亂**，」他告訴馮‧賴特：

但我會克服的。

其中一個原因是：在發生了這一切之後，我很怕再見到維也納，也有點害怕丟了劍橋的工作。

想到回去那個他知道變糟了許多的維也納，維根斯坦就惶惶不安，而且實際情況可能比他預料得更糟。維也納當時局勢黯淡，令人沮喪，俄軍依然佔領著城市，還一度將維根斯坦替姊姊造的房子用作軍營及馬廄。奧地利人厭惡佔領軍，姦淫擄掠的傳言時有耳聞，葛蕾塔的女傭忠心耿耿，努力保護這棟庫德曼街的房子，經常受到俄國人粗暴對待。海耶克[17]是維根斯坦的遠房表親，他回想自己在火車上遇見剛從維也納回來的維根斯坦，從維根斯坦「對自己遇到俄國人（佔領軍）的反應看來，他是頭一回遇見他們，顯然粉碎了他的所有幻想」。海耶克雖然徹底搞錯了，維根斯坦不是頭一回見到俄國人，但他覺得維根斯坦憤怒及幻滅顯然是正確的。事實上，我們很難想像維根斯坦會有別的反應。

維根斯坦一從維也納回來就遞了辭呈，但校方告訴他可以拿米迦勒學期當成教授休假。因此，儘

管他直到一九四七年底才正式卸任，但從米迦勒學期起就卸下了重擔，不用再教書和住在劍橋。

離開劍橋前，他花了一個月將自己那陣子對心理學哲學的心得整理成打字稿，後來成為《心理學哲學評論》的第一卷，但維根斯坦將它整理成打字稿，不是為了獨立出版，而是當成修改《哲學研究》最後三分之一的材料。「內容幾乎都很糟，」他告訴馮・賴特：「但我需要方便帶在手邊，也就是打成白紙黑字，這樣我讀的時候或許會產生更好的想法。」他還說：

我對自己的未來毫不樂觀，但我一辭職，就覺得這是唯一自然要做的事。

他投向愛爾蘭和獨處的舉動，很難不讓人看成是一種逃避，不只遠離劍橋、教書和英國人，還有遠離（更令他痛苦的）與愛人親近的折磨。他獨居的表面理由是把書寫完，在愛爾蘭的那幾年也確實完成了不少，但很難看出他是真心想把書給完成。因為在這些論述裡，維根斯坦走向了全新的思路，給人最強烈的感覺是他在「拚盡全力做哲學」，在做「唯一真正讓我振奮的工作」。

17

譯註：Friedrich von Hayek，1899-1992。奧地利出生的英國經濟學家、政治哲學家，一九七四年諾貝爾經濟學獎得主。

二十五、愛爾蘭

在愛爾蘭的頭兩週，維根斯坦下榻於都柏林的羅斯斯旅館（Ross's Hotel）。只要醫院沒事，德魯利就會陪他在都柏林市區或近郊看房子，但始終找不到能提供他所需的獨處與寧靜的住所。不過，德魯利在聖派崔克醫院的同事羅伯特·麥卡洛夫（Robert McCullough）暫時解決了這個問題。麥卡洛夫常去位於威克洛郡（County Wicklow）瑞德克羅斯（Red Cross）的一處農舍渡假，房子屬於金斯頓（Kingston）夫婦所有，他們告訴麥卡洛夫想找一位長住的房客。維根斯坦得知此事後，立刻動身去都柏林「勘查現場」（他這時期經常隨意借用美國偵探小說裡的用語），深深迷上了威克洛郡。「搭乘公車途中，」他回來後告訴德魯利：「我不停對自己說這個國家真美。」

然而，搬進金斯頓家的農舍後不久，他便寫信給里斯抱怨自己在那裡「覺得又冷又不舒服」。「再過兩個月，我也許會搬到愛爾蘭西部更偏僻的地方。」但幾週之後，他適應多了。德魯利頭一回去瑞德克羅斯造訪他時，一切看來都好。維根斯坦告訴他：「有時想法來得又急又快，彷彿有什麼在引導我的筆。」

我現在清楚明瞭放棄教職是對的，在劍橋我永遠無法把這事做完。」

遠離劍橋所代表的「瓦解腐爛中的英國文明」當然是生活在愛爾蘭的主要吸引力之一。馮·賴特寫

信給他，談到自己猶豫該不該申請劍橋的哲學教授職位，維根斯坦回信說他完全能理解，而且一直認為馮・賴特不會申請，因為「在我看來，眼前這個時代成為英國人或在英國的難民，怎麼想都缺乏吸引力」。

馮・賴特最終還是申請了，維根斯坦在勉勵裡摻雜了嚇人的警告：

劍橋是個危險的地方。你會變得膚淺嗎？變得圓滑嗎？如果不會，就註定會吃足苦頭。你信裡有一段特別令我不安，說你想到在劍橋任教就熱血澎湃。我覺得，你如果去劍橋，就必須保持**清醒**。但願我只是白擔心一場，但願你不受壓倒你的力量的誘惑。

生活在瑞德克羅斯的好處除了遠離劍橋，就是威克洛郡的鄉間美景。那裡的冬天很溫和，維根斯坦幾乎每天都去散步。「這裡和威爾斯的海岸差很多，」他寫信告訴里斯：「但顏色美到極點，足以彌補一切。」他寫信給姊姊海倫娜說：

如果這裡的鄉間色彩不是常常如此美妙，對我不會有這麼大的吸引力。我想肯定和空氣有關，因為不單是草地，連天空、海洋甚至棕色的東西都美得出奇。我在這裡比在劍橋感覺好多了。

他在瑞德克羅斯散步時會隨身帶著筆記本，經常在戶外工作。金斯頓的鄰居經常看見維根斯坦出門散步，說他有一回路過，看見維根斯坦坐在溝渠裡瘋狂寫著，對周遭一切渾然不覺。這應該就是他

這些靈思泉湧看得太過重要：

席勒曾在一封（我記得是寫給歌德的）信裡提到「詩意情緒」，我想我現在知道他的意思，而且覺得自己對它很熟悉。這是一種接納自然的情緒，人的思想似乎和自然本身一樣鮮活。但怪的是席勒沒有創作出更棒的東西（至少我如此覺得），因此我不是很確信自己在這種情緒下創作的東西真的有價值。也許那些時刻賦予我思想光彩的，是一道從後方照來的光線，思想本身不發光。

他帶著兩份打字稿，一份是現今《哲學研究》的第一部分，另一份是《心理學哲學評論》的第一卷。他希望從這兩份打字稿和自己在瑞德克羅斯寫的論述裡整理出他書的最後一部分的定稿。至於處理數學哲學的第二部分，可以說已經放棄了。他告訴所有朋友自己的工作進展順利，但有跡象表明他已經打算將出版一事交給遺稿管理人了。「天曉得我會不會出版這份成果，」他寫信給馮．賴特：「但你要是活得比我久，我希望你在我死後能看護它，那裡頭有一堆艱苦的思考。」

由於身體欠佳，維根斯坦無法如自己所願刻苦工作。儘管他一九四八年二月五日對里斯說「我身體健康得很」，其實卻飽受消化不良所苦。為此，他工作時總是帶著一罐斯克瑞格牌的竹炭餅乾。他非常相信這個療法（金斯頓家的小孩毛德和肯恩記得他幾乎不吃其他東西），以致於經常得去阿克洛（Arklow）補貨，但餅乾似乎並未解決問題。「我的工作進行得還可以，」他一月寫信給馬爾康姆：「要不

是好像一直無法擺脫消化不良的問題，我想會進展得非常好。」

更糟的是他神經緊繃的情形愈來愈嚴重，我想會進展得非常好。」他二月三日寫道：

感覺不好。不是身體，而是心理，很怕瘋癲來襲。只有神知道我是不是危險了。

如果過去一年在劍橋，維根斯坦精神不穩是因為班恩太近，那麼遠離對方並沒有讓他心智更穩定一些。他二月五日對馬爾康姆說：「偶爾會莫名神經不穩。對此我只想說發作時難受至極，逼得人只能禱告。」同一天他寫信給里斯：

我想我的神經常常不守規矩。當然它們又老又累了，但我的工作大致進展順利。同樣是老人的活兒：雖然我不是真的老了，但就是有著蒼老的靈魂。願神保佑，我的身體別比我的靈魂活得久！

「我常常認為自己正直奔瘋狂，」一個月後他對馮・賴特說：「我很難想像自己的腦袋能承受這股壓力太久。」

隨後兩週，他陷入了劇烈沮喪，完全無法工作，對自己的住處愈來愈不滿。起先他對屋主很滿意，

「他們很安靜，」他十二月曾寫信告訴馮・賴特：「我在自己房裡用餐，很少受到打擾。」但到了三月，金斯頓家的十一歲小兒子肯恩的一位朋友住了進來，兩人共用一間臥房，經常說笑到深夜。維根斯坦用力敲牆要他們安靜，兩人卻當成玩笑。到最後維根斯坦真的束手無策，發了急電要德魯利趕緊替他

523

在羅斯旅館訂一個房間，並到旅館找他。德魯利回憶道：「他一到都柏林，我就立刻去見他。他看起來既苦惱又激動。」

維根斯坦：事情來了。

德魯利：我不懂，什麼事來了？

維根斯坦：我一直害怕的事，就是再也無法工作了。過去兩週我毫無進展，晚上也無法睡覺。

我房間底下的人聊天到很晚，持續的細語聲把我逼瘋了。

德魯利開了助眠藥給維根斯坦，並告訴他說自己的哥哥在愛爾蘭西岸的農舍現在沒人住，歡迎他用。他在那裡起碼能找到平靜與獨處。

維根斯坦如釋重負，回瑞德克羅斯從長計議。他在金斯頓家過了復活節，但仍然無法工作，於是決定接受德魯利的提議。不過，他的心情好轉許多，和金斯頓家的關係也改善不少。離開前不久，他送了孩子們一個裝滿巧克力的鮮綠色復活節大彩蛋。四月二十八日他動身往西海岸前，在訪客留言簿上留了一句話：「很愉快的時光，謝謝你們。」

沒有理由認為這句話語帶嘲諷或不真誠。維根斯坦是真心感謝金斯頓家，但至少他在瑞德克羅斯的最後兩個月很難說是「愉快的時光」。這一點從他動身前一週寫給里斯的信可以看出端倪：

這些天我常想到你，雖然或許聽來可怕，但確實常想起。感謝上帝，我寫了信要你復活節別來找

我，因為過去六到八週對我而言是一段糟糕的日子。首先我遇上嚴重的沮喪，而且始終不曉得要離開這兒到哪裡去。我現在慢慢好轉了，打算下週離開這裡到西海岸的羅斯洛〔Rosro〕去。那裡很不方便，離都柏林十小時路程，但就目前看來，我實在別無選擇。因此你要是當時來了，就會看見我備受磨難。祝我得到力量、勇氣與運氣吧！過去這一個月，我的工作幾乎毫無進展，直到這幾天我才能做一點思考。（我是說哲學。我的大腦雖然遲鈍，但還沒停滯。我情願它停滯了！）

維根斯坦一九三四年就見過羅斯洛農舍，當時法蘭西斯‧史金納和德魯利陪他到那裡渡假。農舍位於康尼馬拉的基拉里（Killary）港口邊，背山面海，周圍山峰尖得出奇，稱為「十二尖峰」（The Twelve Pins），最早當成海岸巡防站，但一戰過後就廢棄不用了。一九二七年才由德魯利的兄長邁爾斯（Miles）買下作為渡假之用。一九二○年代初期，農舍仍無人居住，只被愛爾蘭共和軍拿來窩藏囚犯，直到一九二七年才由德魯利的兄長邁爾斯附近儘管有幾間農舍，但跟商店、郵局和其他村鎮設施都離了好幾公里。這種與世隔絕雖然如維根斯坦所言「很不方便」，卻是必要的，唯有如此他才能享有不被打斷的自由，這點他認為對自己的工作必不可少。

接待維根斯坦的是湯瑪士‧穆克林斯（Thomas Mulkerrins，Tommy）（維根斯坦後來學會了跟基拉里所有人一樣喊他「湯米」）。他是德魯利家請的人，住在離羅斯洛大約一公里的小農舍裡，負責照顧渡假小屋，週薪三英鎊，此外還撿拾泥炭和捕鯖魚補貼這份微薄的薪水。德魯利告訴湯米，維根斯坦精神崩潰了，要他盡可能幫忙，因此他每天早上都會送牛奶和泥炭到羅斯洛，看維根斯坦是否安好。維根斯

坦（對馬爾康姆說）覺得湯米「人很好，顯然比我在威克洛郡遇到的人更適合作伴」。後來他開始有了批評，跟里斯說穆克林斯一家都不愛工作。他很驚訝湯米的母親明明是出色的裁縫，身上的衣服卻破破爛爛，里斯木工很強，家裡每張椅子卻都斷了一條腿。他在日記裡只用一個詞形容湯米「這個我在這兒完全倚靠的人」，就是「很不可靠」。

不論可不可靠，他都只能仰仗湯米。他最近的鄰居莫帝默一家（Mortimer family）認為他完全是一個瘋子，不想跟他有任何牽扯，甚至禁止他經過他們的地，怕他會嚇壞羊群，害他想去羅斯洛後方的山裡散步時都得繞遠路。有一回他去散步，莫帝默家的人看見他突然停住，用手杖當工具在小徑的泥土上畫了個圖形（兔鴨圖？），然後一直盯著看了很久才繼續往前走。這證實了他們一開始的判斷。還有一次也是如此：莫帝默家的狗叫聲有一晚害得維根斯坦無法專心，他就發飆了。事實上，他留給莫帝默家的印象和先前留給奧地利鄉下村民的感覺相去不遠。

湯米也覺得維根斯坦有一點怪，但由於他對德魯利家忠心耿耿（邁爾斯曾跳下船救起溺水的他），加上他後來愛上了「教授」的陪伴，因此打算竭盡所能讓維根斯坦在羅斯洛住得盡量舒服而愉快，例如盡力滿足維根斯坦對清潔與衛生的嚴苛要求。維根斯坦要他每天早上不只送來泥炭和牛奶，還要帶著用過的茶葉，撒在廚房地板上吸灰塵，然後再打掃乾淨。他還會叫湯米來清除屋裡的「小瓦工」，也就是土鱉蟲，而湯米的做法是將整間房子噴得全是殺蟲粉，讓人喘不過氣來，讓一輩子害怕蟲子的維根斯坦非常滿意。他寧願受窒息的威脅，也不想見到半隻土鱉蟲。

羅斯洛農舍有兩個房間，分別是臥室和廚房，維根斯坦大多待在廚房裡，卻沒用廚房來煮飯，三餐幾乎都吃從高威（Galway）一家雜貨店訂來的罐頭食品。湯米很擔心這種飲食法。「罐頭食品會害死

你」，他有一回這麼說，維根斯坦冷冷回答：「反正人本來活太久了。」維根斯坦將廚房當成書齋，湯米早上來農舍時，常會看到他坐在餐桌前在夾好的散頁上振筆疾書。幾乎每天都會有一堆作廢的紙，燒掉它們來當湯米的工作。

某天早上，湯米一到羅斯洛就聽見維根斯坦在講話，走進農舍赫然發現屋裡只有「教授」自己。「我以為你有訪客，」他說。「有啊，」維根斯坦答道：「我在跟一個很親的好朋友講話，就是我自己。」維根斯坦那個時期的筆記本裡有段話呼應了這件事：

我寫的幾乎都是和自己的私人對話，是我和自己促膝密談的東西。

除了湯米，維根斯坦在羅斯洛的獨居生活只被班恩短暫打擾過一次。一九四八年夏天，班恩來羅斯洛停留了兩週，兩人一起去山裡和海邊維根斯坦最喜歡的路線散步，欣賞當地令人讚嘆的各種動植物。維根斯坦對基拉里的各種鳥類尤其感興趣，像是愛爾蘭西部海岸極為常見的北方潛鳥、鸕鶿、杓鷸、蠣鷸、海鸚和燕鷗等等。起先他叫湯米替他認鳥。他會描述自己看到的飛禽，由湯米絞盡腦汁猜是什麼鳥。不過湯米老實承認：「我給他的鳥名可能不一定是對的。」抓到湯米幾次錯誤之後，維根斯坦改成了查閱德魯利寄給他的圖鑑。

為了好好欣賞海鳥，維根斯坦想在基拉里海岸外的某座小島上蓋一間棚屋，不過湯米（如果真的要蓋，這活兒就會落在他頭上）最終勸阻了他，因為小木屋承受不了小島上的風吹雨打。作為替代，湯米會划小船帶維根斯坦出海。他划船時，維根斯坦就會觀察海鳥或靜坐沉思。兩人有時會聊聊天，維根

斯坦回憶在挪威時必須划船橫越峽灣採買，湯米則回答維根斯坦關於基拉里歷史的問題。

維根斯坦對比較馴化的鳥也很感興趣，像是常到農舍裡找麵包屑的知更鳥和蒼頭燕雀。他會留食物給牠們，吸引牠們過來，最後這些鳥變得非常馴服，甚至會到廚房窗邊從他手裡啄食。離開羅斯洛時，他給了湯米一點錢買食物給鳥吃，因為牠們已經習慣每天有人餵了。不過，湯米回農舍時發現鳥的馴服反倒害了牠們，因為在窗邊等食物讓牠們成了當地野貓的囊中物。

羅斯洛的生活雖然辛苦，卻似乎提供了維根斯坦恢復身心健康所需的東西。如同先前所言，維根斯坦抵達羅斯洛時狀況很糟。四月三十日，他剛到羅斯洛幾天，寫信給馬爾康姆說：「我最近狀態不好，身心靈都是，連續幾週非常沮喪，接著又覺得生病了。我現在身體虛弱，腦袋遲鈍，已經五六週沒有做半點工作了。」但不出一個月，在獨居農舍、海岸美景、鳥兒陪伴和湯米的好心情（雖然不完全可靠）支持下，情況有了好轉。維根斯坦發現自己又能工作了。

對於那裡的生活方式，他最大的抱怨就是所有家事都必須自己來。他覺得這件事麻煩得令人火大，但就如他在寫給馬爾康姆的妻子莉依的信裡說的：「這事當然也是一大恩賜，因為它逼我過規律生活，使我免於瘋狂，所以盡管我每天咒罵，但這事基本上對我很有好處。」

羅斯洛地處偏遠只有一個壞處，就是很難買到美國的低俗小說（pulp fiction）。最近的村子在十七公里外，可供選擇的書又少得可憐，害他在等馬爾康姆定期寄來「雜誌」包裹的空檔時間，只能讀桃樂絲·榭爾絲[1]的溫西爵爺自娛。他告訴馬爾康姆：「這實在該⋯⋯的糟透了，讓我心情低落。」馬爾康姆提供的「正經貨」才是解脫。「打開你寄來的雜誌，感覺就像從悶壞的房裡走到新鮮的空氣裡一樣。」

不過，他有一回倒是在村子的商店裡找到了平裝本的諾伯特・戴維斯的《與恐懼有約》（Rendezvous with Fear）。這是他熱愛的偵探小說。去年他在劍橋讀了戴維斯的小說，愛不釋手，不僅借給摩爾和史邁瑟斯讀，還買了一本送給班恩。見到這本小說，他實在無法抵擋買來重讀的誘惑，而這一讀讓他的推崇又增加了。「雖然你知道，」他寫信給馬爾康姆說：「我讀過幾百本讀過癮的書，而且喜歡讀書，但我想或許只有兩本我會說是好東西，戴維斯的作品便是其中之一。」他要馬爾康姆多找點戴維斯的訊息：

聽起來也許瘋狂，但我最近重讀這故事，發現自己還是非常喜歡，心裡真的很想寫信給作者，向他道謝。如果這麼做很瘋狂，請不要驚訝，因為我就是這樣。

只可惜馬爾康姆回信道：「就我印象所及，實在找不到這位作者的任何訊息。」這很遺憾，因為一九四八年戴維斯其實很需要鼓勵。他和漢密特以及《黑面具》雜誌的作者群一樣，是美國冷硬派偵探小說的開路先鋒。一九三〇年代他放棄了律師生涯，開始撰寫偵探小說，享受了十年成功作家的時光，但到了四〇年代卻陷入困難。維根斯坦寫信給馬爾康姆後不久，戴維斯寫信告訴雷蒙・錢德勒，他最近寫的十五篇小說有十四篇被退稿，希望錢德勒能借他兩百美元。隔年他便死於貧困，全然不知自己

1　譯註：Dorothy Sayers，1893-1957。英國偵探小說家、翻譯家，其以彼得・溫西勳爵（Lord Peter Wimsey）為主角的偵探小說系列很受歡迎，在英國和阿嘉莎・克莉絲蒂（Agatha Christie）齊名。

有一項罕見（甚至獨特）的殊榮，寫了一本讓維根斯坦喜歡到想寫感謝信給作者的書。

偵探小說排在康尼馬拉是稀有品，這點顯然是維根斯坦如此感謝的原因之一，但是他為何將《與恐懼有約》排在自己讀過（而且還為數眾多）的所有其他偵探小說之上？

答案或許在於書中的幽默，而這也是它最特出之處。小說裡的偵探寶恩，跟史培德和馬羅[2]不同，外表不討喜到了滑稽的地步，又矮又肥，到哪裡都有一隻體型魁梧訓練有素的大丹狗卡斯戴爾跟著。對錢德勒來說，戴維斯的風格最令他讚嘆的是他賜死筆下人物的那種隨便，而這一點在《與恐懼有約》特別明顯，例如戴維斯在描述了南美一間名叫阿茲特克的旅館裡的遊客之後，「賈西亞」便登場了：

這一切在那個男的看來都很乏味，我們就姑且叫他賈西亞吧。他坐在位子上喝著顏色普通、濃度跟溫醋差不多的啤酒，橫眉豎目，一張瘦削的臉微微泛黃，黑色鬍髭雜亂無章，而且是鬥雞眼。

他應該對阿茲特克旅館出來的旅客更感興趣一些才對，因為其中一人很快就會開槍斃了他。但他這時還不曉得，如果你告訴他，他還會笑你。他是個壞人。

當寶恩開槍打死另一個「壞人」鮑提斯特‧波諾法爾時，浪漫幼稚的女主角珍關心地問：「他受傷了嗎？」「一點也沒有，」寶恩說：「他只是死了。」

「幽默不是一種情緒，而是一種看待世界的方式，」維根斯坦在羅斯洛時寫道：「因此，就算幽默在納粹德國確實被撲滅了，也不代表人民心情不好或之類的，而是代表某種更深刻、更重要的東西。」要了解這「東西」是什麼，將幽默看成某種不可理解的古怪東西或許有點幫助：

兩個人在笑，就當是因為笑話吧。其中一人用了某個有點不尋常的說法，這會兒兩人都爆出羊噪似的笑聲。對一個來自很不同環境的訪客而言，這一點或許相當反常，我們卻覺得理所當然。（我最近在公車上目睹過一次，而且能想像自己是那個感到反常的人。從那點看，我覺得很不合理，感覺自己的反應有如異地來的動物一般。）

理解幽默和理解音樂一樣，都被維根斯坦拿來作為理解哲學的類比。此處的理解不是發現事實，也不是從已接受的前提做出邏輯有效的推論，更不是建構**理論**，而是正確的視角（從而「看見」笑話，聽見音樂裡的表達，看見走出哲學迷霧的路徑）。但我們要如何解釋和教導「正確的視角」是什麼意思？

所以，我們要如何向人解釋「理解音樂」是什麼意思？指出已經理解的人經驗到的影像和動覺[3]等等嗎？**更有可能的**回答是，留意他表現的動作。我們真的該問，解釋在這裡有什麼作用，以及「理解『理解音樂』是什麼意思」意指什麼。因為有人會說，理解「理解音樂」就是指理解音樂。對此我們要問：「哦，人能學會理解音樂嗎？」因為那是唯一能稱作「解釋音樂」的教學。

2　譯註：史培德（Sam Spade）是前述小說家達許·漢密特《馬爾他之鷹》裡的偵探主角，而馬羅（Philip Marlowe）則是前述小說家雷蒙·錢德勒筆下的私家偵探，出現於《大眠》《漫長的告別》等系列作中。兩者都以冷硬形象著稱。

3　譯註：動覺（kinesthetic sensations）是對身體各部位的位置和運動狀況的感覺，也就是肌肉、腱和關節的感覺，即「本體感覺」。維根斯坦在《哲學研究》第一部分第六二一等節中亦有討論。

欣賞音樂（如聆聽或彈奏等）有欣賞音樂該有的**表現**（expression），有時姿勢是這表現的一部分，

但有時只在於某人如何彈奏或哼唱那段音樂，或關乎他為了闡釋音樂所用的意象。

理解音樂的人和不理解的人相比，他們聽的方式也不同。他

們會讓人看見，理解某段音樂不只在於聆聽或演奏它時的表現，還在於對音樂的通盤了解。

欣賞音樂是人類生活的一種**展現**（manifestation）。我們該如何向人描述「欣賞音樂」這件事呢？

嗯，我想首先得描述**音樂**，接著才能描述人對它的反應。然而這樣就夠了嗎？還是我們必須教他

自己理解音樂？嗯，「讓他理解音樂」和「給他一個解釋但無法讓他理解音樂」是兩種**不同的**「教

他什麼是理解」。還有，如前所述，教他理解詩或繪畫可能有助於教他「理解音樂」牽涉什麼。

這段對理解音樂的論述和之前對幽默的論述一樣，後來都收錄在評論集《文化與價值》裡。編者在

前言中表示，書裡收錄了維根斯坦「散落在哲學討論中，但不直接屬於哲學思考」的論述。然而，這些

論述跟他哲學思考的關聯並沒那麼遠。寄居羅斯洛時，維根斯坦的哲學焦點是面相觀看。為了討論這

個問題，他常想像有一群「面相盲」的人（他有時稱之為「格式塔盲」），無法將某物看成某物。所有對

於「看不出笑話和聽不懂音樂是怎麼回事」的論述都無法與之分別，而是其一部分。

「盲目於這些面相的人缺了什麼？」維根斯坦自問自答：「『缺乏想像力』不是太離譜的回答。」然而，

個人的想像力必要卻不充分，人要見到「面相」（從而讓幽默、音樂、詩和繪畫有所意謂）還需要文化。

因此，維根斯坦對面相觀看的哲學關切與他的文化關切之間的關聯是簡單直接的。下列這串寫於羅斯

洛（而且應該說「實質屬於哲學思考」）的論述清楚闡述了這一點：

不理解「英文字母F面向哪邊」或「鼻子畫在哪裡」這兩個問題的人缺了什麼？沒發現一個字重複幾次之後會失去一樣東西（意義），變成只是聲音的人，又缺了什麼？

我們說：「裡頭原本有一樣類似意象〔image〕的東西。」

他對那個詞的反應常常和我們不同？**或許**如此。

子是否不是活的（就這個說法的一切涵義而言）？是否那個詞缺乏一種意義的**氛圍**〔aroma〕，使得這樣的人理解和判斷一個句子的方式，是否無法和理解那個句子的人一樣？對他而言，那個句

但當我聽懂一段曲調，難道不是不是我裡面發生了什麼特別的事──我沒聽懂就不會發生的事──嗎？那是什麼事？沒有答案，我想到的都很枯燥。我可能實際上說：「我現在理解了。」也許還談論它、演奏它、拿它和別的曲調比較等等。理解的**徵兆**可能伴隨著聆聽。

說「理解」是一個「伴隨聆聽的過程」則是錯誤的。（當然理解的展現和表現的演奏也都不能稱為聆聽的伴隨物。）

因為，要怎麼解釋「表現的演奏」是什麼？肯定不是用演奏的伴隨物。解釋需要什麼？或許可以說：文化。如果某人在某個文化裡長大，面對音樂有如此這般的反應，就能教他怎麼用「表現的演

奏」這個說法。

不論看見面相或理解音樂、詩歌、繪畫和幽默，都屬於某種文化或生活形式下的反應，也唯有存在於某種文化或生活形式裡才能存在。

幽默感不同的人會怎樣？他們的反應看在對方眼裡都是不恰當的，就像某一群人有一個習俗，某人扔球給另一個人，另一個人就該接住然後扔回去，結果這個人接了卻沒扔回去，而是放進了口袋。

因此，若幽默在納粹德國確實被撲滅了，這不僅代表人民心情不好，還表示納粹成功摧毀了一整套的生活方式，包括一種看待世界的方式，以及與此方式相伴的反應與習俗（可以說納粹將球放進了口袋）。

面相觀看在哲學上的困難處來自一個**乍看**（prima facie）令人困惑的事實，亦即面相改變了，所看之物卻沒有變，同一張畫原本是鴨子，後來是兔子。同樣地，一個笑話、一首詩、一幅畫和一段音樂，原本只是陌生的反常行為、紙上的字詞、布上的色塊和不協調的聲音，後來（得到理解後）成了好笑的、動人的、美麗的和表達優美的。「令人費解之處在於**什麼也沒有**改變，又**什麼都**改變了。」

人們時常引述維根斯坦對哲學的論述：哲學「讓一切如其所是」。但人們卻比較少察覺，他力求什麼也不改變、只改變我們看待事物的方式時，其實是在**全盤**改變。他對自己思考所得的成效不表樂觀，這一點和他深信我們看事物的方式取決於文化和所受的教養，而非哲學信念有關。面對這點，就如他曾對布里頓說的，「一個人自己又能做什麼？」

傳統不是人能學習的東西，不是想拿就拿得起來的一條線，一如人無法選擇自己的祖先。

缺乏傳統卻想擁有它的人，就像不幸愛著的人。

維根斯坦有傳統，一個他深愛的傳統：十九世紀的德奧文學與藝術，尤其是當時的音樂。但他深切體認到一點，這個傳統在他人生的大半時間裡已經不存在了。在這點上，與其說他不幸愛著，不如說他滿懷絕望的失落。康尼馬拉的（他覺得哲學思考所需的）空間孤絕徹底呼應了遍佈在他思考裡的文化孤絕。

＊

一九四八年五到八月，維根斯坦都待在羅斯洛。這四個月裡他寫了很多，但由於家務繁重，健康起伏不定，使得他覺得自己太虛弱，無法達成原本設定的目標。他寫信給馮‧賴特：「我身體和心理都很容易疲累。」並在日記裡說自己「太過軟弱、虛弱及懶惰，成不了大事」。

別的不說，偉大人物的勤勉是其力量的象徵，有別於其他內在的財富。

此外，他還不時受憂鬱所苦，並且喜歡將之擬人化，彷彿自己受到了鬼魂糾纏。六月二十九日他寫道：

「別讓哀傷侵擾你」——

而是該讓它進到你心裡。也別怕瘋狂，它或許是朋友，而非敵人，唯一的壞事是你抵抗。別將它擋在門外。當它站在門外，在頭腦裡，它是令人害怕，但在**心裡**它並不可怕。

幾天後的七月十一日，他認出了鬼魂是誰：

經常想起最後一次和法蘭西斯在一起的時光，想起我待他的可憎嘴臉。那時的我很不快樂，**卻有著一顆惡毒的心**。我看不出自己這輩子如何能擺脫這份歉疚。

我經常禱告，但不曉得**心態**〔spirit〕對不對。少了德和班（指德魯利和班恩）的祝福，我無法在這裡生活。

七月十七日他寫道：「我已經決定**試著那樣做**」。

他覺得自己受不了多久在羅斯洛獨居的生理和心理壓力了，更難以想像自己能在這裡過冬。「可是，」

他問湯米冬天能否讓他到家裡作客，但湯米拒絕了。他狹小的兩房農舍光是住著自己、母親和姊姊就太擠了。維根斯坦還問了菲利普夫人，她是附近凱爾莫屋（現為凱爾莫旅館〔Kylemore Hotel〕）的女主人，但夫人說她只在夏天收房客。他若是要待在康尼馬拉，就只能獨自住在羅斯洛。

維根斯坦八月離開康尼馬拉，先是到都柏林造訪德魯利，接著去倫敦的阿克斯橋（Uxbridge）找班恩，住在班恩父母家裡。九月他去維也納見赫爾敏。赫爾敏得了癌症，病得很重。

回程途中他在劍橋待了兩週，將自己在愛爾蘭寫的東西整理口述成打字稿，就是如今出版的《心理學哲學評論》卷二。但和卷一一樣，他不認為這是獨立的作品，而是（或許表面上）方便他修訂《哲學研究》的論述集錦。

打字稿完成後，維根斯坦於十月十六日回到都柏林，打算直接前往羅斯洛。他在維也納時已經寫信給湯米，要他把農舍整理好。但如我們先前所見，他非常遲疑該不該回去，而德魯利身為他的醫師，也擔心他在那樣的地方過冬，如果病倒了沒人照顧他，也無法治療。此外，維根斯坦發現自己住的都柏林旅館的頂樓房間溫暖舒服，而且最重要的是非常安靜，工作起來很順利，因此他就決定待在羅斯旅館過冬了。

羅斯旅館位於帕克蓋特街（Parkgate Street），靠近鳳凰公園，一九四八年時雖然規模不小，卻不算特別豪華。旅館目前仍在，但已經大幅改裝，更名為艾許林飯店（Ashling Hotel）。當地人都稱呼那裡是「新教」旅館，因為許多長期房客是新教徒，新教牧師來都柏林參加會議或集會也都用這個地方。「在都柏林看著這裡的牧師的臉，」維根斯坦對德魯利說道：「我覺得新教牧師看上去沒有天主教神父那麼自鳴得意，我猜是因為他們知道自己是非常少數。」

不過，對他來說重要的不是這個，而是從羅斯旅館走一小段路就能到鳳凰公園的動物園。靠著德魯利幫忙，他成了皇家動物學會的會員，可以免費進入動物園，在會員室用餐。停留都柏林期間，他幾

乎每天和德魯利見面，兩人會一起午餐，不是在動物園的會員室，就是在格拉夫頓街（Grafton Street）的畢尤利咖啡館（Bewley's Café）。那裡的女侍者很快就記住了維根斯坦一成不變的點餐，用不著他開口就送上咖啡和歐姆蛋。德魯利還向他推薦了格拉斯內文（Glasnevin）的植物園，裡頭的棕櫚溫室溫暖又舒服，非常適合冬天工作。

在都柏林的那個冬天，維根斯坦奮力工作。十一月六日他告訴馬爾康姆：「好不容易陽光短短照進我的腦袋，我急著趁熱打鐵。」有天他和德魯利約好了午餐，德魯利到旅館找他，他說：「等我一分鐘，把這個寫完。」結果他寫了整整兩個小時，一句話也沒說。等他寫完，似乎完全沒意識到午餐時間早就過了。

維根斯坦在都柏林寫的東西後來出版，書名是《心理學哲學的最後隨筆》（Last Writtings on the Philosophy of Psychology）。許多人受了書名誤導，以為這是維根斯坦的最後作品，其實不然，例如它就早於《哲學研究》第二部份、《論確定性》（On Certainty）和《論顏色》（Remarks on Colour）。不過，它確實是他一九四六年在劍橋開始撰寫的手稿裡的最後一份。在這一系列手稿中，他企圖為《哲學研究》第一部份提到的心理學概念進行更好、更清楚的分析，而愛爾蘭的手稿延續了這個嘗試，以某種方式呈現出心理學概念（如恐懼、希望和信念等等）的多樣與複雜，從而凸顯「哲學家追求普遍性」的貧乏與混淆，論述裡充滿了精細的區分，試圖闡明「認為所有陳述句都是**描述**」的危險：

　　我聽見「我害怕」這幾個字，便問：「你是在什麼情況下說的？它是來自你心裡的嘆息，還是告解或自我觀察……？」

有一回在鳳凰公園散步，德魯利提到了黑格爾。「我覺得黑格爾總是在說看上去不同的東西其實相同，」維根斯坦繼續說道：「我的興趣則是闡明看上去相同的東西其實不同。」他曾經考慮引用《李爾王》中肯特伯爵於第一幕第四場裡的台詞當作書的題詞：「我要教給你差異。」

維根斯坦心繫的是生命不可化約的多樣性。動物園散步帶來的愉悅主要來自欣賞千奇百怪的花卉、灌木與樹木，以及各種各樣的鳥類、爬蟲和動物。因此，不難想見他非常厭惡用理論將單一範式（scheme）強加在這種多樣上。達爾文得要是錯的，因為他的理論「缺乏必要的多樣性」。

維根斯坦在《最後隨筆》裡最關切兩個概念，「思考」和「看」。更準確地說，他關切的是兩者的關係。貫穿他所有後期作品的核心想法是：有一種看既是看也是思考，或至少是一種**理解**，那就是看見關聯。看見關聯的看，和看見面相或格式塔的看，是同一種。將這種「看」和看見物理對象的看區別開來，描述這種看跟「思考」和「理解」這兩個概念的關聯與差別，是他在羅斯旅館寫作的首要任務。

「現在你試著說說，把某樣東西看成某樣東西是怎麼回事，」維根斯坦給德魯利出難題：「這不容易。我正在思索的這些事跟花崗岩一樣硬得敲不開。」德魯利引用詹姆斯・沃德的「思考是困難的（Denken ist schwer）」作為回答，這或許解釋了維根斯坦為何會有以下這則筆記：

「思考是困難的」（沃德）。這話到底什麼意思？為何思考很難？這幾乎就像說：「看很困難。」因為專心看很難。有可能專心看卻什麼也沒看到，也可能以為自己看到了什麼卻沒能看清楚。即便什麼也沒看到，看也可能很累人。

同一天，維根斯坦對德魯利說：「若我在自己書裡不能對音樂在我生命裡的意義提半個字，那我怎麼能指望自己被人理解？」然而，他當時所寫的東西確實強烈暗示了這一點。當他要讀者注意使我們理解某事的那種「看」或「聽」時，音樂這個經典例子始終不曾遠離他的心裡：

我們會說某人有「畫家的眼睛」或「音樂家的耳朵」，但缺少這些特質的人很少是眼盲或聾子。

我們說某人沒有「音樂耳」。就某方面來講，「面相盲」可以跟這種聽之無能相類比。

「理解音樂」這個例子對他很重要，不僅因為音樂在他生命中無比重要，還由於光是指明一段音樂「代表」什麼顯然無法描述其意義。在這一點上，「理解一個句子和理解一段音樂的主旋律比人們想的要類似得多。」

「我很希望你有一天能讀到我現在寫的東西，」維根斯坦對德魯利說。但德魯利在聖派崔克醫院工作繁重，對維根斯坦關切的哲學問題又不熟悉，因此無法詳細討論維根斯坦的論述。事實上，德魯利記得是維根斯坦自己表明決定不跟他討論哲學。「我想他覺得自己的思考比我完備得太多，很可能害我被淹沒，或是成為他唯唯諾諾的應聲蟲。」維根斯坦也沒有和班恩一起細讀自己的作品。十一月時班恩來羅斯旅館和他一起過了一兩週。

不過，十二月時維根斯坦終於有機會詳談自己的成果。先是安斯康姆來訪，待了十二月的頭兩週，

接著里斯也來了，緊跟在安斯康姆之後，和維根斯坦在都柏林共度耶誕。維根斯坦已經決定里斯作他的遺囑執行人，至於遺稿則或許交給里斯和安斯康姆管理。總之，他和這兩位朋友細讀了自己過去兩個月寫的文稿，討論他打算用這份新的材料和過去兩年整理的兩份打字稿來修改《哲學研究》。

里斯元旦當天離開都柏林，維根斯坦留在羅斯旅館，希望自己的工作能繼續進展順利。然而，一月初他病倒了，症狀和去年纏住他的毛病類似。他告訴馬爾康姆自己感染了「某種腸發炎」，還說「這當然對我的工作沒好處。我被迫完全停工一週，之後仍然步履緩慢，跟我最近出門散步一樣。」他覺得自己又老又累又病，心想這會不會是垂死之症。他還覺得孤單。「我感覺德魯利愈來愈不忠誠，」他一月二十九日寫道：「他交了更好相處的朋友。」醫師診斷他的病頂多是腸胃炎，但他不怎麼信任醫師，完全不理會對方開的藥。二月十一日，他說自己「非常虛弱和疼痛」。他聽說敏敏（赫爾敏）快死了。「這對我和所有人都是**莫大的**損失。」他表示姊姊有許多才能和天份一直埋沒著，沒有展現出來，「就像人的內臟**那樣**。」

二月維根斯坦都還能工作，但已經遠不如耶誕節之前奮力和勤勉，但到了三月底連這一點工作能力也棄他而去了。隨後幾個月他隻字未寫。這段蟄伏期，他讀了不少書。德魯利是皇家都柏林學會圖書館的會員，經常替維根斯坦借書。他記得維根斯坦通常想讀歷史，如麥考利的《批評與歷史文集》[4]、

4 譯註：Thomas Macaulay，1800-1859。英國歷史學家、政治人物，又稱麥考利一等男爵。著有《英國史》，此處提及的書是《批評與歷史文集》（Essays Critical and Historical）。

李維的第二次迦太基戰爭記述[5]、莫萊的《克倫威爾傳》[6]、塞居爾的《拿破崙史》[7]和俾斯麥的《思考與回憶》[8]，多半是他之前讀過的書。例如，他一九三七年就曾寫到麥考利的文集……

裡頭有許多出色的東西，但他對人物的品評很煩人又多餘，讓人很想叫他「別再比手畫腳了！」

講該講的就好。

一九四二年他也曾寫信給里斯，說自己在讀李維記述漢尼拔入侵義大利，「讀得津津有味」。他告訴德魯利，自己最喜歡的一段是講坎尼會戰後，漢尼拔在戰場尋找兩名執政官的屍體，好向他們致敬。

維根斯坦在日記裡寫道，眼前除非工作得心應手，否則他不會開始工作，「否則就算我勉力而為，也寫不出半點東西」。三月初，班恩再次來訪，在都柏林待了十天。「美好的時光，總是親暱。」但即使他很享受有班恩為伴，也察覺到自己身體不適。他睡得很糟，想到未來也讓他煩心。「**不曉得會怎樣。**」

班恩離開後幾天，他又寫道：「我常感覺自己的靈魂死了。」

他和德魯利的話題愈來愈常轉到宗教上。他拿德魯利的「希臘式」宗教觀和自己的看法相比，說自己的是「百分之百希伯來」宗教觀。德魯利欣賞奧利振[9]，描繪的異象──萬物終將**清償**（restitution），連撒旦和墮落天使都重拾過去的榮耀──並對它被斥為異端感到難過。這套說法「當然會被拒斥，」維根斯坦強調：

因為它會讓所有別的東西都失去意義。若我們現在的所作所為不會對未來有任何影響，那生命

的嚴肅將蕩然無存。

德魯利認為，維根斯坦的「希伯來式」宗教觀奠立於人們在聖經裡通篇體驗到的敬畏感。為了闡明這一點，他引用瑪拉基的話：「祂來的日子，誰能當得起呢？祂顯現的時候，誰能立得住呢？」（《瑪拉基書》三章二節）這話打斷了維根斯坦的思路：「我覺得你剛才說出了很重要的東西，比你意識到的重要得多。」

維根斯坦「希伯來」宗教觀（如同他鍾愛的英國詩人威廉‧布雷克 [10] 的宗教觀）的核心是嚴格區分哲學與宗教：「若基督教是真理，則哲學對它的所有談論都是錯的。」和德魯利談話時，他將哲學得多的《約翰福音》跟其他福音截然劃分開來：「我無法理解第四福音。我閱讀那些冗長的講章，感覺說話的人跟對觀福音書 [11] 裡說話的人不一樣。」

5 譯註：Titus Livius，簡稱 Livy，B.C. 64 或 B.C. 59－A.D. 17。古羅馬歷史學家，有多部哲學和詩歌著作，最出名的是其巨著《羅馬史》。

6 譯註：John Morley，1838-1923。英國政治家，第一代布萊克本的莫萊子爵。替第一任英格蘭、蘇格蘭及北愛爾蘭聯邦護國公奧利佛‧克倫威爾（Oliver Cromwell）著有傳記。

7 譯註：Philippe-Paul, comte de Ségur，1780-1873。法國軍人、歷史學家。

8 譯註：Otto von Bismarck，1815-1898。德意志帝國首任宰相。這裡提到的書是《思考與回憶》（Gedanken und Erinnerungen，1898）。

9 譯註：Origen Adamantius，184-254。哲學家、神學家。希臘（東方）基督教神學塑造者。

10 譯註：William Blake，1757-1827。英國詩人、畫家，浪漫主義文學代表人物之一。

11 譯註：對觀福音書（Synoptic Gospels）為新約聖經前三卷書《馬太福音》、《馬可福音》和《路加福音》的合稱。這三本福音書的內容、敘事安排、語言和句子結構皆很相似，又以近似的順序、措辭記述了許多相同的故事，使學者們認為它們有著相當的關聯。

但聖保羅呢？維根斯坦一九三七年寫道：「福音書裡輕柔明亮流過的泉水，到了保羅的使徒書裡似乎起了浮沫。」相對於其他福音書的謙卑，維根斯坦在聖保羅那裡見到了「類似驕傲或憤怒的東西」。福音書見到的是小屋，聖保羅那裡是教堂；福音書裡「人人平等，上帝自己也是人，而在聖保羅那裡已經有了階級、榮譽與職位」。但他告訴德魯利，他現在知道自己錯了。「福音書和使徒書裡是同一個宗教。」

然而，由於維根斯坦對宗教信仰的理解基本上是道德取向的，因此依然很難張臂接納保羅的預定論，因為這套預定論和奧利振的教義似乎結果相同：「我們現在的所作所為最終不會造成任何差別。」倘若如此，我們有什麼理由對生命認真？

一九三七年時，維根斯坦曾表示聖保羅的學說只可能出自最可怕的苦難。「與其說它是理論，不如說是一聲嘆息或呼喊。」在他設定的「虔誠級別」裡，這只能算是「卑劣的胡說，毫無宗教性」：

就算它是一幅好的、神聖的圖像，也是對另一個層級的人而言。那些人在生命裡運用它的方式，與我可能做的事完全不同。

到了一九四九年，維根斯坦雖然已經無法說它毫無宗教性了，卻仍然看不出如何將它視作一幅「好的、神聖的圖像」：

假設有人這樣被教導：有一個存有者[12]，若你做了這個那個，活得如此這般，他就會在你死後送

你到一個永遠受苦的地方；大多數人都會去那裡，只有少數人會到一個永遠幸福的地方。這個存有者已經預先選好了誰會去那個好地方，而且由於唯有活得如此這般的人會去受苦之地，因此他也事先安排好了那些人會如此這般活著。

這個學說會有什麼結果？呃，它沒提到懲罰，而是提到一種自然的必然性。若你告訴別人事情就是這樣，這個學說只會令他感到絕望或不可置信。

教導這個學說無法培養道德。想讓某人培養道德又教給他這個學說，就得先教他道德之後再教他這個學說，並將它描繪成一種不可理解的奧秘。

儘管毫無醫學根據，但維根斯坦覺得自己來日無多了。馬爾康姆來信詢問他的財務狀況，維根斯坦說他手邊的錢還夠生活兩年，「之後會怎樣我也不曉得，也許我根本活不了那麼久。」

四月他去維也納探視臨終前的敏敏，待了三四週，五月十六日返回都柏林。他在都柏林寫信給馬爾康姆，說敏敏還活著，但已經回天乏術了。「我在維也納幾乎無法寫信，感覺不舒服極了。」

一回都柏林，他便依德魯利的建議去見了三一學院的醫學教授，診斷自年初以來就纏著他的腸胃不適與揮不去的疲憊感。醫師懷疑他胃裡長了東西，但住院做了全面檢查之後，醫師卻告訴他X光沒有照到任何東西，只發現是他患有某種原因不明的非典型貧血，於是開了補鐵和肝精的配方給他。治

---

12 譯註：原文為「a being」，指上帝。

療後，他發現自己仍然無法專注於哲學之上，但身體確實慢慢好轉了。

維根斯坦急著想治好貧血有兩個理由。首先是他總算決定接受馬爾康姆多年來的邀請，到對方位於美國伊薩卡（Ithaca）的家裡避暑（他起初開玩笑地開出條件，說他要是去了，馬爾康姆就得介紹他最喜歡的電影女星貝蒂·哈頓給他認識），並且已經訂了七月二十一日出發的瑪麗皇后號郵輪的船票。

其次是他希望動身前往美國前，能在劍橋停留幾週，將自己一九四六年以來的思考所得整理成一份潤飾過的定版打字稿。

應該是在這段等候康復的期間，維根斯坦整理出了一份不錯的手稿副本，內容即現今《哲學研究》的第二部份。德魯利提議給他一台唱機，並要他挑幾張唱片，讓他在整理副本時有個消遣，但被他拒絕了，說這麼做毫無幫助，就像給他一盒巧克力，「我一吃起來就不曉得哪時候該停。」不過，他倒是建議德魯利工作完疲憊之餘應該聽聽音樂，並且隔天一早就差人送了一台收音機到德魯利家。這事過後不久，德魯利提到從收音機播放的唱片明顯聽出錄音技術進步了不少，這話讓維根斯坦做出了一個非常史賓格勒的反思：

這真是非常典型的現象：當複製技術大幅進步，懂得音樂該如何演奏的人卻愈來愈少了。

六月十三日，德魯利和維根斯坦一起聽了一次電台討論，由哲學家艾耶爾和柯普斯頓神父[13]談「神的存在」。維根斯坦說，艾耶爾「言之有物，但膚淺得令人難以置信」，而柯普斯頓「對討論毫無貢獻」。用哲學論證來證成基督教信仰根本是搞錯了重點。

一週後，維根斯坦離開了都柏林。他打包那一堆筆記、手稿和打字稿的樣子給人感覺他收拾的不僅是自己在都柏林的一切，還有他對於哲學的全部貢獻。他告訴德魯利自己收到亨澤爾的來信，對方在信裡祝他能得天意應允，工作一切順利。「我現在求的就是這個，」維根斯坦說：「天意應允。」

一週後，維根斯坦離開了都柏林。他打包那一堆筆記、手稿和打字稿的樣子給人感覺他收拾的不

的作品也曾經如此期望。

巴哈在《管風琴集》的扉頁上寫道：「願榮耀歸於至高的神，而我的鄰人能因此得益。」我對自己

維根斯坦在這裡用過去式頗有深意，表示他認為自己的工作差不多結束了。

赴美前的那個月，維根斯坦不是去劍橋找馮‧賴特，就是在倫敦阿克斯橋和班恩同住。馮‧賴特當時接替維根斯坦出任哲學教授剛滿一年，住在瑪格莉特女士路（Lady Margaret Rosd）一間出租屋裡（「史特拉斯埃德屋」〔Strathaird〕）。維根斯坦自己住一層，有兩個房間，但會和馮‧賴特夫婦及他們的兩個孩子一起用餐。「我擔心一件事，」投奔馮‧賴特前他在信裡寫道：「我可能無法討論哲學。當然到時情況可能會有所改變，但目前我連思考哲學問題都有困難。我的腦袋徹底遲鈍了。」

在劍橋那幾週，他的首要任務是對打字員口述，將自己從過去三年所寫的論述裡挑出的內容整理成打字稿，也就是現今《哲學研究》的第二部份。這是我們所知維根斯坦做的最後一份打字稿，因此也

<hr>

13　譯註：Frederick Copleston，1907-1994。英國耶穌會神父、哲學家、哲學史學家。一九四八年，曾於 BBC 廣播中與羅素辯論上帝的存在，並因此聞名。

代表了他將自己對心理學概念的論述整理成可出版形式的最後努力。

然而，這並不代表他大功告成了。就如他在都柏林對安斯康姆說的，這份新的選輯只是用來修改《哲學研究》第一部份的素材，但由於他並未真的動手修改，使得我們現在手上這本書成了令人不盡滿意的兩部份結構，其中第二「部份」不過是用來修訂第一部份的材料，而維根斯坦真正設想的「第二部份」（對數學概念的分析）根本沒有出現在書中。維根斯坦對自己作品的結構煞費苦心，一絲不苟，結果卻很諷刺，作品出版的樣子和他原本的構想相差甚遠。

在這份新的打字稿中，最長的一節在談面相觀看的問題，是從（我們先前提過）過去三年他對這個主題所做的論述的精華，篇幅佔了打字稿的將近一半（在書裡共三十六頁）。然而，他告訴里斯自己特別滿意的一節不是這個，而是討論「摩爾悖論」的第十節。他說他很高興能將自己對這個悖論的眾多論述整理成一個相對簡短的章節（在書裡共三頁）。

摩爾悖論是維根斯坦起的名字，指的是「陳述一個命題又說自己不相信該命題」的悖謬，比如某人說「房間裡有火，但我不相信有」。摩爾悖論這個名稱或許是誤會，因為維根斯坦認為發現者是摩爾，但可能是他搞錯了。事實上，他曾告訴馬爾康姆，摩爾唯一令他印象深刻的功績就是發現了這種悖謬。

維根斯坦對摩爾悖論的興趣出於這一點：雖然說出這種話的人一般會被視為自相矛盾，但這種話在形式上並非矛盾，也就是「房間裡有火」和「雷伊·孟克不相信房間裡有火」兩句話並不互相矛盾。

維根斯坦是在摩爾一九四四年十月遞交給道德科學社的一篇論文裡首次見到這個悖論，讀完他立刻寫信給摩爾，催促對方發表這項「發現」，並解釋他為何認為這個發現如此重要：

關於斷言的**邏輯**，你說出了一個重點，那就是「假定 p 是實際情況，而我不相信 p 是實際情況」

這話是有意義的，而「我說 p 是實際情況，而我不相信 p 是實際情況」這話則是**無意義**的。這個**斷**

言必須排除，而且是用「常識」排除，就像用常識排除矛盾一樣。這正表明了邏輯不是邏輯學家以

為的那麼簡單，特別是矛盾並非人們所想的那麼**獨一無二**。矛盾不是**唯一**在邏輯上不可接受的形

式，而且在特定情況下是可接受的。在我看來，你論文的主要優點就是闡明了這一點。

然而，摩爾本人並不作此想。他傾向於認為這個悖論既然不是形式矛盾，那麼它之所以是悖論的

理由就不出於邏輯，而來自心理。維根斯坦強烈反對這一點：

如果我問某人：「隔壁房間有沒有火？」而他回答：「我相信有。」我不能說：「不要離題，我問的

是火，不是你的心理狀態！」

對維根斯坦而言，任何對「斷言什麼是有意義的、什麼是無意義的」的探究都是邏輯的一部分，而

他的思考焦點就是指出，在這一點上「邏輯不是邏輯學家以為的那麼簡單」。羅素很早就看出維根斯坦

後期思考的這個面向，一九三○年在寫給三一學院委員會的報告裡表示，維根斯坦的理論「新穎，非常

原創，重要性無可置疑」，但「是否為真我就不得而知了。身為鍾愛簡單的邏輯學家，我寧願相信它不

是」。

摩爾悖論吸引維根斯坦之處，在於它揭示了我們語言的形式不若一心追求簡單的邏輯學家所期望的，可以毫無扭曲地塞進形式邏輯之範疇為其打造的鴿子洞裡。「我相信隔壁房間有火」這句陳述是用來斷言（雖然有些猶豫）隔壁房間有火，而非斷言心理狀態（「別將一個猶豫的斷言當成一個關於猶豫的斷言」）。這讓這句陳述跟「我當時相信隔壁房間有火」和「他相信隔壁房間有火」有所不同，後面兩句通常會被當成在談人之所信，而不是談火。我們語言的邏輯的這個形式不允許我們設定「x 相信／曾相信 p」這樣一個省事的形式，然後假定無論賦予 x 或 p 什麼值，這個形式都不會改變。「我相信隔壁房間有火」跟「我曾相信隔壁房間有火」不是同一類斷言：

「但『我曾相信』就過去所說的和『我（現在）相信』就現在所說的當然是同一回事！」——√-1 對 -1 所意味的當然和 √1 對 1 所意味的相同！這根本毫無意義。

如果我們認為，不論 x 為何，√x 都只有一個意義，那麼遇到 √-1 時就會陷入無望的死胡同。因為根據一般的乘法規則，-1 的平方根既不能是正數，也不能是負數，在實數裡毫無置身之地。但 √-1 有一種用法，這種用法在許多純數學和應用數學的重要分支裡是基本概念。人們發現，為了給予 √-1 意義，必須賦予「乘法」、「平方根」乃至「數」新的不同的意義，使得我們不再說 -1 的平方根是實數，而是虛數 i（有時又稱算符）。給定這個修改過的框架，i² = -1，-1 的平方根不僅不再是問題，還成為整套「複數」理論的基礎。維根斯坦對 -1 平方根和對摩爾悖論感興趣的原因完全相同，兩者都顯示表面上的形似很可能掩蓋掉了意義上的重要差異。

547

這一點是《哲學研究》的核心主題，證實了維根斯坦告訴德魯利自己可能用肯特伯爵的「我要教給你差異」為題詞是真的，而且在第二部份對心理學概念的分析裡尤其明顯。正如他想闡明邏輯不是邏輯學家想的那麼簡單，他也想證明心理學概念和使用心理學概念的句子不是哲學家和心理學家期望的那麼齊一。在這兩件事上，維根斯坦都企圖阻止「對普遍性的追求」，鼓勵人在想之前要先看。

比方說，對於『我很害怕』這句話是什麼意思？」這個問題，並沒有單一答案可以涵蓋這句話可能用到的所有情況。因為就像 1 和 -1 的平方根那樣，這句話的各種用法的差異可能和其相似處一樣重要：

我們可以想像各種事物，例如：

「不要！不要！我很害怕！」

「我很害怕。很遺憾我必須承認這一點。」

「我還是有點害怕，但已經沒有之前那麼怕了。」

「其實我很害怕，但我不會對自己承認。」

「我用各式各樣的恐懼折磨自己。」

「我不該害怕的，卻偏偏害怕！」

上面每個句子各有其適合的語調和語境。不難想像有一群人，他們的思考可以說比我們更確切，我們只用一個字表達的事物，他們會用好幾個。

想要了解「我很害怕」在某個情況下的意思，必須考慮其語調和語境，沒有理由認為一套普遍的「恐懼」理論在這裡幫得上忙，一套普遍的語言理論更是派不上用場。相較之下，對人的表情、聲音和處境的警覺、細察與敏感有用得多。這種敏感只能藉由經驗，靠著留意觀察和聆聽周圍的人而取得。維根斯坦和德魯利有次在愛爾蘭西岸散步時，遇到一個五歲女孩坐在農舍外。「德魯利，快看那女孩臉上的表情，」維根斯坦懇求道，接著又說：「你不夠注意人的臉，這個缺點要改。」而這正是隱含在他心理學哲學裡的建議——「內在過程需要外在標準」，但外在標準需要認真留意。

那些「內在」之物並未對我們隱藏。觀察外在行為就是觀察心理狀態，假如我們理解那些行為的話，而理解的精細程度可以或多或少。就基本層面而言：「看見某人出於明顯的原因痛得縮成一團，我不會認為這人的感覺依然對我隱蔽著。」但在更深的層面，有些人（甚至整個文化）對我們將永遠成謎：

有一點對我們看待事物相當重要：有人會覺得，某些人的內在生命對他而言永遠是個謎，他永遠無法理解（歐洲人眼裡的英國女人）。

這是因為少了詮解「幽微莫測的證據」、「眼神、姿態和語氣的細微變化」所需的經驗的**共同性**（commonality）。維根斯坦用一句話總結了這個想法，這是他最驚人的一句格言：「就算獅子會說話，我們也無法了解牠。」

照維根斯坦的觀點，理論化所帶來的抽象性與普遍性、法則與原理，對於我們嘗試要由「幽微莫測

的證據」達到更好的理解，只會構成阻礙。然而，如果理論缺席，我們又該如何改善理解、深化洞見？

就拿如何區分真正和佯裝的情感表達為例吧，這是理解人最困難也最重要的區分之一：

對於情感表達的真誠與否有沒有所謂的「行家判斷」？──即使在這件事上也有些人判斷力「較佳」，有些人判斷力「較差」。

正確預測通常來自對人認識較多的人所做的判斷。

這種認識學得會嗎？行，有些人可以，但不是靠上課，而是藉由「經驗」。可以教會別人嗎？當然，只要不時給他正確的提點。這裡「學」和「教」看上去就是這麼回事，學到的不是技巧，而是正確的判斷。這裡也有規則，但這些規則不會形成系統，唯有經驗豐富的人能正確應用。不像計算規則。

這種教導的例子，或許能在杜斯妥也夫斯基的《卡拉馬助夫兄弟們》裡的佐西馬神父身上找到：

許多人說，佐西馬長老允許所有人到他那裡袒露心靈那麼多年，乞求忠告和醫治的話語，他的靈魂吸收了那麼多秘密、悲傷與坦白，結果讓他的洞察力變得無比敏銳，一眼就能從陌生人臉上看出對方為何而來、想要什麼、良知受到何種痛苦的折磨。

杜斯妥也夫斯基對佐西馬神父的描述，正是維根斯坦對心理洞見的理想。德魯利在維根斯坦的勸說下

讀了《卡拉馬助夫兄弟們》，說他對佐西馬神父印象深刻，維根斯坦答道：「沒錯，世界上確實有這種人，可以直接看穿別人的靈魂，並給他們忠告。」[14]

維根斯坦認為，就我們理解自己和他人而言，這種人比現代心理「科學」的實驗方法更有教益。不是因為心理科學還不成熟，而是因為它所用的方法不適於它的目標：

心理學的混亂與貧乏不能用它是一門「年輕科學」來解釋。心理學的狀態不能和物理學等的早期狀態相提並論，但倒是可以跟數學的某些分支相比，如集合論。因為心理學的狀態除了實驗方法，還有**概念錯亂**，就像集合論有證明方法和概念混亂。實驗方法的存在讓我們以為自己擁有手段，可以解決困惑我們的問題，但問題和方法各行其是。

容：

《哲學研究》第二部份結尾是一條線索，提示了維根斯坦原本心中所想的第二部可能包含什麼內容：

對於數學，我們也能進行完全類似於我們對心理學所做的那種探索。這探索不是數學探索，就像我們對心理學所做的也不是心理學探索，其中不包含計算，因此不是邏輯之類，或許可以稱之為「數學基礎」的探索。

七月十二日，口述打字稿完成了，維根斯坦離開劍橋到阿克斯橋和班恩一起度過赴美前的最後一

週。在他人生的最後兩年，維根斯坦雖然繼續寫作哲學，卻再也沒有按照原本的打算重新編排自己的書。因此，出現在我們面前的《哲學研究》就是一九四九年夏天他擱下時的模樣，帶有一點暫且如此的意味。

14
譯注：佐西馬長老／神父在第一部中亦有提及，可參見第六章最末，維根斯坦與比勒之談話。

二十六、無所歸屬的公民

維根斯坦人生最後兩年給人一種曲終人散的感覺。整理作品以便出版的工作雖然沒有完成，但已經結束了，至少對他如此。他已經接受自己的書（這個二十年來佔據他生活重心的作品）在他有生之年不會出版，而編輯和死後出版的工作也交到了別人手裡。其他事上，他也仰賴他人。自一戰以來，他從未如此倚賴別人的濟助。他沒有收入，沒有自己的家，之前對獨居和完全獨立的渴望也幾乎沒了。

他人生的最後兩年輾轉於朋友和門生之間，不是到伊薩卡投靠馬爾康姆，就是去劍橋的馮·賴特家作客，或到牛津投靠安斯康姆。

但他四處寄人籬下的主要動機不是省錢，因為他並沒有這麼做的財務壓力。如同他先前告訴馬爾康姆的，他在劍橋教書存下的錢還夠他支撐兩年。和朋友同住的需求部份是情感上的，部份是身體上的，因為他病得愈來愈重，需要照顧，還有部份是心智上的。只要活著，他就希望活得像個哲學家，儘管認為自己大多時間無法獨自生活和寫作，但還是覺得能討論哲學。因此我們會發現，他這段期間的哲學思考主要來自於別人的思想與問題的刺激，比例遠勝以往。他人生最後兩年寫的東西雖然在許多方面無疑和《哲學研究》一脈相承，但另一方面又和《哲學研究》判然有別，更著重於解決別人的問

題。這些論述帶有他之前指出自己所有作品所具有的特質，亦即釐清別人的作品，也比之前的作品更有意地以「有用」為目的。彷彿他用自己最珍視的資產（他的哲學天賦）幫助這些朋友，藉此回報他們的款待。

赴美前，維根斯坦一再在給馬爾康姆的信裡自問，自己到伊薩卡在哲學上對馬爾康姆有沒有幫助。「我的腦袋累了、陳腐了，」他四月寫道：「我想如果有人來和我討論哲學，我就能討論，但我一個人無法專注其上。」兩個月後他又寫道：「**我知道**就算我**徹底**變笨、變鈍，你仍然會款待我，但**我不希望**自己只是你家裡的累贅。我希望感覺自己起碼能給**一點**什麼，以便回報如此的善意。」

一九四九年七月二十一日，維根斯坦搭乘瑪麗皇后號啟程橫渡大西洋。「我的貧血感覺痊癒了，」他在動身前寫道，堅持馬爾康姆不必到碼頭接他：「也許我會像電影演的那樣，在船上邂逅一位美麗的女孩，得到她的幫忙。」儘管如此，馬爾康姆還是去了碼頭，結果發現維根斯坦看來健康強壯，讓他嚇了一跳。「他背著背包大步走下舷梯，一手拿著沉甸甸的手提箱，一手拄著拐杖。」

維根斯坦寄宿期間，馬爾康姆發現這位客人至少在某些方面要求不高，例如堅持餐餐吃麵包和乳酪，並表示自己不在乎吃什麼，只要一成不變就好。

馬爾康姆住在伊薩卡外圍住宅區邊緣，就在卡尤加高地（Cayuga Heights）邊，維根斯坦常到附近的鄉間長途散步，對他不熟悉的當地植物很感興趣。馬爾康姆在康乃爾大學的同事史都華·布朗（Stuart Brown）回憶道，這份不熟悉不只一次讓維根斯坦吃驚和不肯相信：

他通常會婉拒我載他一程。但某日下午，天開始下雨了，我停車提議載他回馬爾康姆家，他道謝接受了。一上車，他便拿著自己採的豆莢問我是什麼植物，我說那是「馬利筋」[Milkweed]，並指著這種植物因之而得名的白色汁液，他就要我形容那植物的花，但我描述得一塌糊塗，最後只好停車到路旁一片開滿花的田地裡摘了更多馬利筋回來，有些帶著花，有些帶著豆莢。他滿臉敬畏看了看花，看了看豆莢，又看了看花，突然將它們揉成一團扔在車地板上踩得稀爛，高喊：「不可能！」

停留伊薩卡期間，維根斯坦會和康乃爾大學一群哲學家切磋討論，布朗也是其中之一。其他學者包括麥克斯・布雷克（Max Black）、威利斯・唐尼（Willis Doney）、約翰・尼爾森（John Nelson）和奧伊茲・鮑斯馬（Oets Bouwsma）。「我在這裡幹自己的老本行，」他在信裡對弗拉克說，[1] 還說他常想起對方，「尤其因為我之前常想，自己或許該回去蓋斯醫院或某個類似的地方重拾老本行，但我現在又老又殘，已經不可能再做過去配藥實驗室的工作了。」他也對馬爾康姆表達了同樣的焦慮，不曉得自己餘生該做什麼。「當某人在世上只有一樣東西，那麼當天賦開始消失時，他該做什麼呢？」

然而，康乃爾大學對這份天賦有著無比的需求與欣賞。在馬爾康姆陪伴下，維根斯坦參加了為數驚人的座談與研討會，除了定期和布朗、鮑斯馬和布雷克見面，討論各種哲學議題外，還和唐尼合開研討會研讀《邏輯哲學論》，和鮑斯馬聚會討論弗雷格的〈論意義與指涉〉（On Sense and Reference），並跟尼爾森和唐尼討論一個關於記憶的問題。尼爾森回憶當時表示，那「可能是我這輩子哲學腦用得最兇的兩個小時」：

在他喋喋不休地發問剌探與緊迫盯人下，我感覺自己腦袋就快爆炸了……他毫不寬容，就算遇到困難也不閃躲。討論結束時，我徹底精疲力竭。

尼爾森的反應很典型。雖然會面討論的題目通常由別人提議，但過程總是一律由維根斯坦主導。他要求參與者投入和嚴格專注的程度，是他們不習慣的。某一次討論完後，鮑斯馬問維根斯坦這樣整晚討論會不會剝奪他的睡眠，維根斯坦回答不會。「但接著，」鮑斯馬回憶道：

……他突然一本正經，用杜斯妥也夫斯基的小說在這種場合會出現的微笑說道：「不會，但你知道的，我覺得我會發瘋。」

馬爾康姆之外，鮑斯馬是維根斯坦最常相處的人。維根斯坦似乎在他身上見到了自己認為對話夥伴必須要有的認真特質。和其他人不同，鮑斯馬和維根斯坦年紀相仿，曾是馬爾康姆於內布拉斯加大學讀書時的導師，並鼓勵包含馬爾康姆在內的幾名學生到劍橋師事摩爾。他本人深受摩爾影響，因為摩爾反對觀念論而揚棄了自己原本信仰的黑格爾主義。後來經由另一名學生艾麗絲·安布羅斯的推薦，維根斯坦只要

1　一九四七年二月，弗拉克終於從蘇門答臘回來了，兩人的友誼一直維持到維根斯坦過世為止，經常在倫敦或劍橋碰面。維根斯坦只要出門遠行就會寫信給弗拉克，頻繁的程度和弗拉克在部隊時一樣。目前留存的信件除了寫自都柏林，還包括維也納、牛津和伊薩卡。（原註）

他接觸到了維根斯坦的《藍皮書》，仔細研讀了一番。

在馬爾康姆家和一群人見過幾次後，維根斯坦開始和鮑斯馬單獨會面，上述那段對話就發生在那時。維根斯坦去找鮑斯馬，主要是想知道對方覺得他們的討論有沒有「任何好處」？鮑斯馬有沒有從中得到收穫？「我這個人很虛榮，」他告訴鮑斯馬：「那場討論並不好。智性上也許不錯，但那不是重點……我的虛榮啊，我的虛榮。」他和鮑斯馬談到自己辭去劍橋教職的原因：

首先我想把書寫完……其次，我為什麼要教書？聽我上課有什麼好處？只有覺得自己從中得到好處的人。

他提了幾位學生是例外，「他們有某種執著，而且很認真。」但大多數學生到他這裡來是因為他聰明。「我是聰明，但這不重要。」

重要的是他的教導必須有好的效果，而在這點上，他最滿意的是那些沒成為職業哲學家的學生，如德魯利和史邁瑟斯，還有那些成為數學家的學生。就專業哲學而言，他覺得自己的教導害處多於好處。他將自己比作佛洛伊德，指出佛洛伊德的教誨像酒一樣令人大醉，人們不曉得該如何清醒使用他的教誨。「你懂嗎？」他問。「我懂，」鮑斯馬說：「他們找到了一套公式。」「沒錯，正是如此。」

那天晚上，鮑斯馬開車帶維根斯坦到俯瞰伊薩卡鎮的山上。月亮出來了，「如果讓我設計，」維根斯坦說：「我根本不會造出太陽」：

你瞧！多美啊！太陽太亮、太熱了……如果只有月亮，就沒有閱讀和寫作了。

除了上述的聚會，維根斯坦還跟馬爾康姆私下討論過幾回。這些討論價值匪淺，因為維根斯坦人生最後十八個月所寫的東西，主要便出於這些討論的刺激。

維根斯坦將《哲學研究》兩個部份的副本都帶到了伊薩卡，以便和馬爾康姆一起詳讀。他告訴馬爾康姆，這本書雖然未完成，但他現在認為自己無法在有生之年為它做最後的修潤。雖然他不想將未完成的書交給出版社，但仍希望朋友能閱讀並理解它，因此考慮將其油印分送給朋友，並將自己的不滿之處註明在括弧裡，寫在需要修改的論述後方，例如「這不全對」或「這裡不牢靠」等等。馬爾康姆不喜歡這個計畫，認為這麼重要的作品不該以油印的方式發表。

另一個更耗時間的做法，是維根斯坦個別和每位朋友逐段詳讀此書，而他也似乎略微嘗試過。一到伊薩卡不久，他便邀馬爾康姆和他用這種方式細讀，就像他倆一九四六年在劍橋嘗試過的那樣。然而，馬爾康姆再次覺得這麼做太受限，因此會面幾次後就放棄了，改為討論和馬爾康姆研究主題更直接相關的哲學問題。

兩人討論的焦點擺在摩爾〈外在世界之證明〉（Proof of an External World）與〈為常識辯護〉（A Defence of Common Sense）這兩篇對哲學懷疑論的反駁。懷疑論主張外在世界的一切都無法確知，連「外在世界是外在的」這一點都無法完全確定。摩爾在〈外在世界之證明〉的開頭試圖證明，某些外在事物的存在至少是能確切證明的。他舉自己的雙手存在為例，成了很有名的例子……

說：「這是一隻手。」再用左手做出某個姿勢，說：「這是另一隻手。」

在〈為常識辯護〉裡，摩爾提了幾個常識信念（common-sense belief），並說可以確切知道它們為真。這些信念包括摩爾的身體存在、這個身體存在以來始終未曾遠離地球表面、地球在摩爾出生前很久便已經存在了等等。

馬爾康姆在維根斯坦來美前不久曾發表過一篇文章，批評摩爾主張知道這些事時是誤用了「知道」這個動詞。馬爾康姆認為，舉起手說「我知道這是一隻手」和指著樹說「我知道那裡有一棵樹」都是無意義使用了「知道」。摩爾回信給馬爾康姆，強烈辯護自己對「知道」的用法。現在有機會知道維根斯坦的看法，馬爾康姆自然不會錯過這個機會。

維根斯坦和馬爾康姆討論此事，堅持「一句話唯有在生活之流中（in the stream of life）才有意義」。因此，摩爾的陳述有沒有意義，取決於能否想出一個可以有意義使用它們的場合：「理解一個句子，就是為它的其中一種用法做好準備。想不出一個句子怎麼用，我們就根本不理解它。」於是：

與其說摩爾的陳述「我知道那裡有一棵樹」是語言誤用，不如說這句話沒有清楚的意義，摩爾也不知道自己在如何用它⋯⋯他甚至不曉得自己對這句陳述的用法不是平常那種。

維根斯坦認為，摩爾的某些陳述比其餘陳述更容易想出平常的用法，例如「不難想出『我知道這是一隻手』的用法，但想出『我知道地球已經存在許多年了』的用法就困難一些。」摩爾使用這些陳述的方式當然並不「平常」，而是用來提出哲學論點。他不是在告訴讀者他有兩隻手，而是想駁斥懷疑論。在這一點上，維根斯坦清楚表示摩爾失敗了：

懷疑論哲學家說「你不知道」，而摩爾回答「我知道」時，他的回答完全沒用，除非他用它來讓他們相信他（摩爾）心裡沒有半點懷疑。但那不是問題所在。

維根斯坦本人對懷疑論的看法，依然是他自己在《邏輯哲學論》扼要提及的那套主張：「懷疑論**無法駁倒**，但顯然沒有意義，因為它試圖在不容置疑處置疑。」正是基於這個看法，讓他在摩爾的「常識命題」裡見到了哲學上有意思的東西⋯這些命題不是「確實知道」的例子，而是「懷疑是無意義的」的例子。一旦可以認真懷疑摩爾是否舉起了兩隻手，就沒有理由不去懷疑所有其他事情，包括感官可否信賴。但如此一來，我們賴以提出懷疑和給予回應的架構就瓦解了。「某些命題屬於我的『參考架構』，一旦被迫**放棄**，我就無法判斷**任何事情**。」例如，站在一棵樹前說的「這是一棵樹」就是這樣的命題⋯

若我向那棵樹走去，卻什麼也沒摸到，我可能會對自己的感官告訴我的一切失去信心⋯⋯摩爾說「我知道那裡有一棵樹」，部份是因為他感覺如果那個東西結果**不是**一棵樹，他就不得不「放棄」。

後，維根斯坦用他人生最後十八個月發展這個想法，並且寫了下來。[2]

秋季學期初，馬爾康姆帶著維根斯坦參加了康乃爾大學哲學研究生的一次聚會。尼爾森回憶道，維根斯坦現身引起了極大的轟動。「聚會快開始前，」他寫道：「馬爾康姆走進走廊」──

手裡挽著一位身穿風衣和舊軍褲的削瘦長者，要不是這位長者臉上散發著智慧的光彩，大夥兒可能以為他是馬爾康姆路邊遇到決定帶進來避寒的流浪漢。

……我湊到蓋斯身旁低聲說：「是維根斯坦。」蓋斯以為我在開玩笑，對我說了「別鬧了」之類的話，馬爾康姆和維根斯坦就進來了。主持人布雷克介紹了格雷戈里・弗拉斯托司，讓他發表了論文，接著便起身轉向右邊，出乎眾人意料之外……顯然要對馬爾康姆帶來的那位襤褸長者說話。接著便是那句驚人的發言了。布雷克說：「不知道您是否願意說幾句話，維根斯坦教授……」咹，布雷克一說維根斯坦，學生群裡一陣驚呼。別忘了，在一九四九年，維根斯坦是哲學界一個神秘又崇高的名字，尤其在康乃爾。那陣驚呼就跟布雷克說「不知道您是否願意說幾句話，柏拉圖……」[3] 會激起的驚呼沒有兩樣。

這次聚會後不久，維根斯坦就病倒了，還住院檢查。他已經定了十月返回英國的船票，深怕手術的結果讓他必須留在美國。他擔心自己和敏敏一樣檢查出癌症，後半輩子都得臥病在床。住院前一天，

他顛狂地對馬爾康姆說：

我不想死在美國，我是歐洲人——我想死在歐洲……我來這裡真是蠢透了。

不過，檢查沒查出什麼嚴重的問題，兩週後他已經復原得差不多了，順利按計畫返回英國，十月底到了倫敦。他原本打算先在劍橋和馮‧賴特待幾天，之後再回都柏林的羅斯旅館。但他抵達倫敦不久就又病倒了，直到十一月九日才有辦法去劍橋，而且依然病得很重，無法考慮都柏林之行了。

德魯利曾經告訴維根斯坦，如果哪天得在劍橋看病，就去找愛德華‧貝文醫師（Dr Edward Bevan）。德魯利是二戰時結識貝文的，兩人隸屬於同一單位，對他的醫術印象深刻，而且貝文碰巧還是馮‧賴特的家庭醫師。因此，維根斯坦到了劍橋不久，貝文就為他做了檢查，並於十一月二十五日做出最終診斷：前列腺癌。

得知自己得了癌症，維根斯坦一點也不驚訝，但聽到醫師不是束手無策倒是令他相當詫異。荷爾蒙療法對前列腺癌效果通常不錯，因此醫師立刻為維根斯坦開了雌激素。他得知，藉由雌激素的幫忙，他可以指望自己再活六年。「很遺憾我的生命必須以這方式延續下去，」他寫信給里斯說：「這種半死不活的日子六個月就夠多了。」

2　這些論述現已出版，即《論確定性》。（原註）

3　譯註：Gregory Vlastos，1907-1991。哲學家，研究古代哲學。

得知罹患癌症後幾天，他寫信給海倫娜，問姊姊自己是否方便回維也納林蔭街的家裡養病。「我的健康很糟，」他告訴她：「因此沒辦法工作。我希望在維也納能尋得平靜……要是能住在林蔭街我的（有頂燈的）老房間裡，那就好了。」

維根斯坦警告海倫娜會發現他健康很糟，每天都得有一段時間臥床，但絲毫沒有提起自己得了什麼病。他決心不讓家人知道自己罹患癌症。前往維也納前，他在信裡懇求馬爾康姆別向任何人透露他的病情。「這一點對我非常重要。我打算去維也納過耶誕節，而且不讓家人知道我到底得了什麼病。」

十二月二十四日他飛往維也納，住進了林蔭街他的老房間裡。赫爾敏臥病在床，被癌症折磨得奄奄一息，而維根斯坦臉色蒼白，一看就錯不了是同樣的毛病，家人不可能猜不出他真正的病情。但維根斯坦依然極力隱瞞，寄了封言不由衷的電報給馮・賴特：「抵達維也納，神清氣爽。告知朋友們。」

在維也納的頭幾個月，維根斯坦完全沒有寫作，任由自己享受這棟家族寓所令人艷羨的設備所提供的舒適生活。在林蔭街他吃好住好，得到了妥善的照顧，甚至還有娛樂。「我還沒去音樂會，」他寫信給馮・賴特：

但聽了許多音樂。我朋友（魯道夫・寇德）為我彈鋼琴，彈得美極了。我姊姊和他彈了鋼琴二重奏。前兩天，他們談了兩首舒曼的弦樂四重奏和一首莫札特的四首連彈奏鳴曲。

「我過得很開心，被人照顧得**很好**，」他在信裡告訴貝文醫師。貝文之前寫信給他提到班恩時，顯然說到了他的怯懦。「與其說他怯懦，」維根斯坦解釋道：「不如說他**非常**害羞、**非常**壓抑，尤其在他和

某人**不熟之前。」**

我真希望自己當時知道，在聖巴多羅麥醫院[4]找到工作其實對他非常重要。他似乎覺得那很重要，我卻希望他離開倫敦！我感覺聖巴多羅麥對他沒有好處。這話的意思不是說他可能變得膚淺或勢利之類的，那裡沒有那種危險。但我希望他能跟更單純、更和善的人在一起，這樣才能敞開心胸，否則只會變得愈來愈內向。

對於醫師，維根斯坦比較願意透露自己的健康狀況。不難想見（尤其遇到奧地利的冬天。「我們這裡零下十五度」，他告訴貝文）他的狀況並不穩定：

但身體自己好了起來，我又幾乎煥然一新了。

我最近得了相當嚴重的感冒，加上腸胃不適，很怕自己得去看醫師了，卻又非常擔心**這件事**。

當然，唯有能哲學思考，他才會真的感到「煥然一新」。「顏色能刺激人做哲學思考，或許這就是歌德熱衷於顏色理論的原因。」他一九四八年這麼寫道。正是為了刺激自己哲學思考，讓他一九五○年一月開始讀歌德的《顏色論》（Farbenlehre）。「這本書有些地方很無聊，令人反感，但有些地方非常有啟發

4 譯註：原文為 Barts，指倫敦的聖巴多羅麥醫院（St Bartholomew's Hospital）。創立於一一二三年，是歐洲歷史最久遠的醫院。

性，在哲學上很有意思，」他告訴馮．賴特，而它最主要的好處，他對馬爾康姆說，就是「刺激我思考」。

最後，這本書還刺激了他寫作。閱讀《顏色論》所引發的短論裡，有二十則留了下來，應該是他最後一次停留維也納期間寫的，也就是現今出版的《論顏色》的第二部份。

如同先前對待歌德的其他科學著作，維根斯坦也將《顏色論》和自己的哲學思考連在了一起。對維根斯坦來說，這反而讓它更有意思，而非更無趣：

德認為自己的顏色論是對牛頓光學理論的致命一擊，維根斯坦卻不作此想，歌德的理論不論好處為何，都不會是對物理學的貢獻。它更是一種**概念**探究。對維根斯坦來說，這反而讓它更有意思，而非更無

科學問題可能讓我覺得有意思，卻從來不曾讓我廢寢忘食。只有概念或美學問題才會讓我一頭栽進去。說到底，我對解決科學問題漠不關心，對其他種類的問題則否。

的確，歌德的研究和其他科學研究一樣，都基於縝密的觀察，但這些觀察並無法建構解釋事理的法則。不過，它們確實能釐清某些概念。就拿「摻入白色會去掉顏色的有色性（colouredness）」這句話來說吧，這是哪種命題？

我就是這個意思：這不可能是物理命題。人在這裡很容易相信現象學，相信一種介於科學與邏輯之間的東西。

這不可能是物理命題，因為它的反命題不為假，而是無意義：「如果有人不這樣認為，那不是他有相反的經驗，而是我們不會了解他。」因此，分析這個（以及這類）命題不是為了釐清某種**事實**，無論是物理事實或現象學的事實，而是為了釐清某些概念，例如顏色、有色性、白色等等。因此——

現象學分析（如歌德會做的那種）是概念分析，既不會與物理學相吻合，也不會與之相矛盾。

特：「這不算晴天霹靂。」

二月十一日，赫爾敏過世了。「過去三天我們一直覺得她就快走了，」維根斯坦隔天寫信給馮・賴特

而他自己的健康則持續改善，每週能和安斯康姆會面兩三次。安斯康姆當時正在維也納進修德語，預備翻譯他的著作，這也讓維根斯坦更有動力恢復自己的哲學思考能力。在艾普巴赫（Alpbach）舉行的奧地利學院學會會議上，安斯康姆遇到了當時還在維也納大學讀書的費爾阿本德[5]，便給了他一份維根斯坦的手稿，和他討論。費爾阿本德是克拉夫特學派（Kraft Circle）成員，這是由維也納大學一群不滿學校課程的學生所組成的非正式哲學社團。這種非正式社團，恰恰是維根斯坦覺得可以公開討論哲學的地方，因此他最後被說服前往。費爾阿本德回憶道：

5 譯註：Paul Feyerabend，1924-1994。奧地利出身的科學哲學家，其反對普遍的方法論、主張科學的無政府主義，著作有《反對方法》、《告別理性》等。

維根斯坦考慮了很久才決定要來，然後遲到了一個多小時才出現。他表現得精神飽滿，比起他在別的地方得到的奉承讚美，他似乎更喜歡我們的無禮態度。

克拉夫特學派的聚會，可能是維根斯坦在維也納唯一參加過的哲學家公開聚會。但他和安斯康姆定期會面，或許更能「刺激他做哲學思考」。除了針對歌德顏色理論的二十段論述，他還寫了一系列短論，延續自己和安斯康姆所討論的話題，也就是《論確定性》開頭的六十五則論述。其中，維根斯坦堅持摩爾的〈為常識辯護〉和摩爾悖論一樣，是對邏輯的討論，因為「凡是對語言遊戲的描述都屬於邏輯」。

維根斯坦此處的思路和《邏輯哲學論》相似得出奇。他本人後來（《論確定性》頁三二一）也如此承認。他的想法是，若一個命題的反命題沒意義，則它便不是對世界的描述，而是對我們的概念架構的描述，是邏輯的一部分。但若該命題的反命題有意義，則該命題可以視為經驗假設，其真假取決於世界裡的實際情況。

因此「物理對象存在」不是經驗命題，因為反命題不為假，而是不可理解。同樣的道理，若摩爾舉起雙手，而我們的反應是說「摩爾的手不存在」，那麼我們的陳述就不能視為假，而要視為無法理解。但若是如此，「架構命題」就不是描述一組知識，而是描述我們理解世界的方式。這樣一來，像摩爾那樣宣稱自己確切知道那些命題為真就沒有意義了：

若將「我知道……」視為語法命題，那麼這個「我」顯然不可能重要。這句話的真正意思是「這

件事上是沒有懷疑的」，或在這個情況下說「我不知道」是沒有意義的。而由此當然就能推出「我知道」也沒有意義。

維根斯坦論摩爾和論歌德有一個重要的相似處，他的關注點是同一個，亦即指出看似經驗命題的東西實際該視為語法命題，並非描述我們的經驗，而是經驗得以被描述的架構。在這點上，他對摩爾和歌德的討論都應用了《哲學研究》所闡述的同一個普遍真理：

如果語言是溝通的工具，那麼我們不但要在定義上一致，也要在（不論這聽起來有多怪）判斷上一致。這看似要廢棄邏輯，其實不然。

諸如「摻入白色會去掉顏色的有色性」或「地球存在了很久」之類的句子都屬於這種判斷。將它們認作如此，並未廢棄邏輯，而是大幅擴展了邏輯，讓邏輯變得更加複雜，將對於諸如歌德《顏色論》和摩爾〈為常識辯護〉的討論納入邏輯的領域中。

維根斯坦在維也納寫成的東西只是這種討論的開端，比起他前一年在都柏林寫的東西枯燥許多，既沒有後者格言般的簡練，也缺乏他頂尖作品裡那種想像力驚人的比喻。不過，這些論述確實顯示了隨著他健康好轉，他的哲學寫作能力也漸漸有了起色。

維根斯坦三月二十三日離開維也納回到了倫敦，在里斯太太珍恩位於戈德赫斯特排房（Goldhurst

Terrace）的家中待了一週。他寫道，回到英國讓他「很悲哀」，這裡的秩序「令人作嘔」，人們看來行屍走肉，沒有半點生命的火光。

四月四日，他回到馮・賴特於劍橋的住處，發現牛津大學寄了一份邀請函，請他主持一九五〇年的洛克講座。這個為期一年的講座聲譽崇隆，酬勞頗豐，傳統上都由著名的訪問學者擔任。儘管報償豐厚（牛津出兩百英鎊），他卻不為所動，因為他得知講座將有兩百多名學生聽眾，而且不會有討論時間，沒有比這兩件事更讓他避之唯恐不及的了。他告訴馬爾康姆：「我不認為自己能對著一大群聽眾做出好的正式演講。」

考慮到維根斯坦的錢就快用完了，馬爾康姆替他聯繫了洛克斐勒基金會。他告訴維根斯坦自己說動了基金會一名董事查德邦・吉爾派屈克（Chadbourne Gilpatrick），有可能提供研究補助給他。維根斯坦感激之餘不忘補上一則令人大開眼界，坦白得要命的自我評估。他說自己當然有理由接受補助：

當然愉快。

想到能住在自己喜歡的地方，不必成為別人的負擔或麻煩，天性驅使我做哲學時就做哲學，我

然而，他告訴馬爾康姆，除非洛克斐勒基金會「知道我的全部真相」，否則自己不能接受這筆錢：

真相如下：a）我從一九四九年三月到現在工作上都無法持續有好的產出，b）就算在那之前，我一年也有六、七個月無法好好工作，c）我愈來愈老，想法也明顯愈來愈無力，愈來愈難沈澱出

精華，比以前容易疲憊得多，d）我的健康由於持續輕微貧血而不穩定，讓我常受感染，更沒有機會在工作上做出好的成果，e）雖然無法確切斷言，但我感覺自己的心靈再也無法和過去一樣活躍，例如十四個月前那樣，f）我無法保證自己有生之年能出版任何東西。

他要馬爾康姆將這封信拿給基金會的董事們看。「憑著欺瞞而得到補助顯然萬萬不可，而你**可能不**自覺地美化了我的情況。」他還說：「我想只要我活著，而且心智狀況允許，我就會思考哲學問題，並試著寫下來。」

我還覺得，自己過去十五或二十年來寫的東西出版後或許會有人感興趣。但很有可能我產出的東西會是平淡乏味，不有趣的。

八個月後，吉爾派屈克去見維根斯坦，維根斯坦告訴對方：「以我目前的健康和心智駑鈍的程度，我不能接受補助。」

他將自己的「心智駑鈍」部份怪罪於為了減輕癌症症狀而服用的雌激素。他發現自己服了雌激素後，很難達到哲學寫作所需要的高度專注。「我有了點進展，」他四月十七日告訴馬爾康姆：「但我卡在簡單的東西上，寫出來的東西幾乎都很枯燥。」

他說的進展乃是《論顏色》的第三部份，延續了他在維也納對歌德《顏色論》的評論。這些進展可以說證實了維根斯坦自己的評價：內容重複，而且寫起來相對吃力，主要在釐清「顏色概念的邏輯」，

尤其是原色、透明和亮度等概念。維根斯坦毫不掩飾自己的不滿意：「我現在寫得如此乏味的東西，在心智沒那麼衰老的人眼裡可能了無新意。」不過，對於歌德對顏色的普遍特質的論述，維根斯坦在此確實提出了一個簡潔得精彩的反駁：

何結論。

同一個音樂主題在小調和大調上特質不同，但談論小調模式的普遍特質是錯的。舒伯特的大調通常比小調更悲傷。

因此我認為，探討個別顏色的特質對理解繪畫毫無價值和用處。這麼做其實想的是特殊用法。桌布用綠色有這個效果，紅色有那個效果，這無法讓我們對這兩個顏色在某幅畫裡的效果得出任

想像某人指著林布蘭畫的某張臉上的眼睛虹膜裡的一個點說：「我房間的牆要漆這個顏色。」

維根斯坦最後一次拍照，是一九五〇年四月寄宿在馮‧賴特家裡的時候。相片中維根斯坦和馮‧賴特坐在床單前的折疊椅上。根據拍照者特拉諾（K. E. Tranøy）回憶，這是維根斯坦的主意：

一九五〇年春末，我們在花園裡和馮‧賴特一家喝茶。天氣很好，我問維根斯坦能不能替他拍張照，他說可以，我可以拍照，只要我准他背對著鏡頭坐。我沒有反對，便去拿相機了。但維根斯坦卻改變了主意，決定要我用護照大頭照的風格來拍，而且要馮‧賴特坐在他旁邊。我還是沒反對，

於是維根斯坦走去他的床邊拿了床單。伊莉莎白・馮・賴特想去櫃子裡拿新的床單給他，但他拒絕了。維根斯坦將床單掛在走廊前，然後拉了兩張椅子過來。

四月二十五日，維根斯坦離開劍橋，搬進安斯康姆位於牛津聖約翰街（St John Street）的家中。他對馬爾康姆說：「我喜歡和馮・賴特一家住在一起，但兩個孩子太吵了，而我需要安靜。」他住在安斯康姆家三樓的房間裡，一樓是古德里奇夫婦，法蘭克和吉莉安（Frank and Gillian Goodrich），二樓則是貝利・平克（Barry Pink）。他搬進去不久就對馮・賴特說：「這房子不是很吵，卻也不大安靜，我不曉得自己會怎樣。房客看來都很不錯，其中一位甚至人特別好。」

「人特別好」的那位是當時就讀藝術學院的貝利・平克。平克興趣廣泛，「就像同時想要坐在六個凳子上，」維根斯坦曾經這麼評論道：「但屁股只有一個。」平克是史邁瑟斯的多年好友，跟史邁瑟斯和安斯康姆一樣皈依了天主教。他發現維根斯坦可以也願意討論他感興趣的所有事情，從藝術、雕塑、砌石到機械製造等等，統統能聊。

平克常和維根斯坦繞著牛津散步，一度成了維根斯坦的心腹友人。兩人可以直率討論自己的想法、感受和生活，例如討論隱藏自己真實本性的傾向。平克問維根斯坦是否認為自己從事哲學工作，甚至成為哲學家，和自己是同性戀有關。這話暗示維根斯坦從事哲學工作或許是一種隱瞞自己性向的手段。

維根斯坦語帶怒氣將這個問題一腳踢開：「當然不是！」

維根斯坦原本計畫和班恩一起到挪威避暑，但在聖巴多羅麥醫院習醫最後一年的班恩七月時沒通過資格考，暑假期間不得不待在倫敦為九月的「重考」做準備，兩人的假期只好延到了秋天。於是維根

斯坦，夏天都待在牛津，繼續撰寫他在劍橋便開始動筆的顏色論述。

在他論顏色的筆記手稿裡還有一系列談論莎士比亞的論述，後來收錄在《文化與價值》中（頁八四

至八六）。長久以來，維根斯坦始終苦於自己無法欣賞莎士比亞的偉大，例如一九四六年他曾寫道：

值得一提的是，我們發現要相信自己看不出門道的東西有多困難。比如讀到數百年來許多大人

物對於莎士比亞推崇備至，我始終免不了感覺這種讚美是不是成了習慣，即使我必須告訴自己並

非如此。得靠彌爾頓這樣的權威才能真正說服我，因為我從不懷疑彌爾頓的正直。但我這話當然

不表示，過去和未來成千上萬文學教授對莎士比亞的無數溢美之詞是誤解或不懂文學。

維根斯坦之所以難以認可莎翁是大詩人，一個原因是他不喜歡莎翁的許多隱喻和比喻：「**就常理而**

言，莎士比亞的比喻很糟，因此若它們仍是好的——我不曉得它們是不是——必然是自行其是。」他和

班恩討論過的例子，是《理查二世》裡莫布雷在對白裡用閘門來隱喻牙齒：「您已經把我的舌頭幽禁在

我嘴裡，讓我的牙齒和嘴唇成為兩道閘。」[6]

不過，更根本的難題出在維根斯坦就是不喜歡英國文化。「我認為，要喜歡一位作家就得喜歡他所

屬的文化。只要對那文化無感或反感，對他的欽佩就淡了。」然而，維根斯坦對布雷克和狄更斯的敬佩

並未因此而稍減。差別在於，他在作為作家的莎翁身上看不到一個他能敬仰的偉大人格：

我只能讚嘆地望著莎士比亞，無法和他有任何互動……

「貝多芬的偉大心靈」——沒有人能說「莎士比亞的偉大心靈」……

我不認為莎士比亞能思索「詩人的境遇」。

他也不能視自己為先知或人類的導師。

人們讚嘆望著他，幾乎像是望著自然奇景。他們不會覺得自己因而接觸到了一個偉大的人，而是覺得自己經歷了一種奇觀。

然而，在狄更斯身上，維根斯坦確實見到了一個能因其「出色的普世藝術性」而敬佩的英國作家。

這種藝術是托爾斯泰式的，人人都能理解並且擁護基督教美德的藝術。弗拉克從蘇門答臘返國時，維根斯坦送了他一本綠色皮革裝幀的袖珍版《聖誕頌歌》[7]當作遲來的耶誕禮物，上頭還貼著喜氣洋洋的「耶誕快樂」貼紙。選這本書當然是有含意的。里維斯回憶，維根斯坦幾乎將整本《聖誕頌歌》背得滾瓜爛熟，而且實際上托爾斯泰在《藝術是什麼？》（What is Art?）裡將這本書列為最高等級的作品，「源自上帝之愛」的藝術。因此，選這本書作為禮物非常適合這段友誼，因為這段友誼是維根斯坦一生當中極少數的例子，凸顯了他對「普通人」的托爾斯泰式敬意，體現在對一名普通工人的簡單直率的情誼之中。

6　譯註：此處採用了朱生豪先生的譯文。

7　易助：狄更斯的《聖誕頌歌》（A Christmas Carol，又名《小氣財神》）是一部以道德教化為主題的小品，故事描述主角史古基（Scrooge）遇見精靈，而改過貪婪又吝嗇的個性，體會感恩與助人的真諦。

一九五〇年夏末，維根斯坦又討論起摩爾「常識命題」的哲學意義，也就是現在《論確定性》的第

六十五到第兩百九十九段論述。維根斯坦在這些論述裡闡述了摩爾之陳述的奇特，在於其否定不僅為

假，而且無法理解：

　　若摩爾說出那些他確信為真的命題的反命題，那麼我們不僅不該認同他的觀點，還會認為他瘋了。

因此「有些假陳述是這樣的，只要我說出來，就不曉得我是否理解這些陳述。」摩爾已經給了我們

一些例子，「知道自己住在哪裡」是另一個可能的例子：

　　我在地址A處住了幾個月，看到街名和門牌號碼無數次，收到無數次寄來這地址的信，給了無

數人這地址。要是我把地址搞錯了，這錯誤幾乎等於我（錯誤地）認為自己寫的是中文，而非德文。

如果我朋友有一天覺得自己在某個地方住了很久很久之類的，我不會說他錯了，而是精神錯亂，

也許是暫時的錯亂。

　　當一個錯誤不僅和我們信以為真的這個或那個命題相矛盾，而且和我們賦予信念以基礎的整個架

構相矛盾，這個錯誤對我們而言就成了精神錯亂。維根斯坦想到摩爾能合理宣稱「我知道自己沒有離開

地球表面」的唯一情況，就是他碰上一群生活在極為不同的架構裡的人：

我能想像摩爾被某個原始部落的人抓住，他們懷疑他是從地球和月球之間的某個地方來的。摩爾告訴他們自己知道的林林總總，卻給不出自己如此確定的根據，因為他們對於人的飛行能力的看法非常奇特，而且對物理學一無所知。這時就是說那句話的場合。

然而，這個例子顯示了架構不同未必代表精神錯亂。一九五〇年時想像有人去了外太空又回到地球是荒誕不經的，如今我們卻習以為常。架構會改變，不同文化之間如此，同一個文化的不同時代之間亦然。

不過，這一點並不足以駁倒維根斯坦。他反倒藉此強調架構本身無法證成或證明為正確，因為架構恰恰構成了證成和證明的邊界：

我看見和聽見的一切讓我深信沒有人類遠離過地球。在我的**世界圖像**〔picture of the world〕裡頭，沒有任何東西支持相反的情況。

但我會得到如此這般的世界圖像並保有它，不是因為滿意其正確性。不是，它是繼承而來的，是我用以區分真假的背景。

架構會變：曾經被斥為荒謬者變得可以接受，堅實的確定性被動搖與揚棄。儘管如此，沒有架構，我們理解不了任何東西，而任何架構都會區分兩種命題，利用架構來描述世界的命題和描述架構本身的命題，只是這個區分並非永遠固定：

……思想的河床可能會移動，但我會區分水的移動和河床本身的移動，即使兩者沒有截然的劃分。

不過，要找到世界圖像與我們根本不同的人，並不必向原始部落尋找：

我相信人都有父母親，但天主教徒相信耶穌只有母親，還有些人可能相信有些人沒有父母親，而且不接受任何相反的證據。天主教徒還相信無酵餅在某些情形下會徹底轉變性質，但所有證據都是相反。因此，摩爾若說「我知道這是酒，不是寶血」，天主教徒就會反駁他。

這段論述可能出自他和安斯康姆那時期的一次談話，主題是聖餐變體。8 安斯康姆告訴他，天主教徒真的相信「無酵餅在某些情形下會徹底轉變性質」，這點似乎讓他非常驚訝。有一回他和馬爾康姆談到安斯康姆和史邁瑟斯，心裡可能想到了這件事，因為他說：「我沒辦法讓自己相信他們相信的那些東西。」這類信念在他的世界圖像裡沒有容身之地，但出於對天主教的敬意，他也無法將之視為錯誤或「暫時的精神錯亂」。

「我擁有一幅世界圖像，它是真是假？重點在它是我一切探問與斷言的根基。」沒有理由認為宗教信仰無法提供這種根基，或不屬於「我用以區分真假的背景」的一部分。但要做到這一點，可能需要徹底的宗教教育與指引。「藉由如此這般的教養，塑造某人的生活，或許可以『使他相信上帝存在』。」但若無這樣的教養，宗教信仰有多少是可理解的？維根斯坦似乎認為，在某些情況下（如他自己這

樣），生活可以將上帝的概念灌輸到人心裡：

生活能教會一個人信仰上帝，經驗也可以。但我指的不是顯聖或其他向我們顯示「這對象[9]存在」的經驗，而是比如各式各樣的受苦。這些經驗既未向我們顯示一個對象，也不會激起我們對他的推測。經驗、思想——生活能將這概念[10]灌輸到我們心裡。

因此，這概念或許和「對象」的概念類似。

說。這種信仰灌輸給人的，其實是某種態度：

當然，如此建立的信仰就其形式而言，不大可能接受甚至理解天主教的處女受孕或聖餐變體的學

也就是「認真對待某些事物，但超過一定程度就不再對其認真，而是主張別的事情更加重要」的態度。

比如有人會說，某某人竟然做完某件工作之前就死了，真是嚴重。然而在另一個意義上，這不是要緊的事。這種時候，有人會用「在更深的意義上」這個說法，但我其實要說，這種情況下你說的話或說話時的想法也不是要緊的事，是那些話在你生活的不同點上造成的差異才要緊。兩個人都

<hr />

8　譯註：聖餐變體（Transubstantiation）指天主教徒相信聖餐中的無酵餅和葡萄酒在經過祝聖後，會「變體」為耶穌基督的身體與血液。

9　譯註：即上帝。

10　譯註：即上帝。

說自己相信上帝，我怎麼知道他們的意思一樣？相信三位一體也是如此。堅持使用某些**特定語言**，罷黜另一些詞語，這麼做的神學並沒有讓事情變得更清楚（卡爾·巴特）[11]。就像人們說的，它「用字比手畫腳」，想說點什麼卻不知如何表達。**實踐**〔practice〕才賦予語詞以意義。

第二段的例子維根斯坦當然不是隨便舉的，但若照它暗示的那樣，在他死前完成《哲學研究》並不要緊，那麼「在更深的意義上」「更加重要」的「別的事情」是什麼？

答案似乎是「和上帝和解」。那年秋天，他問安斯康姆能不能介紹他認識「非哲學的」神父。他不想討論天主教義的細緻論點，只想認識一個宗教信仰對其生命確實造成差異的人。於是安斯康姆介紹了康拉德神父（Father Conrad）給他。康拉德神父是道明會修士，曾經在史邁瑟斯皈依天主教時指導過他。康拉德去了兩次安斯康姆家，和維根斯坦談話。「他要的，」康拉德回憶道：「一名修士作為修士和他談話，不想討論哲學問題」──

他知道自己病得很重，想談上帝，我想他是期盼徹底重返信仰。但實際上，我們只是泛泛談了上帝與靈魂，我想只有兩次吧。

不過，安斯康姆並不認為維根斯坦見康拉德是「期盼徹底重返信仰」，除非神父這話的意思不是重返天主教會。加上維根斯坦明說自己無法相信天主教會的某些學說，認同安斯康姆的說法似乎很合理。

九月班恩順利通過了資格考的重考，總算能離開倫敦，和維根斯坦完成兩人推遲的挪威之行了。

於是十月的第一週，他們倆開始踏上漫長和艱辛的旅程，前往松恩峽灣邊的偏僻小屋。

在一年的這個時候去到那麼北方，對健康不穩的維根斯坦來說可能是一場莽撞的冒險，但經不起嚴寒的反倒是班恩的身體。兩人抵達挪威不久，班恩便得了支氣管炎，不得不從維根斯坦的小屋住進峽灣上端的療養院。之後兩人搬到了安娜‧瑞布尼的農舍，在那兒待到假期結束。

班恩帶了一本新出版的《算術基礎》（Foundations of Arithmetic），譯者是奧斯汀（J. L. Austin）。他和維根斯坦在挪威花了許多時間閱讀和討論弗雷格的這本書。維根斯坦開始覺得，自己或許又能在挪威獨居做哲學了。

回到牛津後，他寫信給馮‧賴特說，雖然班恩生了病，但「我們非常享受這次的停留」：

天氣一直很棒，身旁的人都無比友善，我當下決定要回挪威工作。我在牛津這裡得不到真正的安靜。一切順利的話，我十二月三十日會再搭船前往斯寇爾登，但我不認為我能住在自己的小屋，那裡需要的體力活對我太重了。但一位老友說我可以住在她的農舍。當然，我不曉得自己能否再做出得體的成果，但至少我在給自己一個真正的機會。我如果在那裡無法工作，去哪裡都無法工作。

他甚至訂了一張十二月三十日從紐卡斯爾開往卑爾根的汽船船票。但在耶誕節前不久，安娜‧瑞

11 譯註：Karl Barth，1886-1968。瑞典籍新教神學家。

布尼說自己還是不能讓他寄宿。無論如何，維根斯坦的狀況已經完全不適合如此遠行。按照計畫出發到挪威前，他去找貝文醫師檢查身體，結果卻在醫師家昏倒了，只好留下來過耶誕。然而，這事絲毫沒有動搖他執行計畫的決心。耶誕節後，他寫信給自己在挪威的另一位朋友艾恩納·伯斯塔德，問對方知不知道什麼地方適合他獨居工作，但也沒有回音。

獨居挪威的計畫受阻後，維根斯坦試了另一個他喜歡的避風港：修道院。康拉德神父替他做了安排，讓他去英格蘭中部地區一所黑衣修士隱修院，在那裡過修士生活，做做洗碗之類的雜務，最重要的是可以獨處。

然而，一九五一年一月，維根斯坦的健康讓一切計畫都成了空想。他需要持續的醫療照護。由於健康惡化，他不得不增加到劍橋去見貝文醫師的次數。除了服用雌激素，他還在艾登布魯克醫院（Addenbrooke's Hospital）接受了X光治療。

維根斯坦深怕自己死在英國的醫院，但貝文向他保證，必要時他可以在他家接受照料，度過臨終的時日。二月初維根斯坦決定接受醫師好意，搬到了劍橋，最終在貝文家離世，一棟名叫「爐頭」[12] 的房子。

---

12 譯註：原文為 Storeys End，和 Story's End（故事的盡頭）諧音，一語雙關，故譯為「爐頭」，以取「盡頭」的諧音。

二十七、爐頭

維根斯坦到了貝文家，認命地接受自己再也無法工作的事實。挪威之行以來他什麼也沒寫，既然被迫打消了在松恩峽灣邊生活工作的念頭，他唯一的願望就是人生最後這不事生產的幾個月愈短愈好。

「我現在連**想一想**工作都沒辦法，」他寫信給馬爾康姆說：「這無所謂，只要我別活太久就好！」

貝文夫人起先有點怕維根斯坦，尤其兩人初次見面算是把她折磨到了。維根斯坦住進來之前，貝文醫師曾邀他到家裡吃晚飯，把他介紹給自己的妻子。貝文醫師事先提醒，維根斯坦不是喜歡閒聊的人，她要小心別說一些不經大腦的話。貝文夫人害怕惹禍，那天晚上幾乎沒開口，但當維根斯坦提到自己的伊薩卡之行時，她興致高昂地插話道：「你真好運，能去美國！」說完立刻發現自己講錯話了。

維根斯坦瞪著她說：「妳是什麼意思？**好運**？」

然而，維根斯坦住進來幾天後，她開始習慣有他在身邊，兩人後來更成了密友。不是因為他這個客人特別好相處：

雖然他的要求很多、很嚴格，但喜好很簡單。有些事根本**不用說**：他的洗澡水要準備好，三餐

要準時，每天的活動要照規律的模式來。

還有一件事也不用說，就是維根斯坦住在貝文家不用支付分毫，甚至連他寫字條放在桌上要貝文夫人外出採購的物品也不用他付錢。這包括書和食物，當然還有每個月必買的《偵探故事雜誌》。

維根斯坦和貝文夫人成為朋友後，兩人每天傍晚六點都會散步到附近的一家酒吧喝酒。這是日常規律模式的一部份。貝文夫人回憶：「我們總是點兩杯波特酒，一杯我喝，一杯他興沖沖倒進一葉蘭的盆栽裡，這是我唯一知道他做過的不老實的事。」雖然第一次經驗不好，但她沒想到和維根斯坦聊天竟然很輕鬆。「非常特別的是，他從來不跟我討論我不懂的話題，也不會想跟我討論。因此，相處中我從來不曾覺得自己次等或無知。」然而，這不表示他講的話意思總是很明白。其中最令人費解的一句話，或許是他對安斯康姆的先生彼得·基奇（Peter Geach）的評語。貝文夫人問他基奇為人如何，他嚴肅地說：「他讀毛姆[1]。」

維根斯坦二月寫信給弗拉克：

我已經病了一陣子，約莫六週，每天都得在床上躺一段時間。我不曉得自己什麼時候再去倫敦。

如果沒機會了，我會讓你知道，你或許能找個週日來這裡看我。

他沒告訴弗拉克自己得了癌症，而且寫完信不久，他的病情便急劇惡化，不可能再去倫敦見弗拉克了。

但即使身體如此，他還是提到想去倫敦，可見和這位蓋斯醫院的前同事見面對他已經變得多麼重要。

二月底，貝文醫師認為繼續雌激素和Ｘ光治療已經沒有意義了。雖然這代表維根斯坦頂多能指望再活幾個月，對他卻是莫大的解脫。他告訴貝文夫人：「我打算像我從來沒工作過似地開始工作。」沒想到他這話竟然兌現了。在他人生的最後兩個月，維根斯坦寫出了近四百則論述，亦即現在《論確定性》的編號第三百到第六百七十六段。許多人認為，這是維根斯坦寫過最清楚易懂的論述。

這些論述延續了他先前對摩爾〈為常識辯護〉的討論，但對問題的探討比起過往深入得多，表達得也清楚扼要得多，即使怪自己缺乏專注力，也用了貼切有趣的比喻：「我現在做哲學就像老是把東西放錯地方只好又去找的老婦人，一會兒找眼鏡，一會兒找鑰匙。」儘管如此自責，他卻很有把握自己現在寫的東西是會引人興趣的。「我認為能獨立思考的哲學家會有興趣讀我的筆記，即使我只偶爾命中靶子，他也能看出我不斷瞄準的是哪個點。」

維根斯坦瞄準的是懷疑變得無意義的那個點，他認為摩爾射偏了的那個點。我們不可能懷疑一切，這不僅出於實際的理由，例如時間不夠或有更好的事情可做，還出於本質的、邏輯的理由：「無止盡的懷疑根本不是懷疑。」然而，我們不是靠著「我知道……」開頭的句子到達止盡。這類陳述唯有在「生活之流」裡才能使用，出了生活之流，它們就只顯得荒謬：

我和一名哲學家坐在院子裡，他一次次指著我們身旁的一棵樹說：「我知道那是一棵樹。」其他

1 譯註：Maugham，1874-1965。英國現代小說家。

人來了聽到他這麼說，我告訴他們：「這傢伙沒有瘋，我們只是在做哲學。」

我們其實是在實踐裡到達懷疑的止盡。「孩子學的不是書本存在、扶手椅存在，諸如此類，而是拿書、坐在扶手椅上等等。」懷疑是一種頗為特別的實踐，唯有學會了許多不抱懷疑的行為才能學會。「懷疑和不抱懷疑的行為。」先有後者才有前者。」維根斯坦的著力點在將哲學家的注意力從語詞和句子上移開，轉向我們使用語詞和句子的場合，擺在賦予語詞和句子意義的語境上⋯

輯。

我不是愈來愈接近於說「邏輯最終是不可描述的」嗎？你必須看著語言的實踐，這樣就會看見邏

維根斯坦的態度可以用《浮士德》的一句話作結：太初有為（Am Anfang war die Tat）。他讚賞地引用了這句話，因此這話或許可以作為《論確定性》的題詞，甚至當成他所有後期哲學的座右銘。

《論確定性》的最後一則論述完成於四月二十七日，維根斯坦隔天便失去了意識。前一天是他六十二歲生日，他知道這是最後一次了。貝文夫人送了一條電熱毯，跟他說：「歲歲年年！」維根斯坦瞪著她說：「不會有了。」隔天晚上，兩人從酒吧散步回來後，他病情急劇惡化，當貝文醫師告訴他只有幾天可活，他高喊：「很好！」二十八日晚上貝文夫人陪著他，跟他說他在英國的好友隔天會來。維根斯坦失去意識前跟她說：「告訴他們我過了極好的一生。」

第二天，班恩、安斯康姆、史邁瑟斯和德魯利齊聚在貝文家中，陪伴臨終的維根斯坦。康拉德神父也跟著史邁瑟斯來了，但沒有人能決定他該不該說臨終禱詞，給予維根斯坦有條件赦免（conditional absolution），直到德魯利想起維根斯坦曾說希望天主教的朋友替他禱告，事情才定了案。所有人走到維根斯坦房間，跪著聆聽康拉德唸誦祈禱文。禱告完不久，貝文醫師便宣佈維根斯坦過世了。

隔天早上，劍橋聖賈爾斯教堂為他舉行了天主教葬禮。這個決定依然來自德魯利的一段記憶。他告訴其他人：

「換成是我也會這麼做。」

我記得維根斯坦跟我說過托爾斯泰的一件事。托爾斯泰的兄長過世了，身為俄國東正教會頭號批評者的托爾斯泰差人去請教區神父過來，將兄長按照東正教儀式安葬了。「這個，」維根斯坦說：

德魯利說完，所有人都同意由神父在墓旁唸誦常見的羅馬天主教禱詞，但德魯利承：「事後我一直很困惑，不曉得我們當時那樣做對不對。」德魯利沒細講，但困惑也許來自托爾斯泰的故事真的適用於維根斯坦嗎？因為故事的重點在於，托爾斯泰本人雖不支持東正教，卻懂得尊重兄長的信仰。然而，維跟斯坦的情形正好相反。信奉天主教的是安斯康姆和史邁瑟斯，不是維根斯坦。

維根斯坦不是天主教徒，並且在許多場合（談話或寫作都有）表示自己無法信服天主教徒相信的事，更重要的是他也不持守天主教的儀式。然而，在他的葬禮上舉行宗教儀式似乎又很恰當。因為在某個非常重要卻難以解釋的意義上，他確實過了虔誠的一生。

維根斯坦過世前幾天，德魯利到劍橋看他。維根斯坦對他說：「雖然我知道自己活不了多久了，卻發現自己從來沒思考過『來世』。我所有的興趣仍然在今生和我所能寫的東西上，這不是很有趣嗎？」

不過，維根斯坦儘管沒有思考過來世，卻確實想過自己將如何受到審判。他在死前不久寫道：

上帝可能會說：「我用你自己的嘴來審判你。當你看見別人做出同樣的行為時，你自己的行為已經讓你嫌惡得發抖。」

維根斯坦尋求的「與上帝和解」不是重獲接納，回到天主教會的懷抱，而是某種道德上的嚴肅與正直，就算面對最嚴厲的法官也經得起考驗。那法官便是他自己的良心，「那常居我胸臆的上帝。」

附錄：巴特利的《維根斯坦》與加密札記

最近幾年，若論哪本書最能激起大眾對維根斯坦生平的興趣，巴特利三世（W. W. Bartley III）所寫的《維根斯坦》肯定名列其中。這本短論記述了維根斯坦「失落的歲月」，也就是他放棄哲學到奧地利鄉下教書的一九一九到一九二九年。巴特利寫這本書的主要動機似乎在強調這段時期的生活與維根斯坦哲學思考的關聯，尤其是奧地利學校改革運動（塑造了奧地利一戰過後教育政策的運動）的教育理論對維根斯坦後期哲學的影響。

然而，讀者對該書的興趣卻偏離了巴特利的主旨，幾乎完全集中在他於書的開頭對維根斯坦性向的聳動說法上。我認為他這些說法引來的好奇已不成比例，但又覺得自己有必要說點什麼。撰寫本書期間，我最常自問的問題是：「你打算拿巴特利怎麼辦？」意思是：我在書裡要如何回應巴特利三世的說法，維根斯坦愛搞同性濫交？

巴特利說了什麼？據他表示，維根斯坦在維也納接受教師訓練，自個兒住在出租屋裡時，發現附近的普拉特公園（維也納一處大公園，類似倫敦的里奇蒙公園）有一塊地方，那兒許多「粗野的年輕男子樂於滿足他的性需求。」巴特利宣稱，維根斯坦一發現這個地方……

就驚惶地察覺自己幾乎擺脫不了那裡，每週有幾天晚上，他會離開住處匆匆走到普拉特公園，照他對朋友的說法，就像被他無法控制的惡魔支配了一樣。他發現自己喜歡在普拉特公園小徑和步道上遊蕩的那些粗野直接的同性戀青年，遠勝於經常出入於凱特納街的希爾克角和附近市郊酒吧的外表更體面的年輕人（《維根斯坦》頁四〇）

巴特利在《維根斯坦》修訂版裡附上了他一九八五年寫的「後記」，澄清了關於上述段落的一個普遍誤解。看來，他並未暗示自己筆下的「粗野的年輕男人」是男娼。然而，儘管他澄清了這個誤解，卻仍堅持自己所言不假。

不過，他並未澄清自己怎麼知道真有其事，不論該書的原版或修訂版都沒有給出來源，只說消息是「維根斯坦的朋友私下透露」的。

這個段落一面世就成了熱議的焦點，引發了顯然無法解決的爭辯。許多熟識維根斯坦的朋友大為憤慨，在評論裡宣洩怒火或投書期刊痛斥巴特利的書，信誓旦旦表示他對於維根斯坦性向的說法是子虛烏有，一定是子虛烏有，因為他們認識的維根斯坦絕不會做這種事。

另一方面，許多不認識維根斯坦，但讀過他出版的書信和他朋友或學生寫的回憶文章的人，則傾向於相信巴特利。事實上，他們覺得他提供了一把切入維根斯坦受難式人格的鑰匙，有少數人（但不包括巴特利本人）甚至認為這些性接觸提供了理解維根斯坦哲學的鑰匙。例如柯林・威爾森（Colin Wilson）在《格格不入：論性的局外人》（The Misfits: A Study of Sexual Outsiders）裡探討天才和性倒錯之間的關

聯，他就表示自己讀了巴特利的書才覺得理解了維根斯坦的著作。

看來，他就表示自己讀了巴特利的書才覺得理解了維根斯坦的著作。許多人都直覺認為維根斯坦是個罪惡感深重的濫交同志，以致於傾向全盤接受巴特利的說法，因為那「符合」他們對於維根斯坦的想像，後來甚至讓維根斯坦滿懷罪疚在普拉特公園裡遊蕩，尋找「粗野直接的同性戀青年」的畫面成為他揮之不去的公眾形象。我一度確信維根斯坦是「哲學界的喬歐頓[1]」。

我想，巴特利的說法廣獲接受還有另一個理由，就是許多人覺得維根斯坦的朋友知道那是真的，卻不肯承認，尤其他的遺稿保管人。他們覺得有人在掩蓋什麼。遺稿保管人之一的安斯康姆教授更是火上加油，在一封寫給恩格曼的信裡（後來收錄於恩格曼《維根斯坦的來信和我的回憶》〔Letters from Ludwig Wittgenstein with a Memoir〕的序言中）說道：

如果按下一個按鈕就能保證世人不關心他的個人生活，我一定會按。

遺稿保管人對維根斯坦寫在哲學手稿裡的私人記事（即所謂的加密札記）的態度也幫了倒忙。維根斯坦用童年學會的簡單密碼（如 a=z, b=y, c=x 等等）留下私人記事，以便和哲學論述區隔開來。考慮到密碼如此簡單，而且主要用來指示著作如何出版，顯示維根斯坦加密不是為了對後人隱瞞，而

是比防備碰巧探頭過來或碰巧看見他桌上手稿的人。

這些札記裡較不私人的部份已經集結出版，收錄於《文化與價值》中，較私人的部份則沒有出版。

在維根斯坦手稿大全的微縮膠片裡，這些較私人的部份都用紙蓋住了。

這些做法不僅加深了世人對加密札記內容的好奇，還證實了他們認為遺稿保管人有所隱瞞的看法。

而這又助長了輿論氣氛，讓人更容易接受巴特利那原本離譜的說法。「哈！」世人想：「原來安斯康姆多年來隱瞞的就是這件事！」

面對為了賣書而扯謊的指責，巴特利反過來利用這種輿論氣氛為自己辯護。他在前述提到的「後記」裡（標題為「駁批評者」）宣稱，遺稿保管人對他的書表示憤慨只是虛張聲勢，因為他們手裡一直

……擁有維根斯坦的加密札記，那是他用很簡單的密碼親手寫的，早就被破解和謄寫出來了，裡頭的內容證實了我對他同志生活的說法。

其實不然。維根斯坦**確實**在加密札記裡提到自己的感情生活，從品生特、史金納再到班恩，前後將近三十年，因此確實「證實了」他是同性戀，但壓根沒有證實**巴特利**對維根斯坦同性癖好的說法，也就是札記裡沒有半個字提及去普拉特公園尋找「粗野的年輕男子」，也沒有任何跡象顯示維根斯坦曾有過濫交行為。閱讀這些札記倒是給人一種印象，維根斯坦連表現出一點性慾（無論對異性或同性）都憂心忡忡，完全無法做出濫交的舉動。

很少人讀過加密札記，所以能指出這點的人不多。事實上，巴特利談論加密札記的方式似乎顯示

他有的也只是二手消息，他並未讀過自己提到的消息來源。所謂加密札記**根本**不存在。維根斯坦用密碼寫成的記事並非（如巴特利所想）集中在兩冊手稿裡，而是散佈在八十冊左右的筆記中。這些筆記構成了他的文學與哲學**遺產**（Nachlast），所謂「證實」根本站不住腳。

許多人試圖駁斥巴特利，其中最常為人引用的是里斯和史東巴羅發表於《人世》（The Human World）第十四期（一九七二年二月）的兩篇文章。但在我看來，他們並未成功。就指出巴特利所言不實這點上，里斯甚至沒提出反駁。他的論點是巴特利就算沒說錯，也「不該」把這些事說出來，而史東巴羅的文章除去放話、過度嘲諷和道德憤慨之後，只剩一個相當薄弱的論證：如果維根斯坦真的幹過巴特利指控的那種事，肯定會被勒索。但巴特利在「後記」裡輕而易舉就解決了這個說法。我認為里斯和史東巴羅太強調巴特利作品的道德面，而非資料的真實性，這麼做只是遮蔽了問題，在不自覺間讓巴特利輕易脫身。

想徹底駁倒巴特利的說法只有兩種方式，不是證明他取得的資料有誤，就是證明他解讀不正確。而要做到這兩點，必須先知道他手上的資料到底為何，但巴特利堅決不肯透露。

根據書中其他地方透露的跡象，巴特利寫書時讀過維根斯坦一九一九年至二〇年的一份手稿。最顯目的線索來自第二十九頁，他引述了維根斯坦記下的一個夢境和維根斯坦自己對夢境的解釋。我覺得除非假定他讀過維根斯坦的手稿，否則難以解釋這份訊息從何而來。但若不相信維根斯坦的朋友會提供他去普拉特公園尋歡的資料給巴特利，覺得有違常理，那這些朋友會將維根斯坦自己對夢的描述交給巴特利，就更像天方夜譚了。

值得一提的是，維根斯坦確實偶爾會在加密札記裡記下和評論自己的夢境（參見本書第

585

二七六、二七九和四三六頁[2]）。而巴特利所引述的夢境，雖然比留存下來的其他記載都要詳細，卻完全符合維根斯坦當時多次展現的對佛洛伊德解夢技巧的興趣。

因此，我們很有理由相信巴特利所提到的夢境描述是真的，進而**看來**有理由相信他曾見過一份連遺稿保管人也不知其存在（甚至向他們隱瞞）的維根斯坦手稿。保管人手上沒有一九一九至二〇年的手稿，而這樣的手稿確實有可能存在。

假如這個（我承認極度是臆測的）假設為真，那這份手稿可能也是所謂「普拉特事件」的來源。我曾寫信給巴特利，直接問他是否有這樣一份手稿，他既未承認也未否定我的推想，只說透露消息來源有違信賴，而他不打算做出如此不光彩的行為。因此，我認為這個假設仍有待證偽。

撰寫本書期間，我得到遺稿保管人許可，可以毫無限制閱讀他們手裡的所有加密札記，並任意引用，而我最終引用了所有揭露維根斯坦感情、精神和性的生活的段落。誠如立頓・斯特雷奇所言，代為判斷（discretion）不是傳記的優點。我沒有隱去可能支持「維根斯坦為同性戀所苦」這一流行觀點的材料，只是我本人認為那樣的觀點過度簡化，嚴重曲解了真相。

維根斯坦在加密札記裡顯露的不安，不是源自同性戀，而是性慾本身。愛是他所珍視的，無論對男人或女人的愛，他都視之為禮物，甚至是上天的賜予。但他和魏寧格一樣，將性愛截然二分（我認為，魏寧格的《性與性格》表達了許多隱藏在維根斯坦寫作和言談舉止中的對性和愛的態度）。不論對同性或異性，他極受性慾勃發所苦惱，似乎覺得這不見容於自己想成為的那種人。

加密札記還顯露了維根斯坦的感情與性生活往往只發生在他自己的想像裡，比例高得出奇。這在

凱斯‧柯爾克身上尤其明顯（維根斯坦曾短暫迷戀過他，並因此認為自己「不忠」於法蘭西斯，參見第四二六至四二八頁），但在維根斯坦幾乎所有的親密關係裡也很明顯。他對一段感情的認定往往和對方的認知無關。如果沒見過柯爾克，我可能因為讀了加密札記而幾乎肯定他和維根斯坦有點「事」。但在見過柯爾克之後，我敢說就算有什麼「事」，也只發生在維根斯坦心裡。

對於巴特利的說法，容我對自己的揣想再做最後一擊：我相信他的訊息來自一份寫於一九一九至二〇年的手稿裡的加密札記，但他太過草率地從中推斷維根斯坦曾經性濫交。以下這一點和我們從別處所認識的維根斯坦完全一致，但他覺得自己在普拉特公園見到的「粗野的同性戀青年」非常迷人，一次次回到能見到他們的地點，並在筆記以日記寫下了自己的入迷。但另一點也和我們認識的維根斯坦完全一致：那些青年完全不曉得他的入迷，甚至渾然不知他的存在。說維根斯坦和街頭少年「性濫交」，就好比說他迷戀柯爾克是對法蘭西斯「不忠」。

in this chapter, are given as they were told to me by Mrs Bevan in a series of conversations I had with her during 1985-7.

p. 576 'He was very demanding': extract from a written statement of her memories of Wittgenstein by Mrs Bevan.

p. 577 'I have been ill': LW to RF, 1.2.51.

p. 578 'I do philosophy': *On Certainty*, p. 532.

p. 578 'I believe': ibid., p. 387.

p. 578 'A doubt without an end': ibid., p. 625.

p. 578 'I am sitting': ibid., p. 467.

p. 578 'Doubting and non-doubting': ibid., p. 354.

p. 579 'Am I not': ibid., p. so1. p. 579 I remember': *Recollections*, p. 171.

p. 580 'Isn't it curious': ibid., p. 169.

p. 580 'God may say to me': *Culture and Value*, p. 87.

p. 558 'Just before the meeting': quoted in McHale, op. cit., pp. 79-80.

p. 559 'I don't want to die in America': Malcolm, op. cit., p. 77.

p. 559 'I am sorry that my life should be prolonged': LW to RR, 4. 12.49.

p. 559 'My health is very bad': LW to Helene, 28. 11.49; quoted in Nedo, op. cit., p. 337.

p. 560 'This is of the greatest importance': LW to NM, 11.12.49.

p. 560 'ARRIVED': LW to GHvW, 26. 12.49.

p. 560 'I haven't been to a concert': LW to GHVW, 19.1. 50.

p. 560 'I'm very happy': LW to Dr Bevan, 7.2. 50.

p. 561 'Colours spur us to philosophise': *Culture and Value*, p. 66.

p. 561 'It's partly boring': LW to GHvW, 19. 1. 50.

p. 561 'I may find': *Culture and Value*, p. 79.

p. 562 'As I mean it': On Colour, II, p. 3.

p. 562 'If someone didn't find': ibid., p. 10.

p. 562 'Phenomenological analysis': ibid., p. 16.

p. 562 'We had expected her end': LW to GHVW, 12.2. 50.

p. 562 'Wittgenstein, who took a long time': Paul Feyerabend, *Science in a Free Society*, p. 109.

p. 563 'everything descriptive': *On Certainty*, p. 56.

p. 563 'If "I know etc."': ibid., p. 58.

p. 564 'If language': *Philosophical Investigations*, I, 242.

p. 564 'woeful': see MS 173, 24.3.50.

p. 564 'I don't think I can give formal lectures': LW to NM, 5.4.50.

p. 565 'The thought': LW to NM, 17.4.50.

p. 566 'in my present state': LW to NM, 12.1.51.

p. 566 'I'm doing some work': LW to NM, 17.4. 50.

p. 566 'That which I am writing about': *On Colour*, III, p. 295.

p. 566 'One and the same': ibid', p. 213.

p. 566 'Imagine someone': ibid., p. 263.

p. 567 'In the late spring': K. E. Tranøj, 'Wittgenstein in Cambridge, 1949-51', *Acta Philosophica Fennica*, XXVII, 1976; quoted in Nedo, op. cit., p. 335.

p. 567 'I like to stay': LW to NM, 17.4.50.

p. 567 'The house isn't very noisy': LW to GHvW, 28.4.50.

p. 567 'Pink wants to sit on six stools': quoted by Barry Pink in conversation with the author (he was perfectly sure that 'arse' was the word Wittgenstein used).

p. 568 'Certainly not!': quoted by Barry Pink in conversation with the author.

p. 568 'It is remarkable': *Culture and Value*, p. 48.

p. 568 'Shakespeare's similes': ibid., p. 49.

p. 568 'I believe': ibid., p. 85.

p. 569 'I could only stare': ibid., p. 84-5.

p. 570 'If Moore were to pronounce': *On Certainty*, p. 155.

p. 570 'For months I have lived': ibid., pp. 70–71.

p. 570 'I could imagine': ibid., p. 264.

p. 571 'Everything that I have seen': ibid., p. 94.

p. 571 'The river-bed': ibid., p 97.

p. 571 'I believe': ibid., p. 239.

p. 572 'I have a world picture': ibid., p. 162.

p. 572 'Perhaps one could': *Culture and Value*, p. 85.

p. 572 'Life can educate one': ibid. p. 86.

p. 572 'The attitude that's in question': ibid., p. 85.

p. 573 'He wanted': Father Conrad to the author, 30.8.86.

p. 574 'we enjoyed our stay': LW to GHvW, 29.1.51.

二十七、爐頭
STOREYS END

p. 576 'I can't even *think* of work': LW to NM, undated.

p. 576 'How lucky': this, and all other remarks of Wittgenstein's to Mrs Bevan quoted

p. 539 'some sort of infection': LW to NM, 28. 1.49.

p. 539 'Drury, I think': MS 138, 29. 1.49.

p. 539 'great weakness and pain': MS 138, 11.2.49.

p. 539 ' [They] contain many excellent things': *Culture and Value*, p. 27.4

p. 540 'for otherwise': MS 138, 2.3.49.

p. 540 'Nice time': MS 138, 15.3.49.

p. 540 'Often it is as though my soul were dead': MS 138, 17.3.49. 4

p. 540 'Of course it was rejected': Recollections, p. 161.

p. 540 'If Christianity is the truth': *Culture and Value*, p. 83.

p. 540 'I can't understand the Fourth Gospel': *Recollections*, p. 164.

p. 541 "The spring which flows gently': *Culture and Value*, p. 30. 4

p. 541 'It is one and the same': *Recollections*, p. 165.

p. 541 'If it is a good and godly picture': *Culture and Value*, p. 32.

p. 541 'Suppose someone were taught': ibid., p. 81.

p. 542 'What happens': LW to NM, 18.2.49.

p. 542 'While I was in Vienna': LW to NM, 17.5.49.

p. 543 'It is so characteristic': *Recollections*, p. 163.

p. 543 'has something to say': ibid., p. 159.

p. 543 'Now that is all I want': ibid., p. 168.

p. 544 'There is one thing that I'm afraid of': LW to GHvW, 1.6. 49.

p. 545 'You have said something': LW to GEM, Oct. 1944.

p. 546 'Don't regard': *Philosophical Investigations*, II, p. 192.

p. 546 'But surely': ibid., p. 190.

p. 547 'We can imagine': ibid., p. 188.

p. 548 'Drury, just look at the expression': *Recollections*, p. 126.

p. 548 'If I see someone': *Philosophical Investigations*, II, p. 223.

p. 548 'It is important': *Culture and Value*, p. 74.

p. 548 'If a lion could talk': *Philosophical Investigations*, II, p. 223.

p. 548 'Is there such a thing': ibid., p. 227.

p. 549 'It was said by many people': Dostoevsky, *The Brothers Karamazov*, p. 30.

p. 549 'Yes, there really have been people like that': *Recollections*, p. 108.

p. 549 'The confusion and barrenness': *Philosophical Investigations*, II, p. 232.

二十六、無所歸屬的公民
A CITIZEN OF NO COMMUNITY

p. 552 'My mind is tired & stale': LW to NM, 1.4.49.

p. 552 'I know you'd extend your hospitality': LW to NM, 4.6.49.

p. 552 'My anaemia': LW to NM, 7.7.49.

p. 552 'Ordinarily': Stuart Brown; quoted in McHale, op. cit., p. 78.

p. 553 'particularly because': LW to RF, 28.7.49.

p. 553 'probably the most philosophically strenuous': quoted ibid., p. 80.

p. 554 'But then, he added': Bouwsma's notes of his conversations with Wittgenstein have now been published; see *Wittgenstein Conversations* 1949-1951, p. 9.

p. 554 'I am a very vain person': ibid.

p. 555 'If I had planned it': ibid., p. 12.

p. 556 'I can prove now': Moore, 'Proof of an External World', *Philosophical Papers*, p. 146.

p. 556 'To understand a sentence': Malcolm, op. cit., p. 73.

p. 557 'Instead of saying': ibid., p. 72.

p. 557 'When the sceptical philosophers': ibid., p. 73.

p. 557 'Scepticism is *not* irrefutable': *Tractatus*, 6.51.

p. 557 'Certain propositions': Malcolm, op. cit., p. 74.

p. 558 'If I walked over to that tree': ibid., p. 71.

p. 522 'I am in very good bodily health': LW to RR, 5.2.48.

p. 522 'My work's going moderately well': LW to NM, 4.1.48.

p. 522 'Feel unwell': MS 137, 3.2.48.

p. 523 'occasionally queer states': LW to NM, 5.2.48.

p. 523 'My nerves, I'm afraid': LW to RR, 5.2.48.

p. 523 'I often believe': LW to GHvW, 17.3.48.

p. 523 'They are very quiet': LW to GHVW, 22.12.47.

p. 523 'As soon as he had arrived': *Recollections*, pp. 154–s.

p. 524 'I often thought of you': LW to RR, 15.4.48.

p. 525 'quite nice': LW to NM, 5.6.48.

p. 525 'the man upon whom': MS 137, 17.7.48; quoted in Nedo, op. cit., p. 326.

p. 526 'Tinned food': story told to the author by Thomas Mulkerrins.

p. 526 'I thought you had company': ibid.

p. 526 'Nearly all my writings': *Culture and Value*, p. 77.

p. 527 'I've had a bad time': LW to NM, 30.4.48.

p. 528 'it's undoubtedly a great blessing': LW to Lee Malcolm, 5.6.48.

p. 528 'For though as you know': LW to NM, 4.6.48.

p. 528 'As I recall': see footnote to above letter.

p. 529 Davis wrote to Raymond Chandler: see Frank MacShane, ed., *Selected Letters of Raymond Chandler* (Cape, 1981), p. 167.

p. 529 'All this was very boring': Norbert Davis, *Rendezvous with Fear*, p. 9.

p. 529 'Is he hurt?': ibid., p. 86.

p. 529 'Humour is not a mood': *Culture and Value*, p. 78.

p. 530 'So how do we explain': ibid., p. 70.

p. 531 'What would a person be lacking?': *Remarks on the Philosophy of Psychology*, II, p. 508.

p. 532 'What is lacking': ibid., pp. 464-8.

p. 532 'What is it like': *Culture and Value*, p. 83.

p. 533 'What is incomprehensible': *Remarks on the Philosophy of Psychology*, II, p. 474.

p. 533 'leaves everything as it is': *Philosophical Investigations*, I, 124.

p. 533 'Tradition is not something a man can learn': *Culture and Value*, p. 76.

p. 534 'I get tired': LW to GHvW, 26. 5.48.

p. 534 'too soft, too weak': *Culture and Value*, p. 72.

p. 534 'Don't let the grief vex you!': '*Lass dich die Trauer nicht verdriessen! Du solltest sie ins Herz einlassen und auch den Wahnsinn nicht fürchten! Er kommt vielleicht als Freund und nicht als Feind zu dir und nur dein Wehren ist das Übel. Lass die Trauer ins Herz ein, verschliess ihr nicht die Tür. Draussen vor der Tür im Verstand stehend ist sie furchtbar, aber im Herzen ist sie's nicht*': MS 137, 29.6.48.

p. 534 'Think a great deal': MS 137, 11.7.48.

p. 534 'But I have decided to try': MS 137, 17.7.48.

p. 535 'When I look at the faces': *Recollections*, p. 166.

p. 536 'I'm anxious to make hay': LW to NM, 6.11.48.

p. 536 'Just wait a minute': *Recollections*, p. 156.

p. 536 'I hear the words': *Last Writings*, I, p. 47.

p. 536 'Hegel seems to me': *Recollections*, p. 157.

p. 537 'hasn't the necessary multiplicity': ibid., p. 160.

p. 537 'Now you try': ibid., p. 159.

p. 537 "Denken ist schwer": *Culture and Value*, p. 74.

p. 537 'It is impossible for me': *Recollections*, p. 160.

p. 538 'We say that someone has the "eyes of a painter"': *Last Writings*, I, p. 782.

p. 538 'We say that someone doesn't have a musical ear': ibid., p. 783; cf. *Philosophical Investigations*, II, xi, p. 214.

p. 538 'I would like it': *Recollections*, p. 160.

p. 538 'I think he felt': ibid., p. 97.

kommen kann?': MS 134, 13.4.47.

p. 507 'My lectures are going well': *'Meine Vorlesungen gehen gut, sie werden nie besser gehen. Aber welche Wirkung lassen sie zurück? Helfe ich irgendjemand? Gewiss nicht mehr, als wenn ich ein grosser Schauspieler wäre, der ihnen Tragödien vorspielt. Was sie lernen, ist nicht wert gelernt zu werden; und der persönliche Eindruck nützt ihnen nichts. Das gilt für Alle, mit vielleicht einer, oder zwei Ausnahmen'*: MS 133, 19.11.46,

p. 507 'Suppose I show it to a child': notes taken by P. T. Geach; see *Wittgenstein's Lectures on Philosophical Psychology*, p. 104 (but sec also reference for p. s00).

p. 508 'It would have made': *Philosophical Investigations*, II, p. 195.

p. 509 'In the German language': Wolfgang Köhler, *Gestalt Psychology*, p. 148.

p. 510 'Here where': Goethe, Italian Journey, pp. 258-9.

p. 510 'The Urpflanze' ibid., p. 310. p. 511'Two uses': *Philosophical Investigations*, II, p. 193.

p. 511 'I explained to him': quoted Heller, op. cit., p. 6.

p. 512 'Well, so much the better': ibid.

p. 513 'When I tell the reader': Köhler, op. cit., p. 153.

p. 513 'Now Köhler said': see *Wittgenstein's Lectures on Philosophical Psychology*, pp. 329-30. M

p. 514 'It makes no sense to ask': see ibid., p. 104.

p. 514 'Now you try': *Recollections*, p. 159.

p. 514 'The expression of a change': *Philosophical Investigations*, II, pp. 196-7.

p. 515 'Köhler says': *Remarks on the Philosophy of Psychology*, I, p. 982.

p. 516 'A philosopher says' *Culture and Value*, p. 61.

p. 516 'In this country': *Für Leute wie mich liegt in diesem Lande nichts näher als Menschenhass. Gerade dass man sich in*

all dieser Solidität auch keine Revolution denken kann macht die Lage noch viel hoffnungsloser. Es ist als hätte diese ganze grenzenlose Öde "come to stay". Es ist als könnte man von diesem Land sagen, es habe ein nasskaltes geistiges Klima': MS 134, 13.4.47.

p. 516 'Cambridge grows more and more hateful': *Cambridge wird mir mehr und mehr verhasst. The disintegrating and putrefying English civilization. Ein Land, in dem die Politik zwischen einem bösen Zweck und keinem Zweck schwankt'*: MS 134, 23.4.47.

p. 516 '[I] feel myself to be an alien': *'fühle mich fremd //als Fremdling// in der Welt, Wenn dich kein Band an Menschen und kein Band an Gott bindet, so bist du ein Fremdling'*: MS 135, 28.7.47.

p. 517 'I wouldn't be altogether surprised': *Recollections*, p. 152.

p. 517 'This is an excellent book': ibid.

p. 517 '...go somewhere': LW to GHvW, 27.8.47.

p. 518 'he was reacting': quoted by John Moran, op. cit., p. 92.

p. 518 'It's mostly bad': LW to GHvW, 6.11.47.

二十五、愛爾蘭
IRELAND

p. 520 'cold and uncomfortable': LW to RR, 9.12.47.

p. 520 'Sometimes my ideas': *Recollections*, pp. 153-4.

p. 521 'the prospect of becoming English': LW to GHvW, 22.12.47.

p. 521 'Cambridge is a dangerous place': LW to GHvW, 23.2.48.

p. 521 'There is nothing like the Welsh coast': LW to RR, 5.2.48.

p. 521 'The country here': LW to Helene, 10.1.48; quoted in Nedo, op. cit., p. 326.

p. 522 'In a letter': *Culture and Value*, pp. 65–6.

p. 522 'Heaven knows if I'll ever publish': LW to GHvW, 22.12.47.

ihr zu erhalten wäre, lebendig, nicht gepresst in einem Buch als Andenken, weiss ich auch nicht Verhältnis mit dieser Aussicht weiterzunähren . Ich weiss nicht, ob und wie ich es aushalten werde, dies Wenn ich mir vorstelle, dass ich es abgebrochen hätte, so fürchte ich mich vor der Einsamkeit': MS 133, 25.10.46.

p. 504　'love is a joy': '*Die Liebe ist ein Glück. Vielleicht ein Glück mit In der Liebe muss ich sicher ruhen können. – Aber kannst du ein warmes Herz zurückweisen; Ist es ein Herz, das warm für mich schlägt; – I'll rather do anything than to hurt 0moi the soul of friendship. - I must know: he won't hurt our friendship. Der Mensch kann aus seiner Haut nicht heraus. Ich kann nicht eine Schmerzen, aber ein Glück . Forderung, die tief in mir, meinem ganzen Leben verankert, liegt, aufgeben. Denn die Liebe ist mit der Natur verbunden; und würde ich unnatürlich, so würde // müsste / die Liebe aufhören. – Kann ich sagen: "Ich werde vernünftig sein, und das nicht mehr verlangen."? sagen: Lass ihn gewähren, – es wird einmal anders werden. – Die Liebe, die ist die Perle von grossem Wert, die man am Herzen hält für die man nichts eintauschen will, die man als das wertvollste schätzt. Sie zeigt einem überhaupt – wenn man sie hat was es - was grosser Wert ist. Man lernt, was es heisst: ein Edelmetall von allen andern aussondern ... Das Furchtbare ist die Ungewissheit. ..."Auf Gott vertrauen"... Von da, wo ich bin, zum Gottvertrauen ist ein weiter Weg. Freudevolle Hoffnung und Furcht sind einander verschwistert. Ich kann die eine nicht haben ohne dass sie an die andre grenzt*': MS 133, 26.10. 46.

p. 505　'Trust in God': ibid.

p. 505　'Ask yourself these questions: '*Frag dich diese Frage: Wenn du stirbst, wer wird dir nachtrauern; und wie tief wird die Trauer sein? Wer trauert um F; wie tief trauere ich um ihn, der mehr Grund zur*

Trauer hat als irgend jemand? Hat er nicht verdient, dass jemand sein ganzes Leben lang um ihn trauert? Wenn jemand so er. Da möchte man sagen: Gott wird ihn aufheben und ihm geben, was ein schlechter Mensch ihm versagt': MS 133, 10.11.46.

p. 506　'The fundamental insecurity': MS 133, 12.11.46.

p. 506　'Don't be too cowardly': MS 133, 15.11.46.

p. 506　'Can you not cheer up': '*Kannst du nicht auch ohne seine Liebe fröhlich sein? Musst du ohne diese Liebe in Gram versinken? Kannst du ohne diese Stütze nicht leben? Denn das ist die Frage: kannst du nicht aufrecht gehn, ohne dich auf diesen Stab zu lehnen? Oder kannst du dich nur nicht entschliessen ihn aufzugeben? Oder ist es beides? – Du darfst nicht immer Briefe erwarten, die nicht kommen ...Es ist nicht Liebe, was mich zu dieser Stütze zieht, sondern, dass ich auf meinen zwei Beinen allein nicht sicher stehen kann*': MS 133, 27.11.46.

p. 506　'Some men': '*Mancher Mensch ist im ganzen Leben krank und kennt nur das Glück, das der fühlt, der nach langen heftigen Schmerzen ein paar schmerzlose Stunden hat. (Es ist ein seeliges Aufatmen.)*': MS 133, 23.11.46.

p. 506　'Is it so unheard of': '*Ist es so unerhört, dass ein Mensch leidet, dass z.B. ein ältlicher Mensch müde und einsam ist, ja selbst, dass er halb verrückt wird?*': MS 133, 2.12.46.

p. 506　'Only nothing theatrical': MS 133, 12.2.46.

p. 506　'The belief in a benevolent father': MS 134, 4.4.47.

p. 506　'What good does all my talent do me': '*Wozu dient mir all meine Geschicklichkeit, wenn ich im Herzen unglücklich bin? Was hilft es mir, philosophische Probleme zu lösen, wenn ich mit der Hauptsache nicht ins Reine*

122-3.

p. 495 'veneration for Wittgenstein': Ryle in Wood & Pitcher, op. cit., p. 11.

p. 496 'As little philosophy as I have read': MS 135, 27.7.47.

p. 496 'Practically every philosopher': Mary Warnock, diary, 14.5.47. I am very grateful to Lady Warnock, and to Oscar Wood and Sir Isaiah Berlin for their recollections of this meeting. The part of the exchange between Wittgenstein and Pritchard that is quoted comes from *A Wittgenstein Workbook*, p. 6.

p. 497 'For years': Anscombe, Metaphysics and the Philosophy of Mind, Pp. vii–ix.

p. 498 'This man': quoted by Professor Anscombe in conversation with the author.

p. 498 'very unnerving': Iris Murdoch, quoted by Ved Mehta in *The Fly and the Fly Bottle*, p. 55.

p. 498 'More able than Ramsey?': story told to me by Rush Rhees.

p. 499 'were far from the centre': Kreisel, 'Wittgenstein's *"Remarks on the Foundations of Mathematics"* ', *British Journal for the Philosophy of Science*, IX (1958), pp. 135–58.

p. 499 'tense and often incoherent': Kreisel, 'Critical Notice: *"Lectures on the Foundations of Mathematics"*', in *Ludwig Wittgenstein: Critical Assessments*, pp. 98–110.

p. 499 'Wittgenstein's views on mathematical logic': Kreisel, British *Journal for the Philosophy of Science*, op. cit., pp. 143–4.

p. 499 'As an introduction': Kreisel, 'Wittgenstein's Theory and Practice of Philosophy', *British Journal for the Philosophy of Science*, XI (1960), Pp. 238-52.

p. 500 'These lectures are on the philosophy of psychology': from the notes taken by A. C. Jackson. These notes (together with those of the same lectures taken by P. T. Geach and K. J. Shah) have now been published as *Wittgenstein's Lectures on Philosophical Psychology: 1946–7*, but at the time of writing this I was dependent on privately circulated copies. There may be some slight variations between the notes as I give them and as they have been published.

p. 501 'Now let us go back to last day': ibid.

p. 501 'What I give is the morphology': Malcolm, op. cit., p. 43.

p. 502 'arose from the fact': Gasking and Jackson, 'Wittgenstein as a Teacher', Fann, op. cit., pp. 49-55.

p. 502 'I am showing my pupils': *Culture and Value*, p. 56.

p. 502 'In teaching you philosophy': Gasking and Jackson, op. cit., p. 51.

p. 503 'I still keep getting entangled': *Culture and Value*, p. 65.

p. 503 'Starting at the beginning': Malcolm, op. cit., p. 44.

p. 503 'All is happiness': '*Alles ist Glück. Ich könnte jetzt so nicht schreiben, wenn ich nicht die letzten 2 Wochen mit B. verbracht hätte. Und ich hätte sie nicht so verbringen können, wenn Krankheit oder irgend ein Unfall dazwischen gekommen wäre*': MS 132, 8.10.46.

p. 504 'In love': '*Ich bin in der Liebe zu wenig gläubig und zu wenig mutig . ich bin leicht verletzt und fürchte mich davor, verletzt zu werden, und sich in dieser Weise selbst schonen ist der Tod aller Liebe. Zur wirklichen Liebe braucht es Mut. Das heisst aber doch, man muss auch den Mut haben, abzubrechen, und zu entsagen, also den Mut eine Todeswunde zu ertragen. Ich aber kann nur hoffen, dass mir das Fürchterlichste erspart bleibt*': MS 132, 22. 10.46.

p. 504 'I do not have the courage': '*Ich habe nicht den Mut und nicht die Kraft und Klarheit den Tatsachen meines Lebens gerade ins Gesicht zu schauen. – B. hat zu mir eine Vor-Liebe. Etwas, was nicht halten kann. Wie diese verwelken wird, weiss ich natürlich nicht. Wie etwas von*

Edwards, op. cit., p. 408. Wittgenstein's reaction was told to me by Rush Rhees.

p. 482 'enjoying my absence from Cambridge': LW to NM, 8.9.45.

p. 482 'My book is gradually': LW to NM, 20.9.45.

p. 484 'It is not without reluctance': *Culture and Value*, p. 66.

p. 484 'They mean to do it': see Britton, op. cit., p. 62.

p. 485 'The hysterical fear': *Culture and Value*, p. 49.

p. 485 'The truly apocalyptic view': ibid., p. 56.

p. 485 'Science and industry': ibid., p. 63.

p. 486 'My type of thinking': quoted Drury, *Recollections*, p. 160.

p. 486 'In fact, nothing is more conservative'; quoted Rhees, *Recollections*, p. 202.

p. 486 'I find more and more'; see *Recollections*, pp. 207–8.

p. 487 'I'll talk about anything': told to the author by Rush Rhees.

p. 487 'One day in July': Britton, op. cit., p. 62.

p. 488 'the disintegrating and putrefying English civilization': MS 134; quoted in Nedo, op. cit., p. 321.

二十四、面相轉變
A CHANGE OF ASPECT

p. 489 'cheaply wrapped': *Culture and Value*, p. so.

p. 490 'I am by no means sure': ibid., p. 61.

p. 490 'Wisdom is cold': ibid., p. 56.

p. 490 "Wisdom is grey": ibid., p. 62.

p. 490 'I believe': ibid., p. 53.

p. 491 'it's as though my knees were stiff': ibid., p. 56.

p. 491 'I am very sad': '*Ich bin sehr traurig, sehr oft traurig. Ich fühle mich so, als sei das jetzt das Ende meines Lebens...Das eine, was die Liebe zu B. für mich getan hat ist: sie hat die übrigen kleinlichen Sorgen meine Stellung und Arbeit betreffend in den Hintergrund gejagt*": MS 130, P.

144, 8.8.46.

p. 491 'just as a boy': MS 131, 12.8.46.

p. 491 'I feel as though': MS 131, 14.8.46.

p. 492 'It is the mark of a true love': MS 131, 14.8.46; quoted in Nedo, op. cit., p. 325.

p. 492 'I feel that my mental health': '*Ich fühle, meine geistige Gesundheit hängt an einem dünnen Faden, Es ist natürlich die Sorge und Angst wegen B., die mich so abgenützt hat. Und doch könnte auch das nicht geschehen, wenn ich nicht eben leicht entzündbar wäre, "highly inflammable*"': MS 131, 18.8.46.

p. 492 'Were they stupid': MS 131, 20,8.46; *Culture and Value*, p. 49.

p. 492 'if a light shines on it': *Culture and Value*, pp. 57–8.

p. 492 '"For our desires shield us"': '"*Denn die Wünsche verhüllen uns selbst das Gewünschte. Die Gaben kommen herunter in ihren eignen Gestalten etc.*" *Das sage ich mir wenn ich die Liebe B's empfange. Denn dass sie das grosse, seltene Geschenk ist, weiss ich wohl; dass sie ein seltener Edelstein ist, weiss ich wohl, – und auch, dass sie nicht ganz von der Art ist, von der ich geträumt hatte*': MS 132, 29.9.46. 11

p. 493 'Everything about the place': '*Alles an dem Ort stösst mich ab. Das Steife, Künstliche, Selbstgefällige der Leute. Die Universitätsatmosphäre ist mir ekelhaft*': MS 132, 30.9.46.

p. 493 'What I miss most': LW to RF, 9. 11.46.

p. 493 'So when you'll come back': LW to RF, Aug. 1946.

p. 493 'Sorry you don't get post': LW to RF, 7.10.46.

p. 493 'Why in hell': LW to RF, 21.10.46. p. 494 I'm feeling far better': LW to RF, 9. 11.46.

p. 494 'I'm thinking every day': LW to RF, 21.10.46.

p. 495 'Not to threaten visiting lecturers': Popper's account is given in *Unended Quest: An Intellectual Autobiography*, pp.

24.3.44.

p. 462 'It seems to me': LW to RH, 20.4.44.

p. 463 'I wish you *luck*': LW to RH, 8.6.44.

p. 463 'Yes I do': quoted by Rush Rhees in conversation with the author.

p. 464 'If someone tells me': quoted in Drury, *Recollections*, p. 88.

p. 464 'An honest religious thinker': *Culture and Value*, p. 73.

p. 464 'A miracle is, as it were': ibid., p. 45.

p. 464 'I am not a religious man': *Recollections*, p. 79.

p. 464 'Isn't she an angel': quoted by Mrs Clement in conversation with the author.

p. 466 'Wittgenstein's chief contribution': quoted by Rush Rhees in conversation with the author. (Rhees had no doubt that his memory was correct, but it must be pointed out that Professor John Wisdom had, when I asked him, no recollection of the episode.)

p. 466 'What about your work on mathematics?': quoted by Rush Rhees in conversation with the author.

p. 467 'I want to call': MS 169, p. 37.

p. 469 'The application of the concept': *Remarks on the Foundations of T Mathematics*, VI, p. 21.

p. 469 'I may give a new rule': ibid., p. 32.

p. 470 'I'll probably take on a war-job': LW to RH, 3.8.44.

p. 470 'What I'll do': LW to RH, 3.9.44.

二十三、這個時代的黑暗
THE DARKNESS OF THIS TIME

p. 471 'Russell's books': quoted in *Recollections*, p. 112.

p. 472 'Russell isn't going to kill himself': see *Malcolm*, op. cit., p. 57.

p. 472 'The earlier Wittgenstein': Russell, *My Philosophical Development*, p. 161.

p. 472 'I've seen Russell': LW to RR, 17.10.44.

p. 472 'It is not an altogether pleasant experience': Russell, op. cit., p. 159.

p. 473 'Moore is as nice as always': LW to RR, 17.10.44.

p. 473 'I fear': LW to GEM, 7.3.41; see *Briefe*, p. 254.

p. 474 'He did not realise': quoted in Sister Mary Elwyn McHale, op. cit., p. 77.

p. 474 'with his great love for truth': Malcolm, op. cit., p. 56.

p. 474 'Thinking is sometimes easy': LW to RR, 17.10.44.

p. 474 'I then thought': LW to NM, 16.11.44.

p. 475 'We sat in silence': Malcolm, op. cit., p. 36.

p. 475 'Had I had it before': LW to NM, 22.5.45.

p. 476 'This war': LW to RH, dated only 'Thursday', but probably autumn 1944.

p. 476 'I'm sorry to hear': LW to RR, 28.11.44.

p. 476 'you were right': ibid.

p. 477 'How does the philosophical problem': *Philosophical Investigations*, I, 308.

p. 478 'The "Self of selves"': William James, *Principles of Psychology*, I, 301.

p. 478 'not the meaning of the word': *Philosophical Investigations*, I, 410.

p. 478 'I always enjoy reading anything of William James': *Recollections*, p. 106.

p. 479 'The Term's over': LW to RR, 13.6.45.

p. 479 'going damn slowly': LW to NM, 26.6.45.

p. 479 'I might publish by Christmas': LW to NM, 17.8.45.

p. 480 'The last 6 months': LW to RH, 14.5.45.

p. 480 'this peace is only a truce': LW to NM, undated.

p. 480 'lots of luck': LW to RH, 8.9.45.

p. 480 'self-righteousness in international affairs': quoted in Ruth Dudley Edwards, *Victor Gollancz: A Biography*, p. 406.

p. 481 'glad to see that someone': LW to Victor Gollancz, 4.9.4s; reproduced in full, ibid., pp. 406–7.

p. 482 'Polemic, or the art of throwing eggs': *Recollections*, p. 203.

p. 482 'L. Wiltgenstein, Esq.': quoted in

p. 442　'My unhappiness is so complex': *Mein Unglück ist so komplex, dass es schwer zu beschreiben ist. Aber wahrscheinlich ist doch Vereinsamung die Hauptsache*: MS 125, 26. 5.42.

p. 442　'For ten days': *Höre seit 10 Tagen nichts mehr von K, obwohl ich ihn vor einer Woche um dringende Nachricht gebeten habe. Ich denke, dass er vielleicht mit mir gebrochen hat. Ein tragischer Gedanke!*: MS 125, 27.5.42.

p. 443　'I have suffered much': *Ich habe viel gelitten, aber ich bin scheinbar unfähig aus meinem Leben zu lernen. Ich leide noch immer so wie vor vielen Jahren. Ich bin nicht stärker und nicht weiser geworden*: ibid.

p. 444　'He could be cheerful': *Recollections*, p. 24.

p. 444　'I'm sorry to hear': LW to RF, 8.6.49.

p. 444　'I wonder': LW to RF, 15.12.50.

p. 444　'I'm glad to hear': LW to RF, 1.2.51

p. 445　'Recent experience': Dr R. T. Grant, 'Memorandum on the Observations Required in Cases of Wound Shock', MRC Archives.

p. 446　'In my way of doing philosophy': MS 213 (The 'Big Typescript'), p. 421.

p. 446　'Quite a lot of the preamble': Colonel Whitby to Dr Landsborough Thomson, 5.7.41, MRC Archives.

p. 447　'Professor Ludwig Wittgenstein': Dr Grant to Dr Herrald, 30.4.43, MRC Archives.

p. 448　'He is proving very useful': Dr Grant to Dr Herrald, 1.6.43.

p. 448　'I *imagine*': LW to RH, 17.3.43.

p. 448　'On each of these': *Lectures and Conversations*, p. 45.

p. 449　'points to the sort of explanation' ibid., p. 47.

p. 449　'Freud very commonly': ibid. p. 449 'Obviously': ibid., p. 48.

p. 449　There was a vacant room': Miss Helen Andrews to the author, 12.11.85.

p. 450　'You think philosophy is difficult':

p. 451　'You do *decent* work': quoted by Dr Basil Reeve in conversation with the author.

p. 452　'In practice': introduction to *Observations on the General Effects of Injury in Man* (HMSO, 1951).

p. 452　'[It] threw grave doubt': *Medical Research in War*, Report of the MRC for the years 1939-45, P. 53.

p. 453　'After the end': *Recollections*, p. 147.

p. 454　'Why in the world': quoted in Drury, *Recollections*, p. 148.

p. 454　'It is obvious to me': quoted ibid., p. 147.

p. 454　'I haven't heard from Smythies': LW to NM, 11.9.43.

p. 454　'I am feeling lonely': LW to NM, 7.12.43.

p. 455　'I too regret': LW to NM, 11.9.43.

p. 456　'Wittgenstein has agreed': Dr Grant to Dr Landsborough Thomson.

p. 456　'He was reserved': Dr E. G. Bywaters to the author, 9. I1.85.

p. 457　'Professor Wittgenstein has been doing': Bywaters to Cuthbertson. 13.12.43. 8.2.44.

p. 457　'Professor Wittgenstein left us today': Bywaters to Herrald, 16.2.44.

二十二、斯旺西
SWANSEA

p. 458　'I don't know if you remember Rhees': NM to LW, 7.12.43.

p. 458　'If, e.g., I leave here': LW to RR, 9.2.44.

p. 459　'The weather's foul': LW to NM, 15.12.45.

p. 459　'his remedies would be all too drastic': *Recollections*, p. 32.

p. 460　'I hadn't a good impression': LW to RH, 17.3.44.

p. 460　'If it ever happens': *Recollections*, p. 149.

p. 461　'is that you can read it': LW to NM, 24. I1.42.

p. 461　'I think you must stop creeping': LW to RH, 17.3.44.

p. 461　'I wish I knew more': LW to RH,

an Francis, aber immer nur mit Reue wegen meiner Lieblosigkeit; nicht mit Dankbarkeit. Sein Leben und Tod scheint mich nur anzuklagen, denn ich war in den letzten 2 Jahren seines Lebens sehr oft lieblos und im Herzen untreu gegen ihn. Wäre er nicht so unendlich sanftmütig und treu gewesen, so wäre ich gänzlich lieblos gegen ihn geworden . . . Keit(h?) sehe ich oft, und was das eigentlich heisst, weiss ich nicht. Verdiente Enttäuschung, Bangen, Sorge, Unfähigkeit mich in eine Lebensweise niederzulassen': MS 125, 28.12.41.

p. 428 'Think a great deal about the last time I was with Francis': 'Denke viel an die letzte Zeit mit Francis: an meine Abscheulichkeit mit ihm Ich kann nicht sehen, wie ich je im Leben von dieser Schuld befreit werden kann': MS 137, 11.7.48.

二十一、戰時工作
WAR WORK

p. 431 'He is one of the world's famousest philosophers': John Ryle, letter to Miriam Ryle, 29.9.41.

p. 432 'Good God!' story told to me by Dr R. L. Waterfield.

p. 433 'Yes, very well': quoted by Rosnald MacKeith in a letter to *Guy's Hospital Gazette*, XC (1976), p. 215.

p. 433 'One word that comes from your heart': LW to RH, 20.8.41.

p. 433 'I can't write about Francis': LW to RH, 27.11.41.

p. 433 'If, however': LW to RH, dated 'Sunday'.

p. 433 'It is on the whole': LW to RH, 'Wednesday'.

p. 434 'As long as you find it difficult': LW to RH, 26.1.42.

p. 434 'I feel, on the whole, lonely': LW to RH, 31.12.41.

p. 434 'Daddy and another Austrian': This diary is still in the possession of its

author, Dr Anthony Ryle.

p. 435 'The hospital had scores of firebombs': letter from Dr H. Osmond to the author, 4.2.86.

p. 436 'Two – and one of them is Gilbert Ryle': told to the author by Miss Wilkinson.

p. 436 'Tonight I dreamt': MS 125, 16.10.42; quoted in Nedo, op. cit., p. 305.

p. 437 'we may then refer': *Lectures and Conversations*, p. 44.

p. 437 'and to me': ibid., p. 42. p. 438 'it is an idea': ibid., p. 43.

p. 438 '. . . something which people are inclined to accept': ibid., p. 44.

p. 438 'One of the chief triumphs': Russell, 'Mathematics and the Metaphysicians', *Mysticism and Logic*, pp. 59–74.

p. 439 'Why do I want to take': *Remarks on the Foundations of Mathematics*, VII, p. 19.

p. 439 'is almost as if'': ibid., V, p. 25.

p. 439 'completely deformed the thinking': ibid., VII, p. 11.

p. 442 'I no longer feel any hope': *Ich fühle keine Hoffnung mehr für die Zukunft in meinem Leben. Es ist als hätte ich nur mehr eine lange Strecke lebendigen Todes vor mir. Ich kann mir für mich keine Zukunft als eine grässliche vorstellen. Freundlos und freudlos*': MS 125, 1.4.42.

p. 442 'I suffer greatly': *Ich leide sehr unter Furcht vor der gänzlichen Vereinsamung, die mir jetzt droht. Ich kann nicht sehen, wie ich dieses Leben ertragen kann, Ich sehe es als ein Leben, in dem ich mich jeden Tag werde vor dem Abend fürchten müssen, der mir nur dumpfe Traurigkeit bringt*': MS 125, 9.4.42.

p. 442 'If you can't find happiness': '"*Wenn du das Glück nicht in der Ruhe finden kannst, finde es im Laufen!" Wenn ich aber müde werde, zu laufen? "Sprich nicht vom Zusammenbrechen, ehe du zusammenbrichst. "*
Wie ein Radfahrer muss ich nun beständig treten, mich beständig bewegen, um nicht umzufallen': MS 125, 9.4.42.

102.

p. 41I 'Suppose someone said: "This is poor evidence": Lectures and Conversations, p. 61.

p. 41I 'Suppose someone said: "What do you believe"': ibid., p. 70.

p. 412 'You are not beautiful': Tagore, King of the Dark Chamber, p. 199.

p. 412 'Dear Mrs Stewart': LW to Mrs Stewart, 28. 10.38, now in the possession of Mrs Katherine Thomson.

p. 414 'I needn't say': LW to GEM, 2.2.39.

p. 415 'To refuse the chair': quoted in Recollections, p. 141.

p. 415 'Having got the professorship': LW to WE, 27.3.39.

p. 415 'I would do my utmost': Lectures and Conversations, p. 28.

p. 416 'I would say': Wittgenstein's Lectures on the Foundations of Mathematics: Cambridge, 1939, p. 103.

p. 416 'There is no religious denomination': Culture and Value, p. 1.

p. 416 'Take Russell's contradiction': Lectures on the Foundations of Mathematics, p. 222.

p. 417 'All the puzzles': ibid., p. 14.

p. 417 'Another idea': ibid.

p. 417 'The mathematical problems': Remarks on the Foundations of Mathematics, VII, p. 16.

p. 418 'somewhat parenthetical': Lectures on the Foundations of Mathematics, p. 67.

p. 418 'I shall try': ibid., p. 22.

p. 418 'I understand, but I don't agree': Lectures on the Foundations of Mathematics, p. 67.

p. 419 'I see your point': ibid., p. 95.

p. 419 'Turing thinks': ibid., p. 102.

p. 420 'Obviously': ibid., p. 55.

p. 420 'introducing Bolshevism': ibid., p. 67.

p. 420 'It is very queer': ibid., pp. 206-7. 30

p. 421 'will not come in': ibid., p. 211.

p. 421 Turing: 'You cannot be confident': ibid., pp. 217–18.

p. 421 'You seem to be saying': ibid., p. 219.

p. 422 Andrew Hodges: see The Enigma of Intelligence, note (3.39), pp. 547-8.

p. 422 'Wittgenstein was doing something important': Malcolm, Memoir, p. 23.

p. 423 'I am not the deducting, deducing book type': Street & Smith's Detective Story Magazine, Jan. 1945. Race Williams was the creation of Carroll John Daly, the writer credited with having invented the 'hard-boiled' detective story.

p. 424 'what is the use of studying philosophy': this is Wittgenstein's reaction as it was remembered by him in a later letter, LW to NM, 16.11.44. See Memoir, pp. 93–4.

p. 424 'how should I find the strength': MS 118, 12.9.37; quoted in Baker and Hacker, An Analytical Commentary, p. 11.

p. 425 'I feel I will die slowly': quoted in a letter from John Ryle to his wife, Miriam. Letter now in the possession of Dr Anthony Ryle.

p. 425 'Because, unless I'm very much mistaken': LW to NM, 22.6.40.

p. 425 'Only by a miracle': LW to NM, 3.10.40.

p. 425 'I feel very unhappy': FS to LW, 11.10.39.

p. 426 'See K once or twice a week': 'Sehe K ein – bis zweimal die Woche; bin aber zweifelhaft darüber, inwieweit das Verhältnis das richtige ist. Möge es wirklich gut sein': MS 117, 13.6.40.

p. 426 'Occupied myself the whole day': 'Habe den ganzen Tag mich mit Gedanken über mein Verhältnis zu Kirk beschäftigt. Grösstenteils sehr falsch und fruchtlos. Wenn ich diese Gedanken aufschriebe, so sähe man wie tiefstehend und ungerade //schlüpferig // meine Gedanken sind': MS 123, 7.10.40.

p. 427 'My dear Ro[w]land': LW to RH, 12.10.41.

p. 427 'frightened wild animal': quoted in Pascal, Recollections, p. 26.

p. 428 'Think a lot about Francis': 'Denke viel

George Clare, *Last Waltz n Vienna*, p. 166.

p. 390 'That the first act': quoted ibid.

p. 390 'That is a ridiculous rumour': *Recollections*, p. 139.

p. 391 'What I hear about Austria': *'Was ich von Österreich höre, beunruhigt mich. Bin im Unklaren darüber, was ich tun soll, nach Wien fahren oder nicht. Denke hauptsächlich an Francis und dass ich ihn nicht verlassen will'*: MS 120, 12.3.38.

p. 392 'Before trying to discuss': Piero Sraffa to LW, 14.3.38.

p. 394 'I am now in an extraordinarily difficult situation': MS 120, 14.3.38; quoted in Nedo, op. cit., p. 296.

p. 394 'In my *head*': MS 120, 16.3.38; quoted ibid.

p. 394 'Sraffa advised me': *'In Cambridge: Sraffa riet mir gestèrn vorläufig auf keinen Fall nach Wien zu gehen, da ich meinen Leuten jetzt nicht helfen könnte und aller Wahrscheinlichkeit nach nicht mehr aus Österreich herausgelassen würde, Ich bin nicht völlig klar darüber, was ich tun soll, aber ich glaube vorläufig, Sraffa hat recht'*: MS 120, 18.3.38.

p. 394 'The same, of course': LW to JMK, 18.3.38. The letter is given in full in *Briefe*, pp. 278-9.

p. 396 'is a body who helps people': LW to GP, 26.3.38.

p. 396 'My dear Ludwig'; reproduced in Nedo, op. cit., p. 300.

p. 396 'reassuring *sounding* news': MS 120, 25.3.38.

p. 396 Hermine recalls: see Hermine Wittgenstein, op. cit., pp. 154-81.

p. 397 'That these children': Brigitte Zwiauer, 'An die Reichstelle für Sippenforschung', 29 Sept. 1938.

p. 399 'the great nervous strain': LW to GEM, 19.10. 38.

p. 399 'In case you want an Emetic': LW to GP, Sept. 1938.

p. 400 'And if': Hermine Wittgenstein, op. cit.,

p. 120.

p. 400 received certificates: these were issued from Berlin, and still survive. Hermine's is dated 30.8.39, and states: 'Hermine Maria Franziska Wittgenstein of 16 Argentinierstrasse, Vienna IV, born in Eichwald, Teplich on 1.12.1874, is of mixed Jewish blood, having two racially Jewish grandparents as defined by the first Reich Citizenship Law of 14 Nov. 1935'.

p. 400 'their racial classification': this document, dated 10 Feb. 1940, is reproduced in Nedo, op. cit., p. 303.

二十、勉而為之的教授
THE RELUCTANT PROFESSOR

p. 403 'If you write': Recollections, p. 141.

p. 404 'persuading people': Lectures and Conversations on Aesthetics, Psychology & Religious Belief, p. 28. P. 404 Jeans has written a book': ibid., p. 27.

p. 405 'You might think': ibid., p. 11.

P. 405 'Do you think I have a theory?': ibid., p. 10.

p. 405 'It is not only difficult': ibid., p. 7.

p. 406 'She was descending from a height': Freud, The Interpretation of Dreams, pp. 463-5.

p. 406 'I would say': Lectures and Conversations, p. 24.

p. 406 'he treated me quite as his equal': see Freud, Jokes and their Relation to the Unconscious, pp. 47-52.

p. 407 'If it is not causal': Lectures and Conversations, p. 18.

p. 407 'When I read his poems': ibid, p. 4.

p. 408 'It seems to me': LW to PE, 23.10.21.

p. 408 'I now believe': LW to LH, Nov. 1921.

p. 408 'THE KING OF THE DARK CHAMBER': This fragment is now in the possession of Mrs Peg Rhees; it was shown to me by Rush Rhees, who very kindly supplied me with a copy of it.

p. 410 'Russell and the parsons': Recollections, p.

ein Unterschied; aber meine Herzenskälte besteht. Möge mir vergeben werden; d.h. aber: möge es mir möglich sein, aufrichtig und liebevoll zu sein': MS 120, 1.12.37.

p. 380 'Masturbated tonight': '*Heute nacht onaniert. Gewissensbisse, aber auch die Überzeugung, dass ich zu schwach bin, dem Drang und der Versuchung zu widerstehen, wenn die und die Vorstellungen sich mir darbieten, ohne dass ich mich in andere flüchten kann. Gestern abend noch hatte ich Gedanken über die Notwendigkeit der Reinheit meines Wandels. (Ich dachte an Marguerite und Francis.)*': MS 120, 2.12.37.

p. 380 'the bewitchment of our intelligence': *Philosophical Investigations*, I, 109.

p. 381 'Isn't there a truth': *Remarks on the Foundations of Mathematics*, I, p. s.

p. 381 'I am merely': ibid., I, p. I10.

p. 382 'I am nervous': '*Ich bin beim Schreiben nervös und alle meine Gedanken kurz von Atem. Und ich fühle immer, dass ich den Ausdruck nicht ganz verteidigen kann. Dass er schlecht schmeckt*': MS 119, 11.11.37.

p. 382 'I would like to run away': '*Ich möchte fliehen, aber es wäre unrecht und ich kann es gar nicht. Vielleicht aber könnte ich es auch - ich könnte morgen packen und den nächsten Tag abfahren. Aber möchte ich es? Wäre es richtig? Ist es nicht richtig, hier noch auszuhalten? Gewiss. Ich würde mit einem schlechten Gefühl morgen abfahren. "Halt es aus", sagt mir eine Stimme. Es ist aber auch Eitelkeit dabei, dass ich aushalten will: und auch etwas Besseres. – Der einzige triftige Grund hier früher oder gleich abzureisen wäre, dass ich anderswo jetzt vielleicht besser arbeiten könnte Denn es ist Tatsache, dass der Druck, der jetzt auf mir liegt, mir das Arbeiten beinahe unmöglich macht und vielleicht in einigen Tagen wirklich unmöglich*': MS 120, 22.11.37.

p. 382 'It is the opposite of piety': MS 120, 28.11.37.

p. 382 'You must *strive*': ibid.

p. 382 'The ever-changing, difficult weather'; MS 120, 30.11.37.

p. 383 'I'm sorry you are having storms': FS to LW, 1.11.37.

p. 383 '*He is dead and decomposed*': MS 120, 12.12.37. This long diary entry given in full in *Culture and Value*, p. 33.

十九、奧地利終結
FINIS AUSTRIAE

p. 385 'German-Austria must return': Hitler, *Mein Kampf*, p. 3.

p. 385 'in my earliest youth': ibid., p. 15.

p. 386 'but cleverer people than I': Hermine Wittgenstein, *Familienerinnerungen*, p. 148.

p. 386 'When, at midnight': ibid.

p. 387 'Freud's idea': MS 120, 2.1.38, *Culture and Value*, p. 33.

p. 387 'and that is bad': MS 120, 5.1.38.

p. 387 'Thought: it would be good': MS 120, 4.1.38.

p. 387 'I am cold': ibid.

p. 388 'irreligious': MS 120, 10.2.38.

p. 388 'on the other hand': MS 120, 14.2.38.

p. 388 'It is entirely as though': MS 120, 15.2.38.

p. 389 'You didn't make a mistake': the letter is reproduced in full in *Recollections*, pp. 95-6.

p. 389 'Can't work': '*Kann nicht arbeiten. Denke viel über einen eventuellen Wechsel meiner Nationalität nach, Lese in der heutigen Zeitung, dass eine weitere zwangsweise Annäherung Österreichs an Deutschland erfolgt ist. - Aber ich weiss nicht, was ich eigentlich machen soll*': MS 120, 16.2.38.

p. 390 'You will either fulfil my demands': quoted in Roger Manvell and Heinrich Fraenkel, *Hitler: The Man and the Myth*, p. 142.

p. 390 'If Herr Hitler's suggestion': quoted in

werde können. Ich fürchte mich, dass
in meinem Haus alle meine Gedanken
werden getötet werden. Dass dort ein Geist
der Niedergeschlagenheit von mir ganz
Besitz ergreifen wird': MS 118, 16.8.37.

p. 374　'unhappy, helpless and thoughtless':
'Unglücklich, ratlos und . Und da kam
mir wieder zum Bewusstsein, wie einzig
gedankenlos . Francis ist und unersetzlich.
Und wie wenig ich doch das weiss, wenn
ich mit ihm bin. Bin ganz in Kleinlichkeit
verstrickt. Bin irritiert, denke nur an mich
und fühle, dass mein Leben elend ist, und
dabei habe ich auch gar keine Ahnung,
wie elend es ist': MS 118, 17.8.37.

p. 374　'I am ashamed': MS 118, 18.8.37.

p. 374　'I do not know whether I have either a
right': MS 118, 19.8.37.

p. 374　'Am now really ill': MS 118, 22.8.37.

p. 375　'showered with gifts': MS 118, 26.8.37.

p. 375　'You said in one of your letters': FS to
LW, 23.8.37.

p. 375　'I would love very much to come': FS to
LW, 30.8.37.

p. 375　'The way to solve the problem': MS 118,
27.8. 37.

p. 375　'I conduct myself badly': MS 118, 26.8.
37.

p. 375　'I am a coward': MS 18, 2.9. 37.

p. 375　'Am irreligious': MS 118, 7.9.37.

p. 376　'Christianity is not a doctrine': MS 118,
4.9.37; see Culture and Value, p. 28.

p. 376　'just wicked and superstitious': MS 118,
7.9.37.

p. 376　'It's as though my work had been
drained': MS 118, 17.9.37.

p. 376　'sensual, susceptible, indecent': MS 118,
22.9.37.

p. 376　'Lay with him two or three times': 'Zwei
oder dreimal mit ihm gelegen. Immer
zuerst mit dem Gefühl, es sei nichts
Schlechtes, dann mit Scham. Bin auch
ungerecht, auffahrend und auch falsch
gegen ihn gewesen und quälerisch': ibid.

p. 377　'Am very impatient!': MS 119, 25.9.37.

p. 377　'The last 5 days': 'Die letzten 5 Tage

waren schön: er hatte sich in das Leben
hier hineingefunden und tat alles mit
Liebe und Güte, und ich war, Gott sei
Dank, nicht ungeduldig, und hatte auch
wahrhaftig keinen Grund, ausser meine
eigene böse Natur. Begleitete ihn gestern
bis Sogndal; heute in meine Hütte zurück.
Etwas bedrückt, auch müde': MS 119,
1.10.37.

p. 377　'1 often remember': FS to LW, undated.

p. 377　'I think constantly of you': FS to LW,
undated.

p. 377　'1 am often thinking': FS to LW,
14.10.37.

p. 378　'I'm thinking of you a lot': FS to LW,
26..10.37.

p. 378　'Prof. Moore wasn't present': FS to LW,
22.10.37.

p. 378　'lovely letter from Fr.': 'Lieben Brief
von Fr., er schreibt über eine Sitzung des
Mor.Sc.Cl. und wie elend schlecht die
Diskussion unter Braithwaits Vorsitz war.
Es ist scheusslich. Aber ich wüsste nicht,
was dagegen zu machen wäre, denn die
andern Leute sind auch zu wenig ernst. Ich
wäre auch zu feig, etwas Entscheidendes
zu tun': MS 119, 27.10.37.

p. 378　'harsh and hectoring' letter: see
Recollections, p. 32.

p. 379　'Have not heard from Francis': MS 119,
16.10.37.

p. 379　'Am relieved': MS 119, 17.10. 37.

p. 379　'He made a good impression': MS 119,
10.10.37.

p. 379　'[I] just took some apples': Culture and
Value, p. 31.

p. 380　'How bad is it?": 'Heute Nacht onaniert.
Wie schlecht ist es? Ich weiss es nicht. Ich
denke mir, es ist schlecht, aber habe keinen
Grund': MS 120, 21.11.37.

p. 380　'Think of my earlier love': 'Denke an
meine frühere Liebe, oder Verliebtheit,
in Marguerite und an meine Liebe für
Francis. Es ist ein schlimmes Zeichen
für mich, dass meine Gefühle für M. so
gänzlich erkalten konnten! Freilich ist hier

p. 354　'perhaps I shall go to Russia': LW to PE, 21.6. 37.

p. 354　'according to Piero Sraffa: see John Moran, 'Wittgenstein and Russia', *New Left Review*, LXXIII (May-June 1972), pp. 83-96.

p. 354　'People have accused Stalin': Recollections, p. 144.

p. 355　'in a silly detective story': The Language of Sense Data and Private Experience - I (Notes taken by Rush Rhees of Wittgenstein's Lectures, 1936)', *Philosophical Investigations*, VII, no. 1 (Jan. 1984), pp. 1-45.

p. 356　'We have the feeling': ibid., no. 2 (April 1984), p. 139.

p. 356　'Here at last': *Recollections*, p. 136.

p. 357　'It's all excellent similes': Moore, 'Wittgenstein's Lectures', op. cit., p. 316.

p. 357　'What I invent': *Culture and Value*, p. 19.

p. 357　'I still have a little money': *Recollections*, p. 209.

p. 359　'Sometimes his silence infuriates me': *Recollections*, p. 127.

p. 360　'I don't see how you *can* win!': quoted by Gilbert Pattisson in conversation with the author.

十八、懺悔
CONFESSIONS

p. 361　'When I got your letter': FS to LW, 6.9.36.

p. 362　'I don't feel clear': FS to LW, 1.11.36.

p. 362　'My feelings for you': FS to LW, 26.10.36.

p. 363　'I do believe': LW to GEM, Oct. 1936.

p. 363　'The weather has changed': LW to GP, Oct. 1936.

p. 363　'"Both fit and style are perfect"': LW to GP, 2.2.37.

p. 363　'or nearly all': LW to GEM, 20.11.36.

p. 364　'These words': *Philosophical Investigations*, I, 1.

p. 364　'A simile that has been': ibid., 112.

p. 365　'A picture held us': ibid., 115.

p. 365　'Our clear and simple': ibid., 130.

p. 365　'It is not our aim': ibid., 133.

p. 365　'The results of philosophy': ibid., 119

p. 366　'The edifice of your pride': *Culture and Value*, p. 26.

p. 366　'If anyone is unwilling': quoted in Rhees, *Recollections*, p. 174.

p. 367　'all sorts of things': LW to GEM, 20. 11.36.

p. 367　'Whatever you say': FS to LW, 6. 12. 36.

p. 368　'Whatever you have to tell me': FS to LW, 9.12. 36.

p. 368　'listened patiently': *Recollections*, p. 38.

p. 368　'He would have sat transfixed': ibid.

p. 368　'If ever a thing could wait': ibid., p. 35.

p. 369　remembered by Rowland Hutt: and told to me in the course of several conversations.

p. 369　'he had to keep a firmer control': *Recollections*, p. 37.

p. 371　'I myself was not a pupil': Georg Stangel, interview with Adolf Hübner, 19.2.75.

p. 371　'Ja, ja': Leopold Piribauer, interview with Adolf Hübner, 3.12.74.

p. 372　'Last year': quoted in Rhees, *Recollections*, p. 173.

p. 372　'I thought of having it removed': LW to GB, 18.11.37.

p. 372　'I feel it is wrong': FS to LW, 1.3.37.

p. 373　'I don't think I have ever understood': FS to LW, 27. 5. 37.

p. 373　'partly because I've been troubled': LW to GEM, 4.3.37.

p. 373　'vain, thoughtless, frightened': '*Eitel, gedankenlos, ängstlich…Ich möchte jetzt bei jemandem wohnen. In der Früh ein menschliches Gesicht sehen. Anderseits bin ich jetzt wieder so verweichlicht, dass es vielleicht gut wäre allein sein zu müssen. Bin jetzt ausserordentlich verächtlich habe das Gefühl, dass ich jetzt nicht ganz ohne Ideen wäre, aber dass mich die Einsamkeit bedrücken wird, dass ich nicht arbeiten*

Lectures Cambridge 1932–1935, p. 205.

p. 329　'no philosophy can possibly': Hardy, 'Mathematical Proof", *Mind*, Jan. 1929, pp. 1-25.

p. 329　'The talk of mathematicians': *Lectures: 1932-5*, p. 225.

p. 330　'Russell and I': ibid., p. 11.

p. 331　'I have wanted to show': ibid., pp. 12-13.

p. 332　'In the event of my death': MS 114.

p. 332　'I am glad': FS to LW, 28.12.32.

p. 332　'Dear Ludwig': FS to LW, 25.3.33.

p. 333　'I'm busy': quoted Pascal, *Recollections*, p. 23.

p. 333　'I feel much further': FS to LW, 2. 10. 33.

p. 335　'Come to Cambridge at once': *Recollections*, p. 124.

p. 335　'Part of [Braithwaite's] statements', *Mind*, 42 (1933). pp. 415–16.

p. 335　'The extent to which': ibid.

十六、語言遊戲：《藍皮書》和《棕皮書》
LANGUAGE-GAMES: THE BLUE AND BROWN BOOKS

p. 337　'I shall in the future': Blue Book, p. 17.

p. 338　'We are inclined': ibid.

p. 338　'Philosophers constantly see': ibid., p. 18.

p. 338　'What we say will be easy': Lectures: 1932–5, p. 77.

p. 338　'After I stopped': FS to LW, 17.12.33.

p. 339　'My despair': Sjögren, op. cit., p. 137.

p. 340　'He has the great gift': FW to MS, 9.8.34.

p. 340　'If I am with you': FS to LW, 25.3.34-

p. 340　'I thought of you a lot': ibid.

p. 341　'I long to be with you': FS to LW, 4.4.34.

p. 341　'I started off again': FS to LW, 24.7.34.

p. 342　'When I read this': FS to LW, 11.8.34

p. 343　'growing political awarencss': George Thomson, 'Wittgenstein: Some Personal Recollections', Revolutionary World, XXXVII, no. 9, pp. 86-8.

P. 343　'I am a communist': quoted by Rowland Hutt in conversation with the author.

p. 343　'I think Francis means': Recollections, pp. 125-6.

p. 344　'Imagine a people': Brown Book, p. 100.

p. 344　'Imagine a tribe': ibid., p. 103.

p. 344　'Imagine that human beings': ibid., p. 120.

p. 345　'Here is one of the most fertile sources': ibid., p. 108.

p. 345　'We are inclined to say': ibid. p. 346 'Our answer is': ibid.

p. 346　'the way in which': LW to MS, 31.7.35.

十七、投筆從戎
JOINING THE RANKS

p. 347　'At the beginning of September': LW to MS, 31.7.35.

p. 348　'I am sure that you partly understand': LW to JMK, 6.7.35.

p. 348　'exceedingly careful': ibid.

p. 349　'May I venture': Keynes's introduction is reproduced in full in *Letters to Russell, Keynes and Moore*, pp. 135-6.

p. 349　'definitely nice': LW to JMK, July 1935.

p. 350　'My interview with Miss B': LW to GP, dated simply 'Tuesday', which is consistent with its being 20.8.35.

p. 350　'If you were a qualified technician': JKM to LW, 10.7.35.

p. 351　'Wittgenstein!": this story is told by George Sacks in *A Thinking Man as Hero*, a television play by Hugh Whitemore, first broadcast on BBC 2, April 1973. I am very grateful to Mr Whitemore for drawing my attention to this source.

p. 351　'we heard that Wittgenstein': ibid.

p. 351　'I wish I could be with you': FS to LW, 17.9.35.

p. 352　'My dear Gilbert!": LW to GP, Sept. 1935.

p. 353　'He had taken no decisions': Recollections, p. 29.

p. 353　'The important thing': ibid., p. 205.

p. 353　'Tyranny': ibid. p. 353 'If anything': ibid.

*nebensächliche Angelegenheit. Im ersten
Falle lügt er, im zweiten ahmt er eine nur
dem Naturadel natürliche Eigenschaft, den
Stolz, nach, der ein vitium splendidum
ist, das er ebensowenig wirklich besitzen
kann, wie ein krüppelhafter Körper
natürliche Gracie. Im dritten Fall macht
er gleichsam die sozialdemokratische
Geste, die die Bildung über die rohen
Eigenschaften des Körpers stellt, aber auch
das ist ein Betrug. Er ist was er ist und das
ist zugleich wichtig und bedeutsam, aber
kein Grund zum Stolz, andererseits immer
Gegenstand der Selbstachtung. Ja ich
kann den Adelsstolz des Andern und siene
Verachtung meiner Natur anerkennen,
denn ich erkenne: ja dadurch nur meine
Natur an und den andern der zur
Umgebung meiner Natur, die Welt, deren
Mittelpunkt dieser vielleicht hässliche
Gegenstand, meine Person, ist'* : MS 110.
pp. 252–3, 1.7.31.

p. 312 'Putting together a complete
autobiography': quoted in Rhees,
Recollections, p. 182.

p. 312 'I can quite imagine': LW to GEM,
23.8.31.

p. 313 'How wrong he was': *Recollections*, p. 91.

p. 313 'has something Jewish': *Culture and
Value*, p. 20.

p. 313 'Mendelssohn is not a peak': ibid., p. 2.

p. 313 'Tragedy is something un-Jewish' ibid., p.
I.

p. 313 'who like a noxious bacillus': Hitler,
Mein Kampf, p. 277.

p. 314 'the Jew lacks those qualities': ibid., p.
275.

p. 314 'since the Jew': ibid., p. 273.

p. 314 'It has sometimes been said': *Culture and
Value*, p. 22.

p. 314 'Look on this tumour': ibid., p. 20.

p. 316 *Untergangsters*: quoted in Field, op. cit.,
p. 207.

p. 316 'a confession': *Culture and Value*, p. 18.

p. 316 'It is typical': ibid., p. 19.

p. 316 'Amongst Jews': ibid., pp. 18-19.

p. 317 'Often, when I have': ibid., p. 19.

p. 317 'The Jew must sec to it': ibid.

p. 319 'My presence': Sjögren, op. cit., p. 122.

p. 319 'but that doesn't matter': see
Philosophical Grammar, p. 487.

p. 320 'For the thing itself'': LW to MS, 20.
11.31.

p. 320 'There are *very, very* many statements':
ibid.

p. 320 'If there were theses': *Luduwig
Wittgenstein and the Vienna Circle*, p.
183.

p. 321 'still proceeded dogmatically': ibid., p.
184.

p. 321 'make head or tail': LW to MS, 4.3.32.

p. 322 'This is the right sort of approach':
Lectures: 1930–1932, P- 73.

p. 322 '...the dialectical method': ibid., p. 74.

p. 322 'Philosophy is not a choice': ibid., p. 75.

p. 322 'The right expression is': ibid., p. 97.

p. 323 'Grammatical rules': ibid., p. 98.

p. 323 'You owe a great debt' see *Recollections*, p.
123.

p. 324 '⋯from the bottom of my heart': LW to
MS, 8.8.32.

p. 324 'That I had not dealt': ibid. (I am
indebted to Dr P.M.S. Hacker for this
translation.)

p. 325 'All that philosophy can do': MS
213, p. 413; quoted by Anthony
Kenny in 'Wittgenstein on the
Nature of Philosophy', *The Legacy of
Wittgenstein*, pp. 38-60. See also, in
the same collection of essays, 'From
the Big Typescript to the "*Philosophical
Grammar*"', pp. 24-37.

p. 326 'Confusions in these matters':
Philosophical Grammar, p. 375.

p. 327 'Philosophical clarity': ibid., p. 381.

p. 327 'Nothing seems to me less likely'':
Culture and Value, p. 62.

十五、法蘭西斯
FRANCIS

p. 328 'Is there a substratum': *Wittgenstein's*

p. 294 'If a person tells me': *Recollections*, p. 112.

p. 294 'Arrived back in Cambridge': *'Nach den Osterferien wieder in Cambridge angekommen. In Wien oft mit Marguerite. Ostersonntag mit ihr in Neuwaldegg. Wir haben uns viel geküsst drei Stunden lang und es war sehr schön'*: MS 108, p. 133, 25.4.30.

p. 294 'My life is now very economical': LW to GEM, 26.7.30.

p. 294 'Dear Gil (old beast)': LW to GP, summer 1930.

p. 296 'A proposition cannot say more': see *Ludwig Wittgenstein and the Vienna Circle*, p. 244.

p. 296 'If one tried to advance': *Philosophical Investigations*, I, 128.

p. 297 'I know that my method is right': *Recollections*, p. 110.

十三、迷霧散去
THE FOG CLEARS

p. 298 'The nimbus of philosophy': *Lectures: 1930–1932*, p. 21.

p. 298 'What we find out': ibid., p. 26.

p. 299 '. . . once a method has been found': ibid., p. 21.

p. 299 'I was walking about': *Recollections*, p. 112.

p. 300 'Telling someone something': *Culture and Value*, p. 7.

p. 300 'It is all one to me': ibid.

p. 301 'I would like to say': *Philosophical Remarks*, preface.

p. 301 'Philosophical analysis': *Lectures: 1930–1932*, p. 35.

p. 301 'We never arrive': ibid., p. 34.

p. 302 'The means whereby': Oswald Spengler, *The Decline of the West*, p. 4.

p. 302 'taking of spiritual-political events': ibid., p. 6.

p. 303 'so here we shall develop': ibid., p. 26.

p. 303 'recognize living forms': quoted by Erich Heller in 'Goethe and the Scientific Truth', *The Disinherited Mind*, pp. 4-34.

p. 303 'What I give': see Malcolm, op. cit., p. 43.

p. 303 'Our thought here': Waismann, *Principles of Linguistic Philosophy*, pp. 80-81.

p. 304 'Yes, this fellowship business': LW to JMK, Dec. 1930.

p. 304 'For me': *Ludwig Wittgenstein and the Vienna Circle*, p. 117.

p. 305 'For it cuts off': ibid., p. 115.

p. 305 'I would reply': ibid., p. 116.

p. 305 'I can well imagine a religion': ibid., p. 117.

p. 305 'If you and I': *Recollections*, p. 114.

p. 306 'As long as I can play the game': *Ludwig Wittgenstein and the Vienna Circle*, p. 120.

p. 306 'The following is a question': ibid., pp. 129-30.

p. 307 'What do we do': ibid., p. 120.

p. 307 'It is another calculus': ibid., pp. 121-2.

p. 307 'You cannot': ibid., p. 129.

p. 308 'A rule of syntax': ibid., p. 126.

p. 308 'If, then': ibid., p. 133.

p. 308 'the demonstration': ibid.

p. 308 'Things must connect directly': ibid., p. 155.

p. 308 'Here *seeing* matters': ibid., p. 123.

十四、新的開始
A NEW BEGINNING

p. 309 'I think now': *Remarks on Frazer's Golden Bough*, p. vi.

p. 310 'even those': *Recollections*, p. 102.

p. 310 'What narrowness': *Remarks on Frazer*, p. 5.

p. 311 'I can set out this law': ibid., pp. 8-9.

p. 311 'If I may explain': *'Wenn ich es durch einen Vergleich klar machen darf: Wenn ein "Strassenköter" seine Biographie schriebe, so bestünde die Gefahr a) dass er entweder seine Natur verleugnen, oder b) einen Grund ausfindig machen würde, auf sie stolz zu sein, oder c) die Sache so darstellen, als sei diese seine Natur eine*

*Abhang und eine Strasse im Tal vor wie
ich es in einem anderen Traum gesehen
habe. Ähnlich einem Stück der Strasse von
Gloggnitz nach Schlagl. Als ich das arme
Mädchen bedauere sehe ich undeutlich
ein altes Weib, welches sie bedauert aber
sie nicht zu sich nimmt und ihr hilft.
Das Blockhaus auf der Hochreit ist auch
nicht deutlich, wohl aber die Strasse und
was auf ihr vorgeht. Ich glaube ich hatte
eine Idee dass der Name wie ich ihn im
Traume ausspreche "Vért-sagt" ungarisch
ist. Der Name hatte für mich etwas böses,
boshaftes, und sehr männliches'*: MS 107,
p. 219, 1.12.29.

十二、「確證主義階段」
THE 'VERIFICATIONIST PHASE'

p. 281 'For if the spirit': MS 108, p. 24,
19.12.29.

p. 281 'I am a beast': MS 108, p. 38, 25.12.29.

p. 281 'The spirit in which one can write the
truth': 'Die Wahrheit über sich selbst
kann man in dem verschiedensten
Geiste schreiben. Im anständigsten und
unanständigsten. Und danach ist es sehr
wünschenswert oder sehr unrichtig, dass
sie geschrieben werde. Ja, es gibt unter
den wahrhaften Autobiographien die
man schreiben könnte, alle Stufen vom
Höchsten zum b ls Niedrigsten. Ich zum
Beispiel kann meine Biographie nicht
höher schreiben als ich bin. Und durch
die blosse Tatsache, dass ich sie schreibe,
hebe ich mich nicht notwendigerweise,
ich kann mich dadurch sogar
schmutziger machen als ich schon
war. Etwas in mir spricht dafür, meine
Biographie zu schreiben und zwar
möchte (m)ich mein Leben einmal
klar ausbreiten, um es klar vor mir Zu
haben und auch für andere. Nicht so
sehr, um darüber Gericht zu halten, als
um jedenfalls Klarheit und Wahrheit zu
schaffen': MS 108, pp. 46-7, 28.12.29.

p. 282 'the most serious book': *Recollections*, p.
90.

p. 282 'And woe to those': ibid. 0 E P. 282'What,
you swine': *Ludwig Wittgenstein and the
Vienna Circle*, p. 69.

p. 282 'I think it is definitely important': ibid.

p. 283 'Just because Schlick': quoted ibid., p.18.

p. 284 '... at that time': ibid., p. 64.

p. 285 'Indeed!': ibid., p. 78.

p. 285 'Once I wrote': ibid., pp. 63-4.

p. 286 'Physics does not yield': ibid., p. 63.

p. 286 'I would reply': ibid., p. 68.

p. 286 'explains – I believe': *Philosophical
Remarks*, p. 129.

p. 287 'If I say, for example': *Ludwig
Wittgenstein and the Vienna Circle*, p. 47.

p. 287 'I used at one time to say': quoted in
Gasking and Jackson, 'Wittgenstein as a
Teacher'; see Fann, op. cit., pp. 49-55.

p. 288 'Imagine that there is a town': quoted
Malcolm, op. cit., p. 55.

p. 289 'Wittgenstein's kindness': Partridge, op.
cit., p. 170.

p. 289 'The subject of the lectures': recalled by
S. K. Bose in the letter to John King of
5.4.78.

p. 290 'Your voice and his': I. A. Richards, 'The
Strayed Poet', in *Internal Colloquies*,
Routledge, 1972, pp. 183–6.

p. 291 'I think I summed up': *Culture and
Value*, p. 24.

p. 291 'the attempt to be rid': *Lectures 1930–
1932*, p. 1.

p. 291 'when the average hearer': Russell, *The
Analysis of Mind*, p. 198.

p. 291 'If I wanted to eat an apple':
Philosophical Remarks, p. 64.

p. 291 'for there seems': GEM to BR, 9.3.30. p.
292 'I do not see how I can refuse': BR
to GEM, 11.3.30.

p. 292 'Of course, we couldn't get very far': LW
to GEM, March or April 1930.

p. 293 'Unfortunately I have been ill': BR to
GEM, 5.5.30.

p. 294 'I find I can only understand
Wittgenstein': BR to GEM, 8. 5.30.

p. 274 'It is, of course': 'Some Remarks on Logical Form', reprinted in Copi and Beard, op. cit., pp. 31-7.

p. 275 'as your presence': LW to BR, July 1929.

p. 275 'I'm afraid there is a gathering': John Mabbott, Oxford Memories, p. 79.

p. 275 'for some time': Ryle, 'Autobiographical', in Oscar P. Wood and George Pitcher, ed., Ryle.

p. 276 'This morning I dreamt': MS 107, p. 153. p. 277, 'My whole tendency': the 'Lecture on Ethics' is published in Philosophical Review, Jan. 1965, pp. 3-26.

p. 278 'What is good is also divine': Culture and Value, p. 3.

p. 278 'What others think of me': 'Was die anderen von mir halten beschäftigt mich immer ausserordentlich viel. Es ist mir sehr oft darum zu tun, einen guten Eindruck zu machen. D.h. ich denke sehr häufig über den Eindruck den ich auf andere mache und es ist mir angenehm, wenn ich denke, dass er gut ist und unangenehm im anderen Fall': MS 107, p. 76.

p. 278 'In my father's house': Recollections, p. 54.

p. 279 'A strange dream': 'Ein seltsamer Traum: Ich sehe in einer Illustrierten Zeitschrift eine Photographie von Evighztg (Vertsagt), der ein viel besprochener Tagesheld ist. Das Bild stellt ihn in seinem Auto dar. Es ist von seinen Schandtaten die Rede; Hänsel steht bei mir und noch jemand anderer ähnlich meinem Bruder Kurt. Dieser sagt, dass Vertsag ein Jude sei aber die Erziehung eines reichen schottischen Lords genossen habe. Jetzt ist er Arbeiterführer. Seinen Namen habe er nicht geändert weil das dort nicht Sitte sei. Es ist mir neu dass Vertsagt den ich mit der Betonung auf der ersten Silbe ausspreche, ein Jude ist, und ich erkenne dass ja sein Name einfach verzagt heisst. Es fällt mir nicht auf, dass es mit "ts" geschrieben ist was ich ein wenig fetter als das übrige gedruckt sehe. Ich denke: muss denn hinter jeder Unanständigkeit ein Jude stecken. Nun bin ich und Hänsel auf der Terrasse eines Hauses etwa des grossen Blockhauses auf der Hochreit und auf der Strasse kommt in seinem Automobil Vertsag; er hat ein böses Gesicht ein wenig rötlich blondes Haar und einen solchen Schnauzbart (er sieht nicht jüdisch aus). Er feuert nach rückwärts mit einem Maschinengewehr auf einen Radfahrer, der hinter ihm fährt und sich vor Schmerzen krümmt und der unbarmherzig durch viele Schüsse zu Boden geschossen wird. Vertsag ist vorbei und nun kommt ein junges Mädchen ärmlich aussehend auf einem Rade daher und auch sie empfängt die Schüsse von dem weiterfahrenden Vertsag. Und diese Schüsse die ihre Brust treffen machen ein brodelndes Geräusch wie ein Kessel in dem sehr wenig Wasser ist über einer Flamme. Ich hatte Mitleid mit dem Mädchen und dachte nur in Österreich kann es geschehen dass dieses Mädchen kein hilfreiches Mitleid findet und die Leute zusehen wie sie leidet und umgebracht wird. Ich selbst fürchte mich auch davor ihr zu helfen weil ich die Schüsse Vertsags fürchte. Ich nähere mich ihr, suche aber Deckung hinter einer Planke. Dann erwache ich. Ich muss nachtragen, dass in dem Gespräch ob Hänsel erst in Anwesenheit des anderen dann nachdem er uns verlassen hat ich mich geniere und nicht sagen will dass ich ja selbst von Juden abstamme oder dass der Fall Vertsags ja auch mein Fall ist. Nach dem Erwachen komme ich darauf dass ja verzagt nicht mit "ts" geschrieben wird, glaube aber sonderbarerweise dass es mit "pf" geschrieben wird "pferzagt". Ich habe den Traum gleich nach dem Erwachen notiert. Die Gegend die in dem Traum etwa der Gegend hinter der Hochreiter Kapelle entspricht (die Seite gegen den Windhut) stelle ich mir im Traum als einen steilen bewaldeten

Autobiography, II: 1911–1969, p. 406.

p. 256 'in mixed company': Frances Partridge, *Memories*, p. 160.

p. 257 '. . . Julian, Maynard says': Virginia Woolf, *A Reflection of the Other Person: Letters 1929–31*, p. 51.

p. 257 'For he talks nonsense': Julian Bell, 'An Epistle On the Subject of the Ethical and Aesthetic Beliefs of Herr Ludwig Wittgenstein', first published in *The Venture*, No. 5, Feb. 1930, pp. 208–15; reprinted in Irving M. Copi and Robert W. Beard, ed., *Essays on Wittgenstein's Tractatus*.

p. 258 'the kindest people': *Recollections*, p. 17.

p. 258 'at last has succeeded': JMK to LL, 25.2.29.

p. 258 'We have seen a lot of Wittgenstein': Partridge, op. cit., p. 159.

p. 259 'delightful discussions': MS 105; quoted in Nedo, op. cit., p. 225.

p. 259 'A good objection': '*Ein guter Einwand hilft vorwärts, ein flacher Einwand, selbst wenn er recht hat, wirkt ermattend. Ramseys Einwände sind von dieser Art. Der Einwand fasst die Sache nicht an ihrer Wurzel, wo das Leben ist, sondern schon so weit aussen wo sich nichts mehr rectifizieren lässt, selbst wenn es falsch ist. Ein guter Einwand hilft unmittelbar zur Lösung, ein flacher muss erst überwunden werden und kann dann von weiter unten herauf (wie eine überwundene abgestorbene Stelle) zur Seite liegengelassen werden. Wie wenn sich der Baum an der vernarbten Stelle vorbei krümmt um weiter zu wachsen*': MS 107, p. 81.

p. 260 'I don't like your method': quoted in Moore, 'Wittgenstein's Lectures in 1930-33', *Philosophical Papers*, pp. 252–324.

p. 261 'What is the logical form of that?': see Malcolm, *Memoir*, p. 58.

p. 262 'Moore? he shows you': *Recollections*, p. 51.

p. 262 'a disaster for Cambridge': ibid., p. 103.

p. 262 'The mind gets stiff': ibid., p. 105.

p. 263 'My first encounter with Wittgenstein': this recollection is contained in a letter from S. K. Bose to John King, 5.4.78, a copy of which Mr King very kindly sent me.

p. 264 'Don't think I ridicule this': *Recollections*, p. 101.

p. 264 'well-meaning commentators': ibid., p. xi.

p. 266 'I would have known': LW to GP, summer 1931.

p. 266 'Somehow or other': LW to GP, summer 1930.

p. 267 'You may through my generosity': LW to GP, Oct. 1931.

p. 267 'If I remember rightly': LW to GP, 16.2.38.

p. 267 'that for so many years': MS 107, pp. 74-5.

p. 268 'What a statement seems to imply': LW to FR, undated; see *Briefe*, p. 261.

p. 268 'Please try to understand': LW to JMK, May 1929.

p. 269 'What a maniac you are!': JMK to LW, 26.5.29.

p. 270 'Now as it somehow appears': LW to GEM, 18.6.29.

p. 270 'I propose to do some work': LW to GEM, 15.6.29.

p. 270 'In my opinion': FR to GEM, 14.7.29; quoted in Nedo, op. cit., p. 227.

p. 271 'I think that unless Wittgenstein': BR to GEM, 27. S. 29.

p. 271 'I have never known anything so absurd': quoted in Rhees; see Nedo, op, cit., p. 227.

p. 271 Then Russell: the account of the viva that follows is based on that given by Alan Wood in his biography of Russell, *The Passionate Sceptic*, p. 156.

p. 272 'Give up literary criticism!': *Recollections*, p. 59.

p. 272 'You don't understand': ibid., p. 61.

p. 273 'even supposing': Ramsey, review of *Tractatus*, Copi and Beard, op. cit., p. 18.

sun': Franz Piribauer, interview with Adolf Hübner, 20.4.75.

p. 233 'I can only advise you': quoted by August Wolf in an interview with Adolf Hübner, 10.4.75.

十、走出荒野
OUT OF THE WILDERNESS

p. 236 'he and not I was the architect': Engelmann in a letter to F. A. von Hayek; quoted in Nedo, op. cit., p. 206.

p. 236 'Tell me, Herr Ingenieur': *Recollections*, pp. 6-7.

p. 237 'Perhaps the most telling proof': ibid., p. 8.

p. 237 . . . even though I admired the house': quoted in Leitner, *The Architecture of Ludwig Wittgenstein*, p. 23.

p. 238 'I felt again at home': Marguerite Sjögren (née Respinger, now de Chambrier), *Granny et son temps*, p. 101.

p. 239 'It doesn't matter': quoted by Marguerite de Chambrier in conversation with the author.

p. 239 'Why do you want': ibid.

p. 239 'the sort of Jew one didn't like': ibid.

p. 240 'Love of a woman': Sex and Character, p. 249.

p. 240 '. . . the house I built for Gretl': *Culture and Value*, p. 38.

p. 240 'Within all great art': ibid., p. 37.

p. 241 'As an admirer': MS to LW, 25.12.24; quoted in *Ludwig Wittgenstein and the Vienna Circle*, p. 13.

p. 242 'It was as if': Mrs Blanche Schlick to F. A. von Hayek, quoted in Nedo, op. cit.

p. 242 'Again': ibid.

p. 242 'He asks me': Gretl to MS, 19.2.27; quoted in *Ludwig Wittgenstein and the Vienna Circle*, p. 14.

p. 242 'returned in an ecstatic state': Mrs Schlick, ibid.

p. 242 'Wittgenstein found Schlick': Engelmann, op. cit., p. 118.

p. 243 'Before the first meeting': Carnap's

recollections of Wittgenstein appeared first in his 'Autobiography' in Paul Schlipp, ed., *The Philosophy of Rudolf Carnap*, and are reprinted in K. T. Fann, *Ludwig Wittgenstein: The Man and His Philosophy*, pp. 33-9.

p. 244 'His point of view': ibid.

p. 245 'Onlys hopp so can we preserve it': Ramsey, The Foundations of Mathematics', reprinted in *Essays in Philosophy, Logic, Mathematics and Economics*, pp. 152–212.

p. 246 'The way out of all these troubles': LW to FR, 2.7.27.

p. 246 '. . . he thought with the aim': *Culture and Value*, p. 17.

p. 247 'The philosopher is not a citizen': *Zettel*, p. 455.

p. 247 'I couldn't stand the hot-water bottle': LW to JMK, summer 1927.

p. 247 'a doctrine which sets up as its bible': Keynes, *A Short View of Russia*, p. 14.

p. 247 '. . . many, in this age without religion': ibid., p. 13.

p. 248 '. . . which may, in a changed form': ibid., p. 15.

p. 248 'One who believes as I do': Russell, *Practice and Theory of Bolshevism*, p. 18.

p. 249 'it was fascinating': Feigl; quoted in Nedo, op. cit., p. 223.

p. 249 '. . . he has a lot of stuff about infinity': BR to GEM, 5. 5.30.

p. 250 'Intuitionism is all bosh': *Lectures on the Foundations of Mathematics*, p. 237.

p. 251 'à la Corbusier': JMK to his wife, 18. 11.28; quoted in Nedo, op. cit., p. 222.

十一、再臨
THE SECOND COMING

p. 255 'Well, God has arrived': JMK to LL, 18.1.29.

p. 255 'as though time had gone backwards': MS 105; quoted in Nedo, op. cit., p. 225.

p. 256 'brutally rude': Leonard Woolf, *An*

Ogden, pp. 83-5.

p. 214 'To my great shame': LW to PE,
10.8.22.

p. 215 'I should have preferred': LW to JMK,
1923.

p. 215 'Did Keynes write to me?': LW to CKO,
27.3.23.

p. 215 'This is a most important book': Ramsey,
'Critical Notice of L. Wittgenstein's
"Tractatus Logico-Philosophicus",'
Mind, Oct. 1923, pp. 456-78.

p. 216 'It is most illuminating': FR to CKO,
undated.

p. 216 'It's terrible': FR to his mother, 20.9.23.

p. 216 'I shall try': ibid.

p. 217 'He is very poor': ibid.

p. 218 'the £ 5o belong to Keynes': FR to LW,
20.12.23.

p. 218 'Keynes very much wants to see L. W.':
FR to Thomas Stonborough, Nov. or
Dec. 1923; letter now in the Brenner
Archive.

p. 218 'but you mustn't give it any weight': FR
to LW, 20.12.23.

p. 219 'You are quite right': FR to LW, 20.2.24.

p. 220 'looked just a prosperous American': FR
to his mother, dated March 1924 ('In
the train Innsbruck-Vienna Sunday').

p. 220 'As far as I could make out': FR to his
mother, dated simply 'Sunday', but
certainly written from Vienna, March
1924.

p. 220 'trying to get him': FR to JMK, 24.3.24;
quoted in Nedo, op. cit., p. 191.

p. 221 'Wittgenstein seemed to me tired': FR
to his mother, 30.3.24.

p. 221 '. . . if he were got away': FR to JMK,
24.3.24.

p. 222 'I'm afraid I think': ibid.

p. 222 'yet my mind': JMK to LW, 29.3.24.

p. 223 '. . . because I myself no longer': LW to
JMK, 4.7.24.

p. 223 'he has spent weeks': FR to his mother;
quoted in Letters to *C. K. Ogden*, p. 85.

p. 224 'We really live in a great time for
thinking': FR to his mother, 22.7.24;

quoted in Nedo, op. cit., p. 188.

p. 224 'I'm sorry so few have sold': FR to CKO,
2.7.24.

p. 224 I don't much want to talk about
mathematics': FR to LW, 15.9.24.

p. 224 'I would, naturally': Hermine to LH,
autumn 1924.

p. 225 'People kiss each other': quoted in Josef
Putre, 'Meine Erinnerungen an den
Philosophen Ludwig Wittgenstein', 7
May 1953.

p. 225 'It's not going well': LW to LH, Oct.
1924.

p. 226 'He who works': Wittgenstein, preface
to the *Wörterbuch für Volksschulen*, trans.
into English in the edition prepared by
Adolf Hübner, together with Werner
and Elizabeth Leinfellner, Hölder-
Pichler-Tempsky, 1977.

p. 227 'No word is too common'; ibid., p.
xxxiii.

p. 227 'the most pressing question': Buxbaum's
report is quoted in full by Adolf Hübner
in his editor's introduction to the
Wörterbuch.

p. 228 'I suffer much': LW to PE, 24.2.25.

p. 229 'That you want to go to Palestine': ibid.

p. 229 'I was more than pleased': LW to WE,
10.3.25.

p. 230 'England may not have changed': LW to
WE, 7.5.25.

p. 230 'I should rather like to': LW to JMK,
8.7.25.

p. 230 'I'm awfully curious': LW to JMK, July
or Aug. 1925.

p. 231 'I know that brilliance': L W to PE,
19.8.25.

p. 231 'It was during this period': Eccles, op.
cit., p. 63.

p. 231 'Tell Wittgenstein': W. E. Johnson to
JMK, 24.8.25.

p. 231 'In case of need': LW to PE, 9.9.25.

p. 231 'as long as I feel': LW to JMK, 18.10.25.

p. 232 'It cannot be said' August Riegler,
interviewed with Adolf Hübner, 3.6.76.

p. 233 'I called him all the names under the

29.

p. 199 'It puzzled Wittgenstein': ibid., p. 30.

p. 200 'I wonder how you like being an elementary school-teacher': BR to LW, 11.2.21I.

p. 201 'I am sorry you find': BR to LW, 3.6.21.

p. 201 'here they are much more good-for-nothing': LW to BR, 23.10.21.

p. 201 'I am very sorry': BR to LW, 5.11.21.

p. 201 'You are right': LW to BR, 28.11.21.

p. 201 'a good mathematician': BR to LW, 3.6.21.

p. 202 'I could not grasp': Karl Gruber, interview with Adolf Hübner, 16.1.75; quoted in Wünsche, *Der Volkschullehrer Ludwig Wittgenstein*, p. 150.

p. 202 'It would in my opinion': LW to LH, 5.7.21.

p. 202 'I work from early in the morning': LW to LH, 23.8.21.

p. 202 'because I was living in open sin': Russell, note on a letter from Littlewood, 30.1.21; quoted in Clark, op. cit., p. 485.

p. 203 'As they can't drop less than £ 50': CKO to BR, 5.11.21; full text of the letter reproduced in Russell, *Autobiography*, pp. 353-4.

p. 203 'In any other case': Ostwald to Dorothy Wrinch, 21.2.21; quoted by G. H. von Wright in 'The Origin of the "*Tractatus*", *Wittgenstein*, pp. 63-109.

p. 204 'I am sorry, as I am afraid you won't like that': BR to LW, 5.11.21.

p. 204 'I must admit': LW to BR, 28. 11.21.

p. 205 'Enclosed from Wittgenstein': BR to CKO, 28.11.21.

p. 206 'As a selling title': CKO to BR, 5.11.21.

p. 206 'I think the Latin one is better': LW to CKO, 23.4.22.

p. 207 'What is this?": CKO to LW, 20. 3.22.

p. 207 'There can be no thought': LW to CKO, 5.5.22.

p. 207 'in consideration of their issuing it': the declaration was enclosed by Ogden in a letter to Wittgenstein dated 18.6.22.

p. 208 'As to your note': LW to CKO, 4.8. 22.

p. 208 'because I don't get on': LW to BR, 23.10.21.

p. 208 'I would have felt it as a humiliation': Gruber, op. cit.

p. 209 'Today I had a conversation': LW to LH, 16.2.22.

p. 209 'I wish': BR to LW. 7.2.22. D. 209 'On the contrary!': LW to BR, undated, but no doubt Feb. 1922. The letter is not included in Letters to Russell, Keynes and Moore, but will, I believe, be published in a forthcoming edition of Wittgenstein's correspondence. It is among the collection held by the Brenner Archive.

p. 210 'The little boy is lovely? BR to LW, 9.5.22.

p. 210 'circumstances of the time': Dora Russell, op. cit., p. 160.

p. 210 'much pained by the fact': BR to GEM, 27. 5.29.

p. 210 'at the height of his mystic ardour': Russell, *Autobiography*, p. 332.

p. 210 'assured me with great earnestness': ibid.

p. 211 wrote at least two letters: these are now in the Brenner Archive.

p. 211 'When, in the twenties': Engelmann, quoted in Nedo, op. cit.

p. 212 'a very disagreeable impression': LW to PE, 14.9.22.

p. 212 he told Russell: in a letter now in the possession of the Brenner Archive; undated, but probably Nov. or Dec. 1922.

p. 212 'They really look nice': LW to CKO, 15.11.22.

p. 213 'Just improve yourself'": quoted by Postl in an interview with Adolf Hübner, 10.4.75.

p. 214 'I think I ought to confess': LW to CKO, March 1923.

P. 214 'A short time ago': LW to BR, 7.4.23; letter now in the possession of the Brenner Archive.

p. 214 'does not really think': FR to LW, 20.2.24; reproduced in *Letters to C. K.*

The Tamarisk Tree, 1, p. 79.

p. 182 'so full of logic': BR to Colette, 12.12.19.

p. 182 'I besought him to admit: Russell, *My Philosophical Development*, p. 86.

p. 182 'He has penetrated deep into mystical ways': BR to OM, 20.12.19.

p. 183 'I enjoyed our time together': LW to BR, 8.1.20.

p. 183 'The book is now a much smaller risk': LW to LF, 28.12.19.

p. 183 'With or without Russell': LF to LW, 16.1.20.

p. 183 'There's so much of it': LW to BR, 9.4.20.

p. 183 'All the refinement': LW to BR, 6.5.20.

p. 184 'I don't care twopence': BR to LW, 1.7.20.

p. 184 'you can do what you like': LW to BR, 7.7.20.

p. 184 'I have continually thought': LW to PE, 30.5.20.

p. 184 'This change of home': LW to PE, 24.4.20.

p. 185 'If I am unhappy': Engelmann, op. cit., pp. 76–7.

p. 185 'Before Christ': PE to LW, 31.12.19.

p. 186 'They are still not clear': LW to PE, 9.1.20.

p. 186 'But then I did something': PE to LW, 19.6.20.

p. 187 'Many thanks for your kind letter': LW to PE, 21.6.20.

p. 188 'The best for me': LW to BR, 7.7.20.

p. 188 'It pleases them': LW to PE, 19.2.20.

p. 188 'There is no wall': LH to LW, 17.1.20.

p. 188 'The professor of psychology': LH to LW, 5.3.20.

p. 190 'Of course I don't take exception': '*Natürlich nehme ich Ihnen Ihre Offenheit nicht übel. Aber ich möchte gerne wissen, welche tiefen Gründe des Idealismus Sie meinen, die ich nicht erfasst hätte. Ich glaube verstanden zu haben, dass Sie selbst den erkenntnistheoretischen Idealismus nicht für wahr halten. Damit erkennen Sie, meine ich, an, dass es tiefere Gründe für diesen Idealismus überhaupt nicht gibt. Die Gründe dafür können dann nur*

Scheingründe sein, nicht logische': GF to LW, 3.4.20.

p. 191 'In the evening': LW to PE, 20.8.20.

p. 191 'So I see that intelligence counts': see *Recollections*, p. 123.

p. 191 'He took half my life': LW to BR, 6.8.20.

p. 191 'For unless all the devils in hell': LW to LF, 20.8.20.

九、「完全鄉下的地方」
AN ENTIRELY RURAL AFFAIR

p. 193 'That is not for me': recalled by Leopold Baumrucker in an interview with Adolf Hübner, 18.4.75.

p. 193 'I am to be an elementary-school teacher': LW to BR, 20.9.20.

p. 193 'a beautiful and tiny place': LW to PE, 11.10.20.

p. 194 'the villagers take you': see Luise Hausmann, 'Wittgenstein als Volksschullehrer', *Club Voltaire*, IV, pp. 391-6.

p. 194 'He is interested in everything himself"': *Recollections*, p. 5.

p. 195 'During the arithmetic lesson': Anna Brenner, interview with Adolf Hübner, 23.1.75.

p. 196 'Again and again': Berger in Hausmann, op. cit., p. 393.

p. 197 'I was in the office': Frau Bichlmayer, quoted in Nedo, op. cit., p. 164-5

p. 198 'I am indeed very grateful': Hermine to LH, 13.12.20.

p. 198 'I was sorry': LW to PE, 2.1.21.

p. 198 In the event, Engelmann did not understand: what follows is a summary of a letter from Engelmann to Wittgenstein, undated, but almost certainly Jan. 1921.

p. 198 'I cannot at present analyse my state in a letter': LW to PE, 7.2.21.

p. 199 'One night': Hänsel, 'Ludwig Wittgenstein (1889-1951)', *Wissenschaft und Weltbild*, Oct. 1951, pp. 272–8.

p. 199 'I was a priest': see Bartley, *Wittgenstein*, p.

p. 165 '. . . Just think': ibid.

p. 166 'If you said': BR to LW, 13.8.19.

p. 166 'you know how difficult': LW to BR, 19.8.19.

p. 166 'I agree with what you say': BR to LW, 13.8.19.

p. 166 'I should like to come to England': LW to BR, 19.8.19.

八、印不出的真理
THE UNPRINTABLE TRUTH

p. 170 'You remind me of somebody': *Recollections*, p. 4.

p. 171 'A hundred times': ibid.

P. 171 'So you want to commit financial suicide': quoted by Rush Rhees, *Recollections*, p. 215.

P. 172 'I'm not quite normal yet': LW to BR, 30.8.19.

P. 172 'I am not very well': LW to PE, 25.8.19.

P. 172 'for as you may know': BR to LW, 8.9.19.

P. 172 'horrified and nauseated': LW to PE, 2.9.19.

p. 172 'I can no longer behave like a grammar-school boy': LW to PE, 23.9.19.

p. 172 'The benches are full of boys': LW to BR, 6.10.19.

p. 173 'to find something of myself'': LW to PE, 2.9. 19.

p. 173 'Not very': LW to LH, Sept. 1919.

p. 173 'My book will be published': LW to FP, 24.3.19.

p. 173 'naturally neither knows my name': LW to BR, 30.8.19.

p. 174 'I consider it indecent': LW to LF, undated, but probably Nov. 1919.

p. 174 'You now write': '*Sie schreiben nun: "Was einem Elementarsatze entspricht, wenn er wahr ist, ist das Bestehen eines Sachverhaltes", Hiermit erklären Sie nicht den Ausdruck "Sachverhalt", sondern den ganzen Ausdruck, "das Bestehen eines Sachverhaltes". Die Freude beim Lesen Ihres Buches kann also nicht mehr durch den schon bekannten Inhalt, sondern*

nur durch die Form erregt werden, in der sich etwa die Eigenart des Verfassers ausprägt. Dadurch wird das Buch eher eine künstlerische als eine wissenschaftliche Leistung; das, was darin gesagt wird, tritt zurück hinter das, wie es gesagt wird': GF to LW, 16.9.19.

p. 175 "The sense of both propositions': quoted Frege, ibid.

p. 175 'The actual sense of a proposition': '*Der eigentliche Sinn des Satzes ist für alle derselbe; die Vorstellungen aber, die jemand mit dem Satze verbindet, gehören ihm allein an; er ist ihr Träger. Niemand kann die Vorstellungen eines Andern haben*': ibid.

p. 175 'He doesn't understand': LW to BR, 6.10.19.

p. 175 'that I have learnt to know you': GF to LW, 30.9.19.

p. 176 'mutilate it from beginning to end': LW to LF, op. cit.

p. 176 'About a year ago': ibid.

p. 177 'Why hadn't you thought of me': LF to LW, 19.10.19.

p. 178 'I am pinning my hopes on you': LW to LF, undated, but almost certainly Nov. 1919.

p. 179 'Do you remember': LW to BR, 27.11.19.

p. 179 'Your letter, naturally, wasn't pleasant': LW to LF, 22.11.19.

p. 179 'Don't worry': LF to LW, 28.11.19.

p. 179 'I think I can say': LW to LF, 4.12.19.

p. 179 Ficker wrote that he was still hoping: LF to LW, 29.11.19.

p. 180 'I couldn't accept': LW to LF, 5.12.19.

p. 180 Rilke's letter to Ficker: reproduced in full in Ficker, op. cit., pp. 212-14.

p. 180 'Is there a *Krampus*': LW to LF, 5.12.19.

p. 180 'Just how far': LW to PE, 16.11.19.

p. 181 'Normal human beings': ibid.

p. 181 'It is terrible': BR to LW, 14.10.19.

p. 182 'Come here as quick as you can': BR to LW, undated, but certainly Dec. 1919.

p. 182 'a vague, shadowy figure': Dora Russell,

31.3.17.

p. 148 '. . . enabled me to understand':
　　　 Engelmann, op. cit., p. 72.

p. 148 'If I can't manage': ibid., p. 94.

p. 149 'In me': ibid., p. 74.

p. 149 '[it] may be considered': ibid., p. 117.

p. 150 'the poem as a whole': PE to LW, 4.4.17.

p. 151 'really magnificent': LW to PE, 9.4.17,

p. 151 'Let's hope for the best': GF to LW,
　　　 26.4.17.

p. 151 'The journey to Vienna': GF to LW,
　　　 30.6.17.

p. 152 'If in saying it': PE to LW, 8.1.18.

p. 152 'It is true': LW to PE, 16.1.18.

p. 153 'Each of us': GF to LW, 9.4.18.

p. 153 'which you don't deserve': LW to PE,
　　　 1.6.18.

p. 154 'so that it doesn't get lost': GF to LW,
　　　 1.6.18.

p. 154 'His exceptionally courageous
　　　 behaviour': quoted in McGuinness, op.
　　　 cit., p. 263.

p. 154 'I want to tell you': FP to LW, 6.7.18.

p. 154 'My first and my only friend': LW to FP;
　　　 quoted in Nedo, op. cit.

p. 156 'as if it were a Czar's ukase': Russell, *My
　　　 Philosophical Development*, p. 88

p. 156 'There is indeed the inexpressible': TLP
　　　 6.522.

p. 157 'May it be granted': GF to LW, 15.10.18

p. 157 'and it gives me more and more joy': PE
　　　 to LW, 7.11.18.

p. 157 'Still no reply': LW to PE, 22.10.18.

p. 157 'for technical reasons': LW to PE,
　　　 25.10.18.

p. 158 'the portrait of my sister': see
　　　 Recollections, p. 9.

p. 159 'and to have read': Parak, *Am anderen
　　　 Ufer*.

p. 159 'I am prisoner in Italy': LW to BR, 9.2.19.

p. 160 'Most thankful to hear': BR to LW,
　　　 2.3.19.

p. 160 'Very glad to hear from you': BR to LW,
　　　 3.3.19.

p. 160 'You can't imagine': LW to BR, 10.3.19.

p. 160 'I've written a book': LW to BR,

13.3.19.

p. 161 'I should never have believed': LW to
　　　 BR, 12.6. 19.

p. 161 'It is true': BR to LW, 21.6.19.

p. 162 'No writing between the lines!': PE to
　　　 LW, 6.4.19.

p. 163 'Right at the beginning': '*Gleich zu
　　　 Anfang treffe ich die Ausdrücke "der Fall
　　　 sein" und "Tatsache" und ich vermute,
　　　 dass der Fall sein und eine Tatsache sein
　　　 dasselbe ist. Die Welt ist alles, was der
　　　 Fall ist und die Welt ist die Gesamtheit
　　　 der Tatsachen. Ist nicht jede Tatsache der
　　　 Fall und ist nicht, was der Fall ist, eine
　　　 Tatsache? Ist nicht dasselbe, wenn ich sage,
　　　 A sei eine Tatsache wie wenn ich sage, A sei
　　　 der Fall? Wozu dieser doppelte Ausdruck?
　　　 , . . Nun kommt aber noch ein dritter
　　　 Ausdruck: "Was der Fall ist, die Tatsache,
　　　 ist das Bestehen von Sachverhalten".
　　　 Ich verstehe das so, dass jede Tatsache
　　　 das Bestehen eines Sachverhaltes ist, so
　　　 dass eine andre Tatsache das Bestehen
　　　 eines andern Sachverhaltes ist. Könnte
　　　 man nun nicht die Worte "das Bestehen"
　　　 streichen und sagen: "Jede Tatsache ist
　　　 ein Sachverhalt, jede andre Tatsache ist
　　　 ein anderer Sachverhalt. Könnte man
　　　 vielleicht auch sagen "Jeder Sachverhalt ist
　　　 das Bestehen einer Tatsache"? Sie sehen: ich
　　　 verfange mich gleich anfangs in Zweifel
　　　 über das, was Sie sagen wollen, und
　　　 komme so nicht recht vorwärts*': GF to
　　　 LW, 28.6.19.

p. 164 'I gather he doesn't understand a word':
　　　 LW to BR, 19.8.19.

p. 164 'I am convinced': BR to LW, 13.8.19.

p. 164 'The main point': LW to BR, 19.8.19.

p. 165 'a curious kind of logical mysticism':
　　　 Russell, *My Philosophical Development*,
　　　 pp. 84-5.

p. 165 'Sachverhalt is': LW to BR, 19.8.19.

p. 165 'The theory of types': BR to LW,
　　　 13.8.19.

p. 165 'That's exactly what one can't say': LW to
　　　 BR, 19.8.19.

p. 138 'From time to time': MS 103, 6.5.16.

p. 139 'Only death gives life its meaning': MS 103, 9. 5.16.

p. 139 'The men, with few exceptions': MS 103, 27.4.16; quoted in Rhees, op, cit., p. 197.

p. 139 'The heart of a true believer': MS 103, 8.5.16.

p. 139 'Whenever you feel like hating them': MS 103, 6.5.16; quoted in Rhees, op. cit., p. 198.

p. 139 'The people around me? MS 103, 8.5.16; quoted in Rhees, op. cit., p. 198.

p. 139 'The whole modern conception of the world': see Notebooks, p. 72. I have here adopted the translation published in the Pear/McGuinness edition of the Tractatus.

p. 140 'Your desire not to allow': GF to LW, 21.4.16.

p. 140 'What do I know about God and the purpose of life?": Notebooks, p. 72.

p. 141 'Fear in the face of death'; ibid., p. 75.

p. 141 'How terrible!": MS 10I, 28.10.14.

p. 141 'To believe in a God': Notebooks, p. 74.

p. 142 'How things stand, is God': ibid., p. 79.

p. 142 'Colossal exertions': MS 103, 6.7.16.

p. 142 'broadened out': MS 103, 2.8.16.

p. 142 'The solution to the problem of life': 6 and 7.7.16; Notebooks, p. 74; see Tractatus, 6.521.

p. 142 'Ethics does not treat of the world': 24.7.16; Notebooks, p. 77.

p. 143 'I am aware of the complete unclarity': ibid., p. 79.

p. 143 'There are, indeed': Tractatus, 6.522.

p. 143 'The work of art': 7.10.16; Notebooks, p. 83.

p. 143 'no longer consider the where': Schopenhauer, The World as Will and Representation, I, p. 179.

p. 144 'As my idea is the world: 17.10.16; Notebooks, p. 85.

p. 144 'a merely "inner" world': Nietzsche, The Anti-Christ, p. 141.

p. 144 'It is true': 12.10.16; Notebooks, p. 84.

p. 144 'What the solipsist means': Tractatus, 5.62.

p. 144 'This is the way I have travelled': 15.10.16; Notebooks, p. 85.

p. 145 'I can hardly say the same': GF to LW, 24.6.16.

p. 145 'I am always pleased': GF to LW, 29.7.16.

p. 145 'The war cannot change our personal relationships': DP to Lw, 31.5.16.

p. 145 'This kind, lovely letter': MS 103, 26.7.16.

p. 145 'icy cold, rain and fog': 'eisige Kälte, Regen und Nebel. Qualvolles Leben. Furchtbar schwierig sich nicht zu verlieren. Denn ich bin ja ein schwacher Mensch. Aber der Geist hilft mir. Am besten wärs ich wäre schon krank, dann hätte ich wenigstens ein bisschen Ruhe'; MS 103, 16.7.16.

p. 146 'Was shot at': MS 103, 24.7.16.

p. 146 'Yesterday I was shot at': 'Wurde gestern beschossen. War verzagt! Ich hatte Angst vor dem Tode. Solch einen Wunsch habe ich jetzt zu leben. Und es ist schwer, auf das Leben zu verzichten, wenn man es einmal gern hat. Das ist eben "Sünde", unvernünftiges Leben, falsche Lebensauffassung. Ich werde von Zeit zu Zeit zum Tie. Dann kann ich an nichts denken als an essen, trinken, schlafen. Furchtbar! Und dann leide ich auch wie ein Tier, ohne die Möglichkeit innerer Rettung. Ich bin dann meinen Gelüsten und Abneigungen preisgegeben. Dann ist an ein wahres. Leben nicht zu denken': MS 103, 29.7.16.

p. 146 'You know what you have to do': MS 103, 12.8.16.

p. 146 'By this distinctive behaviour': quoted McGuinness, op. cit., p. 242.

p. 147 'In this way': GF to LW, 28.8.16.

p. 147 'one of the wittiest men': Engelmann, op. cit., p. 65.

p. 148 'My dear friend': ibid., p. 68.

p. 148 'I often think of you': LW to PE,

p. 127 'I am so sorry': DP to LW, 6.4.15.

p. 127 'Dream of Wittgenstein': quoted in Levy, op. cit., p. 274.

p. 128 'I have been writing a paper on Philosophy': DP to LW, 2.3.15.

p. 129 'The great problem' 1.6.15; *Notebooks*, p. 53.

p. 129 'It does not go against our feeling': 17.6.15; ibid., p. 62.

p. 129 'The demand for simple things': ibid., p. 63.

p. 129 'i hope with all my heart': BR to LW, 10.5.15.

p. 130 'I'm extremely sorry': LW to BR, 22.5.15.

p. 131 'It looks as if the Russian offensive': SJ to LW, 16.4.15.

p. 131 'My poor Galicia': SJ to LW, 4.5.15.

p. 131 'I write rarely': AJ to LW, 8.4.15.

p. 131 'What kind of unpleasantness?': ibid.

p. 131 'Sometimes, dear friend': LF to LW, 11.7.15.

p. 132 'I understand your sad news': LW to LF, 24.7.15.

p. 132 'God protect you': LF to LW, 14.11.15.

p. 132 'Three weeks' holiday': AJ to LW, 12.8.15.

p. 132 'Already during the first meal': Dr Max Bieler, letter to G. Pitcher, quoted by Sister Mary Elwyn McHale in her MA dissertation: 'Ludwig Wittgenstein: A Survey of Source Material for a Philosophical Biography', p. 48. I have here preserved Dr. Bieler's own English.

p. 133 'Whatever happens': LW to BR, 22.10.15.

p. 134 'I am enormously pleased': BR to LW, 25.11.15.

p. 134 'I am pleased that you still have time': GF to LW, 28.11.15.

p. 134 'The importance of "tautology"': Russell, *Introduction to Mathematical Philosophy*, p. 205.

p. 135 'sometimes absorbed us to completely': Dr Bieler, letter to G. Pitcher, 30.9.61; quoted in McGuinness, op. cit., pp.

234-5. The translation, one assumes, is either by McGuinness or Pitcher - it is certainly not Dr Bieler's English (compare previous extract).

p. 136 'Constantin was a good boy': Bieler, op. cit.

p. 136 'The decision came as a heavy blow': ibid.

七、在前線
AT THE FRONT

p. 121 'God enlighten me': MS 103, 29.3. 16. 130.

p. 121 'Do your best. You cannot do more': '*Tu du dein bestes. Mehr kannst du nicht tun: und sei heiter. Lass dir an dir selbst genügen. Denn andere werden dich nicht stützen oder doch nur für kurze Zeit. (Dann wirst du diesen lästig werden.) Hilf dir selbst und hilf andern mit deiner ganzen Kraft. Und dabei sei heiter! Aber wieviel Kraft soll man für sich und wieviel für die anderen brauchen? Schwer ist es gut zu leben!! Aber das gute Leben ist schön. Aber nicht mein, sondern dein Wille geschehe*': MS 103, 30.3.16.

p. 138 'If that happens': MS 103, 2.4. 16.

p. 138 'If only I may be allowed': MS 103, 15.4.16.

p. 138 'Was shot at': MS 103, 29. 4.16.

p. 138 'Only then': '*Dann wird für mich erst der Krieg anfangen. Und – kann sein – auch das Leben. Vielleicht bringt mir die Nähe des Todes das Licht des Lebens. Möchte Gott mich erleuchten. Ich bin ein Wurm, aber durch Gott werde ich zum Menschen. Gott stehe mir bei. Amen*': MS 103, 4.5.16.

p. 138 'like the prince': '*Bin wie der Prinz im verwünschten Schloss auf dem Aufklärerstand. Jetzt bei Tag ist alles ruhig aber in der Nacht da muss es fürchterlich zugehen! Ob ich es aushalten werde?? Die heutige Nacht wird es zeigen. Gott stehe mir bei!!*': MS 103, 5.5.16.

dieser Festung lassen, ehe ich unverrichteter Dingo abziehe. Die grösste Schwierigkeit ist die einmal eroberten Forts zu halten bis man ruhig in ihnen sitzen kann. Und bis nicht die Stadt gefallen ist, kann man nicht fur immer ruhig in einem der Forts sitzen': MS 102, 31.10.14.

p. 119 'I would be greatly obliged': Trakl to LW, Nov. 1914.

p. 119 'How happy I would be': 'Wie gerne möchte ich ihn kennen lernen! Höffentlich treffe ich ihn, wenn ich nach Krakau komme! Vielleicht wäre es mir eine grosse Stärkung': MS 102, 1.11.14.

p. 119 'I miss greatly': 'Ich vermisse sehr einen Menschen, mit dem ich mich ein wenig ausreden kann...es würde mich sehr stärken...In Krakau. Es ist schon zu spät, Trakl heute noch zu besuchen': MS 102, 5.11.14.

p. 120 'How often I think of him!': MS 102, 11.11.14.

p. 120 'When this war is over': DP to LW, 1.12.14.

p. 120 'For the first time in 4 months': MS 102, 10.12.14.

p. 121 'Perhaps they will have a good influence': MS 102, 15.11.14.

p. 121 'We recognize a condition of morbid susceptibility': Nietzsche, The Anti-Christ, p. 141.

p. 122 'An extreme capacity for suffering': ibid., p. 142.

p. 122 'Christianity is indeed the only sure way to happiness': 'Gewiss, das Christentum ist der einzige sichere Weg zum Glük; aber wie wenn einer dies Glück verschmähte?! Könnte es nicht besser sien, unglücklich im hoffnungslosen Kampf gegen die äussere Welt zu Grunde zu gehen? Aber ein solches Leben ist sinnlos. Aber warum nicht ein sinnloses Leben führen? Ist es unwürdig?': MS 102, 8.12.14.

p. 122 'it is false to the point of absurdity': Nietzsche, op. cit., p. 151.

p. 123 'Let us hope': GD to LW, 8.12.14.

p. 123 'I wish to note': 'Notieren will ich mir, dass mein moralischer Stand jetzt viel tiefer ist als etwa zu Ostern': MS 102, 2.1.15.

p. 124 'spent many pleasant hours': MS 102, 10.1.15.

p. 124 'My thoughts are tired': 'Meine Gedanken sind müde. Ich sehe die Sachen nicht frisch, sondern alltäglich, ohne Leben. Es ist als ob eine Flamme erloschen wäre und ich muss warten, bis sie von selbst wieder zu brennen anfängt': MS 102, 13.1.15.

p. 124 'Only through a miracle': 'Nur durch Wunder kann sie gelingen. Nur dadurch, indem von ausserhalb mir der Schleier von meinen Augen weggenommen wird. Ich muss mich ganz in mein Schicksal ergeben. Wie es über mich verhängt ist, so wird es werden. Ich lebe in der Hand des Schicksals': MS 102, 25.1.15.

p. 124 'When will I hear something from David?': MS 102, 19.1.15.

p. 124 'I hope you have been safely taken prisoner': JMK to LW, 10.1.15.

p. 125 'Lovely letter from David!': MS 102, 6.2.15.

p. 125 'except that I hope to God': DP to LW, 14.1.15.

p. 125 'We all hope': Klingenberg to LW, 26.2.15.

p. 125 'Of one wants to build solidly': Halvard Draegni to LW, 4.2.15.

p. 126 'comical misunderstandings': Recollections, p. 3.

p. 126 'probably very good': MS 102, 8.2.15.

p. 126 'no desire to assimilate foreign thoughts': LW to LF, 9.2.15.

p. 127 'If I were to write what I think': AJ to LW, 12.2.15.

p. 127 'in any case': SJ to LW, 20.2.15.

p. 127 'A draft of a reply': this draft (written in English) is now in the Brenner Archive, Innsbruck.

p. 127 'I hop he will write to you': DP to LW, 27.1.15.

Unbekannte Freund', first published
in *Der Brenner*, 1954, and reprinted in
Denkzettel und Danksagungen, 1967.

p. 108 'It makes me *very* happy': LW to LF,
1.8.14.

p. 108 'You are me!': reported by Eaglemann,
op. cit., p. 127.

p. 109 'Once I helped him': LW to PE, 31.3.17.

p. 109 'I do not know': LW to LF, 1.8.14.

p. 109 'as thanks they were': LW to LF, 13.2.15.

p. 109 'but a gift': see Methlagl, op. cit., p. 57.

p. 110 '[It] both moved and deeply gladdened
me': LW to LF, 13.2.15.

p. 110 'I suppose Madeira wouldn't suit you':
DP to LW, 29.7.14.

p. 111 'an intense desire': *Recollections*, p. 3.

p. 111 'average men and women': Russell,
Autobiography, p. 239.

p. 112 'No matter what a man's frailties': James,
Varieties of Religious Experience, p. 364.

p. 112 'Now I have the chance': this and the
following extra from Wittgenstein's
diaries are quoted by Rush Rhees in his
'Postscript' to *Recollections*, pp. 172-209.

p. 112 'People to whom thousands come':
'*Leute, die von Tausensen täglich um Rat
gefragt werden, gaben freundliche und
ausführliche Antworten*': MS 101, 9.8.14.

p. 113 'Will I be able to work now??!': '*Werde
ice jetzt arbeite können??! Bin gespannt
auf mein kommendes Leben!*': ibid.

p. 113 'Such incredible news': '*Solche
unmogliche Nachrichten sind immer
ein sehr schlechtes Zeichen. Wenn
wirklich etwas für uns Günstiges vorfällt,
dann wird das berichtet und niemand
verfällt auf solche Absurditäten. Fühle
darum heute mehr als je die furchtbare
Traurigkeit unserer - der deutschen Rasse -
Lage. Denn dass wir gegen England nicht
aufkommen können, scheint mir so gut wie
gewiss. Die Engländer - die beste Rasse der
Welt - können nicht verlieren. Wir aber
können verlieren und werden verlieren,
wenn nicht in diesem Jahr so im nächsten.
Der Gedanke, dass unsere Rasse geschlagen*

*werden soll, deprimiert mich furchtbar,
denn ich bin ganz und gar deutsch*': MS
101, 20.10.14.

p. 114 'a bunch of delinquents': quoted by
Rhees, op. cit., p. 196.

p. 114 'When we hear a Chinese talk': MS 101,
21.8.14; this translation is taken from
Culture and Value, p. 1.

p. 114 'Today, when I woke up': MS 101,
10.8.14; quoted in Nedo, op. cit., p.
161.

p. 114 'It was terrible': MS 101, 25.8.14;
quoted ibid., p.70.

p. 114 'There is an enormously difficult time':
ibid.; quoted in Rhees, op. cit., p. 196

p. 115 'No news from David': '*Keine Nachricht
von David. Bin ganz verlassen. Denke an
Selbstmord*': MS 102, 26.2.15.

p. 115 'I have never thought of you': SJ to LW,
25.10.14.

p. 115 'That you have enlisted': GF to LW,
11.10.14.

p. 116 'If you are not acquainted with it': LW
to LF, 24.7.15.

p. 116 'If I should reach my end now': MS 101,
13.9.14; quoted (but translated slightly
differently) in Rhees, op. cit., p. 194.

p. 116 'Don't be dependent on the external
world': MS 102, Nov. 1914; quoted in
Rhees, op. cit., p. 196.

p. 117 'All the concepts of my work': '*Ich bin
mit allen den Begriffen meiner Arbeit
ganz und gar "unfamiliar". Ich SEHE gar
nichts!!!*': MS 101, 21.8.14.

p. 117 'I am on the path': MS 101, 5.9.14;
quoted in Nedo, op. cit., p. 168.

p. 117 'I feel more sensual': '*Bin sinnlicher
als früher. Heute wieder o...*': MS 101,
5.9.14.

p. 118 told by Wittgenstein to G. H. von
Wright: see Biographical Sketch, p. 8.

p. 118 'In the proposition': *Notebooks*, p.7.

p. 118 'We can say': *Notebooks*, p. 8.

p. 118 'Worked the whole day': '*Den ganzen Tag
gearbeitet. Habe das Problem verzeifelt
gestürmt! Aber ich will eher mein Blut von*

Diary, 24.9.13.

p. 89　'He has settled many difficulties':
　　　　Pinsent, Diary,1.10.13.

p. 90　'sexual desire increases with physical
　　　　proximity': Weininger, *Sex and
　　　　Character*, p. 239.

五、挪威
NORWAY

p. 91　'I said it would be dark': BR to Lucy
　　　　Donnelly, 19.10.13.

p. 92　'After much groaning': BR to OM,
　　　　9.10.13.

p. 92　'In philosophy there are no deductions':
　　　　Notes on Logic; printed as Appendix I in
　　　　Notebooks 1914-16, pp. 93-107.

p. 93　'It was sad': Pinsent, Diary, 8.10.13.

p. 93　'As I hardly meet a soul': LW to BR,
　　　　29.10.13.

p. 94　'Then my mind was on fire!': quoted
　　　　by Basil Reeve in conversation with the
　　　　author.

p. 94　'that the whole of Logic': LW to BR,
　　　　29.10.13.

p. 94　'In pure logic': Russell, *Our Knowledge
　　　　of the External World*, preface, pp. 8-9.

p. 94　'An account of general indefinables?':
　　　　LW to BR, Nov. 1913.

p. 95　'I beg you': LW to BR, Nov. or Dec.
　　　　1913.

p. 95　'All the propositions of logic': ibid.

p. 96　'My day passes': Lw to BR, 15.12.13.

p. 97　'But deep inside me': LW to BR,
　　　　Dec. 1913 or Jan. 1914. In *Letters to
　　　　Russell, Keynes and Moore* this letter is
　　　　dated June/July 1914, but, as Brian
　　　　McGuinness argues in *Wittgenstein: A
　　　　Life*, p. 192, it seems more plausible to
　　　　assume that it was written during the
　　　　Christmas period.

p. 97　'It's VERY sad': LW to BR, Jan. 1914.

p. 98　'come to the conclusion': LW to BR,
　　　　Jan. or Feb. 1914.

p. 99　'I dare say': BR to OM, 19.2.14.

p. 99　'*so* full of kindness and friendship': LW

to BR, 3.3.14.

p. 101　'who is not yet stale': LW to GEM,
　　　　18.2.14.

p. 101　'*You must come*': LW to GEM, 18.2.14.

p. 101　'I *think, now*': LW to GEM, March
　　　　1914.

p. 102　'Logical so-called propositions': 'Notes
　　　　Dictated to G. E. Moore in Norway';
　　　　printed as Appendix II in *Notebooks
　　　　1914-16*.

p. 102　'I have now relapse': LW to BR, early
　　　　summer 1914.

p. 103　'Your letter annoyed me': LW to GEM,
　　　　7.5.14.

p. 104　'Upon clearing up some papers': LW to
　　　　GEM, 3.7.14.

p. 104　'Think I won't answer it': Moore, Diary,
　　　　13.7.14; quoted on p. 273 of Paul Levy,
　　　　G. E. Moore and the Cambridge Apostles.

六、火線之後
BEHIND THE LINES

p. 105　'I hope the little stranger': LW to WE,
　　　　July 1914.

p. 106　'The effect is greatly admired': WE to
　　　　LW, 28.6.14.

p. 106　'I am turning to you in this matter': LW
　　　　to LF, 14.7.14.

p. 107　'In order to convince you': LW to LF,
　　　　19.7.14.

p. 107　'That Austria's only honest review':
　　　　quoted in the notes to *Brief an Ludwig
　　　　von Ficker*, and translated by Allan
　　　　Janik in 'Wittgenstein, Ficker and
　　　　"*Der Brenner*"', C. G. Luckhardt,
　　　　Wittgenstein: Sources and Perspectives, pp.
　　　　161-89.

p. 107　From the painter Max von Esterle:
　　　　see Walter Methlagl, 'Erläuterungen
　　　　zur Beziehung zwischen Ludwig
　　　　Wittgenstein und Ludwig von Ficker',
　　　　Brief an Ludwig von Ficker, pp. 45-69.

p. 107　'a picture of stirring loneliness': quoted
　　　　by Janik, op cit., p. 166. The quotation
　　　　comes from Ficker, 'Rilke und der

'Matter', unpublished MS; quoted by Kenneth Blackwell in 'The Early Wittgenstein and the Middle Russell', in *Perspective on the Philosophy of Wittgenstein*, ed. Irving Block.

p. 71　'I am sure I have hit upon a real thing': BR to OM, 9.11.12.

p. 72　'Then Russell appeared': Pinsent, Diary, 4.2.13.

p. 72　'fortunately it is his business': BR to OM, 23.2.13.

p. 72　'My dear father died': LW to BR, 21.1.13.

p. 72　'very much against it': Pinsent, Diary, 7.2.13.

p. 73　'terrific contest': BR to OM, 6.3.13.

p. 73　'I find I no longer talk to him about *my* work': BR to OM, 23.4.13.

p. 75　'I believe a certain sort of mathematicians': BR to OM, 29.12.12.

p. 76　'Whenever I try to think about Logic': LW to BR, 25.3.13.

p. 76　'Poor wretch!': BR to OM, 29.3.13.

p. 76　'Do you mean': PEJ, to GF, 29.3.13

p. 76　'shocking state': BR to OM, 2.5.13.

p. 76　'I played tennis with Wittgenstein': Pinsent, Diary, 29.4.13.

p. 76　'I had tea chez: Wittgenstein': Pinsent, Diary 5.5.13.

p. 77　'The idea is this': Pinsent, Diary, 15.5.13.

p. 77　'talking to each other': BR to OM, 16.5.13.

p. 77　'went on the river': Pinsent, Diary, 4.6.13.

p. 78　'···we went to the C.U.M.C.': Pinsent, Diary, 30.11.12.

p. 78　'Wittgenstein and Lindley came to tea': Pinsent, Diary, 28.2.13.

p. 78　'I came with him': Pinsent, Diary, 24.5.13.

p. 79　'because ordinary crockery is too ugly': Pinsent, Diary, 16.6.13.

p. 79　'He affects me': BR to OM, 1.6.13.

p. 80　'His faults are exactly mine': BR to OM, 5.6.13.

p. 80　'an event of first-rate importance': BR to OM, 1916; the letter is reproduced in Russell, *Autobiography*, pp. 281-2.

p. 81　'It all flows out': BR to OM, 8.5.13.

p. 81　'He thinks it will be like the shilling shocker': BR to OM, 13.5.13.

p. 81　'He was right': BR to OM, 21.5.13.

p. 81　'We were both cross from the heat': BR to OM, 27.5.13.

p. 82　'But even if they are': BR to OM, undated.

p. 82　'I am very sorry': LW to BR, 22.7.13.

p. 82　'I must be much sunk': BR to OM, 20.6.13.

p. 82　'Ten years ago': BR to OM, 23.2.13.

p. 83　'Wittgenstein would like the work': BR to OM, 18.1.14.

p. 83　'You can hardly believe': BR to OM, 29.8.13.

p. 83　'latest discoveries': Pinsent, Diary, 25.8.13.

p. 84　'There are still some *very* difficult problems': LW to BR, 5.9.13.

p. 84　'He was very anxious': Pinsent, Diary, 25.8.13

p. 84　'That is a splendid triumph': Pinsent, Diary, 29.8.13.

p. 84　'Soon after we had sailed': Pinsent, Diary,30.8.13.

p. 85　'We have got on splendidly': Pinsent, Diary, 2.9.13.

p. 85　'absolute sulky': ibid.

p. 86　'When he is working': Pinsent, Diary, 3.9.13.

p. 86　'which was the cause of another scene': Pinsent, Diary, 4.9.13.

p. 86　'just enough to do to keep one from being bored': Pinsent, Diary, 23.9.13.

p. 87　'I am sitting here': LW to BR, 5.9.13.

p. 87　'During all the morning': Pinsent, Diary, 17.9.13.

p. 88　'*as soon as possible*': LW to BR, 20.9.13.

p. 88　'but yet frightfully worried': Pinsent, Diary, 20.9.13.

p. 88　'I am enjoying myself pretty fairly': Pinsent, Diary, 23.9.13.

p. 89　'suddenly announced a scheme': Pinsent,

OM, 5.9.12.

p. 58　'Wittgenstein, or rather his father':
　　　　Pinsent, Diary, 5.9.12.

p. 58　'⋯he is being very fussy': Pinsent,
　　　　Diary, 12.9.12.

p. 58　'He has an enormous horror': Pinsent,
　　　　Diary, 12.9.12.

p. 59　'Wittgenstein has been talking a lot':
　　　　Pinsent, Diary, 19.9.12.

p. 59　'Wittgenstein however got terribly
　　　　fussy': Pinsent, Diary, 13.9.12.

p. 59　'Wittgenstein was a bit sulky all the
　　　　evening': Pinsent, Diary, 21.9.12.

p. 60　'His fussiness comes: Pinsent, Diary,
　　　　15.9.12.

p. 60　'I am learning a lot': Pinsent, Diary,
　　　　18.9.12.

p. 60　'he simply won't speak to them': Pinsent,
　　　　Diary, 24.9.12.

p. 61　'still fairy sulky': Pinsent, Diary, 25.9.12

p. 61　'I really believe': Pinsent, Diary, 29.9.12.

p. 61　'I think father was interested': 4.10. 12.

p. 61　'the most glorious holiday': Pinsent,
　　　　Diary, 5.10.12.

四、羅素的導師
RUSSELL'S MASTER

p. 62　'the infinite part of our life': Russell, 'The
　　　　Essence of Religion', *Hibbert Journal*, XI
　　　　(Oct. 1912), pp. 42-62.

p. 63　'Here is Wittgenstein': BR to OM, early
　　　　Oct. 1912.

p. 63　'He felt I had been a traitor': BR to
　　　　OM, 11.10.12

p. 63　'Wittgenstein's criticisms': BR to OM,
　　　　13.10.12.

p. 63　'very much inclined': BR to OM,
　　　　14.10.12.

p. 63　'He was very displeased with them':
　　　　Moore, undated letter to Hayek; quoted
　　　　in Nedo, op. cit., p. 79.

p. 64　'pace up and down': Russell,
　　　　Autobiography, p. 330.

p. 64　'not far removed from suicide': BR to
　　　　OM, 31.10.12.

p. 64　'he strains his mind.' BR to OM, 5.11.12.

p. 64　'I will remember the directions': BR to
　　　　OM, 4.11.12.

p. 64　'passionate afternoon': BR to OM,
　　　　5.11.12.

p. 65　'I told Wittgenstein': BR to OM,
　　　　12.11.12.

p. 65　'I got into talking about his faults': BR
　　　　to OM, 30.11.12.

p. 65　'a man Wittgenstein dislikes': Pinsent,
　　　　Diary, 9.11.12.

p. 66　'but it was a failure': BR to OM,
　　　　31.10.12.

p. 66　'Wittgenstein is a most wonderful
　　　　character': JMK to Duncan Grant,
　　　　12.11.12.

p. 66　'Have you heard': JMK to LS, 13.11.12.

p. 66　'Obviously from his point of view': BR
　　　　to JMK, 11.11.12.

p. 67　'take him': James Strachey to Rupert
　　　　Brooke, 29.1.12; see Paul Delany, *The
　　　　Neo-pagans*, p. 142.

p. 67　'He can't stand him': BR to OM,
　　　　10.11.12.

p. 67　'Our brothers B and Wittgenstein': LS
　　　　to JMK, 20.11.12/

p. 67　'The poor man sin a sad state': LS to
　　　　Sydney Saxon Turner, 20.11.12.

p. 68　'The Witter-Gitter man': JS to LS, early
　　　　Dec. 1912.

p. 68　'Wittgenstein has left the Society': BR to
　　　　OM, undated, but either 6 or 13 Dec.
　　　　1912.

p. 69　'He is much the most apostolic': BR to
　　　　'Goldie' Lowes Dickenson, 13.2.13.

p. 69　'His latest': Pinsent, Diary, 25.10.12.

p. 70　'Mr Wittgenstein read a paper': minutes
　　　　of the Moral Science Club, 29.11.12.

p. 70　'about our Theory of Symbolism': LW to
　　　　BR, 26.12.12.

p. 70　'I think that there cannot be different
　　　　Types of things!': LW to BR, Jan. 1913.

p. 71　'No good argument': see Roland W.
　　　　Clark, *The Life of Bertrand Russell*, p.
　　　　241.

p. 71　'Physics exhibits sensations': Russell,

p. 42 'I found in the first hour.' *Recollections*, p. 61.

p. 42 'At our first meeting': ibid.

p. 42 'While I was preparing my speech': BR to OM, 2.3.12.

p. 42 'Moore thinks enormously highly': BR to OM, 5.3.12.

p. 43 'ideal pupil': BR to OM, 17.3.12.

p. 43 'practically certain to do a good deal': BR to OM, 15.3.12.

p. 43 'full of boiling passion': ibid.

p. 43 'It is a rare passion': BR to OM, 8.3.12.

p. 43 'he has more passion': BR to OM, 16.3.12.

p. 43 'His disposition is that of an artist': BR to OM, 16.3.12.

p. 43 'I have the most perfect intellectual sympathy with him': BR to OM, 17.3.12.

p. 43 '···he even has the same similes': BR to OM, 22.3.12.

p. 43 'in arguments he forgets': BR to OM, 10.3.12.

p. 44 'far more terrible with Christians': BR to OM, 17.3.12.

p. 45 'he says people who like philosophy': BR to OM, 17.3.12.

p. 45 'wears well': BR to OM, 23.4.12.

p. 46 'perhaps the most perfect example': Russell, *Autobiography*, p. 329.

p. 46 'I don't feel the subject neglected': BR to OM, 23.4.12.

p. 46 'He seemed surprised': ibid.

p. 47 'a model of cold passionate analysis': BR to OM, 24.4.12.

p. 47 'a trivial problem': BR to OM, 23.4.12.

p. 47 'but only because of dissagreement': BR to OM, 26.5.12.

p. 48 'Everybody has just begun to discover him': BR to OM, 2.5.12.

p. 48 'Somebody had been telling them': ibid.

p. 48 'Herr Sinckel-Winckel lunches with me': LS to JMK, 5.5.12

p. 48 'Herr Sinckel-Winckel hard at it': LS to JMK, 17.5.12.

p. 49 'interesting and pleasant': Pinsent, Diary, 13.5.12.

p. 49 'I really don't know what to think': Pinsent, Diary, 31.5.12.

p. 50 '···he is reading philosophy up here': Pinsent, Diary, 30.5.12.

p. 50 'very communicative': Pinsent, Diary, 1.6.12.

p. 51 '···then went on to say': BR to OM, 30.5.12

p. 51 'This book does me a lot of good': LW to BR, 22.6.12/

p. 52 'much pained, and refused to believe it': BR to OM, 1.6.12.

p. 52 '[Wittgenstein]said (and I believe him)': ibid.

p. 53 'since good taste is genuine taste': BR to OM, 17.5.12.

p. 53 'I am seriously afraid': BR to OM, 27.5.12.

p. 54 'I told him': ibid.

p. 54 'It is really amazing': BR to OM, 24.7.12.

p. 54 'I did seriously mean to go back to it': BR to OM21.5.12.

p. 54 'I do *wish* I were more creative': BR to OM, 7.9.12.

p. 55 '···the second part represented my opinions': BR to Anton Felton, 6.4.68.

p. 55 'Wittgenstein brought me the most lovely roses': BR to OM, 23.4.68.

p. 55 'I love him as if he were my son': BR to OM, 22.8.12.

p. 55 'We expect the next big step': *Recollections*, p. 2.

p. 55 'I went out': Pinsent, Diary, 12.7.12.

p. 56 'He is *very* fussy': BR to OM, 5.9.12.

p. 56 'rather quaint but not bad': Pinsent, Diary, 14.10.12.

p. 56 'arrogated base culture': Engelmann, *Memoir*, p. 130.

p. 56 'I am quite well again': LW to BR, summer 1912.

p. 57 'I am glad you read the lives of Mozart and Beethoven': LW to BR, 16.8.12.

p. 57 'a great contrast': BR to OM, 4.9.12.

p. 57 'This produced a wild outburst': BR to

183.

p. 24　'many man first come to know of their own real nature': ibid., p. 244

p. 24　'In love, man is only loving himself': ibid., p. 243.

p. 24　'what all the travels in the world': ibid., p. 239.

p. 24　'attached to the absolute': ibid., p. 247.

p. 25　'no one who is honest with himself': ibid., p. 346.

p. 26　'When these painful contradictions are removed': Hertz, *Principles of Mechanics*, p. 9.

二、曼徹斯特
MANCHESTER

p. 29　'I'm having a few problems': LW to Hermine Wittgenstein, 17.5.08.

p. 29　'Because I am so cut off': ibid.

p. 30　'…will try to solve': LW to Hermine Wittgenstein, Oct. 1908.

p. 32　'What the complete solution': Russell, *Principles of Mathematics*, p. 528.

p. 33　'Russell said': Jourdain, correspondence book, 20.4.09.

p. 34　'one of the very few people': LW to WE, 30.10.31.

p. 34　'his nervous temperament': J. Bamber to C. M. Mason, 8.3.54; printed as an appendix to Wolfe Mays, 'Wittgenstein in Manchester'.

p. 34　'He used to brag': ibid.

p. 34　'he used to sit through the concert': ibid.

p. 35　'in a constant, indescribable, almost pathological state': *Recollections*, p. 2.

三、羅素的高徒
RUSSELL'S PROTÉGÉ

p.36　維根斯坦先認識弗雷格還是先見到羅素，目前仍有爭議。本書的說法和麥吉尼斯《維根斯坦的一生》相同，也跟赫爾敏的回憶〈我弟弟路德維希〉（My Brother Ludwig）吻合（《回憶》pp.1-11），並和馮·賴特的說法相呼應。馮·賴特於〈自傳草稿〉（Biographical Sketch）回憶維根斯坦曾經跟他說，他先去耶拿見了弗雷格，之後（在弗雷格的建議下）去劍橋找羅素。然而，羅素認為維根斯坦來劍橋之前並未去見弗雷格，維根斯坦的一些友人也如此認為，包括安斯康姆和里斯（他在赫爾敏的回憶錄裡加了編者註，提到自己的看法）。安斯康姆教授告訴我，赫爾敏撰寫回憶錄時年事已高，記憶可能有誤，但由於證據不足，我選擇相信赫爾敏的回憶。

p. 36　'My intellect never recovered': Russell, *Autobiography*, p. 155.

p. 37　'I did think': BR to OM, 13.12.11.

p. 38　'What you call God': BR to OM, 29.12.11.

p. 38　'…now there is no prison': BR to OM, July 1911.

p. 38　'…an unknown German': BR to OM, 18.10.11.

p. 39　'I am much interested': ibid.

p. 39　'My German friend': ibid.

p. 39　'My German engineer very augmentative': BR to OM, 1.11.11.

p. 39　'My German engineer, I think, is a fool': BR to OM, 2.11.11.

p. 40　'…was refusing to admit': BR to OM, 7.11.11.

p. 40　'My lecture went off all right': BR to OM, 13.11.11.

p. 40　'My ferocious German': BR to OM, 16.11.11.

p. 40　'My German is hesitating': BR to OM, 27.11.11.

p. 41　'literary, very musical, pleasant-mannered': BR to OM, 29.11.11.

p. 41　'very good, much better than my English pupils': BR to OM, 23.1.12.

p. 41　'Wittgenstein has been a great event in my life': BR to OM, 22.3.12.

p. 41　'a definition of logical *form*': BR to OM, 26.1.12.

p. 42　'brought a very good original suggestion': BR to OM, 27.2.12

OM	奧特琳		RR	里斯
CKO	奧格登		FS	法蘭西斯・史金納
DP	大衛・品生特		LS	斯特拉齊
FP	芬妮・品生特		MS	石里克
GP	帕特森		FW	魏斯曼
BR	羅素		GHvW	馮・賴特
FR	拉姆齊			

〔編按：以下所列頁數為原文頁數，請參照每頁底緣所附之原文頁數。〕

一、自我毀滅的試驗場
THE LABORATORY FOR SELF-
DESTRUCTION

p. 3　'Why should one tell the truth':
Wittgenstein's recollection of this
episode is contained in a document
found among Wittgenstein's papers;
quoted by Brian McGuinness in
Wittgenstein: A Life, pp.47-8.

p. 3　'Call me a truth-seeker': LW to Helene
Salzer (née Wittgenstein); quoted in
Michael Nedo and Michele Ranchetti,
*Wittgenstein: Sein Leben in Bildern und
Texten*, p. 292.

p. 4　'I can't understand that': Malcom,
Memoir, p. 116.

p. 6　'There is no oxygen in Cambridge':
Recollections, p. 121

p. 12　'our influence did not reach far enough':
Jahrbuch für sexuelle Zwischenstufen,
VI, p. 724; quoted by W. W. Bartley in
Wittgenstein, p. 36.

p. 13　woken at three: this account was
given by Wittgenstein to Rush Rhees,
who mentioned it to the author in
conversation.

p.13　'I can begin to hear the sound of
machinery': *Recollections*, p. 112.

p. 14　'*Du hast aber kein Rhythmus!*': quoted
by Rush Rhees, in conversation with the
author.

p. 14　'Whereas I in the same circumstances':
from the document referred to on p.3.

p. 16　'*Wittgenstein wandelt wehmütig*': recalled

in a letter (12.4.76) from a fellow pupil
of Wittgenstein's at Linz, J. H. Stiegler,
to Adolf Hübner; quoted by Konrad
Wüsche in *Der Volksschullehrer Ludwig
Wittgenstein*, p. 35. I am indebted to
Paul Wijdeveld for the translation.

p. 17　'A trial involving sexual morality':
quoted by Frank Field in *Karl Kraus and
his Vienna*, p. 56

p. 17　'If I must choose': ibid., p.51

p. 17　Politics 'is what a man does': ibid., p.
75.

p. 20　'a time when art is content': Weininger,
Sex and Character, pp. 329-30.

p. 21　'her sexual organs possess women': ibid.,
p. 92.

p. 22　'the male lives conciously': ibid., p. 75.

p. 22　'disposition for and inclination to
prostitution': ibid., p. 217.

p. 22　'a characteristic which is really and
exclusively feminine': ibid., p. 255.

p. 22　'the interest that sexual unions shall take
place': ibid., p. 258.

p. 22　'but which has become actual': ibid., p.
303.

p. 23　'the most manly Jew': ibid., p. 306.

p. 23　'the extreme of cowardliness': ibid., p.
325.

p. 23　'conquered in himself Judaism': ibid. pp.
327-8.

p. 24　'it has the greatest, most limpid clearness
and distinctness': ibid., p. 111.

p. 24　'they are no more that duty to oneself':
ibid., p.159.

p. 24　'Genius is the highest morality': ibid., p.

引用文獻

587　　維根斯坦的手稿保存於劍橋大三一學院倫恩圖書館（Wren Library），本書引用時按照馮・賴特教授〈維根斯坦文集〉（The Wittgenstein Papers）（見《維根斯坦》〔Wittgenstein, Blackwell, 1982〕）所用的編號，於正文裡引用時一概使用英文。其中照錄已有的譯文者，這裡只提供出處；之前只以德文出版或引用過而由我翻譯者，會附上手稿索引和德語原文出處；之前未出版的德語文句而由我翻譯者，除了給出手稿索引，還附上德語原文。弗雷格寫給維根斯坦的信裡比較重要的幾封，我也比照辦理。

維根斯坦寫給羅素、摩爾、凱因斯、埃克萊斯、恩格曼、馮費克、奧格登和馮・賴特的信，收錄在參考書目所列的書信集裡。他寫給亨澤爾的信收錄在康拉德・溫許（Konrad Wünsche）《小學教師維根斯坦》（Der Volksschullehrer Ludwig Wittgenstein）的附錄中，而寫給姊姊赫爾敏和海倫娜的信，以及寫給朋友弗拉克、魏斯曼、帕特森、石里克、里斯和赫特的信，除非另有說明，否則迄今都未曾出版，尚在私人手裡。

恩格曼、埃克萊斯、弗雷格、馮費克、亨澤爾、約勒斯夫婦、奧格登、品生特以及羅素寫給維根斯坦的信，保存在因斯布魯克大學布倫納檔案館裡，法蘭西斯・史金納寫給維根斯坦的信則在私人手中。

羅素寫給奧特琳的信保存在德州大學人文研究中心，之前至少有三個出版品大量引用這些信，包括克拉克的《羅素生平》（The Life of Bertrand Russell, by Ronald W. Clark）、麥吉尼斯的《維根斯坦的一生》（A Life, by Brian McGuinness）和布雷克威的〈早期維根斯坦和
588　中期羅素〉（'The Early Wittgenstein and the Middle Russell', by Kenneth Blackwell）（收錄於布洛克編輯的《維根斯坦哲學面面觀》〔Perspectives on the Philosophy of Wittgenstein, ed. Irving Block〕）。

本書第二十一章引用的格蘭特醫師、拜沃特斯醫師、哈洛德醫師和湯姆森醫師間的通信，保存於倫敦醫學研究委員會圖書館（Medical Research Council (MRC) Library, London）。第九章引用的阿道夫・胥布納（Adolf Hübner）訪談資料收錄在下奧地利奇爾希貝格的維根斯坦檔案中心（Wittgenstein Documentation Center in Kirchberg, Lower Austria）。

以下提到里斯編輯的《回憶維根斯坦》（Recollections of Wittgenstein）時，將簡寫為《回憶》（Recollections），維根斯坦簡寫為 LW，他的通信對象分別簡寫如下：

PE	恩格曼	AJ	艾黛兒・約勒斯（約勒斯夫人）
WE	埃克萊斯	SJ	史丹尼士勞斯・約勒斯
GF	弗雷格	PEJ	約丹
LF	馮費克	LMK	凱因斯
RF	弗拉克	LL	洛普科娃
LH	亨澤爾	GEM	摩爾
RH	赫特	NM	馬爾康姆

書信
CORRESPONDENCE

Briefe, Briefwechsel mit B. Russell, G. E. Moore. J. M. Keynes, F. P. Ramsey, W. Eccles, P. Engelmann und L. von Ficker, ed. B. F, McGuinness and G. H. von Wright (Suhrkamp, 1980)

Letters to Russell, Keynes and Moore, ed. G. H. von Wright assisted by B. F. McGuinness (Blackwell, 1974)

Letters to C. K. Ogden with Comments on the English Translation of the Tractatus Logico-Philosophicus, ed. G. H. von Wright (Blackwell/Routledge, 1973)

Letters from Ludwig Wittgenstein with a Memoir by Paul Engelmann, ed. B. F. McGuinness (Blackwell, 1967)

Briefe an Ludwig von Ficker, ed. G. H. von Wright with Walter Methlagl (Otto Müller, 1969)

'Letters to Ludwig von Ficker', ed. Allan Janik, in *Wittgenstein: Sources and Perspectives*, ed. C. G. Luckhardt (Harvester, 1979), pp. 82-98

'Some Letters of Ludwig Wittgenstein', in W. Eccles, *Hermathena*, XCVII (1963), pp. 57–65

Letter to the Editor, *Mind*, XLII, no. 167 (1933), pp. 415-16

'Some Hitherto Unpublished Letters from Ludwig Wittgenstein to Georg Henrik von Wright', *The Cambridge Review* (28 February 1983)

Wörterbuch für Volksschulen, ed. Werner and Elizabeth Leinfelner and Adolf Hübner (Hölder-Pichler-Tempsky, 1977)

'Some Remarks on Logical Form', *Proceedings of the Aristotelian Society*, IX (1929), pp. 162-71; reprinted in *Essays on Wittgenstein's Tractatus*, ed. I. M. Copi and R. W. Beard (Routledge, 1966)

'A Lecture on Ethics', *Philosophical Review*, LXXIV, no. 1 (1968), pp. 4-14

Philosophical Remarks, ed. Rush Rhees (Blackwell, 1975)

Philosophical Grammar, ed. Rush Rhees (Blackwell, 1974)

Remarks on Frazer's Golden Bough, ed. Rush Rhees (Brynmill, 1979)

The Blue and Brown Books (Blackwell, 1975)

'Notes for Lectures on "Private Experience" and "Sense Data"', ed. Rush Rhees, *Philosophical Review*, LXXVII, no. 3 (1968), pp. 275–320; reprinted in *The Private Language Argument*, ed. O. R. Jones (Macmillan, 1971), pp. 232-75

'Cause and Effect: Intuitive Awareness', ed. Rush Rhees, *Philosophia*, VI, nos. 3–4 (1976)

Remarks on the Foundations of Mathematics, ed. R. Rhees, G. H. von Wright and G. E. M. Anscombe (Blackwell, 1967)

Philosophical Investigations, ed. G. E. M. Anscombe and R. Rhees (Blackwell, 1953)

Zettel, ed. G. E. M. Anscombe and G. H. von Wright (Blackwell, 1981)

Remarks on the Philosophy of Psychology, I, ed. G. E. M Anscombe and G. H. von Wright (Blackwell, 1980)

Remarks on the Philosophy of Psychology, II, ed. G. H. von Wright and Heikki Nyman (Blackwell, 1980)

Last Writings on the Philosophy of Psychology, I: *Preliminary Studies for Part II of Philosophical Investigations*, ed. G. H. von Wright and Heikki Nyman (Blackwell, 1982)

Remarks on Colour, ed. G. E. M. Anscombe (Blackwell, 1977)

On Certainty, ed. G. E. M. Anscombe and G. H. von Wright (Blackwell, 1969)

Culture and Value, ed. G. H. von Wright in collaboration with Heikki Nyman (Blackwell, 1980)

講課與對話錄
NOTES OF LECTURES AND CONVERSATIONS

Ludwig Wittgenstein and the Vienna Circle: Conversations Recorded by Friedrich Waismann ed. B. F. McGuinness (Blackwell, 1979)

'Wittgenstein's Lectures in 1930-33', in G. E. Moore, *Philosophical Papers* (Unwin, 1959), pp. 252-324

Wittgenstein's Lectures: Cambridge, 1930–1932, ed. Desmond Lee (Blackwell, 1980)

Wittgenstein's Lectures: Cambridge, 1932–1935, ed. Alice Ambrose (Blackwell, 1979)

'The Language of Sense Data and Private Experience — Notes taken by Rush Rhees of Wittgenstein's Lectures, 1936', *Philosophical Investigations*, VII, no. 1 (1984), pp. 1–45; continued in *Philosophical Investigations*, VII, no. 2 (1984), pp. 101-40

Lectures and Conversations on Aesthetics, Psychology and Religious Belief, ed. Cyril Barrett (Blackwell, 1978)

Wittgenstein's Lectures on the Foundations of Mathematics: Cambridge, 1939, ed. Cora Diamond (Harvester, 1976)

Wittgenstein's Lectures on Philosophical Psychology 1946–47, ed. P. T. Geach (Harvester, 1988)

—— *An Inquiry into Meaning and Truth* (Unwin, 1940)

—— *History of Western Philosophy* (Unwin, 1945)

—— *Human Knowledge: Its Scope and Limits* (Unwin, 1948)

Russell, Bertrand *Logic and Knowledge*, ed. R. C. March (Unwin, 1956)

—— *My Philosophical Development* (Unwin, 1959)

—— *Autobiography* (Unwin, 1975)

Russell, Dora *The Tamarisk Tree, I: My Quest for Liberty and Love* (Virago, 1977)

Ryan, Alan *Bertrand Russell: A Political Life* (Allen Lane, 1988)

Schopenhauer, Arthur *Essays and Aphorisms* (Penguin, 1970)

—— *The World as Will and Representation*, 2 vols (Dover, 1969)

Shanker, S. G. *Wittgenstein and the Turning Point in the Philosophy of Mathematics* (Croom Helm, 1987)

Sjögren, Marguerite *Granny et son temps* (privately printed in Switzerland, 1982)

Skidelsky, Robert *John Maynard Keynes*, I: *Hopes Betrayed 1883–1920* (Macmillan, 1983)

Spengler, Oswald *The Decline of the West* (Unwin, 1928)

Sraffa, Piero *Production of Commodities By Means of Commodities* (Cambridge, 1960)

Steiner, G. A *Reading Against Shakespeare*, W. P. Ker Lecture for 1986 (University of Glasgow, 1986)

Tagore, Rabindranath *The King of the Dark Chamber* (Macmillan, 1918)

Thomson, George 'Wittgenstein: Some Personal Recollections', *The Revolutionary World*, XXXVII–IX (1979), pp. 87–8

Tolstoy, Leo *A Confession and Other Religious Writings* (Penguin, 1987)

—— *Master and Man and Other Stories* (Penguin, 1977)

—— *The Kreutzer Sonata and Other Stories* (Penguin, 1985)

—— *The Raid and Other Stories* (Oxford, 1982)

Waismann, F. *The Principles of Linguistic Philosophy*, ed. R. Harré (Macmillan, 1965)

Walter, Bruno *Theme and Variations: An Autobiography* (Hamish Hamilton, 1947)

Weininger, Otto *Sex and Character* (Heinemann, 1906)

Wittgenstein, Hermine, *Familienerinnerungen* (unpublished)

Wood, Oscar P. and Pitcher, George, ed., *Ryle* (Macmillan, 1971)

Wright, G. H. von *Wittgenstein* (Blackwell, 1982)

—— 'Ludwig Wittgenstein, A Biographical Sketch', in Malcolm, op. cit.

Wuchterl, Kurt and Hübner Adolf *Ludwig Wittgenstein in Selbstzeugnissen und Bilddokumenten* (Rowohlt, 1979)

Wünsche, Konrad, *Der Volksschullehrer Ludwig Wittgenstein* (Suhrkamp, 1985)

文稿
TEXTS

Review of P. Coffey *The Science of Logic*, *The Cambridge Review*, XXXIV (1913), p. 351

'Notes on Logic', in *Notebooks 1914–16*, pp. 93–107

'Notes Dictated to G. E. Moore in Norway', in *Notebooks 1914–16*, pp. 108-19

Notebooks 1914–16, ed. G. E. M. Anscombe and G. H. von Wright (Blackwell, 1961)

Prototractatus – An Early Version of Tractatus Logico-Philosophicus, ed. B. F. McGuinness, T. Nyberg and G. H. von Wright (Routledge, 1971)

Tractatus Logico-Philosophicus, trans. C. K. Ogden and F. P. Ramsey (Routledge, 1922)

Tractatus Logico-Philosophicus, trans. D. F. Pears and B. F. McGuinness (Routledge, 1961)

—— 'Critical Notice: "*Lectures on the Foundations of Mathematics*"', in *Ludwig Wittgenstein: Critical Assessments*, ed. S. G. Shanker (Croom Helm, 1986), pp. 98–110

Leitner, Bernhard *The Architecture of Ludwig Wittgenstein: A Documentation* (Studio International, 1973)

Levy, Paul *G. E. Moore and the Cambridge Apostles* (Oxford, 1981)

Luckhardt, C. G. *Wittgenstein: Sources and Perspectives* (Harvester, 1979)

Mabbott, John *Oxford Memories* (Thornton's, 1986)

Mahon, J. The great philosopher who came to Ireland' *Irish Medical Times*, (February 14, 1986)

McGuinness, Brian *Wittgenstein: A Life. Young Ludwig 1889–1921* (Duckworth, 1988)

, ed., Wittgenstein and His Times (Blackwell, 1982)

McHale, Sister Mary Elwyn *Ludwig Wittgenstein: A Survey of Source Material for a Philosophical Biography* (MA thesis for the Catholic University of America, 1966)

Malcolm, Norman *Ludwig Wittgenstein: A Memoir* (with a Biographical Sketch by G. H. von Wright) (Oxford, rev. 2/1984)

Manvell, Roger and Fraenkel, Heinrich *Hitler: The Man and the Myth* (Grafton, 1978)

Mays, W. 'Wittgenstein's Manchester Period', *Guardian* (24 March 1961)

—— Wittgenstein in Manchester', in *'Language, Logic, and Philosophy': Proceedings of the 4th International Wittgenstein Symposium* (1979), PP. 171-8

Mehta, Ved *The Fly and the Fly-Bottle* (Weidenfeld & Nicolson, 1963)

Moore, G. E. *Philosophical Papers* (Unwin, 1959)

Moran, John 'Wittgenstein and Russia', *New Left Review*, LXXIII (May-June 1972)

Morton, Frederic *A Nervous Splendour* (Weidenfeld & Nicolson, 1979)

Nedo, Michael and Ranchetti, Michele *Wittgenstein: Sein Leben in Bildern und Texten* (Suhrkamp, 1983)

Nietzsche, Friedrich *Twilight of the Idols* and *The Anti-Christ* (Penguin, 1968)

Ogden, C. K. and Richards, I. A. *The Meaning of Meaning* (Kegan Paul, 1923)

Parak, Franz *Am anderen Ufer* (Europäischer Verlag, 1969)

Partridge, Frances *Memories* (Robin Clark, 1982)

Popper, Karl *Unended Quest: An Intellectual Autobiography* (Fontana, 1976)

Ramsey, F. P. 'Critical Notice of L. Wittgenstein's "Tractatus Logico Philosophicus"', *Mind*, XXXII, no. 128 (October 1923), pp. 465–78

—— *Foundations: Essays in Philosophy, Logic, Mathematics and Economics* (Routledge, 1978)

Rhees, Rush 'Wittgenstein' [review of Bartley, op. cit.] *The Human Word*, XIV (February 1974)

—— *Discussions of Wittgenstein* (Routledge, 1970)

—— *Without Answers* (Routledge, 1969)

—— , ed., *Recollections of Wittgenstein* (Oxford, 1984)

Russell, Bertrand *The Principles of Mathematics* (Unwin, 1903)

—— *The Problems of Philosophy* (Home University Library, 1912)

—— *Our Knowledge of the External World* (Unwin, 1914)

—— *Mysticism and Logic* (Unwin, 1918)

—— *Introduction to Mathematical Philosophy* (Unwin, 1919)

—— *The Analysis of Mind* (Unwin, 1921)

—— *The Practice and Theory of Bolshevism* (Unwin, 1920)

—— *Marriage and Morals* (Unwin, 1929)

—— *The Conquest of Happiness* (Unwin, 1930)

—— *In Praise of Idleness* (Unwin, 1935)

Fann, K. T., ed., *Ludwig Wittgenstein: The Man and His Philosophy* (Harvester, 1967)

Feyerabend, Paul *Science in a Free Society* (Verso, 1978)

Ficker, Ludwig von *Denkzettel und Danksagungen* (Kösel, 1967)

Field, Frank *The Last Days of Mankind: Karl Kraus and His Vienna* (Macmillan, 1967)

Frege, Gottlob *The Foundations of Arithmetic* (Blackwell, 1950)

—— *Philosophical Writings* (Blackwell, 1952)

—— *Philosophical and Mathematical Correspondence* (Blackwell, 1980)

—— *The Basic Laws of Arithmetic* (University of California Press, 1967)

Freud, Sigmund *The Interpretation of Dreams* (Penguin, 1976)

—— *Jokes and Their Relation to the Unconscious* (Penguin, 1976)

Gay, Peter *Freud: A Life for Our Time* (Dent, 1988)

Goethe, J. W. *Italian Journey* (Penguin, 1970)

—— *Selected Verse* (Penguin, 1964)

Grant, R. T. and Reeve, E. B. *Observations on the General Effects of Injury in Man* (HMSO, 1951)

Hacker, P. M. S. *Insight and Illusion: Themes in the Philosophy of Wittgenstein* (Oxford, rev. 2/1986)

Hänsel, Ludwig 'Ludwig Wittgenstein (1889–1951)', *Wissenschaft und Weltbild* (October 1951), p. 272–8

Haller, Rudolf *Questions on Wittgenstein* (Routledge, 1988)

Hayek, F. A. von 'Ludwig Wittgenstein' (unpublished, 1953)

Heller, Erich *The Disinherited Mind: Essays in Modern German Literature and Thought* (Bowes & Bowes, 1975)

Henderson, J. R. 'Ludwig Wittgenstein and Guy's Hospital', *Guy's Hospital Reports*, CXXII (1973), pp. 185–93

Hertz, Heinrich *The Principles of Mechanics* (Macmillan, 1899)

Hilmy, S. Stephen *The Later Wittgenstein: The Emergence of a New Philosophical Method* (Blackwell, 1987)

Hitler, Adolf *Mein Kampf* (Hutchinson, 1969)

Hodges, Andrew *Alan Turing: The Enigma of Intelligence* (Burnett, 1983)

Iggers, Wilma Abeles *Karl Kraus: A Viennese Critic of the Twentieth Century* (Nijhoff, 1967)

James, William *The Varieties of Religious Experience* (Penguin, 1982)

—— *The Principles of Psychology*, 2 vols (Dover, 1950)

Janik, Allan and Toulmin, Stephen *Wittgenstein's Vienna* (Simon & Schuster, 1973)

Jones, Ernest *The Life and Work of Sigmund Freud* (Hogarth, 1962)

Kapfinger, Otto *Haus Wittgenstein: Eine Dokumentation* (The Cultural Department of the People's Republic of Bulgaria, 1984)

Kenny, Anthony *Wittgenstein* (Allen Lane, 1973)

—— *The Legacy of Wittgenstein* (Blackwell, 1984)

Keynes, J. M. *A Short View of Russia* (Hogarth, 1925)

Köhler, Wolfgang *Gestalt Psychology* (G. Bell & Sons, 1930)

Kraus, Karl *Die Letzten Tage der Menschheit*, 2 vols (Deutscher Taschenbuch, 1964)

—— *No Compromise: Selected Writings*, ed. Frederick Ungar (Ungar Publishing, 1984)

—— *In These Great Times: A Karl Kraus Reader*, ed. Harry Zohn (Carcanet, 1984)

Kreisel, G. 'Wittgenstein's "*Remarks on the Foundations of Mathematics*"', British Journal for the Philosophy of Science, IX (1958), pp. 135-58

—— 'Wittgenstein's Theory and Practice of Philosophy', *British Journal for the Philosophy of Science*, XI (1960), PP. 238–52

參考書目選

640　　以下列出撰寫本傳記時用到的主要出版資料，如需要維根斯坦的著作和談論維根斯坦的著作的詳盡書目，請見 V. A. 山克與 S. G. 山克合編的《維根斯坦：批判評價》卷五：維根斯坦書目（V. A. and S. G. Shanker, ed., *Ludwig Wittgenstein: Critical Assessments*, V: *A Wittgenstein Bibliography* (Croom Helm, 1986)）。

Anscombe, G. E. M. *Metaphysics and the Philosophy of Mind*, Collected Philosophical Papers, II (Blackwell, 1981)
Augustine, Saint *Confessions* (Penguin, 1961)
Ayer, A. J. *Wittgenstein* (Weidenfeld & Nicolson, 1985)
—— Part of My Life (Collins, 1977)
—— More of My Life (Collins, 1984)
Baker, G. P. Wittgenstein, *Frege and the Vienna Circle* (Blackwell, 1988)
Baker, G. P. and Hacker, P. M. S. *Wittgenstein: Meaning and Understanding* (Blackwell, 1983)
—— *An Analytical Commentary on Wittgenstein's Philosophical Investigations*, I (Blackwell, 1983)
—— *Wittgenstein: Rules, Grammar and Necessity: An Analytical Commentary on the Philosophical Investigations*, II (Blackwell, 1985)
—— *Scepticism, Rules and Language* (Blackwell, 1984)
Bartley, W. W. *Wittgenstein* (Open Court, rev. 2/1985)
Bernhard, Thomas *Wittgenstein's Nephew* (Quartet, 1986)
Block, Irving, ed., *Perspectives on the Philosophy of Wittgenstein* (Blackwell, 1981)
Bouwsma, O. K. *Philosophical Essays* (University of Nebraska Press, 1965)
—— *Wittgenstein: Conversations 1949–1951*, ed. J. L. Craft and Ronald E. Hustwit (Hackett, 1986)
Clare, George *Last Waltz in Vienna* (Pan, 1982)
Clark, Ronald W. *The Life of Bertrand Russell* (Jonathan Cape and Weidenfeld & Nicolson, 1975)
Coope, Christopher, et al. *A Wittgenstein Workbook* (Blackwell, 1971)
Copi, Irving M. and Beard, Robert W., ed., *Essays on Wittgenstein's Tractatus* (Routledge, 1966)
Dawidowicz, Lucy S. *The War Against the Jews 1933–45* (Weidenfeld & Nicolson, 1975)
Deacon, Richard *The Cambridge Apostles: A History of Cambridge University's Elite Intellectual Secret Society* (Robert Royce, 1985)
Delany, Paul *The Neo-pagans: Rupert Brooke and the Ordeal of Youth* (The Free Press, 1987)
Dostoevsky, Fyodor *The Brothers Karamazov* (Penguin, 1982)
Drury, M. O'C. *The Danger of Words* (Routledge, 1973)
Duffy, Bruce *The World As I Found It* (Ticknor & Fields, 1987)
Eagleton, Terry 'Wittgenstein's Friends', *New Left Review*, CXXXV (September-October 1982); reprinted in *Against the Grain* (Verso, 1986)

索引

索引中提及維根斯坦時，一律簡寫為 L. W.。

〔編按：以下所列頁數為原文頁數，請參照每頁底緣所附之原文頁數；【】中為本書所使用的譯文。〕

Beyond

05

世界的啟迪

天才的責任：維根斯坦傳（限量精裝典藏版）

LUDWIG WITTGENSTEIN : THE DUTY OF GENIUS

作者	雷伊・孟克（Ray Monk）
譯者	賴盈滿
執行長	陳蕙慧
總編輯	張惠菁
責任編輯	盛浩偉
行銷總監	陳雅雯
行銷企劃	尹子麟、余一霞
封面設計	賴韋佳
內頁排版	宸遠彩藝

特別感謝 Luc Li 協助處理圖片聯絡事宜、湯嘉誠協助打字。感謝 Michael Nedo 與 Marc Rebel 授權圖片。

社長	郭重興
發行人兼出版總監	曾大福
出版	衛城出版／遠足文化事業股份有限公司
發行	遠足文化事業股份有限公司
地址	23141 新北市新店區民權路 108-2 號九樓
電話	02-22181417
傳真	02-22180727
法律顧問	華洋法律事務所 蘇文生律師
印刷	呈靖彩藝有限公司
初版	2020 年 6 月
Printed in Taiwan	
精裝版定價	1250 元

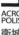

ACRO POLIS

衛城
出版

Email　acropolismde@gmail.com
Facebook　www.facebook.com/acrolispublish

國家圖書館出版品預行編目(CIP)資料

天才的責任：維根斯坦傳 / 雷伊.孟克(Ray Monk)
著；賴盈滿譯. – 初版. – 新北市：衛城出版：遠足
文化發行, 2020.06
　　面；公分. – （Beyond 05）
限量精裝典藏版
譯自：ludwig wittgenstein : the duty of genius

ISBN 978-986-98890-8-7（精裝）

1. 維根斯坦(Wittgenstein, Ludwig, 1889-1951)
2. 哲學家
3.傳記

144.79　　　　　　　　　　　　　109007342

● 讀者資料

你的性別是　　□ 男性　　□ 女性　　□ 其他

你的職業是 _____　　你的最高學歷是 _____

年齡　　□ 20 歲以下　　□ 21-30 歲　　□ 31-40 歲　　□ 41-50 歲　　□ 51-60 歲　　□ 61 歲以上

若你願意留下 e-mail，我們將優先寄送 _____衛城出版相關活動訊息與優惠活動

● 購書資料

● 請問你是從哪裡得知本書出版訊息？（可複選）
□ 實體書店　　□ 網路書店　　□ 報紙　　□ 電視　　□ 網路　　□ 廣播　　□ 雜誌　　□ 朋友介紹
□ 參加講座活動　　□ 其他 _____

● 是在哪裡購買的呢？（單選）
□ 實體連鎖書店　　□ 網路書店　　□ 獨立書店　　□ 傳統書店　　□ 團購　　□ 其他 _____

● 讓你燃起購買慾的主要原因是？（可複選）
□ 對此類主題感興趣　　　　　　　　　　　　　　□ 參加講座後，覺得好像不賴
□ 覺得書籍設計好美，看起來好有質感！　　　　□ 價格優惠吸引我
□ 議題好熱，好像很多人都在看，我也想知道裡面在寫什麼　　□ 其實我沒有買書啦！這是送（借）的
□ 其他 _____

● 如果你覺得這本書還不錯，那它的優點是？（可複選）
□ 內容主題具參考價值　　□ 文筆流暢　　□ 書籍整體設計優美　　□ 價格實在　　□ 其他 _____

● 如果你覺得這本書讓你好失望，請務必告訴我們它的缺點（可複選）
□ 內容與想像中不符　　□ 文筆不流暢　　□ 印刷品質差　　□ 版面設計影響閱讀　　□ 價格偏高　　□ 其他 _____

● 大都經由哪些管道得到書籍出版訊息？（可複選）
□ 實體書店　　□ 網路書店　　□ 報紙　　□ 電視　　□ 網路　　□ 廣播　　□ 親友介紹　　□ 圖書館　　□ 其他 _____

● 習慣購書的地方是？（可複選）
□ 實體連鎖書店　　□ 網路書店　　□ 獨立書店　　□ 傳統書店　　□ 學校團購　　□ 其他 _____

● 如果你發現書中錯字或是內文有任何需要改進之處，請不吝給我們指教，我們將於再版時更正錯誤

_____

_____

_____

_____

_____

23141
新北市新店區民權路108-2號9樓

衛城出版 收

● 請沿虛線對折裝訂後寄回, 謝謝!

ACRO
POLIS　衛城
出版

Beyond

05
世界的啟迪